Lo que se aprende en los mejores

MBA

Si está interesado en recibir información sobre libros empresariales, envíe su tarjeta de visita a:

Gestión 2000
Departamento de promoción
Av. Diagonal, 662-664
08034 Barcelona
Tel. 93 410 67 67
Fax 93 410 96 45
e-mail: info@gestion2000.com

y la recibirá sin compromiso alguno por su parte.

Lo que se aprende en los mejores
MBA

José Luis Álvarez

Joan Maria Amat

Oriol Amat

José Daniel Barquero

Eduardo Bueno

Lluís Cuatrecasas

Adenso Díaz

Luis R. Gómez-Mejía

Martín Larraza

María Jesús Martínez

Joan Massons

Francisco Navarro

Pedro Nueno

Enrique Ortega

Isidro de Pablo

Joaquín Trigo

Juan Tugores

GESTIÓN 2000

© Ediciones Gestión 2000, S.A., Barcelona, 2003

Coordinadora de la edición: Mª Jesús Martínez Argüelles
Depósito legal: 18.778-2003
ISBN: 84-8088-913-6
Fotocomposición: gama, s.l.
Impreso por Liberdúplex
Impreso en España - *Printed in Spain*

Índice

Presentación 11

PRIMERA PARTE: Marco general 15

1. Estrategia y dirección estratégica. *Eduardo Bueno Campos*. 17

    1. Introducción: un viaje en el tiempo 17
    2. El concepto de la estrategia 20
    3. El concepto de la dirección estratégica 27
    4. A modo de conclusión: una guía para el futuro del «viajero» . 43
    5. Bibliografía 48

2. Emprender. *Pedro Nueno*. 51

    1. Introducción 51
    2. La esencia de emprender 53
    3. Pasando de la oportunidad a la empresa 55
    4. La obtención de fondos 59
    5. Emprendedor o emprendedores. 61
    6. El énfasis en la creación de valor 62
    7. Emprendiendo dentro de la empresa. 64
    8. Conclusión 67
    9. Bibliografía 68

3. Fundamentos económicos de la empresa. *Joaquín Trigo* 69

    1. Introducción. El análisis económico y la empresa 69
    2. La actividad económica del país, sus componentes
       y la política económica 71

3. La economía española: del aislamiento
    a la integración europea   77
4. El comportamiento del consumo y la inversión   81
5. Paro y empleo   86
6. Sector público y sector exterior.   89
7. La empresa española   92
8. Bibliografía 102

SEGUNDA PARTE: Contabilidad y finanzas 107

4. Contabilidad externa y análisis de estados contables.
Oriol Amat Salas 109

1. Introducción 109
2. La tesorería 111
3. El balance de situación 116
4. La cuenta de resultados 122
5. Análisis patrimonial y financiero 132
6. Análisis económico 144
7. Análisis de la rentabilidad y la autofinanciación 148
8. Conclusiones 155
9. Bibliografía 156

5. Planificación y estrategia financiera. *Joan Massons.* 157

1. Introducción 157
2. ¿Subsiste aislada la planificación económico-financiera?
    Relaciones jerárquicas y funcionales en el proceso de
    planificación 158
3. El encaje de la planificación técnico-comercial con las
    previsiones económico-financieras 161
4. Los documentos económico-financieros de previsión 168
5. La olvidada función de análisis de las causas de la necesidad
    financiera futura. 176
6. Bases conceptuales para un debate sobre estrategia financiera 181
7. Conclusiones 190
8. Bibliografía 191

6. Control de costes. *Francisco Navarro* 193

   1. Definición general de coste 193
   2. Objetivos de coste 194
   3. Gasto 194
   4. Clasificación de los costes 195
   5. Beneficio diferencial 209
   6. Análisis del modelo coste-volumen-beneficio (C-V-B) 210
   7. Decisiones de producto con capacidad de producción
      disponible. Decisiones a corto plazo. 216
   8. Decisiones de producto con capacidad de producción
      limitada. Decisiones a corto plazo. Conceptos básicos. 223
   9. Asignación de costes indirectos. 227
  10. El sistema operativo o proceso 233
  11. Modelo tradicional de gestión de costes (*Volumen Based
      Costing*). 241
  12. El modelo de costes ABC. 247

7. Control de gestión. *Joan Maria Amat Salas* 257

   1. Introducción al control de gestión. 257
   2. Aspectos a considerar en el diseño e implantación de un
      sistema de control como instrumento de control. 259
   3. El diseño de la estructura de control 261
   4. El proceso del control de gestión. 268
   5. El control de gestión en la práctica: el sistema de control de
      una empresa del sector lácteo. 282
   6. Conclusiones 303
   7. Bibliografía 303

TERCERA PARTE: Producción, marketing y recursos humanos. . . . 305

8. Gestión de la producción: aspectos estratégicos
  Lluís Cuatrecasas Arbós. 307

   1. La producción y los sistemas productivos. Estrategias 307
   2. Los procesos de producción y su gestión. Enfoques.
      Tipos y características 318
   3. Implantación de los sistemas productivos y su gestión 336

    4. Logística integral: Integración de la producción en la cadena
       de aprovisionamientos y distribución 345
    5. Bibliografía 356

9. Gestión de la producción: aspectos operativos. *Adenso Díaz* 357

    1. Introducción 357
    2. Evolución de la dirección de operaciones 358
    3. Gestión de inventarios 359
    4. Sistemas de planificación y programación de la producción. . 378
    5. Bibliografía 401

**10. Los fundamentos del marketing y su integración en la estrategia
     corporativa de la empresa.** *Enrique Ortega Martínez* 403

    1. El marketing en la actividad económica y en la empresa . . . 403
    2. El marketing estratégico y el marketing operativo 420
    3. El marketing en la dirección estratégica corporativa y en
       las unidades de negocio. 425
    4. Organización de las actividades de marketing 451
    5. Bibliografía 457

11. Relaciones públicas empresariales e institucionales.
     José Daniel Barquero. 461

    1. Las relaciones públicas empresariales e institucionales 461
    2. Cómo obtener el éxito para triunfar en las relaciones
       públicas 465
    3. Las relaciones públicas internas de la empresa 469
    4. Utilización de las relaciones públicas en el mundo
       empresarial 472
    5. Modelo simétrico de doble dirección y su aplicación en la
       profesión de relaciones públicas 485
    6. Bibliografía 488

12. El proceso de gestión de los recursos humanos.
     Luis R. Gómez-Mejía y Martín Larraza Kintana. 489

    1. Introducción 489

2. Planificación estratégica de recursos humanos 491
3. Opciones estratégicas de recursos humanos 500
4. Resumen 529
5. Bibliografía 530

13. El trabajo directivo y sus competencias. *José Luis Álvarez* 533

1. Los roles directivos básicos 534
2. El trabajo de los directores generales exitosos 543
3. Las nuevas competencias directivas y su aprendizaje
y desarrollo 553
4. Conclusiones 566
5. Bibliografía 569

**CUARTA PARTE: Calidad, sistemas de información y comercio
internacional** 571

14. Gestión de la calidad en la empresa.
María Jesús Martínez Argüelles 573

1. Conceptos básicos sobre la calidad 573
2. Los sistemas de gestión de la calidad 584
3. Programas y herramientas de mejora de la calidad 601
4. Conclusiones 615
5. Bibliografía 616

**15. Los sistemas y las tecnologías de la información: un enfoque
estratégico.** *Isidro de Pablo López* 617

1. Introducción 617
2. La información: un recurso estratégico 618
3. Los sistemas de información en la empresa: los
fundamentos 620
4. Los sistemas de información y las tecnologías de la
información, o la función y la herramienta 623
5. Las implicaciones de los SI/TI 628
6. La gestión estratégica de los SI/TI 641
7. Bibliografía 663

16. Comercio internacional. *Juan Tugores*   665

    1.   Introducción: papel y dimensiones del comercio
        internacional   665
    2.   Teorías clásicas del comercio internacional   668
    3.   La «nueva teoría» del comercio internacional   677
    4.   El debate librecomercio-proteccionismo:
        aspectos clásicos y modernos   682
    5.   Algunos debates recientes   688
    6.   Regionalismo *versus* multilateralismo   695
    7.   Consideraciones finales: balance de los procesos
        de liberalización comercial.   698
    8.   Bibliografía   700

Índice analítico   701

Presentación

La administración y dirección de cualquier actividad empresarial es una responsabilidad de primera magnitud que exige del directivo un complejo entramado de conocimientos, técnicas, experiencia y habilidades. El día a día enseña cómo hacer frente a los asuntos cotidianos, pero los mejores directivos son aquellos que se revelan capaces de adaptarse a los cambios. Esa adaptación sólo es posible con un adecuado bagaje teórico que permita plantear los problemas de forma correcta y analizarlos de forma rigurosa. Para ello ha sido concebido este libro, que facilita al lector un acceso rápido y directo a todas aquellas disciplinas que integran el núcleo de la gestión de empresas.

En una obra de este tipo, la vasta naturaleza de la materia tratada hace necesario un especial cuidado en no ceder a la fácil tentación de limitarse a acumular ratios, fórmulas, principios y conceptos sin orden ni concierto. Bien al contrario, el objetivo de este libro es facilitar al lector las claves que vinculan e iluminan las relaciones entre las diferentes herramientas y disciplinas de gestión, en la idea de que sólo su perfecta comprensión permitirá hacer frente al reto que supone aplicarlas a las actividades de la empresa.

Dicho propósito ha animado el trabajo de los diversos expertos –profesores de ESADE, IESE, Euroforum Escorial, Universidad Autónoma de Madrid, Universidad Pompeu Fabra, Instituto de Empresa, Universidad Politécnica de Cataluña, Universidad de Oviedo, Universidad de Barcelona, Universidad Complutense, ESERP y Universidad Carlos III de Madrid– que han realizado este libro. Sobre ellos ha recaído una ardua tarea de síntesis, a fin de seleccionar e interpretar aquellas experiencias y conocimientos que pueden aportar mayor valor añadido al profesional ya iniciado o a quienes se acercan por primera vez al mundo de la gestión empresarial. Ello significa que, a menudo, se ha optado por presentar de forma sucinta conceptos y esquemas que permiten al lector profundizar, si ello resulta de su interés, de forma selectiva en su estudio. Como es lógico, se han subrayado algunos temas en detrimento de otros, pero se ha procurado que ninguna cuestión fundamental sea obviada.

Asimismo, se ha procurado agrupar orgánicamente la información en torno a unos ejes básicos que faciliten la comprensión del conjunto de la obra. Ello ha supuesto dejar fuera algunas disciplinas que, aunque inciden de forma directa sobre la realidad empresarial, están sujetas a cambios constantes –como ocurre con el entorno jurídico de la empresa– o precisan una exposición técnicamente difícil y algo alejada del contexto general de la obra. En cualquier caso, esas elecciones no son el reflejo de juicios de valor sino el producto de la estrategia expositiva.

El libro se articula en cuatro partes y dieciséis capítulos. La Primera Parte de la obra (Capítulos 1 a 3) se abre con una reflexión sobre el papel de la dirección estratégica y de la iniciativa emprendedora en la realidad económica de nuestro tiempo. Además se presenta una visión general de los fundamentos micro y macroeconómicos de la gestión empresarial.

La Segunda Parte (Capítulos 4 a 7) facilita al lector una primera toma de contacto con la terminología y la problemática financiera y contable de la empresa. Se exponen los instrumentos analíticos más profusamente utilizados en cuatro disciplinas básicas: contabilidad, finanzas, control de costes y control de gestión. Se pretende que el lector conozca los elementos más relevantes de la contabilidad y las finanzas y entienda la relevancia que tienen para cualquier empresa los sistemas de control de gestión y control de costes.

La Tercera Parte (Capítulos 8 a 13) profundiza en el estudio de otras áreas funcionales de la empresa. En primer lugar, la gestión de la producción, en su doble dimensión estratégica y operativa. En segundo lugar, se estudian los fundamentos del marketing y su integración en la estrategia empresarial, así como la utilización de las relaciones públicas empresariales como herramienta de gestión de la imagen corporativa. Y, por último, la gestión de los recursos humanos, con especial hincapié en lo que al trabajo directivo se refiere.

El contenido de la Cuarta Parte (Capítulos 14 a 16) es de naturaleza transversal y tiene que ver con los retos a los que se enfrentan hoy los directivos y profesionales. La globalización de la economía y la creciente competencia dan lugar a comportamientos estratégicos cuya inteligencia requiere nuevos conceptos y teorías. De ahí la inclusión de apartados dedicados a analizar la importancia de la gestión de la calidad, entendida como orientación al cliente, y a revisar el impacto de los nuevos sistemas y tecnologías de la información. Asimismo, se repasan las modernas tendencias en materia de comercio internacional.

La idea subyacente en esta obra es que en cualquier disciplina científica es posible hacer comprensibles las ideas fundamentales al neófito sin perder en absoluto rigor analítico para el experto. En palabras de Borges, se trata de conseguir «más que la sencillez, que no es nada, una secreta y modesta complejidad». Esperamos que el resultado final sea consecuente con ese propósito y que el libro sea de utilidad a todos los lectores.

PRIMERA PARTE

Marco general

1.

Estrategia y dirección estratégica (una guía en la formación para un MBA)

Eduardo Bueno Campos

*Catedrático de Economía de la Empresa
(Universidad Autónoma de Madrid), Consejero del
Banco de España, Secretario General de AECA
y Presidente de Euroforum Escorial.*

1. Introducción: un viaje en el tiempo

Desde que en los inicios de la década de los sesenta se empezó a hablar en los ámbitos académicos, profesionales y empresariales de *estrategia*, especialmente en el currículo de los Programas MBA de las universidades de la costa este de los Estados Unidos, hasta nuestros días, han sucedido muchas cosas, todas ellas de gran trascendencia para la economía, para el progreso tecnológico, para la política y para la sociedad, en suma para todos los agentes sociales y para los ciudadanos. Es evidente que en estos casi cuarenta años las empresas no son como eran antes, los mercados y las relaciones económicas tampoco, y nosotros –los ciudadanos– tampoco vivimos de igual manera y tenemos el mismo cuadro de valores. Hemos protagonizado muchos y rápidos cambios, hemos presenciado sucesos, descubrimientos, fenómenos y transformaciones que eran impensables a mediados del siglo XX. En este proceso mudable hay que observar que el nivel y clase de conocimientos (tácitos y explícitos), la exigencia de formación, las habilidades y los modos de acceso al mercado de trabajo de los universitarios de este final de siglo, con respecto a los existentes y exigidos a los coetáneos de hace cuatro décadas, tienen pocos, muy pocos, rasgos en común. En esta divergencia, acaecida a lo largo de este tiempo, sobre el que hemos proyectado este «viaje» singular, asoma con luz propia, con facetas singulares, el papel y contenido de un Programa MBA.

En concreto, este trabajo se quiere centrar en cómo y por qué se debe estudiar *Estrategia* y *Dirección estratégica*, determinando los hitos, las referencias y las aportaciones pasadas y presentes orientadores del futuro. En consecuencia, se va a ensayar un «viaje virtual»˙o, mejor, «intelectual». En este «viaje» se pretende comparar el papel, sentido y orientación que debe tener un Programa MBA actual respecto al que tenía en los primeros años sesenta. En este momento conviene recordar que los primeros Progra-mas MBA, surgidos en las Escuelas de Negocios de las Universidades norteamericanas de los estados de Nueva Inglaterra, lo que pretendían era generalizar los conocimientos en la Dirección de Empresas (Business Administration) entre titulados superiores, principalmente en leyes y en ingenierías técnicas, para poder acceder a la gestión de las empresas y responder a la gran demanda del crecimiento económico de los negocios dentro y fuera de los Estados Unidos. De esta forma, se quería lograr una combinación adecuada entre «ciencias duras» y «ciencias blandas», entre «fundamentos teóricos» y «aplicaciones prácticas» y entre «ciencia» y «arte».

En los años sesenta, cuando surge el nuevo paradigma de la dirección empresarial *(corporate strategy)* o alumbra con todo su esplendor el *pensamiento estratégico* (Bueno, 1995), el MBA cobra un impulso nuevo, resurge con un fulgor nuevo, ya que orienta sus contenidos hacia la reflexión y enseñanza de un conocimiento directivo que se debe encargar de formular unas estrategias y de llevar a cabo una planificación para competir en los «mercados nuevos» que se abren en América, Europa y Oriente y con los «productos nuevos», consecuencia del fuerte crecimiento económico de aquellos años y de los impactos espectaculares del desarrollo tecnológico de aquella época.

Situados ahora en el tramo final de la década de los noventa, la última del siglo XX, podemos afirmar que el enfoque estratégico ha sufrido grandes y profundas modificaciones en su doble dimensión, como «ciencia» y como «arte». En este «viaje» podremos comprobar la importancia de los cambios radicales en la manera de entender el concepto de *estrategia* y, sobre todo, en como ésta caracteriza determinado proceso de *dirección estratégica* de las organizaciones en los momentos presentes. Proceso que, en opinión cualificada de Hamel y Prahalad (1994), se puede definir como de «la inevitabilidad de la transformación económica» para proceder a «un cambio radical en el pensamiento estratégico» durante el período de tiempo a que se está haciendo referencia. Transformación económica que, más recientemente, Prahalad (1998) ha vuelto a redenominar cuando hace pocos meses ha indicado que configura un entorno competitivo emergente, el cual se puede explicar por la combinación de «ocho discontinuidades básicas». Circunstancias que, en su opinión, serán las protagonistas de los primeros años del próximo milenio y a las que los directivos y profesionales de la Dirección tendrán que saber cómo hacerles frente. En concreto, propone las siguientes:

1. Globalización de la economía y sus mercados.

2. Desregulación y privatización.

3. Volatilidad y estacionalidad industrial.

4. Convergencia tecnológica.

5. Fronteras indeterminadas entre los sectores.

6. Nuevos criterios o estándares reguladores de las transacciones económicas.

7. Desintermediación en los procesos de negocio.

8. Ecosensibilidad. Importancia de los aspectos medioambientales.

De estas discontinuidades y de la revisión conceptual, tanto de la *estrategia* y de la *dirección estratégica*, como del papel que estos conceptos juegan en la actualidad y tendrán que desempeñar, sin duda alguna, en el futuro inmediato, quiere tratar este trabajo, como expresión de los conocimientos nuevos que en este campo deben adquirir los estudiantes de un Programa MBA. Para ello hay que recordar que para emprender este «viaje» un buen equipaje es la propuesta de Mintzberg (1990) sobre las «escuelas de la estrategia», reformulada por Bueno (1996) y, sobre todo, la revisión actualizada («baúl básico para este trayecto intelectual») que ofrece el propio Mintzberg, junto a sus colaboradores Ahlstrand y Lampel (1998). Revisión que titulan como *safari estratégico*, queriendo con ello hacernos la propuesta de iniciar un «tour guiado a través de las fieras que componen la *dirección estratégica*» o, en otras palabras, comenzar un «viaje» que muestre cuáles son las «especies» principales o cuáles son los diferentes procesos de formación de la estrategia:

- La escuela del diseño: Proceso de concepción.

- La escuela de la planificación: Proceso formal.

- La escuela del posicionamiento: Proceso analítico.

- La escuela del emprendizaje: Proceso visionario.

- La escuela cognitiva: Proceso mental.

- La escuela del aprendizaje: Proceso emergente.

- La escuela del poder: Proceso de negociación.

- La escuela cultural: Proceso colectivo.

- La escuela del entorno: Proceso reactivo.

- La escuela configuracional: Proceso de transformación.

Escuelas y procesos que también deberán añadir un bagaje nuevo, como son las alternativas resultantes de la evidencia empírica de cómo las empresas españolas formulan sus estrategias, expresiones concretas del «modelo dinámico del proceso de formación de la estrategia», propuesto por Bueno, Casani y Lizcano (1998b). En resumen, no cabe duda que en la visión retrospectiva de lo ocurrido en todos estos años el «viajero» podrá observar muchas «especies» diferentes de estrategia, «sucesos, maravillas e ingenios» en las formas diversas de dirigir estratégicamente las organizaciones, como si fuera «caballero andante» montando en el *Rocinante* del conocimiento que precisa un Programa MBA.

2. El concepto de la estrategia

Lo primero que se debe hacer, para situar adecuadamente al «viajero» de este «tour intelectual», es aclarar lo que se entiende por *estrategia*, para que tenga la mayor información disponible sobre lo que va a ir viendo y conociendo en el «viaje». En concreto, vamos a tratar de *estrategia* y de *reto estratégico*. La *estrategia* es una «especie» muy antigua, su semántica tiene más de dos mil quinientos años de existencia, aunque en este tiempo tan dilatado ha ido presentando morfologías distintas o aspectos aparentemente diferentes. Más en concreto, en el mundo de los negocios, en la dirección de empresas, en estos últimos cuarenta años, se han podido observar «especies estratégicas» con caracteres muy variados y en apariencia con usos dispares.

La palabra *estrategia*, con una semántica similar a la que presenta en nuestros días, surge primero en el siglo V a. de C. en China y después en el IV a. de C. en la antigua Grecia, en la que se circunscribe el origen etimológico de la expresión en lengua española: *strategos* o «general o jefe del ejército», significando, por lo tanto, «el arte o lo que hace aquél». Según nuestro Diccionario de la Lengua Española, en su edición de 1992, indica lo siguiente:

1. «Arte de dirigir las operaciones militares.»

2. «Arte o traza para dirigir un asunto (en sentido figurado).»

3. «En un proceso regulable, el conjunto de reglas que aseguran una decisión óptima en cada momento (en matemáticas).»

2.1 Ámbitos y caracteres de la estrategia

Si pensamos sobre los argumentos expuestos en las frases anteriores, ha llegado el momento de intentar exponer el «significado universal» de la palabra *estrategia*, sea cual sea el ámbito científico, técnico o vulgar en el que esta voz se utilice. El método expuesto para esta generalización lingüística, válida para cualquier profesional, empresario, estudioso, académico o alumno de un MBA, puede seguir el propuesto por Bueno et al. (AECA, 1999), cuando proponen los pasos siguientes:

- *Primero.* ¿Cuáles son los ámbitos o campos del conocimiento y de la acción humana en los que se emplea la palabra *estrategia*?

- *Segundo.* ¿Cuáles son los caracteres que explican cada ámbito y son comunes en cada situación identificada?

- *Tercero.* ¿Cuál puede ser la propuesta conceptual, de carácter universal, de *estrategia*?

Con relación al primer punto o paso del método propuesto, se deducen cuatro ámbitos principales y significativos, con sus correspondientes situaciones y acciones, de los que se derivan otros relacionados de orden inferior (Bueno, 1996). Es el caso de:

a) ámbito de las acciones militares o de la guerra (primer origen de la *estrategia*);

b) ámbito de la política;

c) ámbito de los juegos en general y del deporte en particular;

d) ámbito de la economía y, más en concreto, de los negocios.

En todos y en cada uno de estos ámbitos la utilización de la *estrategia*, tanto en el lenguaje teórico como en el lenguaje técnico o praxeológico, ha venido siendo algo normal, salvando los hitos temporales a lo largo de este «viaje intelectual».

Con respecto al segundo punto, en la *figura 1* se recogen los caracteres o factores conceptuales de naturaleza común a los cuatro ámbitos principa-

CONCEPTO DE ESTRATEGIA: ÁMBITOS DE APLICACIÓN Y CARACTERES COMUNES	
ÁMBITO: GUERRA	**ÁMBITO: JUEGOS**
• Campo de batalla. Entorno (conjunto de factores externos, no controlables pero predecibles). • Situación de conflicto. Rivalidad. • Sistema de objetivos (en esencia ganar) y conducta inteligente. • Recursos y capacidades.	• Campo de juego. Entorno (conjunto de factores externos, no controlables pero predecibles). • Situación de conflicto. Rivalidad. • Sistema de objetivos (en esencia ganar) y conducta inteligente. • Recursos y capacidades.
ÁMBITO: POLÍTICA	**ÁMBITO: NEGOCIOS**
• Circunscripción administrativa o «arena política». Entorno (conjunto de factores externos, no controlables pero predecibles). • Situación de rivalidad. Colusión de intereses. • Sistema de objetivos (en esencia ganar y coaliciones) y conducta inteligente. • Recursos y capacidades.	• Campo de actividad (mercado). Entorno (conjunto de variables externas, no controlables pero previsibles) • Situación de rivalidad. Competencia. • Sistema de objetivos (en esencia ganar y crecer) y conducta inteligente. • Recursos y capacidades.

FUENTE: AECA (1999) y elaboración propia.

Figura 1

les. Caracteres que se han ido configurando en mis explicaciones de la materia Dirección Estratégica de la Licenciatura de Administración y Dirección de Empresas y en Programas MBA a lo largo de los últimos cuatro años y que han terminado publicándose muy recientemente (AECA, 1999).

Como se comprueba, el primer carácter común representa el medio, ambiente o entorno en donde se desarrollan los procesos de acción de cada ámbito. Entorno que se caracteriza por estar integrado por un conjunto de factores o variables externas o no controlables de forma directa por el estratega, aunque en cierta medida pueden ser predecibles a tenor de la información, experiencia y habilidades disponibles por aquél.

El segundo carácter, de naturaleza relevante para entender los procesos de acción a seguir, expresa la situación de rivalidad, conflicto de intereses o competencia entre los agentes componentes de cada ámbito o campo de conocimiento referido. Situación que se regirá por determinadas «reglas de juego» o «criterios de actuación» explícitos o implícitos, genéricos para los contendientes y que regularán sus acciones.

El tercer carácter representa el aspecto teleológico o finalista del comportamiento de los participantes. Éstos seguirán un determinado sistema de objetivos que, en general, se puede resumir bien en querer ganar, o lograr la victoria en cada ámbito, bien alcanzar una coalición o acuerdo con otros oponentes, o bien en crecer o mejorar su posición en el campo de actuación. Sistema de objetivos que implica el tener que llevar a cabo una conducta inteligente para interpretar la situación y aplicar y gestionar las soluciones posibles.

Por último, el cuarto carácter explica que, sea cual sea la realidad de «aplicación estratégica», es preciso disponer de unos medios o recursos (condición necesaria), así como de unas capacidades o conocimientos tácitos (habilidades, destreza, pericia, experiencia, arte, talento y creatividad, etc.), sin las cuales sería difícil lograr lo deseado en cada ámbito o situación (condición suficiente). Hay que resaltar en este momento el gran papel que la Teoría de los Recursos y Capacidades ha tenido para explicar el contenido teórico y aplicado de la Dirección Estratégica desde mediados de la década de los ochenta (Bueno, 1995).

La conjunción de estos cuatro caracteres configura el tercer paso del método propuesto: el *reto estratégico*. Construcción sobre la cual se puede configurar un concepto de *estrategia*.

2.2. El reto estratégico como plataforma conceptual

Recorriendo los caracteres citados sentimos que se van engranando en una situación común, lógica y con cierta hermenéutica en la expresión que los sintetiza: *reto estratégico*. Ésta es la situación singular descrita en cada uno de los ámbitos, a la que los actores y los participantes tienen que saber responder con una acción, con un proceso no simple, con arte y talento; en definitiva, con recursos y capacidades; respuesta que no depende tanto de uno mismo sino también de las que adopten los otros contendientes, decisiones que hay que prever y evaluar. En definitiva, se puede decir que esto es lo que significa *estrategia*, la «respuesta a una situación singular que denominamos *reto estratégico*».

En este *reto* hay dos factores de naturaleza externa al estratega: a) el entorno, con sus variables diversas (genéricas y específicas), y b) la situación de conflicto o rivalidad, más o menos intensa, definida por un determinado conjunto de reglas o criterios, suma de factores que configuran las fuerzas competitivas que integran dicho entorno (recordar, en este momento, que es una de las «discontinuidades» actuales, según Prahalad, que aporta mayores dosis de complejidad y dificultad en hallar la respuesta). Posteriormente, hay que señalar que existen dos factores internos o endógenos: a) el sistema de objetivos que pretende el estratega y b) los recursos de que dispone para alcanzarlos a partir de las capacidades que posee. Dichos objetivos se verán configurados y matizados, por lo tanto, por la escala de valores, por la cultura, el estilo de dirección, la motivación y las expectativas del citado estratega; en suma, por el conocimiento y el talento que posea para saber convertir las amenazas del *reto estratégico* en oportunidades y por la capacidad y destreza en saber explotar éstas. En resumen, la *figura 2* muestra la composición factorial del *reto estratégico* de la empresa.

A partir del *reto* citado se puede construir un concepto general de *estrategia*, como la «respuesta que representa la utilización de los recursos de acuerdo a unas capacidades específicas para alcanzar objetivos fundamentales, teniendo en cuenta determinados condicionantes de un entorno y una situación de rivalidad entre los participantes en el ámbito de referencia». Esta plataforma conceptual se alinea claramente en un enfoque de «comportamiento», propio del proceso dinámico actual, emergente y flexible y superando otros procesos formales y analíticos, característicos de las décadas anteriores. En suma, el concepto propuesto de *estrategia* se centra en su consideración como *patrón de comportamiento de la empresa en un período*

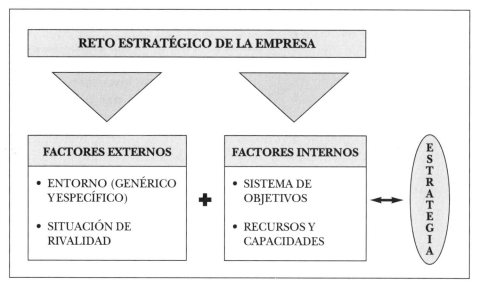

FUENTE: Bueno et al. (1998a y 1998b) y elaboración propia.

Figura 2

de tiempo determinado. Este patrón será una cuestión fundamental y crítica en el proceso de aprendizaje de los participantes en un Programa MBA.

2.3. Enfoques conceptuales de la estrategia

Como dice Hamel (1998), «en un mundo discontinuo, la innovación estratégica es la clave de la creación de riqueza». Esta innovación hay que entenderla como la capacidad de reconcebir y reestructurar los procesos actuales de negocio, con el fin de crear un nuevo valor para los clientes, dejar fuera de juego (del reto) a los competidores y generar nueva riqueza para todos los participantes de la empresa. En suma, este autor redefine la medida del éxito empresarial como «la participación en la nueva creación de riqueza». Medida que se basa en la «comparación de la cuota actual de la empresa en la capitalización total de mercado del conjunto de las empresas de un determinado ámbito competitivo con su cuota de hace diez años». Enfoque de dirección de gran actualidad y que es conocido por EVA *(economic value added)* u orientación hacia el valor añadido económico.

Para obtener dicho éxito empresarial, los directivos y los estrategas en los nuevos entornos competitivos discontinuos han ido moldeando su pensamiento estratégico a tenor de la mayor o menor incidencia de los factores comunes integrantes del *reto estratégico*. Estas diferencias interpretativas o este mayor o menor énfasis en los aspectos conformadores de la *estrategia* han delineado los principales enfoques conceptuales. En palabras, también, de Hamel (1998), «el entorno estratégico, rápidamente cambiante, ha devaluado parcialmente algunos conceptos estratégicos tradicionales..., pero también ha dado impulso a muchos nuevos planteamientos... sobre el *contenido* de la estrategia». En este sentido, conviene repasar las propuestas principales que conceptualizan la estrategia en el «viaje» iniciado, teniendo en cuenta la dificultad de aceptar universalmente los enfoques propuestos, contingentados por las circunstancias de cada momento y que ofrecen las «especies» estratégicas más conocidas. Este ejercicio se comprende a partir de la aceptación de que, «como toda forma de complejidad, la *estrategia* está situada en la frontera entre el orden perfecto y el caos total» (Hamel, 1998), una frontera sutil que califica al proceso de formación de la estrategia como un razonamiento basado en conocimientos tácitos y sofisticados.

Siguiendo esta postura, conviene recoger la síntesis de enfoques conceptuales clásicos elaborada por Mintzberg (1987), a lo largo del «trayecto» iniciado. Su propuesta se apoya en ofrecer cinco perspectivas diferentes de definiciones que comienzan con la letra P. En suma, «las cinco P» del concepto de *estrategia* son las siguientes:

- *Plan:* Curso de acción conscientemente determinado para abordar una situación específica. Enfoque que concuerda, en gran medida, con los procesos estratégicos formales y, en parte, del entorno.

- *Pauta:* Maniobra para ganar la partida al competidor u oponente. Enfoque que corresponde, en parte, con los procesos estratégicos de concepción, negociación y cognición.

- *Patrón:* Consistencia en el comportamiento, tanto si es emergente como si no (deliberado). Enfoque que se relaciona con los procesos estratégicos del aprendizaje y de la capacidad emprendedora.

- *Posición:* Situación en la que una organización se relaciona con su entorno competitivo. Enfoque que explican básicamente los procesos estratégicos analíticos y reactivos.

- *Perspectiva:* Forma con la que los directivos de una organización se ven a sí mismos y al mundo que les rodea. Enfoque que corresponde, en gran parte, con los procesos estratégicos colectivos y de transformación.

3. El concepto de la dirección estratégica

A estas alturas del «tour», el «viajero» tiene que tomar un poco de aliento para seguir incorporando todas las sensaciones y «especies» singulares que aún le quedan por conocer. Ahora empieza el gran carrusel de los cambios en los enfoques de dirigir organizaciones y negocios, de cómo abordar los procesos estratégicos, en suma, de cómo, unos y otros, formulan sus estrategias. Antes de tratar los enfoques diversos de la *dirección estratégica* y de conocer las «especies» del proceso de formación de la estrategia, leamos reposadamente unas reflexiones críticas y sugerentes de Gary Hamel (1998):

> «El sector de la estrategia (todos los consultores, profesores de facultades de empresariales, autores y planificadores) oculta un pequeño y oscuro secreto. Todos sabemos reconocer una estrategia cuando la tenemos delante (sea la de Microsoft, Nucor o Virgin Atlantic). Todos sabemos reconocer que una estrategia es excelente viendo los hechos consumados. En el método de estudio del caso, los profesores exponen estrategias para alabarlas o ridiculizarlas ante los sobrenaturalmente inteligentes alumnos de los masters en administración de empresas. Sus explicaciones *a posteriori* del éxito o el fracaso competitivo son deslumbrantemente hermosas. Se nos da muy bien coleccionar mariposas clavadas en alfileres. Sencillamente todos conocemos la estrategia como una "cosa", una vez que alguien nos la empaqueta y le coloca una etiqueta. También conocemos la planificación como un "proceso", pero este proceso no genera estrategias sino planes, una distinción en la que ha insistido reiteradamente Henry Mintzberg.»

> «Todo aquel que se autodenomine especialista en estrategia debería sentirse un tanto avergonzado por el hecho de que este sector carezca de una teoría de elaboración de estrategias. ... hay una laguna en el centro de la disciplina de la estrategia; mejor dicho: la disciplina de la estrategia no tiene fundamentos en sentido estricto...»

> «Lo que se necesita es una teoría profunda de elaboración de estrategias. Pensemos en los enormes avances conseguidos en los últimos años en los *contenidos* de la estrategia: la rivalidad competitiva, la concepción de la empresa desde el punto de vista de los recursos (y capacidades), la hipercompetencia, las

coaliciones, la gestión del conocimiento, etc. ... Preguntémonos ahora: ¿cuántos avances hemos realizado en la práctica de la estrategia? Podemos comparar también el ritmo de innovación registrado durante los últimos veinte años en la forma de desarrollar productos, gestionar la cadena de aprovisionamiento o mejorar la calidad de los productos con la tasa de innovación en la forma de *practicar* la estrategia. Sobran las palabras.»

Después de la lectura de estas frases jugosas, llenas de contundencia y de una realidad evidente, pueden «sobrar las palabras», pero, no, no podemos dejar así al «viajero», posiblemente desolado y perplejo después de todo lo prometido, tiene que terminar el «viaje» emprendido, tenemos la obligación de llevarle al final de esta aventura intelectual y dejarle en la «estación de llegada» para que inicie la suya particular, como podría ser la de convertirse en posible alumno de un Programa MBA.

3.1. La teoría general de la estrategia y la necesidad de un nuevo paradigma de la dirección estratégica

En el punto anterior se formulaba el concepto y contenido del *reto estratégico*, la concepción genérica de la *estrategia* y los enfoques diferentes de cómo conceptualizar ésta; razones y proposiciones que han intentado marcar un camino para la incursión teórica de la disciplina, evitando que el «viajero» pudiera perderse en el entramado de la jungla visitada. Esta aportación está en la línea de las preocupaciones manifestadas, entre otros autores también importantes no referenciados, por los citados Hamel, Mintzberg y Prahalad. El problema, como ha quedado puesto de manifiesto, no está tanto en la concepción teórica de la *estrategia*, como en su práctica, en su evidencia como «especie» o «fiera» concreta. Su formación, su proceso real de elaboración es la cuestión. El reto es, por lo tanto, la elaboración de una teoría efectiva de cómo se formulan realmente las estrategias. Hay que avanzar y profundizar en la metodología que permita desarrollar estrategias que garanticen el éxito de las organizaciones a largo plazo y, en definitiva, su supervivencia. Hay que conocer y contrastar empíricamente cómo el proceso estratégico se establece, sabiendo que según la teoría, como hasta ahora se ha dicho, se llevaba a cabo de una forma racional y consciente, cuando parece que en la práctica, a partir de los últimos datos reales, se muestran maneras discontinuas, emergentes y no planeadas. Como ha sido apuntado, el propio Mintzberg et al. (1998) insisten en su propuesta de *Strategy Safari*, como expresión metafórica del conjunto de procesos estratégicos distintos que estamos viendo y que veremos en este «trayecto intelectual».

Para una mejor información del «viajero» conviene presentarle de una forma lo más sintética posible cuáles han sido, hasta mediados de la década de los noventa, las líneas principales de construcción teórica de la *estrategia* como la «cosa», como el objeto y fin de la disciplina y de su *dirección estratégica*, como función directiva, praxis o aplicación en las organizaciones de los fundamentos de la primera. Hace pocos años publicaba una investigación sobre los treinta años de vida aproximada del paradigma de la *estrategia*, con motivo de un homenaje a un profesor universitario que llegó a su jubilación académica; profesor que fue mi maestro en mis inicios de la carrera docente e investigadora (Bueno, 1995). Dicho trabajo pretendió mostrar una «teoría general de la *estrategia*» y servir de pórtico para una incursión más sólida sobre la configuración de la necesaria teoría sobre la *dirección estratégica*, tal y como la venimos visionando en estos momentos. Visión que debe saber acercar los dos mundos, por ahora separados, el de la academia y el de la realidad de las organizaciones en el final del siglo XX. Dos colectivos que se relacionan y se encuentran en el «sector de la estrategia», en expresión manejada por Hamel. Creo que el primer aspecto está casi logrado, tal y como se desprende de la lectura de la *figura 3*; el segundo, más complejo, será abordado, para mayor información para el «viajero», un poco más adelante.

En la *figura 3* se parte de los cuatro elementos conceptuales clásicos debidos a Ansoff (1965), de los cuales dimanan las teorías principales, en mi opinión, que constituyen el paradigma de la estrategia; teorías que han configurado los hitos o referencias principales para emprender este singular «viaje» y este «trayecto virtual». De la conjunción de ellas surgen las voces críticas y renovadoras antes mencionadas y también surge nuestra propuesta de *reto estratégico* y de *modelo dinámico del proceso estratégico*, que, junto a los nuevos enfoques de Mintzberg y otros autores, están configurando la teoría actual del proceso de *dirección estratégica*. No es la finalidad de este trabajo entrar en detalle en cada teoría. Nada más alejado de nuestra intención, sólo se desea dejar señal de lo que podrá ir conociendo el lector en sus próximos viajes. A modo de síntesis, indicar que la estrategia ha evolucionado en sus relaciones con la «estructura», con la complejidad del diseño organizativo, así como con la generación de ventajas competitivas, explicada internamente por la teoría de los recursos y capacidades y externamente por la dinámica competitiva del enfoque de Porter (Bueno, 1996) y sus relaciones externas

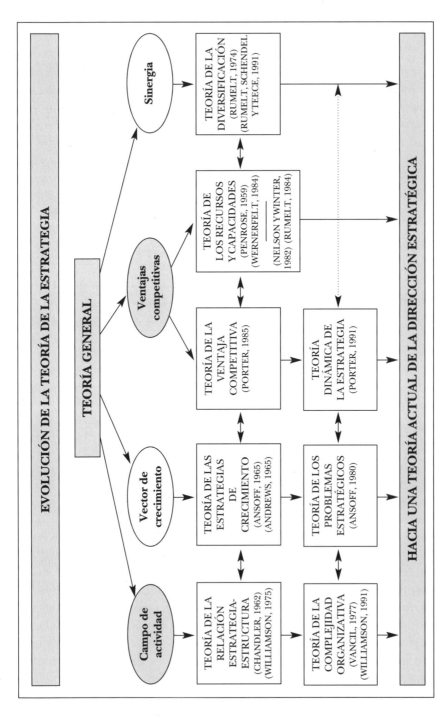

EVOLUCIÓN DE LA TEORÍA DE LA ESTRATEGIA

TEORÍA GENERAL

Campo de actividad

Vector de crecimiento

Ventajas competitivas

Sinergia

TEORÍA DE LA RELACIÓN ESTRATEGIA-ESTRUCTURA (CHANDLER, 1962) (WILLIAMSON, 1975)

TEORÍA DE LAS ESTRATEGIAS DE CRECIMIENTO (ANSOFF, 1965) (ANDREWS, 1965)

TEORÍA DE LA VENTAJA COMPETITIVA (PORTER, 1985)

TEORÍA DE LOS RECURSOS Y CAPACIDADES (PENROSE, 1959) (WERNERFELT, 1984) (NELSON Y WINTER, 1982) (RUMELT, 1984)

TEORÍA DE LA DIVERSIFICACIÓN (RUMELT, 1974) (RUMELT, SCHENDEL Y TEECE, 1991)

TEORÍA DE LA COMPLEJIDAD ORGANIZATIVA (VANCIL, 1977) (WILLIAMSON, 1991)

TEORÍA DE LOS PROBLEMAS ESTRATÉGICOS (ANSOFF, 1980)

TEORÍA DINÁMICA DE LA ESTRATEGIA (PORTER, 1991)

HACIA UNA TEORÍA ACTUAL DE LA DIRECCIÓN ESTRATÉGICA

Figura 3

FUENTE: Bueno (1995 y 1996) y elaboración propia.

con el crecimiento del mercado (problemas estratégicos clásicos) y con la diversificación empresarial, enfoque explicativo de la búsqueda permanente de sinergia, acción justificadora de la esencia conceptual de la estrategia como respuesta eficiente al *reto estratégico* planteado. Llegados a este punto hay que pensar en presentar las líneas de orientación del «nuevo paradigma» de la *dirección estratégica* o poner sobre el tapete las cuestiones fundamentales, tal y como proponen Rumelt, Schendel y Teece (1994) en su «agenda investigadora» para los años finales de la década actual:

a) *¿Por qué las empresas son diferentes* o qué mantiene la diferencia en recursos y resultados entre empresas competidoras?

b) *¿Cómo se comportan y actúan las empresas* o qué modelos de comportamiento deben ser los utilizados para explicar la mayor o menor racionalidad de las mismas?

c) *¿Cuál es la función de la dirección general en las empresas diversificadas* o dónde están los límites de un crecimiento diversificado de la empresa?

d) *¿Qué determina el éxito o el fracaso en la competencia internacional* o cuáles son los orígenes del éxito y sus manifestaciones en un entorno internacional o en una competencia global?

Las cuatro cuestiones formuladas están siendo sujetas a determinados y numerosos análisis empíricos y estudios en el ámbito internacional por la comunidad científica, facilitando los primeros resultados a los estudiosos de la disciplina, como puede ser el caso de los participantes de un Programa MBA. Estos resultados son orientaciones que deben facilitar la formación de estrategas y de *estrategias*. Los dos primeros puntos son preocupación generalizada para autores como Hamel y Mintzberg. También en nuestro caso estamos intentando, como grupo de investigación (Bueno et al. 1998a y 1998b), conocer un poco mejor la realidad de cómo son los procesos de formación de la estrategia, tanto en las empresas del sector del automóvil en Estados Unidos, Europa, Japón y Corea, como en las principales empresas de la economía española.

Respecto a los puntos siguientes, propuestos por Rumelt, Schendel y Teece, son cuestiones fundamentales para la disciplina, en un entorno competitivo como el actual, aunque, por el momento, no van a ser sujetos del tratamiento y de la observación, que los mismos merecen, en este «viaje intelectual».

3.2. *Los enfoques de la dirección estratégica: procesos estratégicos*

Como ya ha sido apuntado, el «viajero» tiene que saber distinguir entre *estrategia*, como concepto nuclear de la disciplina: la «cosa», lo «que se pretende» o el «patrón o modelo de comportamiento» de la organización ante el *reto estratégico*, y *dirección estratégica*, como función directiva, como forma de creación de la *estrategia* o como proceso de formación de la *estrategia*, el cual se compone, además de la fase de conceptualización, de las de formulación, formalización (planificación) e implantación y control (gestión) de la estrategia.

En la *figura 4* se recogen los conceptos señalados, a la vez que se ofrecen los dos grandes enfoques metodológicos según Mintzberg (1990), encuadrando las diez escuelas en que se clasifica el pensamiento estratégico. Pero antes de entrar en su relato y conocer las «especies» estratégicas, se recoge la opinión de Hamel (1998) y las de sus colegas de la compañía consultora Strategos sobre cuáles son las raíces básicas de la creación de la *es-*

LOS ENFOQUES DE LA DIRECCIÓN ESTRATÉGICA

CONCEPTO DE ESTRATEGIA

GESTIÓN ESTRATÉGICA (IMPLANTACIÓN Y CONTROL)

FORMULACIÓN DE LA ESTRATEGIA

ENFOQUE

ENFOQUE

DESCRIPTIVO

PRESCRIPTIVO

FORMALIZACIÓN (PLAN ESTRATÉGICO)

(DE: DIRECCIÓN ESTRATÉGICA)

FUENTE: Elaboración propia.

Figura 4

trategia o las condiciones previas para el surgimiento de una *estrategia* determinada. Éstas son:

- *Nuevas voces*: «Aportar nuevo "material genético" al proceso de la estrategia contribuye siempre a generar estrategias no convencionales. La alta dirección debe dejar de monopolizar la elaboración de estrategias y dar cabida a sectores no participantes en el proceso.» [...] «La creación de estrategias ha de ser un proceso pluralista y altamente participativo.»

- *Nuevas conversaciones*: «Instaurar un diálogo sobre las estrategias que atraviese todas las barreras organizativas y sectoriales convencionales aumenta las probabilidades de que se produzcan hallazgos estratégicos.» [...] «Las oportunidades de hacer nuevos hallazgos se crean mediante nuevas vías de yuxtaposición de conocimientos anteriormente aislados.»

- *Nuevas pasiones*: «Dar a conocer el impulso descubridor innato en toda persona y enfocarlo hacia la búsqueda de nuevas estrategias de creación de riqueza es otro requisito previo. Creo que la teoría de que las personas son reacias al cambio es errónea: sólo lo son cuando el cambio no ofrece perspectivas de nuevas oportunidades.»

  [nota manuscrita al margen: people not innately reactionary]

- *Nuevas perspectivas*: «Las nuevas perspectivas conceptuales que permiten reconcebir los negocios, las capacidades de la empresa, las necesidades del cliente, etc. contribuyen en gran medida a la innovación estratégica.»

- *Nuevos experimentos*: «Lanzar al mercado una serie de pequeños experimentos sin riesgo sirve para maximizar la tasa de aprendizaje de la empresa con respecto a qué nuevas estrategias funcionarán y cuáles no. Los conocimientos adquiridos a través de un debate estratégico de amplia base no serán nunca perfectos y, aunque pueden refinarse en buena medida mediante el análisis tradicional para convertirlos en estrategias viables, hay muchas cosas que sólo pueden aprenderse en el mercado» [...], «tratamos no sólo de *descubrir* algo, sino también de *inventar* algo» [...], «descubrir los principios de la cocina» [...], «debemos inventar el horno, un *horno estratégico*».

«En nuestra búsqueda de este horno estratégico, nuestros conocimientos más valiosos provendrán probablemente del otro lado de las disciplinas tradicionales de la estrategia. Personalmente, creo que descubriremos este horno en la zona de encuentro de conceptos como los de surgimiento, autoorganiza-ción, cognición y aprendizaje organizativo. La ciencia está acercándose a los servicios profundos de la vida y nosotros, como especialistas en estrategia, esta-mos comenzando, por fin, a aproximarnos a los secretos profundos de la vitali-dad corporativa.»

Estoy convencido de que estas frases brillantes no han dejado al «viaje-ro» indiferente, ante este «ingenio» tomará postura, y le ayudará, sin lugar a dudas, bien a ser una *nueva voz*, bien a iniciar una *nueva conversación*, bien a sentir una *nueva pasión*, bien a tener una *nueva perspectiva* o, final-mente, a desarrollar un *nuevo experimento* en el «horno de la estrategia». Pre-cisamente al descubrimiento conceptual demandado por Hamel lo pode-mos situar en el corazón de la *figura 4*, en concreto, en la intersección de los dos enfoques de la *dirección estratégica*: el «prescriptivo» y el «descriptivo».

Volviendo con el afamado Mintzberg, el otro «guía» de nuestro «viaje», podemos afirmar que la disciplina *dirección estratégica* ha ido configurando y formalizando, a lo largo de estos años, diferentes líneas de pensamiento. Cada una de ellas ha ido poniendo el acento en determinado aspecto de la creación estratégica, ofreciendo, en suma, distintas perspectivas sobre el proceso estratégico, es decir, sobre el proceso de formulación, formaliza-ción e implantación de la estrategia. En concreto, Mintzberg (1990) ha identificado diez escuelas distintas del pensamiento estratégico. Tres de ellas son de «orientación prescriptiva» («el deber ser») y las siete restantes responden a un «enfoque descriptivo» (más cercano a lo «que es»).

Siguiendo con la reclasificación formulada por Bueno (1996) podemos presentar las diez escuelas –ya mencionadas en la Introducción de este tra-bajo– de la manera que se recoge a continuación:

- Escuelas prescriptivas o «racionalistas»:

  ◆ Escuela del diseño o empírica.

  ◆ Escuela de la planificación o formal.

  ◆ Escuela del posicionamiento o analítica.

- Escuelas descriptivas o del «proceso»:

  ◆ Escuela del aprendizaje o del «incrementalismo lógico».

  ◆ Escuela configuracional o estructural (también llamada «episó-dica»).

◆ Escuelas «organizativas»:

– Escuela de la capacidad de emprender (emprendedores).

– Escuela cognitiva o del modelo mental.

– Escuela política o del poder.

– Escuela cultural o ideológica.

– Escuela del entorno o contingente.

Las «escuelas prescriptivas» presentan un enfoque racionalista, ya que pretenden preceptuar, ordenar y determinar tanto el concepto deliberado de la estrategia como su proceso de formación, basándose en la experiencia del estudio de casos de estrategias empresariales para diseñar dicho proceso (escuela del diseño), bien por medio del análisis de los problemas estratégicos y la formulación de un proceso planeado y formalizado (escuela de la planificación), o bien utilizando modelos analíticos para determinar la posición competitiva en determinado sector (escuela del posicionamiento de Michael Porter). Estas «escuelas prescriptivas» han sido las que han ejercido mayor influencia hasta el comienzo de la década de los noventa y la práctica totalidad de los manuales de *estrategia* y de *dirección estratégica* siguen estas corrientes de pensamiento.

A partir del inicio de la última década del siglo XX, y de la mano de los autores citados previamente, surgen nuevos planteamientos del pensamiento estratégico. Son «escuelas» menos estructuradas, algo dispersas o poco relacionadas entre sí, aun en muchos casos emergentes y propias de un «enfoque descriptivo», más creativo, innovador y heterodoxo y, por contra, menos racional, formal y sistemático que los planteamientos «prescriptivos». Enfoque muy arraigado en la observación y descripción de aspectos específicos del proceso real de formación de la estrategia en las organizaciones. Son escuelas, en consecuencia, que ponen el énfasis en el «proceso», como concepto relevante de lo que se hace, como explicación del porqué de los éxitos y de los fracasos de las estrategias empresariales. Las dos escuelas principales son la del «aprendizaje» o del «incrementalismo lógico» y la «configuracional» o «episódica», escuela, esta última, de gran carácter estructural. La primera se basa en las ideas del aprendizaje o del incrementalismo conceptual a partir de las experiencias sucesivas y de las estrategias emergentes o no deliberadas, como forma natural de la elaboración de la *estrategia* por parte de los directivos; mientras la segunda se arraiga en las relaciones entre *estrategia* y *estructura* (en su sentido de organización) o en la explicación de que aquélla dependerá del contexto o de la configuración adoptada por el diseño organizativo y los procesos básicos de la organización. Finalmente, las denominadas como «escuelas organizativas» responden a cinco enfoques, en principio menores por ser menos genéricos, propios de aspectos singulares y característicos de la moderna teoría de la empresa como organización (Bueno, 1995 y 1996), tal es el caso de las conocidas por los conceptos siguientes: de la capacidad de emprender, cognitiva, del poder, cultural y del entorno. Unas y otras escuelas definen, en consecuencia, distintos procesos estratégicos, como expresión concreta de las diferentes formas en que se crean las estrategias empresariales.

Desde una perspectiva más genérica que la presentada por Mintzberg, Whittington (1993) propone agrupar las escuelas anteriores en cuatro enfoques fundamentales:

- *Enfoque clásico* (se corresponde con las «escuelas prescriptivas»);

- *Enfoque evolucionista* (equivale a la escuela del entorno);

- *Enfoque de proceso* (se corresponde con la mayoría de las «escuelas descriptivas», especialmente con la de «aprendizaje» y la «configuracional»);

- *Enfoque sistémico* (podría ser una combinación entre la escuela del entorno y la cognitiva, como expresión de aspectos básicos del pensamiento sistémico, de tanta influencia en la teoría de la organización y de la propia *estrategia*).

El *enfoque clásico* considera a la estrategia como un proceso formal y racional, de carácter deliberado, basado en cálculos y análisis previos para intentar maximizar la ventaja competitiva de la empresa a largo plazo. El *enfoque evolucionista* parte de la influencia de la concepción de la «selección natural» en la economía de las organizaciones, proceso competitivo que selecciona a las más aptas, las cuales sobreviven, mientras que el resto están condenadas a desaparecer. El *enfoque de proceso* también es de carácter evolutivo como el enfoque anterior, y comparte su escepticismo sobre la utilidad de la formulación racional de la *estrategia*. Para este enfoque lo importante es aceptar la «racionalidad limitada» en el proceso, la imperfección organizativa y proponer que la base de la *dirección estratégica* es el proceso real de aprendizaje colectivo en la formación o creación de estrategias, tanto deliberadas como emergentes, las cuales se pueden aprovechar de la propia imperfección del mercado y de la asimetría o de la falta de información de las empresas sobre las respuestas posibles al *reto estratégico*. Por último, el *enfoque sistémico* indica que el proceso de creación de la *estrategia* depende del sistema social específico en el que se desenvuelve la organización, así como de su propia estructura y, en consecuencia, su proceso estratégico estará condicionado por ambas contingencias. Posición relativista que corresponde con los modelos de razonamiento mental o con las capacidades reales de las personas para diseñar y ejecutar determinados planes de acción.

En la *figura 5* se recogen los cuatro enfoques de Whittington, así como los correspondientes procesos estratégicos explicativos de las distintas formas de conceptualizar las estrategias, las cuales se mueven en el intervalo de estrategia deliberada o planeada versus estrategia totalmente emergente o sin un plan formalizado previo. Entre ambas tipologías se observan dos posiciones intermedias, más cercanas a la realidad, a los modelos efectivos de comportamiento, tal y como se ha venido mostrando a lo largo de este

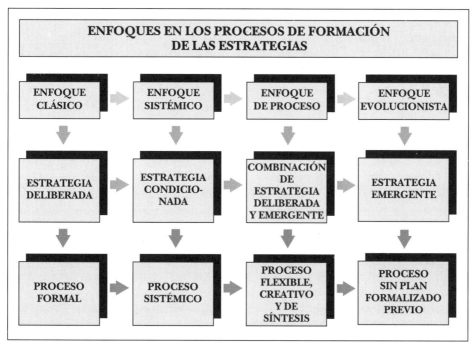

Fuente: AECA (1999).

Figura 5

«viaje» y que explican estrategias condicionadas o mixtas (combinación de deliberadas y emergentes), las cuales suelen ser las «especies» más observadas en la realidad. Estos procesos han sido corroborados por la investigación llevada a cabo sobre importantes empresas españolas por Bueno, Casani y Lizcano (1998b).

3.3. Modelo dinámico del proceso de formación de la estrategia

Llegados a este punto del camino, de este «viaje virtual», se han visto y se han apreciado muchas e interesantes cosas en torno a las «especies» que pueblan el «sector de la estrategia», por lo que antes de recomendar algunas reglas prácticas para el futuro del viajero, parece oportuno retomar algunas de las promesas de la «guía» inicial y ofrecerle una visión general, a la vez que real, de los procesos efectivos de «formación de las estrategias» en la realidad empresarial, especialmente en las empresas españolas. Exposición que resumirá los trabajos recientes elaborados por Bueno et al. (1998a y 1998b) y AECA (1999).

En primer lugar parece claro que nuestro viajero, que parece ser persona observadora, ya se ha apercibido de que el proceso de formación de la *estrategia* se compone de una serie de etapas que, en la perspectiva actual, caracterizada por los enfoques de «proceso» y «evolucionista», pueden presentar diferentes configuraciones a partir de una visión dinámica y recurrente, refutando las posturas clásicas, lineales y deliberadas, y que cuestiona la existencia de una sola, determinada por la lógica formal, ya que viene a demostrar que, en la práctica, se producen diferentes dinámicas, a veces tantas como caracteres específicos y combinados puedan presentar las empresas, sus sectores de actividad y el entorno en que compiten. En la *figura 6* se recoge la síntesis del citado *modelo dinámico;* figura en la que se pueden apreciar las dinámicas posibles, según que cada etapa tome uno u otro derrotero, manifestando opciones circulares y transversales de una *estrategia* a veces planeada, a veces emergente o, inclusive, de carácter combinado o mixto.

A este respecto Bueno et al. (1998b) han identificado cuatro clases de estrategias y ocho dinámicas de proceso estratégico, a partir de la investigación en profundidad de diecisiete casos de empresas españolas, generalmente muy grandes y de los sectores principales de la economía española. Estas dinámicas se recogen de forma sintética en la *figura 7.* En esta figura

FUENTE: AECA (1999) y elaboración propia.

Figura 6

se señalan, al igual que en la *figura 6*, los números de las cuatro etapas principales del proceso estratégico, para identificar las diferentes secuencias, así como se proponen flechas con trazo obscuro para las operaciones planeadas o deliberadas, mientras que las flechas blancas responden a acciones emergentes. Cuando aparecen flechas transversales y rectas quieren significar rupturas de la cadencia normal o «convencional» de la creación de la estrategia. Estas dinámicas se irán comprendiendo mejor con los comentarios siguientes, relativos a cada una de las etapas principales del proceso estratégico formulado.

En la citada *figura 6* se representan las cuatro etapas principales:

1. Pensamiento y análisis estratégico.

2. Formulación de la estrategia.

3. Planificación o programación de la estrategia.

4. Implantación y control de la estrategia.

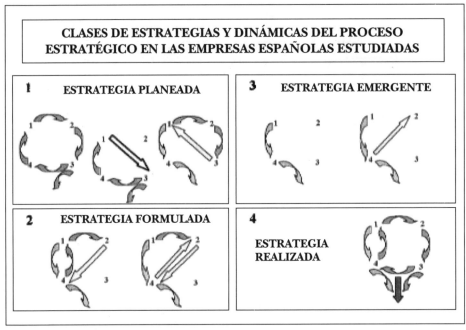

FUENTE: Bueno et al. (1998b) y elaboración propia.

Figura 7

La primera etapa, bajo el principio aceptado que sea el inicio del proceso, en las circunstancias de comienzo del pensamiento estratégico de la organización, se compone de dos partes integradas, en cierta medida, pero con funciones diferenciadas: a) el propio pensamiento estratégico y b) el análisis o diagnóstico estratégico.

Como es sabido, el pensamiento estratégico o «modelo teleológico» (Bueno, 1996) es la forma de poder representar determinado «modelo mental o estructura cognitiva que debe llevar a la organización a reflexionar sobre su proyecto empresarial, es decir, sobre lo que quiere ser y hacer; analizar la conveniencia o no de cambiar lo que se está haciendo en el presente, el tipo de organización a que se ha llegado, con el fin de tener un futuro mejor, como respuesta efectiva a su reto estratégico» (AECA, 1999).

Este modelo de pensamiento estratégico integra cuatro conceptos, generadores de todas las dinámicas principales y derivadas que pueden ser observadas en la «jungla» de la empresa o en el mundo de las organizacio-

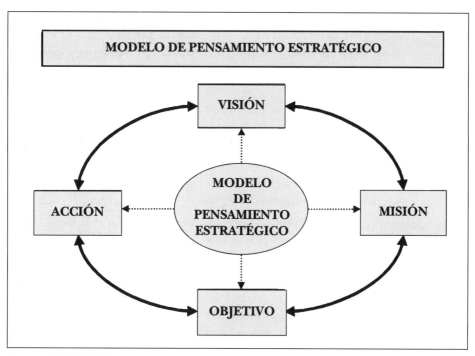

FUENTE: AECA (1999).

Figura 8

nes. Para concretar la creación de estas dinámicas, la *figura 8* recoge los cuatro conceptos principales, fuerzas motrices del desarrollo posterior del «modelo dinámico» del proceso estratégico.

Para ilustración del «viajero», por si no lo tuviera en su manual o guía, los cuatro conceptos expuestos presentan estos significados, generalmente aceptados, por la comunidad o el «sector de la estrategia».

Visión Propósito estratégico de la organización o proyección mental en el presente de las expectativas sobre lo que aquélla quiere ser y hacer en el futuro. Idea cercana a la filosofía y política de la empresa y que, por influencia de Hamel, presenta «la creación del futuro».

Misión Representa la finalidad y la función de conceptualización de la organización. Es la forma de concretar la visión en lo que se quiere ser y hacer o en qué negocios se está y se quiere estar. Sirve de guía o referencia de valores, responsabilidades y actividades reconocidas y compartidas por las personas que integran la organización.

Objetivo Expresión concreta y operativa de lo que la organización pretende alcanzar. Es la guía en la consecución de los propósitos de aquélla, por lo que materializa la misión definida.

Acción Representa la concreción final de los objetivos. Es la expresión praxiológica de los resultados pretendidos o de los propósitos a alcanzar en un horizonte determinado, definido en un momento y en un espacio concretos.

Las cuatro dinámicas principales, que pueden ilustrar al «viajero» sobre el «sector de la estrategia» (en expresión de Hamel) y servir de orientación para iniciar sus viajes futuros, entre unas u otras «fieras estratégicas», son las siguientes:

- *Dinámica 1.* «Secuencia del Emprendedor.» Propia del inicio de una empresa, de un proyecto empresarial o cuando se crea la estrategia en un sector emergente o altamente competitivo. Es la dinámica de la «creación».

  Visión ➜ Misión ➜ Objetivo ➜ Acción

- *Dinámica 2.* «Secuencia del Organizador.» Característica de situaciones en las que la misión es definida por un agente externo (caso de los sectores regulados o de las concesiones administrativas), correspondiendo al estratega la formulación de la visión o del proyecto empresarial. Es la dinámica de la «madurez».

  Misión ➜ Visión ➜ Objetivo ➜ Acción

- *Dinámica 3.* «Secuencia del Innovador». Representativa del estratega que revisa sus objetivos y procesos de acción reinventando el negocio, la empresa y recreando su entorno. Es la dinámica del «cambio».

  Objetivos ➜ Acción ➜ Visión ➜ Misión

- *Dinámica 4.* «Secuencia del Reestructurador.» Exponente de una situación crítica, de incumplimiento de objetivos y resultados inadecuados, lo que recomienda la revisión del modelo de comportamiento, rediseñando la cartera de negocios y la propia organización. Es la dinámica de la «crisis».

  Acción ➜ Objetivo ➜ Misión ➜ Visión

A partir de estas dinámicas se van engarzando las etapas siguientes del modelo. El análisis estratégico representa el sistema de vigilancia, de diagnóstico externo o de evaluación de los efectos de las fuerzas competitivas del entorno (factores exógenos) y de diagnóstico interno o de evaluación de la situación de los recursos y capacidades (factores internos) que definen las competencias esenciales de que dispone la organización. Este análisis estratégico genera unas dinámicas similares a las observadas en el caso del pensamiento estratégico. La formulación de la estrategia consiste en saber identificar y evaluar las diferentes opciones estratégicas que se presentan y decidir eficaz y eficientemente entre ellas, cuestión no sencilla y que puede ser, según se ha visto en este «trayecto intelectual», una forma singular de solución adaptada a los diferentes enfoques y correspondientes procesos de pensamiento y acción. La etapa siguiente recoge los esfuerzos del modelo en programar y formalizar la información, las consideraciones y las decisiones precedentes en un esquema o guía (plan estratégico) que marque las líneas a seguir, los hitos a cumplir o las acciones burocráticas que faciliten el posible éxito del «proceso». Como es sabido, y así se ha visto en este «viaje», esta etapa fue antaño una de las más importantes, pero en los momentos presentes, ante las discontinuidades del entorno, según las ideas antes expuestas por Prahalad, ha quedado relegada a un plano inferior en beneficio de la etapa siguiente. Finalmente, la última etapa supone la capacidad de saber llevar a la práctica y con éxito lo pensado y lo planeado. Pensar, analizar, formular y programar tienen poco sentido si todo ello no se traduce en una acción exitosa y generadora de autoestima y satisfacción para el estratega y para todas las personas involucradas de la organización en este empeño de vital importancia para el presente y el futuro de aquélla. Saber implantar y conocer cómo y por qué se hacen o no se hacen las cosas (control) son aspectos fundamentales que, en la economía de las organizaciones de nuestro tiempo, representan funciones y competencias de la máxima importancia.

4. A modo de conclusión: Una guía para el futuro del «viajero»

Querido lector y «viajero»: estamos llegando al término de nuestro «viaje», donde hemos presenciado y analizado muchos sucesos, conceptos y opiniones. «Especies estratégicas» célebres y muy calibradas por el ingenio y el intelecto de sus creadores, a su vez, se han ido modificando desde el inicio de nuestra aventura, evolucionando de manera radical en estos cuarenta años de que trata este «trayecto». Ahora es el momento de recapitular y de mostrar a todos, a los crédulos y a los escépticos, que los contenidos estratégicos de un Programa MBA de los setenta e inclusive de los ochenta, tienen muy poco que ver con los necesarios para el aprendizaje fundamental y para el desarrollo de las habilidades directivas de los participantes en un MBA en la transición de estos dos siglos, el que poco a poco nos abandona y el que amanece en el horizonte, pletórico de nuevos retos, con sus luces y sus sombras pero, sobre todo, lleno de nuevas «maravillas» –seguro– para solaz de unos e inquietud de otros.

En estas últimas páginas sólo pretendo ir delineando, a modo de conclusión, unas referencias, unas reflexiones y unas propuestas que sirvan para ilustrar el desarrollo de los contenidos de un Programa MBA, en la materia que nos concierne, para poder afrontar con el mayor éxito posible el *reto estratégico* del tiempo nuevo y para, primero, ser capaces de crear las estrategias que demanda el cambio del entorno competitivo, según Hamel; segundo, para hacer frente, de manera competente, a las discontinuidades del citado entorno, según Prahalad y, finalmente, para conocer, dentro de un «incrementalismo lógico» a andar, paso a paso, en el camino del aprendizaje estratégico, según nos propone, entre otros, Mintzberg. Parecía necesario el intentar concretar estas cuestiones, al menos, como reconocimiento y agradecimiento por lo que los tres guías citados nos han ido mostrando y enseñando a aprender en este «tour», en este «viaje intelectual», sobre la *estrategia*.

Me gustaría, siguiendo a Hamel (1998), recordar sus palabras de recomendación, para clarificar los papeles de los diferentes actores que pueden intervenir, como así ya lo vienen haciendo en los últimos años, en un Programa MBA de nuestro tiempo.

Primero, a los profesores de estrategia, a los académicos, Hamel les recomienda que si «desean desempeñar un papel en la invención del horno estratégico, más les vale remangarse y pasar a la práctica. No pueden seguir siendo meros observadores; deben crear laboratorios dentro de empresas reales, en los que puedan estudiar el fenómeno del surgimiento de la estrategia». [...] «No estoy proponiendo que los profesores de estrategia se conviertan en consultores, sino que dejen de ser diletantes». Es evidente que si este cambio se produjera, los contenidos programáticos mejorarían y, sobre todo, iría en beneficio de una mejor formación del participante en el MBA.

Segundo, a los consultores que también suelen participar como docentes complementarios en este tipo de programas, Hamel a este respecto dice: «Si usted es un consultor estratégico, tradicional, tenga cuidado. Si soy un alto directivo, ¿por qué he de pagar a un joven de veintinueve años para que me enseñe cosas de mi ramo de actividad? ¿No sería mejor que mis propios jóvenes de veintinueve años y los demás miembros de mi empresa me ayudaran a aprender sobre el futuro?».

Está claro que un buen Programa MBA tiene que facultar que estos jóvenes, con los conocimientos necesarios, se incorporen a recrear el futuro, la empresa y a enseñar, con los otros, a aprender la formación de estrategias.

Tercero, a los planificadores, que pueden contar sus experiencias en seminarios de un Programa MBA, Hamel, de manera sarcástica les dice: «A menos que participe en la búsqueda de los secretos profundos del surgimiento de la estrategia, lo mejor que podrá esperar es una mención de reconocimiento en una viñeta –humorística– de Dilbert». Sin comentarios.

Siguiendo ahora a Prahalad (1998) podríamos recomendar, para una buena guía para el futuro del «viajero», dentro y fuera del Programa MBA, los cuatro pasos básicos para crear un marco de conocimientos para que se puedan gestionar con éxito las nuevas competencias para el nuevo *reto estratégico*, que las discontinuidades del entorno, por él citadas, están provocando en la actual realidad económica y, sobre todo, para la «nueva economía» en gestación.

Pero, antes de entrar en la concreción de las citadas cuatro recomendaciones o pasos a seguir, conviene mencionar el papel del desarrollo de las competencias, así como también recordar cómo se puede alcanzar dicho desarrollo. Todo lo cual mostrará que el reto de la dirección de la empresa, a la que será candidato nuestro «viajero», consistirá en saber los «pasos de gestión específicos para administrar esta transformación». El desarrollo de las nuevas competencias debe reconocer la función de las personas, de los equipos y de toda la organización. Su papel se basa en el «proceso por el cual la excelencia individual, el conocimiento científico, la creatividad y la imaginación se transforman en experiencia (pericia o habilidad) de equipo y en capacidad organizativa». Este desarrollo de competencias se puede lograr si el esfuerzo se centra en el aprendizaje tanto a nivel individual o de grupos, como para la organización en su conjunto. El desarrollo y progresión de las nuevas competencias se resume en la *figura 9.*

PROGRESIÓN DE LAS COMPETENCIAS		
TECNOLOGÍA X	APRENDIZAJE COLECTIVO X	INTERCAMBIO A TRAVÉS DE FRONTERAS
⇩	⇩	⇩
1. Personas	Equipos (Grupos)	Organización
2. Tácita/Explícita	Tácito/Explícito	Explícito/Tácito
3. Excelencia personal	Experiencia de equipo	Capacidad organizativa
4. Conocimientos científicos	Comprensión de aplicaciones específicas	Competencias para crear

FUENTE: Prahalad (1998) y elaboración propia.

Figura 9

Dicho desarrollo no está exento de dificultades, tanto las intelectuales, propias de una adecuada gestión de los conocimientos explícitos y tácitos, como otras de carácter organizativo, producidas por determinadas barreras tecnológicas, culturales y psicológicas. De todas formas, los cuatro pasos mencionados, que son necesarios para una adecuada gestión empresarial, y precisos para dar una respuesta efectiva y competente a las necesidades que se derivan ante el reto del nuevo siglo, según Prahalad, son los siguientes:

1. *«Una visión en la socialización, extensa dentro de la organización.»* [...] «Además de la formación en competencias interpersonales, debería existir una formación en competencias interculturales. Los directivos, durante la próxima década, deberán tratar con cuatro niveles de diversidad: la raza, el sexo, la cultura y el intelecto.»

2. *«El desarrollo de aptitudes lingüísticas.»* «Las compañías europeas suelen dar una mejor formación lingüística que las estadounidenses. [...] El idioma será un aspecto fundamental en la transferencia de competencias. Es evidente que el conocimiento tácito no se puede transferir fácilmente si existen barreras lingüísticas.»

3. «*Una documentación extensa –pero no una burocracia– es fundamental para realizar la translación de lo explícito a lo tácito.*» «Esto significa que debe existir una preocupación sobre los criterios y estandarizaciones. [...] Existe, básicamente, una necesidad de marco de gestión común y compartido.»

4. «*Un compromiso amplio de formación, tanto en la faceta analítica como en la experimental de la gestión.*»

Si estos pasos se integran como método y objeto en el *currículo* del Programa MBA, es evidente que la formación alcanzable podrá ser evaluada como positiva y válida para gestionar con éxito el *reto emergente* del nuevo siglo, de la nueva economía. Estas recomendaciones, incluibles en la «guía del viajero», para acometer adecuadamente sus viajes futuros en el seno de un Programa MBA, son concordantes con el «enfoque descriptivo» aconsejado por Mintzberg y justo exponente de la importancia del «proceso emergente» en la formación de la *estrategia*, proceso basado en un aprendizaje continuo, creativo y abierto, gracias a la propia experiencia del directivo, a la formación a través del «método clínico» o deducible de la observación de cómo «hacen estrategia» las empresas, sus directivos; «incrementalismo lógico» que se basa en «hacer camino al andar», que se apoya en las capacidades personales y organizativas y en una adecuada gestión de cambio, del conocimiento y de los retos permanentes de un entorno tan discontinuo, incierto y dinámico como el que rodea en estos momentos y rodeará la economía de las organizaciones.

Si sólo una parte de todo esto, además de otras cuestiones que no fueron mencionadas en el «sector de la estrategia» y en la guía de este «viaje», pueden ser incorporadas a los contenidos programáticos y a los métodos de transmisión del conocimiento de un Programa MBA, el «viajero» puede estar totalmente seguro que la aventura emprendida ha merecido la pena, hemos creado valor, hemos alcanzado más, mucho más, que otros muchos «viajeros» en las décadas pasadas. Los contenidos se han enriquecido, el «horno estratégico» funciona, los retos se aceptan y el modelo dinámico del proceso de formación de la estrategia guiará, con luz propia, al nuevo «caballero andante», cabalgando en el rocín de las nuevas competencias que precisan los directivos del nuevo milenio, las cuales son, como ha sido comentado repetidamente, las que se necesitan para poder afrontar con cierto éxito el reto del nuevo siglo. «Que así sea.»

5. Bibliografía

AECA (1999). *Estrategia empresarial. Modelo dinámico del proceso estratégico.* Documento número 9 de la Comisión de Principios de Organización y Sistemas (Ponentes: E. Bueno, F. Casani y J. L. Lizcano), Asociación Española de Contabilidad y Administración de Empresas, Madrid.

Ansoff, H. I. (1965). *Corporate Strategy,* McGraw Hill, New York. (Hay versión española: *La estrategia de la empresa,* EUNSA, Pamplona, 1976.)

Bueno, E. (1995). «La estrategia de la empresa: treinta años de evolución teórica», en A. Cuervo (Ed.): *Dirección de empresas de los noventa (Homenaje al profesor Marcial Jesús López Moreno),* Cívitas, Madrid, págs. 29-42.

Bueno, E. (1996). *Dirección estratégica de la empresa. Metodologías, técnicas y casos,* Pirámide, Madrid, 5ª edición (primavera de 1987).

Bueno, E.(1998). «El capital intangible como clave estratégica en la competencia actual», *Boletín de Estudios Económicos,* vol. LIII, agosto, nº 164, págs. 207 - 229.

Bueno, E.; Casani, F.; Lizcano, J. L. (1998a). «El reto estratégico del sector del automóvil en España» («The strategic challenge in Spains automotive industry»), *Barcelona Management Review* nº 9, sept.-dic., págs. 10 - 31.

Bueno, E.; Casani, F.; Lizcano, J. L. (1998 b). «Dynamic Model of Strategy Process», 18th. Annual International Conference of the Strategic Management Society, Orlando (Florida), *Track theme G: Strategic Thinking: Decision-Making and Strategy Process,* págs. 1-20.

Hamel, G. (1998). «Strategy Innovation and the quest for value», *Sloan Management Review,* winter. (Hay versión española: «Innovación estratégica y creación de valor», *Harvard Deusto Business Review,* 1998, págs. 6-13.)

Mintzberg, H. (1987). «The Strategy Concept 1: Five Ps for Strategy», *California Management Review,* 30, 1, junio, págs. 11-24.

Mintzberg, H. (1990). «Strategy Formation: Schools of thought», en J. W. Fredrickson (Ed.): *Perspectives on Strategic Management,* Harper Business, New York, págs. 105-235.

Mintzberg, H.; Ahlstrand, B.; Lampel, J. (1998). *Strategy Safari. A Guided Tour through the wilds of Strategic Management,* The Free Press, New York.

Prahalad, C. K. (1998). «Managing Discontinuities: The Emerging Challenges», *Research Technology Management*, mayo-junio, págs. 14-22. (Hay versión española: «Gestión de las discontinuidades: Los desafíos emergentes», *Euroletter*, enero, 1999, págs. 19-28.)

Prahalad, C. K.; Hamel, G. (1994). «Strategy as a field of study: why search for a new paradigm», *Strategy Management Journal*, vol. 15, págs. 5-16.

Rumelt, R. P.; Schendel, D; Teece, D. J. (1994). «Fundamental Issues in Strategy: A Research Agenda for the 1990s», en Rumelt, R. P.; Schendel, D; Teece, D. J. (Eds.). *Fundamental Issues in Strategy: A Research Agenda*, Harvard Business School Press, Boston (Mass.), págs. 9-47 y 557-571.

Whittington, R. (1993). *What is Strategy – and does it matter?*, Routledge, London.

2.

Emprender

Pedro Nueno

Profesor del IESE

1. Introducción

El concepto emprender suele aplicarse al aprovechamiento o explotación de una oportunidad de negocio, transformándola en actividad empresarial. Con frecuencia, la imagen que se asocia al fenómeno de emprender es la del joven que inicia una nueva aventura empresarial más o menos innovadora. La iniciativa emprendedora, sin embargo, puede darse en la creación de empresas grandes, como pueden haber sido en España Airtel o Retevisión, o en el lanzamiento de nuevas actividades dentro de empresas existentes, como el handling en aeropuertos dentro de Acciona (Grupo Entrecanales).

Emprender implica, primero, identificar una oportunidad y, a continuación, dar todos los pasos necesarios para llegar desde dicha identificación hasta el comienzo de la fase comercial del nuevo negocio. Si nos preguntásemos si existe una teoría sobre la iniciativa emprendedora, la respuesta podría ser que sí, aunque con matices. Muchos economistas han tratado la cuestión y entre ellos destaca Schumpeter, probablemente por ser de los primeros. La Universidad de Babson, en Estados Unidos, se ha diferenciado de otras por su famosa conferencia anual sobre «entrepreneurship», en la que desde hace más de diez años se vienen presentando ponencias de carácter científico sobre el tema. Existen varios «journals» y revistas[1] sobre iniciativa emprendedora. Pero nadie se sorprenderá si afirmamos que sabemos más sobre la práctica de la iniciativa emprendedora que sobre la teoría. La mayoría de los cursos de iniciativa emprendedora, que se ofrecen en

---

1. Podríamos mencionar la revista *Iniciativa emprendedora y empresa familiar*, de Ediciones Deusto, y el *Journal of Business Venturing*, publicado por Elsevier junto con las universidades de Virginia y Pensilvania.

las escuelas de dirección de empresas más destacadas del mundo, se orientan más a cómo hacerlo que a por qué se hace. En este capítulo adoptaremos también la perspectiva de cómo hacerlo.

La iniciativa emprendedora es un tema que suele resultar socialmente atractivo. El fenómeno de la globalización lleva años estimulando la concentración de empresas y tras la concentración viene la racionalización. Incluso las concentraciones más exitosas han producido posteriormente reestructuraciones y destrucción de empleo. Particularmente en Estados Unidos y en Europa, durante los ochenta y noventa, la reestructuración ha llevado a la destrucción de millones de empleos. La creación de empleo ha quedado en manos de unas pocas empresas grandes, muy intensivas en innovación (del tipo de Microsoft, Nokia, SAP, LVMH), y, sobre todo, de nuevas empresas, la mayoría pequeñas.

De los cientos de miles de empresas que se crean cada año en el mundo, muchas acaban siendo marginales. Quizás habría que decir que muchas empiezan ya siendo marginales: sin ambición de llegar a ser empresas de verdad. El estamento político tiene una cierta culpa en esto. Para intentar paliar el empleo, se han creado infinidad de programas y organismos estimuladores de la creación de empresas. Unos son programas para la creación de micro-empresas (una variante de esto es el autoempleo). Otros son los llamados viveros de empresas, en los que se subvenciona una parte de los gastos de inicio de la empresa –generalmente facilitando espacio físico– y se ofrece algún asesoramiento. La mayoría de estos enfoques consiguen un resultado más político que económico y su rendimiento como motores de creación de empresas es bajísimo.

En este capítulo nos referiremos a la iniciativa emprendedora cuando se orienta a proyectos ambiciosos con la expectativa de crecer y desarrollarse avanzando hacia empresas, como mínimo, de dimensión mediana. Cabe considerar un tipo intermedio de empresa que no adquiere gran dimensión pero que consigue buenos resultados y suele ser una proposición atractiva para quienes trabajan en ella. Se trata de empresas que giran alrededor de las habilidades de un grupo reducido de personas o de una persona: un cirujano plástico que posee su propia clínica, un diseñador «freelance» con prestigio que tiene su propia empresa, un abogado que extiende su prestigio con un pequeño grupo de colaboradores en su bufete, un consultor especialista en una problemática determinada que trabaja con un reducido número de profesionales, etc.

2. La esencia de emprender

La esencia de emprender está en, primero, identificar la oportunidad y, segundo, convertirla en negocio. Una idea no es una oportunidad. Muchos emprendedores potenciales dicen que tienen una idea o, a veces peor, que buscan una idea. Una oportunidad es una necesidad no satisfecha. El extraordinario y rápido desarrollo en España de una cadena como Telepizza pone de manifiesto el tremendo potencial de la distribución de comida rápida a domicilio en este país. Hay que recordar que la distribución de pizzas a domicilio en España es un fenómeno que se inicia en los años 80, muy atrasado en relación, por ejemplo, a Estados Unidos. Podría pensarse que la oportunidad estaba ahí. La idea no era nueva. Faltaba la segunda parte.

Los hipermercados Continente, del grupo francés Promodés, lanzaron unos helados con su propia marca en forma de pequeños conos de galleta rellenos de helado recubierto de chocolate. Una especie de bombón helado con la tradicional forma y características del cono típico. Aquí, el aprovechamiento de la oportunidad debió resultar de la interacción de un comprador de marca privada del grupo Promodés y un fabricante de helados. La oportunidad quizás podría acotarse como el deseo de tomar un poco de helado, sucumbiendo a una tentación pero controlando la dosis.

En nuestra economía saturada parece que las oportunidades deberían escasear, pero no es así. Las oportunidades suelen aparecer en la periferia de los negocios convencionales. Casi cualquier actividad económica está sujeta a una evolución que genera nuevas formas de llevarla a la práctica. El cambio tecnológico, la evolución de la sociedad o la globalización son fuentes de discontinuidades que ofrecen nuevas oportunidades. La tendencia de las empresas a enfocarse en sus áreas de competencia («core business») ha dado lugar a la ruptura de las cadenas de valor añadido generando infinidad de servicios. Así, han salido al exterior de las propias empresas («outsourcing») servicios de logística, informática, catering, seguridad o diseño, propiciando la aparición de esta nueva modalidad de empresas y su desarrollo.

El desarrollo de internet está estimulando la aparición de empresas comerciales pero también de servicios que utilizan la red como instrumento: la telefonía por internet, que está permitiendo el nacimiento de muchos pequeños operadores, de empresas de formación, de estudios y de encuestas, o de información. (Auto by Tel es un proveedor de información a posibles compradores de vehículos, que recibe millones de consultas al año y obtiene sus ingresos de los concesionarios convencionales a los que recomienda.)

A veces, la idea y la oportunidad pueden coincidir. Es posible que una idea genial tenga un mercado. Hay emprendedores que tienen una idea absolutamente nueva, la llevan a la práctica y descubren que existía una necesidad latente para ella. La existencia de la idea genera una demanda. Pero más frecuentemente las cosas funcionan al revés. Es la observación del mercado la que sugiere que puede existir una demanda para un producto determinado. Escuchar al mercado no quiere decir que no haya que anticiparse. El mercado habla mal. Cuando el mercado pide algo muy claramente eso ya no es una oportunidad. Como afirmaba uno de los pioneros en la formación de emprendedores, Richard Dooley, de Harvard, «una oportunidad deja de serlo cuando varias personas hablan de ella».

Hoy en día se ofrecen cursos sobre creatividad y sobre formas creativas de pensar para ayudar a identificar oportunidades. Puesto que la oportunidad suele estar, como hemos dicho, en la periferia de una actividad de negocio, puede resultar difícil para quienes están inmersos en dicha actividad encontrar cosas nuevas. Por otro lado, ser capaz de salirse y adoptar una perspectiva lejana del día a día no es fácil o no es fácil hacerlo sin ayuda. La utilización de servicios externos de asesoramiento puede ayudar en esto. En diciembre de 1998, el gerente de Amat, una exitosa empresa española fabricante de muebles, que recibió el Premio Nacional de Diseño de 1998, explicaba que su empresa «era diseño y estaba impregnada de diseño», utilizando con gran éxito los servicios de varios diseñadores externos que eran capaces de interpretar los deseos del consumidor.

Estamos hablando de la esencia de emprender. Una vez identificada la oportunidad, lo más probable es que el emprendedor se encuentre en una posición de recursos (dinero, instalaciones, equipo humano) muy distante de la que le permitiría lanzarse de forma inmediata a poner en marcha una empresa que explote la oportunidad. Por lo tanto deberá conseguir todos esos recursos y apoyos. Como afirma Howard Stevenson, catedrático de iniciativa emprendedora de la Harvard Business School, la habilidad del emprendedor está en movilizar recursos externos. Stevenson dice que el emprendedor es una persona que se orienta hacia la oportunidad, mientras que el administrador se orienta a los recursos. El emprendedor dice: «Ahí hay una oportunidad, ¿cómo encuentro los recursos para explotarla?». El administrador o el funcionario dicen: «Éste es mi presupuesto,

¿cómo me lo gasto?, ¿qué cosas hago y qué cosas dejo de hacer?, ¿qué priori-dades pongo?».

Como consecuencia de todo ello, el emprendedor debe ser capaz de es-tablecer relaciones interpersonales y de inspirar confianza. Un emprende-dor suele ser capaz de inspirar la confianza de socios, proveedores, clientes, colaboradores y empleados. La capacidad de inspirar confianza se apoya en un currículum de honradez. En suma, el emprendedor moviliza recursos externos con contactos, capacidad de inspirar confianza y honradez.

3. Pasando de la oportunidad a la empresa

Hoy no hay duda de que el mejor camino para transformar una oportu-nidad identificada en una empresa requiere empezar por la elaboración de un proyecto detallado de lo que se pretende emprender: el llamado plan de negocio y ya conocido como «business plan». Las cosas no son distintas si el nuevo negocio se va a desarrollar en el seno de una empresa existente. De hecho, cuando un ejecutivo propone en una empresa una nueva línea de actividad, es casi seguro que sus superiores le pedirán que la concrete en un formato de «business plan». La *figura 1* muestra lo que podrían ser los grandes capítulos de un business plan.

Quien va a lanzar una actividad nueva corre el riesgo de enamorarse de ella y perder objetividad. Entre otras cosas, el «business plan» pretende for-zar a su autor a ser objetivo. Poner sobre el papel las cosas ayuda a definir, concretar y acotar. Permite también que otros puedan realizar una crítica constructiva del proyecto, sobre todo, otros que no participen de la emo-ción del emprendedor. Permite también que el emprendedor pueda utili-zarlo para encontrar ayuda para su proyecto.

Aspectos fundamentales del «business plan» son la definición del pro-ducto (bien o servicio), la acotación de las necesidades financieras, el plan comercial y el flujo de tesorería. Vamos a analizarlos brevemente.

Definición del producto

El business plan debe dejar claro cómo se posiciona el nuevo producto –o el concepto del negocio– en su mercado. Un bien o un servicio difícil-

1. Resumen ejecutivo
2. El concepto del negocio
    2.1. Bien o servicio que se va a producir y vender
    2.2. Enfoque específico para producir y vender
    2.3. Factores fundamentales de diferenciación
3. La nueva empresa en su sector
4. El producto y su posible potenciación con productos o servicios relacionados
5. Tecnología (si procede)
    5.1. Plan de I+D. Aspectos tecnológicos que desarrollar y aspectos que comparar. Calendario y presupuesto
    5.2. Personal de I+D. Motivación y retención
    5.3. Principales contingencias tecnológicas y su cobertura
6. El mercado y la competencia
7. Plan comercial
8. Plan de producción
    8.1. Comprar frente a fabricar. Proveedores
    8.2. Subcontratistas
9. Personal. Plan de incorporación de personas. Perfiles. Motivación y retención
10. Aspectos económicos. Previsión de *cash-flow*. Rentabilidad
11. Financiación. Necesidades financieras de la nueva empresa
    11.1. Fuentes de fondos para financiar. Capital. Deuda
    11.2. Accionistas y sus derechos y obligaciones
12. Gestión de la empresa. Responsables de cada actividad y medios de control
13. Plan detallado de lanzamiento de la empresa. Contingencias principales y cobertura

Figura 1. Posible índice del «business plan»

mente serán una oportunidad si no ofrecen alguna característica diferencial fácilmente perceptible por un mercado suficiente. Muchas veces el emprendedor tiene dificultades para hacer tangible su concepto. Si esto es así puede esperarse una seria dificultad de conectar con el mercado. El concepto debe depurarse hasta que su definición sea clara y simple. Esto facilita también su producción y su entrega.

Es importante valorar qué aporta el nuevo concepto. El consumidor es extraordinariamente consciente de lo que obtiene a cambio de su dinero y quiere apreciar una rentabilidad evidente entre lo que paga por un producto o un servicio y lo que recibe a cambio.

Un nuevo concepto debe definirse de forma que sea fabricable y que lo sea en términos adecuados a la evolución de la nueva empresa. Los costes de operar en pequeña escala y con distribución dispersa son muy elevados y hay que tenerlos en cuenta.

Acotación de las necesidades financieras

Lo peor que puede ocurrirle a un emprendedor es que se le agoten los fondos antes de que su concepto demuestre su mérito en el mercado. El afán por lanzar la nueva empresa suele llevar a muchos emprendedores a acotar a la baja las necesidades financieras de sus propuestas. La frustración de los socios o de los que han aportado recursos (préstamos, bienes, compromisos), cuando la empresa tarda más de lo previsto en despegar, puede llegar a ser muy grande. Muchas personas tienen escasa preparación empresarial y pueden haberse ilusionado con un nuevo concepto aceptando un planteamiento poco realista o imaginándose el negocio en términos poco realistas. Por ello es posible que consideren un fracaso el hecho de que los fondos comprometidos no sean suficientes.

Por otra parte no siempre es fácil establecer una previsión sobre la evolución de una nueva empresa y el emprendedor puede temer que si se cubre demasiado sus financiadores se asusten. La experiencia demuestra que cuando las necesidades financieras se acotan con un cierto margen de seguridad, la fase de lanzamiento dc la empresa es más exitosa. Entre otras cosas, el emprendedor puede centrar su esfuerzo en realizar los ajustes necesarios en el concepto de negocio.

El plan comercial

Un buen «business plan» debería incluir la lista de las personas que comprarán el bien o servicio objeto de la nueva actividad. Esto es evidentemente una exageración, pero si alguien ha visto un «business plan» así, seguro que lo recuerda como una inversión atractiva y segura. Pocas veces se puede llegar a este nivel de precisión, pero para el autor, que en más de un cuarto de siglo de docencia a emprendedores potenciales ha visto centenares de «business plan», el punto más débil sin lugar a dudas y de forma más generalizada a través de los años, país de procedencia del emprendedor, experiencia previa o nivel de formación, es siempre el plan comercial. Pueden encontrarse análisis de marketing presentables, estudios de mercado y de la competencia razonables, pero la busca y captura del cliente, con su metodología y su coste, suelen ser puntos poco elaborados en la mayor parte de los «business plan».

Lograr desarrollar y definir muy bien un concepto, movilizar los fondos, reunir el equipo humano, son cosas más programables y fáciles de sistematizar que llegar al mercado con el mensaje adecuado, en el segmento acertado y en el momento oportuno. Calcular el coste de promocionar, vender y distribuir un producto suele ser más difícil que establecer su coste de producción.

Gestión del flujo de tesorería

La tesorería es como la sangre de una empresa, si quisiéramos hacer un paralelismo con el cuerpo humano. Debe haber una cantidad adecuada y circular sin obstáculos. La previsión del flujo de fondos es la herramienta más importante en la gestión de una nueva empresa. Seguramente es también una de las herramientas más importantes en la gestión de las empresas medianas y de las empresas grandes, pues pocas mueren nadando en tesorería. La suspensión de pagos, que suele ser el preludio del final de muchas empresas, es una crisis de tesorería.

Una nueva empresa puede estar en quiebra pero ser perfectamente viable si tiene tesorería para operar. La compañía quizás ha empezado importando juguetes de China. Puede haber alquilado unas instalaciones, realizado unos acondicionamientos, adquirido unos equipos y deberlo todo. Igualmente habrá comprometido la compra de varios containers de juguetes y deberlos también. Sus deudas acaso sean de diez millones, su capital de uno y sus activos, en total, de cuatro o cinco (de dudosa realización, porque ¿cuánto valdrían si se liquidase la empresa, la instalación eléctrica o el papel de cartas?). Estaría en quiebra. Pero si empieza a operar y puede vender los juguetes que importa con un margen muy elevado, más pronto o más tarde recompondrá su balance. Lo que debe cuidar bien el gerente es llevar una cuidadosa previsión de entradas y salidas de dinero y asegurarse de que nunca se produce una brecha.

El análisis de las primeras fases de la vida de una nueva empresa debe hacerse con una cuidadosa previsión de necesidades y fuentes de fondos. Si a priori se detecta que allá por el mes seis puede haber un problema de tesorería, es importante empezar inmediatamente a trabajar sobre cómo se podrá solucionar. Es preferible negociar con un proveedor, un socio o un banco con anticipación, que sorprenderle con un agujero que necesita un remedio urgente.

Los emprendedores diestros en el manejo de hojas de cálculo pueden caer en el error de suponer que la marcha de un nuevo negocio se ajustará a los rígidos y ortodoxos criterios de su ordenador. Las cosas no son continuas en las primeras etapas de la vida de una empresa y las discontinuidades pueden ser relevantes en términos de tesorería. Por eso puede ser aconsejable planear los primeros meses según «la cuenta de la vieja», es decir, apuntando lo que habrá que pagar día a día y lo que se cobrará día a día.

4. La obtención de fondos

La mayoría de las nuevas empresas nacen financiadas por el ahorro de los emprendedores y de sus familiares y amigos. Dicho esto, puede añadirse que hay una amplia gama de fuentes de financiación. Hay empresarios que están dispuestos a apoyar a emprendedores con los que entablan conocimiento. Un fabricante puede ayudar a un buen técnico a crear su empresa y convertirse en proveedor o en cliente suyo. O puede lanzar a un distribuidor, o ayudar a un ejecutivo a que le compre una parte del negocio que no es «core business» y la saque adelante por su cuenta.

Existen los llamados ángeles («business angels»), que son personas con recursos económicos, tiempo y experiencia empresarial, dispuestos a estudiar proyectos de emprendedores y apoyarles económicamente. Todos los años, bancos y cajas de ahorros apoyan algún proyecto que entra a través de alguna de sus sucursales. Las instituciones financieras convencionales no son las idóneas para financiar nuevas aventuras, pero se encuentra a más de una persona que fue «puesta en marcha» por una simple sucursal bancaria cuyo director creyó en ella.

Las empresas de capital de riesgo, o «venture capital», raramente financian hoy en día a emprendedores. Se han profesionalizado mucho y los costes en que incurren para analizar un proyecto les hace inviable estudiar pequeñas inversiones. Muchas de ellas prefieren entrar en una fase más tardía de la empresa, cuando ya ha demostrado su viabilidad y necesita una segunda vuelta de financiación para su desarrollo. Sin embargo, es más fácil que los fondos de «venture capital» financien «management buyouts», es decir, operaciones en las que unos miembros del equipo directivo adquieren una empresa, parte de una empresa o unos activos. Suele tratarse de operaciones de una cierta envergadura y dado que la actividad existe, su análisis puede realizarse sobre una base de menor incertidumbre.

Es posible hablar también de subvenciones. Por desgracia se habla mucho más de ellas de lo que su volumen permitiría justificar. Las ofrecen ayuntamientos, gobiernos autonómicos o entidades que canalizan fondos especiales (ayudas europeas al sur de Europa –España, Italia, Grecia, Portugal– y ayudas ligadas a la privatización de empresas o a concesiones del Estado, que se añaden como apéndices en las ofertas). No sería exagerado afirmar que la mayor parte de las subvenciones a emprendedores se pierde. Algún vivero de empresas próximo a la ciudad de Barcelona tiene un porcentaje de fallidos cercano al 80 por ciento. Esto sugiere que probablemente muchas de las personas que resultan atraídas por estos entes no se encuentran en las condiciones (formación, identificación de oportunidad, actitud o aptitud) para ser emprendedores. Pero el emprendedor es socialmente deseable y apoyarle es políticamente correcto.

Cualquiera que sea el camino que elija el emprendedor, si aporta algún ahorro personal, algún apoyo externo y un cierto sacrificio en su propia remuneración, es más fácil que despierte el interés de posibles financiadores. Aunque existen diferencias sobre algunas fuentes de financiación (asociación de empresas de capital de riesgo[2], cámaras de comercio, entidades municipales o autonómicas de apoyo al emprendedor), la búsqueda de financiación es un proceso que puede ser largo, en el que pueden encontrarse sorpresas agradables y en el que contactos, tenacidad y capacidad de convencer son fundamentales.

Un dilema de todo emprendedor en esta etapa es cuánto «business plan» debe exponer en su búsqueda de fondos. Si va dejando su proyecto detallado, ¿cómo saber que no se lo van a copiar? La validez de una carta de confidencialidad o alguna forma similar de compromiso es relativa y puede crear una barrera de desconfianza. La única solución está en descubrir el proyecto por etapas, a medida que progresa el proceso de negociación con los financiadores.

---

2. Asociación Española de Capital de Inversión, ASCRI (ascri@mad.servicom.es). Ver también José Martí Pellón, *El capital de inversión en España*, 1996 (Madrid: Editorial Civitas, 1997).

5. Emprendedor o emprendedores

Muchas nuevas empresas son fundadas por más de una persona. Algunas lo son por amigos, miembros de una familia, compañeros de estudios, o empleados de una compañía que se establecen por su cuenta. Los conflictos entre socios son frecuentes y algunos importantes. Pocas cosas cambian tanto y tan deprisa como una nueva empresa. En un entorno tan cambiante lo que se dice hoy queda superado mañana. Es fácil que la aportación al negocio de uno de los socios sea muy superior a la de otro. Que uno trabaje más, que otro consiga más, que los contactos de uno sean clave aunque su aportación personal no lo sea. Que la vida de uno discurra de forma muy distinta a la de otro: uno es austero, ahorrador, su esposa trabaja y sólo tiene un hijo. Otro es menos austero, no ahorra, tiene tres hijos y decide separarse y volverse a casar. Uno quiere dividendos y otro prefiere crecer más deprisa. Uno quiere vender su parte y sólo se la puede comprar el otro.

Este autor ha dicho muchas veces y ha escrito más de una que: «sobre estas cosas hay que escribir para no defraudar». En el momento dulce, en que los socios se ven iguales el uno al otro y están en la fase preliminar, dispuestos a hacer el esfuerzo y compartiendo las mismas ilusiones e incertidumbres, es cuando hay que decidir qué se hará en caso de conflicto. Hay que pensar qué tipos de conflictos podrán presentarse y acordar un planteo para cada uno y dejarlo escrito. ¿Cómo se valorará la empresa?, ¿cuándo se repartirán dividendos?, ¿podrán darse o no las acciones como garantía de créditos?, ¿podrán emplearse a miembros de la familia?, etc.

Hemos empezado hablando de conflictos y quizás deberíamos haber apuntado que emprender puede ser cosa de equipos, y que un equipo bien conjuntado puede ser más potente que un emprendedor aislado. Un equipo de emprendedores es más sólido si complementa sus habilidades y perspectivas. La historia está llena, además, de empresas que han tenido dos fundadores bien avenidos (Hewlett Packard, Rolls Royce) y de empresas que han sido bien gestionadas por dos personas en su cúpula (el grupo hotelero francés Accor, de los señores Pellison y Dubrule). En la medida en que las funciones estén bien definidas, el liderazgo sea claro y exista un protocolo para dirimir conflictos, el equipo emprendedor puede ser un éxito.

6. El énfasis en la creación de valor

Hoy se habla mucho de crear valor. Siempre se ha dicho que el emprendedor crea riqueza. El emprendedor, si tiene éxito, crea, en efecto, riqueza, crea valor. Hablamos de valor como la medida de la riqueza. Si alguien va a su banco y pide que le compre unas acciones de Microsoft, sabrá lo que paga por cada una y multiplicando esa cantidad por el número de acciones emitidas podrá calcular el valor de la empresa. Haciendo lo mismo en años sucesivos, en teoría, podría averiguar cómo Microsoft gana (o eventualmente pierde) valor. En los últimos años, en los que las bolsas han subido en casi todo el mundo, muchos accionistas están satisfechos porque creen que las empresas en que invirtieron han creado mucho valor. Seguramente esto es cierto, pero existe una cierta distancia entre el valor creado y el que el mercado asigna, y por eso a veces las bolsas pueden estar sobrevaloradas o infravaloradas.

En cualquier caso, cuando una empresa cotiza en bolsa, está puesta en valor. Sus accionistas saben lo que tienen. Desgraciadamente, las empresas pequeñas y medianas que no cotizan en bolsa, son difíciles de valorar. Esto crea problemas a sus propietarios porque no saben realmente cuánto vale la riqueza que han creado ni cómo puede ponerse en valor a efectos de comprar o vender parte de ellas a socios o a terceros, o bien cómo manejar procesos de sucesión o herencia.

Hay cosas, sin embargo, que los emprendedores pueden hacer desde el primer día para hacer más tangible, más fácilmente medible, el valor de su empresa. Por ejemplo, hay compañías que se valoran en función de su rentabilidad, independientemente del valor de sus activos. Eso quiere decir que si algunos de los activos están fuera de la empresa (los edificios sería un caso obvio) el valor de la compañía puede ser el mismo que si los activos estuviesen dentro. Puede tener sentido por consiguiente mantener los activos inmobiliarios separados, alquilándolos a la compañía, como forma de incrementar y hacer más tangible en valor para los accionistas. Reducir inventarios; reducir deuda (y estructurarla bien, a largo o con créditos sindicados); concretar al máximo las relaciones con clientes y proveedores en forma de alianzas o contratos; disponer de marcas y patentes para proteger y valorar los activos intangibles; un buen equipo directivo; sistemas de gestión bien documentados (presupuestos, plan estratégico); unos recursos humanos ajustados a las necesidades, bien formados y con acuerdos flexibles y basados en resultados son cosas que ayudan a poner la empresa en valor frente a posibles compradores. Un emprendedor debe preocuparse, desde el primer día, en asegurarse de que organiza las cosas de forma que contribuyan a dar valor a la empresa y permitan apreciarlo mejor.

Como a todo emprendedor, le preocupará siempre saber cuánto vale su empresa. Vamos a hablar sobre este punto, aunque es algo tan importante que no estaría de más que los emprendedores un poco sofisticados profundizasen un poco más con obras especializadas[3].

Una forma simple de valorar una empresa es calcular su valor neto contable. Esto es, el capital que se puso para constituirla, añadiéndole (o quitándole) los beneficios (o pérdidas) que se hayan retenido en la compañía. Esto vendría a ser una especie de valor de liquidación, por lo que pocos emprendedores estarán dispuestos a aceptar que el valor de su empresa es el neto contable. Un emprendedor pensará que a dicho neto contable habría que añadirle un fondo de comercio que sería la medida de la capacidad de la empresa para seguir ganando dinero en el futuro. El fondo de comercio es difícil de valorar, pero cuando se compra o se vende una empresa los números sirven para abordar de una manera civilizada el regateo que rodea a cualquier transacción entre personas.

Otra manera de valorar una compañía es aproximar un valor que, invertido a una tasa determinada de interés, nos vendría a producir el resultado que nos está dando la empresa. Así, por ejemplo, si una empresa viene dando un beneficio de unos 15 millones de pesetas, si aplicásemos una tasa del 10% deberíamos invertir 150 millones para conseguir ese resultado y podríamos concluir que la empresa vale 150 millones. Por supuesto, hay varias cosas a discutir aquí. ¿Por qué un 10% de interés, si los intereses están por debajo del 5? Pues porque seguramente los resultados de la empresa están sujetos a más riesgo que invertir en deuda del Estado. ¿Cuánto penalizar la tasa de interés? Ésta es otra cuestión para el regateo. Lo mismo ocurre con los beneficios a tener en cuenta. ¿Qué ocurre si los resultados fueron de 10 millones hace tres años, 15 el siguiente y 20 el último año? Pues que no es lo mismo que si fueran 20 hace tres años, 15 el siguiente y 10 el último año. El promedio es el mismo pero cualquiera entiende que el valor será muy distinto.

Una variante de lo anterior sería utilizar beneficios previstos en vez de beneficios históricos. Como el papel lo aguanta casi todo, en los beneficios

---

3. Por ejemplo, Xavier Adserá y Pere Viñolas, *Principios de valoración de empresas* (Bilbao: Ediciones Deusto, 1997).

previstos el vendedor puede sentirse más optimista que el comprador, pero eso es también un tema para el regateo.

Finalmente, otro sistema que se utiliza, a veces, para valorar una empresa es la comparación con alguna otra transacción similar que se haya hecho. Es difícil encontrar valoraciones conocidas de transacciones que afecten a empresas pequeñas. Pero cuando en un sector se entra en una cierta dinámica de compras y ventas esto puede cambiar. Así, por ejemplo, en Estados Unidos y en el Reino Unido hay algunas empresas que se dedican a adquirir concesionarios de distribución de vehículos. Aunque suele tratarse de empresas familiares y muchas veces un tanto marginales, se puede saber más o menos qué se paga por ellas. Lo mismo ocurre con pequeños supermercados, por ejemplo.

Algunos emprendedores tienen tal preocupación por el valor de su empresa que optan por tenerla permanentemente en venta. Dedican una parte de su tiempo a negociar con posibles compradores y les encanta llegar a recibir una oferta que, naturalmente, no aceptan pero que les da una idea del valor de lo que han creado. Esta práctica no es recomendable, pues acaba siendo de dominio público, el vendedor pierde su credibilidad y difícilmente puede retener colaboradores de valía.

7. Emprendiendo dentro de la empresa

Toda empresa necesita reinventarse continuamente. La mayoría de los pensadores del campo de la estrategia empresarial[4] estimulan a pensar creativamente, para construir más que para reducir. La racionalización tiene un límite y llegado a él la empresa ha de iniciar de nuevo un camino de crecimiento y desarrollo. Un destacado consultor de empresas farmacéuticas, Henry Weinert, de Boston Biomedical Consultants, afirma que más de un presidente de empresas del sector farmacéutico o algún médico que ha participado en alguna megafusión le ha confesado posteriormente que no veía tan claras las ventajas de la gran dimensión. Crecer por crecer, adquiriendo o fusionando, puede que no sea la solución. Ésta parece estar más cerca del crecimiento basado en la innovación, la creatividad y el aprovechamiento de oportunidades.

---

4. Gary Hamel y C. K. Prahalad, *Compitiendo para el futuro* (Barcelona: Ariel, 1995).

En cualquier empresa mediana o grande, muchos directivos detectan, con frecuencia, oportunidades, las cuales aparecen en forma de huecos de mercado no atendidos, ni por su empresa ni por competidores. A veces, las exigencias de su trabajo les llevan a conocer entornos (geográficos, industriales) que les permiten identificar nuevas oportunidades. Muchas de las nuevas empresas que nacen son creadas por directivos que dejan su empleo para explotar alguna de estas oportunidades. Un alto ejecutivo, de una de las grandes empresas de informática, ubicada en California, dejó su empleo para fundar su propia empresa. Unos meses más tarde, habiendo superado con éxito la fase de nacimiento de su nueva aventura, pensó en dirigirse a alguno de sus ex compañeros de trabajo para reforzar el equipo directivo de su empresa. De los más de 20 nombres que puso en su lista, sólo cuatro permanecían en la empresa en la que había trabajado. De los restantes, la mayoría había pasado a formar parte de equipos de emprendedores que se habían establecido por su cuenta.

Esta pérdida de talentos es una sangría dramática para las empresas que la sufren. Pero aún es más lamentable el que no sólo se van personas en las que se ha hecho una gran inversión, sino que además se pierden oportunidades que podrían dar lugar a ventas importantes. ¿Por qué se pierde tanta energía? La respuesta es sencilla. En la mayoría de los casos las empresas no están dispuestas a escuchar a quienes proponen ideas nuevas de negocio. El tan frecuentemente recordado dicho de «zapatero a tus zapatos», o las versiones más científicas «enfócate en tu core business», o sus versiones en inglés «stick to your knittings», «focus on your core competencies», desani-

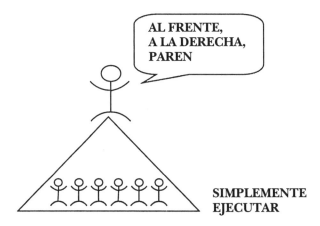

Figura 2. La empresa convencional

man las propuestas. Para muchos altos directivos existe una barrera más allá de la propia estrategia de la empresa. El Consejo de Administración y el mercado de capitales no quieren oír hablar de aventuras basadas en la diversificación o la innovación.

En estas condiciones, ¿es posible pensar en una empresa mediana o grande que sea emprendedora? Pues, por difícil que parezca, sí. Y hay buenos ejemplos de grandes compañías que parecen acoger una cultura emprendedora. General Electric, una de las primeras empresas a nivel mundial en términos de valor creado para sus accionistas, es una compañía diversificada en la que sus directivos disfrutan de amplia autonomía. ABB, Bertelsmann y 3M son compañías frecuentemente citadas también como ejemplos de esta cultura.

El Prof. Howard Stevenson, catedrático de iniciativa empresarial de la Harvard Business School, explica gráficamente las características de una empresa con cultura emprendedora. Tal como indica la *figura 2,* en la mayoría de empresas alguien que ocupa la posición más alta, en el vértice de la pirámide empresarial, decide qué dirección debe seguir todo el mundo en la empresa.

En cambio, en la compañía emprendedora la pirámide se invierte, como indica la *figura 3,* y el máximo responsable se dedica a sostener la organización, convirtiéndose en un apoyo para que la estructura, con amplios niveles de autonomía y delegación, tome iniciativas y asuma responsabilidades.

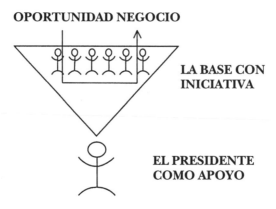

Figura 3. La empresa emprendedora

Según Stevenson, es posible que la iniciativa emprendedora sea un proceso y no necesariamente una facultad de una persona. Pero eso implica que la gerencia sea capaz de delegar iniciativa, exigir iniciativa y premiar iniciativa. La iniciativa difícilmente se puede premiar si quien la tiene no participa en los rendimientos de la misma. Ésta exige sistemas de medición de resultados en función del valor creado y la disposición a aceptar que puedan coexistir en la organización de personas con niveles de compensación muy diferentes. Microsoft es una compañía bien conocida por este hecho. Muchos de sus directivos son multimillonarios.

8. Conclusión

La iniciativa emprendedora es fundamental para el desarrollo de la sociedad. Bien sea mediante la creación de nuevas empresas o de nueva actividad económica dentro de las empresas existentes, la iniciativa emprendedora es la fuente de los nuevos empleos que necesitamos para mantener una economía vigorosa y un nivel de vida aceptable. La iniciativa emprendedora requiere el aprovechamiento de las oportunidades que existen y que surgen continuamente gracias al dinamismo del desarrollo tecnológico, económico y social. Pero aprovechar estas oportunidades requiere unas actitudes específicas que pueden estimularse mediante la enseñanza y mediante el establecimiento de los incentivos adecuados en la sociedad y en las empresas.

La transformación de oportunidades en nueva actividad económica se facilita mediante la adecuada planificación del nuevo negocio a crear desarrollando un «business plan». Aspectos clave de este «business plan» son la definición del producto, la acotación de las necesidades financieras, el plan comercial y el presupuesto de flujos de tesorería. Es importante para todo emprendedor pensar, desde el primer momento, en la capacidad de crear valor de su nueva aventura y dar cada paso de la forma que este valor quede bien reflejado y lo más realizable posible.

La capacidad emprendedora está ampliamente difundida y no tiene sentido distinguir entre emprendedores o empresarios –que la tienen– y simples ejecutivos –que no la tienen–. La iniciativa emprendedora puede estimularse incluso en las empresas grandes con la cultura adecuada.

9. Bibliografía

Pedro Nueno. *Emprendiendo,* Bilbao, Ediciones Deusto, S.A., 1996.

Hermann Simon. *Líderes en la Sombra,* Barcelona, Editorial Planeta, 1997.

C. Cavallé, P. Nueno, E. Masifern. *La regeneración de la empresa,* Barcelona, Folio, Biblioteca IESE, 1997.

Zenas Block y Ian McMillan. *Corporate Venturing,* Boston, Harvard Business School Press, 1995.

Richard Nolan y David Croson. *Creative Destruction,* Boston, Harvard Business School Press, 1995.

Howard Stevenson. *Lunch or be lunch,* Boston, Harvard Business School Press, 1998.

3.

Fundamentos económicos de la empresa

Joaquín Trigo

Profesor titular de la Universidad de Barcelona.
Departamento de Teoría Económica.
Director ejecutivo de Fomento del Trabajo Nacional

1. Introducción. El análisis económico y la empresa

Entre las muchas definiciones de la economía en tanto que cuerpo de conocimiento, hay dos que han tenido una fortuna particular y que precisan ideas compartidas en torno a qué estudia los procedimientos de producción y distribución ajustadas a las preferencias de los consumidores, qué busca ahorrar en el uso de recursos, qué se refiere a la optimización de la relación entre medios y fines, qué estudia las formas de mejorar la eficacia y la eficiencia o bien la creación de riqueza y su distribución adecuada.

Una de estas acepciones es la de Lionel Robbins, quien, en 1932, la entendía como el estudio de la conducta humana en el ámbito de la asignación de recursos escasos, y susceptibles de usos alternativos, a la satisfacción de necesidades humanas de dimensión ilimitada. Esta es una definición muy amplia que es aplicable a cualquier campo de la acción humana.

La otra es la de Gary Becquer, que en 1976 la definió como cuerpo de conocimiento social con tres características: 1) Mantiene el supuesto explícito de comportamiento maximizador por parte de productores, consumidores y organismos públicos. 2) Las acciones de los distintos participantes se coordinan a través de mercados que tienen una eficiencia desigual. 3) Se supone que las preferencias de las personas no presentan cambios sustanciales a lo largo del tiempo.

En ninguna de las dos se establecen límites a los temas estudiados, que pueden abarcar desde la fijación de precios en un mercado hasta el tamaño de la familia o la relación entre el volumen de crímenes y el riesgo de incurrir en penalizaciones. Lo esencial es que el acervo económico es, a la vez, un cuerpo de conocimientos y unos criterios de reflexión. Los objetivos que persigue son tres. A) Obtener y contrastar predicciones acerca del comportamiento económico. B) Economizar en la información necesaria para explicar y predecir comportamientos económicos. C) Contribuir a que las políticas económicas normativas se ajusten a las preferencias sociales.

Es normal oír en las personas que toman riesgos y asumen decisiones que tal o cual enfoque «es bueno en teoría pero no funciona en la práctica». La teoría trata de evitar el uso de una información desmesurada, simplifica los datos –eliminando los irrelevantes– para obtener conclusiones de forma rápida y barata. Una teoría que no funciona en la práctica es una mala teoría. Las proposiciones teóricas se obtienen de la observación de las regularidades que presenta la realidad y/o de la reflexión acerca de los móviles y medios de las personas. Esas proposiciones se contrastan y se descartan si hay desajustes entre lo que estipulan y lo que ocurre en realidad, o bien si hay explicaciones que ofrecen mejores previsiones o que llegan a los mismos resultados de modo más sencillo.

La economía se basa en supuestos de comportamiento estables. Entre estos supuestos son de particular importancia nociones básicas presentes en cualquier decisión, personal o colectiva. Algunas de estas nociones sencillas, pero útiles si se aplican con rigor, son el «coste de oportunidad», esto es el mejor uso alternativo de cada recurso, sea dinero, tiempo o algún otro. «Preferencia temporal», que indica una valoración del presente mayor que el futuro y que contribuye a explicar el interés que debe pagarse al ahorro por trasladar poder de compra de hoy al futuro o, en el caso del crédito, para anticipar a hoy el uso de recursos que se generarán más adelante. «Utilidad marginal», que es la aportación de la última unidad que se consume a la utilidad total (esto explica la paradoja del valor por la que un bien absolutamente necesario como el agua tiene menos precio que otros superfluos, porque se compara la utilidad de la última dosis de agua recibida frente a la primera de diamantes) o, en el caso de la producción, lo que contribuye al aumento de la producción total la última unidad de factor productivo utilizado. «Optimización», que implica que se busca la maximización de un objetivo, sea beneficio o utilidad personal, sujeta a una restricción presupuestaria o bien la minimización del coste sujeta a obtener una producción o satisfacción predeterminada. «Racionalidad de comportamiento», que implica que se conocen las preferencias, que éstas son estables, que se sabe su ordenación, que son transitivas e independientes de otras opciones. «Preferencia revelada», que indica que si pudiendo elegir una opción se elige otra de coste igual o superior la segunda está en un rango de preferencias superior.

El análisis económico suele dividirse en microeconomía y macroeconomía. La diferencia puede resumirse en cuatro aspectos. El primero trata básicamente de unidades decisorias, aunque también trata de ofertas y demandas agregadas pero que no recorren transversalmente la realidad de un país o conjunto, mientras que la macro prioriza el análisis de agregados de diversos sectores de actividad. El segundo está en el carácter más abstracto y teórico de la micro, que se aplica a diversas circunstancias y momentos de tiempo, en tanto que la macro tiene un mayor contenido empírico. El tercero está en que la micro resalta la optimización en el uso de los recursos, mientras que la macro enfatiza el grado de utilización de los recursos disponibles. El cuarto está en la temática, que en la micro es la oferta, demanda y equilibrio, mientras que en la macro se incluyen la actividad global del país y sus componentes, la actividad del sector público, temas monetarios y comercio exterior. Ambas son complementarias y sus nociones básicas son tanto más útiles para las decisiones empresariales cuanto más elevada es la instancia que debe tomarlas, esto es cuando se planifican inversiones a largo plazo, se definen estrategias y se trata de reconfigurar los mercados.

2. La actividad económica del país, sus componentes y la política económica

La actividad económica del país se expresa sintéticamente en el Producto Interior Bruto (PIB), que es el valor de los bienes y servicios finales producidos por un país (o por otro ámbito territorial como la Comunidad Autónoma o la Unión Europea) en un período de tiempo, que suele ser un año, aunque haya estimaciones para plazos inferiores. El valor se puede estimar a precios de mercado o a coste de los factores. En el segundo caso se deducen los impuestos indirectos y se añaden las subvenciones recibidas, por lo que el cálculo a coste de los factores es inferior al realizado a precios de mercado. Si no se hacen precisiones la cifra que se ofrece está referida a precios de mercado. Se incluyen sólo los bienes y servicios finales para evitar la doble o triple contabilización, lo que ocurre en el caso de que un producto pueda ser de uso final o una materia prima para producir otro. En los bienes y servicios públicos, que no tienen precio, por convenio, su aportación se estima de acuerdo con el coste variable en que se ha incurrido para su producción.

El PIB se puede expresar en valores nominales, esto es a los precios vigentes, en tasa de variación real o en tasa de variación nominal. Dividido por la población se obtiene el PIB per cápita. Los criterios de cálculo están normalizados para todos los países y se obtiene a través de tres vías que dan el mismo resultado. Desde el punto de vista de la producción se recogen la aportación del sector agrario, del industrial, de la construcción y los servicios, que, a su vez, se dividen en no vendibles que ofrece el sector público sin precio explícito pero con coste sufragado por impuestos, y servicios vendibles, que incluyen comercio, banca, seguros, transportes, comunicaciones, etc. El importe obtenido por la venta de productos y servicios va a retribuir a los propietarios de los factores de producción en forma de sueldos y salarios, intereses, beneficios, alquileres y rentas de la propiedad o derechos de autor, con lo que se obtiene la renta nacional, que es el segundo enfoque. Las rentas se asignan al consumo o al ahorro que sirve para financiar consumo de otras personas o inversión de empresas y familias, con lo que se tiene el tercer enfoque, el del gasto. Los tres criterios se expresan en el anexo con datos de la economía española en los últimos años.

Desde el punto de vista de la producción, destaca el incremento del peso relativo de los servicios, el mantenimiento de la construcción y la fuerte caída de la agricultura junto al lento declive de la aportación industrial. En el *cuadro 1* se muestra la evolución de la productividad y el empleo en los cuatro sectores. La productividad ha subido significativamente en la agricultura al tiempo que el empleo se ha reducido en casi tres cuartas partes. El mismo fenómeno, con menor intensidad, se da en la industria. En la construcción y, con más claridad, en los servicios, donde la mejora de productividad es pequeña y el empleo aumenta.

Tanto la agricultura como la industria comparten su exposición al comercio internacional, de forma que el estancamiento en la eficiencia implicaría pérdidas de cuota de mercado, ingresos y empleo menores, en tanto que los otros sectores están a cubierto de la competencia externa y, en muchos casos, también de la interna, lo que es obvio en el sector público, pero también en muchas actividades en las que subsisten elementos de corporativismo que reducen la oferta y permiten trasladar al consumidor los aumentos en el coste de prestación de servicios.

Sector	1968			1998			
	Produc-ción	Población ocupada	(1)/(2)	Produc-ción	Población ocupada	(4)/(5)	(6)/(3)
	(1)	(2)	(3)	(4)	(5)	(6)	(7)
AGRICULTURA	1.351,7	4,04	334,6	1.921,2	1,1	1.810,8	5,4
INDUSTRIA	3.847,0	3,03	1.269,6	13.019,2	2,7	4.807,7	3,8
CONSTRUCCIÓN	1.758,0	1,03	1.706,8	3.275,3	1,3	2.505,8	1,5
SERVICIOS	8.834,0	4,23	2.088,4	24.959,7	8,1	3.070,4	1,5
TOTAL	15.790,7	12,33	1.280,7	43.175,4	13,2	3.269,6	2,6

Cuadro 1. Evolución de la producción por persona a precios constantes de 1986

Datos de valor en miles de millones de pesetas. La población ocupada se mide en millones.
FUENTE: Contabilidad Nacional de España, INE; D.G. de Previsión y Coyuntura, MEH y elaboración propia.

En el enfoque de la renta puede constatarse el rápido incremento de las prestaciones sociales que constituyen, con los salarios, las denominadas rentas sociales. Aunque el peso relativo de los salarios se ha reducido, la mayor cuota de las prestaciones sociales ha llevado al aumento del conjunto de las rentas sociales. Las rentas del capital se han reducido casi a la mitad y las rentas mixtas mantienen su participación con un ligero crecimiento.

Desde el punto de vista de la demanda lo más notable es el crecimiento del consumo público a costa del privado, aunque en los últimos años la tendencia alcista de la cuota del consumo público ha empezado a revertirse. La composición del gasto sirve para elaborar el cuadro macroeconómico, que es una representación simplificada de la contabilidad nacional en donde se expresan los componentes del PIB desde el punto de vista del gasto. En el *cuadro 2* se muestran las previsiones hechas por diferentes instituciones y que muestran el cambio relativo esperado para cada componente. Multiplicando la tasa de variación de cada variable por su ponderación en el PIB se obtiene su contribución al crecimiento global. El aumento de las ventas al extranjero constituye una aportación adicional al crecimiento, a la que hay que restar la tasa de variación de las importaciones, que tiene el efecto opuesto.

Producción, rentas y gasto se articulan a través de un proceso circular

Fecha	Institución	C. Privado	C. Público	FBCF	Bienes de equipo	Cons- trucción	Dem. Interna	Exp. b y s	Imp. b y s	PIB pm	Infla- ción
-/04/99	The Economist									3,2	1,9
-/04/99	Comisión Europea			8,3						3,3	1,8
-/12/98	OCDE	3,5	1,3	8,8			4,3	10,1	11,5	3,8	2,6
-/04/99	FMI									3,3	1,8
-/04/99	Caixa Catalunya	3,6	1,6	8,3	10,8	6,4	4,5	4,7	7,6	3,4	
-/09/98	BBV	3,9	2,3	8,1	9,5	7,0	4,8	5,7	9,7	3,2	
-/12/98	IEE	2,7	1,2	4,8	6	3,8	2,9	5	6	2,6	1,6
-/07/97	Grupo de Expertos	3,2	0,9	6,7	9,8	4,6	3,7	9,3	9,7	3,5	2,2
-/12/98	P.G.E. 1999	3,8	1,2	10	12	8,5	5	9,8	12,4	3,8	1,8
-/01/99	Revisión del Gobierno	3,8	1,2	10	12	8,5	5	9,8	12,4	3,8	1,8
Media (sin previsiones de Gobierno)		**3,4**	**1,5**	**7,5**	**9,0**	**5,5**	**4,0**	**6,9**	**8,9**	**3,3**	**2,0**

Cuadro 2. Previsiones del cuadro macroeconómico para 1999

que se muestra en el recuadro, donde también se incluye el sector exterior. El gráfico permite apreciar que las inyecciones en el gasto «tiran» de la producción y llevan a mayores rentas. Con esta pretensión la política económica busca acrecentar el nivel de actividad por la vía de aumentar el gasto público o privado, sea incentivando la inversión o el consumo, y lo hace por una de estas tres vías: política fiscal, monetaria o de modificación normativa. Las dos primeras tienen efectos claros que, de forma inmediata, sea por aumento del gasto, público o descenso en el tipo de interés, incentivan el gasto, pero, a medio plazo, tienen efectos contraproducentes porque pueden aumentar el nivel de deuda y reducir la financiación disponible para el sector privado o impulsar el aumento del nivel de precios deteriorando la competitividad de la economía. Las reformas en la normativa que facilitan la competencia y el aumento de oferta, por el contrario, mejoran el empleo y las condiciones de precios y servicios, con lo que aumentan la utilidad de los consumidores. La visibilidad de las dos primeras actuaciones es mayor y

El flujo circular, con gasto público, impuestos y sector exterior

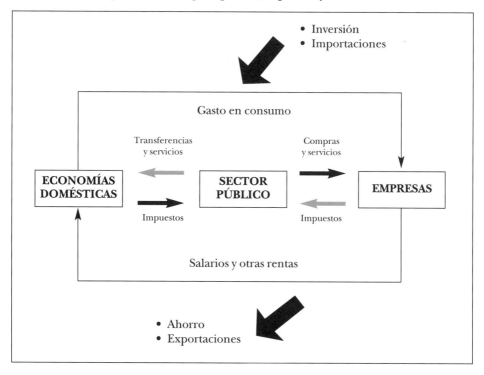

el crédito político que otorgan más nítido, sin que se sepa a priori quiénes son los perdedores o ganadores netos, por eso son preferidas por los gestores políticos.

El sector público puede contribuir al crecimiento aportando un marco legal estable que elimine incertidumbre en los inversores, con una política monetaria preestablecida y centrada en el control del IPC, con fiscalidad moderada, con defensa eficaz de los derechos de propiedad y garantía del cumplimiento de los contratos que se consigue con una administración de justicia bien dotada de recursos y eficiente. A largo plazo la aportación de un entorno de estas características es de mayor importancia que las actuaciones a corto plazo, ya que desde la Administración Estatal (o de otro nivel) es imposible crear recursos de la nada, con lo que el gasto público se detrae del privado por la vía de más impuestos o de menor accesibilidad al crédito. Como en todo, también aquí hay excepciones, pues el gasto en infraestructuras de uso general tiene un efecto incentivador de la actividad que puede ser superior al de la inversión privada, siempre que las obras se hagan de acuerdo a criterios de necesidad para atender a demandas presentes o potenciales reales, con adecuado control de costes, plazos de ejecución y calidad.

El volumen de recursos a disposición de las Administraciones Públicas (AA.PP.) y su composición, así como la naturaleza del gasto son importantes. Es necesario que las AA.PP. cuenten con recursos suficientes para atender a los servicios básicos que ofrecen a los ciudadanos, pero también aquí los criterios de buena gestión, control de costes y calidad de oferta son relevantes, pues aunque el sector público no cobra un precio explícito por la mayor parte de los servicios que ofrece, sus recursos se detraen del sector privado vía impuestos, lo que reduce la capacidad de gasto de familias y empresas, que suelen tener criterios de asignación mejores que las AA.PP.

Desde la entrada de España en la Unión Monetaria Europea (UME), la capacidad de las AA.PP. en cuanto a disponibilidad de instrumentos de actuación económica se ha visto reducida drásticamente. La política monetaria está a cargo del Banco Central Europeo, el control del tipo de cambio corresponde a la Comisión Europea, la política comercial es común frente a terceros países y se han eliminado barreras arancelarias y otras al comercio intracomunitario, la financiación deficitaria del gasto público está acotada por el Pacto de Estabilidad y Crecimiento, que lo limita a un máximo del 3% del PIB con tendencia a reducirlo. A esto debe añadirse la tendencia a armonizar regulaciones al trasponer directivas y el proceso de convergencia (aún lento) de la normativa tributaria. Sin embargo, subsisten muchas áreas de actuación, especialmente en la promoción de oferta a través del aumento de la competencia y la reducción de prácticas monopolistas, la simplificación de normativas, fomento de la inversión en I+D, mejora de la formación ocupacional y otras, especialmente la adecuación de la normativa laboral a las exigencias de una economía abierta y con rápidos cambios técnicos, con las que se puede impulsar el crecimiento y el empleo.

3. La economía española: del aislamiento a la integración europea

En el último cuarto de siglo la economía española ha tenido una transformación profunda. A principios de los años sesenta aún era una economía cerrada, subdesarrollada y con escaso cambio técnico. En esa situación el crecimiento puede ser rápido porque hay una fuerte demanda de todo tipo de productos, desde electrodomésticos hasta automóviles, el empleo puede ser estable porque hay un mercado garantizado por la protección, los salarios pueden mejorar su poder adquisitivo de forma estable y las empresas contaban con financiación fácil de obtener y presión fiscal muy baja. La continuidad del proceso eleva las exigencias de calidad y variedad de los consumidores, que son difíciles de atender en un marco sin competencia y la demanda de productos importados, entre otros de petróleo con que fabricar combustible para la creciente flota de vehículos. La trayectoria pudo mantenerse apoyada en los ingresos generados por el crecimiento del turismo y la válvula de escape del paro que supuso la emigración que, además, aportó un alto volumen de transferencias.

La crisis energética de 1973 puso de relieve las debilidades de fondo del modelo económico que, sin ella, hubieran aparecido más tarde. La dificultad de adaptarse al coste de la energía y las vicisitudes de la transición política generaron elevado paro y un déficit público continuo que aún persiste. La necesidad de atender a la marea de jubilaciones anticipadas y a prestaciones a parados, así como otras transferencias llevaron al aumento de la presión fiscal, que se expresa en el crecimiento del peso del sector público, cuyo gasto pasó de representar el 22,2% del PIB en 1970 hasta un máximo del 47,8% en 1993, para iniciar en ese año una tendencia de sentido contrario. Años de débil crecimiento con aumento de las retribuciones por hora trabajada superiores a las mejoras de productividad y el IPC contribuyeron, junto con la rigidez laboral que inhibía la contratación, a que el paro rebasara el 20% de la población activa. Hasta 1994 los tipos de interés fueron más elevados que los aplicados en otros países desarrollados, con el consiguiente perjuicio para la cuenta de explotación de las empresas y el desincentivo a la inversión. Sin embargo, tras esos datos la actividad productiva se fue transformando con desaparición de las empresas menos adaptadas, reconversión de sectores enteros como la siderurgia, el naval y la banca, al tiempo que España entraba en 1986 en la entonces Comunidad Económica Europea con un rápido desarme arancelario que abría la economía a productos provenientes de mercados más desarrollados, hechos con más calidad, mejor presentación y variedad más amplia. Pese a los problemas de la transición política y económica y las dificultades de adaptación a un entorno más competitivo, la renta per cápita subió, la economía se ha hecho madura, lo que equivale a decir que buena parte del consumo de bienes duraderos es de reposición, con lo que la tasa de crecimiento de las actividades que los ofrecen es menor que en pleno proceso de desarrollo, la innovación es más rápida y se ha asumido la apertura al exterior como un hecho irreversible.

La entrada en la CEE supuso un cambio drástico del sector exterior que pasó de una tasa de cobertura (cociente entre exportaciones e importaciones multiplicado por cien) del 122,7% en 1984 al 69,6 en 1989 para recuperarse paulatinamente hasta rebasar el 90% en 1998. Por otra parte, también aportó transferencias de fondos estructurales y de cohesión, mayor incentivo a la entrada de inversión extranjera y presiones para una política económica coherente que se convirtieron en una exigencia a fin de poder entrar en la UME. La experiencia internacional muestra que los países con políticas de apertura y promoción de exportaciones han crecido más que los que optaron por la sustitución de importaciones y que los que alternaron ambas políticas lograron mejores resultados con la primera, por lo que la integración en la CEE fue una apuesta por mejoras de fondo en la estructura empresarial y la actitud del sector público. En el ámbito de la política económica, tanto la teoría económica como la evolución de los diferentes países evidencian que cuando se elige una política de dinero sano (que mantiene constante su poder adquisitivo) el crecimiento es más estable, hay menos incidencia adversa de las turbulencias monetarias y financieras, el empleo es mayor y más estable, y la renta per cápita más alta.

La aceptación del compromiso de entrada en la UEM comportó, entre otras cosas, la independencia del Banco de España, que centró sus prioridades en el descenso del IPC. Esta actuación, junto con la reducción del déficit público, facilitó la contención alcista de los precios y permitió la rebaja de los tipos de interés, con el consiguiente ahorro para las familias que tienen hipotecas suscritas y, correlativamente, el mayor poder de gasto, así como la mejora en la cuenta de explotación de las empresas, que se ha traducido en crecimiento del empleo. El tipo de cambio de la peseta se fijó respecto al resto de monedas europeas en el año 1994 con impacto positivo en la evolución del número de turistas recibidos (70 millones de entradas de no residentes en 1998) y del volumen de ingresos generados por esta actividad. Desde entonces y hasta la crisis asiática del verano de 1998 el balance por cuenta corriente fue positivo, y el volumen de inversión empresarial directa en el exterior se acercó a los 2 billones de pesetas, cifra superior a los 0,85 billones de inversión extranjera directa recibida.

En el último cuarto de siglo la evolución del PIB español ha ido estrechamente ligada al de la Unión Europea (UE). La fase del ciclo ha sido la misma, si bien las fluctuaciones del PIB español han sido mayores, tal como puede apreciarse en el *gráfico 1*. La causa de esta mayor sensibilidad es doble. Por una parte se explica por la naturaleza de los bienes y servicios que ofrece la economía española, de buena calidad pero ubicados en la gama media o baja del mercado, lo que las hace estar sujetas a fuerte com-

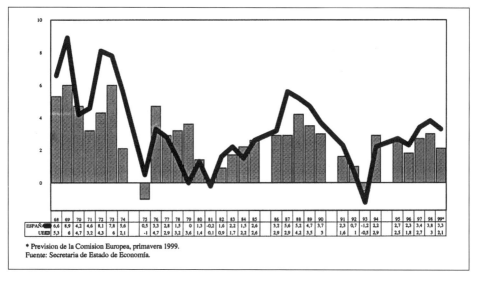

Gráfico 1. Evolución del PIB España vs. UE

petencia de sustitutivos cercanos y ser muy sensibles al precio (sea por el aumento del IPC, la apreciación de la peseta o la depreciación de la moneda de países competidores) y a la renta de los ciudadanos de los países clientes, que, en situación de bajo crecimiento, aplazan compras o prescinden de viajar al extranjero. Esto hace que el sector exterior, lejos de poder compensar la situación del ciclo, lo refuerza. La segunda causa es el comportamiento del gasto público, que en lugar de ser anticíclico ha sido más bien procíclico, con fuerte aumento de su gasto en épocas de expansión y crecimiento moderado en momentos de bajo nivel de actividad.

Es posible que las dos causas apuntadas estén cambiando. La mejora de la calidad de la oferta española permite un reposicionamiento en el mercado que permitiría una presencia externa más estable tanto en lo que se refiere a las exportaciones como a la captación de turismo. Las obligaciones impuestas por el Tratado de Maastricht, especialmente la concreción del acuerdo de diciembre de 1996 en Dublín acerca del límite al déficit, están permitiendo que su nivel descienda y que la deuda pública, aunque expresada en unidades monetarias suba, descienda en términos relativos, esto es comparada con el PIB, lo que tiene efectos positivos al reducir el volumen de ahorro que absorben las AA.PP. y liberar recursos que quedan a disposición del sector privado para financiar el crédito a familias y empresas, con lo que el efecto expulsión del sector privado por el público (también denominado «crowding out») ha cambiado. Este fenómeno fue de tal magnitud que el porcentaje del crédito interno absorbido por el sector público subió

Composición del IPC por clases de gasto

	IPC base 1983	IPC base 1992
Alimentación	33,0	29,4
Vestido	8,7	11,5
Vivienda	18,6	10,3
Menaje	7,4	6,7
Medicina	2,4	3,1
Transporte	14,4	16,5
Cultura	7,0	7,3
Otros	8,5	15,3

desde el 8,5% del total en 1980 hasta el 27,9% en 1990 y el 31,4% en 1995, para ir descendiendo después hasta el 25,1% en 1995, con lo que no sólo se ha facilitado el acceso al crédito por el sector privado, sino que se ha reforzado el efecto de la política monetaria basada en la contención del IPC.

4. El comportamiento del consumo y la inversión

Las pautas de consumo se modifican a medida que el país se desarrolla y aumenta el poder adquisitivo. Esto se refleja en la composición de los productos que integran el IPC, según muestra el recuadro que recoge la composición de los dos últimos índices de precios. La porción de renta dedicada a la alimentación baja y aumentan los demás conceptos. En el índice de base 1992 se reduce también el componente vivienda, porque se elimina el precio de adquisición, ya que la vivienda se considera inversión de las familias, con lo que carece de sentido incluirla en un índice de precios de consumo.

El IPC tiende a dar una imagen excesivamente alcista de los precios porque supone que los bienes y servicios consumidos y su ponderación son constantes hasta el índice siguiente, sin considerar que los consumidores se

Evolución del tipo real en IRPF a diversos niveles de la renta real

AÑO	1 MILLÓN*	3 MILLONES*	5 MILLONES*
1970	8,77	12,99	19,51
1975	9,18	15,13	21,16
1980	13,58	19,86	24,79
1985	16,56	26,50	38,62
1990	19,29	31,49	40,77
1994	19,64	32,52	41,76
1995	19,59	32,73	41,94
1996	19,69	32,96	42,13
1997	19,89	33,13	42,31

*Renta real constante en pesetas del año 1980.
Nota: Declaración individual. Existen sólo rendimientos del trabajo.
Fuente: elaboración propia.

ajustan cada día a la variación en los precios relativos y, tampoco, puede dar cuenta de los nuevos productos que aparecen o de la mejora de calidad de los ya existentes. Este fenómeno contrasta con la percepción contraria de muchas personas que consideran que su poder adquisitivo baja a pesar de que sus salarios se ajustan al IPC, pero la causa suele estar en la llamada «presión fiscal en frío», consistente en que con aumentos en la renta nominal el contribuyente es ubicado en tramos de renta sujetos a un tipo impositivo mayor, lo que puede producir que la porción de renta destinada al pago del impuesto suba y, consiguientemente, la renta disponible descienda o crezca menos que la nominal. El recuadro muestra este fenómeno en tres niveles de renta de 1, 3 y 5 millones de pesetas de ingresos anuales que se ajustan desde 1970 hasta 1997 según el IPC. Tal y como puede apreciarse en el recuadro la presión fiscal sube en los tres niveles de renta.

La tributación afecta al ahorro y al consumo. Cuando la carga fiscal soportada por las familias aumenta sensiblemente, como ha ocurrido en las últimas décadas en España, ambos bajan. El *cuadro 3* refleja este proceso. La caída en el consumo fue de 4,93 puntos y la del ahorro de 3,42 puntos, pero la incidencia relativa en el ahorro fue del 26,1%, mientras que en el consumo fue del 5,85%, lo que evidencia la estabilidad de los gastos dedicados al consumo que siguen estrechamente la trayectoria del PIB o del empleo como se comenta más adelante. La fiscalidad directa, en cambio, incrementó su participación en 8,34 puntos, que suponen un incremento respecto a la posición inicial del 411%, a la que cabría añadir la tributación indirecta, la municipal y otros conceptos. La forma en que se materializa el ahorro también incide en la propensión a consumir, pues si se invierte a largo plazo en fondos en los que los intereses se acumulan a las imposiciones, y el retiro anticipado implica penalizaciones fiscales, la no disponibilidad de los rendimientos impide algunos gastos de consumo.

La porción de renta destinada al consumo y el ritmo de crecimiento de éste están influidos por varios factores. Los más importantes son la asignación de recursos entre ahorro y consumo, que a su vez dependen de otras variables, pero, sobre todo, de la renta disponible y de la evolución del empleo. Este aspecto es el más relevante. Desde el punto de vista individual el incremento salarial es una variable crucial, pero si el aumento es muy fuerte, el efecto colectivo puede ser de signo contrario, como ha ocurrido en los períodos en los que el aumento del coste laboral unitario llevó a más desempleo y a descenso en el nivel de consumo agregado.

Año	Utilización de la renta			Origen de la renta antes de impuestos				
	Consumo privado	Ahorro familiar bruto	Impuestos directos	Sueldos y salarios	Rentas mixtas	Prestaciones Sociales	Transferencias netas	Rentas de capital
1970	84,2	13,1	2,7	48,75	32,09	10,05	2,29	6,82
1971	83,0	14,1	2,9	48,43	31,89	10,98	2,38	6,32
1972	83,0	14,1	2,9	50,41	30,03	11,21	2,21	6,13
1973	82,1	14,8	3,1	50,63	29,75	11,33	2,45	5,85
1974	82,0	14,8	3,2	50,71	30,76	11,24	1,80	5,49
1975	81,9	14,5	3,6	51,44	29,18	12,16	1,55	5,66
1976	83,4	12,8	3,8	51,85	28,13	13,06	1,57	5,39
1977	84,9	10,9	4,3	52,31	26,80	13,89	1,54	5,47
1978	82,5	12,3	5,2	51,01	26,06	15,82	1,47	5,63
1979	83,4	10,9	5,8	50,21	25,40	17,23	1,19	5,96
1980	83,0	10,4	6,6	48,27	26,87	17,65	0,98	6,23
1981	82,5	10,7	6,8	47,23	25,99	19,27	1,16	6,35
1982	82,4	11,4	6,3	46,13	26,97	19,18	1,49	6,24
1983	81,9	10,7	7,4	45,55	27,94	19,69	1,48	5,34
1984	81,6	10,3	8,0	43,25	30,06	19,71	1,34	5,64
1985	81,3	10,4	8,3	41,72	32,51	19,22	0,57	5,97
1986	82,0	10,1	7,9	40,94	33,95	19,13	0,70	5,29
1987	82,5	7,6	9,9	41,33	34,13	19,09	0,64	4,81
1988	81,6	8,2	11,2	41,42	34,09	19,00	0,65	4,84
1989	81,4	7,6	11,1	41,52	33,05	18,98	0,96	5,49
1990	79,7	9,3	10,9	42,10	32,60	19,67	0,68	4,96
1991	78,6	10,0	11,4	42,2	32,16	20,57	0,48	4,58
1992	79,0	8,8	12,2	41,34	31,76	21,67	0,41	4,82
1993	77,2	11,3	11,5	39,66	32,45	22,69	0,24	4,95
1994	79,1	9,2	11,7	39,76	33,67	22,22	0,23	4,11
1995	77,7	11,0	11,4	39,43	33,81	20,97	0,56	5,24
1996	78,3	10,3	11,4	39,36	34,41	21,02	0,60	4,60
1997	79,3	9,7	11,0	40,53	34,10	20,71	0,94	3,72

Cuadro 3. Estructura de la renta familiar bruta, antes de impuestos
(% sobre el total de renta bruta. Familias e I.S.F.L.)

FUENTE: Informe Económico 1997. Banco de Bilbao Vizcaya.

La cultura de consumo de los compradores mejora con rapidez, la percepción de que la calidad de las marcas blancas puede ser sólo ligeramente inferior a las marcas reconocidas, mientras que el precio es significativamente menor, lleva a desplazar las compras. El consumo se recompone con rapidez cuando la renta crece orientándose hacia apartados que son «elásticos a la renta», esto es, que el gasto que reciben sube en mayor proporción que los ingresos, mientras que se reducen los bienes inferiores, los que tienen una elasticidad renta inferior a uno. La elasticidad es la proporción que se establece entre el cambio porcentual de una variable y el de otra, normalmente se relaciona el precio y la cantidad demandada, pero también se hace respecto a la renta, al precio de bienes complementarios y el de sustitutivos. Un bien puede cambiar de naturaleza a medida que el país se desarrolla y así, en los años de posguerra, el pollo era un alimento de lujo, mientras que en la actualidad es un bien inferior, y un artículo como un reloj podía ser privativo de unos pocos, para convertirse después en un bien de uso común.

La inversión, mostrada junto al consumo en el *cuadro 4,* tiene unas variaciones mucho más notables que éste, tanto en España como en la UE. La motivación esencial en las decisiones de inversión es la expectativa de rentabilidad que está, en parte, incidida por el coste del crédito, pero también por la fiscalidad, la incertidumbre asociada con la política monetaria, la normativa legal que afecta a las actividades económicas, el coste del trabajo que puede ser complementario o sustitutivo del capital y la rentabilidad de otras inversiones, como por ejemplo la deuda pública. Cuando el nivel de demanda desciende la inversión se detrae, lo que en el caso de los bienes de equipo puede tener efectos inmediatos, así en 1993 el descenso registrado fue del 10% en términos reales que, en el caso de los bienes de equipo, se situó en el 16%. La sintonía con la evolución de esta variable en la UE es aún más clara que la que se registra en el PIB, porque cuando las expectativas se deterioran, las inversiones, especialmente en bienes de equipo, tienen una brusca caída, de modo que, comparadas con el ejercicio precedente, pueden ser negativas, mientras que en la recuperación crecen y, en comparación con la situación deprimida anterior, el porcentaje de aumento es muy alto.

AÑO	ESPAÑA			UE		
	Consumo Privado	Consumo Público	FBCF	Consumo Privado	Consumo Público	FBCF
1968	6,0	1,9	9,5	4,5	2,4	6,4
1969	7,2	4,4	10,0	5,4	2,8	6,8
1970	4,7	5,8	3,4	5,3	3,9	5,3
1971	5,1	4,3	–3,0	4,1	4,6	3,0
1972	8,3	5,2	14,2	5,0	4,3	3,6
1973	7,8	6,4	13,0	5,4	4,0	5,9
1974	5,1	9,3	6,2	1,4	3,3	–2,4
1975	1,8	5,2	–4,5	1,7	4,1	–5,3
1976	5,6	6,9	–0,8	4,0	2,9	2,4
1977	1,5	3,9	–0,9	2,6	1,8	1,2
1978	0,9	5,4	–2,7	3,5	4,1	2,5
1979	1,3	4,2	–4,4	3,8	3,2	3,7
1980	0,6	4,2	0,7	1,7	2,4	1,8
1981	–1,3	3,5	–2,5	0,3	2,2	–5,0
1982	–0,1	5,3	2,1	1,0	1,8	–1,5
1983	0,3	3,9	–2,4	1,5	1,9	0,3
1984	–0,2	2,4	–6,9	1,4	1,6	1,3
1985	3,5	5,5	6,1	2,8	2,4	2,6
1986	3,3	5,4	9,9	4,0	2,4	3,9
1987	5,8	8,9	14,0	3,8	2,4	5,4
1988	4,9	4,0	13,9	4,0	2,2	8,8
1989	5,7	8,3	13,6	3,4	1,1	7,1
1990	3,6	6,6	6,6	3,0	2,4	4,0
1991	2,9	5,6	1,6	2,3	2,3	–0,2
1992	2,2	4,0	–4,4	1,6	2,2	–0,9
1993	–2,2	2,4	–10,5	–0,1	0,9	–6,4
1994	0,9	–0,3	2,5	1,7	1,0	2,4
1995	1,6	1,8	8,2	1,8	0,9	4,0
1996	2,0	0,9	1,3	2,0	1,7	1,5
1997	3,1	1,4	5,1	2,1	0,2	2,7
1998*	3,8	1,6	9,0	2,5	1,5	5,0
MEDIA 68-73	6,5	4,7	7,9	5,0	3,7	5,2
MEDIA 75-85	1,3	4,6	–1,5	2,2	2,6	0,4
MEDIA 86-90	4,5	6,5	10,7	3,5	2,2	5,3
MEDIA 91-94	1,0	2,9	–2,7	1,4	1,6	–1,3
MEDIA 95-98	2,6	1,4	5,9	2,1	1,1	3,3

Cuadro 4. Evolución del consumo y de la inversión (var. % en términos reales)

* Para UE previsiones OCDE, diciembre 1998.
FUENTE: Síntesis de indicadores económicos del M.E.H. y «Economic Outlook» de la OCDE.

5. Paro y empleo

Las vicisitudes de la economía española en el último cuarto de siglo se han plasmado con crudeza excepcional en el mercado de trabajo. La cifra de personas ocupadas en 1974 no se recuperó hasta 1999. En España se pasó de una situación de empleo superpleno (más ofertas de empleo que parados) con un paro inferior al 1% de la población activa y un número de puestos de trabajo ofrecidos que triplicaban el paro a comienzos de los 70 hasta un desempleo superior al 20% en los años 1984-87 y 1993-97, con un máximo del 22,93% en 1995. Estas cifras, que son las mayores del mundo industrializado, no se explican únicamente por la profundidad y persistencia de la caída en el nivel de actividad económica. En buena medida se relacionan con dos factores, por un lado la continuidad del eje de la normativa laboral centrada en el empleo por tiempo indefinido y con elevados costes de despido, por otro el marco de negociación laboral del período, caracterizado por aumentos del coste laboral unitario elevados y por la alta conflictividad que alcanzó su máximo con la huelga general del 14 de diciembre de 1988.

La gravedad del problema del paro es superior a lo que indican las cifras de desempleo. Para apreciarla hay que partir de la tasa de actividad laboral que se define como cociente entre la población activa y la población en edad activa. Población activa es la formada por ocupados y parados (personas que buscan·empleo activamente sin encontrarlo) y población en edad activa es la que está entre 16 y 65 años. La tasa de actividad en España está en el 63,3%, unos 6 puntos por debajo de la existente en Europa, lo que significa que, con una población activa de 16,3 millones en 1998, si se tuviera una tasa de actividad como la media europea, la población activa sería de 17,5 millones, lo que supone 1,2 millones de personas que añadir a la cifra de paro de 3,06 millones, que, con ese ajuste, estaría en 4,26 millones. Estas cifras pueden parecer exageradas, pero es realista si se considera que a medida que aumenta el empleo lo hace el número de personas que creen que tienen posibilidades de ocuparse y, por tanto, se incorporan al mercado de trabajo, con lo que la tasa de actividad sube, como ha ocurrido en los años 1995-98, en los que la media de crecimiento interanual de la tasa de actividad subió algo más de 0,5 puntos y la población activa en más de 600 mil personas.

La convicción generalizada de que el paro es inferior al registrado se basa en varios factores. Uno de ellos es el elevado número de jubilaciones

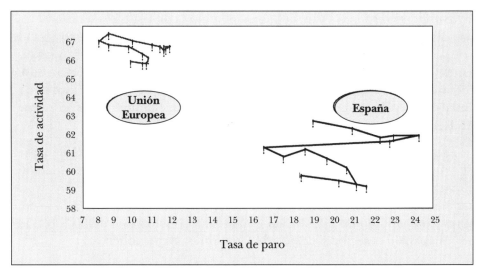

Gráfico 2. Relación entre la Tasa de Actividad y la Tasa de Paro España-UE

FUENTE: OCDE (Dic. 97) y elaboración propia.

anticipadas, que suelen ir precedidas de un período de desempleo, en el que junto a las prestaciones públicas hay una compensación por parte de la empresa. Buena parte de esas personas no buscan recolocarse, sino que esperan a la plena jubilación. El número de personas ocupadas en la economía irregular puede alcanzar varios cientos de miles, de las cuales algunas compaginan esa actividad con el cobro de prestaciones por desempleo, por lo que es un paro ficticio. También ocurre que las empresas que ofrecen puestos de trabajo tienen dificultades de cubrirlos cuando requieren cierto nivel de especialización y experiencia, pero esto ocurre en las áreas en que el paro es menor, como Cataluña, Baleares o Navarra, sin que el fenómeno sea general. Con las matizaciones que se quiera, tanto la cuantía del desempleo como las dificultades para reducirlo son el principal problema de la economía española. El *gráfico 2* que relaciona la situación española con la media comunitaria en términos de tasa de actividad y paro es elocuente. El reto es conseguir más nivel de actividad y, pese a ello, avanzar en la reducción del desempleo.

El mercado laboral tiene una acusada segmentación de acuerdo a varios ejes superpuestos. La situación de jóvenes respecto a la de adultos, de otro la de mujeres respecto a varones, la de personas con contrato temporal respecto a quienes tienen contrato por tiempo indefinido, la de personas con poca o ninguna formación frente a las calificadas y, además, según las distintas CC.AA., que van desde casi el 30% en Extremadura y Andalucía hasta cerca del 10% en Navarra, Rioja y Baleares. Desde 1996 el descenso del paro se da en todas las categorías, al tiempo que el aumento en el número de asalariados con contrato por tiempo indefinido.

El sector de actividad que concentra un mayor volumen de empleo es el de servicios, con un 61,6%, le sigue la industria, con 20,5%, la construcción, con un 9,9%, y en la agricultura está en el 8%. En el año 1998 un 67% de los asalariados (6,79 millones) tenía contrato indefinido frente a un 32,1% con contrato temporal. De los 10,15 millones de asalariados en 1998, 7,93 millones estaban en el sector privado y 2,22 millones en el público.

La jornada laboral semanal media tiene desviaciones muy altas. Según datos del Instituto Nacional de Estadística, la mayor duración corresponde a los empleadores con 43,72 horas seguidos de los trabajadores independientes con 42,74 horas. En los asalariados privados la duración es de 35,89 horas y en los públicos de 32,27 horas. Las cifras de los varones son más altas y en el caso de las mujeres la media es inferior. En la industria, en 1996, y según la Unión Internacional Minero Metalúrgica la duración anual media era de 1.788 horas, que en el ámbito internacional es una cifra media frente a valores máximos de 1.853 en Suiza, 1.912 en Estados Unidos y cifras similares en Japón.

Para que el desempleo se reduzca a cifras similares a la media europea se precisa un crecimiento estable basado en la inversión, tanto privada como pública, lo que, a su vez, requiere empresas rentables. El cumplimiento de estos requisitos exige y es indisociable del mantenimiento de un alto nivel de competitividad internacional, que pasa por ajustar las modificaciones salariales a un reparto adecuado de los aumentos de productividad y el descenso de los costes laborales no salariales. Dada la magnitud del problema y del incremento de demandantes de empleo que puede generar el aumento en la tasa de actividad, se impone también la flexibilización de la normativa en sus dimensiones geográfica, salarial y funcional, así como la eliminación de inhibiciones que frenan la oferta de empleo por parte de las empresas, especialmente la diferencia entre las indemnizaciones por despido según que la causa sea demostrablemente objetiva (a juicio de las Magistraturas de lo Social) u otra o, cuando menos, permitir que sean fis-

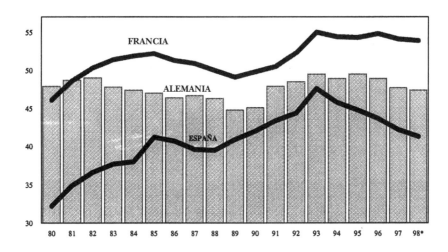

Gráfico 3. Trayectoria de la PF3 España vs. Alemania y Francia

* Previsión.
FUENTE: Economic Outlook. OCDE. Junio 1998.

calmente deducibles. Aun así, y aunque se mantenga el ritmo de crecimiento en el empleo de los años 96-98, se tardará una década en alcanzar las cifras medias de paro en la UE.

6. Sector público y sector exterior

El aumento de la presión fiscal en España ha sido muy fuerte durante el período de transición y ha comenzado a descender desde 1994. La presión fiscal se mide como cociente entre los ingresos tributarios y el PIB que se multiplica por cien. También se mide, de forma más apropiada, como cociente entre el gasto público y el PIB, lo que da un valor algo superior debido al déficit. En el *gráfico 3* se relaciona la trayectoria del peso relativo del gasto público en España, Francia y Alemania, lo que permite ver la rapidez del incremento en años de dificultades económicas así como la diferencia relativa frente a Francia y Alemania.

El indicador de presión fiscal es descriptivo pero de valor analítico limitado, porque informa poco de la carga que soporta cada contribuyente. Un indicador de esfuerzo fiscal puede establecerse como un cociente que recoge en el numerador el peso relativo del gasto público respecto al PIB y en el denominador la renta per cápita relativa (haciendo 100 el poder de compra medio de la Unión Europea de 15 países) multiplicada por la tasa de actividad y multiplicando por cien el conjunto. Con este indicador se tiene en cuenta la capacidad de pago de los ciudadanos y, de forma aproximada, la proporción que representan los contribuyentes respecto al total. Como quiera que la renta y la tasa de actividad son inferiores en España, el esfuerzo fiscal resultante es netamente superior al de los países objeto de comparación, si bien desde 1994 la conjunción de un crecimiento del gasto público inferior al del PIB (que reduce el numerador) y el aumento en el poder de compra y en la tasa de actividad (que elevan el denominador), hace que se haya ido reduciendo en los últimos años y, de mantenerse la tendencia, igualará al de Francia y Alemania.

La persistencia del déficit ha incrementado el volumen de la deuda pública dejando menos recursos disponibles para el sector privado, y más caros. También, como se comentó en la introducción, este fenómeno ha iniciado un proceso de reversión. El descenso en los tipos de interés ha abaratado la financiación de la deuda pública, y la reducción del peso del sector público empresarial ha permitido generar recursos que se han destinado al saneamiento de otras empresas o a obra pública (como la venta de empresas es enajenación de un activo, las normas comunitarias no permiten asignar los ingresos que generan a la reducción de déficit corriente sino, exclusivamente, a adquisición de activos similares o financiación de infraestructuras). En su conjunto el gasto público se ha ido haciendo más soportable y, combinado con el aumento en el empleo, ha permitido cierto saneamiento del estado del bienestar, si bien la continuidad en las jubilaciones anticipadas, el aumento en la esperanza de vida y la mayor cuantía media de las nuevas pensiones obligan a persistir en los esfuerzos de ajuste.

En 1998 los impuestos directos aportaron el 52% de los 14,47 billones de ingresos fiscales, en los que el IRPF contribuyó con el 34% de los ingresos tributarios totales. Los impuestos especiales supusieron el 16,5% y el IVA el 30%. En el lado del gasto la inversión pública que incluye infraestructuras de uso general, de uso militar, inversiones necesarias para el funcionamiento de los servicios e inmaterial, ha perdido peso relativo respecto al total de gasto público, de forma que a principios de los años 70 rebasaba el 16% del gasto público quedando en poco más del 10% en los años 94-97, si bien respecto al total del PIB rebasó el 5% en este último período frente a apenas el 4% en 1970-73. Esta partida es de un gran impacto en el crecimiento global si se priorizan las infraestructuras de uso general y, a su vez, éstas se deciden según la demanda a la que deben servir y se realizan en condiciones de calidad, plazos y costes apropiadas. En valor absoluto pesan más las prestaciones sociales, que en 1997 alcanzaron los 11,9 billones de pesetas, que equivalían al 34,5% del gasto público, frente al 10,5% de los gastos de inversión y el 10,2% del pago por intereses de la deuda.

En los períodos en que la demanda interior (suma de la pública y privada) crece más que la producción se genera déficit externo. El déficit comercial es crónico en España pero, aunque sería preferible tener superávit, es de poca importancia si se compensa con superávit en el sector servicios, ya que el efecto económico de la venta de un servicio es el mismo que el de la venta de un producto. El déficit comercial en 1998 ascendió a 3,5 billones de pesetas, que, compensado casi en su totalidad por la balanza de servicios, llevó a un déficit de 153 mil millones de ptas. En un país en desarrollo puede ser tolerable, durante períodos breves, el déficit por cuenta corriente si está compensado por entradas de capital a largo plazo, de la misma forma en que una familia puede endeudarse para la compra de vivienda que rendirá servicios de alojamiento que contribuyen su pago. Desde la entrada en la CEE hubo superávit por cuenta corriente en los años 1984-86 y 1995-97, pero la inversión extranjera compensó sin problemas el déficit por cuenta corriente en tanto que el de los años 92-93 obligó a varias devaluaciones.

La partida más importante de la balanza de servicios es la que genera el turismo. Los ingresos por turismo superaron el billón de pesetas en 1984, los dos billones en 1992, los tres en 1995 y los cuatro en 1998, año en que hubo 111,7 millones de pernoctas de extranjeros en hoteles españoles. Los pagos por turismo realizados por españoles alcanzaron en 1998 la cifra de 747 mil millones de pesetas y el número de entradas de no residentes los 70 millones.

La mejora en el sector exterior es una característica que precede la recuperación, le sigue el relanzamiento de la inversión, a la que acompaña el aumento del empleo, y continúa con la mejora del consumo interno. El crecimiento en España, en un entorno de precios alcistas, ha llevado a aumentos más que proporcionales en las importaciones y a arriesgar la continuidad del crecimiento, así como a reiteradas devaluaciones, que en el contexto de la U.M.E. están excluidas. En 1999 el precio de los productos de exportación estaba estancado (no así el de los productos que configuran el IPC en el interior, que acaban por convertirse en costes de producción) y la debilidad del comercio internacional inducida por la crisis asiática de 1988 dio lugar a que el sector exterior tuviera una contribución negativa al crecimiento económico.

La inversión extranjera, además de compensar el déficit de la balanza por cuenta corriente, contribuye al crecimiento, especialmente a través de la inversión directa en creación de empresas, ampliación de sus filiales o concesiones crédito, reinversión de beneficios y compra de empresas que acendieron en 1996 un total de 2,2 billones de pesetas, 3,1 billones al año siguiente y 3,2 billones en 1998. Para algunos observadores externos estos recursos explican buena parte del crecimiento de los últimos años, pero si se deduce la reinversión de beneficios, la desinversión y la propia inversión de España en el extranjero (un billón de pesetas en 1996, 1,2 billones en 1997 y 2,7 billones en 1998), su contribución global ha sido negativa en algunos años. No obstante, esas inversiones, además de aportar recursos, traen también tecnología, exigencias de calidad a los proveedores internos, empleo, cualificación de personal, mejora en la oferta interna y otras ventajas que la hacen deseable y explican el esfuerzo de todos los países por atraerlas.

7. La empresa española

El balance de la empresa española refleja las incidencias del entorno económico. Los datos de la Central de Balances del Banco de España han servido para elaborar los *cuadros 5* y *6*, que reflejan la cuenta de pérdidas y ganancias y el balance agregado presentado en forma de estructura. La Central de Balances es un registro que recoge y procesa los datos enviados voluntariamente por empresas no financieras. El número de informantes figura en la primera línea y la tasa de cobertura de las empresas informantes respecto al total se sitúa en torno al 20% del valor añadido bruto del sector empresas no financieras y familias, por lo que tiene una gran representatividad. Al ser una muestra ofrecida voluntariamente hay ciertos sesgos, la empresa grande, la pública y la industrial están sobrerepresentadas, pero aun así aporta una información imprescindible para analizar la evolución de las empresas.

En la cuenta de pérdidas y ganancias hay varios aspectos que requieren explicación. La capacidad de generar valor añadido parece crecer en los

BASES	1982	1983	1984	1985	1986	1987	1988	1989	1990	1991	1992	1993	1994	1995	1996	1997
Número de empresas	2.057	4.079	4.079	5.064	7.452	7.452	7.500	7.512	7.217	7.217	7.229	7.336	7.832	8.073	7.659	5.854
1. VALOR DE LA PRODUCCIÓN (Incluidas subvenciones)	100,0	100,0	100,0	100,0	100,0	100,0	100,0	100,0	100,0	100,0	100,0	100,0	100,0	100,0	100,0	100,0
2. CONSUMOS INTERMEDIOS (Incluidos tributos)	69,2	71,1	70,5	70,8	66,8	67,4	67,0	68,3	62,6	62,7	62,9	62,7	63,5	64,8	65,5	66,3
S.1. VALOR AÑADIDO BRUTO al coste de los factores	30,8	28,9	29,5	29,2	33,2	32,6	33,0	31,7	37,4	37,3	37,1	37,3	36,5	35,2	34,5	33,7
3. GASTOS DE PERSONAL	19,7	17,5	16,9	16,7	18,4	18,4	18,1	18,3	21,8	22,2	22,6	22,8	20,8	19,2	18,6	17,5
S.2. RESULTADO ECONÓMICO BRUTO de la explotación (S.1–3)	11,1	11,4	12,6	12,5	14,8	14,2	14,8	13,4	15,5	15,1	14,5	14,5	15,7	16,0	16,0	16,2
4. CARGA FINANCIERA NETA	7,6	7,2	7,2	5,8	5,0	4,3	3,4	3,0	4,1	4,3	4,5	4,9	3,4	2,7	2,0	0,9
4.1. Gastos financieros	8,6	8,2	8,3	6,8	6,3	5,9	5,1	5	6,7	6,9	7,3	7,6	5,6	5	4,3	3,4
4.2. Ingresos financieros	1	1,1	1,1	1,3	1,6	1,7	1,7	2	2,6	2,6	2,8	2,7	2,3	2,3	2,3	2,5
5. OTROS INGRESOS incluidos en recursos generados	0,9	1,0	0,8	0,7	0,3	0,9	1,0	1,3	0,8	0,5	0,4	-0,2	0,3	0,4	0,2	0,1
6. IMPUESTOS SOBRE LOS BENEFICIOS	0,5	1,0	0,8	1,3	2,6	1,7	2,1	1,8	2,0	1,6	1,3	1,1	1,6	1,5	1,5	1,7
S.3. RECURSOS GENERADOS (S.2–4+5–6)	3,9	4,2	5,4	6,1	7,5	9,1	10,3	9,9	10,2	9,7	9,1	8,3	11,0	12,2	12,7	13,6
7. OTROS INGRESOS no incluidos en recursos generados	*Desde 1982 hasta 1989 la partida n. 7 se incluye en la n. 5*								1,9	1,6	0,9	0,9	2,2	0,8	0,9	2,9
8. AMORTIZACIONES Y PROVISIONES de la explotación	5,2	4,7	5,4	5,3	5,7	5,7	5,6	5,3	8,2	9,3	10,4	11,7	11,0	10,2	9,8	11
S.4. RESULTADO NETO TOTAL (S.3+7–8)	-1,3	-0,5	0,0	0,8	1,8	3,4	4,7	4,6	3,9	2,0	-0,5	-2,4	2,2	2,8	3,8	5,3

Cuadro 5. Cuenta de pérdidas y ganancias analíticas. Estructura

AÑOS	1982	1983	1984	1985	1986	1987
Número de empresas	—	4079	4079	5064	7452	7452
1. ACTIVO INMOVILIZADO (1.1 a 1.5)	60,8	63,7	64,1	61,1	60,8	60,9
1.4. Inmovilizado material	52,7	55,7	55,6	52,8	52,7	52,5
1.5. Inmovilizado financiero	4,1	4,7	5,3	6,0	5,9	6,2
— **Otras rúbricas (1.1 a 1.3)**	4,1	3,2	3,2	2,3	2,2	2,2
2. ACTIVO CIRCULANTE (2.1 a 2.6)	39,2	36,3	35,9	38,9	39,2	39,1
2.1. Existencias	14,2	11,6	11,1	10,6	10,2	10,2
2.2 Clientes	21	15,3	14,6	14,7	15,7	16,0
— **Otras rúbricas (2.3 a 2.6)**	3,9	9,4	10,2	13,6	13,3	12,9
ACTIVO (1+2) = PASIVO (3+4+5)	100,0	100,0	100,0	100,0	100,0	100,0
3. RECURSOS PROPIOS (3.1. a 3.4)	35	37,0	37,3	36,6	37,4	39,2
3.1. Capital	—	15,9	16,7	16,7	18,1	18,8
3.2. Reservas y prima de emisión	—	3,9	4,7	7,2	8,5	11,6
3.3. Cuentas de actualización **y revalorización**	—	16,6	15,2	11,8	9,8	7,7
3.4. Subvenciones de capital	—	0,6	0,7	0,8	1,0	1,1
4. PROVISIONES PARA RIESGOS Y GASTOS	—	0,5	0,5	0,7	1,1	1,3
5. RECURSOS AJENOS (5.1 + 5.2 + 5.3)	65	62,5	62,2	62,7	61,4	59,5
5.1. Recursos ajenos a largo plazo (5.1.1 + 5.1.2)	32,2	30,8	32,0	32,1	28,9	27,3
5.1.2. Financiación de entidades **de crédito a largo plazo**	19,8	21,0	21,5	19,1	16,5	16,3
5.1.3. Resto financiación ajena **a largo plazo**	12,4	9,8	10,5	13,0	12,5	10,9
5.2. Financiación a corto plazo **con coste (5.2.1 + 5.2.2)**	12,4	12,0	11,6	11,5	10,7	9,8
5.2.1. Financiación de entidades **de crédito a corto plazo**	8,1	11,6	9,9	9,8	8,6	8,1
5.2.2. Resto financiación a corto **plazo con coste**	4,3	0,4	1,7	1,7	2,1	1,7
5.3. Financiación a corto plazo **sin coste (5.3.1. a 5.3.3)**	20,4	19,7	18,5	19,1	21,8	22,5
5.3.1. Proveedores	13,2	8,7	7,9	8,3	9,0	9,6
5.3.2. Otros acreedores sin coste	7,2	9,2	8,6	8,8	10,5	10,6
5.3.3. Ajustes por periodificación	—	1,7	2,0	2,0	2,3	2,3

Cuadro 6. Estados patrimoniales: Balance. Estructura
FUENTE: Central de Balances 1997. Banco de España 1998.

1988	1989	1990	1991	1992	1993	1994	1995	1996	1997
7500	7512	7217	7217	7229	7336	7832	8073	7659	5854
61,1	61,5	62,4	63,0	64,6	63,7	62,0	62,1	66,0	64,0
50,9	50,3	48,4	47,2	46,3	45,4	42,2	42,0	47,5	45,0
8,3	9,4	11,7	12,7	14,3	13,9	14,1	14,7	14,9	15,3
1,9	1,8	2,4	3,1	4,0	4,4	5,7	5,4	3,6	3,7
38,9	38,5	37,6	37,0	35,4	36,3	38,0	37,9	34,0	36,0
10,0	10,1	9,5	9,1	8,6	8,3	8,6	9,1	7,4	7,4
15,9	15,7	15,8	15,6	15,1	14,9	15,0	14,8	13,2	13,2
13,0	12,7	12,2	12,4	11,7	13,1	14,3	14,0	13,3	15,5
100,0	100,0	100,0	100,0	100,0	100,0	100,0	100,0	100,0	100,0
41,3	42,3	40,6	39,2	37,7	35,7	37,2	39,4	44,2	43,8
19,4	19,4	19,5	19,4	21,2	21,7	20,7	21,3	19,7	18,8
14,3	15,3	20,1	18,8	15,4	12,9	15,3	16,7	23,0	23,4
6,4	6,3	Valor incluido en la fila superior							
1,1	1,2	1,1	1,1	1,1	1,1	1,2	1,4	1,5	1,6
2,0	1,5	3,2	3,6	4,1	4,7	5,1	5,2	5,6	6,5
56,8	56,2	56,2	57,1	58,2	59,6	58,2	55,7	50,9	49,8
25,3	23,9	20,0	20,7	22,2	23,6	21,9	19,9	18,0	17,5
15,4	14,2	12,7	12,6	12,5	13,1	12,6	11,6	10,2	10,2
10,0	9,7	7,3	8,1	9,7	10,5	9,3	8,3	7,8	7,3
8,6	9,2	13,1	13,3	14,1	13,3	11,9	11,7	9,7	9,3
6,3	6,5	7,5	7,6	8,3	7,2	6,6	6,8	4,7	4,5
2,3	2,7	5,6	5,7	5,8	6,0	5,4	4,8	5,0	4,9
22,8	23,0	23,1	23,2	21,9	22,7	23,8	23,9	22,5	22,9
9,5	9,7	9,9	10,3	9,5	10,1	10,9	10,9	9,9	10,3
11,2	11,8	12,4	12,4	12,1	12,3	12,7	12,6	12,7	12,4
2,1	1,6	0,7	0,5	0,3	0,3	0,3	0,3	0,2	0,3

momentos bajos del ciclo económico en los que, además, el peso relativo
de los salarios sube. La explicación puede estar en la dificultad para adaptar las plantillas con rapidez cuando cae la demanda, eso lleva, en primer
lugar, a reducir la dependencia de proveedores, con lo que parte del valor
añadido que antes quedaba en los proveedores se internaliza, pero como
eso es insuficiente los márgenes caen llegando a desaparecer y eso produce
el segundo fenómeno, la cuota de los salarios sube al absorber la retribución de recursos propios. Es el efecto conocido como «paradoja de Solow»,
por la que en momentos de auge del paro y escaso aumento en los salarios
el peso de éstos en la renta nacional sube.

Es notable que la retribución de la financiación ajena sea siempre superior a la de los recursos propios, con la excepción del año 1997 (y la de
1998 no recogida en los cuadros, pues el informe anual de la Central de Balances del Banco de España no estaba disponible en el momento de escribir estas líneas). Esto, a priori, puede deberse a poca capitalización o a elevado coste del crédito. Si se analiza el balance se aprecia que el pasivo se
ajusta, con cambios continuos, a una proporción de 40% de recursos propios, 40% de recursos ajenos con coste explícito y 20% de recursos ajenos
sin coste explícito, lo que está en línea con lo que ocurre en otros países industrializados. El coste del crédito ha sido, en cambio, más alto en España
que en los países de nuestro entorno, tal y como se muestra en el *gráfico 4,*
que muestra la relación entre el coste del crédito, la rentabilidad de la inversión y la de los recursos propios. Las líneas reflejan una trayectoria
opuesta a la que podría esperarse, en la que el coste de la inversión sería inferior a los recursos que permite generar, con lo que quedaría un excedente que mejoraría la retribución de los recursos propios. En cambio, el coste
del crédito rebasa la rentabilidad del activo que financia, de manera que
los rendimientos de la inversión que permite realizar van íntegramente a
las entidades financieras que aportan el crédito, junto con parte del rendimiento que cabría esperar del capital propio.

La partida de amortizaciones y provisiones sube en momentos de demanda deprimida. Las amortizaciones dependen del volumen de inversión
realizada, por lo que si las ventas descienden su peso relativo en la cuenta
de explotación se incrementa. Cuando el nivel de demanda es bajo, y más
aún cuando desciende, aumentan los impagados y las provisiones pertinentes, con lo que el margen se deteriora. El resultado neto total muestra una
débil capacidad de generar beneficios, ya que en 15 años recogidos hay
cuatro con pérdidas y otro con resultado nulo.

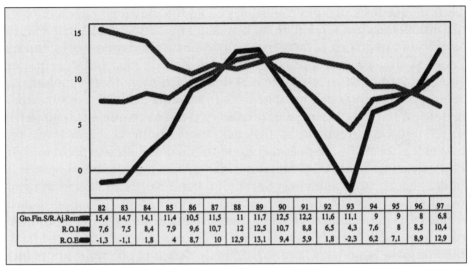

	82	83	84	85	86	87	88	89	90	91	92	93	94	95	96	97
Gto.Fin.S/R.Aj.Rem	15,4	14,7	14,1	11,4	10,5	11,5	11	11,7	12,5	12,2	11,6	11,1	9	9	8	6,8
R.O.I.	7,6	7,5	8,4	7,9	9,6	10,7	12	12,5	10,7	8,8	6,5	4,3	7,6	8	8,5	10,4
R.O.E.	-1,3	-1,1	1,8	4	8,7	10	12,9	13,1	9,4	5,9	1,8	-2,3	6,2	7,1	8,9	12,9

Gráfico 4. Evolución del coste del crédito, ROO y ROE

Nota: ROI (Bº antes impuestos/Activo Neto). ROE (Bº antes impuestos/Recursos Propios).
FUENTE: Central de Balances 1997. Banco de España 1998.

En el activo destaca el crecimiento del inmovilizado. Desde la óptica de un analista de riesgos esto hace a la empresa «pesada», en el sentido de que la capacidad de conversión de sus recursos en liquidez se reduce. Al evaluar los componentes la valoración se matiza, pues lo que más sube es el inmovilizado financiero, mientras que el material, con la excepción de 1996, pierde peso relativo. Esto muestra que las empresas invierten en adquisición de otras o en creación de filiales, lo que probablemente se relaciona con actividades de diversificación que podrían vincularse con la escasa capacidad de generación de márgenes en la actividad principal.

El descenso del activo circulante queda minimizado por la trayectoria descendente de los stocks, lo que evidencia la mejora en la gestión del circulante, al menos en ese aspecto, situación que se repite en la partida de clientes, en cambio las «otras rúbricas», que incluyen caja y bancos junto con colocaciones a corto plazo y cobros pendientes, como devoluciones de IVA, sube.

La proporción que representan los recursos propios respecto al pasivo total sigue las fluctuaciones del ciclo, crece en momentos de auge y desciende cuando lo hace el ritmo de crecimiento del PIB. Es notable que, a pesar de que los márgenes son bajos, el conjunto de las empresas reinvierten una elevada proporción de sus beneficios que llega al 70% en la empresa privada y queda en el 30% en la pública. Este comportamiento es paradójico si se considera que la rentabilidad de la deuda pública, que en principio carece de riesgo y sólo está sometida al pago de un impuesto (la retención por rentas de capital es un pago a cuenta del IRPF), es superior a la de la inversión empresarial. La explicación radica en que estas decisiones se refieren exclusivamente al beneficio esperado de la nueva inversión, esto es los beneficios después de impuestos no distribuidos, con lo que, incluso si no hay incremento en la actividad productiva y la reinversión se limita a reducir la dependencia del crédito bancario, es una decisión racional. Si el beneficio se hubiera repartido debería pagar por el impuesto de la renta de las personas físicas, con lo que la suma disponible es menor en el caso de que se reinvierta en reducción de crédito que, por otra parte, ha tenido un coste superior a la rentabilidad de la deuda pública y, así, la incidencia conjunto de la mayor suma invertida y el mayor coste del crédito explican la decisión. Además, como puede verse en el inmovilizado financiero, las empresas diversifican directamente en lugar de pagar dividendos al accionariado para que éste invierta, la ventaja está en que suele haber alguna economía de escala y en que se evita el doble pago tributario. En los

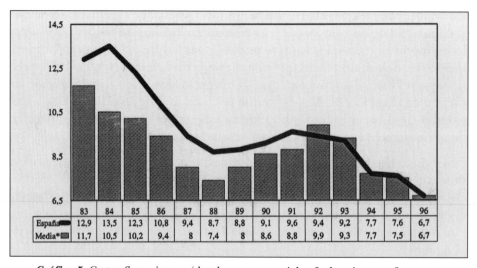

Gráfico 5. Gastos financieros s/deudas no comerciales. Industria manufacturera

* Media de Alemania, Francia e Italia.
FUENTE: BACH. Central de Balances 1997. Banco de España 1998. Elaboración propia.

años 96-97 la proporción que representan los recursos propios es la más elevada de la serie y lo mismo ocurre con las provisiones, lo que permite reducir la dependencia financiera del conjunto de las empresas.

Tanto los recursos ajenos a largo plazo como la financiación bancaria a corto plazo pierden peso relativo, que se compensa con el aumento de recursos propios y subvenciones, en tanto que la contribución de proveedores y otros es estable. En los años 91-93 las empresas se esforzaron en estabilizar la financiación bancaria a largo plazo, pero la crisis de 1993 aconsejó a las entidades financieras el limitar la duración de sus préstamos y créditos. En lo que concierne a la emisión de obligaciones, el descenso en los tipos de interés y la facilidad de acceso al crédito han llevado a reducir la proporción que suponen en la financiación empresarial, si bien el proceso de desintermediación podría revertir en un futuro próximo esta tendencia.

Si se compara la empresa española con la de los países más relevantes del entorno europeo, Francia, Alemania e Italia, destacan cuatro elementos de debilidad reflejados en los *gráficos 5* a *7* y el *cuadro 7*. El primero *(gráfico 5)* es el mayor coste del crédito, circunstancia que se ha eliminado gracias a la convergencia impuesta por la entrada en la U.M.E. El segundo *(gráfico 6)* es el mayor peso relativo de los costes laborales respecto al valor

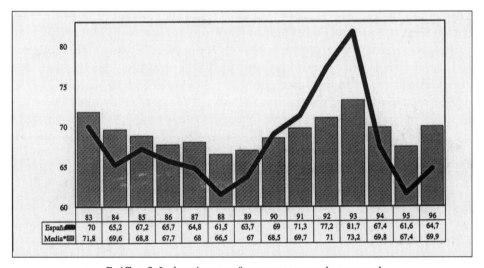

	83	84	85	86	87	88	89	90	91	92	93	94	95	96
España	70	65,2	67,2	65,7	64,8	61,5	63,7	69	71,3	77,2	81,7	67,4	61,6	64,7
Media*	71,8	69,6	68,8	67,7	68	66,5	67	68,5	69,7	71	73,2	69,8	67,4	69,9

Gráfico 6. Industria manufacturera: gastos de personal

* Media de Alemania, Francia e Italia.
FUENTE: BACH. Central de Balances 1997. Banco de España 1998. Elaboración propia.

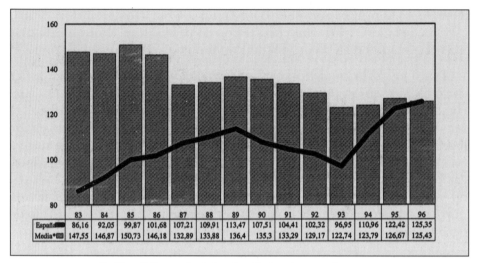

Gráfico 7. Rotación del activo. Industria manufacturera

* Media de Alemania, Francia e Italia.
FUENTE: BACH. Central de Balances 1997. Banco de España 1998. Elaboración propia.

añadido bruto generado, este factor fue acusado en los años 92-93 pero también se ha logrado una posición adecuada en los últimos años de la serie. El tercero *(gráfico 7)* es el menor valor de las rotaciones del activo total que, si se considera el esfuerzo hecho en reducción de stocks y el aumento del inmovilizado financiero –no afecto a la explotación– también puede considerarse ubicado en una buena trayectoria. El cuarto *(cuadro 7)* es el mayor esfuerzo fiscal soportado que lleva a que, siendo los tipos en el im-

	Margen neto sobre ingresos (1)	Impto. de Sociedades	(2) / (1)
España	0,85	1,22	1,44
Francia	2,31	1,280,55	
Alemania	1,55	1,73	1,12
EE.UU.	4,23	1,82	0,43

Cuadro 7. Industria manufacturera. Período 1987-1996

Nota: Media de datos anuales.

	España		Alemania		Francia		USA	
	Impto. Soc.	Rdo. Neto	Impto. Soc.	Rdo. Neto	Impto. Soc.	Rdo. Neto	Impto. Soc.	Rdo. Neto
87	1,5	3,0	2,3	1,8	1,6	2,8	2,5	5,0
88	1,8	4,6	2,5	2,1	1,8	3,6	2,4	5,7
89	1,7	4,7	2,3	2,1	1,6	3,6	2,0	4,7
90	1,5	2,3	2,2	1,8	1,4	2,7	1,7	3,8
91	1,2	-0,1	2,0	1,6	1,1	1,9	1,3	2,4
92	0,7	-3,2	1,5	0,9	0,9	1,3	0,4	0,8
93	0,4	-5,8	0,7	0,5	0,9	0,2	1,2	2,8
94	0,9	0,3	1,1	1,2	1,1	2,3	2,2	5,4
95	1,3	1,1	1,3	1,7	1,2	2,4	2,3	5,8
96	1,2	1,6	1,4	1,8	1,2	2,3	2,2	5,9
97	n.d.	n.d.	n.d.	n.d.	1,5	2,6	n.d.	n.d.

FUENTE: BACH. Central de Balances 1996, Banco de España, 1997.

puesto de sociedades muy parecidos, la porción de recursos generados que absorben sea mayor en España debido a la menor flexibilidad para amortizar, realizar provisiones, gastos en Investigación y Desarrollo, etc. Es posible que medidas, en proceso de discusión, acerca de cambios en este aspecto reduzcan el handicap que subsiste en este aspecto.

La empresa española está en buenas condiciones de partida para enfrentar el reto de la Unión Monetaria por cuanto los costes de producción son competitivos gracias al descenso reciente en costes financieros, precio de la energía eléctrica, telecomunicaciones, etc. Si bien debe realizarse un esfuerzo intenso y prolongado para pasar a franjas de mercado menos sensibles a la situación del ciclo económico. Los gastos en I+D y en formación son cruciales a este respecto, pero en todos los países correlacionan de forma alta y positiva con la dimensión y la rentabilidad de las empresas, pues son inversiones arriesgadas que dan resultado, si lo dan, a largo plazo. Hasta ahora muchas empresas estaban preocupadas más por la subsistencia que por el futuro a largo plazo, pero con el aumento de márgenes y la expectativa de estabilidad monetaria y fiscal la situación puede cambiar. Si bien subsiste la pequeña dimensión que en muchos casos impide llegar a la masa crítica necesaria para hacer viables proyectos de investigación, lo que puede compensarse en algunos casos con alianzas estrategias y consorcios o con acuerdos de cooperación con laboratorios y centros de investigación universitarios.

Bibliografía

Alberola Enrique. «España en la Unión Europea. Una aproximación a sus costes y beneficios», *Estudios Económicos,* n. 62, Banco de España, 1998.

Arruñada Benito. «Limitaciones institucionales al desarrollo de la empresa», *Papeles de Economía Española,* n.78-79, 1999.

Banco de España. *Informe anual 1997,* Ed. Banco de España, 1998.

González Mínguez José M. y Javier Santillán. «El papel del euro en el sistema monetario internacional», *Servicio de Estudios Banco de España Documento de Trabajo,* n. 9818, 1998.

Martín Carmela. *España en la nueva Europa,* Ed. Alianza Economía-Fundación de las Cajas de Ahorro confederadas, 1997.

Nieto José A. (editor) y otros. *La economía española ante la Unión Monetaria Europea,* Ed. Síntesis, 1997.

Solchaga Carlos. *El final de la edad dorada,* Ed. Taurus, 1997.

Luís Toharia (dr.) y otros. *El mercado de trabajo en España,* Ed. McGraw-Hill, 1998.

Trigo Joaquín. *Economía y empresa en España.* Ed. Gestión 2000, 1994.

Trigo Joaquín. *La economía española: el camino hacia el mercado,* Ed. Gestión 2000, 1997.

Anexo nº 1

Componentes de la Demanda Española
(Participación en el PIB)

Años	Consumo Privado	Consumo Público	FBCF	Variación Existencias	Demanda Nacional	Exportación B. y S.	Importación B. y S.	Saldo neto exterior
1970	64,7	9,5	26,0	0,8	101,0	13,2	14,2	–1,0
1975	64,9	10,4	26,4	2,1	103,8	13,5	17,3	–3,8
1980	65,9	13,2	22,2	1,0	102,3	15,7	18,1	–2,3
1985	64,1	14,7	19,2	0,0	98,1	22,7	20,8	1,9
1990	62,4	15,6	24,5	0,9	103,4	17,1	20,4	–3,3
1991	62,4	16,2	23,8	0,8	103,1	17,1	20,3	–3,2
1992	63,1	17,1	21,8	0,8	102,8	17,6	20,4	–2,8
1993	63,1	17,6	19,9	0,0	100,6	19,4	20,0	–0,6
1994	62,8	16,9	19,8	0,2	99,8	22,3	22,1	0,2
1995	61,9	16,7	20,8	0,4	99,9	24,0	23,9	0,1
1996	62,0	16,6	20,3	0,3	99,2	25,4	24,6	0,8
1997	62,0	16,2	20,6	0,1	98,8	28,4	27,2	1,2
1998	61,8	15,8	21,3	0,3	99,2	29,0	28,2	0,8

Fuente: Contabilidad Nacional de España.

Anexo nº 2

Componentes de la Oferta Española
(Participación en el PIB)

Años	Ramas Agraria y pesquera	Ramas Industriales Total	Ind. Sin Construc.	Construc.	Ramas de Servicios	Impuestos netos ligados import.	IVA que grava productos
1970	10,7	41,4	31,9	9,4	43,9	1,0	3,0
1975	9,5	41,7	31,9	9,7	45,2	0,9	2,7
1980	7,1	38,2	29,9	8,4	51,0	1,0	2,6
1985	5,9	35,1	28,7	6,4	54,0	1,1	4,0
1990	4,6	34,9	25,8	9,1	54,2	0,7	5,5
1991	4,1	34,5	25,2	9,3	55,2	0,6	5,6
1992	3,5	32,8	24,3	8,6	57,1	0,5	6,1
1993	3,5	31,8	23,7	8,1	59,0	0,2	5,5
1994	3,3	31,6	23,6	8,0	59,1	0,2	5,8
1995	3,0	32,0	23,8	8,2	59,2	0,2	5,6
1996	3,5	31,2	23,3	7,8	59,4	0,2	5,8
1997	3,1	31,2	23,6	7,6	59,5	0,2	5,9
1998	3,0	31,5	23,7	7,8	59,3	0,2	6,1

Fuente: Contabilidad Nacional de España.

Anexo nº 3

Distribución factorial del PIB
(% de cada factor respecto del PIB c.f.)

Año	Rentas de trabajo	Consumo capital fijo	Rentas públicas	Excedente neto de explotación	PIB (c.f)
1970	48,53	11,63	1,55	38,29	100,00
1971	49,56	11,47	1,12	37,85	100,00
1972	51,42	10,86	1,01	36,71	100,00
1973	52,20	10,61	1,19	36,00	100,00
1974	52,29	10,87	1,29	35,55	100,00
1975	53,91	11,23	1,33	33,53	100,00
1976	55,11	11,21	1,26	32,42	100,00
1977	55,10	11,16	1,34	32,40	100,00
1978	54,64	10,96	1,18	33,21	100,00
1979	54,63	11,49	1,12	32,76	100,00
1982	53,93	11,95	1,05	33,06	100,00
1981	54,19	12,82	1,38	31,62	100,00
1982	51,86	12,92	1,55	33,67	100,00
1983	52,69	13,32	1,45	32,54	100,00
1984	50,02	13,62	1,06	35,30	100,00
1985	49,34	13,68	1,24	35,74	100,00
1986	50,15	13,07	1,13	35,65	100,00
1987	50,17	12,65	0,87	36,30	100,00
1988	50,26	12,47	0,85	36,42	100,00
1989	50,64	12,19	0,96	36,21	100,00
1990	52,06	12,04	1,05	34,85	100,00
1991	53,06	11,93	1,43	33,58	100,00
1992	53,63	11,95	1,69	32,73	100,00
1993	53,21	12,36	2,45	31,99	100,00
1994	51,49	12,43	1,47	34,62	100,00
1995	50,18	12,34	1,01	36,47	100,00
1996	50,27	12,38	1,32	36,03	100,00
1997	50,98	12,46	1,22	35,35	100,00

Fuente: Informe Económico 1997. Banco Bilbao Vizcaya.

SEGUNDA PARTE

Contabilidad y finanzas

4

Contabilidad externa y análisis de estados contables

Oriol Amat Salas

*Vicerector de Economía y profesor titular de la
Universidad Pompeu Fabra*

1. Introducción

1.1. La dimensión contable-financiera afecta a cualquier parte de la empresa

Casi todo lo que pasa en cualquier departamento de una empresa tiene su dimensión contable y financiera. Por tanto, esta materia no sólo afecta al departamento contable y financiero. De la misma forma que si una empresa quiere optimizar la calidad de sus productos y servicios debe mejorar en todos los frentes, para mejorar su evolución contable y financiera no hay ningún departamento que pueda quedar al margen. Del mismo modo que toda la empresa contribuye a que se venda más, todos pueden contribuir a que las finanzas de una empresa sean más boyantes. Si una empresa tiene problemas de tesorería es porque no vende, o porque no cobra, o porque gasta demasiado, o porque invierte demasiado... y esto tiene que ver con todas las personas que hay en una organización.

1.2. ¿Qué es la contabilidad?

La **contabilidad** es un sistema de información que identifica, mide y comunica información económica para facilitar, a los usuarios de la misma, el diagnóstico y la toma de decisiones.

A nivel empresarial, existen dos tipos de contabilidades, la **contabilidad**

externa (también denominada **contabilidad financiera**) y la **contabilidad interna** (también denominada **contabilidad de gestión**).

Ambas contabilidades proporcionan datos que son imprescindibles para la mayoría de decisiones que se toman en el mundo de la empresa. Una de las principales diferencias entre las dos contabilidades está en quiénes son los destinatarios de esta información. Para la contabilidad externa, los destinatarios son, por un lado, la dirección de la empresa y sus accionistas, y, por otro, terceras personas, tales como acreedores, bancos, empleados, sindicatos, etc. En cambio, los usuarios de la contabilidad interna son exclusivamente los directivos de la propia empresa.

Veamos más diferencias entre ambas contabilidades:

a) La **contabilidad externa** tiene como objetivos principales la obtención de información histórica sobre las relaciones económicas de la empresa con el exterior. El proceso interno que permite incorporar valor añadido a los inputs para obtener los outputs tiene la consideración de «caja negra», ya que no se analiza. La información que proporciona la contabilidad externa tiene su principal exponente en las cuentas anuales, integradas por el balance de situación y la cuenta de resultados. Se trata de información sobre la globalidad de la empresa, valorada en unidades monetarias, que se debe confeccionar de acuerdo con la legislación contable vigente. La contabilidad externa permite responder cuestiones tales como:

   ¿Podrá la empresa devolver sus deudas?

   ¿Ofrece una rentabilidad suficiente a los accionistas?

   ¿Gestiona adecuadamente sus activos?

b) La **contabilidad interna** pretende aportar información relevante, histórica o previsora, monetaria o no monetaria, sobre la actividad interna de la empresa para la toma de decisiones. Por tanto, se trata de aportar luz sobre interrogantes que no tienen respuesta en la contabilidad externa. Dado su carácter interno, cada empresa puede utilizar el sistema de contabilidad que le parezca más adecuado a sus necesidades. Una de las partes de la contabilidad interna es la contabilidad de costes. La contabilidad interna permite responder cuestiones tales como:

   ¿Qué productos son rentables?

¿A partir de qué precio de venta no se pierde dinero con un determinado producto?

¿Cuánto cuesta un determinado departamento?

¿Cuánto cuesta cada parte del proceso de elaboración de un producto?

¿Cuál es la rentabilidad que se consigue con un determinado cliente?

¿Vale la pena subcontratar una determinada actividad?

2. La tesorería

2.1. Importancia de la tesorería

La **tesorería** es el dinero en efectivo que una empresa tiene. En ella se incluyen el dinero en caja y en cuentas corrientes bancarias. También se pueden incluir dentro de la tesorería las inversiones financieras que son convertibles en dinero de forma inmediata.

Dado que uno de los objetivos de cualquier organización es poder atender puntualmente sus compromisos de pago, el control de los movimientos y saldos de tesorería constituye una actividad de la máxima importancia. A menudo suspenden pagos y/o cierran empresas que, teniendo éxito comercial, descuidan la tesorería e invierten más de lo que pueden soportar o se financian de forma inadecuada. Para evitar estas situaciones desagradables, el departamento financiero tiene que realizar los controles y disponer las medidas oportunas para que los movimientos de tesorería, es decir los cobros y los pagos, estén organizados con el fin de que los saldos sean siempre positivos y suficientes.

Los movimientos de tesorería son los cobros, o entradas de dinero, y los pagos, o salidas de dinero. Tal y como se ilustra en la *figura 1*, tanto los cobros como los pagos se refieren a cuatro tipos de actividades:

– **Actividades ordinarias**: relacionadas con la actividad típica de la empresa. Es decir, que son consecuencia directa de la compra y venta de los productos o servicios que constituyen el objeto de la empresa. Por ejemplo, los cobros de clientes, el pago de impuestos, el pago de las materias primas o el pago de salarios.

– **Actividades de inversión**: relacionadas con la adquisición o la venta de elementos que están en la empresa desde hace más de un año (edificios, máquinas, terrenos...). También incluyen las operaciones relacionadas con inversiones financieras, como la compra de acciones en bolsa, por ejemplo.

– **Actividades de financiación**: relacionadas con la obtención o devolución de dinero para financiar a la empresa. Incluyen las relacionadas con la aportación de fondos por parte de los accionistas, el pago de dividendos o la devolución de un préstamo a un banco, por ejemplo.

– **Actividades extraordinarias**: no están relacionadas con la actividad típica de la empresa. Suelen ser esporádicas e, inclusive, imprevistas.

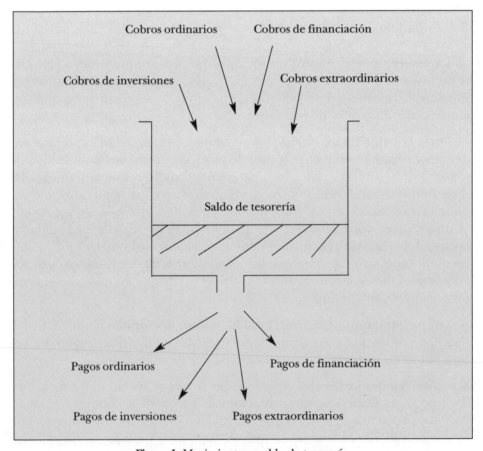

Figura 1. Movimientos y saldo de tesorería

Como ejemplo se podría indicar el cobro de un premio de lotería o el pago como consecuencia de un siniestro.

Es importante que una empresa consiga un saldo positivo de tesorería a través del conjunto de los cobros y pagos, ya que en caso contrario su supervivencia estaría en peligro. De todas formas, de las cuatro actividades anteriores las más relevantes son las ordinarias, ya que constituyen el objeto social de la empresa, por lo que es conveniente conseguir que estas actividades generen saldos de tesorería positivos.

2.2. ¿Qué es el estado de flujos de tesorería?

El **estado de flujos de tesorería** es un informe contable sobre las transacciones y saldos de dinero en efectivo de la empresa. Por tanto, ayuda a evaluar la capacidad de la empresa para generar tesorería. También es útil para evaluar las posibilidades de éxito, supervivencia o fracaso de una empresa, ya que, desde una perspectiva contable-financiera, el éxito de una empresa se mide, esencialmente, en base a los beneficios y tesorería que es capaz de generar.

Puede calcularse con datos históricos o con previsiones de ejercicios futuros. En este segundo caso, el estado previsor de flujos de tesorería, también denominado presupuesto de tesorería o de caja, es muy útil para conocer mejor una empresa, ya que permite estimar los déficits o superávits de tesorería que va a tener la empresa a corto plazo, y por tanto actuar en consecuencia.

El período habitual que abarca el estado de flujos de tesorería suele ser el año, y acostumbra a estar dividido en meses, o incluso en períodos más cortos como semanas o días *(figura 2)*.

	Enero	Febrero	Marzo	...	Diciembre	Total
Saldo inicial						
+ Cobros						
− Pagos						
= Saldo final						

Figura 2. Estado de flujos de tesorería por meses

Al hacer el estado de flujos de tesorería es útil distinguir los cobros y pagos directamente relacionados con la actividad ordinaria de la empresa (ventas, compras...) de los que no están relacionados con esta actividad (ver *figura 3*). De esta forma, se puede evaluar la capacidad de generar fondos con la actividad ordinaria de la empresa.

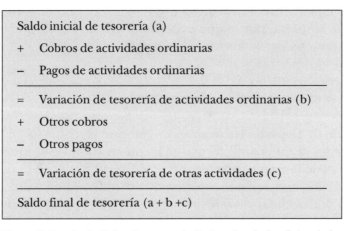

Saldo inicial de tesorería (a)

+   Cobros de actividades ordinarias

−   Pagos de actividades ordinarias

=   Variación de tesorería de actividades ordinarias (b)

+   Otros cobros

−   Otros pagos

=   Variación de tesorería de otras actividades (c)

Saldo final de tesorería (a + b +c)

Figura 3. Estado de flujos de tesorería distinguiendo los flujos de las actividades ordinarias del resto de flujos

Ejemplo:

El día 31 de enero una empresa facilita la información siguiente sobre transacciones realizadas en el mes de enero, con el fin de confeccionar su estado de flujos de tesorería:

– Se han realizado unas ventas a los clientes por valor de 18.000 unidades monetarias, de las que 10.000 se han cobrado en enero. El resto de las ventas se cobrarán en febrero.

– Se han pagado salarios por valor de 4.000 u.m.

– Se han comprado materias primas a proveedores por valor de 5.000 u.m. La mitad de la compra se ha pagado en enero, el resto se pagará en febrero.

– Se ha pagado el recibo de luz que ascendía a 1.000 u.m.

– Se ha comprado una máquina pagando al contado 2.000 u.m. Las 10.000 restantes se pagarán en abril.

– Se ha obtenido un préstamo por valor de 20.000 u.m.

También se sabe que el día 1 de enero, el saldo de tesorería ascendía a 4.000 u.m.

El estado de flujos de tesorería sería el siguiente:

	Saldo inicial	14.000	
+	Cobros ordinarios	+10.000	
–	Pagos ordinarios	–7.500	(–4.000 –2.500 –1.000)
–	Pagos de inversión	–2.000	
+	Cobros de financiación	+20.000	
	Saldo final	+24.500	

Del estado de flujos de tesorería anterior se desprende que el préstamo obtenido quizás no es necesario, al menos para el mes de enero. De todas formas, debería tenerse más información sobre los cobros y pagos del próximo mes para valorarlo con más conocimiento de causa.

2.3. Flujo de caja financiero

El estado de flujos de tesorería permite aproximarse al concepto de flujo de caja. El flujo de caja (*cash flow*, en inglés) es el dinero que genera la empresa a través de su actividad ordinaria.

El **flujo de caja** puede calcularse de varias formas. De momento, se expondrá el concepto de flujo de caja financiero y más adelante, en el capítulo 3, se expondrá otro tipo de flujo de caja, denominado flujo de caja económico.

El **flujo de caja financiero** tiene en cuenta solamente las actividades ordinarias y se obtiene restando los pagos a los cobros. El saldo es el flujo de caja generado por la actividad ordinaria de la empresa. Por tanto, se corresponde con la variación de tesorería de las actividades ordinarias (letra b de la *figura 3*):

Cobros ordinarios – Pagos ordinarios = Flujo de caja financiero

El cálculo y análisis de la evolución del flujo de caja financiero ayudan a diagnosticar la capacidad de la empresa para hacer frente a sus deudas, por lo que es un complemento imprescindible del análisis del balance de situación, como se verá posteriormente.

La importancia del análisis del flujo de caja financiero proviene del hecho de que éste mide la capacidad de generación de fondos que tiene la empresa a través de su actividad ordinaria. Por tanto, es una medida de las posibilidades de autofinanciación. Por ejemplo, una empresa que tenga un flujo de caja financiero positivo, significa que generará fondos para realizar inversiones o para reducir su endeudamiento.

De acuerdo con los datos del ejemplo del apartado anterior (2.2), el flujo de caja financiero asciende a:

+ Cobros ordinarios   +10.000

− Pagos ordinarios   − 7.500
_____

Flujo de caja financiero   + 2.500 u.m.

Por tanto, durante el mes de enero la empresa ha conseguido que las actividades ordinarias generen una tesorería positiva.

3. El balance de situación

3.1. ¿Qué es el balance de situación?

El **balance de situación** es un estado contable, correspondiente a la contabilidad externa, que refleja la situación patrimonial de la empresa. En cierto modo, es un documento equivalente al patrimonio de una persona, integrado por sus bienes menos las deudas:

Bienes (vivienda, vehículo...)

− Deudas (préstamo bancario...)
_____

Patrimonio neto

De forma equivalente, el balance de situación de una empresa se compone de los bienes, derechos y deudas que tiene la empresa en un momento dado. Los bienes y derechos integran el **activo** del balance de situación. Las deudas forman parte del **pasivo** de dicho balance. A la diferencia entre el activo y las deudas, se la denomina **patrimonio neto**. En la *figura 4*, se acompaña un ejemplo de balance para ilustrar que:

– Éste se expresa en unidades monetarias y está referido a una fecha determinada.

– Siempre cuadra, ya que el total del activo es siempre igual al total del pasivo.

– La igualdad anterior es consecuencia de que en el pasivo se ha incluido el patrimonio neto, que es la diferencia entre el total del activo y las deudas.

Activo	Pasivo
Bienes (lo que la empresa tiene) 8	5 Deudas (lo que la empresa debe)
Derechos (lo que a la empresa 4 le deben).	7 Patrimonio neto
12	12

Figura 4. Conceptos básicos que integran el balance de situación a una fecha determinada (importes en unidades monetarias)

En el ejemplo de la *figura 4* se comprueba que el patrimonio neto es igual a la diferencia entre el activo y las deudas:

$$\text{Patrimonio neto} = \text{Activo} - \text{Deudas} = 12 - 5 = 7$$

El patrimonio neto da una idea de lo que se denomina el **valor contable de una empresa**, ya que refleja la diferencia entre lo que tiene (activo) y lo que debe (deudas). Por tanto, en el ejemplo anterior se trata de una empresa que tiene un valor según la contabilidad de 7, ya que tiene unos activos de 12, pero también debe por valor de 5.

El patrimonio neto está integrado por las aportaciones de los propietarios de la empresa, denominadas **capital**, y por los beneficios generados por ésta que no han sido distribuidos, sino que se han reinvertido en la propia empresa. Los beneficios reinvertidos reciben la denominación de **reservas**. Desde otro punto de vista, el activo refleja las inversiones que ha efectuado la empresa; y el pasivo de dónde han salido los fondos que han financiado dichas inversiones *(figura 5)*.

Activo	Pasivo
¿En qué ha invertido la empresa?	¿De dónde se ha obtenido la financiación?

Figura 5. El balance de situación desde la perspectiva de la inversión y la financiación

Seguidamente, en la *figura 6* se detalla un ejemplo de balance de situación. En dicho balance se comprueba que el activo está integrado por bienes (existencias, maquinaria y terrenos) y por derechos (bancos y clientes). El pasivo está compuesto por deudas (proveedores y préstamos bancarios) y por el patrimonio neto.

Activo		Pasivo	
Existencias	2.000	Patrimonio neto	4.500
Bancos	400	Proveedores	2.000
Clientes	1.000	Préstamos bancarios	1.500
Maquinaria	1.600		
Terrenos	3.000		
Total activo	8.000	Total pasivo	8.000

Figura 6. Ejemplo de balance de situación de una empresa a 31 de diciembre
(datos en unidades monetarias)

3.2. *Los componentes del balance de situación*

Como se ha indicado anteriormente, el balance tiene dos partes, el activo y el pasivo.

Cada una de estas partes a su vez está dividida en **masas patrimoniales**, que agrupan elementos de características similares en lo que se refiere al plazo de realización.

Las principales masas patrimoniales del activo son las siguientes:

– **Activo fijo**: lo forman aquellos elementos del activo que permanecerán en la empresa más de un año. También recibe la denominación de **activo inmovilizado**. Se divide principalmente en inmovilizado material (terrenos, edificios, maquinaria...), inmovilizado inmaterial (patentes, marcas...) e inmovilizado financiero (participaciones en otras empresas...).

– **Activo circulante**: en contraste con el inmovilizado, el activo circulante lo forman aquellos elementos del activo que permanecerán en la empresa un año como máximo. Está compuesto por las existencias, el realizable y el disponible.

– **Existencias**: son las materias primas, productos en curso y productos acabados que están en proceso de fabricación o en el almacén.

– **Realizable**: agrupa todos los derechos de cobro con vencimiento inferior o igual a un año (clientes, deudores, efectos comerciales a cobrar...).

– **Disponible**: es el dinero en caja y en las cuentas corrientes bancarias de libre disposición.

En cuanto al pasivo, sus componentes principales son:

– **Patrimonio neto**: también denominado **no exigible**, **capitales propios** o **fondos propios**. Está formado por el capital aportado por los propietarios de la empresa, más los resultados no repartidos de años anteriores (**reservas**).

– **Deudas a largo plazo**: también denominadas **exigible a largo plazo**. Están compuestas por las deudas cuyo plazo de vencimiento es superior a los doce meses (préstamos bancarios a largo plazo, préstamos de los accionistas a largo plazo...).

- **Capitales permanentes**: también denominados recursos permanentes o pasivo fijo. Es la suma del patrimonio neto y las deudas a largo plazo.

- **Deudas a corto plazo**: también denominadas **pasivo circulante** o **exigible a corto plazo**. Están compuestas por las deudas cuyo plazo de vencimiento es igual o inferior a los doce meses (proveedores, préstamos bancarios a corto plazo, deudas con Hacienda y la Seguridad Social a corto plazo...).

3.3. Ordenación del balance de situación

De cara al análisis es conveniente reagrupar las cuentas de menos a más liquidez en el activo y de menos a más exigibilidad en el pasivo, tal y como se expone en la *figura 7*.

Activo		Pasivo	
DE MENOR A MAYOR LIQUIDEZ	Fijo Circulante	DE MENOR A MAYOR EXIGIBILIDAD	No exigible Exigible a largo plazo Exigible a corto plazo

Figura 7. Criterios de ordenación de las masas patrimoniales en el balance de situación

En el activo, normalmente, se ordenan todos los elementos de menor a mayor **liquidez**. La liquidez es la mayor o menor facilidad que tiene un bien para convertirse en dinero. El dinero en caja es lo más líquido que hay.

En cambio, los elementos del pasivo se ordenan de menor a mayor **exigibilidad**. Un elemento será más exigible cuanto menor sea el plazo en que vence. El capital no es exigible, a excepción de algunas sociedades como las cooperativas, por ejemplo. En cambio, las deudas con proveedores suelen ser exigibles a muy corto plazo.

Hay otros países, como Estados Unidos y la mayoría de los latinoamericanos, por ejemplo, en que se siguen los mismos criterios de ordenación pero al revés, ya que los activos se ordenan de mayor a menor liquidez y los pasivos de mayor a menor exigibilidad.

También pueden diferenciarse dentro de las masas patrimoniales del activo las que son funcionales (imprescindibles para la actividad ordinaria de la empresa) y las que son extrafuncionales (no directamente necesarias para la actividad ordinaria). Por ejemplo, la maquinaria suele ser funcional. En cambio, una empresa que comercializa muebles y que tiene unos terrenos con los que no desarrolla ninguna actividad, consideraría a éstos como extrafuncionales. Los activos extrafuncionales son los que pueden ser vendidos cuando la empresa precisa de liquidez urgente para salir adelante.

3.4. Criterios de valoración de activos y pasivos

El criterio general es que todos los bienes se valoran al precio de adquisición, o al coste de producción si se han hecho internamente en la empresa, a menos que el precio de mercado sea inferior. En este último caso se utiliza el precio de mercado. Por tanto, si el valor de mercado de un activo es superior al precio de adquisición, en contabilidad se utilizará el precio de adquisición. En cambio, si se produce la situación contraria y el valor de mercado de un activo cae por debajo de su valor de adquisición, se utilizará el valor de mercado para reflejar el activo en el balance de la empresa. En la práctica, el precio más usado es el de adquisición, ya que es habitual que el precio de mercado sea superior.

La preeminencia del precio de adquisición que se ha expuesto en el párrafo anterior tiene el inconveniente de que a menudo los valores consignados en el balance se alejan del valor de mercado y, por tanto, del valor más próximo a la realidad. Sin embargo, tiene la ventaja de la objetividad que aporta el precio de adquisición. Además, este criterio se enmarca dentro del principio de prudencia que envuelve a la contabilidad. Según el principio de prudencia, las pérdidas han de reflejarse tan pronto se conozcan. En cambio, los beneficios sólo se contabilizan cuando se producen realmente.

Las deudas figurarán en el balance por su valor de reembolso. Es decir, por el valor que se deberá pagar a la persona a la que se debe el dinero.

Los saldos de clientes y de otros derechos figurarán en el activo del balance por su valor nominal. Es decir, por el valor que figura en el documento que refleja el derecho que tiene la empresa. El mismo criterio se utilizará con proveedores y acreedores en el pasivo del balance.

4. La cuenta de resultados

4.1. ¿Qué es la cuenta de resultados?

El funcionamiento de la empresa genera la percepción de unos ingresos y la realización de unos gastos de cuya diferencia surge el resultado del período:

$$\text{Resultado} = \text{Ingresos} - \text{Gastos}$$

Cuando el resultado es positivo se denomina **beneficio**. En caso contrario se denomina **pérdida**.

Los ingresos más habituales son las ventas. Los gastos más frecuentes son los consumos de materias primas, los gastos de personal, los alquileres y los gastos financieros. En el apartado 4.3 se amplían los tipos de gastos que integran la cuenta de resultados.

La **cuenta de resultados**, que también corresponde a la contabilidad externa, es un documento contable en el que se informa de los ingresos, gastos y resultado que se han producido en un determinado período. Puede presentarse de varias formas, pero los dos formatos más habituales son el de lista y el de cuenta. En el formato de lista, se restan los gastos a los ingresos para llegar al resultado:

Ingresos

– Gastos

Resultado

En el formato de cuenta, los gastos se ponen en la izquierda, que se denomina **debe**, y los ingresos en la derecha, que se denomina **haber**. Para cuadrar la cuenta se pone el resultado, que puede ser beneficio, si los ingresos superan a los gastos, o pérdida si ocurre lo contrario. El hecho de que el beneficio se ponga en el lado de los gastos y la pérdida en el lado de los ingresos es por puros fines estéticos, ya que de esta forma cuadra el debe con el haber, como se verá a continuación con la ayuda de un ejemplo:

Debe	Haber
Gastos	Ingresos
+	+
Beneficio	Pérdida

Ejemplo:

Una empresa facilita los datos siguientes sobre el año anterior:

Alquileres	2.000	u.m.
Ventas	10.000	u.m.
Salarios	4.000	u.m.
Consumo de materiales	1.000	u.m.

La cuenta de resultados en forma de lista sería:

Ventas	10.000
– Consumo materiales	–1.000
– Alquileres	–2.000
– Salarios	–4.000
Beneficio	3.000

La misma cuenta de resultados, pero en forma de cuenta, sería:

Debe		Haber	
Consumo de materiales	1.000	Ventas	10.000
Alquileres	2.000		
Salarios	4.000		
Beneficio	3.000		
Total	10.000	Total	10.000

Así como el balance de situación se refiere a una fecha determinada, la cuenta de resultados corresponde a un período de tiempo, ya sea un mes, varios meses o un año. El balance de situación puede equipararse a una fotografía del patrimonio de la empresa en un determinado momento. En cambio, la cuenta de resultados sería equiparable a una película que se produce en un determinado período, que como máximo correspondería a un año.

De la misma forma que en el capítulo anterior se equiparaba el balance al patrimonio de una persona, la cuenta de resultados es en este sentido equiparable a la declaración de renta, en la que se reflejan los ingresos y los gastos.

De forma similar a lo que se ha expuesto para el estado de flujos de tesorería, el resultado de la gestión de la empresa suele dividirse en función de dos tipos de actividades:

– Las actividades ordinarias de la empresa, las que le son propias, ya que se producen como consecuencia de la realización de sus actividades típicas, que generan el resultado ordinario o de explotación.

– Las actividades extraordinarias de la empresa, es decir, las que sólo se realizan de forma ocasional, que generan el resultado extraordinario o atípico. El beneficio por la venta de un terreno en una empresa que se dedica a la fabricación de muebles es un ejemplo de resultado extraordinario.

4.2. Diferencias entre gasto, pago e inversión

Se trata de tres conceptos que a menudo se confunden, por lo que es oportuno diferenciarlos:

a) **Gasto**

El gasto es un concepto de la contabilidad externa. Se refiere, básicamente, a aquellos conceptos relacionados con la adquisición de bienes y servicios para su consumo, sea en el proceso de producción o para terceros, y relacionados con la actividad que la empresa realiza.

El gasto es un concepto relacionado con la legislación contable, ya que ésta debe permitir que un concepto esté incluido como gasto. Además, la mayoría de gastos suelen comportar obligaciones de pago para con terceros. Dos excepciones a esta última característica son las amortizaciones y las provisiones, que se expondrán más adelante.

b) **Pago**

El pago es una salida de tesorería. No todos los gastos se pagan. Por ejemplo, la amortización del inmovilizado, es un gasto que no se paga.

En cambio, hay pagos que no corresponden a gastos ni costes, como la devolución del principal de un préstamo, por ejemplo.

La diferencia entre gasto y pago es similar a la que existe entre ingreso y cobro. El cobro es una entrada de tesorería que puede deberse a ingresos, pero también a otros conceptos, tales como ampliaciones de capital o la obtención de préstamos, por ejemplo. En cambio, el ingreso es consecuencia, principalmente, de las ventas que realiza la empresa.

c) **Inversión**

Se refiere a aquella parte del gasto que no se incorpora al proceso de producción de la empresa y que permanece en ella para generar nuevos recursos en futuros ejercicios. Por ejemplo, la maquinaria adquirida por la empresa para participar en el proceso de producción.

4.3. Ordenación de la cuenta de resultados

Para analizar la cuenta de resultados, también denominada **cuenta de pérdidas y ganancias**, es recomendable dividir todos sus gastos e ingresos tal y como sigue:

- **Ventas netas**: Incluye los ingresos por la actividad propia de la explotación de la empresa, de la que se deducen los descuentos y bonificaciones en factura y los impuestos sobre dichas ventas.

- **Gastos variables o proporcionales de fabricación**: Son todos los gastos de fabricación directamente imputables a las ventas, o sea la materia prima, la mano de obra directa de fábrica y los gastos directos de fabricación. El consumo de materias primas u otras existencias se calcula a partir de las compras y de la variación de existencias:

> Compras
>
> \+   Existencias iniciales
>
> \–   Existencias finales
>
> ———————————————————————————
>
> Consumo de materias primas y otras existencias

Por ejemplo, si durante un año se han efectuado compras de materias primas por valor de 500 u.m., el saldo inicial ascendía a 200 u.m. y el saldo existente al final del período ha ascendido a 300 u.m., las materias primas consumidas tienen un valor de:

Consumo de materias primas = 500 + 200 – 300 = 400 u.m.

- **Gastos variables o proporcionales de comercialización**: Son todos los gastos de comercialización directamente imputables a las ventas, o sea los portes de venta, comisiones, etc.

- **Coste de ventas o coste de los productos vendidos**: Suma de los gastos variables de fabricación y de comercialización.

- **Amortizaciones**: Reflejan el desgaste anual del inmovilizado material e inmaterial.

- **Provisiones:** Reflejan la pérdida de valor no definitiva de determinados activos, tales como el inmovilizado, las existencias o los clientes, por ejemplo. Se producen cuando el precio de mercado de un inmovilizado o de las existencias cae por debajo del precio de adquisición. También se utilizan cuando un cliente suspende pagos y aparecen dudas de que se vaya a cobrar la totalidad o parte del saldo pendiente. Se trata de pérdidas no definitivas, ya que con posterioridad existe la posiblidad de que el valor perdido se recupere.

– **Gastos de estructura**: Son todos aquellos gastos provocados por la estructura de la empresa y no imputables a las ventas. A los gastos de estructura se les llama a menudo gastos fijos, en contraposición a los gastos proporcionales, que son variables en relación a las ventas. Los sueldos de los departamentos de contabilidad, personal o gerencia son ejemplos de gastos de estructura. Estos gastos de estructura pueden desagregarse en las distintas funciones de la empresa (aprovisionamiento, fabricación, administración, comercialización, dirección, etc.).

– **Otros ingresos y gastos**: Son todos los ingresos y gastos de explotación que no se pueden incluir en ninguno de los grupos que se están estudiando en este punto. Por ejemplo, subvenciones de explotación, ingresos del economato de la empresa, etc.

– **Gastos e ingresos financieros**: Este grupo incluye todos los gastos e ingresos financieros de la empresa. Así, no sólo se han de agrupar los gastos bancarios (intereses y comisiones), sino también los intereses financieros cobrados por la empresa, los descuentos por pronto pago a favor o en contra, el coste de los timbres de los efectos comerciales, etc.

– **Impuesto de sociedades**: Es el impuesto sobre el beneficio del período, que es distinto del resto de tributos (Impuesto de Actividades Económicas, por ejemplo) que paga la empresa y que suelen tener la consideración de gastos de estructura.

El Impuesto sobre el Valor Añadido normalmente no tiene la consideración de gasto (el IVA soportado) ni de ingreso (el IVA repercutido), ya que se trata de un activo o de un pasivo en relación con Hacienda. Las retenciones en concepto de Impuesto sobre la Renta de las Personas Físicas están incluidas en los sueldos y salarios correspondientes.

A partir de los grupos anteriores, la cuenta de pérdidas y ganancias se estructura como se muestra en la *figura 8*.

Ventas netas

–   Gastos proporcionales de fabricación

–   Gastos proporcionales de comercialización

=   Margen bruto

–   Amortizaciones

–   Gastos de estructura

–   Otros ingresos y gastos

=   Beneficio antes de impuestos e intereses (BAII)

+/– Gastos e ingresos financieros

=   Beneficio antes de impuestos (BAI)

–   Impuesto de Sociedades

=   Beneficio neto o pérdida neta

Figura 8. Formato de la cuenta de pérdidas y ganancias utilizada para el análisis

En caso de que la empresa analizada tenga resultados extraordinarios se pueden integrar en la cuenta de resultados de dos formas alternativas:

– situándolos antes del beneficio antes de impuestos.

– añadiéndolos a los otros ingresos y gastos.

De esta forma, ya se ha preparado la cuenta de resultados para el análisis, que se estudiará más adelante.

4.4. Flujo de caja económico

El **flujo de caja económico** se obtiene sumando al beneficio neto (en principio, el de explotación) la amortización del período, ya que es un gasto que no se paga. También se suelen añadir las provisiones. Lógicamente, el beneficio neto más las amortizaciones y las provisiones representarán el efectivo que ha generado la empresa en el período correspondiente, en el supuesto de que se cobren todos los ingresos y se paguen todos los gastos.

Beneficio neto de explotación	
+	Amortizaciones
+	Provisiones
=	Flujo de caja económico

Llegados a este punto vale la pena relacionar el flujo de caja económico con el flujo de caja financiero expuesto en el apartado 2. Nótese que en la mayoría de los casos, ambos flujos de caja no coinciden, ya que el financiero se basa en movimientos de efectivo (cobros y pagos) y el económico en el principio del **devengo** (ingresos y gastos pagables). Este principio indica que los ingresos y gastos deben ser imputados al período en que realmente se producen, que puede coincidir o no con el período en que se facturan o con el período en que produce el movimiento de tesorería. De hecho, sólo coincidirían en aquella empresa que cobrase y pagase al contado todos sus ingresos y gastos de explotación.

De todas formas, debe recordarse que tanto las amortizaciones como las provisiones, que se añaden al beneficio para la obtención del flujo de caja económico, tarde o temprano pueden afectar a la tesorería de la empresa, al reponer los activos inmovilizados o al dejar de cobrar de clientes morosos, por ejemplo.

4.5. Relaciones entre balance de situación y cuenta de resultados

Cuando se empieza a estudiar contabilidad, es frecuente que se confundan el contenido del balance de situación con el de la cuenta de resultados. Por este motivo, se va a exponer un sencillo ejemplo que puede contribuir a clarificar ambos documentos contables. Este ejemplo tendrá varias etapas y al final de cada una de ellas se construirá el balance y la cuenta de resultados:

a) Supóngase que se crea una empresa con una aportación en efectivo de los propietarios por valor de 5.000 u.m. Tras esta transacción el balance de situación será:

Activo		Pasivo	
Caja	5.000	Capital	5.000

Obsérvese que el balance de situación cuadra, ya que el activo es igual al pasivo. Nótese también que como esta empresa no ha realizado ninguna operación de ingreso o gasto, no tiene cuenta de resultados, por el momento.

   b) Posteriormente, la empresa adquiere una máquina que cuesta 8.000 pagando 2.000 u.m. al contado y dejando a deber el resto. Tras esta transacción el balance de situación pasa a ser el siguiente:

Activo		Pasivo	
Máquina	8.000	Capital	5.000
Caja	3.000	Acreedores	6.000
Total activo	11.000	Total pasivo	11.000

El balance sigue cuadrando y aún no existe cuenta de resultados, porque no se han producido ni gastos ni ingresos, ya que todas las transacciones sólo afectan a elementos del balance.

   c) La empresa compra mercaderías por valor de 3.000 u.m. y las vende por 7.000 u.m. de forma inmediata. Por tanto, el saldo final de las mercaderías es nulo. La compra se ha efectuado pagando al contado, pero la venta se cobrará más adelante. Ahora, además de balance, ya se dispone de cuenta de resultados, dado que se han producido gastos (las compras de mercaderías y su consumo para la venta) e ingresos (la venta de las mercaderías).

En el balance, además de los activos, deudas y capital, ahora aparecerá el beneficio producido como consecuencia de la diferencia entre el activo y las deudas más el capital:

Activo		Pasivo	
Máquina	8.000	Capital	5.000
Clientes	7.000	Acreedores	6.000
		Beneficio	4.000
Total activo	15.000	Total pasivo	15.000

La cuenta de resultados se prepara a partir de la diferencia entre los ingresos y las mercaderías consumidas, que en este caso coinciden con las compradas. Si no se consumiesen todas las mercaderías compradas, y hubiese un saldo al final del período, el consumo se calcularía a partir de la diferencia entre el saldo inicial más las compras y menos el saldo final:

Consumo de materiales = Saldo inicial + Compras – Saldo final

En este caso:

Consumo de materiales = 0 + 3.000 – 0 = 3.000

La cuenta de resultados queda así:

Ventas	7.000
– Consumo de materiales	–3.000
Beneficio	4.000

Obsérvese que el beneficio del balance y el de la cuenta de resultados coincide, ya que las empresas sólo tienen un único resultado en su contabilidad externa. Nótese también que, a pesar de que se ha obtenido beneficio (4.000), la tesorería es nula, por lo que pueden aparecer problemas para atender los pagos, como consecuencia de que los clientes aún no han pagado.

En este caso, el flujo de caja económico coincide con el beneficio, ya que no se han producido amortizaciones ni provisiones.

En cambio, el flujo de caja financiero es negativo:

Cobros de las actividades ordinarias	0
– Pagos de las actividades ordinarias	–3.000
Flujo de caja financiero	–3.000

Para cualquier empresa es imprescindible alcanzar un resultado favorable en su cuenta de resultados. Pero aún es más importante que esto se refleje en la tesorería, lo cual no siempre ocurre y puede ser causa de una suspensión de pagos. En definitiva, una cosa es vender y otra muy distinta es cobrar.

5. Análisis patrimonial y financiero

El **análisis patrimonial y financiero** de la empresa es el primer paso del análisis de los estados contables y permite evaluar aspectos tales como la capacidad de pago de deudas, la independencia financiera, la capitalización o la eficiencia en la utilización de los activos.

Cuando el balance de situación ya está debidamente ordenado y preparado para el análisis, se empieza por el cálculo de sus porcentajes. Para ello, se calcula el porcentaje que representa cada grupo patrimonial en relación al total del activo o del pasivo.

A continuación, en la *figura 9* se detalla un balance con sus porcentajes calculados.

	U.M.	%		U.M.	%
Fijo	45	58	No exigible	22	29
Existencias	18	23	Exigible a		
Realizable	8	11	largo plazo	10	13
Disponible	6	8	Exigible a		
			corto plazo	45	58
Total	77	100%	Total	77	100%

Figura 9. Balance de situación en unidades monetarias y en porcentajes

Una vez se han calculado los porcentajes, ya se pueden obtener las primeras conclusiones, a partir de los siguientes principios orientativos de tipo general:

a) El activo circulante ha de ser mayor que el exigible a corto plazo. Esto es preciso para que la empresa no tenga problemas de liquidez y pueda atender sus pagos. Este problema se agrava cuando el activo circulante es menor que el exigible a corto plazo, ya que el fondo de maniobra (activo circulante menos exigible a corto plazo) es negativo, lo que se denomina **suspensión de pagos técnica o teórica**. De persistir esta situación puede desembocar en el estado de suspensión de pagos. Esta situación ha de ser solicitada por la empresa para protegerse de sus acreedores cuando, a pesar de poseer bienes suficientes para cubrir todas sus deudas, prevea la imposibilidad de atenderlas en las fechas de sus respectivos vencimientos.

Cuando se desea mejorar esta situación, hay que tomar medidas para reducir las deudas a corto plazo, tales como:

– Ampliar capital.

– Reducir el pago de dividendos y aumentar la autofinanciación.

– Reconvertir la deuda a corto plazo en deuda a largo plazo.

– Adelantar la transformación en dinero de los activos circulantes, tales como clientes o existencias.

– Vender activos inmovilizados para generar liquidez.

b) El realizable más el disponible han de igualar, aproximadamente, al exigible a corto plazo. Con este principio se matiza el anterior, ya que es posible que una empresa tenga un activo circulante muy elevado pero en forma de stocks y, por tanto, no tenga efectivo para poder atender los pagos.

c) Los capitales propios han de ascender, aproximadamente, entre el 35% y el 50% del total del pasivo. Este porcentaje de capitales propios es preciso para que la empresa esté suficientemente capitalizada y su endeudamiento no sea excesivo.

Cuando los capitales propios son negativos, situación que se produce si las pérdidas acumuladas superan al capital y reservas, se dice que la empresa está en una **situación de quiebra técnica**. En este caso las deudas superan a los activos, lo que genera una situación insostenible a menos que se tomen medidas urgentes para mejorar. De no ponerse remedio a esta situación, la empresa puede verse abocada a la declaración por el juez del estado de quiebra, lo que puede llevar al cierre.

Esta problemática puede evitarse si la empresa amplía capital a tiempo, y toma medidas para poder generar beneficios.

En el ejemplo desarrollado al principio de este apartado, la empresa presenta la situación siguiente:

- Tiene problemas de liquidez y puede hacer suspensión de pagos, ya que el activo circulante es menor que el exigible a corto plazo (42% frente a 58%) y el realizable más el disponible es mucho menor al exigible a corto plazo (19% frente a 58%).

- Está descapitalizada, o sea excesivamente endeudada, ya que el no exigible o capitales propios (29%) es mucho menor que la mitad del pasivo.

Para evitar la suspensión de pagos esta empresa deberá tomar medidas como las que siguen:

- Aumentar los capitales propios para reducir el elevado endeudamiento.

- Vender aquellos activos fijos que no sean imprescindibles para el normal desarrollo de la actividad. Con los fondos generados se podrían reducir las deudas, sobre todo las de corto plazo.

- Mejorar la relación entre el activo circulante y el exigible a corto plazo, para solucionar los problemas de liquidez. Una alternativa consistiría en reconvertir la deuda a corto plazo traspasándola a largo plazo.

5.1. Estado de origen y aplicación de fondos

El **estado de origen y aplicación de fondos**, también denominado **estado de fuentes y empleos**, es un instrumento útil para analizar la evolución de los balances de situación, ya que pone de manifiesto las variaciones que se han producido en los mismos durante un determinado período de tiempo. Permite responder cuestiones como las siguientes:

- ¿Qué inversiones se han efectuado?

- ¿Qué financiación se ha utilizado?

- ¿Existe un equilibrio razonable entre las inversiones efectuadas y la financiación utilizada?

El estado de origen y aplicación de fondos se confecciona a partir de dos balances de una misma empresa, y consiste en la integración de todas las variaciones que se han producido en el activo y en el pasivo.

A continuación, se detalla la confección de un estado simplificado de origen y aplicación de fondos con un ejemplo:

a) Se precisan dos balances de una misma empresa *(figura 10)*.

Balance a 31.12.(N-1)			
Fijo	7	No exigible	10
Existencias	2	Exigible a largo plazo	2
Realizable	4	Exigible a corto plazo	5
Disponible	4		
	17		17
Balance a 31.12.(N)			
Fijo	17	No exigible	12
Existencias	3	Exigible a largo plazo	4
Realizable	6	Exigible a corto plazo	12
Disponible	2	Amortización	
Pérdida	4	acumulada	4
	32		32

Figura 10. Dos balances de una misma empresa preparados para el cálculo del estado de origen y aplicación de fondos

b) Se calculan los aumentos y disminuciones producidos entre los dos balances *(figura 11)*. Nótese que las variaciones del activo siempre han de igualar a las variaciones del pasivo.

Fijo	10	No exigible	2
Existencias	1	Exigible a largo plazo	2
Realizable	2	Exigible a corto plazo	7
Disponible	–2	Amortización	
Pérdida	4	acumulada	4
	15		15

Figura 11. Cálculo de las variaciones producidas entre dos balances

c) Se confecciona el estado de origen y aplicación de fondos poniendo en la izquierda los aumentos de activo y las disminuciones de pasivo (que son las aplicaciones de fondos) y en la derecha los aumentos de pasivo y las reducciones de activo (que son los orígenes de fondos).

En la izquierda se anotan también las pérdidas del ejercicio (porque originan disminuciones de fondos, que es lo contrario de la financiación) y en la derecha las amortizaciones y beneficios del ejercicio (ya que son fuente de fondos para la empresa):

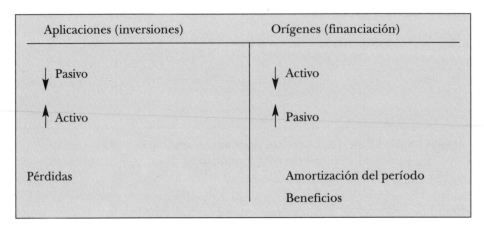

En el ejemplo que estamos estudiando, el estado de origen y aplicación de fondos será el que se acompaña en la *figura 12.*

Fijo	10	No exigible	2
Existencias	1	Amortización acumulada	4
Realizable	2	Exigible a largo plazo	2
Pérdidas	4	Exigible a corto plazo	7
		Disponible	2
	17		17

Figura 12. Estado de origen y aplicación de fondos

Del ejemplo de la *figura 12* se puede concluir que esta empresa ha invertido sobre todo en activo fijo y lo ha financiado básicamente con deudas a corto plazo, lo cual es negativo. En principio, el activo fijo ha de ser financiado con capitales propios o con exigible a largo plazo.

5.2. Los ratios

Un **ratio** es el cociente entre magnitudes que tienen una cierta relación y por este motivo se comparan. Por ejemplo, si se divide el beneficio neto por la cifra de capitales propios de la empresa se obtiene el ratio de rentabilidad de los capitales propios.

$$\text{Rentabilidad de los capitales propios} = \frac{\text{Beneficio neto}}{\text{Capitales propios}}$$

Al usar ratios, hay que ir con precaución con las magnitudes que tienen signo negativo, ya que pueden distorsionar la realidad y llevar a conclusiones erróneas. Por ejemplo, si se calcula el ratio de rentabilidad de los capitales propios en una empresa que tiene pérdidas y que está en quiebra, o sea, que tiene los fondos propios con signo negativo, se llegaría al contrasentido de un ratio de rentabilidad con signo positivo. Esto sería así porque al dividir una cifra con signo negativo (el resultado negativo) por otra cifra con signo negativo (los fondos propios con signo negativo) el resultado tiene signo positivo.

Existen infinidad de ratios, pero para que el análisis sea operativo ha de limitarse su uso, lo que quiere decir que para cada empresa, en función de la situación concreta y de los objetivos del análisis, se han de seleccionar aquellos ratios que sean más idóneos.

A continuación, se van a relacionar los principales ratios para estudiar la liquidez, el endeudamiento, la eficiencia de los activos y los plazos de cobro y pago. Para aquellos ratios en que sea posible se indicará cuál es su valor medio deseable, desde una perspectiva puramente orientativa, ya que todo depende del sector y de las características concretas de la empresa.

Ratios de liquidez

Para diagnosticar la situación de liquidez de la empresa, es decir, la posibilidad de poder hacer frente a sus pagos a corto plazo, además de confeccionar el estado de flujos de tesorería se pueden utilizar los ratios siguientes:

– Ratio de liquidez: Es igual al activo circulante dividido por el exigible a corto plazo. El exigible a corto plazo, también denominado pasivo circulante, está integrado por las deudas a corto plazo:

$$\text{Ratio de liquidez} = \frac{\text{Activo circulante}}{\text{Exigible a corto plazo}}$$

Para que la empresa no tenga problemas de liquidez, el valor del ratio de liquidez ha de ser superior a 1, aproximadamente, o entre 1,5 y 2. En caso de que este ratio sea menor que 1 indica que la empresa puede tener mayor probabilidad de hacer suspensión de pagos. Quizás podría pensarse que con un ratio de liquidez de 1 ya se atenderían sin problemas las deudas a corto plazo. Sin embargo, la posible morosidad de parte de la clientela y las dificultades en vender todas las existencias a corto plazo aconsejan que el fondo de maniobra sea positivo y, por tanto, que el activo circulante sea superior a las deudas a corto plazo en un margen suficiente desde una perspectiva conservadora. Esta situación depende de cómo cobra y cómo paga la empresa, ya que en sectores en los que se cobra muy rápido y se paga muy tarde se puede funcionar sin problemas, teniendo un fondo de maniobra negativo. Un ejemplo típico de sector que funciona así es el de las grandes superficies de distribución alimentaria (hipermercados). Una situación similar es la que se produce en las compañías aseguradoras.

Otro aspecto a tener en cuenta en este ratio, al igual que en los dos ratios siguientes, es la calidad del realizable en cuanto a plazo de cobro y en cuanto a la importancia de los impagados.

– Ratio de tesorería: Es igual al realizable más el disponible dividido por el exigible a corto plazo.

$$\text{Ratio de tesorería} = \frac{\text{Realizable} + \text{Disponible}}{\text{Exigible a corto plazo}}$$

Para no tener problemas de liquidez, el valor de este ratio ha de ser de 1, aproximadamente. Si es menor de 1, la empresa puede hacer suspensión de pagos por no tener los activos líquidos suficientes para atender los pagos. Si el ratio de tesorería es muy superior a 1, indica la posibilidad de que se tenga un exceso de activos líquidos y, por tanto, que se esté perdiendo rentabilidad de los mismos.

– Ratio de disponibilidad: Es igual al disponible dividido por el exigible a corto plazo. Al disponible también puede añadírsele aquellas inversiones financieras temporales que la empresa podría convertir en dinero en uno o dos días.

$$\text{Ratio de disponibilidad} = \frac{\text{Disponible}}{\text{Exigible a corto plazo}}$$

Este ratio, al igual que el anterior, también recibe la denominación de **prueba del ácido**, o *acid test*, en inglés. Es difícil estimar un valor ideal para este ratio, ya que el disponible (sin incluir aquellas cuentas bancarias que no sean de libre disposición por estar afectas a garantías) acostumbra a fluctuar a lo largo del año y, por tanto, se ha de procurar tomar un valor medio. No obstante, se puede indicar que si el valor del ratio es bajo se pueden tener problemas para atender los pagos. Por el contrario, si el ratio de disponibilidad aumenta mucho pueden existir disponibles ociosos y, por tanto, perder rentabilidad de los mismos. Como valor medio óptimo se podría indicar para este ratio el de 0,3, aproximadamente. De todas formas, tal y como se ha indicado anteriormente, vale la pena complementar este análisis con el presupuesto de caja, ya que facilita información sobre si se pueden atender con holgura pagos importantes, tales como pagas dobles, por ejemplo.

Ratios de endeudamiento

Los ratios de endeudamiento se utilizan para diagnosticar sobre la cantidad y calidad de la deuda que tiene la empresa; así como para comprobar hasta qué punto se obtiene el beneficio suficiente para soportar la carga financiera del endeudamiento. Los ratios de endeudamiento más utilizados son los siguientes:

– Ratio de endeudamiento: Es igual al total de las deudas dividido por el pasivo. A veces se calcula también poniendo el total del activo en el denominador, que lógicamente no modifica el resultado del ratio.

$$\text{Ratio de endeudamiento} = \frac{\text{Deudas totales}}{\text{Total pasivo}}$$

El valor óptimo de este ratio se sitúa entre 0,5 y 0,65. En caso de ser superior a 0,65, indica que el volumen de deudas es excesivo y la empresa está perdiendo autonomía financiera frente a terceros o, lo que es lo mismo, se está descapitalizando y funcionando con una estructura financiera más arriesgada. Si es inferior a 0,5 puede ocurrir que la empresa tenga un exceso de capitales propios. Como se verá más adelante, en muchas ocasiones es rentable tener una cierta proporción de deuda.

– Ratio de calidad de la deuda: Se calcula dividiendo el exigible a corto plazo por el total de las deudas.

$$\text{Ratio de calidad de la deuda} = \frac{\text{Deuda a corto plazo}}{\text{Deudas totales}}$$

Cuanto menor sea el valor de este ratio significará que la deuda es de mejor calidad, en lo que al plazo se refiere. Hay que tener en cuenta que muchas empresas, o bien por su reducida dimensión o por la actividad que desarrollan, tienen dificultades para acceder a la financiación a largo plazo y a los mercados bursátiles, lo que explica que tengan una deuda eminentemente a corto plazo.

– Ratio de capacidad de devolución de los préstamos: Se calcula dividiendo el beneficio neto más las amortizaciones por el total de los préstamos recibidos. Cuanto mayor sea el valor de este ratio más capacidad se tendrá para poder devolver los préstamos, ya que el numerador refleja el flujo de caja que genera la empresa.

$$\text{Ratio de capacidad de devolución de los préstamos} = \frac{\text{Beneficio neto} + \text{Amortizaciones}}{\text{Préstamos recibidos}}$$

Este ratio se basa en la creencia de que los préstamos se han de devolver con el flujo de caja generado por la empresa, mientras que las deudas con proveedores se han de devolver con los cobros de clientes.

– Ratio de gastos financieros sobre ventas: Hay varios ratios que, a pesar de que requieren datos de la cuenta de resultados, permiten comprobar si la empresa puede soportar el endeudamiento que tiene.

Uno de ellos es el que se calcula dividiendo los gastos financieros por la cifra de ventas:

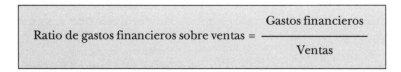

$$\text{Ratio de gastos financieros sobre ventas} = \frac{\text{Gastos financieros}}{\text{Ventas}}$$

Este ratio también puede calcularse deduciendo, en el numerador, los ingresos financieros de los gastos financieros.

Cuando el ratio anterior crece de un año a otro es un indicador de que el coste de la deuda aumenta en relación a la facturación.

– Ratio de coste de la deuda: Se dividen los gastos financieros por el saldo medio de la deuda con coste (préstamos bancarios y descuento comercial, por ejemplo).

$$\text{Ratio de coste de la deuda} = \frac{\text{Gastos financieros}}{\text{Deuda con coste}}$$

Cuanto menor sea el valor de este ratio más barata será la deuda remunerada que tiene la empresa y, por tanto, será el reflejo de una situación mejor. Este ratio ha de compararse con el coste medio del dinero durante el período para comprobar si la financiación tiene un coste razonable.

En definitiva, para poder diagnosticar sobre el endeudamiento de la empresa se pueden calcular ratios como los anteriores. Más adelante, este tema se amplía con el estudio del apalancamiento financiero.

Ratios de rotación de activos

Permiten estudiar el rendimiento que se obtiene de los activos y su eficiencia. Los ratios de **rotación** se calculan dividiendo las ventas por el activo correspondiente. El valor ideal de los ratios de rotación es que sean lo más elevados posible. Veamos los más usados:

– Rotación del activo fijo: Se obtiene dividiendo las ventas por el activo fijo.

$$\text{Rotación del activo fijo} = \frac{\text{Ventas}}{\text{Activo fijo}}$$

Cuanto mayor sea el valor de este ratio quiere decir que se generan más ventas con el activo fijo.

– Rotación del activo circulante: Para hallar su valor se dividen las ventas por el activo circulante.

$$\text{Rotación del activo circulante} = \frac{\text{Ventas}}{\text{Activo circulante}}$$

– Rotación de los stocks: Se obtiene dividiendo las ventas por el valor de los stocks.

$$\text{Rotación de stocks} = \frac{\text{Ventas}}{\text{Stocks}}$$

Al igual que los ratios anteriores, cuanta mayor sea la rotación de los stocks, significa que se generan más ventas con menos inversión (en stocks en este caso). Para que el ratio sea más ilustrativo se han de tomar las ventas a precio de coste (o el coste de ventas), ya que el stock está valorado a dicho precio.

El estudio de los ratios de rotación se hace analizando su evolución durante varios años. La situación ideal es que los ratios de rotación aumenten. Así, cada vez se precisará una inversión menor en activo para el desarrollo de la actividad. Por tanto, al tener menos activos habrá menos pasivos, o sea menos deudas y menos capitales propios, y más eficiente podrá ser la empresa.

Ratios de gestión de cobro y de pago

Estos ratios sirven para comprobar la evolución de la política de cobro y pago de clientes y proveedores, respectivamente.

– Ratio de plazo de cobro: Indica el número medio de días que se tarda en cobrar de los clientes. Se calcula dividiendo los saldos que reflejan créditos en relación con los clientes (saldo de clientes, efectos a cobrar y efectos descontados pendientes de vencer y deduciendo los anticipos de clientes) por la venta media diaria.

$$\text{Plazo de cobro} = \frac{\text{Clientes} + \text{Efectos}}{\text{Venta media diaria}}$$

En el denominador hay que añadir el IVA repercutido para que sea comparable con el numerador. Como la venta media diaria es igual a las ventas anuales divididas por 365, este ratio también se puede presentar de la forma siguiente:

$$\text{Plazo de cobro} = \frac{\text{Clientes} + \text{Efectos}}{\text{Ventas}} \times 365$$

En el numerador del ratio han de incluirse todas las deudas de los clientes.

Cuanto menor sea este ratio indica que se cobra antes de los clientes, lo cual es deseable para cualquier empresa.

– Ratio de plazo de pago: Se calcula dividiendo el saldo de proveedores por las compras anuales y multiplicando por 365. Al igual que con el plazo de cobro debe añadirse el IVA soportado en el denominador para que sea comparable con el numerador. Refleja el número de días promedio que se tarda en pagar a los proveedores.

$$\text{Plazo de pago} = \frac{\text{Proveedores}}{\text{Compras}} \times 365$$

Cuanto mayor es el valor de este ratio implica que se tarda más en pagar a los proveedores, con lo que éstos proporcionan más financiación y, por tanto, es positivo. No obstante, de la situación anterior hay que distinguir aquella que se produce por el retraso en el pago en contra de lo convenido con los proveedores. Esta última situación es totalmente negativa por la informalidad que refleja y por el desprestigio que ocasiona. Además, puede provocar el corte de suministro por parte de los proveedores. Es recomendable comparar el valor del ratio con la media del sector.

6. Análisis económico

Uno de los objetivos de cualquier empresa lucrativa es ganar dinero. Inclusive en las empresas no lucrativas, o en las empresas públicas, no existe la posibilidad de perder demasiado dinero, por lo que también tienen objetivos relacionados con los resultados mínimos a conseguir. El **análisis económico** ayuda a verificar cómo genera resultados una empresa y cómo mejorarlos. Para ello, la datos de base están en las cuentas de resultados.

Este análisis se concentra en los resultados ordinarios, ya que los extraordinarios, como atípicos que son, no suelen ser representativos de la gestión desarrollada por la empresa. El análisis de los resultados ordinarios permite evaluar cuestiones como las siguientes:

- Evolución de la cifra de ventas global y por productos.

- Evolución del margen bruto global y por productos.

- Evolución de los gastos de estructura.

Seguidamente, se estudian las técnicas más útiles para la realización de un análisis económico.

El primer paso del análisis económico es el cálculo de los porcentajes de la cuenta de resultados ordinarios. Para ello, se obtiene el porcentaje que representan los diferentes gastos y beneficios sobre las ventas. En la cuenta de resultados conviene identificar por separado el margen bruto, el **beneficio antes de intereses e impuestos** y el **beneficio antes de impuestos**. Veamos un ejemplo en la *figura 13*.

	Año (N)	Año (N+1)	Año (N+2)	Año (N+3)
Ventas	100	100	100	100
– Consumo materiales	80,9	81,1	81,4	84,4
Margen bruto	19,1	18,9	18,6	15,6
– Gastos fijos	3,7	3,6	3,6	3,6
– Amortización	4,8	4,3	4,8	4,8
Beneficio antes de intereses e impuestos	10,6	11	10,2	7,2
– Gastos financieros	0,6	0,5	0,6	0,6
Beneficio antes de intereses	10	10,5	9,6	6,6
– Impuestos sobre beneficios	5,4	5,3	4,9	3,3
Beneficio neto	4,6	5,2	4,7	3,3

Figura 13. Cuentas de resultados de varios ejercicios en porcentaje sobre ventas

En las cuentas de resultados anteriores se observa una caída del beneficio neto en relación a las ventas a causa del aumento del consumo de materiales, ya que los demás gastos prácticamente no han variado. Únicamente se han reducido los impuestos sobre los beneficios.

6.1. Análisis de las ventas

La evolución de las ventas es una variable clave para el diagnóstico económico de una empresa. De todas formas, puede ser erróneo considerarla como la única variable importante a seguir, que es lo que a veces ocurre en algunas empresas, ya que impide detectar a tiempo otros problemas importantes.

Las ventas pueden analizarse a través de ratios como los siguientes:

– Ratio de expansión de ventas: Se calcula dividiendo las ventas de un año por las del año anterior.

$$\text{Expansión de ventas} = \frac{\text{Ventas año } n}{\text{Ventas año } n\text{-}1}$$

Cuanto mayor sea este ratio mejor. Si se hace en unidades monetarias, en caso de que sea menor que 1 más el porcentaje de inflación, significa que las ventas decrecen. Por ejemplo, si el porcentaje de inflación es del 5% anual para que las ventas crezcan, el ratio de expansión de ventas habrá de ser superior a 1,05. En este punto hay que tener en cuenta que la inflación no afecta por igual a todos los sectores. Por tanto, se deberá conocer cuál es la inflación del sector al que pertenece la empresa a analizar. También es útil comparar el valor de este ratio con el incremento de precios de venta que ha realizado la empresa durante el ejercicio correspondiente.

–Ratio de ventas por empleado: Divide las ventas en unidades monetarias, o en unidades de producto, por el número medio de empleados, y ha de ser lo más elevado posible.

$$\text{Ventas por empleado} = \frac{\text{Ventas}}{\text{Número de empleados}}$$

– Ratio de cuota de mercado: Este ratio refleja la parte del mercado, en que opera una empresa, que es atendida por ésta. Se obtiene dividiendo la cifra de ventas de la empresa por la del sector en el mismo período.

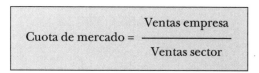

$$\text{Cuota de mercado} = \frac{\text{Ventas empresa}}{\text{Ventas sector}}$$

Este ratio, al igual que el anterior, se puede calcular en unidades físicas o en unidades monetarias. Asimismo, ambos se pueden obtener para las ventas globales de la empresa o para cada uno de los productos o familias de productos. La evolución de la cuota de mercado que consigue una empresa es uno de los indicadores que mejor informa del crecimiento que está experimentando en relación con la marcha de su sector.

6.2. Análisis de los gastos

Además de las técnicas desarrolladas en los apartados anteriores pueden calcularse diversos ratios para analizar los gastos.

Cualquier tipo de gasto puede compararse con las ventas, y lógicamente lo que interesa es que el valor del ratio se mantenga o se reduzca con el paso de los años:

$$\frac{\text{Gastos fijos}}{\text{Ventas}}$$

$$\frac{\text{Gastos variables}}{\text{Ventas}}$$

También puede calcularse el crecimiento o decrecimiento de cualquier gasto en relación con ejercicios anteriores, por ejemplo:

$$\frac{\text{Gastos de personal (N)}}{\text{Gastos de personal (N-1)}}$$

Algunos gastos pueden compararse con el número de empleados, o con el número de clientes o de productos:

$$\frac{\text{Gastos de atención a clientes}}{\text{Número de clientes}}$$

$$\frac{\text{Gastos de publicidad}}{\text{Número de productos}}$$

$$\frac{\text{Costes de producción}}{\text{Número de unidades producidas}}$$

$$\frac{\text{Gastos de personal}}{\text{Número medio de empleados}}$$

El análisis de los gastos es el primer paso para intentar reducirlos. Esta actividad es una de las que cualquier empresa no ha de dejar de realizar de forma continuada.

7. Análisis de la rentabilidad y la autofinanciación

El análisis de la rentabilidad permite relacionar lo que se genera a través de la cuenta de pérdidas y ganancias con lo que se precisa, de activos y capitales propios, por ejemplo, para poder desarrollar la actividad empresarial.

Los principales ratios que se analizarán dependen de cuatro variables: activo, capitales propios, ventas y beneficio. A través de estas cuatro variables, se pueden obtener los ratios de rendimiento, rentabilidad, margen, apalancamiento y rotación (ver *figura 14*).

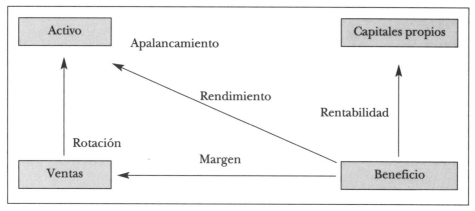

Figura 14. Relaciones entre activo, capitales propios, ventas y beneficio

Así, la **rotación**, como ya se ha estudiado anteriormente, compara las ventas con el activo. El **margen** puede medirse dividiendo el beneficio por las ventas. La **rentabilidad** es la relación entre beneficio y capitales propios. El **apalancamiento** compara el activo con los capitales propios. El **rendimiento** es el beneficio dividido por el activo.

7.1. Rendimiento

El **rendimiento**, también denominado **rentabilidad económica**, es la relación entre el beneficio antes de intereses e impuestos y el activo total. Se toma el BAII para evaluar el beneficio generado por el activo, independientemente de cómo se financia el mismo y, por tanto, sin tener en cuenta los gastos financieros. El estudio del rendimiento permite conocer la evolución y las causas de la productividad del activo de la empresa:

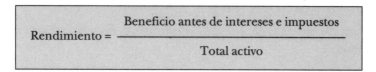

$$\text{Rendimiento} = \frac{\text{Beneficio antes de intereses e impuestos}}{\text{Total activo}}$$

El ratio de rendimiento también es denominado ratio de rentabilidad económica o **ROI** (del inglés *return on investments*, rentabilidad de las inversiones), **ROA** (del inglés *return on assets*, rentabilidad de los activos) o

ROCE (del inglés *return on capital employed*, rentabilidad de los activos empleados).

Cuanto más elevado sea el rendimiento mejor, porque indicará que se obtiene más productividad del activo.

El rendimiento puede compararse con el coste medio del pasivo de la empresa, o coste medio de la financiación, y se trata de conseguir que el rendimiento del activo supere al coste medio de la financiación (intereses de la deuda más dividendos deseados por los accionistas):

$$\text{Rendimiento del activo} > \text{Coste medio de la financiación}$$

Cuando se cumple lo anterior, el beneficio de la empresa es suficiente para atender el coste de la financiación. En caso contrario, el beneficio es insuficiente y no se podrá atender los costes financieros de la deuda más los dividendos deseados por los accionistas.

El rendimiento puede ser dividido en dos ratios que explicarán mejor las causas de su evolución:

$$\text{Rendimiento} = \frac{\text{BAII}}{\text{Ventas}} \times \frac{\text{Ventas}}{\text{Activo}}$$

De esta forma se consigue explicar el rendimiento a través de dos ratios. El primero es el margen que se obtiene de las ventas y el segundo la rotación del activo.

Para aumentar el rendimiento se deberá aumentar el precio de venta de los productos y/o reducir los costes y así se conseguirá que el ratio de margen suba. Otra alternativa sería aumentar la rotación vendiendo más y/o reduciendo el activo.

Desde este punto de vista, hay dos vías muy diferenciadas para aumentar el rendimiento:

a) Una alternativa sería mejorar el rendimiento a través de productos de gran calidad que podrían venderse a precios elevados que, aunque tuviesen una baja rotación, podrían generar un buen margen. Ésta es la estrategia seguida, por ejemplo, por los comercios muy especializados o por las empresas de perfumería y confección de alta calidad.

b) La alternativa contraria sería ajustar los precios de venta para vender el máximo número de unidades que permitirían una elevada rotación que compensaría el escaso margen. Esta estrategia de rotación es la que siguen las grandes superficies de distribución alimentaria como los hipermercados, por ejemplo.

Entre las dos alternativas citadas se pueden trazar políticas intermedias.

7.2. Rentabilidad

La **rentabilidad financiera**, o **rentabilidad** propiamente dicha, es la relación entre el beneficio neto y los capitales propios.

$$\text{Rentabilidad} = \frac{\text{Beneficio neto}}{\text{Capitales propios}}$$

Este ratio también se denomina **ROE** (del inglés *return on equity*, rentabilidad del capital propio). La rentabilidad financiera es, para las empresas lucrativas, el ratio más importante, ya que mide el beneficio neto generado en relación a la inversión de los propietarios de la empresa. Sin duda alguna, salvo raras excepciones, los propietarios de una empresa invierten en ella para obtener una rentabilidad suficiente. Por tanto, este ratio permite medir la evolución del principal objetivo del inversor.

A medida que el valor del ratio de rentabilidad financiera sea mayor, mejor será ésta. En cualquier caso, como mínimo ha de ser positiva y superior a las expectativas de los accionistas. Estas expectativas suelen estar representadas por el denominado coste de oportunidad, que indica la rentabilidad que dejan de percibir los accionistas por no invertir en otras alternativas financieras de riesgo similar. También es útil comparar la rentabilidad financiera que obtiene una empresa con la rentabilidad de las inversiones con riesgo casi nulo, como es la Deuda Pública, por ejemplo.

Al igual que se ha hecho con el rendimiento, la rentabilidad financiera también puede explicarse a partir de varios ratios. Por ejemplo, se puede descomponer la rentabilidad financiera en tres ratios, si multiplicamos y dividimos por las ventas y por el activo:

$$\text{Rentabilidad financiera} = \frac{\text{Beneficio neto}}{\text{Ventas}} \times \frac{\text{Ventas}}{\text{Activo}} \times \frac{\text{Activo}}{\text{Capitales propios}}$$

En esta descomposición, el primer ratio es de margen, el segundo de rotación y el tercero de apalancamiento. Si se quiere aumentar la rentabilidad financiera se puede:

a) Aumentar el margen: Elevando precios, potenciando la venta de aquellos productos que tengan más margen, reduciendo los gastos o una combinación de las medidas anteriores.

b) Aumentar la rotación: Vendiendo más, reduciendo el activo o ambos.

c) Aumentar el apalancamiento: Esto significa, aunque parezca un contrasentido, que se ha de aumentar la deuda para que la división entre el activo y los capitales propios sea mayor. De todas formas, hay que analizar simultáneamente la evolución de este ratio y el ratio de margen, ya que al variar la deuda también variarán los gastos financieros y se ha de buscar una combinación que optimice el conjunto de los dos ratios.

El **apalancamiento financiero** se estudia al evaluar la relación entre la deuda y los capitales propios por un lado, y el efecto de los gastos financieros en los resultados ordinarios, por el otro. En principio, el apalancamiento financiero es positivo cuando el uso de deuda permite aumentar la rentabilidad financiera de la empresa. En este caso, la deuda es conveniente para elevar la rentabilidad financiera.

Cuando una empresa amplía su deuda disminuye el beneficio neto al aumentar los gastos financieros.

Por otro lado, al usar más deuda disminuye la proporción de capitales propios y, por tanto, el denominador del ratio de rentabilidad financiera disminuye, con lo que puede aumentar dicho ratio:

$$\uparrow \text{Rentabilidad financiera} = \frac{\downarrow \text{Beneficio neto}}{\downarrow \text{Capitales propios}}$$

Para que esto sea así, los capitales propios han de disminuir más que proporcionalmente que el beneficio neto. Una forma de comprobarlo es comparar el rendimiento del activo (BAII / Activo) con el coste anual de la deuda remunerada (Gastos financieros / Deuda remunerada). Cuando el primero supera al segundo, el apalancamiento financiero es favorable para la empresa:

Rendimiento activo > Coste deuda = Apalancamiento financiero positivo

Por tanto, la deuda puede ser favorable, desde el punto de vista de la rentabilidad financiera, siempre que la empresa consiga generar con sus activos un rendimiento mayor que el coste de la deuda. Dicho en otras palabras y con un ejemplo, si la deuda tiene un coste financiero del 8% anual, por ejemplo, y la empresa obtiene con sus activos un rendimiento del 10%, el uso de la deuda mejorará la rentabilidad.

7.3. Autofinanciación

La **autofinanciación**, integrada por los recursos invertidos en la empresa generados por ella misma, es una de las claves para la buena marcha de cualquier empresa.

La capacidad de autofinanciación viene dada por la suma del beneficio neto y las amortizaciones y provisiones (o flujo de caja) y por la política de distribución del beneficio que sigue la empresa. La autofinanciación es la parte del flujo de caja que se reinvierte en la propia empresa (ver *figura 15*). Cuanto mayor sea la autofinanciación significa que la empresa tiene una mayor independencia financiera respecto a terceros (propietarios, acreedores, bancos, etc.).

En esta parte del análisis es interesante evaluar la política de distribución de beneficios que ha realizado la empresa en los últimos años. Ésta es una información de elevado interés para las entidades de crédito al evaluar una empresa. Hace falta comprobar la coherencia del reparto de dividendos y de dotación de reservas en relación con la situación de la empresa. Por ejemplo, en períodos en que la empresa está creciendo y efectuando inversiones importantes parece razonable repartir pocos dividendos.

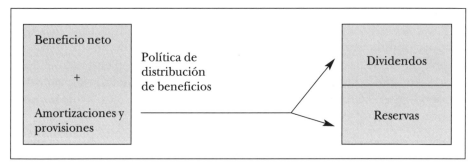

Figura 15. Política de distribución de beneficios de la empresa

Para diagnosticar la autofinanciación se pueden utilizar los ratios siguientes:

- Ratio de autofinanciación generada sobre ventas: Es el flujo de caja menos los dividendos dividido por las ventas:

$$\text{Autofinanciación generada sobre ventas} = \frac{\text{Flujo de caja} - \text{Dividendos}}{\text{Ventas}}$$

Cuanto mayor sea este ratio indica que la empresa genera más fondos con las ventas.

Un ratio semejante al anterior es el que divide el flujo de caja menos los dividendos por el total del activo.

$$\text{Autofinanciación generada sobre el activo} = \frac{\text{Flujo de caja} - \text{Dividendos}}{\text{Activo}}$$

Al igual que el ratio anterior, cuanto mayor sea el valor de éste será indicador de una situación más favorable.

– Ratio de política de dividendo (también denominado ***pay-out***, en inglés): Divide los dividendos por el beneficio neto del mismo período.

$$\text{Política de dividendo} = \frac{\text{Dividendos}}{\text{Beneficio neto}}$$

Cuanto mayor sea el ratio, menor será la autofinanciación de la empresa. En general, interesa que sea elevado, desde la perspectiva de los accionistas, y reducido, desde la perspectiva de la solvencia financiera de la empresa. De todas maneras, en general, si los intereses de la empresa son diferentes de los de sus accionistas será por una visión excesivamente a corto plazo de éstos. De hecho, los beneficios no repartidos van a reservas y, por tanto, permitirán posiblemente pagar más dividendos en el futuro.

Al evaluar la política de dividendos de la empresa también hay que tener en cuenta los factores que la afectan, tales como las expectativas de los accionistas, la fiscalidad, la estructura financiera de la empresa o la rentabilidad obtenida por ésta.

– Ratio de autofinanciación de las inversiones: Divide la autofinanciación por las inversiones efectuadas en el mismo período.

$$\text{Autofinanciación de las inversiones} = \frac{\text{Flujo de caja} - \text{Dividendos}}{\text{Inversiones}}$$

Cuanto mayor sea el valor del ratio será más positivo para la tranquilidad financiera de la empresa.

8. Conclusiones

El capítulo se ha iniciado incidiendo en un tema de gran importancia. Se ha señalado que lo que pasa en cualquier departamento de la empresa tiene repercusiones contables y financieras. A continuación se ha expuesto el contenido de los estados contables (estado de flujos de tesorería, balance de situación y cuenta de resultados) y se han dado pautas para su interpretación. A lo largo de las páginas se han ido estudiando, de forma separada, cada una de las técnicas a utilizar en el análisis de estados contables. Para elaborar un análisis completo de las cuentas anuales de una empresa se pueden utilizar todas las técnicas expuestas:

- Análisis patrimonial y financiero (análisis del balance). Este análisis permite diagnosticar la liquidez, el endeudamiento, la rotación de los activos y la gestión de cobros y pagos.

- Análisis económico (análisis de la cuenta de resultados). Este análisis sirve para diagnosticar la evolución de los ingresos y gastos y, por tanto, del resultado.

- Análisis de la rentabilidad y de la autofinanciación. Con ello se pueden valorar los factores que inciden en la rentabilidad (margen, rotación y apalancamiento) y la capacidad de autofinanciación de la empresa.

Una vez se concluye el análisis de estados contables, ya se está en condiciones de elaborar un diagnóstico de la situación patrimonial, financiera, económica y de la rentabilidad de la empresa. Este diagnóstico ayuda a poder formular y poner en marcha las recomendaciones que pueden hacer que la empresa evolucione favorablemente.

9. Bibliografía

Amat, O. *Comprender la contabilidad y las finanzas*, Ediciones Gestión 2000, Barcelona, 1998.

Massons, J. *Finanzas*, Editorial Hispano-Europea, Barcelona, 1989.

Rivero, J. *Análisis de estados financieros: Un ensayo*, Trivium, Madrid, 1989.

Rosanas, J.M. *Información contable para la toma de decisiones*, Ariel, Barcelona, 1992.

5.

Planificación y estrategia financiera

Joan Massons

*Profesor y director del Departamento de
Finanzas de ESADE.
Universidad Ramón Llull*

1. Introducción

La realidad sobre los conocimientos y desarrollo de la planificación, sobre todo en empresas pequeñas y medianas, es muy variopinta... y, en general, pobre.

Desde multitud de pequeñas empresas que no manejan ninguna clase de presupuestos, porque no saben cómo se realizan y, por tanto, no creen en su utilidad, hasta medianas o grandes empresas que, por toda planificación, reproducen la realidad de los ejercicios recién acabados con variantes de escaso vuelo.

Tampoco la formación universitaria pública en España trabaja esta temática con la suficiente profundidad y visión práctica. Los bancos y cajas de ahorro parecen irse despertando a la necesidad de pedir a las empresas sus documentos de planificación económico-financiera, pero todavía no dan su verdadera importancia a esta información que tanto por sí misma como por lo que conlleva puede resultar de gran utilidad.

El mayor esfuerzo de racionalización y adecuado empleo de los procesos de planificación y estrategia financiera se ha hecho, en España, desde las escuelas privadas de administración de empresas y desde profesores-consultores o despachos de consultoría con fuertes vinculaciones a las escuelas privadas de negocios.

Resulta patética la imagen de un directivo empresarial (sea o no, el Director de Finanzas) que se siente inseguro en el tema de planificación y estrategia financiera; pero no menos patética es la figura del directivo bancario que no es capaz de juzgar sobre el rigor y la credibilidad de la documentación de previsiones que le presenta una empresa.

Uno de los ejes de progreso para la economía de cualquier país es la fluidez con que los demandantes y oferentes de dinero entran en contacto y firman sus contratos.

La formación y experiencia en el manejo de datos de previsión (alternativas de crecimiento, proyectos de inversión, diversificación de la oferta empresarial, etc.) imprime velocidad y seguridad a la relación banco-empresa.

La banca moderna ha de ir pasando de «gestionar seguridades» (garantías) a «gestionar riesgos» (proyectos de desarrollo). Bancos, cajas y empresas deben afinar sus conocimientos en este campo.

Todo estudiante y titulado MBA se verá inmerso de lleno en esta corriente. Deseamos y esperamos que los conocimientos expuestos en este capítulo orienten certeramente su camino en el futuro.

2. ¿Subsiste aislada la planificación económico-financiera? Relaciones jerárquicas y funcionales en el proceso de planificación

Todavía en la práctica vemos el caso de empresas que efectúan sus planes y presupuestos en el silencio críptico de un despacho donde se han «encerrado» el Jefe de Administración y el Director General a repasar el reciente ejercicio y a extrapolar simplemente unas cifras frente al futuro. Esto no es planificar porque se mira al futuro exclusivamente en función del pasado. El pasado sirve de medida de credibilidad, ciertamente, pero en la planificación se ha de mirar al futuro con creatividad y se han de involucrar, además, otras fuerzas del concierto ejecutivo de la empresa que no sean exclusivamente el Jefe de Administración (Jefe Contable o Director Financiero, etc.) y el Director General, sino también el Director de Recursos Humanos, Comercial, Producción, Logística, etc.

2.1. *¿Sobre qué bases asentamos la planificación económico-financiera?*

Los procesos de planificación arrancan en la «cúspide» empresarial en forma de objetivos frente al futuro. La «cúspide» no es la Junta General de Accionistas, a menudo demasiado numerosa para debatir, sino el Consejo de Administración, figura que se va imponiendo también entre las pymes, aunque su composición vaya variando por incorporación de consejeros (y/o asesores) no-socios. Las tareas de equipo van privando sobre la «soledad de los corredores de fondo».

Todo objetivo debe reunir dos requisitos fundamentales:

– concreción en grado suficiente y

– asequibilidad.

¿Qué significa concreción? En el capítulo dedicado a contabilidad e interpretación de estados financieros se ha hablado del concepto de rentabilidad financiera. Pues bien: si una empresa nos dijera que su objetivo frente a los próximos años es mejorar su ratio de rentabilidad en tres puntos, por ejemplo, les diríamos que no hay tal objetivo puesto que no hay concreción suficiente... ¿no?... Claro que no, puesto que en el capítulo de referencia se explicaba que la rentabilidad financiera depende del margen, de la rotación, del endeudamiento... y cada uno de estos tres parámetros es un vasto mundo que obliga a concreciones mucho más tangibles.

Objetivos concretos son los que centran tasas de crecimiento de ventas, expansión geográfica, diversificación de oferta, modernización de la distribución, etc.

Estos objetivos configuran estrategias expansionistas, de calidad, de imagen, etc.

¿Qué significa asequibilidad? Significa que el objetivo (aunque ambicioso) sea alcanzable... de lo contrario deja de ser un objetivo para convertirse en un sueño. Ahí pueden jugar los logros del pasado para dar credibilidad a los objetivos del futuro.

Lo que es inseparable de la genuina condición o categoría de objetivo de cualquier idea de futuro es la existencia de riesgo. Riesgo que se muestra bajo dos facetas: ¿Se han elegido los mejores objetivos? ¿Es momento de crecer? ¿Es momento de diversificar? La segunda faceta se concreta diciendo que el hecho de que un objetivo sea alcanzable, razonablemente alcanzable, no lo descarga del riesgo de no alcanzarlo. Equipos de alpinistas bien preparados para alcanzar la cima del Everest, del K-2 o del Makalú han debido abandonar cerca de la cima y esperar a triunfar en un posterior intento.

La estrategia empresarial está, pues, marcada por el riesgo y por esa razón se consagra a nivel del Consejo de Administración, porque el riesgo se asume colectivamente y en la más alta instancia de gestión. En suma: el riesgo procede de la incertidumbre que depara el futuro.

2.2. ¿Qué ocurre a nivel ejecutivo?

Los objetivos «bajan» del Consejo al Director General (la más alta instancia ejecutiva) y éste los transmite a los directores de Departamento o División. Éstos han de formular los medios necesarios para alcanzar tales objetivos. Tales medios se subdividen en dos categorías:

– medios técnicos y

– medios políticos.

Un medio técnico es cuantificable sin apenas riesgo. Su comportamiento futuro es fácilmente predecible y controlable. Por ejemplo: la adquisición de una máquina nueva para el Departamento de Producción.

Un medio político es estimable cuantitativamente pero con riesgo de error. Por ejemplo: la decisión de alargar el plazo de cobro de nuestros clientes: ¿A qué nueva inversión en deuda de clientes nos llevará esa arma comercial? ¿Conseguirá ese medio el objetivo de aumento de ventas previsto? ¿Afectará esto a futuras cifras de impagados?

Los medios técnicos –hasta cierto nivel monetario– pueden decidirse directamente a nivel ejecutivo y en altos niveles de inversión se deciden en Consejo, pero con menor carga de riesgo y debate que los medios políticos, que deben pasar necesariamente por el Consejo de Administración.

El conjunto de medios políticos constituye la política de la empresa. La misma (que es el camino para alcanzar la estrategia empresarial) también está marcada por la incertidumbre y, por tanto, por el riesgo.

En resumen, concluimos diciendo que el Consejo de Administración es el artífice de la estrategia y tiene en sus manos las últimas decisiones en materia política, habiéndose propuesto ésta a nivel de los cuadros ejecutivos.

3. El encaje de la planificación técnico-comercial con las previsiones económico-financieras

3.1. Iniciando el proceso

Las explicaciones que desarrollan este apartado pueden seguirse mediante el diagrama señalado como *figura 1*. Podemos observar que al final de este diagrama de recorrido aparecen los cuatro documentos clave que configuran la planificación económico-financiera:

- Estado previsto de resultados.

- Cuadro de movimientos previstos de circulante.

- Presupuestos de tesorería.

- Balance de previsión.

Al principio del diagrama podemos ver el plan de ventas, que es la base documental de todo el proceso de planificación económico-financiera. Una flecha en la parte superior del recuadro nos indica que la información de ese documento «alimenta» la cifra de facturación del estado previsional de resultados.

Esta misma cifra afectada del plazo de cobro a clientes nos dará la cifra estimada de cobros para el próximo ejercicio.

3.2. ¿Cómo se planifica la política económico-financiera con clientes?

El plazo de cobro es uno entre los muchos temas que es preciso establecer en la relación de la empresa con sus clientes cara al futuro.

Muchas empresas no se replantean frente al futuro aquellos aspectos que afectan tanto de forma económica como financiera su relación con los clientes:

- Selección de nueva clientela: ¿se va a vender a cualquier cliente que se capte o se dirija a la empresa?

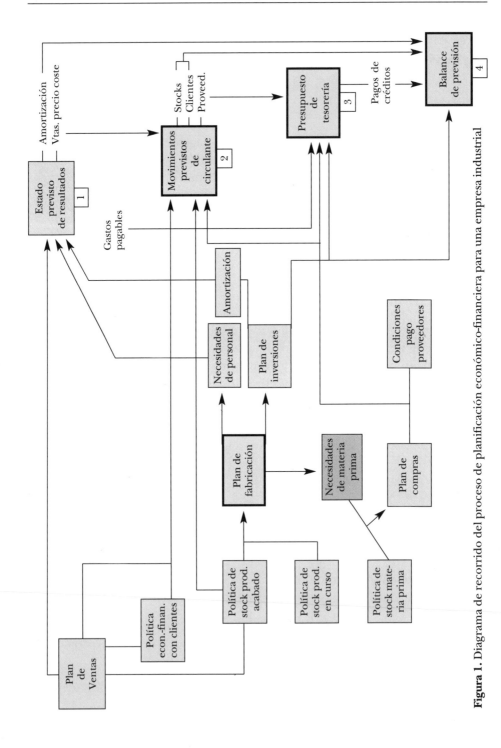

Figura 1. Diagrama de recorrido del proceso de planificación económico-financiera para una empresa industrial

– Plazos normales de cobro (límite en días).

– Plazos especiales (límite en días).

– Descuentos por pagos al contado.

– Refinanciación de clientes.

– Límites de crédito (en unidades monetarias).

– Canales de cobro.

– Etc.

Observamos que la revisión de cada uno de estos temas entraña tanto posibles beneficios como efectos adversos potenciales.

– Una selección muy liberal de nueva clientela puede ser positiva para el volumen de ventas pero puede acabar reportando impagos. Inversamente, una selección muy restrictiva no ayuda a la cifra de ventas, pero da mayores seguridades en el cobro.

– Largos plazos de cobro favorecen las ventas, pero en 120 días pueden pasar más cosas adversas que en 60 días.

– La refinanciación de clientes en dificultades puede crear vínculos de fidelidad con compradores que agradecen la confianza de la empresa, pero apoyar a este tipo de clientes tiene riesgos evidentes.

Si sobre cualquiera de estas cuestiones preguntamos a la Dirección Comercial, se mostrará partidaria de buenas dosis de liberalidad. Si, por el contrari, preguntásemos a la Dirección Financiera se inclinaría por líneas de prudencia. De hecho, en la empresa hay un conflicto de intereses entre comercial y finanzas por causa de la política económico-financiera con la clientela. Es un conflicto razonable. La última palabra en política de clientes la tiene el Consejo de Administración, tal como hemos escrito anteriormente.

Entonces, si los ejecutivos comercial y financiero proponen y debaten... y arbitra finalmente el Consejo de Administración... ¿no nos hemos olvidado del rol del Director General?

No. El Director General canaliza el debate entre financiero y comercial, filtra y selecciona lo más significativo del mismo y lo eleva al Consejo. Más tarde, cuando determinada política se implemente en la práctica, el Director General arbitra en los conflictos de interpretación del marco político que emanó del Consejo de Administración.

En el diagrama, la conjunción del plan de ventas y la política económico-financiera con clientes «lanza» una flecha hacia el cuadro de movimientos previstos de circulante donde será posible construir una tabla de cobro de clientes y la cuenta prevista de la deuda de clientes.

Es momento ya de esbozar un ejemplo sencillo:

Una empresa presenta los siguientes estados económico-financieros (de carácter histórico y no de previsión).

Balance histórico	
Activo fijo bruto	500
Stock de materia prima	30
Saldo productos en curso	50
Stock producto acabado	100
Efectos al cobro	100
Efectos descontados	200
Disponible	20
TOTAL ACTIVO BRUTO	1.000
Capital Social	100
Reservas	200
TOTAL CAPITAL PROPIO	300
EXIGIBLE A LARGO PLAZO	100
Vencimientos a corto plazo de deuda a largo plazo	20
Proveedores comerciales	113
Dividendos pendientes de pago	23
Hacienda por impuesto s/Bº	42
Hacienda acreedora por IVA	2
Bancos por descuento de efectos	200
TOTAL EXIGIBLE A CORTO PLAZO	400
Fondo de amortización	200
TOTAL PASIVO	1.000

Supongamos que su objetivo de crecimiento comercial fuera del 10% y que se decidiera prolongar el plazo de crédito a clientes hasta alcanzar 120 días como nuevo plazo medio.

Saldo inicial de efectos al cobro	100	(de Balance histórico)
+ Ventas previstas + IVA	1.276	(a Estado prev. de resultados –IVA)
– Saldo final de clientes[1]	–381	(a Balance de previsión)
= Cobros brutos previstos[2]	995	(a Presupuesto de tesorería)

3.3. ¿Cómo se planifica la política económico-financiera de stocks?

Seguiremos el ejemplo de la empresa industrial, ya que es el más variado en conceptos. (A partir de ahí es fácil entender el caso de una empresa comercial o de una de servicios.)

La primera decisión debe tomarse con respecto al stock de producto acabado. Pregunte usted al Director Comercial. Él le contestará que desea un stock abundante y variado. Pregunte ahora al Director Financiero y le contestará que desea un stock austero que no comprometa el ROA ni ponga a la empresa en dificultades para conseguir recursos financieros. Piense ahora en lo que acabamos de explicar y conocerá el resto de la historia. Supongamos que en nuestro ejemplo, el Consejo de Administración acuerda dar un voto favorable a la Dirección Comercial y que el stock de producto acabado aumenta más allá del crecimiento comercial de la empresa. Digamos un 20%.

– Stock inicial de producto acabado	– 100	(del Balance histórico)
+ Ventas a precio de coste	+ 660	(del Estado previsto de resultados)
+ Stock final de producto acabado	+ 105	(al Balance de previsión)
= Fabricación del ejercicio	= 665	(al Plan de fabricación)

1. Plazo de cobro: 120 días.
2. Cobros netos: 857,8; IVA en cobros = 137,2.

A continuación nos obligamos a definir la política sobre saldo de productos en curso de producción. Si volvemos a interrogar al Director Financiero sobre esta cuestión, defenderá políticas de austeridad, pero el Director de Fabricación no dirá lo mismo... ¿Por qué?... Porque las series largas pueden abaratarle la producción, porque el temor a un parón o fallo en una sola de varias secciones de producción encadenadas le lleva a mantener stocks intermedios de seguridad que pueden ser cuantiosos.

Esta decisión –por supuesto política– contrapone los intereses del Director Financiero y del Director de Producción. La última decisión corresponde al Consejo de Administración. ¿Se hace así en la práctica en España? Buen punto de reflexión. Imaginemos que la dinámica de producción de esta empresa le permitiera reducir esta partida en un 20%.

– Stock inicial de producto en curso	– 50	(del Balance histórico)
+ Fabricación del ejercicio	+ 665	(del Plan de producción)
+ Saldo final de producto en curso	+ 40	(al Balance de previsión)
= Demanda de factores de producción	= 655	(al Plan de producción)

La demanda de factores de producción nos indica el contingente de materia prima que debe entrar en talleres para poder cumplir el objetivo de fabricación y trabajar con el saldo final deseado de producto en curso. Esto es así por la sencillez del ejemplo que hemos planteado, puesto que además del factor de producción, llamado materia prima, podrían existir otros costos variables como: energía, combustibles, reactivos, mano de obra variable, etc.

En el diagrama representado por la *figura 1* podemos ver cómo del Plan de fabricación se «desprende» la necesidad de materia prima. ¿Va la empresa a adquirir toda esa materia prima? Para contestar a esta pregunta es preciso definir la política de stock final de materia prima. Pregúnteles usted al Director de Producción y al Jefe de Compras reunidos. Le dirán que el stock ha de ser abundante para garantizar estabilidad de precios, calidades, prever posibles retrasos del proveedor, huelgas de transporte, etc. La respuesta del Director Financiero ya la podemos intuir. Deberá ser, de nuevo, el Consejo de Administración el que configure un marco político de referencia sobre nivel de stock de materia prima. Supongamos que se decide doblar ese nivel de stock.

– Stock inicial de materia prima   – 30   (del Balance histórico)

+ Necesidad de materia prima   655   (del Plan de fabricación)

+ Stock final de materia prima   60   (al Balance de previsión)

= Compras de materia prima (neto) 685   (al Plan de compras)

Con los datos y cálculos presentados hasta aquí hemos avanzado ya buen trecho en la instrumentación del cuadro de movimiento previsional de circulante. Pero hay más cuestiones a tener en cuenta. Veámoslas:

3.4. Otros parámetros previsores de interés

Siguiendo la observación del diagrama de planificación, observaremos como el Plan de compras de materia prima junto con las condiciones de pago acordadas con los proveedores comerciales desembocan en el flujo de previsión de pagos por compras de materias primas. Supongamos que en nuestro ejemplo esas condiciones fueran de 60 días.

Saldo inicial cta. de proveedores   113   (dato Balance)

+ Compras (a valor bruto)   794,6   (Plan de compras)

+ Saldo final de proveedores[3]   –132,4   (al Balance de previsión)

= Pagos a proveedores   775,2   (al Presupuesto de tesorería)

De forma adicional es preciso contemplar la relación creada con Hacienda por causa del IVA:

IVA saldo inicial (a favor de Hacienda)   2

IVA repercutido ($1.100 \times 0,16$)   176

IVA soportado s/compras materia prima   – 109,6

IVA soportado s/otros gastos fijos   – 8

IVA soportado s/inversiones   – 16

IVA resultante (a Hacienda)[4]   44,4

3. Plazo de pago: 60 días.
4. Se supone todo pagadero dentro del mismo año por no disponer de planificación mensual (ignoramos el movimiento de IVA del último mes, que se pagaría el primer mes del año siguiente).

Todas las magnitudes presupuestadas hasta aquí completan el cuadro de movimientos previstos de circulante.

Sin embargo, el esquema describe más movimientos que afectan a la planificación económico-financiera.

Vemos cómo de acuerdo con el Plan de fabricación se puede preparar un programa y presupuesto de inversiones (otros departamentos formularán también planes de inversiones, pero no lo cita el esquema porque no pretende ser exhaustivo). Vemos cómo el Plan de inversiones obliga a formular las amortizaciones correspondientes, las cuales alimentan el Estado de resultados y el Fondo de amortización del Balance de previsión.

Finalmente: El Plan de inversiones (o los diversos planes de inversiones) nutre el Presupuesto de tesorería y el activo fijo del Balance de previsión.

4. Los documentos económico-financieros de previsión

4.1. El Estado previsto de resultados

Es importante que este documento respete la estructura del Estado histórico de resultados para permitir una continuidad en el análisis.

La cifra previsional de ventas se define como un objetivo y suele sustentarse sobre diversas fuentes: contratos futuros, estudios de mercado, sondeos a clientes, etc.

En el ejemplo del apartado anterior tenemos una cifra de:

Ventas netas previstas: 1.100

La previsión de costos variables se hace en base a perspectivas de precios, homologación de nuevos proveedores, sondeo a los actuales proveedores, contratos de fijación de precios, etc. Si la relación entre precios de venta y precios de coste no se altera, el índice de proporcionalidad del año anterior es una guía válida.

Ventas a precio de coste: 660

Los gastos de personal se regirán por previsiones de revisión salarial, aumentos de categoría y altas de personal. Supongamos en el ejemplo:

Gastos de Personal: 155

Las amortizaciones estimadas serán función de los planes de inversiones y bajas previstas del inmovilizado. Supongamos que en nuestro caso es:

Amortizaciones previstas: 70

El resto de gastos se estima en:

Otros gastos fijos: 50

Finalmente: la previsión de gastos financieros no puede hacerse de forma definitiva en la «primera ronda» presupuestaria, ya que:

a) No conocemos todavía el importe de la necesidad financiera estimada.

b) Es pronto para establecer las pautas de endeudamiento futuro.

Llegados a este punto pueden seguirse dos caminos –ambos de carácter provisor– y obviamente revisables en la «segunda ronda» presupuestaria cuando ya se conozcan las pautas de futuro endeudamiento.

Primer camino: Cerrar el Estado previsional de resultados a nivel del BAIT. Ventaja: No anticipamos ninguna cifra errónea de gastos financieros. Inconveniente: El encaje con el Presupuesto de tesorería no va a prever ningún pago por este concepto...

Segundo camino: Presentar de forma provisional el dato del año anterior. Ventaja: Mayor realismo que el del camino anterior. Inconveniente: Es una cifra no fundamentada.

Supongamos que en nuestro ejemplo escogemos el segundo camino. El Estado previsto de resultados quedará como sigue:

Estados de resultados

	Histórico	Previsto	
Ventas netas	1.000	1.100	
– Costo materia prima	– 600	– 660	
Margen bruto	400	440	
– Personal	– 150	– 155	
– Amortizaciones	– 50	– 70	
– Otros gastos fijos	– 50	– 50	
Total gastos fijos	– 250	– 275	
BAIT	150	165	
– Gastos financieros	– 30	– 30	(Provis.)
± Atípicos	—	—	
BAT	120	135	
– Impuestos	– 42	(a determinar)	
BPT	78	(a determinar)	

4.2. Movimientos planificados de circulante

Huelgan mayores explicaciones en este apartado, ya que en cierto modo han sido presentadas a través del diagrama de recorrido del proceso de planificación económico-financiera.

Por otra parte, el ejemplo numérico ha puesto de relieve los movimientos previstos en los stocks, deuda de clientes y proveedores comerciales. Hemos podido apreciar las magnitudes que son datos de partida y los que se derivan de estos últimos. Hemos observado también la cadencia en la aparición de las cifras y la lógica concatenación de las mismas.

4.3. El Presupuesto de tesorería

El Presupuesto financiero recoge su información del Estado de previsión de resultados y del cuadro de movimientos previstos de circulante. Transforma movimientos económicos en movimientos financieros.

Es fundamental estructurar el Presupuesto financiero de forma que permita el tipo de análisis que se describe en el apartado siguiente. Para ello hay que subdividirlo en cuatro grandes bloques.

1. Presupuesto ordinario (corriente o de circulante)

2. Presupuesto extraordinario (de capital o de fijo)

3. Efecto financiero del IVA

4. Nueva norma de liquidez

Los movimientos financieros previsionales que constarán en el Presupuesto ordinario han de cumplir dos requisitos:

a) Tener su origen en movimientos económicos centrados en la específica explotación de la empresa.

b) Que los movimientos financieros que se registren tengan carácter de habitualidad o consustancialidad a la actividad empresarial.

La específica explotación de la empresa se ciñe a las funciones de ventas, producción y administración. La gestión de la financiación, regulando los niveles de endeudamiento (estructurando el pasivo), no pertenece a la específica explotación sino a una función netamente diferenciada.

Los movimientos financieros previsionales que aparecerán en el Presupuesto extraordinario deberán cumplir uno entre estos dos requisitos:

a) Que teniendo su origen en la explotación no tengan carácter de habitualidad o consustancialidad.

b) Que no tengan su origen en la estricta explotación de la empresa.

Ejemplos: El cobro de clientes o el pago a proveedores comerciales pertenece al Presupuesto ordinario por cubrir los dos requisitos citados en primer lugar. El pago de maquinaria pertenece a la explotación pero no tiene carácter de habitualidad (podemos arrendar, subcontratar producción, etc.), luego pertenece al Presupuesto extraordinario. El pago de intereses, dividendos o el retorno de un préstamo pertenecen al presupuesto extraordinario, ya que se vinculan a temas de estructura de pasivo y cumplen la condición *b* del Presupuesto extraordinario.

Esta distribución tiene una gran utilidad. Se verá de forma especial en el siguiente apartado, pero avancemos que si el Presupuesto extraordinario (cobros corrientes contra el pago de los gastos corrientes) es de entrada definitivo, obligará a decisiones que suponen cambios y correcciones que nada tienen que ver con los que se tomarían si el déficit financiero se produce en el Presupuesto extraordinario. Identificar el origen de las necesidades financieras futuras es un tema clave.

El tercer bloque, que consiste en prever el efecto financiero del IVA, se inspira en los movimientos de cobros de clientes y pagos a proveedores del cuadro movimientos previstos de circulante. Se inspira asimismo en los movimientos previsionales del IVA del mismo cuadro.

El cuarto bloque del Presupuesto de tesorería se refiere a la revisión de la norma de liquidez con que ha trabajado la empresa en el último ejercicio para determinar si el mínimo de caja con que se ha operado ha sido suficiente para atender imprevistos y oportunidades. En caso contrario se ha de decidir un nuevo mínimo más alto que el anterior. Esta nueva cifra se decidirá en función de criterios técnicos y criterios políticos. Los primeros se centran en la experiencia concreta del Departamento de Tesorería de la empresa y los segundos han de «balancear» aspectos de seguridad contra coste.

En el ejemplo que nos ocupa el Presupuesto de tesorería quedaría de la forma siguiente:

PRESUPUESTO DE TESORERÍA

1. PRESUPUESTO ORDINARIO

Cobros netos de clientes	857,8
Pagos netos a proveedores de materia prima	– 668,3
Pagos al personal	– 155
Pago de otros gastos fijos	– 50
Total pagos ordinarios	873,3
DIFERENCIA DE PRESUPUESTO ORDINARIO	– 15,5

2. PRESUPUESTO EXTRAORDINARIO

Cobros de Presupuesto extraordinario	—
Pago inversiones	100
Pago impuestos sobre beneficios (año anterior)	42
Pago intereses	30
Pago dividendos (año anterior)	23
Pago vencimientos a c.p. de deuda L.P.	20
Pagos de Presupuesto extraordinario	215
DIFERENCIA DE PRESUPUESTO EXTRAORDINARIO	– 215

3. EFECTO FINANCIERO DEL IVA

Cobros de IVA repercutido	137,2
Pagos de IVA a proveedores	– 106,9
Pagos de IVA en otros gastos	– 8
Pagos de IVA sobre inversiones	– 16
Pagos de IVA a Hacienda[5]	– 44,4
Pagos totales de IVA	– 175,3
DIFERENCIA FINANCIERA DE IVA	– 38,1
Nueva norma de liquidez	10
NECESIDAD FINANCIERA TOTAL	278,6

5. Como ya hemos notado anteriormente, supondremos pago global por todo el año, ya que no hemos trabajado con periodicidad mensual (no podemos determinar el importe pendiente de pago del último mes).

De acuerdo con lo que se ha dicho al respecto del Estado previsto de resultados en los cobros de Presupuesto extraordinario, no se prevén ampliaciones de capital, ni solicitudes de nueva financiación exigible. Se simula en cambio el pago al contado de las inversiones, a fin de no presuponer ninguna nueva fuente de financiación a priori.

4.4. El Balance de previsión

Este documento cerrará el proceso y recogerá por tanto mucha información ya trabajada en los anteriores documentos.

La previsión del activo fijo (a valor bruto) se hace a partir del valor del año anterior computando las altas y las bajas (las bajas del inmovilizado serían un cobro de Presupuesto financiero extraordinario si se percibe algo por ellas).

Las cuentas de stocks se obtienen del cuadro de Movimientos previstos de circulante. Lo mismo ocurre con la deuda de clientes, pero hay que aclarar que, de momento, se ha simulado la no utilización del descuento de efectos comerciales, en línea con la idea de no aportar a priori decisiones de orden financiero por más que el descuento de efectos comerciales sea una fuente muy habitual para la empresa. La cuenta de disponible surge de la norma mínima prefijada en el Presupuesto financiero (bloque 4).

En cuanto al pasivo y de acuerdo con la idea de no anticipar recursos financieros a priori, mantendremos al mismo nivel (del balance de cierre) las cuentas de capital social y reservas. Procederemos a rebajar el principal de los préstamos en consonancia con los pagos del Presupuesto de tesorería extraordinario. La cuenta de proveedores comerciales está ya dibujada en el cuadro de Movimientos previsionales de circulante. La deuda por descuento de efectos comerciales, tal como se ha mencionado antes, se deja momentáneamente a cero hasta que se decida determinada estrategia financiera frente al futuro y se inicie la segunda «ronda» presupuestaria.

El fondo de amortización (si no se ha trabajado ya en el momento de planificar el activo fijo bruto) aumentará con el costo o dotaciones al mismo que aparece en la Cuenta prevista de resultados y experimentará asimismo las bajas que se hayan operado en el activo fijo bruto por la parte ya amortizada.

El resultado (confiemos que afortunadamente aparezca en el pasivo) viene determinado en el estado de resultados. Finalmente, la misma cifra que aparece como Necesidad financiera en el Presupuesto de tesorería será la que remate el Pasivo previsto. En caso contrario, es decir, que el Presupuesto financiero hubiera arrojado excedente, el Balance de previsión hubiera cuadrado por el activo.

En el ejemplo de continua referencia las cifras del Balance histórico y de previsión serían las siguientes:

BALANCE PREVISIONAL

	Año anterior	Año previsto
Activo fijo bruto	550	600
Stock de materia prima	30	60
Saldo producto en curso	50	40
Stock producto acabado	100	105
Deuda de clientes	300	381
Disponible	20	30
TOTAL ACTIVO BRUTO	1.000	1.216
Capital social	100	100
Reservas	200	200
Exigible a largo plazo	150	80
Vencimientos a c.p. de exig. L.P.	20	20
Proveedores comerciales	113	132,4
Dividendos	23	(no determinado)
Hacienda por impuesto s/B$^{\circ}$	42	(no determinado)
Hacienda acreedora por IVA	2	——
Bancos por descuento de efectos	200	——
Fondo de amortización	200	270
Resultado previsto	(asignado)	135
Necesidad financiera	——	278,6
TOTAL PASIVO	1.000	1.216

5. La olvidada función de análisis de las causas de la Necesidad financiera futura

El sentido de instrumentar la planificación financiera no es únicamente el control presupuestario. Se trata también de analizar la causa de la problemática financiera de la empresa frente al futuro en la primera «ronda» del proceso de planificación financiera.

5.1. ¿Qué diferencia hay entre Necesidad financiera y Desfase financiero?

Obviamente, una primera aproximación al análisis de la Necesidad financiera la da sin duda la propia estructura del Presupuesto de tesorería al indicarnos necesidades que se originarán en el día a día (Presupuesto ordinario) o las que tendrán su origen en movimientos de inversión y financieros (Presupuesto extraordinario). Pero esta primera aproximación no da la verdadera medida del origen de las necesidades financieras (o inversamente: excedentes, si éste fuera el caso).

La verdadera dimensión nos la da el *Desfase financiero*. ¿En qué consiste? En sumar a la Necesidad financiera el Cash Flow. ¿Por qué? El Cash Flow definido en su concepción tradicional y más acuñada es la suma del resultado y las amortizaciones (además de provisiones y previsiones). Aunque Cash Flow no significa «caja existente» ni el flujo monetario real del ejercicio, sí que hemos de admitir que contiene los dos flujos «promotores» de caja. El resultado como diferencia entre ventas (en el futuro: cobros) y gastos (en el futuro: pagos). La amortización es un gasto que no se paga pero que se le cobra al cliente (como todos los gastos), luego debe «tender» a «procrear» caja. En una empresa (utópica) que cobrara y pagara al contado y que no invirtiera (o invirtiese financiándose con ampliaciones de capital), el Cash Flow aparecería en caja realmente al final del ejercicio. Esto quiere decir que en definitiva el Cash Flow es un flujo económico que si no aparece en caja es porque en la empresa interponemos una serie de movimientos de tipo financiero: cobros y pagos diferidos e inversiones financiadas a crédito.

Pues bien: los temas que se han de explorar en una empresa son de largo alcance: ¿Por qué no se genera el Cash Flow por caja? ¿Por qué, además (si es el caso), faltará dinero en el próximo ejercicio?

Si una empresa ha previsto para el próximo ejercicio un Cash Flow de 100 y la previsión de tesorería arrojase un superávit de 50, tendría un desfase financiero de 50, ya que se han interpuesto una serie de movimientos financieros que no han permitido la plena afloración por caja del Cash Flow «económico». Seguramente este desfase va a interesar poco a una empresa que planifica con excedentes de tesorería, pero si en lugar de un superávit de 100 la empresa hubiese planificado una necesidad financiera de 30, diríamos que la empresa tiene un desfase de 130, es decir: 100 que no afloran en caja y 30 que faltan.

La necesidad financiera de 30 es una magnitud de gestión, es preciso «levantar» esa cifra.

El desfase financiero de 130 es una magnitud de análisis: ¿qué movimientos financieros se interponen para prever «absorber», en total, fondos por valor de 130?

5.2. ¿Cómo se instrumenta el análisis del Desfase financiero?

Veámoslo con el ejemplo de continua referencia.

BAIT previsto	135
Amortizaciones	70
= Cash Flow previsto	205
Necesidad financiera	278,6
= DESFASE FINANCIERO TOTAL	483,6 (Desfavorable)

Ahora bien, este desfase es preciso desglosarlo tal como previamente se ha hecho con el Presupuesto financiero. Así pues:

BAIT previsto (Resultado explotación)	165
Amortizaciones de explotación	70
= Cash Flow previsto de explotación	235
Diferencia del Presupuesto F. de circulante	15,5 (D)
DESFASE FINANCIERO ORDINARIO	250,5 (D)
– Gastos financieros estimados	– 30
± Resultados atípicos	——
+ Amortizaciones extra-explotación	——
= Cash Flow extra-explotación	– 30
Diferencia del Presupuesto F. extraordinario	– 215
DESFASE FINANCIERO EXTRAORDINARIO	185 (D)
EFECTO FINANCIERO DEL IVA	38,1 (D)
NUEVA NORMA DE LIQUIDEZ (por el aumento)	10
= DESFASE FINANCIERO TOTAL	483,6

	Año pasado	Año previsto	Presupuesto ordinario	Presupuesto extraordinario	No afecta
Activo fijo bruto	500	600	—	100	600
Stocks	180	205	25	—	—
Clientes	300	381	81	—	—
Disponible	20	30	—	10	10
TOTAL ACTIVO BRUTO	1.000	1.216	1.06	100	10
Capital propio	300	300	—	—	—
Exigible a largo plazo	100	80	—	-20	—
Vtos. a corto plazo de exig. l.p.	20	20	—	—	—
Proveedores comerciales	113	132,4	19,4	—	—
Hacienda por impuestos s/B$^{\circ}$	42	(a determ.)	—	-42	—
Hacienda acreedora por IVA	2	—	-2[6]	—	—
Dividendos pendientes de pago	23	(a determ.)	—	-23	—
Bancos por dto. de efectos	200	—	-200	—	—
Fondo de amortización	200	270	—	—	70
Resultado	(asignado)	135	—	—	135
Necesidad financiera	—	278,6	—	—	278,6
TOTAL PASIVO	1.000	1.216	- 180,6	-85	481,6

6. Debe afectar al Presupuesto ordinario aunque se consigne en el apartado 3º del Presupuesto financiero, ya que el IVA (en el balance) está implícito en las cuentas de clientes y proveedores.

Cash flow def.

El Desfase financiero ordinario solamente puede justificarse por el movimiento en el Balance de previsión de las cuentas del circulante: aumentos en los stocks, aumentos de la deuda de clientes o disminución de las deudas con proveedores comerciales, puesto que son movimientos relacionados directamente con estas partidas los que integran tanto la cuenta de explotación previsible como el Presupuesto financiero ordinario. De hecho, el Estado previsible de resultados y el Presupuesto financiero aportan «cifras-testigo» que, puestas en contraste (el desfase), dan un grado más o menos alto de «alarma». Pero estos dos documentos no son explicativos. El documento previsor explicativo es el balance.

El movimiento de las restantes partidas del balance explicará el Desfase financiero del Presupuesto financiero extraordinario. La manera, pues, de analizar y justificar desfases es realizar un esquema de fuentes y empleos a partir de la comparación entre el Balance histórico y el Balance de previsión destacando por separado los movimientos que se relacionan con el Presupuesto financiero ordinario por un lado y el extraordinario por el otro.

Observaremos como hay movimientos entre el Balance histórico y el de previsión que se consignan en la última columna, ya que no afectan a ninguna de las dos partes del Presupuesto financiero presentadas en el cuadro. Éste es el caso del disponible, cuyo movimiento tiene su origen en el cuarto apartado del Presupuesto de tesorería. También es el caso, como puede observarse, del Fondo de amortización, Resultado previsto y Necesidad financiera. La amortización no aparece directamente como un cobro (está implícita en el cobro de clientes). Tampoco es cobro ni pago directamente el Resultado previsto. La Necesidad financiera aparece en el Presupuesto de tesorería como resultante del mismo, pero no es cobro ni pago directamente.

A partir de estos datos es posible instrumentar un cuadro o esquema de Fuentes y Empleos distribuido de la forma siguiente:

DESFASE FINANCIERO ORDINARIO

Absorción de fondos		Generación de fondos	
Aumento stocks	25	Aumento crédito proveedores	19,4
Aumento deuda clientes	81	Desfase ordinario	250,5
Disminución dto. de efectos	200	Efecto financiero IVA[1]	38,1
Pago IVA pendiente[7]	2		
TOTAL	308	TOTAL	308

DESFASE FINANCIERO EXTRAORDINARIO

Absorción de fondos		Generación de fondos	
Inversiones activo fijo	100		
Vencimientos deuda	20		
Hacienda	42		
Dividendos	23	Desfase extraordinario	185
TOTAL	185	TOTAL	185

Estos cuadros nos permiten observar cómo la problemática financiera de fondo no es la simple Necesidad financiera sino el desfase.

Aparentemente, y con los números en la mano, diríamos que la primera causa de las necesidades financieras es la «renuncia» metodológica al descuento de efectos. Pero ésta no es una causa real, es una circunstancia puramente de método. La primera causa real es el esfuerzo inversor en activo fijo (un 20% de aumento sobre el valor bruto existente). La segunda causa es el crecimiento de la deuda de clientes, provocado no solamente por el aumento de ventas sino también por el aumento de plazo de pago otorgado a la clientela. En orden de importancia menor seguiría el pago de los impuestos, pero ésta no es una causa que la empresa articule políticamente como las anteriores, sino que es una obligación ineludible. Las causas siguientes son de orden mucho menor y no merecen mayor comentario.

7. Recordar observación cuadro anterior.

6. Bases conceptuales para un debate sobre Estrategia financiera

El conjunto de recursos financieros y de actuaciones tendentes a resolver la Necesidad financiera es lo que podemos llamar estrategia financiera.

6.1. ¿Técnica o estrategia financiera?

Esencialmente, las cuatro vías a debatir para subvenir las necesidades financieras son:

a) La vía de la ampliación de capital.

b) La vía del endeudamiento.

c) Las realizaciones o disminuciones de activos existentes y/o planificados.

d) El replanteamiento de los objetivos inicialmente configurados.

Las dos primeras vías son las que afectan a la estructura de pasivo. Concentrémonos en ellas en primer lugar. La comparación más inmediata de ambas vías nos revela de inmediato un claro factor diferenciador: el riesgo. La vía del crédito supone el riesgo de no atender sus vencimientos con el consiguiente desprestigio, embargo de activos, etc. Supone además el riesgo económico: una posible bajada del rendimiento del activo y/o subida de los tipos de interés puede llevar a la empresa a graves perjuicios económicos, como se ha podido ver en el capítulo de este texto dedicado a contabilidad y análisis de estados financieros.

Capital es SEGURIDAD, la deuda es RIESGO. Presentado así, el camino del crédito aparece como algo detestable y la opción del capital como el «Nirvana» del empresario. Nada más lejos de la realidad. Si retomamos el razonamiento del rendimiento del activo contra el tipo de interés y recordamos que cuando el ROA supera al costo de la deuda, lo más rentable es el uso de la misma. De hecho, que el ROA de una empresa supere el costo de su endeudamiento no ha de ser algo excepcional; fuera de las épocas de crisis, la normalización de la economía de un país supone que la mayoría de empresas se hallan en la situación de ROA superior a tipos de interés. Luego, en condiciones de normalidad de la economía la opción más rentable es la del endeudamiento. Luego, ahora cabe decir: RIESGO trae mayor RENTABILIDAD y la SEGURIDAD paga el coste de una menor rentabilidad. ¿Qué es mejor entonces para encarar futuras necesidades financieras? ¿Capital o deuda? ¿Debe el empresario combinarlas al 50%? ¿Existe una proporción determinada? ¿Existe una fórmula mágica?

Obviamente no. ¿Por qué? Porque la percepción del riesgo es diferente para diferentes individuos, mercados, países, gamas de productos, tipos de interés, etc. Son innumerables los factores que determinan la búsqueda de la seguridad o la confianza ante determinadas cotas de riesgo. La percepción del riesgo es subjetiva e influida obviamente por factores temperamentales de propietarios y consejeros en las empresas.

Ya lo hemos dicho al inicio de este capítulo: las decisiones técnicas no están inmersas en riesgo, las decisiones estratégicas sí. La configuración de la estructura de pasivo del futuro es fundamentalmente estratégica: «Risk averse managers»... «risk lovers».

6.2. ¿Estrategia al cien por cien? ¿Nada tiene que decir la técnica?

En realidad, cuando un dilema es tan complejo como el que acabamos de presentar, es necesario «orientarlo», «acotarlo» con aportaciones técnicas. Una cosa debe quedar clara: la técnica jamás formulará con seguridad relaciones como 70% del capital contra 30% de deuda o 20% de capital contra 80% de deuda. La técnica no resuelve plenamente el dilema... lo «orienta» o lo «acota»; es una ayuda pero no una «varita mágica».

¿Qué elementos técnicos deben considerarse en el planteamiento estratégico de capital versus deuda? Fundamentalmente tres:

a) El ROA previsto.

b) El ratio de endeudamiento histórico.

c) El Cash Flow libre.

El ROA previsto nos dice si éste va a ser mayor o no que el tipo de interés previsto para el futuro. En caso afirmativo, tenemos una razón técnica para apoyar una estrategia de endeudamiento, pero... ¡atención!... faltan dos factores más.

El ratio de endeudamiento histórico puede medirse de diversas maneras, exigible/capital propio es una de ellas. Un valor cercano a la unidad en esta relación se considera conservador y por tanto ampliable. Un valor de 3 es alto; no será fácil seguir endeudándose con él (salvo que los otros dos factores sean muy favorables). Por encima de 3... y ¿quién le dice a usted que no hemos firmado un contrato de préstamos con un banco que nos ayuda de forma importante, con un artículo que limita el endeudamiento global de la firma a 2,5?

El Cash Flow libre es un cálculo que pretende medir la capacidad de endeudamiento de una empresa... perdón, que pretende «orientar» sobre la capacidad de endeudamiento de esa empresa.

Cash Flow libre = BPT previsional

+ Amortizaciones previstas

− Vencimientos anuales de deuda a largo plazo

− Dividendos previstos

El Cash Flow libre es la cifra que más pronto o más tarde ha de ir quedando disponible para atender deuda adicional a la ya existente.

Este cálculo tiene diversas limitaciones:

a) Es una extrapolación a futuro, a un horizonte de n años del beneficio previsto para el próximo año, pero no contempla previsiones hechas expresamente año por año frente al futuro.

b) No contempla aumentos del capital de trabajo en el futuro.

c) No contempla inversiones futuras en activo fijo.

Estos movimientos nos indican que si la empresa puede formular previsiones mínimamente fiables a n años, debe prescindir del cálculo del Cash Flow libre y guiarse por los Presupuestos de tesorería de esos años futuros.

¿Qué suele ocurrir en la práctica?

Pocas empresas suelen planificar con fiabilidad a más de un año. En tal caso el cálculo del Cash Flow libre, por limitado que sea, es un tema IN-ELUDIBLE antes de contemplar decisiones de endeudamiento. El Cash Flow libre es simplemente orientativo, es mejor que NADA. ¿Puede tomar nueva deuda por 100 millones de Euros (a devolver en los próximos 5 años) una empresa que calcula un Cash Flow libre de 10? Obviamente no. ¿Puede tomarlo a 10 años? Tampoco, si tenemos en cuenta las limitaciones del cálculo y razones de prudencia.

En el fondo, y esto es lo importante: el Cash Flow libre es un «canto» a la prudencia... una reflexión a hacerse antes de contraer nuevo endeudamiento.

6.3. Destilando las líneas generales estratégicas

Vamos a detallar la presentación general que acabamos de hacer. Hablemos más a fondo del capital y de la deuda. Las decisiones de aceptación o viabilidad de las ampliaciones de capital dependen de diversidad de circunstancias:

a) Dividendos pagados en los ejercicios recientes.

b) Ritmo y cuantía de las últimas ampliaciones de capital.

c) Amplitud del espectro accionarial.

d) Origen de las necesidades financieras (proyectos de futuro motivadores o no).

e) Posibilidades de que la mayoría presente la pierda si no puede suscribir esa ampliación, etc.

En cuanto a la deuda sería preciso desglosarla en los capítulos siguientes:

a) Deuda con vencimiento a largo plazo (obligaciones, préstamos bancos y cajas, leasing, renting, proveedores equipo).

b) Deuda con vencimiento a corto plazo.

   – Vencimiento cíclico (proveedores comerciales, descuento de efectos, factoring y confirming).

   – Vencimiento expreso (póliza de crédito, efecto financiero, descubierto, renovación de proveedores).

La deuda a largo plazo se guía por reflexiones en torno al Cash Flow libre y es preciso que el empresario considere los siguientes aspectos:

- plazo,

- volumen,

- tipo de interés y

- garantías.

Respecto a los créditos a corto plazo de vencimiento cíclico, no «absorben» Cash Flow. Del crédito de proveedores comerciales se ha hecho en nuestro país uso y abuso, debería ser un crédito a minimizar y dejar que el mercado financiero actúe. Se ejercen, en ocasiones, presiones muy acentuadas en cuanto a plazo, en base a la fuerza negociadora de un cliente poderoso ante un proveedor débil.

El descuento de efectos comerciales y el factoring se basan mucho en la calidad de la firma aceptante del efecto comercial. El factoring puede crecer de año a año de forma mucho más «meteórica» que el descuento de efectos comerciales, salvo que éstos fueran de primera calidad, en cuyo caso el crecimiento no tiene restricciones.

En el caso del confirming el que recibe ayuda financiera es el proveedor, ya que el banco le propone pagarle por cuenta de su cliente el efecto con anterioridad a cambio de un interés determinado. El proveedor obtiene financiación y seguridad. Al cliente le beneficia porque puede captar buenos proveedores (ya que, en el fondo, éstos obtienen un cobro al contado) y puede negociar con el banco compartir los intereses cargados al proveedor.

La financiación a corto plazo y de vencimiento expreso debe ser utilizada solamente para necesidades financieras de tipo transitorio (aparecen y «mueren» en un tiempo inferior a un ejercicio). Esto no debe confundirse con el caso de pólizas o cuentas de crédito que se otorgan en base a una necesidad que se reproduce continuamente (una póliza de crédito para financiar deuda de clientes y respaldada por la lista de nombres e importes debidos).

6.4. ¿En qué consiste la estrategia financiera más allá de los recursos de pasivo?

Ahora hemos de referirnos a los siguientes apartados:

c) La realización de activos.

d) El replanteamiento de objetivos.

Al capítulo de realización de activos le caben tres alternativas:

– Venta de activos extrafuncionales.

– Venta de inmovilizados funcionales.

– Reducción de activo circulante funcional.

La primera opción estratégica es pasar de diluir riesgos (diversificando los activos) a volver a concentrarse en la actividad específica de explotación de la empresa. Hay que atender a temas como el precio en una venta rápida (posibles minusvalías de cesión) y cobro al contado (¿más minusvalías todavía?).

La venta de inmovilizados de carácter funcional supone someterse a traslados por uso de activos más económicos, o pasar al régimen de leasing, renting, alquiler puro... En ocasiones, la empresa opta por una estrategia de desindustrialización subcontratando producción con talleres auxiliares independientes.

La reducción de stocks puede romper las barreras de seguridad impuestas. Las bajas temporales de producción para minorar stocks de producto acabado pueden afectar (aunque sea transitoriamente) al número de personas empleadas. La reducción de la deuda de clientes habría de pasar por ofrecer descuentos importantes a aquellos clientes que pudieran anticipar sus pagos.

Finalmente, la cuarta vía es el replanteo de objetivos. Este replanteo se puede materializar así:

– Revisión de políticas de precios.

– Revisión de la estrategia de crecimiento.

Estos cambios de objetivos pueden reportar perjuicios económicos pero también ventajas financieras al reducirse las necesidades de invertir en activo fijo o activo circulante.

6.5. La segunda ronda del proceso de planificación económico-financiera

La estrategia financiera podrá abarcar desde una sola de las vías citadas a una combinación de varias de ellas. Acordada por el Consejo de Administración, esta «mezcla» de recursos o actuaciones (con el asesoramiento del Director Financiero y el General), es preciso calcular tres parámetros:

- Nuevos gastos financieros.

- ROE previsto antes de impuestos.

- Nueva cota de endeudamiento alcanzada.

El primero de estos tres parámetros es de cálculo obvio. A los pasivos exigibles anteriores y a los «recién-venidos» por la propuesta de estrategia financiera se les aplican los tipos de interés correspondientes.

El segundo de estos tres parámetros obedece a esta formulación:

$$\frac{\text{BAIT previsto} - \text{«Nuevos» gastos financieros}}{\text{Capital propio existente} + \text{Ampliación} + \text{BPT} - \text{Dividendos}}$$

Observemos como, durante la primera ronda, no habíamos predeterminado ni el BPT ni una previsión de dividendos, puesto que para determinar la necesidad financiera este tema es irrelevante. Sin embargo, una estimación del BPT, así como una propuesta de dividendos, es necesaria a nivel de la estimación del Cash Flow libre; pero en ese momento no disponíamos de una estimación «afinada» de los futuros gastos financieros. Ahora sí.

El tercero de estos tres parámetros puede calcularse con el ratio que ya hemos presentado antes:

$$\frac{\text{Exigible anterior} + \text{Nuevos recursos exigibles}}{\text{Capital propio} + \text{Ampliación} + \text{BPT} - \text{Dividendos}}$$

Finalmente, los nuevos recursos modificarían el Presupuesto de tesorería y el Balance de previsión haciendo desaparecer la Necesidad financiera.

Apliquemos las ideas hasta aquí expuestas al ejemplo de continua referencia:

a) $\text{ROA previsto} = \dfrac{\text{BAIT prev.} \pm \text{Atípicos}}{\substack{\text{Activo total neto} \\ \text{planificado}}} = \dfrac{165 + 0}{1216 - 270} = 17{,}4\%$

b) $\text{Endeudamiento histórico} = \dfrac{\text{Exigible}}{\text{Cap. propio}} = \dfrac{500}{300} = 1{,}7$

c) Cash Flow previsto =   BPT + A − VADLP[8] D =

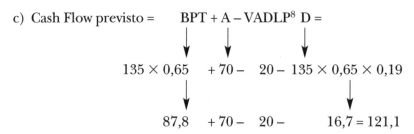

$$135 \times 0{,}65 \quad + 70 - \quad 20 - \quad 135 \times 0{,}65 \times 0{,}19$$

$$87{,}8 \quad + 70 - \quad 20 - \quad 16{,}7 = 121{,}1$$

d) Necesidad financiera prevista = 278,6

El ROA supera netamente un interés del 5,5% o 6% vigente en el momento de publicación de este texto. Esto aconseja una política de endeudamiento con riesgo económico muy bajo.

El endeudamiento histórico es medio-bajo y permite todavía una generosa ampliación del mismo.

El Cash Flow libre es muy amplio. Su capacidad de retorno al comparar 121,1 con 278,6 es muy clara.

Si esta empresa optara por la vía del capital, ejercitaría una opción muy conservadora y menos rentable que la vía del endeudamiento. Sería una opción estratégica en búsqueda de la seguridad a ultranza, puesto que las aportaciones técnicas nos dicen que hay cabida para el endeudamiento.

Refiriéndonos pues al endeudamiento, la opción del exigible a largo plazo encaja muy bien con la necesidad creada por la inversión en activo fijo. Cuál sea esa modalidad dependerá puramente de factores de costo y garantía. No sabemos si la empresa tiene prestigio o no en el mercado de las obligaciones. El crédito de proveedores industriales no es de plazo tan dilatado como los préstamos de cajas y bancos, pero el Cash Flow es suficientemente alto como para cancelar deuda en horizontes débiles.

Las opciones de deuda a corto plazo aparecen claras en materia de descuento de efectos comerciales. La empresa ya tenía otorgada una línea de 200 que puede conservar (incluso ampliar algo) o sustituirla por deuda a largo plazo si el costo le resulta más interesante (recordemos que el Cash Flow libre es muy amplio). No ha lugar a ampliar el crédito de proveedores cuando esta empresa viene a ser una especie de empresa «idílica» en que su éxito económico le confiere una notable holgura financiera.

---

8. Vencimientos anuales de deuda a largo plazo.

En el orden de los niveles de activo, la empresa, previamente, ya ha rebajado su nivel de producto en curso. No tiene necesidad de renunciar a los niveles de inversión que se ha propuesto, puesto que –como hemos visto– tiene maneras claras de financiarse.

En cuanto a reflexión sobre sus objetivos de crecimiento, podemos decir que es un crecimiento compatible con un elevado ROA y con necesidades financieras razonables porque son plenamente asumibles.

«Mix» financiero propuesto (entre otras posibilidades):

Deuda a largo plazo	78,6	(a tenor del nuevo volumen de gastos financieros)
Descuento de efectos	200	
Total	278,6	

Cálculo de «nuevos» gastos financieros:

«Nuevo» valor del exigible sometido a intereses:

Préstamo a largo plazo existente: $\dfrac{120 + 100}{2} = 110$

Nuevo préstamo a largo plazo (5 años): $\dfrac{78,6 + 62,9}{2} = 70,7$

Proveedores comerciales[9]	132,4
Bancos por descuento de efectos	200
	513,1

$513,1 \times 0,06 = 30,8$, que debe sustituir al valor de 30 estimado inicialmente.

ROE previsto (antes de impuestos)

---

9. Se supone que, como debe ser, la empresa computa el costo de materias primas a precio de contado, y el exceso sobre el mismo (por no pagar al contado) pasa a gastos financieros.

$$\frac{\text{«Nuevo» BAT previsto}}{\text{Cap. Propio} + \text{Ampliación} + \text{BPT} - \text{Dividendos}} =$$

$$= \frac{165 - 30{,}8}{300 + 0 + (165 - 30{,}8) \times 0{,}65 - [(165 - 30{,}8) \times 0{,}65] \, 0{,}19} =$$

$$= \frac{134{,}2}{300 + 87{,}23 - 16{,}57} = 36{,}2\%$$

Nueva cota de endeudamiento:

$$\frac{\text{Exigible existente} + \text{Nuevo exigible}}{\text{Capital propio} + \text{Ampliación} + \text{BPT} - \text{Dividendos}} =$$

$$= \frac{232{,}4 + 278{,}6}{300 + 0 + 87{,}23 - 16{,}57} = 1{,}38$$

Elevado ROE y baja cota de endeudamiento. La fórmula de financiación elegida para las necesidades financieras futuras combina rentabilidad y seguridad patrimonial.

7. Conclusiones

Hemos observado, a lo largo del capítulo, como la planificación económico-financiera no subsiste aislada (como algunas empresas consideran), sino que se fundamenta sobre una planificación comercial y productiva basada, a su vez, en planteamientos generales de tipos estratégico y político. Todo ello ha reportado reflexiones en torno al rol de administradores y ejecutivos en el proceso de planificación económico-financiera.

En el orden de las conclusiones hay que señalar la importancia que hemos dado a la planificación del activo circulante, destacando el carácter político de sus decisiones.

La materialización de la planificación económico-financiera en cuatro documentos fundamentales y la interrelación existente entre ellos es otro elemento a destacar en el orden de las conclusiones. El Estado previsto de resultados antecede a los demás documentos. Debe seguirle ineludiblemente el cuadro de movimientos previstos de circulante para dar paso al Presupuesto de tesorería y al Balance de previsión.

Una de las tareas que da mayor sentido en la práctica al esfuerzo de planificación económico-financiera es el análisis del origen de la problemática financiera futura de la empresa en cuestión.

8. Bibliografía

Amat, O. *Comprender la contabilidad y las finanzas,* Ed. Gestión 2000, Barcelona, 1998.

Massons, Joan. *Finanzas,* Ed. Hispano-Europea, Sexta Edición, 1998.

Massons, Joan y Vidal, Ramón. *Finanzas prácticas,* Ed. Hispano-Europea, 1997

Scherr, Frederick. *Modern Working Capital Management,* Prentice Hall, 1989.

Vernimenn, Pierre. *Finance d'entreprise. Analyse et Gestion,* Dalloz Gestion, 1977.

6.

Control de costes

Francisco Navarro

«Dímelo y se me olvidará. Enséñame y tal vez no recuerde. Involúcrame y entonces comprenderé.» Dicho americano

1. Definición general de coste

Coste es la medida, en términos monetarios, de los recursos utilizados para conseguir un objetivo determinado.

Tres ideas importantes están incluidas en esta definición:

- La idea primera y fundamental es que el **«coste mide el consumo de los recursos».** Los elementos de coste que producen bienes tangibles o servicios intangibles son cantidades físicas de material, horas de mano de obra, cantidades de otros recursos. **El coste mide qué cantidad de recursos se han utilizado para un propósito determinado.**

- La segunda idea es que **la medida del coste se expresa en términos monetarios.**

La expresión monetaria proporciona un común denominador que permite que cantidades individuales de recursos, medidas cada una según su propia escala, puedan ser combinadas de forma tal que pueda determinarse la cantidad total de todos los recursos consumidos en la obtención del objetivo de coste.

Ejemplo:

Materia Prima .... $\dfrac{100 \text{ Euros.}}{\text{Unidad}}$

$$\dfrac{5 \text{ Kg}}{\text{Unidad}} \times \dfrac{20 \text{ Euros.}}{\text{Kg}}$$

Hora – Mano Obra Directa .... $\dfrac{500 \text{ Euros.}}{\text{Unidad}}$

$$\dfrac{1 \text{ H – MOD.}}{\text{Unidad}} \times \dfrac{500 \text{ Euros.}}{\text{H – MOD.}}$$

Coste Total... $\dfrac{600 \text{ Euros.}}{\text{Unidad}}$

- Tercera idea: **La medida de los costes siempre se relaciona con algún propósito u objetivo. Estos propósitos incluyen:** productos, centros de coste, proyectos o cualquier «cosa» o «actividad» para la cual se desee una medida monetaria del consumo de los recursos.

2. Objetivos de coste

«Cualquier actividad o propósito para la cual se desea una medida particular de su coste.»

Los objetivos de coste serán normalmente: productos de la empresa, líneas de productos, unidades de la organización (centros de coste, secciones, etc.), actividades, etc.

3. Gasto[1]

Es una **parte del coste aplicado en el período contable**. Un **gasto** representa la medida en términos monetarios de los **recursos utilizados por la actividad generadora de ingresos de la empresa**, durante el período contable. Por tanto:

1. Expense.

«Gastos son aquellos recursos, aplicados en el período contable, en los que se incurrió para conseguir los ingresos de un determinado período o que fueron necesarios para que la empresa pudiera existir durante el período.»

3.1. Gastos del período

Son todos los recursos consumidos por la empresa distintos a los de producción. Estos gastos incluyen los gastos de ventas, de investigación y desarrollo, gastos de administración, gastos financieros, etc.

4. Clasificación de los costes

POR SU RELACIÓN CON EL OBJETIVO DE COSTE. IDENTIFICACIÓN DE COSTES	DIRECTOS
	INDIRECTOS
POR SU RELACIÓN CON EL VOLUMEN DE ACTIVIDAD. RELACIONADA CON LOS CAMBIOS DE COMPORTAMIENTO	FIJOS
	SEMIFIJOS
	VARIABLES
	SEMIVARIABLES
POR SU RELACIÓN CON LA TOMA DE DECISIONES A CORTO PLAZO	DIFERENCIABLES
	INALTERADOS
	OPORTUNIDAD

4.1 En Relación con el objetivo de coste

Esta clasificación de los costes se utiliza para la **identificación de costes con los objetivos de coste**. Los costes se identifican con los objetivos de coste para diferentes propósitos, entre los que se incluyen la determinación del coste de los productos y de los servicios, la determinación de precios, estudios de rentabilidad, el control de los costes y de los gastos, etc. Por su relación con el objetivo de coste los costes se pueden clasificar en: directos e indirectos.

4.1.1 Coste directo

Son costes directos de un determinado objetivo de coste, los costes que son inequívocamente identificables con el objetivo de coste de una forma económicamente factible.

Ejemplo:

- La carne empleada en una hamburguesa es un coste directo de la hamburguesa.

- El sueldo del director es un coste directo del conjunto de toda la empresa.

4.1.2. Coste indirecto

Son costes indirectos aquellos que no son identificables con un solo objetivo de coste. Estos costes están asociados a o causados conjuntamente por varios objetivos de coste.

Ejemplo: El salario del personal de control de calidad.

La naturaleza de estos costes es tal que no es posible, o al menos no es económicamente factible, medir qué cantidad de coste es atribuible a un objetivo de coste determinado. Por ejemplo: La energía eléctrica podría, en principio, ser un coste directo de cada producto, si, teniendo un contador en cada máquina, midiéramos la electricidad consumida por cada producto. Al no ser esto económicamente factible, habrá un solo contador para todo el taller y la energía eléctrica será un coste indirecto para cada producto.

4.1.2.1 GASTOS GENERALES DE FABRICACIÓN

Los gastos generales de fabricación son todos los costes de producción indirectos. En estos costes se incluyen todos los costes de producción del «Objetivo de coste», excepto los costes de los materiales directos y los costes de la mano de obra directa.

Un elemento de los gastos generales de fabricación son los costes de **mano de obra indirecta**, que representa las retribuciones de un operario que no trabaja directamente para el «Objetivo de coste» pero cuyos esfuerzos están unidos al proceso general de producción.

Ejemplo:

Gastos generales de fabricación ⎰ **Gastos generales de fabricación**
Como por ejemplo:
- Suministros
- Supervisiones
- Personal de almacén
- Los alquileres
- Los seguros
- Los impuestos sobre la propiedad

4.1.2.2 COSTE DE CONVERSIÓN

Es la suma de los costes de mano de obra directa y gastos generales de fabricación.

En estos costes se incluyen todos los costes de producción necesarios para convertir los materiales directos en bienes finales. Como las fábricas están cada vez más automatizadas, el coste de los materiales directos tiende a ser un elemento de mayor importancia que el coste de la mano de obra directa. Al mismo tiempo, la distinción entre mano de obra directa e indirecta tiende a ser «borrosa», por lo que en muchas empresas se usa solamente el coste de conversión no distinguiéndose entre mano de obra directa y gastos generales de fabricación.

4.1.2.3. COSTE DE PRODUCCIÓN O COSTES DE INVENTARIO (ACTIVO) O COSTE COMPLETO DE PRODUCCIÓN[2]

Es la suma del coste de materiales directos y del coste de conversión. Se denomina también «Coste de Inventario», pues es el coste bajo el que los productos terminados se llevan al inventario (Activo) para ser vendidos posteriormente.

---

2. Full Production Cost.

4.1.3. Coste completo[3]

Son los costes de producción más los costes del período (costes de administración, ventas y financieros).

4.2. En relación con los cambios en el nivel de actividad. Medidas de actividad o Activity Driver[4]

Una de las clasificaciones de costes más importantes tiene en cuenta la forma en que este varía cuando se producen cambios en el volumen de actividad de la organización. Por ejemplo, un directivo de una compañía telefónica puede querer conocer cuál es el impacto que en los costes tiene un incremento del 10% en las llamadas de larga distancia. El **comportamiento del coste**[5] pone de manifiesto cómo variará un coste ante los cambios en el volumen de actividad del negocio. **Una actividad es una unidad básica de trabajo que se realiza dentro de una organización y que consume recursos.** Por ejemplo operar a los pacientes es una actividad de un hospital, las llamadas de larga distancia es una actividad de una compañía telefónica, etc.

El volumen de actividad debe medirse en unidades homogéneas que se denominan «Medidas de Actividad» o «Activity Driver». Las medidas de actividad han de ser representativas de la actividad de la empresa. Por ejemplo, en el caso del hospital, una forma de medir la actividad, es por el número de pacientes operados. Así, las horas trabajadas, las horas de mano de obra directa, las horas máquina, las unidades producidas, el número de clientes visitados, etc., son medidas de actividad o Activity Driver.

4.2.1. Coste variable

Es aquel que, en su valor total, cambia en proporción directa al volumen de actividad. Si el volumen de actividad aumenta en un 20%, los costes variables, en su valor total, también aumentan en un 20%.

---

3. Full Cost.
4. A esta expresión también se le denomina Activity Cost Driver.
5. Cost Behavior.

Ejemplo:

La materia prima de una hamburguesa: Si la producción de hamburguesas aumenta en un 10% la materia prima consumida también aumenta en un 10%.

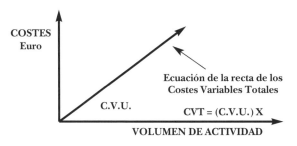

EXPRESIÓN GRÁFICA DE LOS COSTES VARIABLES TOTALES

CVT: Costes Variables Totales   C.V.U.: Costes Variables Unitarios   X: Volumen de Actividad

Los costes variables que se van a considerar son los que, en su valor total, varían linealmente con el volumen de actividad.

4.2.2 Costes fijos

Son los que, en su valor total, para un período dado y para un **intervalo de validez**, no varían con el volumen de actividad. Por ejemplo, si el volumen de actividad aumenta o disminuye un 20% dentro del intervalo de validez, el coste fijo, en su valor total, no varía. Ejemplo: El sueldo del gerente, la amortización de la maquinaria.

En el gráfico siguiente se observa que el nivel de coste fijo es de 50.000 Euros, entre 30.000 y 95.000 horas, que el nivel de coste fijo es de 100.000 Euros, por encima de 95.000 horas, y que el nivel de coste fijo es de 25.000 Euros, por debajo de 30.000 horas.

Hay un nivel mínimo de coste fijo que se mantiene aunque no haya actividad fabril y es el correspondiente al personal (directivo, administrativo, técnico, operario), mantenimiento de capacidad instalada, etc.

Los costes fijos totales pueden variar con el paso del tiempo

Los costes fijos totales de una empresa pueden permanecer invariables durante un año, si bien, por ejemplo, los impuestos y los sueldos del personal pueden elevarse al año siguiente haciendo que aumenten los costes fijos totales.

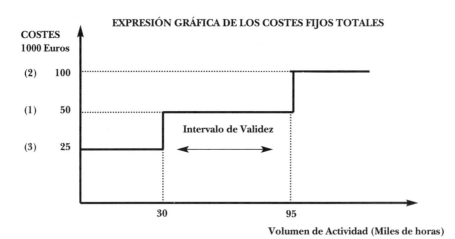

Los costes fijos totales pueden variar, si varía el campo de validez

Como se vio anteriormente, el nivel de costes fijos totales puede ser aplicable, por ejemplo, entre 30.000 y 95.000 horas de actividad al mes. Pero una huelga prolongada o una depresión económica puede dar lugar a despidos o a reducciones en la actividad de la fábrica.

Por tanto, los costes fijos pueden disminuir sustancialmente si los niveles de actividad descienden radicalmente.

4.2.3. Costes semivariables

Los costes semivariables son aquellos que incluyen una combinación de costes variables y de costes fijos.

Ejemplo: El coste de la llamada telefónica puede constar de una parte fija de 30 euros/mes y de 0,5 euros/minuto. Si se habla durante 180 minutos al mes, el coste total será de

30 euros/mes + 0,5 euros/min. × 180 min./ mes = 120 euros/mes.

El comportamiento de los costes semivariables se refleja en la figura siguiente:

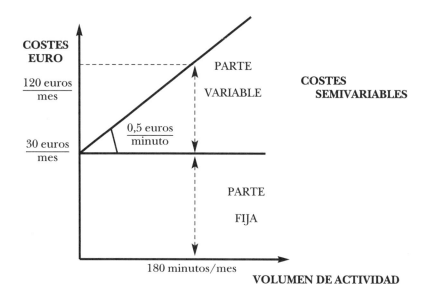

4.2.4. Costes semifijos[6]

Son aquellos que son fijos para un determinado nivel de actividad pero que pueden, ocasionalmente, variar en una cantidad constante, fuera del citado nivel de actividad.

Ejemplo: Consideremos una empresa que fabrica y vende helados. Supongamos que para su actividad normal alquila tres camiones, con los que cubre una actividad de 480 horas. Cuando la demanda sobrepasa las 480 horas, la empresa no tiene suficiente con los tres camiones y necesita alquilar un cuarto camión. Lo que hace que el coste del alquiler pase de 6000 Euros a 8000 Euros. En la figura adjunta se refleja el comportamiento de este coste.

6. STEP. Fintion Cost.

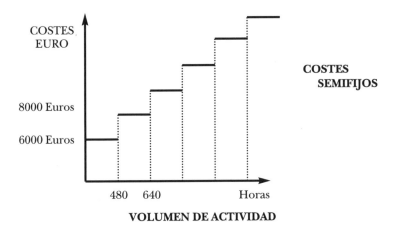

4.2.5. *Costes unitarios y totales*

El coste medio unitario o coste por unidad de volumen, es el cociente de dividir el coste total por el volumen de actividad. Los costes unitarios son, por tanto, valores promedio.

El coste por unidad de «Volumen de Actividad» se comporta muy diferentemente de como lo hace el coste total.

Supongamos que una empresa tiene alquilados cinco camiones por los que paga 10.000 Euros por camión para la distribución del producto X. La empresa también incurre en costes de gasoil y de mantenimiento. Estos costes de gasoil y de mantenimiento aumentan con el numero de viajes a razón de 0,50 Euros /Km recorrido. El alquiler de los camiones es un coste fijo, ya que es el mismo, 10.000 Euros, para diferentes niveles de producción, entre 500.000 y 900.000 litros de producto X. Supongamos que se verifica el siguiente cuadro:

Producción Trimestral en Litros de X	Kilómetros Recorridos	Coste Total de Alquiler en Euros	Coste de Alquiler por Litro Transportado	Coste de Alquiler por Km Recorridos
500.000	40.000	10.000	0,020	0,25
600.000	50.000	10.000	0,017	0,20
700.000	60.000	10.000	0,014	0,17
800.000	70.000	10.000	0,012	0,14
900.000	80.000	10.000	0,011	0,12

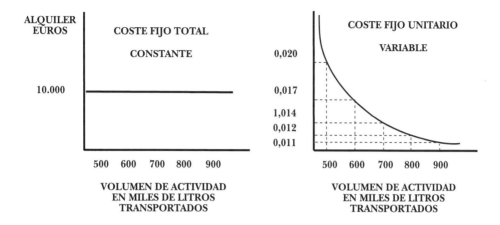

El comportamiento del coste fijo unitario es diferente al comportamiento del coste fijo total, como puede apreciarse en el gráfico anterior. Se observa, en el citado gráfico, que el coste unitario de alquiler por litros transportados disminuye a medida que aumenta el volumen de litros transportados, ya que la misma cantidad de coste fijo, 10.000 Euros, se reparte entre un mayor numero de unidades. Aunque los costes fijos unitarios decrecen, a medida que aumenta el volumen de litros transportados, no debe sacarse la conclusión de que los costes fijos dependen del volumen de litros transportados, ya que lo que se está haciendo es repartir la misma cantidad de alquiler, cantidad constante, entre un número creciente de volumen de litros transportados.

Producción Trimestral en Litros de X	Kilómetros Recorridos	Coste Total de Gasoil y de Mantenimiento	Coste total de Gasoil y de Mantenimiento por Km recorridos
500.000	40.000	20.000	0,5
600.00	50.000	25.000	0,5
700.000	60.000	30.000	0,5
800.000	70.000	35.000	0,5
900.000	80.000	40.000	0,5

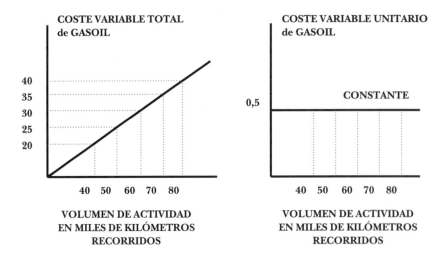

En contraste con los costes fijos se observa, del cuadro y de la gráfica anterior, que los costes variables de gasoil en su valor total son proporcionales a los kilómetros recorridos y que esa proporcionalidad es lineal. Por otra parte los costes variables unitarios de gasoil son los mismos, 0,5, para cualquier volumen de kilómetros recorridos. Vemos pues en la gráfica anterior que los costes variables por unidad de volumen no cambian con el volumen de kilómetros recorridos.

4.2.6. *Distinción entre costes variables y costes directos*

	COSTE DIRECTO	COSTE VARIABLE	OBSERVACIONES
Definición	En relación al objetivo de coste o unidad de referencia	En función del volumen de actividad	Por definición son completamente diferentes
Origen de la confusión	Materia prima Mano de obra	Materia prima Mano de obra directa	En muchas circunstancias, cuando el objetivo de coste es un producto, las materias primas y la mano de obra directa son a la vez coste directo y variable
CASOS DIFERENTES			
Fabricación de un producto en una máquina especial	Amortización de la maquinaria		En el caso de que un producto se fabrique en una máquina que no se use más que para él, la amortización de la máquina es un coste fijo y no obstante es un coste directo del producto
En entornos donde no hay despido libre	Mano de obra directa		Si no hay despido libre la mano de obra directa es un coste fijo

NOTA: La mano de obra puede ser fija o variable.

VARIABLE: Si hay despido libre y la empresa tiene intención de usarlo, por ejemplo, en períodos de baja actividad.

FIJA: Si no hay despido libre, o la empresa tiene la política de mantener cierto nivel de empleo.

4.3. *Costes relevantes para la toma de decisiones*

Los datos relevantes para tomar una decisión dependen de cuál sea la decisión a tomar, por ello, no todos los datos facilitados por la contabilidad de costes son necesariamente relevantes para la toma de decisiones.

En consecuencia, cuando se planteen varias alternativas de decisión, habrá que establecer, en general, qué costes son **comunes**, en cualquier alternativa, y qué costes son distintos en cada una de ellas.

Por ello ante varias alternativas de decisión denominaremos:

- **Costes diferenciales** de una alternativa determinada con respecto a una alternativa de referencia son aquellos costes que se tienen en aquella y no en la de referencia.

- **Costes inalterados** son aquellos que siempre estarán presentes en cualquier alternativa de decisión que se plantee. Son costes, pues, que no se ven afectados sea cual fuere la alternativa elegida.

- El concepto de coste diferencial está íntimamente relacionado con una decisión concreta tomando una de las alternativas como punto de referencia.

- El coste diferencial siempre se refiere a una situación específica.

	Producto «X»	Producto «Y»	Costes Diferenciales
Nº de unidades	1000 U.	2000 U.	
Hora Mano de Obra Directa Unidad	1 H-MOD/U	0,5 H-MOD/U	
Coste: H-MOD: 500 EU/H-MOD	500.000 EU	500.000 EU	0 [1]
MP: Materia Prima	500 EU/U	750 EU/U	
Coste Materia Prima	500.000 EU	1500.000 EU	1000.000 EU [2]
Restos Costes	Fijos	Fijos	0 [1]

Del cuadro anterior se deduce que el fabricar el producto Y tiene un coste diferencial de 1.000.000 Euros sobre fabricar el producto X.

(1) Los costes de la mano de obra directa y los costes fijos son: inalterados.
(2) Coste diferencial: 1.000.000 Euros (coste de la materia prima).

4.3.1. Comparación entre definiciones de coste

Costes Variables	Costes Diferenciales	Costes Directos
Es aquél que, en su valor total, cambia con el *volumen de actividad*	Aquellos que son distintos para cada *alternativa de decisión*	Son costes directos, de un determinado objetivo de coste, los costes que son inequívocamente *identificables con el objetivo de coste* de una forma económicamente factible

Se observa que, a priori, no puede afirmarse que los costes variables sean diferenciales ni que los costes directos fijos sean diferenciales, aunque hay casos en que sí, por ejemplo:

Si los coste que intervienen en la alternativa de decisión son:	Los costes diferenciales son:	Ejemplo
a) Función del volumen de actividad	Los costes variables	Decisiones de producto «Comprar o fabricar»
b) Identificables con el objetivo de coste (el producto)	Los costes directos	Decisiones de producto «añadir un producto a la gama»
c) Son función del volumen de actividad, e identificables con el objetivo de coste	Los costes variables y los costes directos fijos	Decisiones de producto «suprimir un producto de la gama.

4.3.2. Costes diferenciales. Resumen

Los costes diferenciales se usan en los problemas de análisis de alternativas.

- **Base:** Se llama base a la alternativa de no hacer nada.

- Si se propone alguna alternativa a la base, los costes diferenciales serán aquellos que variarán, bajo la alternativa propuesta, con respecto a cómo eran en la base.

- Las partidas de costes que permanezcan inalterados bajo la alternativa propuesta no deben considerarse en el análisis de alternativas.

- Ninguna categoría general de costes puede ser «etiquetada» como diferenciales.

- Los costes diferenciales siempre se refieren a las alternativas específicas que están siendo analizadas.

4.3.3. Coste de oportunidad

Componen los «costes de oportunidad» los recursos económicos a los que se renuncia como consecuencia de aceptar una alternativa en lugar de otra.

Ejemplo:

Un fabricante puede vender un producto semiacabado a un comprador por 1000 Euros. No obstante decide no vender y terminarlo. El coste de oportunidad del artículo semiacabado es de 1000 Euros, porque ésta es la cantidad de recursos económicos a la que renuncia el fabricante con objeto de terminarlo.

Obsérvese que no ha habido circulación de efectivo, lo que constituye una característica muy importante del «coste de oportunidad».

Al no haber circulación de efectivo **no se producen reflejos en los asientos de la contabilidad normal**.

Por tanto: «La noción de coste de oportunidad pone de manifiesto la limitación del uso de los datos contables para adoptar cierto tipo de decisiones». Al no tener reflejo contable los costes de oportunidad no expresarán, contablemente, las pérdidas imputables a decisiones no óptimas. En otras palabras:

Un directivo podría tomar una serie de decisiones que se tradujeran en una pérdida de oportunidades de obtener beneficios; sin embargo, si los resultados del ejercicio no son demasiado bajos (y puede haber muchas causas por lo que esto pueda ocurrir así), esa pérdida de oportunidad ni se detectaría ni se registraría.

En resumen:

«Coste de oportunidad de una determinada alternativa de decisión es el beneficio diferencial que se podría obtener en el caso de adoptarse la mejor de las alternativas restantes (es decir, excluida ella misma).»

Otra característica del coste de oportunidad es que es un **concepto dinámico** cambiante con el tiempo a medida que aparecen nuevas oportunidades y desaparecen las existentes. El coste de oportunidad también implica una cierta **subjetividad** en su determinación al requerir valoraciones financieras futuras de las alternativas que se analizan en la decisión.

5. Beneficio diferencial

Ingresos diferenciales de una alternativa determinada con respecto a una alternativa de referencia son aquellos ingresos que se tienen en aquella y no en esta última.

Ingresos inalterados son aquellos ingresos que tienen lugar sean cuales sean las alternativas de decisión que se contemplen.

Beneficio diferencial: Ingresos diferenciales – Costes diferenciales

---

Beneficio diferencial será el beneficio que puede conseguirse en la alternativa elegida por encima del que se conseguiría en la alternativa base.

Que una determinada alternativa tenga un beneficio diferencial positivo con respecto a otra, no significa que el beneficio total de la empresa sea también positivo; por el contrario, en muchas ocasiones no será así, y la empresa estará perdiendo dinero en cualquiera de las alternativas que tiene abiertas; lo que ocurre es que en la alternativa con beneficio diferencial positivo se pierde menos que en la alternativa base.

5.1. Ejemplo de beneficio diferencial

	Producto «X»	Producto «Y»	Elementos Diferenciales
Precio Venta (EU/Unidad)	2.000	2.500	
Ventas (Unidad)	1.000	2.000	
Ingresos (Euros)	2.000.000	5.000.000	3.000.000
Costes (Euros)	<500.000>	<1.500.000>	1.000.00
Beneficio Diferencial (Euros)	1.500.000	3.500.000	2.000.000

Alternativa Base o de Referencia

Alternativa elegida, pues en ella se obtiene un beneficio diferencial positivo

6. Análisis del modelo coste-volumen-beneficio (C-V-B)

Es un modelo de estimación del beneficio dados diferentes niveles de output.

Este modelo analiza el comportamiento de las ventas, de los costes totales y de los beneficios operativos cuando se producen cambios en los niveles de outputs, en el precio de venta unitario, en los costes variables unitarios y en los costes fijos.

En este modelo se supone que tanto los costes como los ingresos se deben a un único tipo de actividad, que es la relacionada con la producción y venta de las unidades de output. La restricción que supone la suposición de un único tipo de actividad es muy importante, ya que, en general, los costes en la organización pueden surgir como consecuencia de cualquier tipo de actividad y no exclusivamente la ligada a la producción de unidades.

Como modelo, el análisis C-V-B simplifica el mundo real, por lo que este modelo está sujeto a numerosas hipótesis y limitaciones. Sin embargo es una poderosa herramienta para la «Toma de Decisiones».

El objetivo del modelo (C-V-B) es establecer qué sucede con los resultados financieros si un determinado nivel de actividad fluctúa. Esta información es vital para el directivo, dado que es el volumen de actividad una de las más importantes variables que influyen en los ingresos por venta, en los costes totales y en los beneficios.

Por esta razón al volumen de actividad se le da una atención especial al objeto de que la dirección pueda conocer los niveles críticos del citado volumen como por ejemplo: el volumen para el cual no se producen ni pérdidas ni beneficios, este es el punto de equilibrio[7], punto muerto o umbral de rentabilidad.

El modelo (coste-volumen-beneficio) está basado en las relaciones entre ingresos por ventas, costes y beneficios en el corto plazo, entendiéndose por corto plazo aquel en el cual el volumen de actividad estará en consonancia con la capacidad de producción instalada.

Por ejemplo la dirección puede decidir comprar maquinaria para reducir mano de obra directa, lo que podría disminuir los costes variables unitarios pero aumentar los costes fijos debido a un incremento en los costes de amortización. Cuando se produzca un hecho como el citado, se produce una alteración en el modelo (C-V-B).

6.1. Aproximación matemática

En lugar de utilizar una gráfica para presentar la información del modelo (C-V-B), se pueden utilizar unas relaciones matemáticas. Estas aproximaciones matemáticas son un método más rápido y más flexible de producir información de forma más adecuada que en la aproximación gráfica.

En el desarrollo de las ecuaciones del modelo (C-V-B) partimos del supuesto siguiente:

- El Precio de Venta Unitario se mantiene constante durante el período de análisis.

- El Coste Variable Unitario se mantiene constante durante el período de análisis.

---

7. Break– Even point.

- En cuanto a los costes fijos debe recordarse que éstos son constantes en su valor total, pero que los costes fijos unitarios varían con el volumen de actividad.

- Debe tenerse en cuenta que el beneficio también varía con el volumen de actividad.

La ecuación matemática del modelo C-V-B es:

$$B = (PV - G.V.U.) \ N - GF^{(*)}$$

- B = Beneficio

- PV = Precio de venta unitario

- G.V.U. = Gasto variable unitario

- N = Número de unidades vendidas = Número de unidades producidas

- GF = Gastos fijos totales

6.2. Margen de contribución

Los costes diferenciales de producir una unidad más son los costes variables. El ingreso diferencial de vender una unidad adicional será el precio de venta neto que se pueda obtener por dicha unidad. El beneficio diferencial de producir y vender una unidad más será la diferencia entre el precio de venta de la unidad y su gasto variable.

A este beneficio diferencial se le llama margen de contribución unitario.

$$M.C.U. = P.V. - G.V.U.$$

(*) Nota: En la ecuación del beneficio debe usarse gastos en lugar de costes, puesto que se está vendiendo «N» unidades y por tanto ya se está dentro del «período contable» y además se están utilizando recursos por la actividad generadora de los ingresos de la empresa. Por tanto «los costes» se han convertido en «gastos».

- PV = Precio de venta unitario

- G.V.U. = Gasto variable unitario

6.2.1. Margen de contribución total

El margen de contribución total de un determinado número de unidades es el producto de multiplicar este número de unidades por el margen de contribución unitario.

$$B = M.C.T. = (M.C.U.) \ N - GF^{(*)}$$ Margen de contribución total

N = Nº de unidades

6.3. Cálculo del valor del margen de contribución unitario y total

Hipótesis de partida:

- Todos los costes variables son proporcionales al número de unidades producidas.

- El precio de venta no varía con la producción.

- La cantidad de productos vendida coincide con la cantidad de productos terminada durante el período.

Ejemplo: Los costes fijos y variables para producir las piezas de un motor son los siguientes:

- Coste fijo total : 20.000 Euros.

- Costes variables: 34 Euros/unidad

- El precio de venta es de 70 Euros/unidad

- Se supone una fabricación de 1.000 piezas

    – M.C.U. = PV – G.V.U. = 70 – 34 = 36 Euros/unidad

    – M.C.T. = M.C.U.N = 36 Euros/unidad. 1.000 unidades = 36.000 Euros.

6.5. El punto de equilibrio

El modelo C-V-B puede representarse gráficamente disponiendo la línea de ingresos totales frente a la de costes totales. Cuando se realiza esta representación se obtiene un punto interesante que es el punto de intersección de ambas líneas. Este punto, donde se equilibran los ingresos totales con los costes totales, se denomina punto de equilibrio, cuya representación gráfica figura a continuación.

PUNTO DE EQUILIBRIO: INGRESOS = GASTOS TOTALES

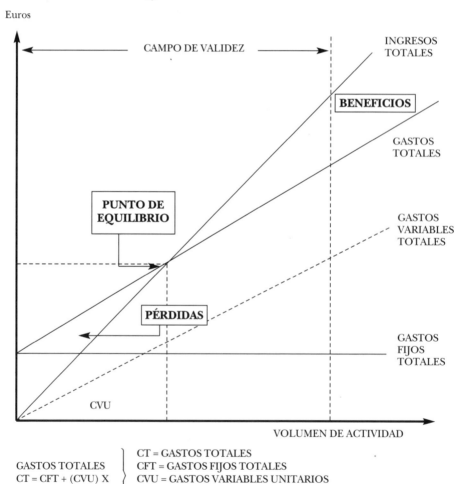

GASTOS TOTALES
CT = CFT + (CVU) X

CT = GASTOS TOTALES
CFT = GASTOS FIJOS TOTALES
CVU = GASTOS VARIABLES UNITARIOS
X = VOLUMEN DE ACTIVIDAD

- Ingresos (Por Ventas) <> I = PV.X

- PV = Precio de Venta (Unitario)

- Punto de Equilibrio <> Costes Totales = Ingresos Totales

- CFT + (CVU).X = PV.X <> CFT = [(PV – (CVU)] X

X = CFT / (PV – CVU) = CFT / MCU <> **VOLUMEN DE ACTIVIDAD EN EL PUNTO DE EQUILIBRIO**

6.4.1. Punto de equilibrio. Hipótesis y limitaciones

- La gráfica del punto de equilibrio representa, fundamentalmente, un análisis estático.

Los cambios sólo se pueden mostrar representando una gráfica nueva o una serie de ellas.

- Todos los gastos deben entrar en la clasificación de fijos y variables.

- Se considera que los gastos variables crecen proporcionalmente al volumen de producción.

- Tanto las funciones de gastos como las de ingresos son lineales.

- Los gastos variables unitarios permanecen constantes.

- El precio de venta de los productos permanece inalterado durante el periodo considerado, cualquiera que sea el nivel de actividad.

- Los gastos fijos permanecen constantes para todos los volúmenes de actividad.

- Se delimita un intervalo adecuado (campo de validez de variación en el nivel de actividad con el fin de que los gastos fijos y variables puedan resultar definidos, dentro del mismo, para un período específico).

- Se supone que la empresa produce o comercializa un producto único.

- En el caso de producción múltiple, se supone, cuando existen diferentes márgenes de contribución unitarios, que se mantiene constante una determinada mezcla de productos vendidos.

- Los precios de los factores de producción, incorporados al coste, no varían durante el período, cualquiera que sea la cantidad adquirida.

- La técnica, la política económica de la empresa y, en conjunto, la eficiencia productiva no varían.

- La cantidad de productos vendida coincide con la cantidad de productos terminada durante el período.

- El análisis se realiza a corto plazo.

6.5. Capacidad de producción práctica

Es el máximo nivel al cual la planta o un departamento puede operar eficientemente.

La capacidad práctica deja margen para las interrupciones de operación inevitables tales como el tiempo de reparación y el tiempo de espera entre operaciones (tiempos muertos).

7. Decisiones de producto con capacidad de producción disponible. Decisiones de corto plazo

Las decisiones son cualitativamente y cuantitativamente diferentes dependiendo de cuál sea su horizonte temporal.

- **Decisiones de corto plazo**: Si el período de tiempo, que abarca la decisión, es suficientemente corto, los flujos de dinero que en él intervienen pueden considerarse como equivalentes.

Decisiones de explotación o decisiones de utilización de la capacidad productiva (corto plazo), son aquellas decisiones en las que todos los flujos de dinero que intervienen, se consideran equivalentes por tener lugar dentro de un tiempo relativamente corto. A efectos prácticos todos los flujos de dinero son equivalentes en aquellas decisiones en las que el tiempo que transcurre es inferior a un año.

- **Decisiones de largo plazo**: Si el período de tiempo, que abarca la decisión, es suficientemente largo, los flujos de dinero de una parte del período no serán equivalentes a los flujos de dinero de otra parte del período.

Decisiones de inversión o decisiones de *«instalación»* **de una determinada** *«capacidad* **productiva»)** (largo plazo). Son aquellas en las que hay que considerar los intereses, que los flujos de dinero generan, durante el período que abarque la decisión.

DECISIONES
DE
EXPLOTACIÓN
{
DECISIONES DE PRECIO: Decisiones de fijación de precio de venta

DECISIONES DE PRODUCTO: Decisiones relacionadas con la selección de los productos que la empresa desea fabricar
(Relacionadas con la utilización de la capacidad productiva)
}

7.1. Decisiones de producto con capacidad de producción disponible

En situaciones de capacidad disponible, casi todos los problemas se reducen a seleccionar productos cuyo margen de contribución total sea mayor que sus costes fijos directos:

$(M.C.U.)N - GFD > 0$

- M.C.U.: Margen de contribución unitario

- N: Número de unidades vendidas = Número de unidades producidas

- G.F.D.: Gastos fijos directos

7.2. Costes diferenciales

Como las decisiones de producto están relacionadas con la utilización de la capacidad productiva, los costes diferenciales que habrá que considerar serán los relacionados con el volumen de producción. Por tanto los costes diferenciales coincidirán, fundamentalmente, con los costes variables.

Los costes fijos, como en su valor total (para un período dado y para un intervalo de validez) no varían con el volumen de actividad (producción), no serán «diferenciales». Es decir, no serán relevantes para la toma de decisiones.

Sin embargo: Hay costes fijos que sí son relevantes para la toma de decisiones y por tanto son «diferenciales». Hay casos donde existen «costes fijos» directamente atribuibles al objeto de la decisión y que «existen» o «no existen» en función de que «exista» o «no exista» el objeto de la decisión. Por ejemplo, en el caso de que se plantee la decisión de «suprimir» un producto, puede haber ciertos «costes fijos» como los de «ingeniería» que desaparecerían al suprimir el producto, y que por tanto hay que considerarlos en el proceso de toma de decisión.

Por tanto:

En las decisiones de producto con capacidad de producción disponible los costes diferenciales serán:

- Los costes variables

- Los costes fijos directos

7.3. Ingresos diferenciales

Todos los ingresos netos serán diferenciales.

En consecuencia: En situaciones de capacidad disponible las decisiones de producto girarán en torno al análisis de la comparación entre el margen de contribución unitario y los costes fijos directos del objeto de la decisión.

$$(M.C.U.)N - G.F.D. > 0$$

7.4. Factores cualitativos y cuantitativos

Los factores que deben considerarse en una alternativa pueden dividirse básicamente en dos grupos:

- **Factores cualitativos** son aquellos cuya expresión en términos monetarios es difícil e inexacta.

- **Factores cuantitativos** son aquellos que pueden expresarse en términos monetarios.

Puede llegar a dársele más peso a un factor cualitativo que a un ahorro en coste de fácil medición. Por ejemplo: Un sindicato puede oponerse a la introducción de una maquinaria que ahorra costes de mano de obra, lo que puede llevar a que la dirección de la empresa retrase o rechace la decisión de comprar la nueva máquina que, por consideraciones puramente económicas, debería comprarse.

También puede rechazarse la oportunidad de fabricar algunos componentes del producto a un coste inferior que el ofertado por un proveedor debido a que, por ejemplo, exista una dependencia con el proveedor en cuestión para el suministro de otras piezas más importantes para la empresa.

7.5. Decisiones de producto con capacidad de producción disponible. Ideas básicas

Las causas por las que un producto da pérdidas pueden ser muy variadas y tener relación con variables no reflejadas en contabilidad, por ejemplo:

- El ciclo de vida del producto
- Situación económica general
- Falta de especialización de la mano de obra

7.5.1. Empleo óptimo de la capacidad de producción disponible

- **Norma general**: Deben aprovecharse todas las oportunidades de utilizar la capacidad de producción disponible, mientras haya un margen de contribución positivo.

- **Análisis de los costes unitarios:** Los costes unitarios deben analizarse con mucho cuidado en la toma de decisiones, ya que existen dos formas de cometer errores:

  1. Inclusión en el proceso de decisión de costes irrelevantes (no diferenciales).

  2. Las comparaciones de costes unitarios no calculados sobre la misma base.

- Generalmente: Es aconsejable utilizar costes totales en lugar de costes unitarios. Si se desean costes unitarios éstos pueden obtenerse del total.

- Los costes históricos son irrelevantes en la «Toma de Decisiones».

7.6. Ejemplo de empleo óptimo de la capacidad de producción disponible. Comprar o fabricar con capacidad de producción disponible

Una de las decisiones que frecuentemente deben tomarse es la de fabricar o comprar un producto o la de fabricar los propios componentes del producto o comprarlos a un proveedor exterior.

- **Los factores cualitativos pueden tener una gran importancia en la decisión.**

Así por ejemplo:

1. La fabricación de componentes puede requerir una técnica especial o una mano de obra muy cualificada, etc.

2. El control de calidad de los componentes y el deseo de la empresa de seguirlo muy de cerca puede ser un factor determinante en la decisión de «comprar» o «fabricar».

3. Las empresas dudan muchas veces sobre la decisión a adoptar, pues la misma puede perjudicar las relaciones entre el proveedor y la empresa.

    Efectivamente, la tendencia de las empresas es fabricarse sus propias piezas cuando hay capacidad de producción disponible y comprarlas fuera cuando hay limitaciones en la capacidad de producción. Pero quizás, en esta última situación, puede ser difícil encontrar proveedores que fabriquen para nosotros.

ANÁLISIS DEL PROBLEMA

| ALTERNATIVA DE DECISIÓN | COMPRAR |
| | FABRICAR |

| INGRESOS DIFERENCIALES | No hay, pues los obtenidos por la venta del producto final se obtendrán igualmente si se compra el producto como si se fabrica por la propia empresa. |

COSTES DIFERENCIALES

Los costes diferenciales con respecto a fabricar o no fabricar la pieza serán:

– Los costes variables: pues son los que varían con el volumen de actividad.

– Los costes fijos directos que pueden desaparecer al no fabricarse la pieza.

Si se compra la pieza fuera, el coste diferencial será el *precio de compra* de la pieza.

DECISIÓN

Si NPc. > NCV + GFD → **FABRICAR**

Si NPc. < NCV + GFD → **COMPRAR**

Nota:

Pc: Precios de Compra

GFD: Gastos Fijos Directos del Producto

CV: Costes Variables del Producto

N: Nº de unidades a comprar = Nº de unidades a fabricar

Ejemplo

La empresa X fabrica CD y los costes de fabricación son los siguientes:

Materiales Directos	30.000 Euros
Mano Obra Directa	70.000 Euros
Gastos Generales Variables	35.000 Euros
Gastos Generales Fijos	35.000 Euros
Costes Totales	170.000 Euros
Producción (unidades)	100.000 Euros
Coste unitario	1,70 Euros

El coste de comprar 100.000 unidades de un suministrador es de 1,50 Euros. ¿Qué decisión debe tomarse?

Una primera mirada a la propuesta haría pensar que debe comprarse al suministrador, pues, aparentemente, vende sus productos más baratos. Sin embargo los costes relevantes para tomar la decisión son los costes que cambian con las alternativas de decisión que, en este caso, están entre las alternativas de comprar o la de fabricar.

- Aquí se debe recordar una suposición clave, y es que estamos con capacidad de producción disponible y que la fuerza de trabajo que no se utilice permanece disponible.

Si dejamos de producir CD, ¿desaparecen todos los costes variables?

Asumiremos que:

- A corto plazo 10.000 Euros de coste de mano de obra directa no pueden eliminarse.

- Todos los costes directos de materiales pueden ser eliminados.

- Todos los gastos generales variables pueden ser eliminados.

- Los gastos generales fijos son fundamentalmente de amortización.

	Fabricar	Comprar
Costes de Comprar		150.000 Euros
Materiales Directos	30.000 Euros	
Mano Obra Directa	70.000 Euros	
Gastos Generales Variables	35.000 Euros	
Mano de Obra no Evitable		10.000 Euros
Costes Totales	135.000 Euros	160.000 Euros
Costes Unitarios	1,35 Euros	1,60 Euros

Los costes fijos, que principalmente son de amortización, no entran en los cálculos, ya que no varían sea la alternativa que se considere. Se observa qye la decisión que debe adoptarse es la de seguir fabricando, pues su coste unitario es 1,35 euros. Este coste unitario es menor que 1,60 euros, coste unitario de comprar.

8. Decisiones de producto con capacidad de producción limitada. Decisiones de corto plazo. Conceptos básicos

1.1. Cuando una empresa está trabajando con limitaciones en su capacidad de producción, sus beneficios futuros pueden depender de su habilidad para producir.

1.2. La capacidad de producción puede verse limitada por la mano de obra, materiales, equipamiento, maquinaria, espacio, razones de tipo social, legal o tecnológico, aunque puede estar también limitada por factores cualitativos, como tiempo de la red de ventas, tiempo de los directivos, etc.

1.3. Cuando la demanda de ventas sea superior a la capacidad de producción de la compañía, es fundamental identificar el factor o factores que limitan la capacidad y escoger aquellos productos cuyo **margen de contribución unitario por unidad de capacidad limitada sea máximo**, por contraste con las situaciones de capacidad de producción disponible (donde al no haber limitación de capacidad todos los productos podrán fabricarse siempre que en general se cumpla que $(MCU)N\text{-}GFD>0$).

1.4. En las situaciones de capacidad de producción limitada deberán escogerse aquellos productos que sean, en general, más rentables (esta limitación no se produce cuando se está trabajando con exceso de capacidad de producción porque, por principio, se fabricará todo aquello que pueda venderse).

1.5. Debe recordarse que cuando se habla de capacidad, nos estamos refiriendo a «**Capacidad de producción práctica**», que es el «máximo nivel» al cual la planta o el departamento puede operar eficientemente, dejando márgenes para las interrupciones de operación inevitables, tales como «tiempos de reparación» y «tiempo de espera entre operaciones».

8.1. *Margen de contribución unitario por unidad de factor limitativo de la capacidad o por unidad de recurso escaso*

Cuando una planta está siendo utilizada con capacidad de producción limitada, a menudo deben tomarse decisiones sobre qué productos fabricar.

«Cuando una planta está trabajando con limitación de su capacidad, el produc-
to que debe fabricarse es aquel que haga **máximo el margen de contribución unitario**
por unidad de recurso escaso»

En la práctica la afirmación anterior puede venir limitada por las siguientes razones:

- Que exista más de un recurso escaso, por ejemplo las horas-máquina y
  las horas de mano de obra especializada.

- Que existan costes fijos directos que puedan suprimirse en el caso de
  que no se fabrique la pieza.

Nota: En los casos anteriores habría que acudir a métodos de programación lineal para determinar el programa de producción óptimo.

- Que algunas de las limitaciones de capacidad o todas sean de difícil
  medida o imposible.

  Por ejemplo, una empresa puede tener capacidad de maquinaria disponible y sin embargo estar limitada en capacidad por lo que se refiere al tiempo de los vendedores. En este caso se debería escoger productos cuyo margen de contribución por tiempo de vendedor fuera
  máximo. Está claro que medir el tiempo utilizado por vendedor para
  vender la unidad de producto es verdaderamente difícil por no decir
  imposible.

En la práctica la utilización del margen de contribución debe hacerse
con mucha prudencia. A veces el mayor peligro está en la:

«Errónea tendencia a favorecer aquellos productos con el mayor mar-
gen de contribución por peseta de venta.»

Veamos esto con un ejemplo:

8.1.1. Ejemplo

Una compañía tiene dos productos: el X (producto sencillo) y el Y (producto similar al producto X pero más sofisticado[8]). Sus datos de precios y
costes son los siguientes:

---

8. Supóngase para mayor claridad de ideas que X e Y son botas.

	Producto X	Producto Y
Precio de Venta	20 Eu/u	20 Eu/u
Costes Variables	16 Eu/u	21 Eu/u
Marg. Cont. Unit.	4 Eu/u	9 Eu/u
Marg. C. Unit./P. Ventas	0,20	0,30

¿Qué producto es el más rentable, el «X» o el «Y»? La respuesta correcta es: «Depende».

Si las ventas están restringidas, por la demanda, a sólo un determinado número de botas, las botas tipo «Y» son las más rentables, pues éstas contribuyen con 9 Euro/u al beneficio, mientras que las botas tipo «X» contribuyen con 4 Euro/u.

Pero supongamos que hay más demanda de botas de las que puede producir la empresa. Ahora el factor limitativo (el recurso escaso) es la «capacidad de producción».

Si, por ejemplo, hubiese solamente 10.000 horas de capacidad disponible y se pudiesen hacer 3 botas tipo «X»/Hora y 1 bota tipo «Y»/Hora, en este caso serían las botas tipo «X» las más rentables, dado que poseen mayor margen de contribución por hora, es decir, mayor margen de contribución por recurso escaso.

	Botas X	Botas Y
Margen Cont. unit.	4 Eu/u	9 Eu/u
Unidades/Hora	3	1
Marg. cont. unit./hora 4Eu/u × 3u/h; 9Eu/u × 1 u/h	12 Eu/u	9 Eu/u
Marg. cont. total (10.000) horas	120.000 Eu	90.000 Eu

El criterio para maximizar los beneficios, para una capacidad dada de producción, es obtener el máximo margen de contribución unitario por unidad de recurso escaso.

Muchos son los factores que pueden limitar la capacidad y por tanto las ventas. En una fábrica la capacidad de producción puede venir limitada o por las «horas de mano de obra directa» o por las «horas de máquina» (o por ambas simultáneamente) y como consecuencia limitar las ventas.

En una tienda las ventas pueden limitarse por los m² dedicados a la venta o por el espacio de lineal que se disponga.

Cuando hay limitaciones en la capacidad de producción la tasa margen de contribución/ventas (Euros) proporciona un índice insuficiente y a veces incorrecto, como se ha visto anteriormente.

Consideremos dos tipos de tiendas. La tasa convencional margen de contribución/ventas(Euros) proporciona un índice insuficiente de la rentabilidad porque ésta depende también del espacio ocupado y de la rotación del inventario (Nº de veces que el inventario medio se vende al año).

El éxito de las tiendas de «descuento» ilustran el concepto de contribución al beneficio por unidad de recurso escaso.

	Almacén regular	Tienda de «descuento»
Precio ventas	4 Eu/u	3,5 Eu/u
Costes	3 Eu/u	3 Eu/u
Margen contribución unitario	1 Eu/u	0,5 Eu/u
Margen con unitario/ ventas (Eu)	0,25	0,14
Ventas año (unidades)	10.000	22.000
Margen contribución total (Eu)	10.000	11.000

Este tipo de tiendas de «descuento» aceptan margen de contribución unitarios inferiores (0,5 Euros/u, frente a 1 Euros/u) debido a que son capaces de incrementar la rotación del inventario y por tanto aumentar la contribución por unidad de espacio.

En el cuadro anterior se ilustra lo expuesto anteriormente partiendo de la base de que el mismo espacio para ventas se usa en ambas tiendas.

Se puede observar en el citado cuadro que tanto el margen de contribución unitario como el margen de contribución por precio de venta son menores en el caso de la tienda de descuento, pero la rápida rotación de stock produce, para un mismo producto, un uso más rentable del espacio en las citadas tiendas de descuento.

9. Asignación de costes indirectos

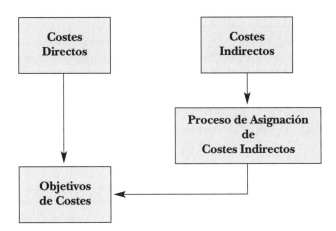

La asignación de costes es uno de los procesos clave de los sistemas de costes. La mejora de los procesos de asignación de costes ha sido uno de los mayores desarrollos en el campo de la gestión de costes en general y de los sistemas de costes en particular, de tal modo que básicamente los sistemas de costes son buenos en la medida que lo son los procesos de asignación de costes.

Los sistemas de costes se estructuran para medir y asignar los costes a los objetivos de coste.

9.1. Actividad

Una actividad es una unidad básica de trabajo que se realiza dentro de una organización y que consume recursos.

Las actividades describen lo que hacen las empresas y por tanto son una combinación de personas, tecnologías, suministros, métodos y entorno de las que se obtienen productos o servicios.

Una **actividad** puede definirse también como una serie de acciones agregadas dentro de una organización útiles a la dirección para sus propósitos de planificación, control y toma de decisiones. En los últimos años, las actividades han surgido como unos objetivos de coste de especial relevancia. Las actividades han asumido un papel predominante en el desarrollo de los nuevos sistemas de asignación de costes y los nuevos sistemas de gestión de costes. Las actividades juegan un papel fundamental en la asignación de costes a otros objetivos de coste.

Como ejemplos de actividades podemos citar:

- Preparar la maquinaria para la producción
- Comprar
- Mantener los equipos
- Mantener un canal de distribución
- Vender
- Diseñar.

9.2. Precisión de la asignación

Asignar los costes que **realmente corresponden** a los objetivos de costes es un aspecto crucial dentro del proceso de asignación. Las **distorsiones** en la asignación de costes pueden producir decisiones erróneas y evaluaciones incorrectas. Por ejemplo si una empresa está considerando la decisión de fabricar o comprar, una valoración precisa de lo que cuesta fabricar dentro o comprar fuera de la empresa es fundamental para adoptar una decisión correcta. Una **sobre-valoración** de los costes de fabricación puede conducir a la empresa a la decisión de comprar fuera el producto, mientras que una asignación de costes precisa puede sugerir lo contrario. Una asignación de costes incorrecta es un fallo en el sistema de información de la empresa que puede tener un alto precio en términos de malas decisiones y consiguiente perdida de competitividad.

9.3. Relación entre los costes y los objetivos de coste

Las relaciones entre los costes y los objetivos de coste son fundamentales para aumentar la precisión de la asignación de costes. Los costes pueden estar **directa o indirectamente** asociados a los objetivos de coste.

- Los **costes directos** son aquellos costes que pueden identificarse de forma fácil y precisa con un único objetivo de coste. **La facilidad** implica que los costes se pueden identificar con un único objetivo de coste de una manera económicamente factible. **La precisión**, a su vez, implica que los costes se identifican con un único objetivo de coste mediante una relación causal. **Cuando se dan las condiciones anteriores se dice que un coste es** atribuible directamente **al objetivo de coste.**

- Los **costes indirectos,** por el contrario, no pueden identificarse con un único objetivo de coste de forma fácil y precisa. Por tanto no se da la condición de atribución directa entre el coste indirecto y el objetivo de coste.

- La trazabilidad es simplemente la habilidad de identificar un coste directamente con un objetivo de coste de forma fácil y precisa por medio de una relación causal. Cuantos más costes puedan trazarse a los objetivos de coste, mayor será la precisión de la citada identificación de costes. El establecimiento de la trazabilidad es un elemento clave en la construcción de una asignación de costes precisa. Trazar es, por tanto, la identificación real de los costes a los objetivos de coste utilizando una medida observable de los recursos consumidos por el objetivo de coste.

9.4. Métodos de identificar costes con los objetivos de coste

Los costes pueden identificarse a los objetivos de coste de dos formas:

1. Atribución directa

2. Asignación o traza mediante un Driver o un generador

9.4.1. Atribución directa

La **atribución directa** es el proceso de identificar y asociar un coste con un objetivo de coste que esté específicamente o físicamente asociado con el objetivo de coste. La identificación de costes que están específicamente asociados con un objetivo de coste se lleva a cabo frecuentemente mediante la **observación física.** Por ejemplo si se supone que el departamento de energía es el objetivo de coste, el salario del supervisor del departamento y el combustible utilizado para producir energía son ejemplos de costes que pueden identificarse específicamente (por observación física) con el objetivo de coste (el departamento de energía). Otro ejemplo es el de la materia prima utilizada para hacer un producto. La materia prima es físicamente observable, y por consiguiente el coste de los materiales puede cargarse directamente al producto. Esta forma de identificar costes con el objetivo de costes se da en los **costes directos.**

9.4.2. Asignación de costes indirectos o traza mediante un Driver o una medida de consumos

Lo ideal sería que todos los costes pudieran asociarse a los objetivos de costes utilizando la atribución directa. Desgraciadamente, en general, no es posible la observación física de la cantidad exacta de recursos que pueden ser consumidos por un objetivo de coste. A falta de la atribución directa, la mejor forma de aproximarse a la determinación del coste de un objetivo de coste es mediante el uso de relaciones **causa-efecto** que se establecen mediante unos factores, denominados Driver o una Medida de Consumos. Aunque esta vía es menos precisa que la atribución directa, si la relación causa-efecto es buena, puede esperarse un alto grado de precisión.

Se utilizan dos tipos de Drivers para trazar costes a los objetivos de coste:

- Resource Drivers o medidas del consumo de recursos
- Activity Drivers o medidas del consumo de actividad

9.4.3. Resource Drivers o medidas del consumo de recursos

Los Resource Drivers o medidas del consumo de recursos miden el consumo de recursos por parte de las actividades y se utilizan para asociar el coste de los recursos a las actividades.

Ejemplo: La actividad de mecanizar.

Esta actividad consume muchos recursos, uno de los cuales es la energía que se utiliza para realizar la mecanización de piezas. El **Kilovatio-Hora** es el **Resource Driver** o la **medida del consumo de recurso** que puede utilizarse para asociar el coste de la energía (recurso) a la actividad de mecanizar.

9.4.4. *Activity Driver o medida del consumo de actividad*

Los Activity Driver o medida del consumo de actividad miden el consumo de actividad por parte de los objetivos de coste y se utilizan para asociar el coste de la actividad a los objetivos de coste.

Ejemplo: El número de horas-máquina.

El número de horas-máquina es el **Activity Driver o la medida de actividad** que puede utilizarse para asociar el coste de la actividad de mecanizar a las piezas mecanizadas, que en este caso serían los objetivos de coste.

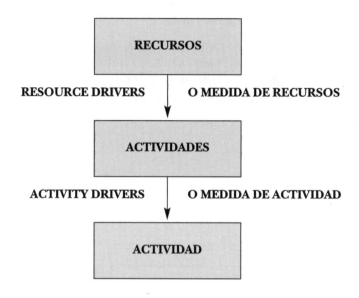

9.4.5. Distribución de costes indirectos

Hay ciertos costes indirectos que no pueden trazarse a los objetivos de coste. Esto significa que **no existe** relación causal entre el coste y el objetivo de coste o que la traza no es económicamente factible. Cuando ocurre esto, la asociación de costes a los objetivos de coste se denomina **distribución**[9] o **prorrateo de costes**. Dado que no existe relación causal entre el coste y el objetivo de coste, la distribución de costes indirectos se basa en vínculos «acordados».

Por ejemplo:

Consideremos el coste de la iluminación y de la calefacción de la planta en la que se fabrican cinco productos. Supongamos que estos Costes de Apoyo se quieren asociar con los cinco productos. Claramente existe una dificultad manifiesta para encontrar alguna relación causal. Una forma de cargar estos costes a los cinco productos es «**distribuyéndolos**» en proporción a las horas de mano de obra directa consumida por cada producto. Esto, como fácilmente puede observarse, no deja de ser una «**arbitrariedad**», pues los cinco productos no consumen ni luz ni calefacción en su fa-

9. Allocation.

bricación. Bien es verdad que la operación de fabricación se ve apoyada por la existencia de luz y calefacción en la planta, pero no hay consumo de estos recursos por parte de los cinco productos.

«La **carga arbitraria** o distribución de costes a los objetivos de coste **reduce la precisión** de los costes obtenidos produciendo la consiguiente **distorsión** del coste.»

De acuerdo con lo anterior, la mejor política para la determinación de costes es la de identificar con el objetivo de coste sólo los costes de **atribución directa** y los costes de **asignación o traza mediante un driver o una medida de consumo.** sin embargo, pueden admitirse las «**distribuciones**» de costes indirectos para propósitos distintos de la valoración precisa del coste. Por ejemplo, la **distribución de costes indirectos** a los objetivos de coste puede servir para satisfacer «**informes financieros».** No obstante la valoración de los costes con precisión es necesaria para muchas decisiones empresariales, como por ejemplo la decisión de fabricar o no fabricar un producto.

De las tres vías existentes la **atribución directa** es la más precisa, dado que se basa en una **relación causal físicamente observable.** En cuanto a precisión, la vía de la atribución directa va seguida de la **asignación o traza** mediante un Driver medida de consumo. La Asignación o traza se basa en **factores causales** denominados Drivers que cargan los costes a los objetivos de costes. La precisión de la Asignación depende de la **calidad** de la relación causal descrita por el Driver. La identificación de Drivers y la valoración de la relación causal es mucho más costosa que la atribución directa o que la distribución de costes indirectos. De hecho, una de las ventajas de la distribución de costes indirectos es su simplicidad y bajo coste de implantación. En definitiva, la distribución es la vía menos precisa y más económica para cargar costes y su utilización debe **minimizarse o evitarse si se puede.** En muchos casos, los beneficios del aumento de la precisión mediante la asignación o traza pesan más que sus costes adicionales de medida.

10. El sistema operativo o proceso

Todos los objetivos de coste se materializan a través de un sistema operativo o proceso. Veamos una pequeña introducción a los diferentes sistemas operativos o procesos que pueden darse en una empresa. El sistema operativo de una empresa está compuesto de un flujo de trabajo o Work Flow y de una distribución en planta o Layout. Por ejemplo:

Cuando vemos a la empresa desde el punto de vista de las operaciones la vemos como un sistema de procesos. Lo importante es que todas las decisiones que se tomen sean consistentes (coherentes entre sí). Desde el punto de vista de las operaciones hay una serie de cuestiones fundamentales para diseñar una empresa que son las siguientes:

1. **El qué:** **Es el diseño del producto o del servicio.** Por ejemplo, un producto de diseño estandarizado (lavar coches en un túnel de lavado).

2. **El Cómo:** **Es el proceso y la tecnología.** Cómo generamos el producto o el servicio. Por ejemplo un sistema de producción de alto volumen.

3. **Cuánto:** **Es el tamaño de la empresa.** Es decir, si la empresa es de pequeño volumen o de alto volumen o si las operaciones son repetitivas o no son repetitivas. Por ejemplo que la capacidad esté vinculada a este alto volumen.

4. **Dónde:** **Localización.** Dónde se ubican las instalaciones. Dónde ubicamos nuestro proceso de distribución, dónde ubicamos nuestros hospitales, nuestros bancos, dónde ubicamos el Instituto de Empresa, etc. Localización y distribución interna. Aprovisionamiento de proveedores o aprovisionamiento de clientes.

5. **El quién:** **Es el perfil del trabajador**, del empleado; es el perfil que debe tener la fuerza del trabajo.

Estas preguntas deben responderse de manera consistente y todas estas cuestiones son fundamentales en la generación de costes, que a su vez deben ser coherentes con la estrategia de la empresa.

Los procesos están formados por una serie de etapas, localizados en la distribución en planta, que van siguiendo los diferentes Inputs (Recursos) que se introducen en el proceso para transformarse en outputs o productos finales. En cada etapa, los inputs se someten a una parte de la transformación hasta que se llega a conseguir completamente la transformación que se propone el proceso. Por tanto, durante la transformación los inputs pasan por diferentes fases de productos intermedios u objetivos intermedios de costes hasta que se convierten en el producto final u objetivo final de coste. En cada etapa, por tanto, se consumen recursos para que se pueda desarrollar la actividad de transformación. Por ello cada etapa del proceso se caracteriza por una entrada de recursos y una salida de actividad. Estas etapas físicamente se encuentran en la **distribución en planta** del proceso o Layout. A través de estas etapas o, lo que es lo mismo, a través del Layout transcurre el **flujo de trabajo** que transforma los inputs en outputs. En definitiva un proceso está formado por una distribución en planta, donde se encuentran las diferentes etapas de transformación, y un flujo de trabajo que recorren los diferentes inputs, a través de las etapas, hasta su transformación final.

10.1. Procesos. Categorías

Para nuestro propósito de establecer un sistema de asignación de costes clasificaremos los procesos de acuerdo al criterio del flujo del trabajo.

10.1.1. Primera categoría de procesos basados en el criterio del flujo del trabajo: procesos por flujos o taller de flujos o Flow Shop

Un proceso por flujos (Flow Shop) se representa de la forma que se describe en el siguiente cuadro:

En este proceso tenemos clientes o recursos de entrada. Todos estos clientes o recursos entran en la organización, entran dentro de nuestro sistema, por un solo punto. Hay una serie de pasos comunes y todos siguen estos mismos pasos. Hay un solo punto de salida. En resumen hay un solo flujo común a todos los diferentes productos, a todas las diferentes unidades, a todos los diferentes clientes, que son procesados por nuestra organización. Esta estructura de proceso que tiene un único punto de entrada y un único punto de salida y una sola ruta se conoce como el taller de flujos, proceso por flujo o Flow Shop. Por ejemplo, el sistema de lavacoches es un proceso por flujo (taller de flujo) o Flow Shop. Todos los coches entran por el mismo punto, todos los coches siguen los mismos pasos y todos los coches salen por un solo punto. La distribución en planta es una línea y por ella discurre el flujo de trabajo. En este tipo de proceso el Layout está orientado a la producción del mismo producto, por eso se denomina Layout orientado al producto.

Como consecuencia, de esta estructura de proceso, se sacan una serie de conclusiones.

El producto o el servicio debe ser estandarizado. No estamos dando productos diferentes para diferentes clientes. Cuando se lava un coche en el

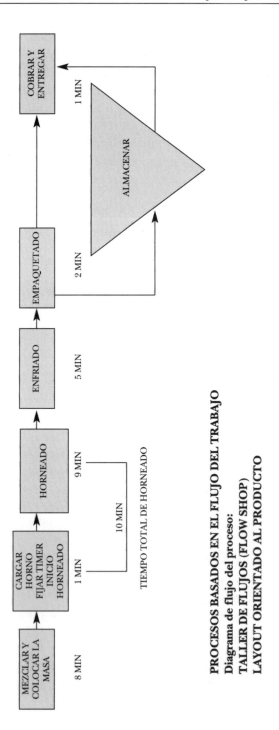

PROCESOS BASADOS EN EL FLUJO DEL TRABAJO
Diagrama de flujo del proceso:
TALLER DE FLUJOS (FLOW SHOP)
LAYOUT ORIENTADO AL PRODUCTO

túnel todos los coches se lavan de la misma manera. Cuando se ensamblan coches, todos los coches se ensamblan de la misma manera, cuando se procesa un pago, todos los pagos se procesan de la misma forma.

Vemos que al caracterizar el proceso por flujos hemos tomado una serie de decisiones. Hemos decidido que:

- La maquinaria y el equipo sean especializados.
- Que los trabajadores sean especializados.
- Que las habilidades de los trabajadores sean fundamentalmente técnicas.
- Que la supervisión va a ser estrecha.
- Que el sistema de retribución es un sistema de retribución grupal.
- Que nuestra política de inventarios va a ser tal que se va a concentrar en altos inventarios de materias primas y de productos terminados y bajos inventarios de productos en proceso.

10.1.2. Segunda categoría de procesos basados en el criterio del flujo del trabajo: taller de órdenes o Job Shop

Un proceso por flujos (Flow Shop) se representa así:

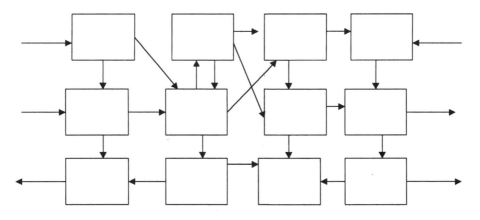

PROCESOS BASADOS EN EL FLUJO DEL TRABAJO
Diagrama de flujo del proceso: TALLER DE ÓRDENES O JOB SHOP
LAYOUT ORIENTADO AL PROCESO U ORIENTADO AL CLIENTE
FLUJO CAÓTICO QUE CONFIERE UNA GRAN FLEXIBILIDAD, PERO TAMBIÉN
GENERA GRAN STOCK DE PRODUCTO SEMITERMINADO

Este proceso tiene múltiples puntos de entrada y múltiples puntos de salida y tenemos múltiples rutas o flujos que se pueden generar a través de los diferentes centros de coste o las diferentes etapas del proceso. Este tipo de procesos se da en los talleres de reparaciones de automóviles. Un coche puede necesitar diferentes reparaciones, puede necesitar reparaciones mecánicas, reparaciones eléctricas, trabajos de chapa o de pintura, trabajo de mantenimiento, cambio de aceite. Dependiendo de cuál sea la reparación habrá diferentes flujos y habrá diferentes puntos de salida. Si el coche sólo necesita que se le cambien las ruedas habrá un tipo de entrada al taller y seguirá una ruta concreta dentro del taller, si el coche tiene un problema mecánico el coche tendrá otro tipo de entrada al taller y seguirá una ruta diferente a la que se sigue cuando sólo se le cambian las ruedas al coche. Si el coche tiene un problema de chapa, la entrada al taller será diferente, la ruta de reparación seguida también será diferente y la salida que da el taller también será diferente a las dos salidas anteriores. Un taller de reparaciones es el ejemplo típico de un taller de órdenes, porque cada coche será una orden diferente, porque cada coche tendrá necesidades diferentes. Otro ejemplo son los grandes almacenes. Por ejemplo en el Corte Inglés entramos por diferentes puntos, vamos a diferentes secciones en función de cuáles sean nuestras necesidades de compra, seguimos diferentes rutas de compra y salimos de este sistema por varios puntos. Vemos pues que esta es una estructura diferente de procesos donde el sistema tiene diferentes entradas, diferentes rutas o flujos y diferentes salidas.

Como consecuencia, de esta estructura de proceso se sacan una serie de conclusiones.

1. **El producto o el servicio** debe ser personalizado. Estamos dando productos diferentes para diferentes clientes. Cada paciente tiene sus necesidades particulares. Los clientes realizan pedidos.

Al caracterizar el proceso de taller de órdenes se toman una serie de decisiones, entre las que se destacan:

- La maquinaria y el equipo sean multipropósito.

- Que los trabajadores sean flexibles, es decir también multipropósito.

- Que las habilidades de los trabajadores sean fundamentalmente técnicas.

- Que la supervisión va a ser distancia.

- Que el sistema de retribución es individual.

- Que nuestra política de inventarios va a ser tal que se va a concentrar en bajos inventarios de materias primas y de productos terminados y altos inventarios de productos en proceso.

10.1.3. Tercera categoría de procesos basados en el criterio del flujo del trabajo: taller de proyectos o Project Shop

PROCESOS BASADOS EN EL FLUJO DEL TRABAJO
Diagrama de flujo del proceso:
TALLER DE PROYECTOS O PROYECT SHOP
LAYOUT DE POSICIÓN FIJA

Tanto en el taller de flujos como en el taller de órdenes es la unidad o es el cliente el que se mueve de un departamento a otro o de un centro de trabajo a otro. En el taller de proyectos el cliente o la unidad no se mueve. Eso ocurre en ciertos tipos de procesos donde la unidad o el cliente es muy especial, es decir que hay que tratarlo de manera muy diferente que el resto. Por ejemplo la forma en que se construyen buques, puesto que cada buque es un proyecto diferente, la forma en que se fabrican grandes ordenadores, la forma en que se opera a una persona en un quirófano. Ya sea la unidad en la que se trabaja, el buque o el gran ordenador, o ya sea el paciente que está ahí sentado en la silla del dentista o que está en la cama del quirófano, tanto la unidad como la persona permanecen inmóviles y todo lo que se hace es desplegar alrededor los recursos que se necesitan a efectos de poderles proveer de ese servicio o poder construir esa unidad. En el caso de un paciente que esté tendido en la cama de un quirófano todo lo que hay alrededor, todos los monitores para controlar las señales vitales o para el soporte de vida, las bombas de oxígeno, los inventarios que hay allí de sangre para poder reponer la sangre que se pierde durante la operación, todo

PROCESOS BASADOS EN EL FLUJO DEL TRABAJO
Diagrama de flujo del proceso:
TALLER DE PROYECTOS O PROYECT SHOP
LAYOUT DE POSICIÓN FIJA

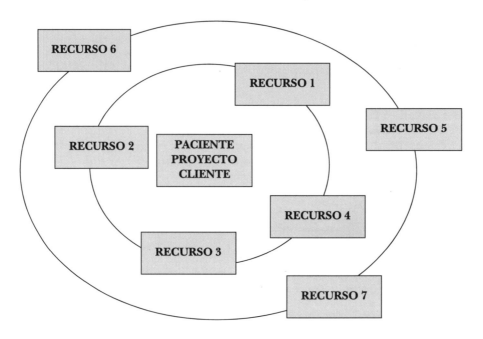

el utillaje que se utiliza a efectos quirúrgicos, todo está desplegado alrededor del paciente, de manera tal que, dependiendo de cuál sea el paso en el que se esté incurriendo en ese momento para llevar a cabo esta operación, para la construcción del buque o para la construcción de este gran ordenador, uno puede traer estos recursos para que puedan ser utilizados en el momento en que se necesitan, sobre este paciente o sobre esta unidad que se está procesando. Se necesitan atributos diferenciales con respecto al equipo, con respecto a las habilidades del trabajador, con respecto al tipo de supervisión o el tipo de retribución que vamos a tener, etc.

Como consecuencia de esta estructura de proceso:

1. **El producto o el servicio.** Máxima personalización. Estamos dando productos diferentes para diferentes clientes. Cada paciente tiene sus necesidades particulares. El proyecto se monta para un cliente en cuestión.

11. Modelo tradicional de gestión de costes (Volumen-Based Costing <> V.B.C)

El **modelo tradicional de costes** o modelo basado en el volumen de la producción de unidades de productos asume que el único Driver que se utiliza para la asignación de costes indirectos es el que mide exclusivamente la actividad de la producción de unidades de outputs. Por tanto todos los costes pueden clasificarse como **fijos** o como **variables** respecto de los cambios que se producen en el volumen de las unidades producidas de uno o varios productos. Las horas de mano de obra directa, las horas maquina u otros drivers **estrechamente correlacionados** con las unidades de producto fabricadas son los únicos Drivers relevantes. Estos Drivers, **basados en el volumen de producción de las unidades fabricadas,** se utilizan para cargar los costes de la producción a los objetivos de coste. Un modelo de costes que utiliza exclusivamente Drivers basados en el volumen de producción de las unidades fabricadas para cargar costes a los objetivos de coste se denomina **modelotradicional de costes.**

Dado que los Drivers basados en el volumen de producción de las unidades fabricadas no son los únicos Drivers que explican las relaciones causales entre los costes y los objetivos de coste, muchos de los costes cargados a los productos serán **distribuciones de costes** (debe de recordarse que la distribución es una carga arbitraria de costes y por tanto carente de precisión). Por tanto el **modelo tradicional de costes** puede llegar a ser intensivo en distribuciones de costes con la falta de precisión en el coste que esto conlleva y por tanto con la correspondiente distorsión en los valores de los costes cargados a las unidades de los productos fabricados.

El objetivo de determinación del coste de un modelo tradicional de costes se satisface, generalmente, cargando los costes de la producción a los objetivos de coste que, para los efectos de los informes financieros, son el inventario de productos, terminados y en curso, y el coste de las mercaderías vendidas. Una definición más amplia del coste del producto, tal como la necesaria en un análisis de la rentabilidad del producto, donde deben tenerse en cuenta no sólo el coste de la producción sino también el coste de marketing y el coste de servir a los clientes, con este modelo de costes, no está disponible para ser utilizada por la dirección de la empresa.

11.1. Centro de costes como elemento contable

A los efectos del cálculo de costes las etapas del proceso se consideran centros de coste. Por tanto un centro de coste es un objetivo de coste en el que se acumulan los recursos consumidos por cada etapa del proceso. Una máquina de fundir es un ejemplo de centro de costes. Los recursos consumidos por dicha máquina se utilizan para la actividad de fundir piezas.

«**En el proceso de asignación de costes a los productos, los recursos se acumulan primero en los centros de costes y luego se asignan a los productos.**»

Por ello a los **centros de costes** se les denomina, frecuentemente, objetivos intermedios de coste, para distinguirlos de los productos que son «**objetivos finales de coste**».

11.2. Centros de costes operativos o centros de costes principales

Produce productos o componentes de los productos. Se supone que es en estos centros de costes operativos donde se añade valor económico al producto, por ello también se denominan **centros de costes principales, centros de costes de producción, centros de costes de transformadores o centros de costes de adición de valor**.

Por ejemplo: Una máquina de fundir.

11.3. Centros de costes de servicios o centros de costes secundarios

Son aquellos que proporcionan apoyo a los centros de costes operativos o a otro centro de costes de servicios. Por eso se denominan también centros de costes secundarios.

Por ejemplo: El departamento de mantenimiento.

11.4. El proceso de asignación de costes en dos etapas. Desarrollo

Tradicionalmente los costes indirectos se cargan a los objetivos de coste mediante un proceso de asignación de costes en dos etapas.

11.4.1. Primera etapa

En la primera etapa el proceso identifica y carga los costes indirectos a los centros de coste de producción o principales y a los de servicio o secundarios. A continuación todos los costes de los centros de coste secundarios se reasignan a los centros de coste de producción o principales.

Una vez identificados los centros de coste secundarios y los centros de coste principales, se deben determinar los **costes** incurridos por cada centro de coste. Hay que tener cuenta que esto implica **trazar** costes a los centros de coste, **no distribuirlos**, porque los costes indirectos están **directamente** asociados con los centros de coste[10]. Para que se pueda efectuar una correcta identificación de los costes con los centros de costes en esta primera etapa se utilizaran los Resource Driver

11.4.2. Segunda etapa

En la segunda etapa, el proceso carga los costes acumulados en el centros de coste de producción o principal a los objetivos de coste mediante una **tasa de reparto de gastos generales.**

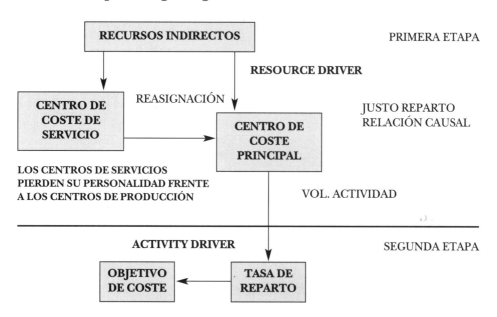

10. Los costes son indirectos respecto del objetivo final de coste, pero son directos a los centros de coste de soporte y a los centros de coste de producción o principales.

La segunda etapa tiene como misión cargar todos los costes acumulados en los centros de coste de producción o principales a los objetivos de coste, mediante una **tasa de reparto de gastos generales de fabricación.** La **tasa de reparto** es necesaria porque puede haber muchos objetivos de coste (producto o servicio) que se procesen en cada centro de coste de Producción o principales. Si sólo existiera un único producto en el centro de coste de producción, todos los costes acumulados en dicho centro de coste o (los del propio centro de coste de producción más los reasignados desde el centro de coste de servicio) pertenecerían a ese único producto. Se ve pues que los gastos generales acumulados en el centro de coste de producción se componen de dos partes:

- La parte de gastos generales directamente asociada al centro de coste de producción.

- La parte de gastos generales, cargada al centro de coste de producción, que proviene del centro de coste de servicio.

Un centro de coste **de servicio** no tiene tasa de reparto, que cargue coste a las unidades de producto fabricadas (objetivos de coste), porque los centros de coste de servicio no producen productos vendibles. Esto es, el producto no pasa a través de los centros de coste de servicio. La naturaleza de los centros de coste de servicio es dar apoyo a los centros de coste de producción y no a los productos que pasan a través de los centros de coste de producción. Por ejemplo, en una fábrica de muebles el personal de mantenimiento mantiene y repara los equipos del departamento de montaje, pero no repara los muebles que se han montado en el departamento de montaje.

11.4.3. Resumen del proceso de asignación

PRIMERA ETAPA

1. Se divide la empresa en **centros de coste.**

2. Se clasifica cada centro de coste en centros de coste de servicio y centros de coste de producción.

3. **Se trazan** todos los costes indirectos o gastos generales a los centros de coste.

4. **Se reasignan** todos los costes del centros de coste de servicio al centros de coste de producción.

5. Se **acumulan** todos los gastos generales en el centro de coste de producción.

SEGUNDA ETAPA

1. Se calcula la **tasa de reparto** de gastos generales acumulados en el centro de coste de producción.

2. **Se cargan** los gastos generales acumulados en el centro de coste de producción a los objetivos de coste (productos o servicios), mediante la tasa de reparto.

11.5. La tasa de reparto de gastos generales

Una vez que se han acumulado los recursos (inputs) en los centros de coste de producción y se ha determinado el volumen de producción (outputs), expresado en función de la mejor «**medida de actividad**» o «**Activity Driver**[11]» que genera dicho volumen de producción, hay que completar el proceso de determinación del coste del producto, mediante el cálculo de la tasa de reparto de gastos generales de fabricación.

Para ello supongamos que en un hipotético centro de costes de producción, por ejemplo una máquina de fundir, se han acumulado 120.000 Euros de recursos (inputs) (90.000 Euros son costes fijos y 30.000 Euros son costes variables) para poder fundir 3.000 piezas (objetivo de coste).

El volumen de actividad generado en el centro de costes de producción se mide en horas-máquina (Activity Driver) y el volumen de output total es de 6.000 horas-máquina.

El coste medio por hora-máquina es de:

120.000 Euros / 6.000 H-máq. = 20 Euros / H-máq.

A este coste medio es a lo que se denomina:

Tasa de reparto de gastos generales de fabricación

$$T.R = \frac{\text{Recursos totales acumulados en el Departamento de Producción}}{\text{Volumen de producción (expresado en una medida de actividad)}}$$

11. Ver punto 10 de esta nota.

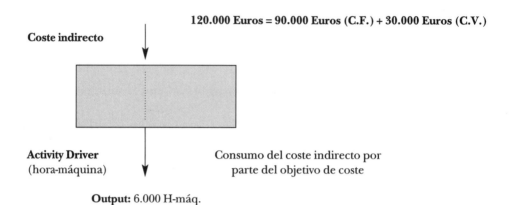

120.000 Euros = 90.000 Euros (C.F.) + 30.000 Euros (C.V.)

Coste indirecto

Activity Driver
(hora-máquina)

Consumo del coste indirecto por
parte del objetivo de coste

Output: 6.000 H-máq.

Objetivo de Coste: (3.000 piezas fundidas)

$$TR = \frac{120.000}{6.000} \frac{Euros}{H\text{-}Maq} = \frac{90.000}{6.000} \frac{Euros}{H\text{-}Maq} = \frac{30.000}{6.000} \frac{Euros}{H\text{-}Maq} +$$

$$\frac{15\,Euros}{H\text{-}Maq} + \frac{5\,Euros}{H\text{-}Maq}$$

TR = 15 Euros / H-Maq (TRF) + 5 Euros / H-Maq (TRV) = 20 Euros / H-Maq

La tasa de reparto de gastos generales de fabricación tiene dos componentes:

- TRF: Tasa de reparto de gastos generales fijos
- TRV: Tasa de reparto de gastos generales variables

TR: Tasa de reparto de gastos generales de fabricación = TRF + TRV

Nota:

Del ejemplo anterior hay que destacar lo siguiente:

Actividad	Fundir
Inputs	120.000 Euros
Objetivo de coste	3.000 Piezas
Medida de la actividad	Horas-máquina
Volumen de actividad	6.000 H-máq.

12. El modelo de costes ABC

Un modelo de costes Activity Based Costing se centra en todas las actividades de la empresa en lugar de hacerlo en las actividades de producción como hace el modelo tradicional VBC. Por tanto lo que hace el modelo ABC es asignar coste indirecto a los objetivo de coste a través de todas las actividades de la empresa, por lo que, tanto la definición del coste como la visión que del mismo se tiene, es radicalmente diferente a la que proporciona un VBC. El modelo ABC estudia los procesos que se necesitan para producir los objetivos de coste enfocando los procesos desde la óptica de flujo del trabajo.

El modelo ABC se basa en la premisa que las actividades consumen recursos y los objetivos de coste consumen actividades, por tanto los costes se asignan a los objetivos de coste proporcionalmente a su consumo de actividad.

El ABC es un concepto simple. «Los productos consumen actividades, las actividades consumen recursos.» Los profesores Robert S. Kaplan y Robin Cooper han identificado cantidades significativas de actividades generales, desde inspección hasta manejo de materiales, que se consumen de forma desproporcionada por ciertas piezas, productos o familias de productos. Los prorrateos tradicionales y los sistemas de costes basados en mano de obra no nos muestran esta desproporción. Los sistemas actuales de costes no nos muestran la verdadera economía de la producción y del consumo de recursos. El ABC nos proporciona un acercamiento más preciso entre los costes y la producción.

12.1. Definición de ABC

- Es un método para medir el coste y el desempeño de las actividades y objetivos de coste vinculados a un proceso.

- Asigna coste a las actividades basado en el **uso de recursos** y asigna coste a los objetivos de coste, tales como productos y clientes, basado en **el uso de actividades**.

- Reconoce la **relación causal** de los **generadores de coste**[12] a las actividades.

«En el método de costes ABC en primer lugar se asignan recursos a las actividades vinculadas a los procesos de la empresa. En segundo lugar se asigna el coste de las actividades a los productos, clientes y a los servicios que se benefician de o han sido creados por la demanda de actividades.»

A continuación presentamos algunos de los términos más comúnmente usados para definir varios aspectos de ABC.

12.2. Estructura del modelo ABC

1. Recursos

Es un elemento económico que se aplica o se utiliza en el desempeño de las actividades. Por ejemplo, los salarios y los materiales son recursos utilizados en el desempeño de las actividades.

---

12. Cost Drivers.

2. **Actividades**

Una actividad es una unidad básica de trabajo que se realiza dentro de una organización y que consume recursos. Por ejemplo operar a los pacientes es una actividad de un hospital.

3. **Objetivos de coste/servicio**

Es cualquier cliente, servicio, contrato, proyecto o cualquier unidad de trabajo para la que se desea una medida separada del coste.

12.3. Medidas del consumo de recursos o Resource Drivers

Es un factor utilizado para asignar costes a las actividades. Es una medida de la cantidad de recursos consumida por una actividad. Es una medida de la demanda impuesta en los recursos por las actividades.

Ejemplo:

Recurso: Alquiler

Resource Driver: El porcentaje de espacio ocupado por una actividad

12.4. Medidas del consumo de actividad o Activity Drivers

Es una medida de la frecuencia e intensidad de la demanda impuestas en las actividades por los objetivos de coste. El Activity Driver se utiliza para asignar el coste de las actividades a los objetivos de coste.

Ejemplo:

Actividad: Comprar

Activity Driver: El número de proveedores

12.4.1. Características críticas de los Activity Drivers

- Un **Activity Drivers** debe reflejar la demanda que un objetivo de coste hace de esa actividad. Por tanto «cualquier cosa» no es un **Activity Drivers**. Siempre debe formularse la siguiente pregunta «¿Algún objetivo de coste requiere más de esta actividad que de otra?, ¿sí?, ¿por qué?

- El **Activity Drivers** debe reflejar o correlacionar la causa original de la actividad. Cuando se consideren **Activity Drivers** alternativos, se debe valorar el coste relativo de obtener los datos contra la precisión relativa que cada uno de ellos ofrecería.

- El **Activity Drivers** debe ser práctico y factible. Conforme el equipo de implantación del modelo ABC toma decisiones sobre los **Activity Drivers**, hay que confirmarlos con las personas que están directamente involucradas en la actividad que se analiza.

Buscar el mejor **Activity Drivers** es frecuentemente difícil. Los buenos datos, normalmente, se encuentran en los departamentos. Una extraordinaria fuente de información se obtiene de la gente que hace el trabajo diario en la actividad analizada.

12.5. Generadores de costes o Cost Drivers

Cualquier factor que produce cambios en el coste de una actividad. Por ejemplo la calidad de las piezas recibidas por una actividad es un factor determinante del trabajo requerido por dicha actividad, ya que la calidad de las piezas recibidas afecta a los recursos requeridos para llevar a cabo la actividad. Una actividad puede tener múltiples Cost Drivers asociados a la misma.

Ejemplo:

Actividad: Ensamblar componentes

Cost Driver: El diseño del producto

12.6. Guía para la selección de Activity Drivers

Deben ajustarse al tipo de actividad.

Deben estar correlacionados con el consumo de la actividad.

Debe minimizarse el número total de Activity Drivers utilizados.

Deben promover un mejor desempeño de la actividad.

No deben requerir una nueva medida.

12.7. Etapas de asignación de costes en un ABC

Los sistemas ABC utilizan cinco etapas clave para asignar costes indirectos a los objetivos de coste.

12.7.1. 1ª Etapa: Identificación de las actividades y de los Drivers

La primera etapa consiste en la identificación de las actividades que forman parte de los procesos mediante los cuales se obtienen los objetivos de coste y determinación de las medidas de consumo de recursos (Resource Driver) y de consumo de actividad (Activity Driver).

En los sistemas ABC las actividades ya no varían exclusivamente en función de las variaciones en el volumen de la producción de unidades, sino que varían de acuerdo a cuatro niveles de actividad:

- **Actividades de nivel unitario**

  Tienen lugar cada vez que se produce una unidad de producto. Por ejemplo, la actividad de ensamblaje, la cual consume suministros y mano de obra indirecta vez cada que se produce una unidad de producto.

- **Actividades de nivel lote**

   Tienen lugar cada vez que se introduce en producción un lote de productos. Por ejemplo, cada lote de productos requiere actividades de programación, manejo de materiales y montaje de la maquinaria.

- **Actividades de nivel sostenimiento del producto**

   Tienen lugar para sostener un producto o una línea de productos. Por ejemplo, cada línea de productos (no cada unidad de producto) requiere actividades de ingeniería tales como diseño, modificaciones, documentación y soporte técnico.

- **Actividades de nivel sostenimiento de las instalaciones**

   Estas actividades se requieren para soportar y mantener la planta y las infraestructuras de dirección necesarias para que pueda producirse. Un ejemplo de este tipo de actividades es mantener la planta.

12.7.2. 2ª Etapa: Asignar costes a las actividades

Las actividades consumen recursos, tales como mano de obra indirecta. Aunque muchos de esos recursos pueden asignarse a una actividad en base a un Resource Driver que refleja el consumo de recursos por parte de la actividad, algunos recursos, concretamente los pertenecientes a las **Actividades de nivel sostenimiento de las instalaciones**, no pueden tratarse de esta manera y se agrupan en un Pool de costes comunes que o no se llevan al coste del producto o se prorratean de la forma más equitativa posible.

Como ejemplo de este Pool de costes citaremos el siguiente:

Impuestos sobre la propiedad	1.000.000 Euros
Conservación del edificio	1.000.000 Euros
Total	2.000.000 Euros

En el siguiente cuadro se refleja un ejemplo de costes ligados a los tres primeros niveles jerárquicos que sí están ligados al coste del producto:

Actividades	Coste Asignado	Activity Drivers	Volumen de Actividad
Comprar materiales	4.000.000 Euros	Nº compras	500
Diseñar productos	2.000.000 Euros	Horas diseño	500
Manejar materiales	1.000.000 Euros	Nº movimientos	100
Montar maquinaria	1.000.000 Euros	Nº de montajes	200
Toal	8.000.000 Euros		

12.7.3. 3ª Etapa: Determinación de la tasa de reparto

Para determinar la tasa de reparto deben seguirse las siguientes etapas:

- Determinar el coste asignado a cada actividad.

- Determinar los Activity Drivers correspondientes a cada actividad.

- Determinar el volumen de actividad correspondiente a cada centro de actividad.

- La tasa de reparto se calcula como cociente entre coste asignado a cada centro de actividad y su volumen de actividad correspondiente.

Actividades	Tasa de Reparto	
Comprar materiales	8.000	Euros/ Nº compras
Diseñar productos	4.000	Euros/Horas diseño
Manejar materiales	10.000	Euros/Nº movimientos
Montar maquinaria	5.000	Euros/Nº de montajes

12.7.4. 4ª Etapa: Cálculo del coste de los productos

Para determinar el coste de los productos deben asignarse a los mismos los gastos generales de fabricación proporcionalmente a sus consumos de actividad.

Por ejemplo supongamos que tenemos dos productos el A y el B con el siguiente consumo de recursos:

Actividades	Volumen de Actividad Producto A	Volumen de Actividad Producto B
Comprar materiales	250 Compras	250 Compras
Diseñar productos	300 Horas diseño	200 Horas diseño
Manejar materiales	75 Movimientos	25 Movimientos
Montar maquinaria	150 Montajes	50 Montajes

Actividades	Tasa de Reparto	
Comprar materiales	8.000	Euros/ Nº Compras
Diseñar productos	4.000	Euros/Horas diseño
Manejar materiales	10.000	Euros/Nº Movimientos
Montar maquinaria	5.000	Euros/Nº de Montajes

Coste del Producto A:

250 Compras × 8.000 Euros/Compras + 300 H-Dis × 4.000 Euros / H-Dis + 75 Mov × 10.000 Euros / Mov + 150 Mont × 5.000 Euros / Mont = 4.700.000 Euros

Coste del Producto B:

250 Compras × 8.000 Euros/Compras + 200 H-Dis × 4.000 Euros / H-Dis + 25 Mov × 10.000 Euros / Mov + 50 Mont x 5.000 Euros / Mont = 3.300.000 Euros

12.7.5. 5ª Etapa: Cálculo del coste unitario de los productos

Para determinar el coste unitario de los productos hay que dividir los costes totales de producción entre el volumen de producción fabricada de cada uno de los productos A y B.

Si suponemos que en el ejemplo que estamos siguiendo se han fabricado 1000 unidades de A y 2000 unidades de B, los costes unitarios serán:

Coste Unitario de A: 4.700.000 Euros / 1000 Unid = 4700 Euros/Unid

Coste Unitario de B: 3.300.000 Euros / 2000 Unid = 1650 Euros/Unid

9. Bibliografía

Amat, Juan María. *Contabilidad de costes,* Gestión 2000, Barcelona, 1994.

Amat, Oriol; Soldevila, Pilar. *Contabilidad y gestión de costes,* Gestión 2000, Barcelona, 1997.

Kaplan, S. Robert; Cooper, Robin. *Coste y efecto,* Gestión 2000, Barcelona, 1999.

7.
Control de gestión

Joan M. Amat Salas

Instituto de Empresa

1. Introducción al control de gestión

La necesidad de control es mayor tanto a medida que las empresas se enfrentan a unas condiciones de creciente competencia, como cuando tienen un mayor grado de descentralización. En este caso, dado que existe una mayor autonomía y discrecionalidad, es necesario asegurar que su actuación sea coherente con los objetivos de la empresa.

Si no hubiera diferencia entre los objetivos de las personas que forman parte de una empresa y los objetivos de la dirección, el problema del control no plantearía demasiadas dificultades. Dada esta diferencia, es imprescindible tener instrumentos que permitan, por un lado, que se logre la convergencia entre el comportamiento individual y los objetivos deseados por la dirección, y, por el otro, que la dirección pueda disponer de aquella información que permita la realización del control. Estos mecanismos pueden ser poco o muy formalizados. La cultura organizativa es un ejemplo de mecanismo informal de control, que influye de forma importante en la manera de comportarse y tomar decisiones por parte de los miembros de una empresa. En el extremo contrario, la contabilidad de gestión es el sistema de control formalizado por excelencia.

El sistema de control permite evaluar la contribución económica de las diferentes actividades que realiza la empresa y, por tanto, facilitar el proceso de decisión que posibilite la mejora de dicha contribución.

El sistema de control es un sistema de información para la dirección que, a través de la realización del proceso contable, suministra información económica relevante para la gestión. Su utilización, por consiguiente, puede contribuir notablemente a facilitar y mejorar las decisiones empresariales.

Igualmente, puede contribuir a facilitar el proceso de control a través de la elaboración y confección del presupuesto (proceso de planificación) y del cálculo y análisis de las desviaciones (proceso de evaluación).

También requiere la formulación de objetivos explícitos que se cuantifiquen en términos monetarios en forma de presupuestos. Esto permite:

- clarificar el comportamiento esperado de la actuación de los componentes de la empresa,

- motivar hacia su logro, y

- mejorar la capacidad de conseguir objetivos del mismo tipo y de conocer las propias posibilidades para alcanzarlos.

Un sistema de control se compone de la estructura del sistema y de su proceso de ejecución. La estructura de control se diseña, en primer lugar, de acuerdo con las variables clave que se derivan del contexto competitivo y de la estrategia de la empresa, y, en segundo lugar, de las responsabilidades de cada directivo y centro, que son una consecuencia del diseño de la estructura organizativa. En función de estos aspectos la estructura de control debe comprender, a su vez, el sistema de indicadores de control (financieros y no financieros), el sistema de información que mide los indicadores anteriores y el sistema de incentivos.

La realización del control de gestión, en base a los indicadores de gestión que se hayan definido, requiere tener la información que permita el proceso de control: la formulación de los objetivos (y la elaboración de la planificación para conseguirlos), la medición del resultado (y de las desviaciones) en los mismos términos que los objetivos y la evaluación de la actuación y del grado de logro de los objetivos por parte de cada unidad, a partir de la medición de los resultados.

A cada unidad organizativa se la controlará en base tanto a las variables que controla como a las que no controla pero que pueden influir en su resultado. Existen cuatro tipos fundamentales de centros de responsabilidad: centros de gastos discrecionales, centros de costes operativos, centros de beneficio y centros de inversión. Según las características de cada unidad será necesario determinar diferentes indicadores financieros y no financieros, así como diseñar aquella cuenta de resultados que permita medir tanto la contribución de cada unidad a la rentabilidad de la empresa como la actuación de su responsable sobre las variables que están bajo su control (que, en definitiva, son «controlables» por él).

Es necesario que en la realización del proceso de control se disponga tanto de información financiera como, especialmente, de no financiera, cuantitativa y cualitativa, interna y externa. En segundo lugar, es necesario que presenten información interna comparada con la competencia a través de la utilización del benchmarking. En tercer lugar, que presenten información externa, de forma que haya un seguimiento de aspectos relevantes del entorno, ya sea del mercado, del sector competitivo (proveedores, competidores, distribuidores) y del entorno nacional e internacional en el proceso de control.

2. Aspectos a considerar en el diseño e implantación de un sistema de control como instrumento de control

El sistema de control de gestión opera dentro de un determinado contexto que condiciona e influye en su funcionamiento y que por consiguiente debe ser considerado en el diseño, implantación y utilización de aquélla. En el proceso de control, el sistema de control de gestión se interrelaciona con otros aspectos organizativos, formales y no formales. Entre estos aspectos se pueden señalar especialmente la estrategia, la estructura organizativa, las personas, la cultura organizativa y el entorno.

En especial, pueden considerarse tres aspectos: los que se refieren a la influencia de la estrategia y de la estructura organizativa en el diseño del sistema de control de gestión, los que se refieren propiamente al sistema de control de gestión y, en particular, a la elaboración del presupuesto y al cálculo de las desviaciones; y los que se refieren a la influencia de las personas, la cultura y el entorno de una empresa en el diseño e implantación del sistema de control de gestión.

El sistema de control de gestión debe ser coherente con la estrategia y la estructura organizativa de la empresa. Por ejemplo, una estrategia fundamentada en una política de precios más bajos que los de la competencia para lograr un mayor volumen de ventas otorgará una mayor importancia al control de costes, mientras que para una estrategia de diferenciación respecto a la competencia basada en la calidad, servicio o tecnología puede otorgar una mayor importancia a otros aspectos más relevantes que los costes.

Por otro lado, el diseño de la estructura organizativa influye en las características del sistema de control de gestión que se utilizará para la realización del control de cada centro. En particular, el grado de descentralización, el grado de formalización y la orientación hacia la función (estructura funcional) o hacia el producto/mercado (estructura divisional o por áreas de negocios), son aspectos que condicionan cuáles serán las características de un sistema de control.

Además, el control de la actuación de cada centro se debe realizar en función de la responsabilidad financiera que implican las decisiones que toma. Así, se pueden definir diferentes estructuras de control financiero e indicadores de control o unidades de medida para evaluar la actuación de las unidades organizativas. Las estructuras de control financiero pueden distinguirse entre centros de ingresos, centros de costes, centro de gastos, centros de beneficios y centros de inversión. Los indicadores, a su vez, pueden ser financieros o no financieros.

Igualmente, el diseño, implantación y utilización de un sistema de control de gestión están influenciados tanto por las características de las personas que forman parte de la organización como por la cultura de la misma. La personalidad, el estilo de comportamiento, los valores o las preferencias de las personas que forman parte de la empresa, tanto de los responsables de su diseño e implantación, así como las que deben utilizar el sistema de control de gestión, influyen de forma decisiva en las características de ésta.

La cultura de una empresa, muy ligada a su historia y a la personalidad de sus miembros más destacados, influye en las características del sistema de control y en su capacidad de promover o asimilar la implantación o mejora de un sistema de control.

La forma en que se realiza el proceso presupuestario y de evaluación, las características de la estructura de control y del sistema de información contable, etc., son aspectos que están relacionados con la cultura de la empresa. Así, por ejemplo, una empresa con un estilo paternalista y poco orientado al cambio, en la que se valore de forma especial el cumplimiento de los procedimientos y las normas, tendrá o utilizará un sistema de control muy diferente de una empresa que tenga un estilo profesional, esté orientada al cambio y en la que se otorgue un mayor énfasis a los resultados que al estricto cumplimiento de procedimientos rígidos.

En una empresa orientada al futuro, la elaboración de presupuestos, como instrumentos que permiten clarificar y planificar la evolución de la empresa hacia sus objetivos y posibilidades, tendrá una mayor importancia que en otra en la que su orientación sea más a corto plazo, en la que los presupuestos se utilizarán más como instrumento de evaluación que de planificación. En una empresa presionada a la eficacia y a los resultados a corto plazo, el proceso de evaluación puede ser fundamental para tomar las decisiones correctivas que permitan mejorar la posición competitiva y, por consiguiente, será necesario disponer de presupuestos que permitan el análisis de las desviaciones.

3. El diseño de la estructura de control

Las continuas innovaciones en la tecnología de productos, de procesos y de materiales, los continuos cambios en el marco legislativo y los cambios en los hábitos de los consumidores, suponen el que las empresas se muevan en entornos cada vez más dinámicos. El aumento de las acciones de la competencia, que afectan a los productos y a los mercados en que actúa la empresa y que amenazan al mantenimiento de su posición competitiva, implican un entorno progresivamente más hostil. La mayor dimensión y amplitud de las actividades por el mayor número de productos, de mercados y de recursos productivos en los que operan las empresas significan igualmente una mayor complejidad de gestión.

A medida que el entorno se ha ido haciendo más dinámico y más hostil y que la gestión empresarial se ha ido haciendo más compleja, es más conveniente que las empresas tengan que adoptar un estilo más profesional y formalizado de gestión. Por otra parte, esto es aún más necesario cuando las expectativas de rentabilidad son menores, pues ello obliga a mejorar el proceso de decisión empresarial para permitir mantener la competitividad y asegurar la supervivencia de la empresa. Esto ha comportado que sea necesario que las empresas asuman una mayor profesionalización del equipo directivo y del personal, racionalicen sus estructuras organizativas, elaboren una estrategia empresarial explícita, fomenten una mayor motivación individual, procedan a una progresiva delegación y descentralización de responsabilidades, mejoren sus sistemas de control financiero mediante la introducción (o mejora) del sistema de control de gestión con la realización de presupuestos y su control posterior, etc.

Para adecuar su funcionamiento interno a las exigencias del entorno, las empresas se estructuran de una determinada forma (estructura organizativa) y definen su política empresarial de la manera más conveniente para aprovechar las oportunidades que les brinda el entorno de acuerdo con sus capacidades y recursos (estrategia empresarial). El proceso directivo requiere la formulación de una estrategia que permita adaptarse al entorno en función de los objetivos de la organización y de sus puntos fuertes y débiles. Igualmente, es necesario establecer una estructura organizativa en la que los diferentes componentes de la organización deben tener definidas sus funciones y su responsabilidad en el desempeño de éstas.

A partir de la formulación de la estrategia y del diseño de la estructura, se deben determinar objetivos específicos para cada uno de los diferentes centros de responsabilidad, en función de los cuales cada uno de los componentes tomen decisiones coherentes con los objetivos de la organización. Este comportamiento puede orientarse en mayor medida hacia los objetivos de la empresa cuando se estimula su motivación e identificación con aquéllos (a través de mecanismos como la participación en el proceso de decisión, la formulación de objetivos ambiciosos, la estabilidad de la organización, etc.).

Por otra parte, mediante el diseño de un sistema de control, que sea coherente con la estrategia y la estructura, se asegura que el funcionamiento empresarial y los resultados que se obtienen de las decisiones efectuadas son consistentes con los objetivos de la empresa.

El sistema de control de gestión debe adecuarse a la estrategia de la empresa para facilitar la congruencia de la actuación de los diferentes centros. Por un lado, a través de la vinculación del presupuesto a corto plazo con la estrategia a largo plazo se asegura que los diferentes centros de responsabilidad actúan separadamente para alcanzar sus objetivos particulares cuyo logro permitirá alcanzar los objetivos globales. Igualmente, a través de la adaptación del sistema de control de gestión a las necesidades de información de la dirección, puede facilitar la toma de decisiones estratégicas al permitir cuantificar las diferentes alternativas estratégicas.

Una estrategia, orientada a una expansión de ventas mediante unos precios de venta inferiores a los de la competencia, exigirá un mayor énfasis en el control de los costes que el que requeriría una empresa que persigue la diferenciación de sus productos respecto a la competencia en base a la innovación, calidad, tecnología, etc. Este segundo caso es el que puede hacer referencia a empresas de alta tecnología, moda, diseño, etc. Así, el sistema de control de gestión se diseñará y utilizará con criterios diferentes según las características de la estrategia empresarial.

Por otra parte, la empresa, para lograr los diferentes objetivos que se propone, debe tener una estructura organizativa que facilite la realización de las diferentes actividades que constituyen lo que se denomina como su proceso interno.

La definición de la estructura organizativa es básica para poder diseñar el sistema de control. En la medida en que la descentralización sea mayor, más necesario será tener un sistema de control formalizado, y además éste deberá estar adecuado para poder controlar las variables concretas en las que puede incidir la gestión descentralizada en los diferentes responsables. Por tanto, antes de diseñar un sistema de control será necesario definir claramente el poder de decisión que se transfiere a cada responsable en cada una de las diferentes funciones que debe realizar.

3.1. Diseño de la estructura de control por centros de responsabilidad

El diseño de la estructura organizativa determina las funciones que debe realizar cada centro así como el grado de descentralización que tiene en las decisiones y, por consiguiente, el nivel de responsabilidad que debe asumir en ellas y en sus resultados. Estas decisiones pueden hacer referencia a la fijación de precios, a la influencia en la cantidad de unidades vendidas, a los gastos, a las inversiones, etc. Según cuál sea el grado de descentralización de estas decisiones, un determinado centro tendrá una mayor o menor influencia en el resultado de la empresa.

Desde la perspectiva del control de la actuación de cada centro, es importante considerar que debe realizarse en función de su grado de responsabilidad en las variables de decisión que afectan al resultado y que, por tanto, están bajo su influencia. Cuando el control de la actuación se realiza en función del resultado medido en términos monetarios, se distinguen tres tipos de centros según la naturaleza de sus variables controlables: de costes, de beneficios y de inversión.

Un **centro de costes** es un centro de responsabilidad cuyo responsable controla únicamente la cantidad y/o el coste de los recursos consumidos. Es conveniente distinguir entre dos tipos de centros de coste: centros de costes operativos y centros de costes discrecionales. Un centro de costes operativos es aquel en el que existe una relación directa entre recursos consumidos y la producción realizada. Para el control de este tipo de centros se puede disponer de las técnicas tradicionales de contabilidad analítica: asignación de los gastos por naturaleza a las secciones, cálculo del coste de cada sección por unidad de obra, imputación de los costes a los productos, determinación de los costes estándar, elaboración de presupuestos. Un centro de costes discrecionales, o también denominado **centro de gastos**, es aquel en el que sólo se pueden medir los recursos consumidos sin existir una relación directa con el resultado obtenido. Ejemplos de ello pueden ser departamentos de investigación y desarrollo, administración o informática.

Un **centro de beneficios** es un centro de responsabilidad cuyo responsable controla parcial o totalmente aquellas variables ligadas a ventas y a costes que permiten y condicionan la consecución de un mayor o menor beneficio. Por ello su responsabilidad financiera no es maximizar los ingresos, vendiendo más unidades o minimizar los costes, sino rentabilizar el beneficio del centro. Dentro de los centros de beneficios es conveniente distinguir entre centros en los que no se tiene influencia en los costes de producción, por ejemplo un departamento comercial, de centros en los que sí se tiene control sobre dichos costes, como sería el caso de las divisiones. La definición del modelo de cálculo del beneficio de un centro, mediante el sistema de control de gestión, es extremadamente importante, ya que se deben medir únicamente aquellas variables que son directamente controlables por el responsable del centro.

Un **centro de inversión** es un centro cuyo responsable controla parcial o totalmente aquellas variables que permiten y condicionan la consecución de una mayor o menor rentabilidad. Estas variables pueden referirse a los ingresos, costes y activos. La autonomía respecto a decisiones que afectan a los activos puede ser tanto de inversiones en inmovilizado, como compras de existencias, política de cobro a los clientes o política de pago a proveedores. Por ello, su responsabilidad financiera no es maximizar el beneficio vendiendo más unidades o minimizando los costes, sino optimizar la rentabilidad del centro. La definición del modelo de cálculo de la rentabilidad mediante el sistema de control de gestión, ya sea el cálculo del ROI (rendimiento sobre la inversión) o de otro modelo, es extremadamente importante, ya que se deben medir únicamente aquellas variables de beneficio y de inversión que son directamente controlables por el responsable de un centro.

3.2. Indicadores de control o unidades de medida

Para complementar a la determinación de los centros de responsabilidad, el diseño de la estructura de control requiere definir los indicadores (o unidades de medida) que serán utilizados para establecer los objetivos iniciales de las diferentes unidades y evaluar a posteriori la actuación (del responsable de cada centro). Esto se realiza en función de la identificación de las variables clave de la empresa en su conjunto y de cada centro en particular.

Se entiende por variables clave aquellas áreas o actividades que, de realizarse bien, garantizan el éxito de una unidad y por tanto la consecución de sus objetivos. La orientación hacia las variables clave del éxito favorece el logro de los objetivos de la empresa y el mantenimiento y la mejora de la posición competitiva de ésta. Sin embargo, en un mismo sector puede haber diferencias en las variables clave de las empresas que pertenecen a él. Una vez identificadas las variables clave, se procederá a seleccionar aquellos indicadores que permiten su seguimiento. La definición de las variables clave del éxito facilita el diseño del sistema de indicadores y de su medición.

Así, cada centro de responsabilidad dispondrá de una serie de indicadores de gestión, una parte de los cuales, los indicadores financieros, se pueden obtener a partir de la contabilidad de gestión y, otros, los no financieros, de forma extracontable, algunos de los cuales pueden ser de difícil cuantificación. Los aspectos cuantitativos no inciden en todos los aspectos. La dificultad de medir aspectos cualitativos hace que se tienda a otorgar un mayor énfasis a los aspectos que pueden ser medidos con precisión, en particular los aspectos financieros. Por otra parte, una empresa tiene múltiples objetivos, muchos de los cuales pueden ser incompatibles entre sí y su logro está ligado a aspectos multidimensionales. Dado que todos los indicadores son una medida simplificada de aspectos más complejos de la realidad organizativa, hay que complementar los indicadores financieros con indicadores no financieros.

Entre los indicadores financieros pueden señalarse los relativos a los costes (unitarios o absolutos), ventas, margen, beneficio, rentabilidad del capital propio, rendimiento del activo, rotación del capital, rotación del activo, plazo de cobro, plazo de pago, disponibilidad financiera, tesorería, etc.

Entre los indicadores no financieros pueden señalarse tanto los cuantitativos como los cualitativos. Dentro de los primeros hay indicadores como la cuota de mercado, productividad, unidades vendidas y fabricadas, unidades defectuosas, horas utilizadas y perdidas, crecimiento de las ventas, fidelidad de los clientes, nuevos clientes, notoriedad de la marca respecto la competencia, eficacia publicitaria, plazo de entrega, devoluciones, etc. Entre los segundos, iniciativa y creatividad, motivación, formación, fidelidad, capacidad de resolución de problemas, aptitud para delegar, cohesión y capacidad de trabajo en equipo del personal, satisfacción de los distribuidores, clientes o proveedores, imagen externa de la empresa (ante los bancos, el mercado bursátil), etc. Debe señalarse que en el caso de estos últimos, aunque pueden definirse indicadores cuantitativos, en bastantes casos éstos son de difícil cuantificación o sólo reflejan limitadamente la realidad y por ello es habitual mantener sistemas poco formalizados para su medición.

El seguimiento de los indicadores se suele realizar a través del cuadro de mando. Éste es una presentación sintética e integrada de la información real (y, si se quiere, se puede comparar con la información previsional) sobre la evolución externa y las diferentes áreas de la empresa. Así, puede presentar datos sobre el sector y el entorno global, el personal (absentismo, rotación, número de horas, formación), expectativas comerciales (cartera de pedidos, crecimiento de las ventas de cada producto), balance, cuenta de resultados global y analítica por centros de responsabilidad, datos de producción (calidad, mermas, productividad).

3.3. El diseño del sistema de medición del resultado de la actuación de cada centro de responsabilidad

Para complementar a la determinación de los centros de responsabilidad y de los indicadores de control, el diseño de la estructura de control requiere establecer el sistema de información que ha de permitir hacer efectivo este control. Un sistema de información puede servir tanto para facilitar el proceso de decisión como para la realización del control (a priori y a posteriori) de la actuación de cada responsable. Sus características han de ser diferentes según cuál sea la utilización de la información que elabore el sistema. A través de la medición que permite el sistema de información, se trata de identificar el resultado que se produce como consecuencia de la actuación del responsable de un centro en las variables que son objeto de su control.

En particular, un sistema de información de carácter contable puede medir la contribución económica que cada centro de responsabilidad hace al resultado global y la actuación y eficacia de cada responsable en el logro de los objetivos. Su utilización permite comparar y analizar las desviaciones respecto a un período anterior y respecto al presupuesto inicial.

El diseño del sistema de información de carácter ha de adaptarse a las necesidades del control, y ello requiere determinar las características del sistema de información por centro de responsabilidad: la información (financiera o no financiera) que se quiere obtener (en función de los indicadores y variables que se quieren medir); la información que se ha de facilitar a los diferentes centros de responsabilidad; la información necesaria (financiera y no financiera) para obtener información; el sistema de información contable que se utilizará (contabilidad financiera; contabilidad analítica mediante un sistema full costing, direct costing o activity based costing; información histórica o previsional); los criterios de contabilización (amortización, periodificación, asignación de gastos, etc.), y las características de esta información: fiabilidad (grado de verificación de la información), periodicidad, cantidad de información, grado de detalle.

Por otra parte, es necesaria la separación entre conceptos controlables y no controlables dentro de las partidas de la cuenta de resultados de un centro. Por ello, es necesario aislar los factores que realmente están bajo la influencia del responsable de un determinado centro, tratando de excluir aquellos que están fuera de su control. Imputar a un responsable el aumento del coste de fabricación unitario cuando se debe al aumento de un gasto que puede no estar bajo su control (la tarifa horaria de la energía, una huelga laboral, el coste del alquiler de la nave, etc.) no tiene sentido. El sistema de medición ha de centrarse en aquellas variables en las que puede influir de forma manifiesta el responsable de un centro: ahorro de determinados gastos, reducción del plazo de entrega, reducción del índice de mermas, aumento de ventas, eficacia del departamento, etc.

Esta consideración es fundamental cuando se decide la implantación de un sistema de control presupuestario mediante costes estándar, pues es necesario calcular la desviación producida, en la contribución de cada centro de responsabilidad, mediante la utilización de valores reales para las variables que están bajo su control y los valores estándares inicialmente determinados, para las que no lo estén. Esta consideración también debe tenerse en cuenta en el cálculo de desviaciones en departamentos en que el volumen de costes está ligado al nivel de actividad. En este caso, es necesario adecuar el volumen de costes provisional a las unidades reales, cuando los costes tengan carácter variable (esto suele denominarse presupuesto flexible y exige la determinación de los costes semivariables mediante métodos estadísticos).

4. El proceso del control de gestión

El proceso de control comprende en sí mismo dos procesos independientes: el de planificación (la formulación de objetivos, la planificación y presupuestación de los medios y su coste para el logro de los objetivos) y el de evaluación periódica de la actuación.

La incertidumbre que genera la mayor imprevisibilidad, dinamismo, hostilidad y complejidad de los cambios del entorno tecnológico, sociocultural, político y económico ha estimulado una mayor sensibilidad hacia el entorno. Además, la agudización de la competencia ha implicado la reducción de los precios y de los márgenes para poder mantener las ventas, obligando a otorgar un mayor énfasis a la mejora continua en las actividades y procesos que se realizan internamente. Igualmente, los factores críticos de éxito no sólo están ligados a la minimización de los costes sino también a aspectos no financieros (por ejemplo, innovación, calidad, flexibilidad, penetración en el mercado). Así, es necesario que en la realización del proceso de control se disponga tanto de información financiera como no financiera, cuantitativa y cualitativa, interna y externa. En segundo lugar, es necesario presentar información interna comparada con la competencia a través de la utilización del benchmarking. En tercer lugar, que se presente información externa, de forma que haya un seguimiento de aspectos relevantes del entorno, ya sea del mercado, del sector competitivo (proveedores, competidores, distribuidores) y del entorno nacional e internacional en el proceso.

4.1. El proceso de planificación

La realización del proceso de planificación permite formular objetivos específicos y en términos explícitos para cada unidad. Cuando se utiliza el presupuesto, el proceso de planificación, ya sea a corto o largo plazo, tiene un carácter estructurado y formalizado que facilita su cuantificación en términos monetarios. Esto posibilita en mayor medida:

- profundizar en los objetivos individuales y organizativos que se espera alcanzar cuestionando la posibilidad de alcanzarlos, los recursos necesarios para conseguirlo, y los costes que implican. Esta reflexión es un importante proceso de aprendizaje,

- anticipar los resultados que se prevé alcanzar como consecuencia de las acciones que se estima emprender antes de que éstas se produzcan. Permite valorar las consecuencias y, por consiguiente, tener más información sobre el riesgo de las diferentes alternativas consideradas,

- clarificar la actuación y el resultado esperado y guiar, por consiguiente, el proceso de decisión, siendo, pues, un importante instrumento de motivación hacia el logro de los objetivos (así como de control a priori), e

- integrar y coordinar a las diferentes personas y centros.

A partir de la elaboración de la estrategia y del presupuesto, a través del proceso de planificación y presupuestación, podremos iniciar el proceso de control «a posteriori» al evaluar la gestión de cada responsable en función de las desviaciones que se hayan producido respecto a las previsiones.

El proceso de planificación requiere, en primer lugar, la realización del análisis del entorno global y competitivo, a partir del cual se elabora la estrategia y la planificación a largo plazo, y se determinan los objetivos específicos globales y a largo plazo. En segundo lugar, es necesario lograr la suficiente vinculación entre la planificación a largo y a corto plazo para favorecer el que la empresa y cada una de sus unidades se oriente hacia el logro de los objetivos globales y a largo plazo. El plan estratégico a más de un año, normalmente trianual o quinquenal, debe concretarse en el presupuesto mensualizado del primer año. En tercer lugar, es imprescindible que la planificación se plasme en la formulación de los objetivos específicos para cada uno de los diferentes centros de responsabilidad. Esto conlleva la negociación con ellos para llegar a un acuerdo y a un compromiso sobre los objetivos y los recursos asignados para su logro. La formulación de objetivos cuantificados facilita que éstos puedan ser simples, explícitos, fáciles de comunicar y comprender, definidos en el tiempo y estimulantes para su logro, con lo que tiene un efecto favorable en el comportamiento y en la motivación.

Supongamos, por ejemplo, una empresa en la que el incremento de las ventas y de la cuota de mercado son variables clave porque permiten un mayor poder de negociación con entidades externas (administración pública, proveedores, clientes, distribuidores, etc.) y la obtención de significativas economías de escala (abaratamiento en el coste de materias primas, obtención de mayores descuentos, mayor utilización de la capacidad de producción disponible, adquisición de tecnología de fabricación más automatizada para hacer frente a la expansión de ventas que permite reducir los costes unitarios de producción, mejor y mayor aprovechamiento de la estructura e inversión comercial).

En esta empresa, el establecimiento de un objetivo comercial encaminado a alcanzar un determinado volumen de ventas supone un cierto incremento respecto al año anterior, por ejemplo un 12,4% (y se establece un incentivo económico ligado al logro de dicho objetivo). El comportamiento del departamento comercial privilegiará todas aquellas actividades y decisiones que promuevan un aumento en las ventas.

Y, en cuarto lugar, hay que plasmar estos objetivos y recursos asignados en la confección del presupuesto anual de cada uno de los centros y consolidado de la empresa.

Aunque el proceso presupuestario se suele realizar anualmente y comprende, principalmente, los aspectos internos de la organización, para que sea un instrumento que permita orientar de forma eficaz la toma de decisiones, es necesario que su confección esté ligada con el plan estratégico a largo plazo. En estas condiciones el presupuesto especificaría y cuantificaría, en términos financieros, los objetivos estratégicos para cada uno de los diferentes responsables de la empresa para cada ejercicio que contemple aquél y facilitaría la congruencia de las decisiones individuales con los objetivos empresariales a largo plazo.

Tal como se ha indicado anteriormente, la elaboración del presupuesto se debe realizar a partir de la formalización de los objetivos por centro de responsabilidad y de su cuantificación en indicadores específicos. La formulación de estos objetivos debe estar ligada a los objetivos generales de la empresa y, en particular, tanto a la estrategia de la empresa, elaborada a partir del análisis del entorno y de la propia organización, como a su estructura organizativa.

4.1.1. El proceso de elaboración del presupuesto anual

Los presupuestos son la expresión, en términos cuantitativos y monetarios, del conjunto de los diferentes planes de actuación de una empresa y de cada uno de sus centros de responsabilidad que se han fijado para un determinado período. Para su elaboración es necesaria la estimación de la evolución de diferentes variables que no son monetarias, tanto internas (por ejemplo, horas disponibles de producción, unidades a vender, consumo unitario de materias primas) como externas (tipo de cambio, tipo de interés, crecimiento anual del PIB).

En los presupuestos se especifican, en términos monetarios:

- los recursos que se prevé que se han de consumir y generar en cada centro en un determinado período, generalmente un año, distribuido en 12 meses, y

- los resultados que se espera conseguir.

Existen diferentes clases de presupuestos:

- el presupuesto de operaciones, que puede comprender el presupuesto de ventas, el de producción, el de compras y el de gastos, ya sea de gastos por naturaleza o de gastos por centro (según el tipo de centro de responsabilidad que sea). El presupuesto de operaciones se consolida en la cuenta de resultados previsibles de la empresa,

- el presupuesto anual de inversiones,

- el presupuesto de tesorería y

- el balance y el cuadro de origen y aplicación de fondos provisionales.

La elaboración de los presupuestos anuales se debe enmarcar dentro del proceso de planificación estratégica global y a largo plazo de la empresa. En particular, se trata de concretar, para cada uno de los diferentes centros de responsabilidad, sus objetivos y sus recursos específicos en términos financieros, de forma que sean coherentes con los objetivos globales de la empresa definidos en la estrategia, con los objetivos de los demás centros de responsabilidad y con las responsabilidades de cada centro.

La elaboración de los presupuestos se debe realizar siguiendo un determinado proceso y normativa (calendario, personas y centros involucrados, criterios de elaboración y cálculo de los presupuestos), que es conveniente que esté predeterminado para asegurar su elaboración y finalización en la fecha acordada. En empresas de cierta dimensión suele existir generalmente un comité responsable de la elaboración de los presupuestos.

Los objetivos que pueden perseguirse mediante la elaboración de los presupuestos por centros de responsabilidad suelen ser los siguientes:

- la obtención de aquella información que facilite y permita la toma de decisiones,

- la planificación de las actividades a llevar a cabo por cada uno de los diferentes centros de responsabilidad,

- la coordinación entre las actividades de las diferentes unidades, y como consecuencia de ella el estímulo al trabajo en equipo,

- la comunicación de los objetivos a los diferentes responsables y centros,

- la motivación hacia la consecución de los objetivos y

- la evaluación posterior del resultado y de la actuación de responsables y centros.

Cuando existe un buen clima interpersonal, la planificación puede fomentar la motivación si se otorga un menor énfasis a los aspectos técnicos de la misma y, en particular, a la formalización y exactitud de aquélla. Igualmente, es necesario que la aprobación del presupuesto definitivo se produzca antes del comienzo del ejercicio con el objeto de que permita orientar a cada responsable desde el inicio.

Durante la elaboración de los presupuestos puede haber una mayor o menor participación. Sin embargo, una reducida participación (por ejemplo cuando la formulación de los objetivos es de arriba a abajo), sin facilitar la intervención de los diferentes responsables y la negociación en los objetivos que han de perseguir, puede implicar una pérdida de motivación y de exactitud del presupuesto (por ejemplo cuando se procede a la elaboración de presupuestos holgados para reducir el riesgo de tener malos resultados).

El hecho de que se haya reconocido la importancia de la participación de los implicados en la confección del presupuesto, requiere que el proceso presupuestario adopte un carácter participativo. Sin embargo, aunque la participación es positiva cuando existe un buen clima en la organización (si no lo hubiera puede tener efectos negativos importantes), hay que considerar que existe el riesgo de que las previsiones se realicen de forma conservadora para salir beneficiados al realizarse la evaluación.

Además, es conveniente que se establezcan objetivos que supongan un cierto grado de desafío, pero que, igualmente, puedan ser alcanzables. Este tipo de objetivos pueden ser un importante estímulo para aumentar la motivación de los diferentes responsables y para que tengan un comportamiento que sea coherente con los objetivos de la organización.

La elaboración del presupuesto comprende las siguientes fases:

- iniciación del proceso presupuestario,

- elaboración del presupuesto por centros de responsabilidad,

- negociación del presupueto con cada centro de responsabilidad,

- integración de los diferentes presupuestos por centros de responsabilidad,

- aprobación del presupuesto integrado,

- revisión del presupuesto.

a) Iniciación del proceso presupuestario

Al iniciarse el proceso es recomendable que la dirección desempeñe un papel activo, ya que es quien tiene una perspectiva más amplia de la propia organización y del entorno.

Además, la forma en que la dirección intervenga en el proceso influye de manera decisiva en el interés y eficacia del sistema. Además, el compromiso de la dirección, en la realización del presupuesto, contribuye a legitimar el papel del sistema presupuestario (y en definitiva del sistema de control) y obliga a los diferentes responsables a comprometerse en su preparación y desarrollo. También es necesario que la dirección de la empresa clarifique a los diferentes centros de responsabilidad la orientación a corto y largo plazo de la empresa y los objetivos globales que se persiguen. Lógicamente, esta orientación es o debería ser coherente con la estrategia de la empresa.

Para orientar a los diferentes responsables en la posterior elaboración del presupuesto, la dirección de la empresa debe celebrar una o varias reuniones en las que pueda exponer tanto la situación del entorno y de la propia empresa como la estrategia que ésta seguirá. La elaboración del presupuesto de cada centro debe ser realizada por cada responsable para que implique su mayor compromiso con aquél. Para ello se requiere que previamente se determinen claramente los criterios que se deben seguir para su confección y negociación y poder ser aceptados.

Dado que suelen ser los directivos funcionales e intermedios (en empresas de mayor dimensión) quienes tienen un mayor conocimiento específico de su departamento, para poder conjugar la visión global de la dirección con la visión más específica de cada departamento, es esencial que la iniciación del proceso se realice de forma coordinada entre los diferentes centros.

Según cuál sea el estilo de la empresa, los objetivos vendrán definidos por la dirección (imposición de los objetivos de arriba a abajo) o se negociarán a partir de las propuestas de los distintos centros, a medida que se pasa por las sucesivas fases del ciclo presupuestario.

b) Elaboración del presupuesto por centros de responsabilidad

La elaboración del presupuesto de cada centro por parte de su responsable se realizará de acuerdo con los criterios que se han definido para su confección.

Los responsables del control de gestión deben facilitar a cada directivo la colaboración necesaria para la elaboración de los presupuestos, así como suministrar información sobre las variables que no son controlables por un centro, o que afectan a varios centros de responsabilidad (por ejemplo: costes estándares, criterios de imputación de costes de otros centros, índices de mermas, tasa de amortización).

En función de estas consideraciones, cada responsable debe elaborar el presupuesto de su centro (en términos financieros y, donde proceda, físicos) que permita alcanzar los objetivos específicos del departamento y globales de la empresa.

Cuando sea necesario, durante la elaboración de los diferentes presupuestos, pueden realizarse reuniones con la dirección o con el equipo directivo en su conjunto para facilitar y orientar el proceso de elaboración. Igualmente, debe considerarse que el proceso puede realizarse para cada uno de los diferentes niveles jerárquicos de responsabilidad sucesivamente. Aunque el directivo de un determinado centro sea el responsable de la elaboración del presupuesto de su centro, es recomendable que solicite a sus subordinados que preparen los presupuestos de sus áreas o actividades específicas. Esto no sólo tiene la ventaja de que la elaboración del presupuesto la asuma quien tiene una mayor información, sino que además contribuye a que realice dicha labor con un mayor interés. De este modo, se consigue que las personas se comprometan con su cumplimiento y acepten posteriormente el proceso de evaluación.

c) Negociación del presupuesto con cada centro de responsabilidad

A partir de la confección del presupuesto de cada centro de responsabilidad, la dirección y/o, si existe, el comité de presupuestos ha de revisar todos y cada uno de los distintos presupuestos. En este proceso es habitual que se tengan que realizar varias revisiones del presupuesto inicial para lograr su adecuación con los objetivos de la dirección.

Es importante que haya una negociación en la que cada directivo departamental acabe comprometiéndose con su presupuesto. Es recomendable que, en éste, existan unos objetivos que supongan un nivel de reto, que sea alcanzable pero ambicioso, de manera que estimulen a los responsables a su logro y eviten la desmotivación por suponer que no se puedan alcanzar o, principalmente, porque no se tenga en cuenta su opinión.

En las revisiones del presupuesto inicial, es necesario que la dirección tenga en cuenta la trayectoria histórica de la empresa y de cada centro en particular, así como los objetivos y las expectativas a corto y medio plazo. También, que en todos los cambios que proponga la dirección se respeten las opiniones de cada responsable y se justifiquen las razones de las revisiones. Igualmente, en esta negociación, es necesario que la dirección asegure la coherencia entre los presupuestos de los diferentes centros de responsabilidad entre sí y con los objetivos y estrategia globales de la empresa.

d) Integración de los diferentes presupuestos por centro de responsabilidad

Para que el presupuesto sea un instrumento útil es necesario que sea coherente con la estrategia de la empresa y con los recursos disponibles. Si se estimara que esto no se produce, debería volverse a las fases anteriores para ser reelaborado. Es por ello que, a partir de la integración de los diferentes presupuestos, quizás sea necesario realizar ajustes adicionales que supondrían volver a las fases anteriores hasta conseguir el presupuesto integrado adecuado. En este caso, cada responsable de un centro deberá negociar con los niveles jerárquicos, superiores e inferiores, aquellas modificaciones pertinentes, teniendo en cuenta las consideraciones realizadas anteriormente.

Es importante que, a lo largo del proceso presupuestario y, en particular, al realizar la integración, se efectúen reuniones interdepartamentales que permitan dar una visión de conjunto a los distintos responsables para clarificar y orientar la actuación y el proceso de decisión de cada centro.

A partir de la integración de los diferentes presupuestos, se confeccionará el presupuesto de tesorería, el balance de situación y el cuadro de origen y aplicación de fondos provisionales.

e) Aprobación del presupuesto integrado

A partir de la elaboración del presupuesto integrado se procederá a su aprobación. La aprobación del presupuesto puede hacerse por parte de la dirección, de la casa matriz o del consejo de administración, según las características específicas de cada empresa. Dado que el presupuesto integrado cuantifica los objetivos y los programas de acción, aquél reflejará los aspectos monetarios de la estrategia de la empresa para el próximo período. Esto será una guía para el comportamiento de cada centro de responsabilidad, un instrumento para evaluar sobre la marcha y «a posteriori» el resultado de cada centro y la autorización para la realización de los gastos e inversiones señalados por el presupuesto.

f) Revisión del presupuesto

Es frecuente que, una vez aprobado el presupuesto, y durante el año, se produzcan circunstancias que puedan modificar más o menos sustancialmente las características que han servido para la realización del presupuesto inicial. Sin embargo, sólo si son razones estructurales importantes es conveniente la revisión del mismo: cambios inesperados en el entorno (crisis de ventas, inflación muy elevada, etc.), cambios en alguna actividad importante, cambios en los estándares, introducción o eliminación de alguna actividad significativa. Para compensar este desajuste del presupuesto se pueden realizar estimaciones que permitan tener un conocimiento del impacto de dichos cambios, y anticipar su efecto en el resultado para no perder de vista el presupuesto inicial.

4.1.2. *Previsión de las variables económicas como punto de partida del proceso presupuestario*

La necesidad de anticiparse a los cambios del entorno, para mantener y mejorar la competitividad empresarial, exige realizar un ejercicio permanente de previsión del entorno organizativo que permita reducir la incertidumbre del futuro y facilitar el proceso de adaptación de la empresa a ese entorno. Mediante la previsión se intenta establecer cuál será el escenario y el entorno futuros de la empresa, y a partir de aquélla se realizará la planificación, proceso mediante el cual la empresa trata de proyectar el futuro que desea alcanzar intentando identificar los recursos que necesita para lograrlo. Con el ejercicio de previsión no se trata únicamente de decir exactamente cuál será el futuro, sino más bien anticipar las posibles alternativas que se pueden presentar antes de que no haya tiempo para reaccionar.

Por otra parte, el punto de partida de la elaboración del presupuesto es la previsión de ventas. La previsión de ventas trata de anticipar de forma cuantificada las expectativas de ventas en unidades de los diferentes productos en los diferentes mercados, así como sus precios respectivos, teniendo en cuenta las circunstancias que condicionan la evolución de la empresa. Para su realización hay que tener en cuenta una serie de aspectos:

- el macroentorno o entorno global (tecnológico, sociocultural, político, económico) y el microentorno o entorno específico del sector o de los segmentos en los que opera la empresa (clientes, competencia, productos complementarios y sustitutivos),

- el tamaño del mercado, la cuota de mercado que tiene la empresa, la trayectoria histórica de las ventas y del mercado y el posicionamiento de la empresa dentro de aquél,

- la política comercial de la empresa (precios, gama de productos, política de distribución, política de promoción) y

- la capacidad de producción y distribución.

Esta previsión de ventas debe realizarse para cada centro de responsabilidad que asume funciones comerciales, así como para cada producto (o familia de productos) y mercado (o zona geográfica). A partir de aquí se puede analizar la evolución del mercado potencial y la participación de la empresa en él. A partir de la previsión de las ventas tanto a largo como a corto plazo se articula todo el proceso de planificación: planes de inversiones, política de financiación, políticas de investigación y desarrollo, de compras, de producción y de comercialización (o marketing).

Por su parte, la previsión de gastos está estrechamente relacionada con la de ventas. La previsión de gastos debe centrarse en la estimación del coste de las materias primas, del coste de personal, de los gastos financieros, de los gastos indirectos en general (alquileres, tributos, suministros, transportes, etc.), de la adquisición de tecnología, de los impuestos, etc. Así, al igual que en la previsión de ventas, hay que centrarse en una serie de aspectos:

- el macroentorno o entorno global,

- el microentorno o entorno específico del sector,

- la trayectoria histórica de los gastos,

- la fase del ciclo de vida de sus productos y

- las políticas de investigación y desarrollo, de compras, de producción, de distribución y de financiación.

4.2. El proceso de evaluación y control a posteriori

La evaluación se realiza a partir de la comparación de los resultados del período con los objetivos iniciales (o también comparándolos con los resultados de otros períodos, o con los resultados de otras empresas del sector, o con las expectativas subjetivas e intuitivas no explicitadas).

La realización del proceso de planificación permite evaluar explícitamente el grado en el que la actuación de cada centro o responsable ha permitido el logro de los objetivos, lo cual, a su vez, facilita:

- hacer explícitos los criterios de evaluación,

- realizar el control por excepción,

- contribuir a incrementar el propio conocimiento sobre la capacidad de la empresa y de sus componentes para alcanzar los objetivos,

- ayudar a la determinación de las causas que han dificultado el logro de los objetivos y

- la adopción de acciones correctivas.

El proceso de evaluación mediante un sistema formalizado permite:

- valorar en términos cuantitativos si cada departamento o responsable ha obtenido los resultados preestablecidos (referentes al importe de sus gastos, a los costes unitarios de producción, al volumen de ventas, al margen, a la rentabilidad, a la eficiencia de las inversiones y a la solvencia financiera entre otros),

- valorar los factores que intervinieron en su consecución o no (variaciones en los precios de venta o de compra previstos, desviaciones en los consumos estándares de recursos de materiales o de mano de obra, variaciones en el número de unidades vendidas o fabricadas, variaciones en los gastos indirectos de los departamentos que se habían presupuestado, variaciones en la política de inversiones o de financiación) y

- facilitar las decisiones correctivas que permitan la mayor eficacia de la empresa.

En el diseño del sistema de evaluación es necesario considerar los siguientes aspectos:

- la información que debe recibir cada directivo,

- el grado de utilización de la información en el proceso de evaluación,

- los mecanismos de evaluación,

- la importancia otorgada a las desviaciones y

- el sistema de incentivos vinculados con los resultados obtenidos.

Disponer de un cuadro de indicadores de control permite centrar el proceso de evaluación en su seguimiento otorgando el énfasis principal a aquellos cuyo comportamiento pueda tener un carácter excepcional (control por excepción) porque su variación es más significativa o su impacto en el resultado es mayor.

A partir de la formulación de objetivos iniciales y la elaboración de los presupuestos, se realiza la evaluación de la actuación y del resultado de cada centro. Cuando se utilizan presupuestos, dicha evaluación se realiza en función del cálculo de las desviaciones respecto a los objetivos iniciales considerados en el presupuesto de cada centro de responsabilidad.

Inicialmente, se han establecido unos objetivos (de acuerdo con las características de cada centro) y un presupuesto. Durante un determinado período, se habrán producido unos resultados reales que implicarán unas variaciones favorables o desfavorables respecto a los objetivos y el presupuesto inicial y que pueden implicar una adecuada o inadecuada actuación. La cuestión que se plantea es cómo evaluar estas desviaciones.

De igual forma que en el proceso de elaboración del presupuesto, el análisis de las desviaciones debe estar vinculado con la estrategia de la empresa y la política específica de cada centro. Igualmente, debe estar vinculado a la estructura organizativa de la empresa y a las responsabilidades específicas de cada centro. En particular, en la evaluación se trata de concretar para cada uno de los diferentes centros de responsabilidad sus desviaciones respecto a los objetivos en términos económico-financieros en aquellos aspectos que sean de su responsabilidad. A partir del cálculo de estas desviaciones se determinarán las causas que las han producido y se tomarán las oportunas acciones correctivas.

El cálculo de las desviaciones puede hacer referencia a diferentes aspectos. Las desviaciones más habituales se suelen calcular:

- respecto a las ventas (desviación en precios de venta, o en unidades por productos, o en áreas geográficas),

- respecto a los costes de ventas (desviación en composición, en consumo y en precio de los factores productivos) y

- respecto a los costes de estructura de cada departamento.

Estos cálculos permiten evaluar más fácilmente la actuación de cada centro.

Para que la comparación y análisis de los resultados preestablecidos con los obtenidos pueda ser válida, además de oportuna en el tiempo, es necesario tener en cuenta que:

- los objetivos iniciales deben seguir siendo realistas. Esto se puede conseguir en mayor medida cuando en el proceso de elaboración de los presupuestos se utiliza un presupuesto flexible en función de varios niveles de actividad, y se ha realizado una adecuada planificación de las variables del entorno y de la organización, así como se ha involucrado a los diferentes responsables en aquéllos,

- la información debe ser objetiva. Para ello es necesario utilizar criterios objetivos y consensuales que permitan la adecuada asignación de los resultados a los centros responsables de su obtención,

- la interpretación de la información debe realizarse de forma flexible considerando las circunstancias favorables o desfavorables que han podido influir en la actuación de cada unidad, pues puede suceder que haya desviaciones que se hayan producido como consecuencia de las decisiones o acciones de otros centros o de cambios imprevisibles en el entorno,

- la evaluación debe distinguir entre las diferencias en las previsiones, que cuando se deben a factores ajenos al centro, en principio, no le serían imputables, y la desviación en el cumplimiento de los objetivos cuando corresponden a factores que son controlables,

- la evaluación ha de permitir analizar y determinar las causas de los resultados obtenidos, con el objeto de permitir tomar las necesarias acciones correctivas, y

- la evaluación ha de contribuir a reflexionar sobre los criterios de partida que han guiado la confección del presupuesto.

Cuando se trata de evaluar la actuación de un determinado centro de responsabilidad, deben considerarse únicamente aquellas variables que son directamente controlables por dicho centro. Así, por ejemplo, una sección de fabricación se evaluaría en función de los costes en que ha incurrido para la producción de las unidades y no por los gastos generales que se le han podido imputar (por ejemplo, alquileres, tributos). Además, para lograr una evaluación más objetiva, a un centro de producción se le deberían calcular las desviaciones producidas respecto al presupuesto inicial, en función del presupuesto ajustado al volumen real de producción (horas o unidades) mediante la utilización de un presupuesto flexible. En la práctica, cuando no hay una completa descentralización, no siempre es fácil discernir entre los conceptos que son controlables por un centro o por otro porque suelen producirse interdependencias. Así, hay centros cuyo resultado depende de decisiones tomadas en otros centros o puede ser afectado por ellas. Así, la descentralización facilita la distinción entre las variables que son controlables por un responsable y las que no son directamente controlables por él.

Una determinada programación de la producción puede ser buena si es la adecuada para seguir el ritmo deseado por el departamento comercial, pero el cumplimiento de los objetivos del departamento de producción depende del funcionamiento del departamento comercial. Igualmente, si el departamento comercial requiere la realización de cambios en el programa de producción para adecuarse a la urgencia de un determinado cliente, ello puede provocar una menor eficiencia en el consumo de recursos sin que sea responsabilidad de fabricación.

Cabe señalar que la evaluación se enfrenta a una serie de dificultades que están ligadas a:

- la limitada fiabilidad de las previsiones que se puedan realizar en las circunstancias actuales,

- la dificultad de evaluar los aspectos estratégicos con un horizonte de control anual,

- la influencia de aspectos no controlables en la actuación individual,

- la existencia de asimetría de información entre el que evalúa y el que es evaluado (es decir que el evaluado tenga mayor información y conocimiento de las tareas que realiza). Esto sucede porque la complejidad de las actividades actuales conlleva a que este último tenga un mayor conocimiento de las actividades que la persona que le controla, y

- la subjetividad de la percepción del que realiza la evaluación sobre la actuación de un determinado centro.

5. El control de gestión en la práctica: el sistema de control de una empresa del sector lácteo

En este apartado se presenta el estudio del sistema de control de gestión de una empresa del sector de derivados lácteos como caso ilustrativo de las posibilidades que permite la utilización de un sistema de control de gestión.

INDUSTRIAS LÁCTEAS DEL PIRINEO, S.A., es una sociedad española dedicada a la fabricación y comercialización de productos derivados de la leche, en particular yogur y postres (flan y cuajada). Para ello dispone de dos fábricas, ubicadas en la provincia de Gerona y en la provincia de Santander, dos centros recolectores de leche cerca de cada fábrica y seis almacenes distribuidores regionales.

Sus ventas han ascendido a 11.500 millones de ptas. A pesar de que tradicionalmente la empresa tenía una reducida introducción en las grandes superficies, en los últimos años se ha intensificado de forma progresiva su penetración en este canal. Así, la empresa vende, básicamente, a comercios detallistas que representan un 80% del total de sus ventas.

5.1. El entorno del sector

En la última década se han producido importantes cambios socioculturales. Por un lado, ha habido una uniformización de la demanda y la transformación cualitativa de ésta hacia productos «light», como la leche desnatada y los productos bajos en calorías o sin azúcar. Paralelamente, hay unas mayores exigencias de calidad, a lo cual contribuye el aumento de organizaciones de protección al consumidor. Por el otro, hay una mayor preocupación por la preservación del medio ambiente que obliga a la realización de inversiones para la reducción de la contaminación y los residuos. Igualmente hay unas mayores regulaciones administrativas en el sector, añadidas a que el precio de la leche está regulado por el gobierno, dirigidas a la minimización de la contaminación y al cumplimiento del código alimentario y de las normas sanitarias y de etiquetaje.

A nivel económico hay que señalar los cambios en la distribución (por la reducción de detallistas tradicionales y el aumento progresivo de supermercados y grandes superficies) y el aumento de la competencia (tanto por la entrada de empresas extranjeras como por la introducción de nuevos productos), que han propiciado un progresivo proceso de concentración, una pérdida del poder de negociación de los fabricantes respecto a los distribuidores y una intensa guerra comercial a través de la promoción en el punto de venta y una fuerte publicidad. En cuanto a productos sustitutivos, la demanda presenta una sensibilidad a los precios y calidad de la fruta.

Las nuevas formas de distribución (hipermercados, supermercados y autoservicios) han pasado de un 29% del mercado en 1975 a un 75% en 1990, en detrimento de los comercios detallistas tradicionales. Así, los autoservicios suponen un 15% del mercado, los supermercados un 40% y los hipermercados un 20%. Esto ha conllevado la progresiva disminución de mayoristas al aparecer centrales de compra e hipermercados. El número de establecimientos de distribución está en descenso. De 113.239 (en 1984) a unos 100.000 en la actualidad.

Hoy, la situación del mercado es tal que para vender hay que situarse alrededor del precio de mercado y diferenciarse en la calidad (características físicas del producto, disponibilidad del producto en el punto de venta). En el sector se acepta que los factores críticos del éxito son disponer de una red de distribución eficaz, una plantilla profesionalizada, una estructura de costes racional, una marca implantada en el mercado (con información clara en el etiquetado y una presentación atractiva) y un alto nivel tecnológico tanto en productos como en procesos.

5.2. La estrategia y la estructura organizativa de la empresa

Gracias al carácter protegido y expansivo del que se ha beneficiado este mercado hasta mediados de los años 80, la estrategia de la empresa, no formalizada en ningún plan, se orientaba hacia la producción, haciendo fuertes inversiones para modernizar continuamente sus instalaciones y otorgando un limitado énfasis a los aspectos de marketing. Igualmente, en la empresa dominaba el día a día, con muy pocas referencias al medio o largo plazo.

Sin embargo, a partir de mediados de los 80 la estrategia empezó a otorgar mucho más énfasis al marketing y a la diferenciación respecto a la competencia a través de la calidad, imagen e innovación. A nivel comercial, la estrategia de la empresa se empezó a orientar hacia una ampliación de la gama de productos (productos dietéticos, nuevos sabores), a una progresiva diversificación en nuevos productos y a una mayor penetración en el mercado español y en el mercado de las grandes superficies (en detrimento de la autoventa). Para ello intensificó los acuerdos de colaboración con la multinacional que participaba en la sociedad. Como consecuencia de los esfuerzos realizados en la última década, la empresa INDUSTRIAS LÁCTEAS DEL PIRINEO, S.A., tiene una cuota de alrededor del 10% del mercado.

Cada año, el departamento de control de gestión coordina la confección del plan estratégico. Éste es de periodicidad anual y comprende un período de tres años. El departamento de control de gestión de la central integra la información de las diferentes unidades y la presenta a la dirección general y al comité de dirección para proceder a su discusión y aprobación. El proceso estratégico es poco rígido y periódicamente se revisa. Además, se cambia si se estima necesario. En él intervienen todos los responsables de departamento y al final es el comité de dirección el que decide su aprobación final.

La organización de INDUSTRIAS LÁCTEAS DEL PIRINEO, S.A., también ha experimentado un significativo cambio desde mediados de los años 80. La empresa ha aumentado su descentralización hasta llegar a cotas bastante elevadas. Para facilitar esta descentralización anualmente se elabora un programa de objetivos y un presupuesto para cada centro. En este proceso hay una elevada participación de los diferentes responsables. La empresa se caracteriza por tener una estructura funcional poco burocrática y bastante flexible, con responsabilidades claras, una elevada racionalización y la retribución de la dirección y cuadros intermedios se establece según el mercado.

Desde mediados de los años 80, la cultura de esta empresa ha cambiado notablemente. Ahora promueve la iniciativa individual, la eficacia y los resultados. Además, predomina un estilo profesional y una clara orientación al mercado, y se ha reducido la distancia jerárquica y la importancia de la fidelidad. El estilo de dirección de la mayor parte de sus directivos es bastante profesional, con una tendencia mayor al trabajo en equipo y con énfasis en la utilización de instrumentos de gestión formalizados en detrimento de la supervisión directa y el control informal. Las relaciones interpersonales son bastante buenas, aunque se ha reducido la identificación que había anteriormente con la empresa. Esto se refleja en la rotación de los cuadros intermedios de perfil más profesional. Los cuadros directivos y los mandos intermedios son en su mayor parte universitarios. Además, la mayor parte de éstos tiene formación en gestión, financiada al 100% por parte de la empresa. Regularmente, la empresa organiza cursos y seminarios internos de reciclaje y desarrollo directivo.

La empresa cuenta en estos momentos con una plantilla de 500 personas. De la dirección general de la sociedad dependen, como función staff, el controller y, como funciones en línea, los directores de los cinco departamentos en que está organizada la empresa: un director de compras, que coordina a los directores de los dos centros recolectores de leche, un director industrial, que coordina a los directores de cada una de las dos fábricas, un director comercial y de marketing, que coordina a los seis almacenes distribuidores regionales, un director financiero y un director de servicios generales.

Las funciones del controller se centran en la coordinación de la realización del plan estratégico y del proceso presupuestario anual y la presentación de la información mensual sobre los resultados (tanto las desviaciones en términos financieros como la información no financiera). De él depende funcionalmente el controller de cada una de las dos fábricas.

En cuanto al director de compras, se encarga de la realización de las compras a los proveedores a partir de las especificaciones, condiciones de pago y características de los materiales que indican ingeniería de calidad y el departamento financiero. De la dirección de compras dependen los dos centros recolectores.

El director industrial se responsabiliza de la ingeniería de calidad, la ingeniería de procesos (disponiendo de una elevada autonomía para decidir la política de inversiones y hacer propuestas para la racionalización del trabajo), la programación anual de la producción y la contratación de personal de las dos fábricas. Las actividades de cada fábrica son coordinadas por el director industrial, que fija las políticas generales a largo plazo, pero hay una amplia descentralización para cada centro. La fabricación está supeditada a las necesidades del departamento comercial, de manera que se puede cambiar el programa de fabricación si así lo aconseja el director comercial. En la central hay dos departamentos, ingeniería de calidad e ingeniería de procesos. La planificación de la producción se hace a nivel nacional mediante un proceso informatizado que permite su optimización. A partir de esta planificación general cada fábrica y centro regional hace su planificación.

Cada fábrica está dirigida por un director de fábrica que depende jerárquicamente del director industrial. En posición staff hay un controller por fábrica (depende funcionalmente del controller de la central). En cada fábrica hay cinco departamentos, con un responsable al frente de cada uno que depende jerárquicamente del director de fábrica: almacén de materias primas (recepción de las materias primas y del almacenaje de los ingredientes y del material de embalaje); producción, que coordina a los encargados de cada uno de los dos turnos del proceso de producción (de él dependen las secciones de proceso, con personas que son comunes a las diferentes líneas de producción, de envasado, que tiene cuatro líneas, y almacenaje de productos acabados); laboratorio, que depende funcionalmente de ingeniería de calidad de la central y realiza el control de calidad de las materias primas recibidas, de los productos en curso y de los productos acabados; mantenimiento, que depende funcionalmente de ingeniería de procesos de la central y realiza el mantenimiento del equipo productivo y la generación de energía para la fábrica, y administración de fábrica, que depende funcionalmente del departamento financiero de la central. En cada fábrica hay en total unas 100 personas.

La dirección comercial se responsabiliza de la política de precios, de la política de distribución y de la política de promoción. Igualmente se encarga de las negociaciones con las grandes cadenas e hipermercados. Del director comercial dependen los directores de los seis almacenes regionales distribuidores con los que negocia la política comercial de cada centro. Cada almacén cubre unas 10 rutas de venta y está estructurado en cinco departamentos: almacén, servicios generales, merchandising, administración y supervisores de ruta. De los supervisores dependen los responsables de ruta (2 personas para cada una de las diez rutas). En cada almacén hay unas 38 personas. Los responsables de ruta se encargan de la autoventa y, en el caso de venta a detallistas, del cobro y la recogida de pedidos con una semana de antelación. El director de cada almacén no puede cambiar los precios, pero sí tomar decisiones respecto a los descuentos y acciones promocionales para asegurar y aumentar las ventas.

El director financiero se responsabiliza de la realización de la contabilidad financiera (con la colaboración de un asesoramiento fiscal externo) y de la contabilidad analítica, según las especificaciones indicadas por el controller. Igualmente, asume la responsabilidad de la gestión de cobros y de pagos a clientes y proveedores, la gestión y negociación con las entidades financieras, y la informática. De él dependen funcionalmente tanto la administración de fábrica como la de los almacenes distribuidores regionales.

En cuanto a la función de control de gestión, ésta dependía de la dirección administrativa y financiera y era realizada por el departamento de contabilidad. Por lo que respecta a la contabilidad de gestión, desde finales de los años 50 la compañía había introducido un sistema muy simple de cálculo de los costes de producción. Hasta esta fecha la contabilidad se limitaba a la contabilidad financiera (complementada con unos escandallos extracontables) que permitían la confección de los balances mensuales y de las cuentas de resultados. Hasta mediados de los años 70 no existía una información demasiado analítica, había un limitado desglose de los resultados por departamentos y por productos, y no se elaboraban presupuestos anuales. Desde 1975 la información se fue mejorando progresivamente gracias a la contratación del diseño e implantación de un nuevo sistema de costes vinculado a un sistema presupuestario. Sin embargo, el sistema estaba excesivamente orientado al cálculo de los costes de producción y a la valoración de inventarios con una limitada orientación a la gestión.

5.3. *Proceso de fabricación de INDUSTRIAS LÁCTEAS DEL PIRINEO*

El proceso empieza a partir de la recepción de la leche en los centros re-colectores. Desde éstos, la leche se transporta a las fábricas, donde se transforman las materias primas (leche e ingredientes como el azúcar, vainilla, etc.) en los productos acabados. De las fábricas se transporta el producto acabado a los almacenes distribuidores regionales y desde éstos a los distribuidores. En cada fábrica hay varias líneas para la fabricación del yogur. En la fábrica de Gerona hay dos líneas de yogur y dos de postres (una de cuajada y otra de flan), y en la de Santander tres de yogur y una de cuajada. El proceso de fabricación está totalmente automatizado. La producción es de tipo continuo, aunque por razones de coste sólo funcionan dos turnos de día. La realización de un turno de noche implicaría una duplicación del equipo directivo de fábrica y, en especial, de mantenimiento y laboratorio.

El proceso de producción se inicia en los centros recolectores. Al recibirse la leche de los ganaderos ésta se almacena en los depósitos de recepción. Desde el depósito se lleva por una tubería a un proceso en el que se higieniza y homogeniza con el objeto de sacarle las partículas y uniformizar los gránulos de grasa. Una vez homogeneizada pasa por un proceso de pasteurización en el que se calienta la leche para proceder a la eliminación de gérmenes y luego a un nuevo depósito a la espera de su transporte a la fábrica con camiones cisterna frigoríficos.

Cuando la leche del centro recolector se recibe en la fábrica, se mantiene en el depósito de recepción a la espera del inicio del proceso de fabricación del yogur o de los postres. Para la fabricación del yogur la leche pasa por un proceso en el que se desnata obteniéndose leche semidesnatada y nata líquida. Esta última se considera como subproducto, que se utiliza, en parte, para la fabricación de los postres pero que en su mayor parte se revende. Una vez obtenida la leche semidesnatada pasa por una tubería hacia la sección de envasado. Antes de que llegue a esta sección se le inyectan fermentos a través de una bomba dosificadora. En la sección de envasado se le incorpora el plástico, aluminio y papel, para pasar a fermentación y, posteriormente, a la cámara de enfriamiento, de donde se envía posteriormente a la cámara de almacenamiento a la espera de su transporte a los centros distribuidores para su comercialización.

En cuanto a los postres (flan o cuajada), pasan por el mismo proceso, aunque el envasado se hace en líneas diferentes. Desde el depósito de recepción de la leche, ésta pasa a un depósito en el que se mezcla con el azúcar, vainilla, fécula, nata líquida y demás ingredientes del producto final. Estos ingredientes, a partir de su recepción, análisis y control por el laboratorio y después de ser pesados automáticamente, se introducen en las mezcladoras en las adecuadas condiciones de granulometría y humedad. De este depósito pasa a esterilización y, posteriormente, a envasado para ser guardado en la cámara de almacenamiento a la espera de ser transportado a los almacenes distribuidores regionales.

5.4. La función del control de gestión

En cuanto a la función de control de gestión, la figura del controller y del departamento de control de gestión aparecen por vez primera en el año 1982 cuando se crea el departamento. Inicialmente este departamento depende de la dirección financiera y sus funciones se centran en la confección de los presupuestos y en la preparación del reporting para la dirección. El perfil del controller, con 40 años en el año 1982, era de ingeniero industrial y economista, y con 12 años de antigüedad en la empresa en departamentos técnicos y administrativos. Persona de gran iniciativa y experiencia ha aportado sus conocimientos a la gestión de esta área. Además, desde 1987 el controller es staff de la dirección general responsabilizándose también de la coordinación del proceso estratégico.

Por lo que respecta al sistema de control de gestión, la década de los años 80 ha representado un período de intensos desarrollos. Hasta 1982 existía una contabilidad de gestión muy contable y poco orientada a la gestión. A partir de esta fecha, y coincidiendo con un profundo cambio organizativo, se introdujo un sistema contable analítico y presupuestario bastante desarrollado.

El control en esta empresa es relativamente sofisticado y formalizado. El sistema de control se basa en las responsabilidades, autoridad y grado de descentralización de cada unidad con el objetivo de aislar las desviaciones de cada centro. Uno de los elementos fundamentales del sistema de control es la contabilidad de gestión complementada con indicadores no financieros, tanto internos como externos.

En cuanto al sistema de costes, el cálculo del coste de fabricación es relativamente sencillo al no tener demasiada importancia dentro del coste total y la imputación de los costes controlables por cada sección se realiza en función de los kilogramos.

El proceso de planificación se realiza a partir de la elaboración de los presupuestos anuales y mensualizados de ventas por parte del departamento comercial. Esto no tiene demasiada complejidad por ser un mercado de crecimiento moderado y bastante previsible. Además, cada centro elabora el presupuesto de sus gastos en función de la actividad prevista. A partir de todos ellos el departamento de control hace la consolidación del presupuesto global.

El proceso presupuestario está vinculado con la planificación estratégica y se realiza con una elevada involucración tanto de los responsables de las fábricas como de los responsables de los departamentos. La información previsora que suministra el sistema de control de gestión es bastante detallada con el objetivo de que haya una eficaz utilización del presupuesto.

En cuanto al proceso de evaluación, el sistema de control de gestión tiene un peso muy importante en la evaluación. Ésta se realiza en función de la previsión inicial y de los datos reales cuya comparación mensual permite la determinación de las desviaciones de cada unidad. Además, se utilizan en igual o mayor medida los indicadores no financieros. Por otra parte, los directores de los departamentos y de las fábricas muestran una elevada satisfacción con el sistema de información y control existente para evaluar la actuación de cada unidad.

5.4.1. Centros de responsabilidad e indicadores de control

La intensificación de la competencia y la necesidad de racionalizar la estructura de costes de la empresa, han motivado que el sistema de control tenga un papel muy importante en el proceso de dirección de INDUSTRIAS LÁCTEAS DEL PIRINEO, S.A. Así, el sistema de control está bastante formalizado y en él tiene un papel importante el control por centros de responsabilidad en base a la contabilidad de gestión. Ésta se complementa además con información adicional de carácter técnico y comercial.

El control de gestión se realiza para cada uno de los centros de responsabilidad que dependen de la dirección general y de las respectivas direcciones departamentales, es decir:

- dirección de departamentos de la central (dependiendo directamente de dirección general):

- dirección de compras,

- dirección industrial,

- dirección comercial y de marketing,

- dirección financiera,

- dirección de servicios generales y

- control de gestión;

- dirección de cada uno de los dos centros recolectores (un responsable en cada centro), que dependen de la dirección de compras;

- dirección de cada una de las dos fábricas (un responsable en cada fábrica), que dependen de la dirección industrial;

- dirección de cada uno de los seis almacenes distribuidores regionales (un responsable en cada centro), que dependen de la dirección comercial.

La estructura de control de INDUSTRIAS LÁCTEAS DEL PIRINEO, S.A., se ha definido en base a las características de la estructura organizativa. Éstas son básicas en el diseño del sistema de control de cada unidad al definir las funciones que debe realizar cada centro responsable y el grado de responsabilidad que tiene en las decisiones. En INDUSTRIAS LÁCTEAS DEL PIRINEO, S.A., la fijación de precios de transferencia entre unidades, permite que las unidades sean totalmente independientes entre sí y se pueda medir específicamente su resultado. Los centros recolectores transfieren la leche a las fábricas a un precio estándar establecido a principios de año, y éstas hacen lo mismo con los productos ya fabricados a los almacenes distribuidores regionales. El precio de transferencia lo establece el Comité de Dirección y se calcula a partir de la confección del presupuesto y del sistema de costes.

El control de la actuación de cada centro se realiza tanto en función de su resultado, medido en términos monetarios (ver el *cuadro 2*), como de indicadores financieros y no financieros (ver el *cuadro 1*). A efectos de control sólo se consideran centros con responsabilidad financiera los departamentos de la central, los centros recolectores de leche, las fábricas y los almacenes distribuidores regionales. Esto implica que sólo se elabora cuenta de resultados para los responsables de estos centros, mientras que a los demás centros se les controla con indicadores no financieros. Éstos se miden de forma extracontable a partir de la información suministrada por departamentos de carácter técnico y comercial.

Unidad	Tipo de centro	Indicadores financieros	Indicadores no financieros
Dirección de compras	Costes	Gastos Precio de coste Rotación stocks	Calidad Garantía de suministro
Dirección industrial	Costes	Consumo M.P. Costes Rotación stocks	Absentismo Calidad técnica Productividad de las líneas Mermas
Dirección comercial	Beneficio	Ventas Gastos Beneficio (a coste de ventas estándares) Rotación stocks Plazo de cobro Devoluciones Mermas	Ventas (unidades) Mermas Calidad de servicio Participación de mercado Notoriedad de marca Efectividad de las promociones
Otras direcciones de la central	Gastos	Gastos	Cumplimiento de objetivos cualitativos

Cuadro 1. Centros de responsabilidad e indicadores de control

Cada año, el responsable de cada centro negocia con su superior jerárquico los objetivos del centro desde una perspectiva tanto específica como global de empresa y de acuerdo con los planes estratégicos y anuales. Estos objetivos se plasman en la DPO (dirección por objetivos) y en los presupuestos del centro. De esta manera cada centro cuenta con un presupuesto establecido en función de los objetivos. Esto facilita el proceso de descentralización y el control por excepción de la central.

Mensualmente se elabora, a partir de los resultados del período, un cuadro de mando en el que se presenta la evolución de los indicadores financieros, acompañados de la cuenta de resultados de cada centro cuando corresponda, con sus desviaciones respecto a los resultados, y también de los indicadores no financieros.

Unidad	Variable clave	Indicadores	Fórmula de medición	Sistema de medición
Dirección de compras	Calidad técnica	(Ver dirección industrial)	Fórmulas técnicas	(Ver dirección industrial)
	Garantía de suministro	N.º de rupturas de stocks	No hay indicador. Se mide por la ruptura de stocks	Registro manual
Dirección industrial	Calidad técnica	Bacteriología (en %)	Fórmulas técnicas	Medición automática en laboratorio de fábrica
		Presentación	Departamento de calidad	Control visual
	Rendimiento Producción	Productividad	Unidades producidas/hora	Medición automática por máquina
	Calidad de producción	Mermas (en %)	Consumo estándar de la producción real respecto al consumo real	Cálculo del departamento contable a partir del consumo previsto y real
	Absentismo	Presencia (en %)	Horas reales de presencia respecto a las previstas	A partir de horas reales y de la previsión
Dirección comercial	Ventas	Ventas en unidades	Unidades vendidas y kg vendidos (por productos, centros y principales clientes)	Registro automático por parte de los responsables de ventas
	Notoriedad de marca	Grado de conocimiento de marca	N.º de personas que conocen la marca de la empresa (%)	Encuesta de opinión a consumidores
	Calidad de servicio	Imagen de los responsables de rutas	Valoración de la imagen (de 0 a 10), siendo 10 la más positiva	Raport presentado por supervisores
		Imagen en punto de venta	Valoración de la imagen (de 0 a 10), 10 la más positiva	Encuesta de opinión a detallistas
	Liderazgo del mercado	Participación en el mercado (%)	% ventas de la empresa respecto al total	Informe Nielsen (por productos y familias)
	Efectividad Promociones	Satisfacción de detallistas (%)	% de satisfacción respecto insatisfacción	Encuesta de opinión a detallistas

Cuadro 2. Indicadores financieros y no financieros

5.4.2. El sistema de información

A partir de la introducción en la empresa y en la estructura organizativa y de control realizada en los apartados anteriores, en éste y en los siguientes se profundizará en las características del sistema de información contable.

La información contable se prepara tanto de forma previsora (a través de la fijación de objetivos y de la elaboración del presupuesto) como histórica, al final de cada mes, permitiendo el cálculo y análisis de las desviaciones. Así, el sistema de información facilita la formulación de objetivos y la toma de decisiones, la medición del logro de los objetivos y de la contribución económica de cada unidad al resultado global de la empresa, y la evaluación de la actuación de cada responsable.

La información del resultado de INDUSTRIAS LÁCTEAS DEL PIRINEO, S.A., se elabora a diferentes niveles de agregación:

- global de la empresa,

- por centros recolectores,

- por fábricas,

- por almacenes distribuidores regionales y

- por direcciones funcionales.

La información que prepara y consolida el departamento de control de gestión de la central se refiere al plan estratégico, al POA y al informe mensual.

El plan estratégico corresponde a la planificación estratégica. Es de periodicidad anual y comprende un período de tres años. Se prepara para cada fábrica y almacén distribuidor. El departamento de control de gestión de la central integra la información de las diferentes unidades y la presenta a la dirección general y al comité de dirección para proceder a su discusión y aprobación.

El POA corresponde al presupuesto operativo anual de cada unidad y consolidado. Es de periodicidad anual. Se prepara para cada centro recolector, fábrica y almacén distribuidor. El departamento de control de gestión de la central integra la información de las diferentes unidades y la presenta a la dirección general y al comité de dirección para proceder a su discusión y aprobación.

El informe mensual corresponde al cuadro de mando que resume la información financiera (a partir de la cuenta de resultados y de información del balance) y la no financiera, correspondiente a los indicadores de control de cada centro recolector, fábrica y almacén distribuidor. Se presenta al comité de dirección mensualmente para proceder a su evaluación. El formato de presentación de la información es idéntico para todos los centros (ver el cuadro 2).

Al objeto de preparar los informes mensuales de cada departamento:

- el director de cada centro recolector envía al director de compras de la central un informe sobre las compras del mes (calidad, cantidad, precio, etc.),

- el controller de cada fábrica envía al director de la fábrica, al director industrial de la central y al controller de la central un informe sobre los resultados del mes (consumo, costes, rendimiento, etc.), así como el cuadro de mando con indicadores no financieros,

- el director de cada almacén envía al director comercial de la central un informe sobre las ventas del mes (por productos, rutas, acciones comerciales, etc.) y los gastos incurridos, así como una evaluación de los indicadores no financieros.

La elaboración de la información está descentralizada en cada unidad y la responsabilidad de su recogida, procesamiento y posterior envío es asumida totalmente por los departamentos de administración de cada fábrica y almacén.

En el caso del centro recolector, la información de las operaciones que se realizan (leche recibida en litros y pesetas, leche transferida en litros) es introducida diariamente por un administrativo en el ordenador del centro. Esta información se procesa en el departamento administrativo de la central. Lo mismo sucede con las fábricas. El departamento administrativo de la fábrica registra las operaciones realizadas en el ordenador que está conectado on-line con la central de forma que ésta puede procesar simultáneamente la información.

El controller de cada fábrica prepara tanto los presupuestos de la fábrica (con el director de fábrica y los responsables de los diferentes departamentos) como el control mensual de las desviaciones. Para ello registra tanto aspectos financieros como no financieros obtenidos por otros departamentos. De esta manera, el departamento de control de gestión de la central sólo debe consolidar la información que recibe de cada unidad, con el objeto de presentar la información mensual a la dirección general.

La información financiera se obtiene a partir del proceso contable del sistema de costes. Éste es una adaptación del sistema full costing (aunque combina elementos del direct costing para facilitar la preparación de información para la toma de decisiones específicas) y se basa en el cálculo de los costes por proceso a partir del cual, y en función de las unidades equivalentes (litros, kilogramos, unidades de productos acabados), se determina el coste unitario por producto. La contabilidad de costes está integrada en un sistema presupuestario, con costes estándares, que permite simplificar la imputación de gastos y los cálculos de los costes de los productos y del almacén de productos acabados.

La información que permite el sistema es el coste total de cada centro, los costes por unidades equivalentes (kg) y por unidades de productos acabados, y la cuenta de resultados por centro.

La información utilizada en la contabilidad financiera y en la analítica es prácticamente la misma, de forma que las diferencias son limitadas. La amortización que se utiliza en la analítica coincide con la fiscal. La contabilización de los ingresos brutos por ventas se realiza por el precio de venta oficial de la lista de precios sin incluir el IVA. A partir del cálculo de descuentos (en factura y por naturaleza de los clientes) y de las operaciones comerciales (rappels, descuentos promocionales) se obtienen los ingresos netos. La mayoría de estos ingresos (a excepción de las ventas a cadenas y grandes superficies) son cobrados al contado por los mismos responsables de ruta que los ingresan en una cuenta de la sociedad. Cada responsable de ruta tiene una pequeña terminal de ordenador portátil en la que registran todas las operaciones que realizan. De esta manera al final del día se puede disponer de estadísticas de ventas por productos, rutas y almacenes.

La contabilización de los stocks de materias primas (leche, ingredientes, envases y embalajes) se realiza a precio promedio ponderado mediante un inventario permanente. Cada final de mes se hace un control visual de los depósitos de leche y demás conceptos con el objeto de estimar los consumos. Debe señalarse que a principios de año se ha calculado previamente el coste estándar que permite que se valore también el stock a este coste, con el objeto de calcular mensualmente las desviaciones entre el consumo real y el consumo teórico. El hecho de que cada fábrica sólo tenga unas 30 referencias de materiales simplifica todo el proceso de contabilización.

En cuanto a la valoración de existencias de productos en curso no representa ninguna dificultad porque al final de cada día se ha transformado toda la leche que se ha empezado a procesar. En cuanto a la contabilización de los stocks de productos acabados se hace a coste estándar de fabricación, para simplificar todo el proceso contable y facilitar el cálculo de las desviaciones.

La contabilización de los gastos por naturaleza (gastos de personal, trabajos, suministros y servicios exteriores, transportes, gastos diversos, tributos, amortizaciones), en la contabilidad financiera, permite el registro simultáneo (al estar el proceso automatizado y utilizarse varios códigos) de los costes por partidas analíticas para cada uno de los diferentes centros (recolectores, fábricas, almacenes, departamentos de la central). Las partidas analíticas utilizadas son gastos de personal, gastos de viaje, mantenimiento, agua, gas, electricidad, fuel, productos de limpieza, combustible y gastos de vehículos, primas de seguros, honorarios profesionales, transportes contratados, tributos y amortizaciones. En el caso de las fábricas, al registrar los gastos por naturaleza, se realiza la distribución primaria imputando directamente a los centros y a las líneas de producción cuando son directamente asignables. El sistema de costes es relativamente sencillo. Hay una limitada imputación de costes no directos a las secciones debido a la importancia del coste de la materia prima en el coste total de fabricación (un 80% del total) y sólo se imputan a las secciones de cada fábrica el coste de personal, el material de mantenimiento y las amortizaciones.

El sistema de información se basa en la asignación de costes a las diferentes unidades organizativas en función del consumo de recursos y responsabilidades. La asignación viene determinada por el departamento de control de gestión a través de criterios negociados con anterioridad (los gastos de personal según la plantilla de cada centro, la amortización según el inmovilizado de cada centro, el material de mantenimiento según el consumo de cada centro).

El sistema contable se fundamenta en la elaboración del presupuesto anual. Éste permite estimar, de forma provisional, el resultado de cada unidad organizativa y el coste estándar de los productos y calcular las desviaciones que se produzcan en función de los datos históricos. El cálculo del coste estándar se desarrolla en el siguiente apartado.

La información financiera que permite el sistema de control de gestión se complementa con información no financiera adicional para cada función de la empresa. En los centros ligados a la dirección de compras se utilizan indicadores como la calidad técnica o la garantía de suministro; en aquéllos ligados a la dirección industrial los indicadores utilizados son la calidad técnica, el rendimiento de las líneas de producción, las mermas o el absentismo y en los centros ligados a la dirección comercial son indicadores relacionados con ventas, mermas, notoriedad de marca, calidad de servicio, participación en el mercado o efectividad de promociones. En el cuadro 2 se presenta un detalle de estos indicadores y su sistema de medición.

5.4.3. Elaboración del presupuesto y determinación de los costes estándares

Anualmente se prepara el presupuesto de cada centro que comprende el de los otros diferentes centros que de él dependen. La estimación del presupuesto incluye sólo los conceptos que son directamente controlables y fáciles de imputar a cada responsable. El punto de partida del proceso presupuestario es el presupuesto anual de ventas por productos y almacenes, realizado en función de la tendencia histórica, las expectativas del mercado y las acciones comerciales. En función de la cuota objetiva de mercado se estudia la política de precios y la política promocional por tipos de clientes más adecuada. Una vez se ha aprobado el presupuesto anual se procede a su mensualización. A partir de él se elabora el programa de producción igualmente anual y por meses, global y para cada centro recolector y fábrica. En función de todo ello se realiza la planificación de compras y la asignación de recursos (número de turnos, contratación de nuevas personas, inversiones), se elaboran los presupuestos de cada centro (centros recolectores, fábricas, almacenes, departamentos de la central) y se predeterminan los costes estándares unitarios de los productos.

La planificación de producción se realiza en función del rendimiento previsto y de las horas disponibles que configuran la capacidad de producción. La estimación de la producción necesaria se efectúa en función de las ventas, de la capacidad de producción neta (deducido un porcentaje de mermas por roturas y fechas de caducidad) y de la política de stocks. La estimación de la producción necesaria se realiza en horas, para lo cual se convierten las unidades (en kg) en función del rendimiento previsto por hora (habiéndose previsto un determinado porcentaje de tiempos muertos).

El coste estándar de producción unitario se calcula considerando sólo el coste de las materias primas (especialmente la leche, que supone un 26% del precio de venta) y el coste de fabricación. En el coste de fabricación se incluyen todos los costes de una fábrica. Los gastos de los departamentos de la central y de los almacenes distribuidores regionales se consideran como de estructura y no se imputan al producto.

El coste unitario (por litro) de la leche se determina a partir del cálculo del coste estándar por el cual transfiere cada centro recolector la leche a las fábricas, y en él se incluye el coste de compra de la leche, el coste de los procesos realizados en el centro recolector y el coste del transporte a la fábrica. Para ello se hace una previsión del coste unitario de compra por litro de leche. A este coste se le imputa el presupuesto de los costes del centro recolector y de los gastos de transporte. Este importe total se divide por los litros de leche que recibirá cada centro. El coste total del centro se obtiene a partir de la multiplicación del coste unitario por los litros. La cuenta de resultados del centro se obtiene a partir de los costes totales menos el valor a precio de coste de la leche que transfiere a las fábricas.

A nivel de cada fábrica se calcula el coste estándar de las materias primas y el de fabricación. El cálculo del coste estándar de las materias primas por unidad de producto y por kg se efectúa para cada una individualmente (leche, azúcar, vainilla, fermentos, material de envasado y embalaje).

El de la leche, ya se ha dicho, se realiza a partir del coste estándar por el que cual la transfieren a las fábricas los centros recolectores. En cuanto a los demás ingredientes y materiales se hace una previsión del precio de compra. La estimación del consumo unitario de cada producto se elabora a partir de la formulación que suministra el departamento de ingeniería de calidad, suponiendo un determinado porcentaje de mermas y pérdidas que se negocia a principios de año. El consumo unitario multiplicado por el precio por unidad de materia prima (kg, litro, etc.) permite obtener el coste estándar unitario de materia prima. Al multiplicar éste por la producción prevista de cada producto se obtiene el coste total de materias. Este importe permitirá al departamento de compras realizar la planificación anual de compras de materias primas. El coste estándar de fabricación se determina a partir del cálculo, por separado, de los costes de envasado y almacenaje, de proceso, de energía y del coste fijo de fábrica. Para ello, cada fábrica prepara a principios de año su presupuesto de gastos por centros y líneas. El coste se calcula en unidades equivalentes (kilogramos).

Los costes anuales totales presupuestados de las secciones de envasado y almacenaje incluyen sólo personal, material de mantenimiento y amortizaciones y están distribuidos por líneas sin que se realice ninguna distribución secundaria a las líneas (excepto en el caso de la energía). Aquéllos se imputan directamente al producto (yogur, postres) en función de la producción anual prevista de cada uno de ellos, obteniéndose el coste estándar unitario en el que se detalla el importe específico de cada concepto.

Los costes de energía se distribuyen (distribución secundaria) a las líneas de envasado y almacenaje de los productos respectivos. Para ello se hace una estimación del precio de la energía por hora y del consumo por línea y hora. Este consumo se predetermina a partir y en función de estándares preestablecidos que se revisan anualmente. Esto permite conocer el coste por línea y hora. En función de la producción por hora de cada línea se calcula el coste de energía por cada unidad de producto.

Los costes anuales presupuestados de la sección de proceso, por ser comunes a las diferentes líneas de producción, se imputan directamente a los productos, en función de los kg de producción prevista y proporcionalmente a la participación de cada producto. Así se obtiene el coste estándar unitario de proceso.

El conjunto de los costes fijos de la fábrica (dirección de fábrica, laboratorio, mantenimiento y almacén de materias primas) se distribuyen directamente a los productos según los kg de producción correspondientes a cada uno de ellos, obteniéndose así el coste unitario.

Mediante la suma del coste de fabricación de un kg de cada producto, resultante de la imputación de los costes de envasado y almacenaje, de proceso, de energía y de los fijos de fábrica, se calcula el coste de cada unidad en función de su peso estimado. Multiplicando este coste unitario por la producción prevista se tienen los costes totales por productos que han de coincidir con los costes totales de la fábrica.

Al coste estándar de fabricación por unidad y por kg se le suma el coste estándar de materia prima y se obtiene el coste estándar total que servirá para valorar los stocks de productos acabados, para determinar el precio de transferencia a los almacenes distribuidores regionales y para calcular el coste de ventas. El coste de transporte a los almacenes se imputa a los propios almacenes.

En cuanto a las mermas, desperdicios y subproductos, no hay un análisis demasiado complejo de estos aspectos. Al elaborar el estándar se hace una previsión del consumo incluyendo un determinado porcentaje de estos conceptos que se carga en la producción resultante. En particular, debe señalarse que la nata líquida obtenida se considera como subproducto, del cual una parte se incorpora a los postres (sin considerarlo como coste), y el resto se vende considerándose como ingresos ajenos a la explotación.

El resultado por fábrica se obtiene a partir de la diferencia entre los costes totales de la fábrica y el valor de las unidades transferidas a los almacenes distribuidores regionales (a precio estándar). El coste de los almacenes distribuidores regionales se calcula a partir de la previsión anual de los gastos de los diferentes departamentos. En cuanto a las comisiones se calculan en función del porcentaje de cada producto multiplicado por las ventas previstas. El resultado de los almacenes distribuidores regionales se obtiene a partir de la diferencia entre la previsión de ingresos (a los que se les ha deducido el coste de las operaciones comerciales) y el coste de las unidades vendidas y los gastos de estructura variables (comisiones) y fijos. El coste de las unidades vendidas se obtiene a partir del coste estándar del consumo mensual (diferencia entre existencia inicial y compras respecto a las existencias finales).

La consolidación de los resultados de las diferentes unidades (centros recolectores, fábricas, almacenes, departamentos de la central) permite la obtención del resultado global de la sociedad. Para su cálculo se incluyen los gastos propios de la central y los gastos financieros.

5.4.4. Cálculo de las desviaciones

A partir de la información histórica que registra el departamento financiero, mensualmente, el departamento de control de gestión calcula y analiza las desviaciones presupuestarias (respecto al presupuesto ajustado a las ventas y producción real). Las desviaciones contables que se obtienen con el sistema presupuestario son las siguientes:

a) Desviación en ingresos netos (asignable a la dirección comercial y a los almacenes distribuidores regionales):

- en precio (calculada en función de diferencia entre el precio estándar y el precio real respecto a las unidades reales),

- en volumen (calculada en función de la diferencia entre unidades previstas y reales respecto al precio estándar) y

- en operaciones comerciales y descuentos (calculada a partir de la diferencia entre el importe real y el importe presupuestado, este último ajustado porcentualmente a las ventas reales).

b) Desviación en coste de ventas (sólo se calculan a nivel absoluto para las secciones y no para los productos).

En primer lugar, las que son asignables a la dirección de compras y a los centros recolectores:

- en precio de materias primas (calculada en función de la diferencia de precio previsto y real directamente de las compras reales y no de la fabricación o venta),

- en consumo de materias primas (calculada en función del consumo estándar de la producción real transferida a cada fábrica respecto a su consumo real, todo ello multiplicado por el coste estándar) y

- en gastos de los centros recolectores (calculada en función de la diferencia entre el importe presupuestado y el real).

En segundo lugar, las que son asignables a la dirección industrial y a los directores de cada fábrica:

- en consumo de materias primas (calculada en función del consumo estándar de la producción real recibida de cada centro recolector y del consumo real de la producción transferida a cada almacén, todo ello multiplicado por el coste estándar) y

- en gastos de las secciones de fabricación (calculada en función de la diferencia entre el importe presupuestado y el real, y separando desviaciones en actividad y en presupuesto).

En tercer lugar, las que son asignables a la dirección comercial y a los directores de cada almacén:

- en consumo de productos acabados (calculada en función del consumo estándar de las ventas realizadas y del consumo real de cada almacén, todo ello multiplicado por el coste estándar).

c) Desviación en coste comercial:

- en gastos de almacenes distribuidores regionales (asignable al director de cada almacén y calculada en función de la diferencia entre el importe presupuestado y el real) y

- en comisiones (asignable a la dirección comercial y calculada en función de la diferencia entre el importe real y el importe presupuestado, este último ajustado porcentualmente a las ventas reales).

d) Desviación en coste de estructura: en gastos de cada departamento de la central (asignable al director de cada departamento y calculada en función de la diferencia entre el importe presupuestado y el real).

6. Conclusiones

En este capítulo dedicado al control de gestión se ha presentado, en primer lugar, el concepto de control. A partir de aquí se han descrito los aspectos que hay que considerar para diseñar una estructura de control y realizar el proceso de control. Como conclusión e integración de los conceptos presentados se ha mostrado un caso práctico.

7. Bibliografía

Amat, J. M. (1989). *Control presupuestario,* Ediciones Gestión 2000, Barcelona.

Amat, J. M. (1991). «El control de gestión en las empresas de alta tecnología: el caso de dos empresas del sector químico farmacéutico». Tesis Doctoral. IESE, 1989. Publicada por el ICAC (Instituto de Contabilidad y Auditoría de Cuentas), Madrid.

Amat, J. M. (1991). *El control de la gestión en la empresa española,* Ediciones Gestión 2000, Barcelona.

Amat, J. M. (1998). *Control de gestión: Una perspectiva de dirección,* Ediciones Gestión 2000, Barcelona.

Amat, J. M. y Amat, O. (Ed.) (1994). *La Contabilidad de Gestión Actual: Nuevos Desarrollos,* AECA, Madrid.

Anthony, R. N. y Vancil, R. F. (1972). *Management control systems,* Richard D. Irwin, Homewood, Illinois.

Ballarin, E., Rosanas, J. M. y Grandes, M. J. *Sistemas de planificación y control,* Biblioteca de gestión. Editorial DDB, Bilbao, 1986.

Blanco, F. y Álvarez López, J. *Introducción a la contabilidad directiva. Diagnóstico, planificación y control,* Ed. Donostiarra, San Sebastián, 1989.

Dearden, J. *Sistemas de contabilidad de costes y de control financiero,* Ed. Deusto, Bilbao, 1977.

Kaplan, R. y Norton, D. (1998). *El cuadro de mando integral,* Ed. Gestión 2000.

Pérez-Carballo, J. *Control de gestión empresarial,* Ed. ESIC, Madrid, 1990.

Ripoll, V. (Ed.) (1995). *Contabilidad de gestión,* MacGraw-Hill, Madrid.

TERCERA PARTE

Producción, marketing y recursos humanos

8.

Gestión de la producción: Aspectos estratégicos

Lluís Cuatrecasas Arbós

Universitat Politècnica de Catalunya.
Departament d'Organització d'empreses.

1. La producción y los sistemas productivos. Estrategias

1.1. Producción, procesos y valor añadido de las actividades empresariales

Por *producción* se entiende la obtención de uno o más productos, por medio de los *procesos* más adecuados, con el objetivo de obtener la máxima *satisfacción de los consumidores* y elevar al máximo el *valor añadido* obtenido.

Así pues, por medio de la actividad productiva, por medio de procesos, es decir, procedimientos constituidos por actividades (productivas), con la utilización de medios humanos y materiales, se obtendrán productos, que, de forma general, serán bienes o servicios (según el tipo de empresa y su producción); estos bienes o servicios se pondrán, finalmente, a disposición de los llamados *consumidores*, es decir, a quienes pueda interesar la adquisición de los mismos.

La *figura 1* muestra en forma de un diagrama de bloques los elementos que intervienen en la producción y la generación del **valor añadido**. Como puede apreciarse, éste está constituido por la diferencia entre el valor final del producto (determinado por el consumidor y en general el mercado) y el conjunto de valores consumidos en el proceso para poder obtenerlo; en términos económicos, sería la diferencia entre el precio de venta y el coste.

Dado que en la producción pueden obtenerse bienes o servicios, la actividad productiva de una empresa no se refiere exclusivamente a una «pro-

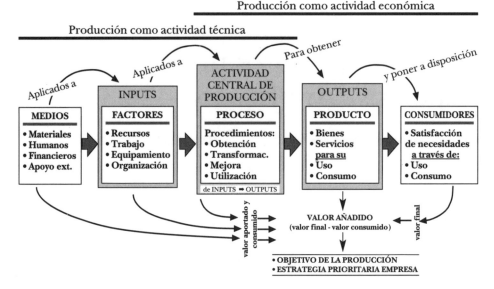

Figura 1. Elementos de un sistema productivo y su proceso

ducción técnica» en la que se «fabrica» un bien físico. Ello constituiría, evidentemente, un caso genuino de producción, pero en absoluto el único tipo de producción posible. Cualquier proceso o conjunto de actividades susceptible de cubrir necesidades manifestadas por los posibles consumidores, que proporcione o eleve el **valor** de bienes o servicios, es decir proporcione **valor añadido**, se podrá considerar como una actividad de producción y, por tanto, justifica la existencia misma de la empresa. La creación de bienes, bien sea por extracción a partir de los recursos naturales o por manufactura industrial y la prestación de servicios de todo tipo, incluyendo actividades como el transporte, comercialización, etc., serán pues actividades de producción.

El proceso de producción de cualquier bien o servicio, suele estar enlazado o encadenado al de otros; así, por ejemplo, el proceso de producción de un pequeño motor eléctrico está encadenado con el subsiguiente de montar un pequeño electrodoméstico con este motor y éste con el de utilizarlo en la cocina de un restaurante (en este caso es un proceso de servicios); ello da lugar a la denominada *cadena de valor,* en la cual se proporciona un *valor añadido* en cada uno de sus eslabones, y a medida que se avanza por la cadena, se acumula más valor añadido (véase *figura 2*).

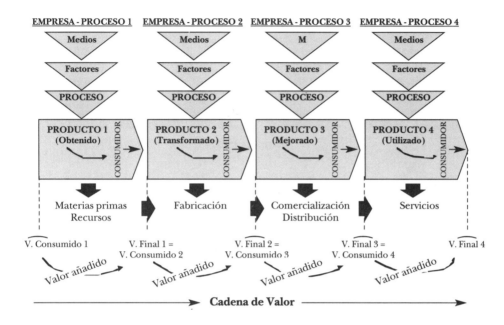

Figura 2. Procesos de producción enlazados en una cadena de valor

El **objetivo** de una empresa, es decir su «producto», puede ser *abordar determinado(s) eslabón(es) de la citada cadena de valor,* o incluso todos ellos. La producción que lleve a cabo la empresa en los eslabones en los que desarrolle su actividad productiva, dará lugar a su «*valor añadido*», el cual es comunicado por la empresa al producto; este incremento de valor supone para la empresa unos *ingresos económicos* y también unos *sacrificios económicos o costes,* debidos al desarrollo de la actividad productiva y al consumo de recursos que ésta supone. El objetivo de la empresa, como es lógico, es que haya un excedente o diferencia máxima entre los ingresos y los costes, lo que dependerá por una parte de cómo se desarrolle la actividad productiva y, en definitiva, de lo que llamaremos la «productividad» que redunda en disminución de los costes, y también de cómo la empresa consiga que el consumidor aprecie el valor añadido en el producto, lo que beneficiará a los ingresos. Estos hechos justifican la existencia de otras actividades funcionales además de la producción propiamente dicha, como las de gestión económica, financiera y comercial.

La producción se llevará a cabo, pues, a partir de unos medios o recur-

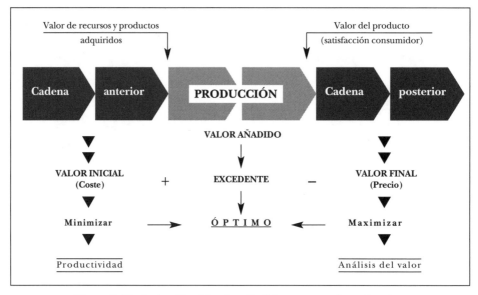

Figura 3. Maximización del valor añadido en una cadena de valor

sos y ejecutando los correspondientes procedimientos para el desarrollo de la actividad productiva, que constituirán los «procesos de producción». Todo ello debe llevarse a cabo con la máxima eficiencia posible, a fin de optimizar el valor añadido, lo que supone la aplicación de los «métodos de trabajo» más eficaces y la organización más adecuada. El resultado debe ser un producto adecuado a las necesidades de los consumidores (máxima *calidad* perceptible por los mismos), obtenido con el mínimo empleo de recursos, y por tanto con el mínimo *coste*, lo que se traduce en la máxima *productividad* y también con el mínimo *tiempo*.

1.2. Desarrollo de una actividad productiva eficiente y competitiva. Estrategias

Los objetivos que acabamos de fijar para la producción nos conducen a desarrollar los procesos constituidos por actividades, aplicando los métodos más adecuados para obtener el producto apetecido con la optimización simultánea de calidad, tiempo y coste (y por tanto productividad), todo lo cual nos lleva al concepto de *competitividad*. En efecto, podemos preguntarnos, ¿hasta qué niveles es preciso ofrecer calidad, tiempo y costes mejores?; la respuesta es ¡hasta donde sean capaces de hacerlo los competidores! y, por tanto, ser competitivos.

Pero en realidad, las empresas no están capacitadas para ofrecer niveles elevados de calidad, de rapidez y de productividad al mismo tiempo; normalmente, están más preparadas para ofrecer alguno de estos aspectos mejor que otros, e incluso mejor que los competidores, es decir, pueden producir con niveles de calidad, tiempo y costes que en conjunto se hallan al nivel exigido por la competitividad, pero destacando más unos que otros; la combinación de niveles de aspectos relacionados con la competitividad que puede ofrecer la producción de una empresa, es lo que llamaremos *trade-off*, y, en la medida en que se apoye en uno u otro aspecto de la competitividad, dará lugar a ***estrategias competitivas*** distintas; naturalmente, esta combinación deberá ser aquella en que la empresa se sienta más capacitada, lo que se conoce como de mayor *ventaja competitiva*.

Estas **estrategias** pueden ser muy diversas, alcanzando incluso otros aspectos complementarios de calidad, tiempo o coste, y dando lugar a productos y servicios asimismo distintos; veamos cuáles pueden ser, y, para distinguirlas mejor, concluiremos cada una con un ejemplo referido siempre a un mismo tipo de producto: el servicio de transporte de viajeros por carretera.

1) ***Calidad-Nivel de prestaciones.*** Si el sistema productivo se decanta por la calidad-prestaciones elevadas, el producto y su proceso habrán elegido una especialización y un mercado en el que no se encontrarán los clientes que deseen un producto sencillo y barato. Evidentemente, sólo pueden aplicar esta estrategia las empresas capacitadas para ello, con muy buena imagen de marca, prestigio y recursos para ello. Un ejemplo de transporte de viajeros: auto-pullman con aire acondicionado, servicios, bar, televisión, etc.

2) ***Funcionalidad-coste.*** El producto a obtener puede llevarse a cabo pensando exclusivamente en cubrir una función específica al mínimo coste y por tanto con la máxima productividad. El coste determinará el mercado accesible; nuevamente hemos de señalar que la empresa que aplica esta estrategia debe disponer de la máxima ventaja competitiva para la misma. Un ejemplo de transporte de viajeros: transporte en autocar, sin ningún tipo especial de comodidades, ni rapidez, ni horarios ventajosos, etc., pero que cubra el trayecto al mínimo coste.

3) *Diferenciación.* La estrategia, en este caso, consiste en distinguir el producto propio del que ofrecen los competidores, comunicándole algún elemento diferenciador, de forma que pueda tener algunas de las ventajas de la competencia monopolística. Por ejemplo, ofrecer servicios específicos en el caso del transporte de viajeros (por ejemplo, enlaces con otros trayectos con precios combinados especiales).

4) *Innovación.* Esta estrategia pueden ofrecerla las empresas que están capacitadas para desarrollar nuevas variantes de producto o incorporar a los mismos características innovadoras; un buen departamento I+D sería muy determinante para estar en condiciones de operar con este tipo de estrategia; en el caso del transporte de viajeros, el disponer de telefonía móvil y aun de conexión Internet en el vehículo podría responder a esta estrategia.

5) *Fiabilidad.* La fiabilidad es una variante de la calidad, consiste en garantizar unas prestaciones sin fallo o problema alguno. Así por ejemplo, un servicio de transporte de viajeros que garantizara la hora de salida y la de llegada a cada uno de sus puntos de destino, o asegurara cualquier otro aspecto determinante del servicio, estaría operando con este tipo de estrategia.

6) *Tiempo.* El tiempo es la tercera de las grandes componentes de la competitividad y, en ocasiones, se convierte en la estrategia adoptada, cuando se trata de cubrir con rapidez una actividad productiva, aun a costa de otros aspectos, a sabiendas de que los consumidores lo valorarán positivamente; en el caso del transporte de personas, las compañías de alquiler de vehículos operan con una estrategia en la que el tiempo ganado compensa la pérdida en costo.

7) *Flexibilidad.* Esta estrategia está basada en ofrecer al cliente el producto con las características que más se ajusten a sus necesidades, lo que supone disponer de una gran variedad de modalidades y características de productos y de la posibilidad de ajustar éstas a los requerimientos del consumidor; en el transporte de viajeros, un forma de operar con flexibilidad es ofrecer un servicio de taxi, con itinerarios totalmente ajustados a cada cliente.

8) *Servicio.* El nivel de servicio, en la actualidad, resulta de la mayor importancia para cualquier actividad donde haya un cliente. Operar con una estrategia basada precisamente en ofrecer el mejor servicio

posible, puede resultar determinante para que el cliente se decida por el producto que la presenta. Así, por ejemplo, en el caso del transporte de viajeros, el tener un buen servicio de información antes, durante y después del viaje, que incluya ayuda tanto en la contratación como en el disfrute del trayecto, puede constituir una estrategia de servicio.

De lo expuesto podemos concluir, pues, que las empresas llevan a cabo actividades de producción, mediante las cuales suministran a sus clientes bienes y servicios, con el objetivo de obtener el máximo valor añadido como fruto de su actividad productiva, para lo cual tratan de optimizar simultáneamente los aspectos que eleven al máximo su competitividad mediante las estrategias adecuadas.

Vamos a ocuparnos, ahora, de cómo llevar a cabo la actividad productiva mediante un proceso más o menos tecnológico (de acuerdo con el tipo de actividad) y sujeto a una organización y planificación, y al que se aplicarán los medios y recursos adecuados.

1.3. Los sistemas productivos y sus procesos. Organización y gestión

Después de cuanto se ha expuesto hasta el momento, no es exagerado decir que el rendimiento y la competitividad de la empresa emanan, en gran medida, de los correspondientes a las actividades de su sistema productivo; asimismo, las magnitudes que permiten controlar la gestión de dicho sistema o, como es corriente al referirse a la misma, la gestión de las «operaciones», es decir los indicadores «operativos», han alcanzado, en la actualidad, una importancia pareja a los de carácter financiero, para cualquier diagnóstico acerca de la estructura y resultados de la empresa.

Recordemos que nos hemos referido a la actividad productiva como aquella en la que se lleva a cabo uno o varios procesos, con el empleo de medios adecuados y la utilización de los métodos más eficientes, para obtener bienes y servicios, de forma que se alcance la máxima competitividad y se optimice el valor añadido. Los elementos básicos que constituyen un sistema productivo son, pues, los que acabamos de citar, y su implantación supondrá determinar de forma precisa:

– El proceso productivo.

– Los medios humanos y materiales (denominados factores de la producción).

– Distribución en planta del proceso (disposición física de los elementos que intervienen).

– Análisis y optimización de los métodos de trabajo más adecuados.

– Estudio y optimización de movimientos de materiales, herramientas y personas.

– Análisis y optimización de tiempos de cada fase del proceso.

– Análisis, evaluación y distribución de tareas y formación del personal.

– Establecimiento de sistemas de control de la producción.

– Establecimiento de sistemas de control de la calidad.

La eficacia de un sistema productivo dependerá de que cada uno de los aspectos relacionados con él sea gestionado adecuadamente.

1) *Materiales:* Deberá determinarse la clase, calidad, costos y, desde luego, la cantidad de los mismos, de acuerdo con los planes de producción. El proveedor o proveedores de los materiales y su desenvolvimiento hacia el sistema productivo y sus requerimientos será un elemento muy a tener en cuenta, especialmente en aspectos como:

– La calidad de los materiales, que deberá estar en relación al producto a fabricar, y su coste.

– El coste y las condiciones de suministro.

– El plazo de entrega de los materiales y su cumplimiento.

– El servicio y el nivel de adaptación a los requerimientos específicos del sistema productivo.

2) *Maquinaria, instalaciones y elementos de capital productivo:* Deberán ajustarse al proceso elegido y a la calidad seleccionada. Además, deberá organizarse el conjunto de procesos productivos a llevar a cabo, de forma que cada elemento de capital productivo esté disponible cuando se precise y sea utilizado con el máximo nivel de ocupación posible. Evidentemente, la organización de la producción deberá ocuparse, asimismo, de que los materiales y productos semielaborados lleguen a las líneas de producción en las cantidades y momentos adecuados.

El tiempo de cada operación en un puesto de trabajo debe ser el adecuado y la terminación de cada lote de producto debe hacerse en el tiempo preciso.

3) *Mano de obra:* La mano de obra deberá ajustarse a la necesaria para llevar a cabo la producción prevista con los medios disponibles, lo que supone que su cualificación y nivel de especialización (o por el contrario, polivalencia) deberán ser los que precise el sistema productivo. Así pues, muchos de los factores a tener en cuenta en lo que concierne a la fuerza de trabajo tendrán relación con los enunciados en correspondencia a los medios de capital productivo, ya que la operativa de unos y otros está íntimamente vinculada, y la productividad de los medios de producción estará supeditada a la de la mano de obra, de forma que ésta condicionará el nivel de actividad de los equipos productivos, la puesta a punto de éstos y el tiempo en que el producto estará terminado.

Por otra parte, la complejidad de la organización de un sistema productivo estará en relación con un conjunto de factores tales como:

– Cantidad de elementos y subconjuntos de elementos que componen el producto.

– Cantidad y diversidad de operaciones que componen las actividades del proceso.

– Nivel de dependencia técnica o temporal de cada elemento o subconjunto con otros del producto.

– Posibilidad de adaptación rápida de los equipos productivos a distintas clases de trabajo.

– Complejidad de los suministros (diversidad, volúmenes, exigencias de tiempo, etc.).

– Nivel de exigencia en las fechas de finalización y entrega de productos.

Por el contrario, la existencia de tareas repetitivas, la poca variedad y cualificación exigida por éstas, así como de los equipos precisos y la no necesidad de frecuente readaptación de éstos a tareas diversas y cualquier factor que facilite la coordinación de las tareas y la disponibilidad de medios y materiales en el lugar y momento oportunos, redundará en una reducción de la complejidad necesaria en lo que a la organización de la producción se refiere.

1.4. Principios esenciales de los sistemas productivos y sus procesos

Consideraremos cuatro principios esenciales para la organización y gestión de sistemas productivos eficientes:

1) *Normalización.* Adaptación de los materiales, productos y procesos a normas preestablecidas, exigidas o no; de gran interés es la adaptación a normativas cuya vigencia sea lo más universal posible.

2) *Racionalización.* Aplicada al diseño de productos y a la elección y organización del proceso productivo, siguiendo un análisis ordenado y científico para cada uno de los aspectos que comportan los mismos.

3) *Simplificación.* Aplicada al diseño y variedades del producto, así como en las tareas que conformen el proceso de producción, siempre de la mano de la adecuada racionalización a la que nos hemos referido en el principio anterior.

4) *Especialización* por descomposición en tareas elementales del proceso productivo, que resulten sencillas, fáciles de implementar y cuya ejecución y organización resulte de la mayor sencillez posible.

Por lo que hace referencia a la implantación de la producción y sus procesos productivos, deberá tratar de ajustarse a objetivos tales como:

– Obtención del producto o servicio deseado.

– Cantidad y ritmo de producción planificados.

– Tiempo de proceso y coste minimizados.

– Máxima ocupación de los medios de producción.

Todo lo cual deberá llevarnos a cumplir con los objetivos del sistema productivo, especialmente en lo relativo a:

– Niveles de: • Producción

• Existencias

• Mano de obra

– Plazos de la programación

– Calidad

– Eficiencia en el uso de: • Las instalaciones

• Mano de obra

• Otros medios productivos

– Costes de: • Materiales

• Mano de obra

• Mantenimiento

Por su parte, la planificación de la producción deberá estar adecuadamente ajustada al nivel necesario en los siguientes aspectos:

1) *Planificación de la capacidad:* cantidad de producto que podrá obtenerse en el sistema productivo por unidad de tiempo. La adecuada planificación de la capacidad de producción exige dimensionar las inversiones y la plantilla de personal, y ajustarse a otros aspectos de planificación (a los que nos referimos a continuación).

2) *Demanda* a atender con la capacidad disponible; su determinación dependerá del tipo de producto y mercado en que opere el sistema productivo; en ocasiones deberá obtenerse por técnicas de previsión y en otras se partirá de órdenes de suministro cerradas.

3) *Planificación de los materiales,* para llevar a cabo la cual existen distintos modelos de gestión, por una parte a nivel de los materiales necesarios para la producción (en tipo, cantidad y momento), tales como los sistemas MRP *(Material Requirement Planning),* y por otra parte a nivel de los modelos de gestión de las existencias o stocks.

4) *Planificación y control de operaciones:* La planificación se plasmará en un programa, que a su vez implicará:

– Determinar la carga de trabajo por equipo productivo y por puesto de trabajo.

– Determinar las necesidades de personal y, en su caso, de subcontratación y otros recursos.

– Establecer la secuencia de lanzamiento de órdenes de producción.

2. Los procesos de producción y su gestión. Enfoques. Tipos y características

2.1. Procesos de producción y sus actividades

La actividad productiva se plasma en un proceso sujeto a una organización y una planificación, y al que se aplicarán los medios y recursos adecuados. Dicho proceso está formado por un **conjunto de actividades coordinadas para efectuar la producción**, la cual, recordemos, deberemos tratar de implantar con la determinación correcta de medios, de acuerdo con los **métodos** más adecuados, y de forma que se obtenga el producto con la **máxima productividad y calidad** y el **mínimo tiempo y coste**.

Debe llevarse a cabo un completo estudio de la forma de implantar el proceso productivo que, de acuerdo con la metodología comúnmente aceptada desde que fue propuesta por **Alford**, consiste en la *«subdivisión o la descomposición de un proceso (de fabricación o de servicios) en las actividades de que se compone y en sus movimientos concomitantes, de modo que cada operación y cada manipulación de material puedan estudiarse aisladamente y averiguar su necesidad y su eficacia en el proceso».*

Por otra parte, el proceso de producción puede elegirse y diseñarse **libremente o de forma condicionada**. En realidad, siempre hay una proporción mayor o menor de condicionantes. Éstos pueden ser de carácter interno, que vienen impuestos por los equipamientos ya instalados para otras líneas de producción, que pueden incluso corresponder a modalidades del mismo producto anteriores; otros condicionantes pueden referirse a aspectos no relacionados directamente con la producción, tales como las limitaciones financieras, tecnológicas, etc. Por otra parte, pueden darse también condicionantes externos que nos llevan a elegir entre los sistemas disponibles para realizar cada tipo de producción, debiéndolo hacer en función de la consecución de los objetivos fundamentales de todo el proceso de producción, tales como **cantidad, calidad, coste, prestaciones** y **tiempo preciso**. Además, también podremos hablar de otros tipos de condicionantes tales como los que imponen las limitaciones de diseño y características del producto, de los requerimientos de los clientes, de los sistemas de comercialización y distribución, de las leyes y reglamentos, etc.

Uno de los condicionantes más determinantes es, sin duda, el mayor o menor aprovechamiento de la tecnología implantada en el sistema productivo y las instalaciones preexistentes. Su aprovechamiento se llevará a cabo teniendo en cuenta los siguientes factores:

– Adaptación al proceso a implantar y, en consecuencia, que permitan lograr la productividad, calidad, coste y tiempo de ejecución requeridos.

– Grado de saturación de su utilización actual.

– Experiencia acumulada acerca de las técnicas de producción utilizadas en las instalaciones existentes.

Una vez elegido el proceso de producción, a tenor de los condicionantes citados, su implantación se hará según se ha dicho, actividad por actividad para todas y cada una de las que componen el proceso, detallando las características y magnitudes que caracterizan a cada una de ellas. La representación del proceso, descompuesto en actividades, puede llevarse a cabo de forma analítica o descriptiva y también de forma gráfica. La **representación analítica** se lleva a cabo por medio de un cuadro de doble entrada como el de la *figura 4*, referida a un ejemplo de proceso: la fabricación de una placa de soporte; en este tipo de representación se muestran, en las filas del cuadro, las distintas actividades en que se descompone el proceso y, en las columnas, los aspectos de información de interés acerca de las actividades.

Entre la información de cada actividad del proceso, dispuesta en columnas como se ha dicho, podemos apreciar que tenemos como destacable por lo importante: la actividad (evidentemente, es esencial), el número de veces que debe llevarse a cabo la misma, o frecuencia, y los tiempos que com-

PRODUCTO O COMPONENTE	ACTIVIDAD	MATERIALES	FRECUEN-CIA	EQUIPO	TIEMPO		COSTE
					MÁQUINA	HOMBRE	
PLACA SOPORTE	Traslado	Placa 20 × 10 × 1	2	Taladro fijo	1,2	0,5	12,2
	Chaflanado	–	4	Fresadora	2	0,4	3,5
	Desen-grasado	Desengrasante T.C.E.	1	Limpiador desengras.	0,5	0,5	1
	Pintura	RAL 7016	1	Pistola	0,8	0,5	2,2
CÓDIGO PROCESO: PS4	Cantidad	de 1.000	TOTALES	4,5	1,5	18,9	

Figura 4. Representación analítica de un proceso descompuesto en sus actividades

porta dicha actividad, tanto por parte de los equipos como por parte de la mano de obra, información ésta muy importante, dado que el tiempo es la magnitud por excelencia en la medición de los procesos.

La implantación de un proceso, actividad por actividad, y su subsiguiente mejora, también una a una, se llevan a cabo tratando de lograr la máxima eficacia técnica y económica, por lo que el departamento responsable de ello, que con gran frecuencia es el de Ingeniería de Procesos, deberá analizar ante todo el producto para ver si es susceptible de mejoras en los aspectos destacados en los principios anteriormente enumerados (normalización, racionalización, simplificación y especialización), lo cual habrá de redundar en la mejora de los tiempos de las actividades e, incluso, la eliminación de algunas de ellas por innecesarias.

El departamento de Ingeniería de Procesos o quienes sean los responsables de la adecuada implantación de tales procesos, tienen encomendadas las tareas de determinar e implantar el proceso, los medios, los recursos y los métodos de trabajo que permitan obtener la máxima eficacia técnica y eficacia económica para la producción. Aspectos que necesariamente deberán desarrollarse en el seno de la Ingeniería de Procesos, como consecuencia de lo expuesto, son la estandarización y normalización de actividades y procesos, el estudio y mejora de los métodos para ambos y de los tiempos que precisen, así como disponer y normalizar los medios a emplear y capacitar los recursos humanos, lo que incluye la formación de personal.

De igual forma, competerá a la Ingeniería de Procesos analizar los medios y recursos disponibles o de fácil acceso para la empresa y la posibilidad de poder aprovecharlos o, por el contrario, justificar la necesidad de implantar otros nuevos. En este orden de cosas, también deberá decidir la parte del proceso que será conveniente llevar a cabo en la empresa y aquella que deberá subcontratarse.

Será de especial incumbencia de la Ingeniería de Procesos la fijación de sistemas de control de calidad, productividad, tiempos, stocks generados, etc. La posibilidad de adaptar fácilmente el volumen de producción a la demanda, por medio de diseños flexibles del proceso y sus puestos de trabajo es, además, una de las grandes exigencias de los sistemas actuales de gestión de la producción.

Asimismo, será importante su diagnóstico acerca del producto a obtener y la forma en que está diseñado (lo que en principio compete a la Ingeniería de Producto), ya que puede influir decisivamente en el proceso y los medios empleados en la producción y en la eficiencia obtenida para la misma.

Todo este conjunto de exigencias hace cada vez más compleja la labor de la Ingeniería de Procesos. En efecto, se ha pasado de una época en que se fabricaban grandes series de pocos productos, altamente normalizados y con exigencias de calidad moderadas, a la actual, en la que todo ello ha sufrido importantes cambios: las series son cortas, la gama de productos amplia, la personalización ha sustituido a la normalización, la calidad exigida es muy alta y los plazos de fabricación muy cortos.

Los procesos de producción y su descomposición en actividades pueden representarse, además de en la forma analítica o descriptiva, por medio de *diagramas,* lo que supone una forma gráfica de hacerlo.

Este tipo de representación puede ser muy útil en el momento de determinar el tipo de distribución en planta de un proceso, en la que un factor muy importante es la circulación de materiales en el interior de la planta. Dicho flujo determina la cantidad de actividades necesarias para llevar a cabo el proceso, el stock de materiales del mismo, el espacio que éste ocupa y la duración del tiempo total de producción. Con mucha frecuencia, el diseño de la distribución en planta se inicia teniendo en cuenta el sistema de circulación de los materiales.

Los **diagramas de procesos**, representación gráfica de los mismos y de su descomposición en actividades, utilizan símbolos especiales para representar las citadas actividades, que se realizan durante el proceso productivo. Dichos signos han sido estandarizados por la *American Society of Mechanical Engineers (ASME)* y en la actualidad se hallan homologados por la Oficina Internacional del Trabajo (OIT).

Con cinco símbolos diferenciados, operación, inspección, transporte, almacenaje y espera, se pueden representar todas las actividades que tienen lugar en un proceso; la *figura 5* contiene, en el recuadro de la izquierda, los cinco símbolos y las actividades que representan y, además, un diagrama con los procesos de una planta de producción, constituidos por líneas convergentes e integrados por actividades representadas por sus símbolos.

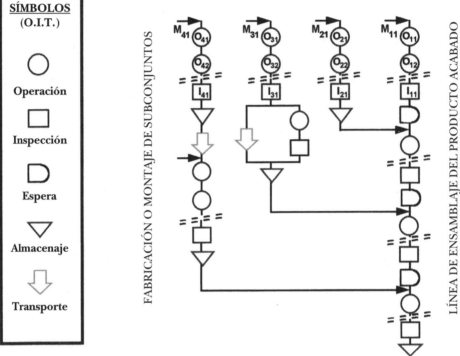

Figura 5. Diagrama de procesos: representación gráfica de procesos descompuestos
en sus actividades

2.2. *Implantación de los procesos de producción. Modelos básicos de disposición del proceso*

La disposición física de los procesos en las plantas de producción, sean industriales o de servicios, obedece a dos posibles patrones de concepción radicalmente opuesta: la llamada disposición *orientada al proceso,* en que los puestos de trabajo están agrupados funcionalmente y es el producto el que se desplaza hasta donde se hallen, y la *orientada al producto,* en que los puestos de trabajo están dispuestos de acuerdo con la secuencia de operaciones a seguir por el producto a obtener, y, por tanto, son los puestos de trabajo los que se «desplazan» hasta donde deben desarrollarse las actividades de producción que debe sufrir el producto.

Estos dos tipos básicos de disposición o distribución en planta pueden desdoblarse a su vez en otros varios. La *figura 6* muestra cuatro tipos de disposición del proceso, con sus características y ejemplos, de cada uno, obtenidos por desdoblamiento de los dos tipos básicos citados. De acuerdo con la citada figura, tendremos los siguientes cuatro tipos de distribución en planta:

a) *Con orientación al proceso:*

– *Distribución funcional:* Planta en la que las estaciones de trabajo están agrupadas según el tipo de procesos que efectúan y el producto va de una a otra, por lotes, allá donde se encuentren.

– *Puestos fijos:* Cuando el producto es complejo, voluminoso o pesado, son las personas, equipos y materiales los que se desplazan hasta el mismo, allá donde se encuentre.

b) *Con orientación al producto:*

– *Distribución en flujo lineal:* Planta con las estaciones de trabajo situadas en secuencia, unas junto a otras, de forma que el producto avanza rápidamente de una a otra, unidad a unidad.

– *Flujo continuo:* Tipo de distribución en flujo lineal en la que el producto no puede distinguirse unidad a unidad, sino que avanza en flujo continuo.

En las disposiciones con orientación al proceso, cuyo principal tipo es la distribución *funcional* (también llamada *por talleres* en el caso de producción industrial), se agrupan los equipos de producción por especialidades, en secciones que, por tanto, presentan una especialización tecnológica y su agrupación *nada tiene que ver, pues, con la secuencia de operaciones que deba seguir el producto,* y por esto recibe la denominación de *funcional.*

Los equipamientos muy costosos y especializados y la mano de obra experta y especializada son más indicados en este tipo de disposición, en la que prevalecen éstos frente a la secuencia de operaciones del producto, por lo que éste debe realizar recorridos complejos y diferenciados según las operaciones a las que deba estar sometido.

Las principales características de este tipo de proceso son: la flexibilidad y heterogeneidad en el producto y su proceso de producción, volumen de producción muy flexible y, también, flexibilidad en la utilización de los equipos cuyas operaciones pueden variar mucho de un producto a otro

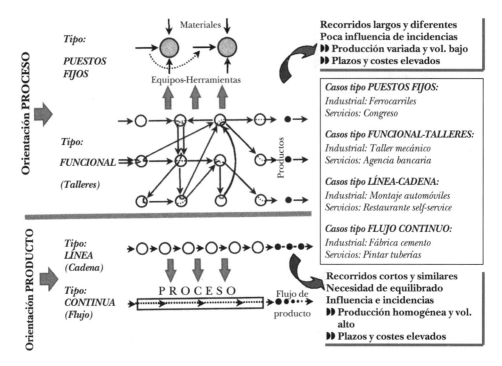

Figura 6. Tipos de disposición de los procesos, sus características y ejemplo

(así, por ejemplo, con un torno lo mismo se puede vaciar una pieza que producir un rebaje en el diámetro exterior de otra), e incluso, en caso de avería de un equipo dado, puede ser utilizado otro, por lo que las incidencias no afectan mucho.

En el caso de las distribuciones orientadas al producto, por el contrario, cuyo principal exponente es la distribución en *flujo lineal,* también denominado *en cadena* para los procesos de ensamblaje o montaje, la disposición del equipamiento de producción se realiza de acuerdo con el flujo de las operaciones del producto, aunque ello exija que un mismo equipo se halle presente en más de una ocasión, debido a estar dedicado exclusivamente al proceso que se desarrolla en la línea en cuestión, lo que, sin duda alguna, tiene sus limitaciones.

Las mayores ventajas de este tipo de disposición se hallan en la posibilidad de llevar a cabo el proceso con recorridos, tiempos y coste mínimos, lo que en principio exige un producto con alto grado de homogeneidad (normalización), intercambiabilidad de componentes, volumen de producción elevado, demanda constante y gran organización en el proceso, en especial, en el tiempo de proceso y el abastecimiento de materiales. La mayor parte de estos aspectos suponen una falta de flexibilidad y por tanto son inconvenientes, y muy en especial la necesidad de que se apliquen a productos muy homogéneos (poca variación) y en volúmenes elevados, ya que la tendencia actual de los sistemas productivos es la contraria. Dado que este tipo de disposición requiere, además, una gran organización y sincronización de operaciones, resulta muy sensible a las incidencias, ya que, en efecto, en caso de que una de las estaciones de trabajo se detuviera, se detendría todo el proceso.

La tendencia en los actuales sistemas de gestión parte de la base de adaptar la producción a una demanda variable, producto personalizado y series cortas, para todo lo cual parece, en principio, mejor una disposición flexible como la orientada al proceso. Sin embargo, la disposición en flujo lineal tiene un **coste mucho más bajo**, dado que puede llevarse a cabo el proceso con muchas menos actividades, manipulaciones, desplazamientos, etc. y con un **tiempo de proceso mucho menor**, sobre todo si el producto puede avanzar unidad a unidad, ya que en la implantación de tipo funcional, el producto avanza indefectiblemente por lotes, con lo cual el tiempo que una unidad de producto debe permanecer en una operación es el tiempo necesario para completar las operaciones de todo el lote; además, la implantación de flujo lineal tiene una mayor simplicidad de recorrido del producto. Teniendo pues en cuenta estos aspectos decididamente favorables de la disposición en flujo lineal, se han desarrollado *sistemas para aprovechar al máximo las ventajas de la disposición orientada al producto, pero conjugándolas con el logro de una mayor flexibilidad en su diseño e implantación.*

Concretamente, se han desarrollado nuevas formas de disponer el proceso basadas en el flujo lineal (y por tanto orientadas al producto); suponen una solución de compromiso en un intento de hacerse con las ventajas de los dos tipos de disposición que hemos expuesto, y se las conoce con el nombre de *Células de fabricación* o *Células flexibles*. En ellas pueden llevarse a cabo procesos para productos distintos que tengan estos mismos procesos (por ejemplo, taller engranajes o pintar) o para gamas de un mismo producto, con una disposición en flujo lineal, incluso en el caso de procesos de fabricación (que son los que más comúnmente se llevan a cabo en plantas con disposición tipo taller). La flexibilidad puede además incrementarse con acciones tales como:

– Algún producto puede no pasar por algún(os) puesto(s) de trabajo.

– Algún producto puede requerir tiempos distintos de otros en las operaciones del proceso.

– Algún producto puede requerir algún retroceso o diferenciación de recorrido.

– Algún producto puede precisar alguna operación fuera de la célula.

Para que ello se produzca en la mínima proporción posible y, por tanto, para que los procesos se asimilen más a los de orientación-producto, es preciso **agrupar previamente los productos en** *familias* asignadas a células distintas, de forma que cada familia esté formada por productos suficientemente homogéneos u homogeneizables.

Las características esenciales que pueden hacer decantar la producción por un tipo u otro serán:

ORIENTACIÓN AL PROCESO

Agrupación de equipos por funciones. Equipos y personal especializados (técnica).

Adecuada para:

– Producto diferenciado.
– Series reducidas.
– Equipos costosos.
– Personal experto.
– Equipos y maquinaria de uso polivalente.
– Frecuencia de cambios en productos.
– Tasa de utilización de los equipos baja.

Características:

– Tiempos de proceso largos.
– Volumen de trabajo en curso alto.
– Cantidad de actividades y coste elevados.

ORIENTACIÓN AL PRODUCTO

Especialización por división del trabajo (tareas).

Adecuada para:

– Producto normalizado.
– Series largas.
– Demanda estable.
– Abastecimiento regular.
– Equipamientos dedicados.
– Difícil adaptación a cambios en productos.
– Tasa de utilización de los equipos elevada.

Características:

– Tiempos de proceso cortos.
– Volumen de trabajo en curso pequeño.
– Cantidad de actividades y coste minimizados.

2.3. Mejora de los métodos de producción: estudio del trabajo

Además de implantar los procesos de acuerdo con la disposición más adecuada, según acabamos de exponer, la optimización de la eficiencia y, por tanto, de la competitividad de los procesos nos llevará a identificar y mejorar continuamente los métodos de trabajo a utilizar en la implementación del proceso.

Ello nos conduce al llamado *estudio del trabajo* y, con ello, según se verá a continuación, al estudio y mejora de métodos y determinación de los tiempos de producción (medida del trabajo).

De acuerdo con la definición dada por la Oficina Internacional del Trabajo (OIT), el *estudio del trabajo* lo constituyen *«las técnicas, y en particular el estudio de métodos y la medición del trabajo, que se utilizan para examinar el trabajo humano en todos sus contextos, y que llevan sistemáticamente a investigar todos los factores que influyen en la eficiencia y economía de la situación estudiada, con el fin de efectuar mejoras».*

El objetivo directo del estudio del trabajo es, pues, mejorar la productividad del proceso a través de mejoras en los métodos de trabajo y midiendo los resultados a través de los tiempos que se emplean en llevar a cabo las actividades del proceso (medida del trabajo) que, lógicamente, deben minimizarse.

Evidentemente, la primera fuente de eficiencia de la implantación de un proceso está en la *elección del proceso mismo* y, posteriormente, en la *disposición del proceso*, aspecto éste del que ya nos hemos ocupado. También es una importante fuente de eficiencia, y con importantes posibilidades de mejora, la *elección de los equipos que compondrán el proceso implantado y su posibilidad de actualización* por otros más modernos y eficaces. Ello supondrá una inversión de capital que debe amortizarse. La alternativa está en mejorar la organización y métodos, que es precisamente donde se centra el estudio del trabajo, es decir, realizada una inversión en equipamiento, **hacerla lo más eficiente posible con organización y métodos**. Por supuesto, nada impide que se combinen inversiones y mejoras de métodos, pero una cosa queda clara: el estudio del trabajo puede permitir *minimizar o incluso sustituir las inversiones necesarias para obtener la máxima productividad en un proceso de producción.*

Tal y como hemos expuesto, la implantación del estudio del trabajo se lleva a cabo a través del *estudio y mejora de métodos* y de la *medición del trabajo*

(Tiempos). Aunque ya hemos hecho referencia al papel que desempeñan ambos, veamos cómo define la OIT estas técnicas:

*«El **estudio de métodos** es el registro y examen crítico y sistemático de los modos existentes y proyectados de llevar a cabo un trabajo, como medio de idear y aplicar métodos más sencillos y eficaces y de reducir los costos.»*

*«La **medición del trabajo** es la aplicación de técnicas para determinar el **tiempo** que invierte un trabajador cualificado en llevar a cabo una tarea definida efectuándola según una norma de ejecución establecida.»*

Por tanto, a través del estudio de métodos se analizan los procesos, su disposición y actividades, y se estudian mejoras para los mismos, siendo a su vez la medición del trabajo la herramienta complementaria *indispensable* para conocer el nivel de eficiencia o el grado de mejora obtenida. Sin embargo, la medición del trabajo puede utilizarse, independientemente del estudio de métodos, para otras finalidades, tales como conocer costes o presupuestar productos, determinar retribuciones e incentivos o establecer planes de producción, habida cuenta del tiempo disponible para llevarlos a cabo. El estudio del trabajo se realiza siguiendo los siguientes pasos:

1) Registrar las actividades los movimientos que comportan y sus tiempos para el proceso a estudiar, con la utilización de los instrumentos que proporcionan el estudio de métodos y la medición del trabajo.

2) Analizar y criticar cada una de las actividades y movimientos que hemos registrado. Las acciones de eliminar, sustituir, invertir actividades o movimientos, combinarlos o simplificarlos, serán los posibles resultados del análisis crítico.

3) A partir del anterior análisis se desarrollará el método mejorado, con sus nuevas actividades y movimientos, y se registrarán los nuevos tiempos para los mismos.

4) Implantación del nuevo método, llevando a cabo las acciones complementarias necesarias (reorganización, formación del personal, etcétera).

El objetivo final del estudio del trabajo es mejorar continuamente la productividad; la medida es el tiempo, sea cual sea el factor cuya productividad se analice, por lo que dicha medida se relaciona con el mismo. Lo habitual es utilizar para ello la *hora-hombre* y la *hora-máquina*.

Por otra parte, el tiempo total que comporta un proceso se divide en el *productivo* o *contenido de trabajo* (durante el cual se opera) y el *improductivo* (durante el cual se está a la espera).

Existe un contenido de trabajo, denominado *básico,* que está constituido por el *mínimo tiempo irreducible* que se necesita, en teoría, para obtener una unidad de producción, es decir siguiendo el procedimiento óptimo. Pero, en la práctica, el tiempo empleado es siempre superior por diversas razones, ya que pueden haber actividades innecesarias que, por supuesto, no añaden valor al producto. Así, el tiempo total de un proceso, en condiciones reales, se compone de:

1) Contenido de trabajo total, compuesto de:

    a) Contenido básico de trabajo.

    b) Contenido de trabajo suplementario debido a deficiencias en el producto.

    c) Contenido de trabajo suplementario debido a deficiencias en los métodos de producción.

2) Tiempo improductivo total, compuesto por:

    a) Tiempo improductivo debido a deficiencias en la organización y dirección.

    b) Tiempo improductivo imputable al factor humano responsable del trabajo.

2.4. Relaciones entre las decisiones que afectan al producto y a su producción: la matriz producto-proceso

Las características de productos y procesos pueden ser, según hemos podido constatar, muy variables. Por parte del producto destacaremos sobre todo su nivel de estandarización (o, por el contrario, su variedad), el volumen a producir del mismo y las características que aconsejen una u otra estrategia de competitividad (innovación, funcionalidad, calidad, coste, etcétera).

Por parte del proceso, el tipo con el que puede identificarse y su implantación permite distinguir, cuanto menos, entre los cuatro tipos expuestos: producción por puestos fijos, funcional, en flujo lineal por unidades discretas y en flujo continuo.

Pues bien, en relación con estas tipologías, vamos a tratar de determinar qué tipos de procesos se adecuan a qué productos, de acuerdo con sus características. Para ello, dispondremos en una matriz los diferentes tipos de producto y de proceso para deducir los tipos de producción que pueden darse por combinación de los mismos, de acuerdo con la fila (tipo de proceso) y columna (variedad-volumen de producto), y analizaremos su conveniencia o sus inconvenientes.

En la *figura 7* mostramos la matriz de producto-proceso, que denominaremos clásica, y las modalidades de producción obtenidas en ella. Pode-

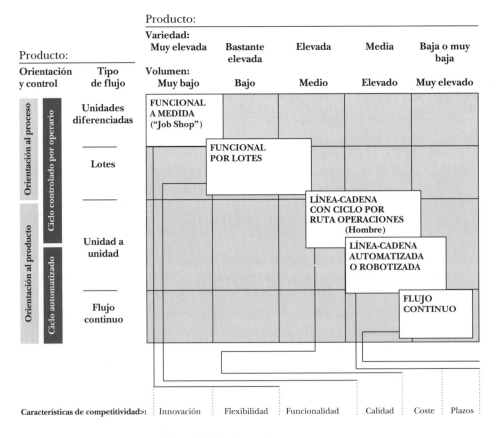

Figura 7. Matriz producto-proceso

mos observar que es en su diagonal donde se agrupan las diferentes configuraciones productivas: desde la esquina superior izquierda hasta la esquina inferior derecha, lo que supone que adoptaremos disposiciones de proceso en flujo lineal en la medida que el volumen de producción y la homogeneidad del producto sean elevados, ya que esto es lo que en principio, y según hemos tenido ocasión de comentar, supone una actuación acorde con las características de estos tipos de proceso. A continuación comentaremos someramente los tipos de producción resultantes de la citada matriz.

En el extremo superior izquierdo de la diagonal está situado el tipo de producción funcional a medida, también llamado *Job Shop*, en el que cada unidad de producto puede ser distinta y ajustarse a requerimientos específicos del consumidor. Así pues, la estandarización es poca o nula, se emplean equipos de escasa especialización, los cuales suelen agruparse en talleres o centros de trabajo (CT) a partir de la función que desarrollan; suelen producirse volúmenes bajos de productos muy diferenciados, elaborados a partir de distintos materiales y con el concurso de muy distintas herramientas.

Entre las características del producto que hemos incluido en la matriz se hallan también las correspondientes a las estrategias competitivas, aunque las hemos situado en la parte baja de la matriz y no en la superior junto al resto de las características del producto; el motivo es que no hay una correspondencia biunívoca entre unas y otras. En la *figura 7*, unas líneas unen cada uno de los tipos de producción de la matriz con dichas características, señalizando claramente cuáles de ellas son alcanzables con cada tipo de producción. El tipo de producción *Job Shop*, que hemos estado describiendo, permite, como se observa en la figura, operar más fácilmente con un elevado nivel de innovación y flexibilidad, lo que resulta evidente, a la luz de que a cada consumidor se le suministra un producto totalmente personalizado (flexibilidad), el cual puede por tanto incluir fácilmente una elevada dosis de innovación.

Para comprender mejor los distintos tipos de producción de la matriz producto-proceso, completaremos la descripción de cada tipo con un ejemplo correspondiente siempre al mismo producto, pero con variantes que lo hagan más adecuado para los tipos de producción a los que nos referiremos; se tratará de la obtención de fundas para cubrir sofás tapizados. En el caso del primero de ellos, la producción tipo *Job Shop*, se trataría de obtener lo que popularmente se llama un «traje a medida», en este caso una funda totalmente a medida del sofá del cliente.

El tipo de producción que sigue al anterior, en la dirección que marca la diagonal de la matriz, es la producción *funcional por lotes*. En este caso, el producto tiene un mínimo nivel de estandarización, y se opera por lotes; la automatización de los procesos sigue siendo baja y se mantiene una buena flexibilidad. El producto suele tener bastantes versiones entre las que puede elegir el consumidor, aunque ya no es «a medida», mientras que la variedad es grande, pero con ciertas limitaciones con respecto al caso anterior.

Para este tipo de producción pueden asumirse fácilmente las características de competitividad ya presentes en el tipo anterior, es decir innovación y flexibilidad, a las que añadiremos la funcionalidad, lógicamente propia, de la producción funcional. Como ejemplo, tomando el correspondiente a las fundas para sofás, se obtendrían lotes de ellas, iguales entre sí dentro de cada lote, pero con amplia variedad de éstos, así como de características que permitieran personalizar al máximo cada funda (material, medidas, estampado, ribetes, etc.).

Siguiendo la diagonal de la matriz hacia abajo, entramos en los tipos de producción que utilizan configuraciones de proceso en *flujo lineal o en cadena*. Esta modalidad de diseño se adopta, en esencia, cuando se trata de fabricación de lotes o series más o menos grandes de productos diferentes pero técnicamente homogéneos, usando para ello las mismas instalaciones y la misma secuencia de estaciones de trabajo, aunque alguno de ellos pueda no pasar por alguna que no le es necesaria. La variedad de producto, pues, suele ser baja y de una elevada calidad. En esta modalidad de configuración productiva hemos diferenciado si el *ciclo* productivo está controlado por el *operario* o si el control está *automatizado*. En el caso de que la línea esté automatizada, normalmente se obtienen volúmenes más elevados de producción con una calidad asimismo elevada, un coste menor y con menos problemas para cumplir los plazos de entrega.

Las características de competitividad más fácilmente asumibles en este tipo de producción son, según hemos hecho referencia directa, la calidad, el coste y el tiempo, a las que podemos añadir una cierta flexibilidad y funcionalidad, cuando se impone el ciclo de trabajo manual (véase *figura 7* ya referida). Por lo que a nuestro ejemplo de las fundas para sofá se refiere, este tipo de producción se basaría en una línea que cortaría la tela a módulos normalizados, los reuniría según patrones y los cosería, dando lugar a fundas muy estandarizadas en grandes cantidades y mínima o nula perso-nalización.

Por último, en el extremo inferior derecho de la diagonal se situaría la configuración de producción en *flujo continuo*. En esta modalidad cada má-quina y equipo están diseñados para realizar siempre la misma operación y preparados para aceptar de forma automática el trabajo que les es suminis-trado por una máquina precedente, que también ha sido especialmente di-señada para alimentar a la máquina que le sigue. De esta manera podremos obtener un gran volumen de producto, de una gran calidad y un coste muy bajo, cumpliendo los plazos de entrega establecidos. Por contra, la homo-geneidad del producto es total y absoluta dentro de un proceso dado y sólo puede alterarse en otro subsiguiente, cambiando alguno de los elementos y condiciones de su operativa.

Por lo que a características de competitividad se refiere, este tipo de producción está concebido para alcanzar sobre todo calidad, tiempo y cos-te simultáneamente optimizados. El ejemplo de fundas para sofá, cuando se tratara de cubrir la demanda con este tipo de producción, nos llevaría a producir rollos de tela en continuo para que el consumidor, una vez cortada la longitud necesaria, se la adaptara a su caso particular por su cuenta.

Hasta aquí hemos descrito las modalidades de sistemas de producción que podemos llamar «tradicionales» (que han dado lugar a la que, a su vez, hemos llamado matriz clásica); pero no son las únicas, dado que en los últi-mos años se han desarrollado otros enfoques de gestión que se situarían en la matriz pero con la característica diferencial de hallarse fuera de la diago-nal; nos ocuparemos de ellas seguidamente.

2.5. *Los tipos de producción más avanzados: la* producción ajustada. *Nueva matriz producto-proceso*

El enfoque clásico de la gestión de la producción y sus procesos, se basa en optimizar la productividad de cada operación aisladamente, de forma que cada puesto de trabajo lleve a cabo la máxima producción posible; se la conoce como **producción en** *masa,* aplica la filosofía referida lo mismo a una implantación funcional por lotes que a una producción en cadena, basa su eficiencia en la producción a gran escala de forma que los costes se minimicen por las denominadas economías de escala y se ajusta a los tipos de producción de la matriz producto-proceso clásica expuesta.

Frente a este enfoque, se ha desarrollado recientemente otro basado en llevar a cabo los procesos con el mínimo de actividades y empleo de recursos posible, tratando de eliminar todas aquellas actividades que no añaden valor al producto, así como los consumos innecesarios de recursos, que se consideran como *despilfarros*. **La eficiencia no se obtiene entonces a partir de la producción de elevados volúmenes de producción, sino de la minimización de los consumos.** Es el enfoque denominado *lean production* o *producción ajustada*. Ha dado lugar a nuevos tipos de producción, orientados a la obtención de pequeños lotes de producción (en lugar de grandes series), pero con una disposición en flujo lineal en lugar de funcional que, como sabemos, es más efectivo y se implanta con muchas menos actividades; estos nuevos tipos de producción ocuparán por tanto la parte inferior izquierda de la matriz producto-proceso, fuera de la diagonal, como muestra la *figura 8*.

En la nueva matriz pueden observarse los tipos de producción ya existentes en la anterior, indicados con la denominación «enfoque tradicional: volumen alto / variedad baja»; además, y con el epígrafe «enfoque flexible-JIT: variedad alta / volumen bajo», aparecen nuevos tipos de producción que, tal y como hemos anticipado, ocupan la parte inferior izquierda de la matriz, lo que, recordemos, pues es muy importante, supone producir pequeños lotes de producto variado con procesos dispuestos en flujo lineal, con las innovaciones que permitan que ello sea posible, las cuales nos conducen a las implantaciones que hemos denominado *células flexibles*.

Dos son los tipos básicos de producción nuevos que aparecen en la matriz producto-proceso, con las características que acabamos de exponer: por una parte, los basados en el sistema de gestión de la producción denominado *Just in Time (JIT)*, que, como veremos, se basan a su vez en eliminar todo tipo de consumo innecesario (o despilfarro) de recursos; son los que aparecen como **JIT-Celular,** de los que hay dos variantes según el grado de diversidad del producto.

Por otra parte, hemos incluido finalmente los sistemas **FMS** o **sistemas de fabricación flexible**, que basan su alta variedad de producción, y por tanto la flexibilidad, en la utilización intensiva de la tecnología; en este caso, las células flexibles están integradas por equipos programables tales como las máquinas de control numérico, las cuales, vía informática, pue-

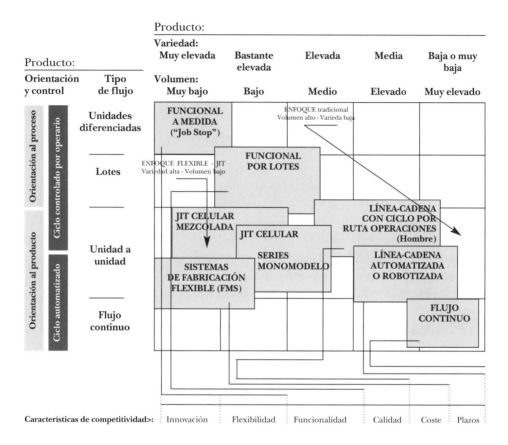

Figura 8. Matriz producto-proceso completa

den reprogramar fácilmente el tipo de operaciones a efectuar, todo ello desarrollado en un entorno *CIM (Computer Integrated Manufacturing)*.

Finalmente, queremos observar que las características de competitividad que pueden abordarse eficazmente con estos sistemas de producción, dotados de eficiencia y flexibilidad, son más o menos todas ellas, lo que en el caso del JIT puede afirmarse categóricamente (ver *figura 8*).

3. Implantación de los sistemas productivos y su gestión

Una vez que hemos expuesto los tipos de producción que pueden implantarse y conocidos los tipos de disposición en planta, vamos a proceder finalmente a la citada implantación de acuerdo con los distintos enfoques de gestión existentes, tratando en todo caso de elevar al máximo la eficiencia y la competitividad.

3.1. Los sistemas de **producción ajustada.** *Los despilfarros y su eliminación*

La organización de los sistemas productivos, tal y como ha estado evolucionando hasta tiempos recientes, se ha basado en la producción de grandes series de producto muy normalizado con el objetivo de *minimizar así los costes*; es la gestión basada en la **producción** *en masa*, de acuerdo con la cual se tratará de *maximizar la productividad por operaciones (o puestos de trabajo)*. En la actualidad, este tipo de enfoque presenta fuertes limitaciones cuando se trata de alcanzar niveles elevados de competitividad; la tendencia actual es la que representa lo que hemos denominado **producción** *ajustada*, de acuerdo con la cual deberemos tratar de eliminar actividades que no añaden valor al producto, así como consumos de recursos innecesarios, evitando los denominados *despilfarros*. Así, por ejemplo, es muy frecuente que los tiempos de esperas o almacenajes y otras actividades que no añaden valor al producto, ocupen, en un proceso con gestión de corte tradicional, hasta las 9/10 partes del tiempo total empleado en el proceso productivo.

El *despilfarro* ha sido definido por Toyota, quien impulsó el sistema JIT, como «*todo lo que no sea la cantidad mínima de equipo, materiales, piezas, espacio y tiempo del operario, que resulten* **absolutamente esenciales** *para añadir valor al producto*». Sin embargo, la preocupación por el despilfarro no es exclusivamente de la época actual, ya existía al comienzo de los sistemas organizados de producción en cadena. Así, **Henry Ford** comentaba en los años veinte que «*todo lo que no añade valor al producto es despilfarro*».

La *figura 9* muestra, sobre un hipotético proceso de producción, los siete grandes despilfarros a eliminar, de acuerdo con los principios de la producción eficiente actual; la gestión basada en su eliminación fue desarrollada por Toyota y constituye el principio de la gestión *Just in Time (JIT)*.

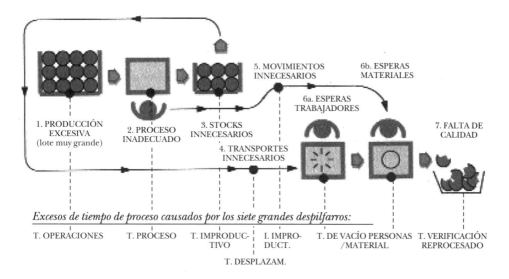

Figura 9. Los siete grandes despilfarros de la producción

Estos despilfarros son los siguientes:

1) ***Despilfarro por exceso de producción:*** Los lotes de producción deben ser lo más pequeños posible, al contrario que con el enfoque de producción en masa; ambos sistemas de gestión son, por tanto, antagónicos por principio. Con lotes de producción pequeños, se podrá obtener una variedad más amplia de producto en menos tiempo, con un plazo de entrega más rápido, con menor volumen de existencias, etc., todo lo cual está en la línea de la producción ajustada.

2) ***Despilfarros por proceso inadecuado:*** Las actividades de los procesos deben desarrollarse de la forma más rápida y eficaz posible, lo que supone emplear los métodos más adecuados que, a su vez, nos lleva al estudio del trabajo; de no hacerlo así, se incurrirá en despilfarro.

3) ***Despilfarro en stocks:*** En la citada figura se aprecia un contenedor con material, procedente de un puesto de trabajo, que se acumula porque el siguiente puesto está a una cierta distancia; toda acumulación de stocks es un despilfarro (es un capital parado, ocupa un lugar, necesita mantenimiento, puede estropearse o volverse obsoleto, debe introducirse y extraerse del lugar en que se halla almacenado, etc.).

La *figura 10* muestra, además, que los stocks tienden a ocultar (como lo hace el nivel de agua de este lago con las rocas sumergidas) los problemas fuente de ineficiencias del sistema; así, pues, los stocks son algo más que un despilfarro: impiden que puedan identificarse muchas otras formas de despilfarro y falta de organización en general.

4) **Despilfarro en transportes:** Los desplazamientos innecesarios de materiales u otros recursos son un despilfarro a evitar. Cuanta menos distancia deba recorrerse en un proceso, mejor.

5) **Despilfarro en movimientos:** Cuando las personas deban desplazarse de forma innecesaria (por ejemplo, para atender dos máquinas con mayor o menor separación entre ellas, como en la *figura 9*), se incurre en un despilfarro.

6) **Despilfarro en esperas:** Los tiempos perdidos por personas o productos y materiales son un despilfarro que debe evitarse a toda costa. La sincronización de los procesos permite alcanzar este objetivo, es decir, que las personas puedan ocuparse de una unidad de producto nueva tan pronto acaben con la anterior, y que los materiales y productos puedan iniciar una nueva operación en cuanto terminen, asimismo, con la anterior. Tan importante es alcanzar esta sincronización (es decir que no haya tiempos perdidos) que el sistema de gestión por

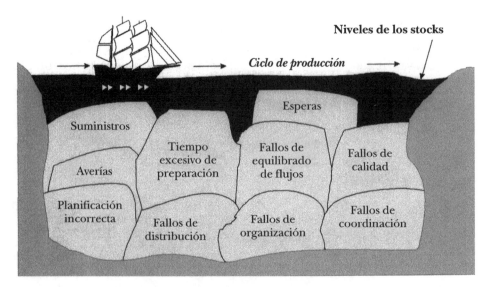

Figura 10. Los stocks tienden a ocultar las ineficiencias

excelencia que utiliza esta filosofía, se denomina, como ya sabemos, *Just in Time* (justo a tiempo), en clara referencia a la necesidad de la mencionada sincronización.

7) ***Despilfarro por falta de calidad*:** Los componentes o productos con defectos son un despilfarro evidente, pues deben reprocesarse o tirarse, lo que en ambos casos supone un coste adicional. Además puede dar lugar a desajustes en la programación: paros de líneas, esperas, etc., aparte del coste en que se ha incurrido para detectar el fallo.

Para evitar defectos y por tanto fallos de calidad, no bastará con establecer controles que permitan conocer cuál es nuestro nivel de fallos. Deberá proveerse de una organización del proceso que evite la producción con posibilidad de fallos.

La *figura 11* muestra una comparación entre los dos grandes sistemas de

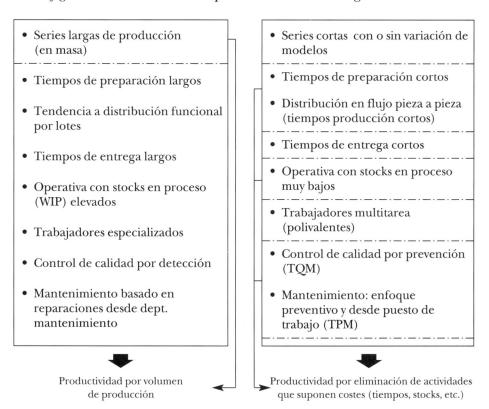

• Series largas de producción (en masa)	• Series cortas con o sin variación de modelos
• Tiempos de preparación largos	• Tiempos de preparación cortos
• Tendencia a distribución funcional por lotes	• Distribución en flujo pieza a pieza (tiempos producción cortos)
• Tiempos de entrega largos	• Tiempos de entrega cortos
• Operativa con stocks en proceso (WIP) elevados	• Operativa con stocks en proceso muy bajos
• Trabajadores especializados	• Trabajadores multitarea (polivalentes)
• Control de calidad por detección	• Control de calidad por prevención (TQM)
• Mantenimiento basado en reparaciones desde dept. mantenimiento	• Mantenimiento: enfoque preventivo y desde puesto de trabajo (TPM)

Productividad por volumen de producción   ⬅   Productividad por eliminación de actividades que suponen costes (tiempos, stocks, etc.)

Figura 11. Análisis comparativo de los dos grandes enfoques en la gestión de la producción

gestión de la producción: el enfoque tradicional «en masa» y el enfoque de la producción «ajustada». Se han destacado los aspectos que aportan las mejoras de productividad y eficiencia en cada caso, con una línea que parte de ellos, que termina en una flecha en la parte inferior de la figura.

La *figura 12* muestra, comparados, los principios de gestión por los que se rigen los distintos enfoques coexistentes en la actualidad, y la forma en que se gestionan a fin de optimizar su eficiencia.

En la citada figura observamos, en primer lugar, un proceso de referencia con tres operaciones cuyos tiempos son distintos; si tratamos de llevarlo a cabo, aun con una disposición idónea (en flujo lineal, por ejemplo), aparecerán ineficiencias en forma de stocks (operación B) y tiempos de espera (operación C); deberá pues aplicarse un sistema de gestión que trate de evitar tales ineficiencias, lo cual se realiza efectivamente, sea cual sea el enfoque de la filosofía de gestión.

Así, por ejemplo, y siguiendo con la *figura 12*, el enfoque de gestión propio de la *producción en masa* lo que hace es considerar cada operación aisladamente (en lugar del proceso) y optimiza su rendimiento, disponiendo material suficiente para que pueda operar sin parar (y por tanto existirá un stock en cada operación).

Así pues, la producción en masa se basa en la eficiencia FUNCIONAL, es decir tratando de lograr la productividad por OPERACIONES, y, de hecho, excepto para los ensamblajes o montajes, utiliza distribuciones en planta de tipo funcional. Ello lleva a optimizar el rendimiento por PUESTO DE TRABAJO y por tanto por OPERARIO, lo que a su vez lleva a la SUPERPRODUCCIÓN y a niveles de stock INCONTROLADOS, los cuales permiten enmascarar otros problemas.

El objetivo es, pues, obtener una TASA DE UTILIZACIÓN DE EQUIPOS ALTA, es decir, OPTIMIZAR LA EFICIENCIA POR OPERACIONES AISLADAS.

En el otro extremo, los sistemas de *producción ajustada* y, sobre todo, el *Just In Time* gestionan el proceso como un todo y no las operaciones aisladamente (véase *figura 12*), eso sí, equilibrando los tiempos de sus operaciones (es decir, sincronizándolas previamente); ¿cómo puede, pues, equilibrarse el proceso? Se tratará de que los operarios no sean especialistas aislados sino trabajadores polivalentes capaces de ayudarse entre sí y repartirse las actividades de las tres operaciones de forma que todos acaben teniendo el mismo ciclo de tiempo (base del trabajo en equipo). Aquí no habrá entonces stock alguno en ninguna operación.

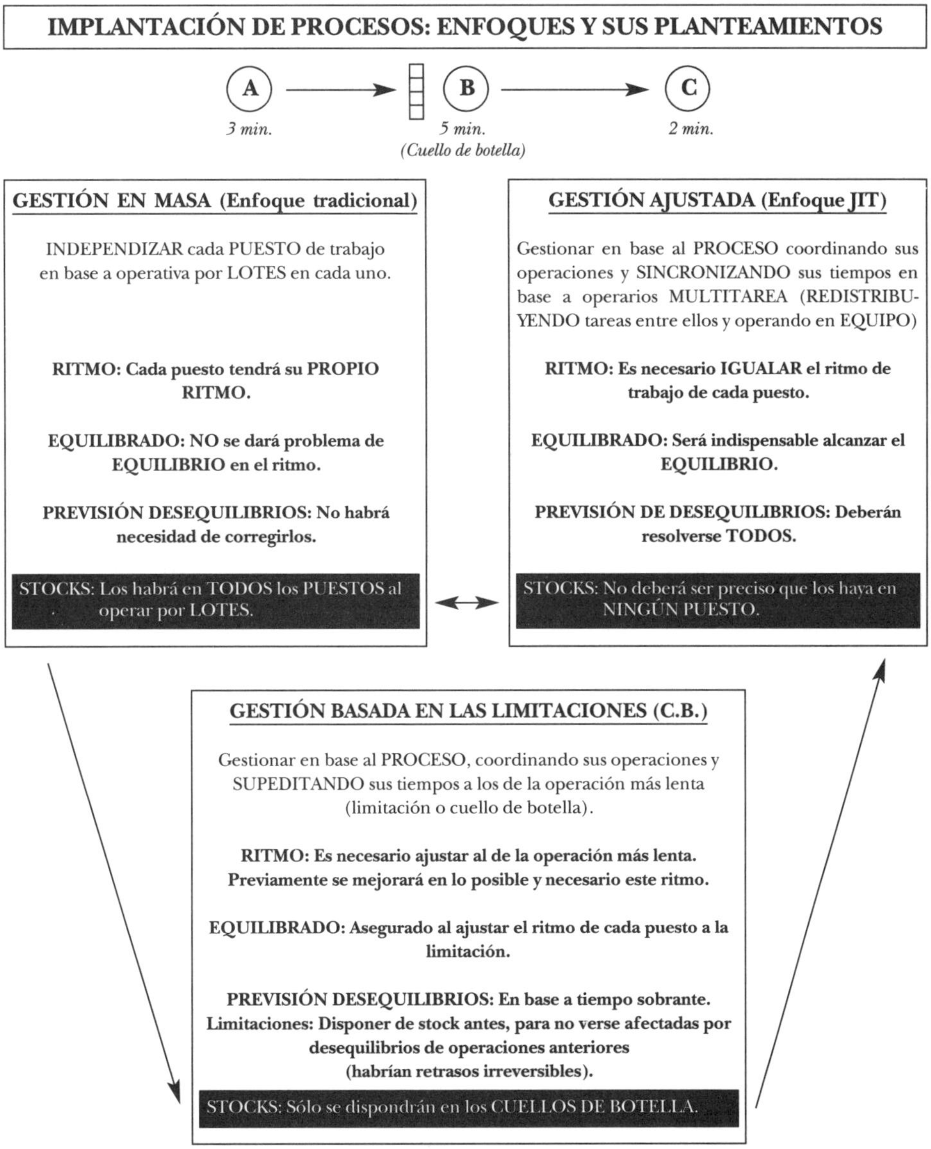

IMPLANTACIÓN DE PROCESOS: ENFOQUES Y SUS PLANTEAMIENTOS

(A) ⟶ [B] ⟶ (C)

3 min.   5 min.   2 min.
        (Cuello de botella)

GESTIÓN EN MASA (Enfoque tradicional)

INDEPENDIZAR cada PUESTO de trabajo en base a operativa por LOTES en cada uno.

RITMO: Cada puesto tendrá su PROPIO RITMO.

EQUILIBRADO: NO se dará problema de EQUILIBRIO en el ritmo.

PREVISIÓN DESEQUILIBRIOS: No habrá necesidad de corregirlos.

STOCKS: Los habrá en TODOS los PUESTOS al operar por LOTES.

GESTIÓN AJUSTADA (Enfoque JIT)

Gestionar en base al PROCESO coordinando sus operaciones y SINCRONIZANDO sus tiempos en base a operarios MULTITAREA (REDISTRIBU-YENDO tareas entre ellos y operando en EQUIPO)

RITMO: Es necesario IGUALAR el ritmo de trabajo de cada puesto.

EQUILIBRADO: Será indispensable alcanzar el EQUILIBRIO.

PREVISIÓN DE DESEQUILIBRIOS: Deberán resolverse TODOS.

STOCKS: No deberá ser preciso que los haya en NINGÚN PUESTO.

⟷

GESTIÓN BASADA EN LAS LIMITACIONES (C.B.)

Gestionar en base al PROCESO, coordinando sus operaciones y SUPEDITANDO sus tiempos a los de la operación más lenta (limitación o cuello de botella).

RITMO: Es necesario ajustar al de la operación más lenta. Previamente se mejorará en lo posible y necesario este ritmo.

EQUILIBRADO: Asegurado al ajustar el ritmo de cada puesto a la limitación.

PREVISIÓN DESEQUILIBRIOS: En base a tiempo sobrante. Limitaciones: Disponer de stock antes, para no verse afectadas por desequilibrios de operaciones anteriores (habrían retrasos irreversibles).

STOCKS: Sólo se dispondrán en los CUELLOS DE BOTELLA.

Figura 12. Enfoques de gestión de la producción y su eficiencia

Así pues, los sistemas de producción ajustada pretenden la eficiencia sobre la DEMANDA, y por tanto sobre el PROCESO de los materiales, lo que nos lleva a optimizar el rendimiento por PROCESOS DE MATERIALES Y PRODUCTOS que, a su vez, concuerda con la filosofía basada en la eliminación de los despilfarros y en particular a eliminar TIEMPOS DE ESPERA y a niveles MÍNIMOS DE STOCKS. El objetivo es ahora una TASA DE UTILIZACIÓN DE EQUIPOS SEGÚN LA DEMANDA. Es decir OPTIMIZAR LA EFICIENCIA DE LOS PROCESOS de forma que cada operación produzca lo requerido en clase, cantidad y momento.

Un enfoque intermedio entre estos extremos es la gestión basada en las *limitaciones o cuellos de botella*. Este enfoque, que también se halla representado en la *figura 12*, se basa en que la operación más lenta o limitación, denominada también cuello de botella cuando su capacidad de producción está por debajo de la necesaria, condiciona el ritmo del proceso entero; así por ejemplo, el proceso de la *figura 12* permitirá obtener una unidad de producto cada 5 unidades de tiempo, porque éste es el ritmo de la operación más lenta (la B). El sistema de gestión basado en las limitaciones, debido a E. Goldratt, considera a esta operación como eje de todo el proceso, trata de mejorarla al máximo (por ejemplo, rebajando su tiempo a 4 unidades) y luego supedita el proceso entero a la misma, fijando para las demás operaciones este mismo ritmo; se obtiene así un equilibrado del proceso. Para absorber los desequilibrios, las operaciones que no son limitaciones, como van «sobradas», utilizarán este sobrante de capacidad; las limitaciones deberán protegerse contra los desequilibrios disponiendo un stock de seguridad de material a procesar por las mismas a fin de que no paren por retrasos en las operaciones anteriores. También en el aspecto de los stocks, este sistema de gestión representa una situación intermedia entre las dos anteriores (en las que había stock en todas las operaciones, para la primera y en ninguna, para la segunda), ya que sólo dispone de un stock en las limitaciones.

3.2. *Just in Time (JIT)*

El concepto de *Just in Time* (JIT) supone el nivel más eficiente de gestión de los procesos en el marco de la producción ajustada. El enfoque JIT surgió en el seno de Toyota y propugna que los materiales y productos deben ponerse a disposición de cada proceso o del cliente final *justo en la clase, cantidad y momento precisos*, y por tanto está en la base de una eficiencia sobre el producto, tal y como hemos propugnado por encima de todo objetivo. La producción en flujo continuado, la ausencia de stocks de materias primas, materiales en proceso y producto acabado, y la flexibilización de los elementos básicos del proceso serán, asimismo, necesarios de acuerdo con esta filosofía.

El JIT es un nuevo concepto para la dirección de la producción que trata de eliminar los siete despilfarros ya expuestos, así como suprimir las barreras a la flexibilidad de los sistemas productivos.

El sistema JIT ha convertido en actuales las directrices de gestión *pull*, es decir, que el cliente «tira» de la producción en la empresa y gobierna su planificación, en contraposición de la gestión *push*, según la cual la empresa produce de acuerdo con sus propios planes, para forzar luego la penetración del producto en el mercado.

La gestión JIT se aplica con el apoyo de técnicas específicas relacionadas con ella. Vamos a comentar someramente las características de las más destacadas.

Ante todo, la aplicación de la filosofía JIT exigirá una *distribución en planta* adecuada, que permita, simultáneamente, eliminar todo tipo de despilfarros en desplazamientos de personas o materiales, sincronizar las operaciones e incluir la flexibilidad necesaria. La distribución en U orientada al producto se considera la más adecuada, ya que, con ella, un trabajador puede ocuparse de varias tareas (apoyando en lo necesario al proceso) sin apenas desplazamientos y, además, resulta fácil reasignarle tareas nuevas si la flexibilidad lo requiere. La *figura 13* muestra una línea en U con tres puestos de trabajo, a los que se les han asignado operaciones que están a su alrededor (evitando despilfarros en movimientos) y con la posibilidad de distribuir dichas operaciones entre los puestos de forma que se equilibren sus tiempos.

Además de la disposición adecuada del proceso, la gestión JIT presupone la adaptación de la producción a la demanda y la personalización y diversificación de los productos, lo que trae como consecuencia una operativa basada preferentemente en pequeñas series de producción variada.

Para que pueda operarse con lotes pequeños de forma eficiente, será preciso implantar sistemas de preparación rápida de máquinas, ya que no sería posible ni recomendable, desde el punto de vista de la eficiencia, la producción en pequeños lotes, si los sistemas de producción no fueran ca-

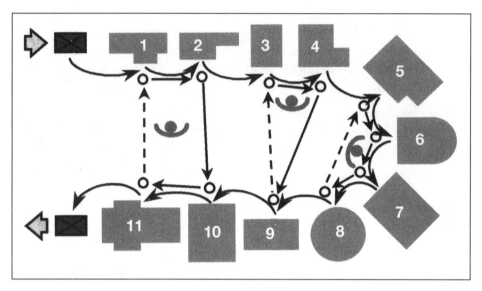

Figura 13. Disposición del proceso en U con distribución en flujo lineal

paces de cambiar de producto con muy poco tiempo de preparación de las máquinas. Las técnicas SMED han permitido cambios muy rápidos de producto (en minutos lo que anteriormente eran horas), realizando fuera del tiempo de preparación todo cuanto pueda llegar a hacerse antes o después, mejorando al máximo las operaciones que se desarrollan durante el tiempo de cambio y simultaneando las actividades de preparación que no sea indispensable efectuarlas de forma secuencial.

Por otra parte, la organización y asignación de tareas, de acuerdo con la filosofía *pull* que anima el sistema JIT de Toyota, ha propiciado el desarrollo del *Sistema Kanban* para la determinación y control de las necesidades de producción y transporte. De acuerdo con el mismo, se utilizan unas tarjetas identificadoras de cada lote de cada componente o producto disponible y se utilizan para provocar la demanda automática de las unidades que «consume» el proceso que sigue (*kanban* significa «tarjeta» en japonés). Existen dos clases de tarjetas: las de producción y las de transporte. Cuando se consume una cantidad de componentes o productos, en una etapa de un proceso, el correspondiente *kanban* (tarjeta) se retira y se sitúa en el proceso anterior para indicar automáticamente que debe suministrarse la cantidad correspondiente del componente o producto, bien sea traída desde un almacén (*kanban* de transporte), o bien en forma de orden de producción *(kanban* de producción). Estas tarjetas pueden ser utilizadas, por supuesto, no sólo dentro de una planta o de una empresa, sino también entre empresas proveedoras o clientes y distribuidores, y en esto reside su auténtico potencial. De hecho hay muchas formas de *kanban* que no son físicamente tarjetas.

Por otra parte, es necesario flexibilizar el diseño de los puestos de trabajos y ajustarlos a la duración del ciclo, que a su vez se ajustará a la demanda, tal y como ya se ha expuesto anteriormente, para lo cual es de aplicación la técnica denominada *Shojinka*. Pero el *Shojinka* exige, además, una adecuada *política de recursos humanos*, y en especial la reasignación de tareas, lo que supone la adecuada formación para lograr la *polivalencia* del personal.

La mejora continua y el control total formarán el último aspecto importante a tener en cuenta. La mejora continua o *Kaizen* permitirá aumentar de forma progresiva la eficiencia del sistema productivo, y, por lo que hace referencia al control, se ejercerá sobre los sistemas de producción y sobre el producto, de forma que se asegure la producción adecuada y continua con equipamientos en correcto funcionamiento, para obtener un producto cuya calidad esté garantizada. El control del funcionamiento del proceso y sus equipos puede garantizarse, sin la presencia continuada de operarios de control, por medio de los sistemas de «control autónomo» *(Jidoka)*, que permiten que el trabajo de un equipo se interrumpa automáticamente en caso de existir algún problema, y, además, avise a quien deba remediarlo. El control que asegure la calidad del producto puede lograrse con la ayuda de sencillos dispositivos que impidan la producción incorrecta *(Poka-yoke)*.

4. Logística integral: Integración de la producción en la cadena de aprovisionamientos y distribución

4.1. Conceptos y descripción de las actividades logísticas

La logística empresarial comprende la planificación, la organización y el control de todas las actividades relacionadas con el aprovisionamiento, producción, distribución y almacenamiento de materiales y productos, desde la adquisición hasta el consumo, a través de la organización y como un sistema integrado, incluyendo también todo lo referente a los flujos de información implicados. El objetivo de la logística es la satisfacción de las necesidades y los requerimientos de la demanda, de la manera más eficaz, rápida y con el mínimo coste posible.

Por tanto, se puede decir que **el objetivo de la logística es conseguir que los productos y los servicios requeridos estén en los lugares apropiados, en el momento preciso y en las condiciones exigidas**. Recientemente, la función clave de la logística integral se está incorporando rápidamente en las empresas, considerada como una coordinación y un enlace entre:

- mercado (una vez más clientes y consumidores),

- canales de distribución,

- actividades de producción (operativas) de la propia empresa y

- proveedores.

Las actividades logísticas dentro de la empresa se centran en tres áreas básicas: **proceso de aprovisionamiento**, es decir la gestión de materiales entre los puntos de adquisición y las plantas de procesado, el **proceso de producción**, con la integración, de existir, entre las diferentes plantas de la empresa, y el **proceso de distribución**, es decir la gestión de los productos entre dichas plantas y los puntos de consumo. Las técnicas logísticas en el proceso de aprovisionamiento y en el proceso de distribución son muy similares, y es por eso que la logística empresarial pretende integrarlas y dar así un alto grado de flexibilidad y rapidez de respuesta a las demandas del mercado.

Las actividades logísticas fundamentales del proceso de aprovisionamiento y de distribución son:

- El *procesado de pedidos*: actividad que origina el movimiento de los productos y el cumplimiento de los servicios solicitados, y tiene una gran incidencia en el tiempo de ciclo del pedido.

- La *gestión de inventarios*, que tiene por objetivo primordial proporcionar la requerida disponibilidad de los productos que solicita la demanda.

- La actividad del *transporte*, que resulta indispensable en cualquier empresa para poder trasladar los materiales o productos propios, así como los productos finales (distribución).

- El nivel de *servicio al cliente*, que establece el nivel y la calidad de respuesta que han de tener todas las actividades de la cadena logística.

– La actividad de *compras,* que afecta al canal de aprovisionamiento; a través de ella se seleccionan las fuentes, se determinan las cantidades a adquirir y el momento de efectuar las adquisiciones. De acuerdo con el canal de distribución se establece la cuantía de los componentes y la secuencia y el ciclo de producción, lo cual repercute en el funcionamiento logístico global pero, en particular, en la gestión de inventarios y en la eficiencia del transporte; por eso, a veces, se consideran las dos actividades como funciones del departamento de producción.

– El *almacenamiento,* que conlleva decisiones como la determinación del espacio requerido, el diseño y la configuración de los almacenes y la disposición de los productos en su interior.

– El *tratamiento de mercancías,* que implica la selección del equipo de manipulación y el detalle de los procedimientos de preparación de los pedidos y de devolución de productos defectuosos.

– La *gestión de la información* abarca la recogida, el almacenamiento, el tratamiento y el análisis de datos necesarios para desarrollar la planificación y el control, cosa que da soporte a todo el sistema logístico y al conjunto de actividades que integra.

Las cuatro primeras actividades de la lista son las actividades *fundamentales,* asociadas necesariamente a cualquier canal logístico, y resultan primordiales para la efectividad de las funciones logísticas, mientras que las restantes, aunque en algún caso puedan tener tanta relevancia como las primeras, se llaman *de apoyo,* y a veces no son consideradas por la gestión logística de la empresa en los inicios del desarrollo de sus funciones.

4.2. Flujos de materiales, productos e información en el sistema logístico

Si queremos lograr, con intervención de las actividades de la logística empresarial, un nivel de servicio al cliente que maximice las ventas y minimice los costes, será conveniente diseñar, planificar y controlar una red de distribución cuyo funcionamiento global sea efectivo y eficiente. Dicha red estará constituida por una determinada configuración de puntos de fabricación, de almacenamiento y de ventas, y un adecuado sistema de transporte y de tratamiento de información que permitan cumplir dichos objetivos. La *figura 14* muestra una red logística genérica como la descrita anteriormente, a base de centros que representan proveedores, factorías,

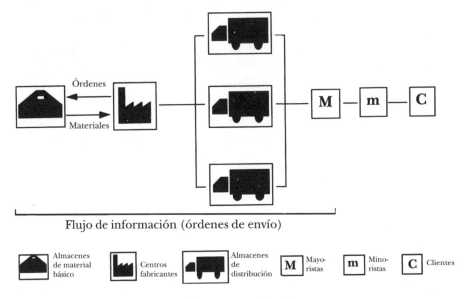

Figura 14. Red logística

almacenes o puntos de venta, en los cuales se para, temporalmente, el flujo de los productos, así como los enlaces entre ellos, que indican el movimiento de las mercancías.

Básicamente, el flujo de materiales y productos se produce en el sentido del suministro a la demanda, que llamaremos *descendente* por el hecho de estar dirigido hacia el consumidor, situado al final del canal.

Por otro lado, existe otra red muy parecida desde el punto de vista conceptual, la de la información, por la cual, a través de enlaces (constituidos por teléfonos, faxes, correo, redes de comunicaciones, etc.), transita la información relacionada con la gestión de las diferentes actividades logísticas, que se intercambian entre todos los lugares de recepción y que son los centros de esta red. El flujo de información se dirige principalmente, como se puede comprobar en la figura, desde el consumidor hasta el lugar de origen de los suministros, por lo que ahora se llama *ascendente*. El *sistema logístico* total resulta de la combinación de las dos redes.

Para la adecuada optimización del resultado global, y a causa de la interdependencia que existe entre ellas, es necesario realizar el diseño del sistema logístico teniendo en cuenta las dos redes simultáneamente.

Por lo que respecta al canal de flujo de materiales, productos y servicios, está integrado por tres subsistemas, tal como muestra la *figura 15*:

– **Subsistema de aprovisionamiento**, en el que se incluyen los proveedores de materiales, productos y otros elementos, así como el posible almacenamiento de los mismos, los cuales abastecen las actividades llevadas a cabo para situar a disposición del subsistema de producción este flujo de mercancías adquirido, con la disponibilidad adecuada y sin pérdida de calidad.

– **Subsistema de producción**, en el que tiene lugar la manufactura o transformación de los materiales en las fábricas o plantas y que comprende la realización del ensamblaje de los componentes y el almacenamiento de los productos acabados, con la finalidad de que estén disponibles, en condiciones óptimas, para su distribución.

– **Subsistema de distribución física**, destinado a atender y satisfacer la demanda de los usuarios, contando, generalmente, con unos almacenes como centros de distribución, desde los cuales se inicia la distribución comercial de los productos acabados y las mercancías, trami-

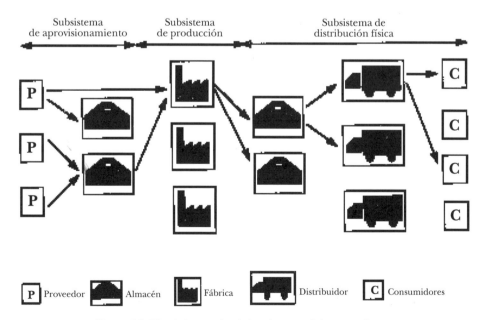

Figura 15. El subsistema logístico de materiales y productos

tándolos a través de minoristas, distribuidores o almacenistas, según el tipo de mercancías de que se trate.

Para cada aplicación concreta se tendrán que establecer las fronteras de actuación, definiéndose, por ejemplo, si los materiales puestos a disposición del subsistema de producción deben prepararse para cada orden de fabricación, si se ha de efectuar la entrega a pie de máquina, si se incluye toda una programación semanal, etc.

Así pues, se comprende que la especialización de las tareas de procesamiento y la dispersión geográfica de las zonas de producción y consumo requieran un sistema logístico, eficiente y efectivo, para potenciar la competitividad en mercados que, frecuentemente, son de ámbito nacional e internacional, al proporcionar el puente de unión entre los unos y los otros, separados en tiempo y distancia. El papel de la organización logística ha pasado a ser, pues, muy importante, y lo será aún más a medida que se abastezcan nuevos mercados.

4.3. Estrategia logística y redes de distribución

Un nuevo producto, desde que nace hasta que desaparece del mercado, pasa por una serie de etapas que conforman su ciclo de vida. La red logística deberá ir adaptándose a las circunstancias de cada etapa de dicho ciclo.

La primera etapa es la de *introducción del producto* en el mercado; la estrategia más frecuente en esta etapa es la de innovación. En la etapa de *crecimiento* del producto se impone una política de servicio al cliente con disponibilidad y fiabilidad de entregas, lo que permite ir incrementando el número de fábricas, así como los almacenes reguladores y locales. Es en la *madurez* del producto cuando se ha de optar por una orientación de compromiso entre servicio al cliente y coste. Puede surgir así la focalización, la cual implica que toda la fabricación de una modalidad de producto se concentre en una sola factoría, se incremente el número de clientes directos y disminuya el de almacenes regionales y/o locales. La última etapa de la vida del producto, la correspondiente al *declive*, se caracteriza por un nivel de servicio aceptable con un coste mínimo, en el que pocas fábricas y pocos o ningún almacén atienden la demanda de los escasos clientes de gran volumen.

4.4. Punto de penetración de pedido

El hecho de trabajar bajo pedido reporta a la empresa una gran ventaja competitiva debido a que, de esta manera, desaparece la incertidumbre introducida por las previsiones de ventas y se evita así tener que mantener stocks de seguridad que pueden convertirse en obsoletos por cambios en el mercado o en la moda.

Una vez fijado el plazo de entrega máximo dentro del servicio al cliente, se podrá producir bajo demanda sobre un número de elementos de la cadena logística (a partir del cliente, hacia arriba) tal, que la suma de los *lead-times* o tiempos de entrega de los componentes de la cadena logística considerados sea igual o menor que el plazo máximo definido. El nivel de penetración conseguido, bajando por la cadena, es lo que se conoce como *punto de penetración de pedido*. Un ejemplo aclarará lo que queremos decir: imaginemos una cadena logística de venta de motocicletas en la que los puntos de venta al cliente son tiendas especializadas. Los *lead-times* medios necesarios de la cadena son los que figuran en la tabla que sigue:

Centro	Lead T.	Actividad
Tiendas de venta	2 días	Recibir pedidos de centros de distribución de marcas
Centros de distribución	2 días	Recibir pedidos de productos desde el almacén del fabricante
Fabricante	3 días	Fabricación del modelo solicitado de motocicleta
Almacén mat. fábrica	1 día	Recibir piezas solicitadas para la fabricación desde el proveedor
Proveedor	3 días	Obtener/fabricar las piezas solicitadas no en stock

Es evidente que si, por ejemplo, el plazo de entrega de un modelo de motocicleta solicitado es de 4 días, el modelo ya tendrá que estar en el almacén de productos acabados del fabricante cuando se pida, y este nivel será el punto de penetración de pedido. En cambio, con un plazo de entrega de 7 días, el fabricante tendrá tiempo de llevar a cabo la fabricación del modelo, con lo que el punto de penetración de pedido será más grande.

Mediante una reducción –o eliminación en el mejor de los casos– de las actividades que aportan un valor añadido nulo, se puede conseguir una mayor profundidad en el proceso del punto de penetración de pedido. Esto permitirá que pueda fabricarse, a partir de productos semielaborados, una gama más amplia de productos finales, con lo que la adecuación a las especificaciones directas del cliente será mucho más flexible.

En la *figura 16* se observa que, según el punto de penetración de pedido, el cual va aumentando de arriba a abajo en dicha figura, se producen diferentes planteamientos de la planificación de las actividades de la cadena logística: las actividades de la parte superior de la figura trabajan sobre previsión de ventas, en lo que se llama planteamiento MRP, ya que la baja penetración de pedido lo exige, mientras que las de la parte inferior actúan bajo pedido, por medio de un sistema similar a la filosofía *pull* del JIT.

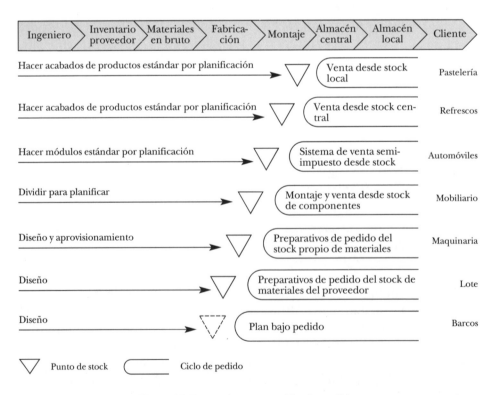

Figura 16. Punto de penetración de pedido

4.5. La logística y la gestión en el entorno JIT: la respuesta rápida

En contraposición a los modelos tradicionales, y en la línea de lo que hemos llamado modelos ajustados, está la filosofía *JIT (Just in Time)*, la aplicación de la cual al sistema logístico supone no llevar a cabo ninguna operación en la cadena logística hasta que no exista la correspondiente demanda y ajustar la operación a la clase, la cantidad y el momento exigido por dicha demanda. A diferencia del sistema tradicional, esta gestión responde al concepto de «estirón» o *pull* (ver *figura 17*) con un sistema tipo *kanban*, al ser la demanda real, al final del conducto logístico, la que motiva que los materiales y productos se muevan o manufacturen hacia el mercado, con un ritmo sólo impuesto por la demanda del mismo.

Por el contrario, con el enfoque *push* la gestión del aprovisionamiento y la producción se lleva a cabo a contracorriente con la demanda real del mercado, que queda oculta y amortiguada por las existencias. Estas prácticas no permiten una visión clara de la demanda real, y quedan agravadas si se utilizan las demandas históricas en lugar de un sistema de previsión para elaborar el plan de producción y de aprovisionamiento.

En realidad, en el sistema tradicional, tanto en la gestión de inventarios como en la determinación de los lotes óptimos de compra o de fabricación,

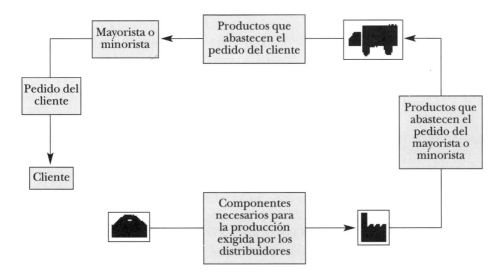

Figura 17. Cadena logística con filosofía JIT: funcionamiento *pull*

predomina el criterio de optimización de los propios costes de la unidad funcional como si fuera un sistema independiente del resto de la cadena logística.

La logística JIT tiene una aplicación todavía más clara cuando, a los requisitos de una gama diversificada de materiales, se les añade un coste elevado de los mismos.

Puesto que la tendencia de los mercados es presentar, cada vez más, una mayor sensibilidad al tiempo (recordar la explicación referente al servicio al cliente), si se combina una fabricación y una entrega justo a tiempo con una logística de respuesta rápida, con la finalidad de poder atender las necesidades individuales de la demanda rápidamente, no hay duda que se conseguirá un margen competitivo importante.

En este principio descansa la QR *(quick response)*, que preconiza el diseño de organizaciones con una elevada capacidad de reacción, las cuales recurren al concurso de tecnologías de la información para conseguir datos sobre la demanda en tiempo real –o lo más real posible– (por medio de la conexión con los escáners de los puntos de venta de las superficies comerciales). De esta manera se obtendrán, junto con respuestas JIT, suministros de productos adecuados, en los lugares y momentos correctos, manteniendo, no obstante, unas existencias mínimas, con costes de aprovisionamiento limitados gracias al principio de agrupamiento. Se puede decir que la QR implica una inversión considerable en medios de información, cosa que es cierta, pero también lo es que su rentabilidad es importante, al sustituir existencias por dicha inversión, con ventajas competitivas destacables cuando se requieren elevados niveles de servicio.

4.6. El futuro de la logística

La implantación del sistema logístico, con una eficiencia cada vez mayor, supondrá, en el futuro, emprender acciones que incidan en la estrategia y la organización de las empresas, al menos en los siguientes aspectos:

– **Gestión integrada de los flujos de materiales**, tanto de los proveedores hacia los puntos de producción, como desde éstos hacia la demanda, los cuales se coordinan con la información entre todas las operaciones de la cadena de producción; además, se irá abandonando paulatinamente toda la gestión que esté basada en una estructura puramente funcional y vertical.

- **Gestión del servicio al cliente** –después de su definición y determinación de su medida–, de forma diferencial por segmentos de mercado, preocupándose por la rentabilidad del cliente, es decir, orientando la organización al cliente como objetivo primordial.

- **Sustitución de políticas de multiproveedores** y breves relaciones, por tendencias de largo plazo en estas políticas, que descansen en la calidad de los suministros y en el servicio al cliente.

- **Utilización de técnicas de respuesta rápida** (sistemas QR y JIT) y reposición de existencias fundamentada en una visión clara de la demanda, obtenida con la ayuda de los sistemas de información, en tiempo tan real como sea posible, lo cual comporta una reducción clara de las existencias.

Todas ellas realzarán el papel central de la logística como una tarea orientada a los procesos de gestión. Además, es probable que las empresas futuras únicamente desarrollen actividades en la cadena de valor que entiendan que les aporta una ventaja diferencial y confíen el resto a subcontratistas, coproductores y asociados logísticos.

Una importante iniciativa llevada a cabo por la industria, ha sido la del *Efficient Consumer Response* (ECR), que se centra en la mejora de la relación entre suministrador y detallista con la finalidad de reducir onerosas dualidades. Concebido como método de colaboración entre proveedor y detallista, el ECR busca la consecución de una reducción en los costes logísticos entre ambos y compartir los beneficios que se deriven. Al contrario que el sistema tradicional, conocido como sistema *push*, para el que el proveedor produce el máximo posible intentando colocarlo en el mercado sin tener en cuenta la demanda, esta metodología pretende un cambio de actitud en las relaciones suministrador-detallista mediante la coordinación del acercamiento de sus necesidades respectivas a las del consumidor (sistema *pull* y, por tanto, en línea con la filosofía *Just in Time*). Se pueden considerar dos tipos básicos de ECR: la **colaboración en operaciones**, que busca la sinergia y la reducción de costes en todas las operaciones entre cliente y proveedor, y la **colaboración en marketing**, enfocada a un incremento de las ventas y a una mejora de los márgenes. Los beneficios derivados de esta colaboración se centran en un aumento de la facilidad para captar oportunidades de crecimiento en diversas áreas de actividad, una racionalización de las inversiones en promoción, merchandising y desarrollo de productos.

Esta propuesta ya se ha visto desbordada por una nueva, más amplia, conocida como *Supply Chain Management*, centrada no únicamente en el suministrador y el detallista, sino en toda la cadena de suministro, desde el productor de materias primas hasta el cliente.

5. Bibliografía

Cuatrecasas Arbós, Lluís. *Organización de la producción y dirección de operaciones*, Editorial Ramón Areces, 1999.

Domínguez Machuca, José Antonio y otros. *Dirección de operaciones. Aspectos estratégicos en la producción y los servicios*, McGraw Hill, 1995.

Miltenburg, John. *Estrategia de fabricación. Cómo formular e implantar un plan competitivo*, Productivity Press, 1996.

Cuatrecasas Arbós, Lluís. *Procesos de producción*, Gestión 2000, 1998.

Harmon, Roy L. y Peterson, Leroy D. *Reinventar la fábrica*, CDN, 1994.

Cuatrecasas Arbós, Lluís. *Diseño de procesos de la producción flexible*, Productivity Press-TGP, 1996.

9.
Gestión de la producción: Aspectos operativos

Adenso Díaz

Universidad de Oviedo, ETS
Ingenieros Industriales

1. Introducción

Las empresas venden productos y/o servicios. Ésa es su actividad, y por la cual reciben los ingresos que permiten su subsistencia. Si no hay productos o servicios que ofrecer, no hay ingresos, y no hay subsistencia. Por tanto, además de tener que disponer de personal, en la empresa, que sea capaz de gestionar o controlar los recursos económicos que permitan que todo funcione, de personal que consiga clientes que paguen por nuestros productos o servicios, obviamente, alguien tiene que haberse encargado de que se produzcan esos servicios o se genere ese servicio.

La gestión de todas esas actividades, que permiten disponer de esos productos que nuestros clientes desean y por los que están dispuestos a pagar, no es en absoluto simple. No sólo eso, sino que además, por lo general, los recursos que esta función mueve son tantos y de tanto coste, que una buena gestión puede representar la diferencia entre ser competitivos o perecer en la cotidiana guerra con la competencia.

En este capítulo estudiaremos algunos problemas de decisión relacionados con la gestión de la función productiva, en sus aspectos más operativos. En concreto, nos centraremos por una parte en la definición de políticas de inventarios, y por otra, la elaboración de todo el proceso de planificación y control de la producción (organización de los recursos disponibles para satisfacer las necesidades del mercado del modo más eficiente posible). Previamente, presentaremos una breve descripción de la evolución de la dirección de operaciones a lo largo de la historia.

2. Evolución de la dirección de operaciones

La complejidad en la gestión de la función productiva ha evolucionado mucho con el tiempo. Aunque siempre hubo sistemas productivos, hasta el siglo XVIII eran sistemas artesanales, pequeños talleres basados en los aprendices para la transmisión del oficio, y con un nivel de outputs muy reducido.

La máquina de vapor lo cambió todo. Disponer de abundante energía, que sustituía a la humana, permitía disponer de una capacidad mucho mayor a la hasta entonces conocida y abría las puertas a sistemas productivos repetitivos donde el nivel de outputs fuera mucho mayor.

Aquello fue, nunca mejor dicho, la Revolución Industrial. Aparecieron las factorías, la materialización de la división del trabajo ya propugnada por Adam Smith, y toda una serie de nuevas ideas para organizar ese nuevo concepto de generación de productos que representaban las fábricas. Un primer concepto importante fue el de la fabricación de **partes intercambiables**. Hasta entonces se fabricaban piezas individuales, y para componer los productos se buscaban las que mejor encajaran unas en otras, retocando lo que fuese necesario. A finales del XVIII, Eli Whitney propuso fijar tolerancias en la fabricación de cada pieza en una fábrica de armas y de ese modo ahorrar una gran cantidad de tiempo en el proceso de ensamblaje.

La posguerra civil americana supuso una apertura de nuevos mercados y una explosión económica que alimentó la necesidad de un aumento en la producción. Comenzaron los grandes imperios industriales, y la **organización científica**, promovida por ingenieros y consultores, cuyo padre fue Winslow Taylor. Trataron de realizar un análisis científico de la factoría, popularizando el concepto de eficiencia (alcanzar los objetivos con el mínimo coste y esfuerzo). Parte de su popularidad vino de la mano de sus detractores, quienes consiguieron que el Congreso interrogase a Taylor durante cuatro días tras las acusaciones de que sus ideas eran injustas para los obreros que se veían explotados.

Taylor proponía la asignación a cada trabajador del puesto más adecuado, el uso de cronómetros para fijar estándares y así facilitar la planificación, la descripción de los procesos y rutas de fabricación, crear la figura del supervisor, con capacidad para tomar decisiones, y los sistemas de incentivos.

Ford fue implementando estas ideas en su planta de Detroit, y a su vez introdujo una nueva idea: la de la cadena de montaje móvil (las piezas semielaboradas se mueven hacia los operarios especializados y no al revés), lo que dio lugar de nuevo a un aumento espectacular en la capacidad de producción.

Más adelante, la Segunda Guerra Mundial movió una ingente cantidad de personal y materiales, lo que hizo necesario el desarrollo de nuevas metodologías de organización. Finalizada la contienda, todas esas nuevas técnicas fueron trasplantadas a la empresa, dando lugar a un vertiginoso desarrollo de los métodos cuantitativos en la gestión empresarial.

En el fin de siglo se está viviendo la revolución de los servicios. Día a día el sector terciario está ganando puntos al secundario, y con este avance se hace patente la necesidad de resolver los problemas organizativos característicos de este sector, diferente en algunos aspectos del manufacturero (un mayor contacto con el cliente, menor tiempo de respuesta, productos intangibles no inventariables, con mercados más locales, con difícil medida de la calidad, etc.).

3. Gestión de inventarios

Para poder generar los productos que los clientes demandan, las empresas necesitan consumir muy diversos tipos de recursos: desde materias primas a energía, recursos humanos o tiempo de máquina. Por tanto, para poder generar esos outputs cuando sean requeridos, todos esos recursos necesarios deben estar disponibles para su uso en el momento preciso. Es aquí donde radica uno de los principales problemas de la gestión de la producción: cómo organizar el sistema, de modo que siempre que sea preciso haya recursos disponibles, pero de modo que el coste global sea el menor posible (es decir, que no se disponga de recursos en exceso).

Estar preparados para poder disponer de los recursos necesarios cuando hagan falta pasa, sin duda, por disponer de un *cierto nivel* de ellos en exceso que pueda absorber las incertidumbres que rodean todo proceso productivo real (material defectuoso, averías en las máquinas, etc). Es a ese conjunto de recursos, que todas las empresas tienen a la espera de ser utilizados cuando sean requeridos, a lo que se denomina **inventarios** (o bien *stock*, un anglicismo de uso muy corriente en nuestro país).

Aunque a esta definición se pueden amoldar un gran número de diferentes recursos (máquinas, fuerza laboral), nosotros vamos a restringir nuestro estudio en este apartado a un tipo muy concreto de ellos: los productos físicos ya elaborados o que van a ser transformados (bien sean materias primas, bien artículos finales o en curso). Por tanto, nuestro problema pasa ahora por determinar para cada artículo que manejamos cuál es su nivel de inventario ideal (es decir, cuántas unidades tenemos que mantener de él para ser usadas cuando sea preciso, bien en fabricación, bien para servirlas a los clientes). Es a esto a lo que llamaremos definir la **política de inventarios** para un determinado producto.

Obsérvese que el nivel de inventario que de un producto se tenga viene directamente condicionado por la reposición que de él se haga, es decir, por la frecuencia con que se hagan los pedidos, y por las cantidades que en cada pedido se ordenen. Por lo tanto, una política de inventarios queda perfectamente definida cuando damos respuesta a estas dos preguntas: ¿cuándo se debe emitir un pedido para un determinado producto?, y ¿qué cantidad debemos pedir cada vez que emitamos un pedido? Respondiendo al cuándo y al cuánto tendremos definida totalmente la política de inventarios para cada producto.

Se han expuesto varios procedimientos para que la respuesta a esas dos preguntas quede perfectamente determinada. El más utilizado es el denominado sistema de «punto de pedido-lote óptimo». Según este procedimiento, basta con determinar de algún modo (lo cual será objeto de los sucesivos apartados) dos parámetros: el **punto de pedido**, r, el cual va a determinar el momento en que se hará el pedido al establecer que ese momento será cuando el nivel de existencias en el almacén caiga por debajo del nivel r, y el **lote óptimo**, Q, que será la cantidad que se pedirá siempre que haya que emitir un pedido. Según este procedimiento (ver *figura 1*), se podrían ir

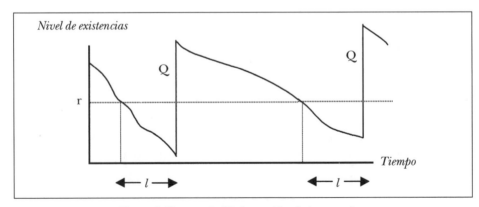

Figura 1. Sistema (r,Q) de gestión de inventarios

monitorizando las existencias del producto en el almacén, y en el momento en que caigan por debajo del nivel r es el momento en que se pedirán Q, nuevas unidades del producto; un tiempo después, *l* (**tiempo de suministro**), llegará ese pedido, que hará incrementar de nuevo el nivel de existencias.

Obsérvese que este mismo procedimiento es el que habitualmente seguimos todos en numerosas actividades de nuestra vida cotidiana: un ama de casa comprará sal cuando vea que las existencias en la despensa son bajas (han alcanzado su «punto de pedido»); en nuestro coche llega la hora de reponer gasolina cuando la luz de reserva (el «punto de pedido» establecido por la casa) se enciende; etc.

El seguimiento del nivel de existencias en el almacén, para poder determinar si ha llegado ya el momento de realizar el pedido (es decir, si quedan solamente r unidades), puede hacerse de varias formas: o bien a través de un sistema informático en el cual se introduzcan todos los movimientos de artículos que se produzcan en el almacén (y por tanto se conozcan las existencias reales en cada momento), o bien, como realmente lo único que nos interesa es detectar que se llegó al nivel r, mediante un procedimiento mucho más sencillo denominado «sistema de los dos almacenes». Este último procedimiento consiste en almacenar cada producto en dos lugares diferentes: en el primero se almacenan r unidades, y para el resto de las que se disponga se utiliza el segundo lugar; los requisitos de artículos son atendidos en principio desde este último hasta que se agoten (indicio de que quedan exactamente las r unidades almacenadas en el otro almacén); se hace en ese momento un pedido y, mientras se recibe, se atienden las necesidades a través de las r unidades que restaban.

3.1. Clasificación del inventario

Una primera reflexión, que es preciso realizar en cuanto al esfuerzo necesario para gestionar los inventarios, es que no todos los productos requieren el mismo nivel de dedicación por parte de los gestores. No parece lógico dedicar el mismo tiempo a un producto de muy bajo precio y que se mueve en cantidades pequeñas, que a otro que anualmente representa muchos miles de euros para la empresa.

En este sentido, en los años 50 se introdujo un procedimiento de clasificación de los productos en función del valor anual que cada uno mueve.

Multiplicando el precio unitario de cada producto por el número de unidades anuales almacenadas, se obtiene un valor que permite clasificar los artículos por su importancia, según el orden decreciente de dicho valor anual. Esta clasificación se denominó **clasificación ABC**, y tuvo su origen en las ideas de Pareto respecto al reparto de las riquezas en el mundo (un pequeño porcentaje de personas poseen un gran porcentaje de las riquezas mundiales), ya que observaron que en los almacenes también un pequeño porcentaje de los productos representaban un gran porcentaje del valor anual (ellos decían que un 20% de los artículos representan un 80% del coste anual en inventarios, un 30% el 15%, y el restante 50% de los productos sólo el 5% del coste del stock).

Así establecieron que ese primer 20% de productos (clase A) debería recibir una atención especial, pues un pequeño ahorro en su gestión representaría una cantidad importante de dinero, mientras que los tipo C (el 50% que sólo representa un 5% del coste total) podrían ser sobredimensionados, gestionándose a través de técnicas menos elaboradas (*figura 2*).

La determinación de la pertenencia de un producto a la clase A de productos debe hacerse no simplemente comprobando si está entre el arbitrario 20% de productos estrella. Un procedimiento más elaborado consiste en ordenar los productos según el orden decreciente de su valor anual, y comparar el coste de dedicar una persona a realizar una gestión «tipo A» para un determinado número de productos (el número que una persona pueda gestionar directamente), y compararlo con los beneficios que esa

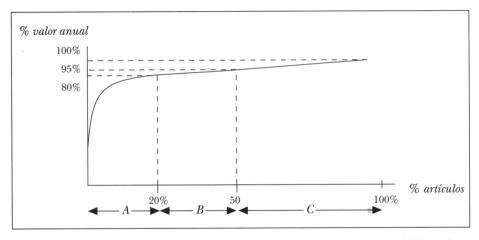

Figura 2. Representación de la clasificación ABC en función del valor anual del stock

gestión representaría. Para los primeros productos esa gestión seguramente reportaría unos beneficios mayores que los del coste de hacerla, mientras que al llegar a productos con menor valor anual, el coste ya no compensaría los beneficios obtenidos *(figura 3)*.

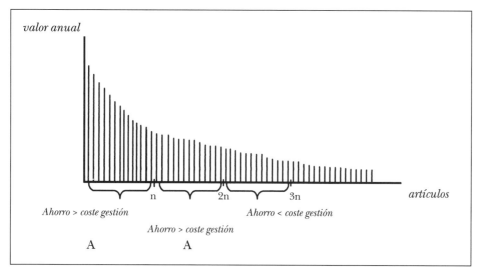

Figura 3. Procedimiento para determinar qué productos pertenecerán a la clase A

Otro procedimiento muy utilizado para clasificar los artículos considera no sólo el valor anual de éstos, sino también la importancia del artículo (es decir, cuál sería el coste para la empresa si se produjera rotura de stock). Nótese que es posible que un producto tenga un alto valor anual, pero si su rotura no representa problema ninguno para la empresa, la mejor política a seguir es la de tenerlo infradimensionado. Razonamientos similares dan lugar a la clasificación de los productos según la *figura 4*.

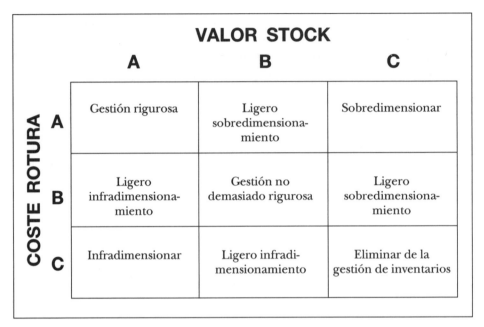

Figura 4. Clasificación de los productos según su valor de stock y su coste de rotura

3.2. Costes relacionados con la gestión de inventarios

Para establecer cuál es la política de inventarios más adecuada para un determinado artículo, vamos a hacerlo de modo que los costes totales de usar una u otra política sean lo menores posibles, para lo cual tendremos que analizar previamente qué tipos de costes son los involucrados.

Quizás el más obvio de estos costes sea el relacionado directamente con el nivel medio del inventario, es decir, el **coste de posesión**. En este sentido, podemos considerar dos tipos de fuentes de costes, que aumentan conforme aumenta el stock: por una parte, el coste de oportunidad de la inversión realizada para mantener ese nivel, y por otra el coste de tenencia de esos productos en un almacén. Para el cálculo de este último concepto deben considerarse aspectos tales como alquiler de naves, seguros, equipos de manutención, gastos energéticos, seguridad, obsolescencia, roturas, etc.

Nótese que si el coste de tenencia se expresa como un porcentaje del precio **p** del producto, sumándole el de oportunidad se tendría un ratio total i_A, el cual multiplicado por el precio del producto nos daría el **coste unitario anual de posesión**, $c_h = i_A \cdot p$. Este concepto es clave en el desarrollo de posteriores modelos. Obsérvese que su significado es el de cuánto costaría mantener almacenada durante todo un año una unidad de ese producto.

El segundo coste básico es el relacionado con el hecho de emitir y recibir un pedido (**coste de emisión**). Cuantos más pedidos se realicen para un producto, más personal tendremos que tener trabajando en compras para negociar precios y contactar proveedores, más trabajo habrá que realizar en el departamento de control de pagos, en el de control de calidad, más personal habrá que contratar en el almacén para recibir, controlar y almacenar ese mayor número de pedidos *(tabla 1)*. Es decir, a mayor número de pedidos, mayor coste, y, por tanto, por el hecho de emitir un pedido habrá un coste asociado que denominaremos c_L.

DEPARTAMENTO	ACTIVIDAD
Compras	Búsqueda de proveedores y negociación Reclamaciones
Almacén	Recepción de pedidos y conteo Almacenaje
Control de calidad	Control de calidad
Administración	Control de pagos

Tabla 1. Departamentos involucrados en tratamiento de los pedidos emitidos, y por tanto afectados por su número

En este caso, el cálculo del coste de emisión puede resultar un poco más complicado que el de posesión. En primer lugar debe tenerse en cuenta que en realidad no existe un único coste de emisión por producto, sino que en función de la «calidad» del proveedor, es posible que algunos de los conceptos expuestos en la *tabla 1* no aumenten al aumentar el número de pedidos. Por ejemplo, si el proveedor tiene un acuerdo de calidad concertada y es de la plena confianza de su cliente, este último no realizará controles de calidad o de conteo a la recepción de sus pedidos, siendo por tanto menor el coste de emisión para él que para otro proveedor que no tenga especiales acuerdos con él. Por ello, quizás sería más oportuno hablar de diversos tipos de proveedores, y para cada uno de ellos calcular el coste que emitir un pedido representa para cada departamento involucrado, obteniendo así el valor c_L para cada uno de esos tipos (ver *tabla 2*).

Aunque los dos anteriores tipos de coste son los básicos en cualquier modelo de gestión de inventarios, a ellos se les podrían añadir otros costes que pueden aparecer bajo determinadas circunstancias. Por ejemplo, si se considera la posibilidad de que se produzca rotura de stock, este hecho tendrá asociado un coste (de imagen, de pérdida de venta o incluso de pérdi-

TIPO PROVEEDOR	COMPRAS	ALMACÉN	CONTROL CALIDAD	ADMINIS-TRACIÓN	TOTAL
Nacional Alta calidad Cantidad estandarizada					
Nacional Alta calidad Cantidad no estand.					
Nacional Calidad media Cantidad estandarizada					
Nacional Calidad media Cantidad no estand.					
Importación Calidad alta Cantidad estandarizada					
Importación Calidad alta Cantidad no estand.					
Importación Calidad media Cantidad estandarizada					

Tabla 2. Ejemplo de tabla usada para evaluar el coste total de emisión en función del tipo de proveedor. La suma del coste en cada departamento define el valor c_L

da de futuras ventas) que hay que evaluar. Asimismo, en determinadas ocasiones el precio de un producto puede verse reducido en función del volumen del pedido. Estas circunstancias particulares serán consideradas en el momento oportuno.

3.3. Clasificación de los modelos de inventarios

Modelar situaciones reales es siempre muy difícil, ya que la realidad está condicionada por multitud de variables difíciles de manejar. El procedimiento habitual para acercarse a modelos realistas es comenzar el estudio por situaciones simplificadas de la realidad, obtenidas mediante la relajación de determinadas hipótesis que haga más fácil el análisis. Generalmente, una primera aproximación consiste en suponer que no existen aleatoriedades en los datos (es decir, suponer entornos *deterministas*). En el caso de los inventarios, al hablar de determinismo, básicamente nos tendremos que referir al conocimiento exacto de demandas y tiempos de suministro.

Una vez que sepamos cómo abordar el problema suponiendo determinismo, podremos dar el siguiente paso e intentar resolver las situaciones más realistas (que evidentemente son de tipo no determinístico). Es preciso comentar que aunque realmente no existe el determinismo en ninguna actividad humana, en muchas ocasiones las posibles variabilidades son tan pequeñas que suponer determinismo da lugar a soluciones que no son tan alejadas de las realmente óptimas, por lo que en muchas ocasiones son aplicados directamente los modelos deterministas que veremos.

Otro factor que, en el caso concreto de la gestión de inventarios, resulta muy importante a la hora de definir posibles modelos es el patrón de la demanda. Suponer que el consumo de productos se realiza a una tasa constante durante todo el año da lugar a modelos más simples. La estacionalidad en la demanda veremos que supondrá una mayor complejidad a la hora de definir la política de inventarios óptima.

3.3.1. Gestión determinística con tasa de consumo constante

Vamos a comenzar pues suponiendo que tanto la demanda anual, **D**, como el tiempo de suministro, *l*, son perfectamente conocidos. De acuerdo con lo comentado anteriormente, supondremos además que el consumo se produce de modo constante (es decir, si al año se consumen 3.650 unidades de un artículo, cada día del año se consumen exactamente 10).

Bajo esas hipótesis, si obviamente queremos tener el menor nivel de inventario, lo lógico será hacer los pedidos de modo que el siguiente llegue justo en el momento en que se nos agote el producto (lo cual sería perfectamente controlable al suponer determinismo). Así no se producirá rotura y no se tendrían unidades extra innecesarias. Como además la tasa de consumo es constante, la caída de existencias se producirá de modo lineal, tal y como se representa en la *figura 5*.

En la figura se observa que *l* días antes de que se vayan a agotar las existencias se debe emitir el pedido, y que además el tiempo entre pedido y pedido será igual a T=Q/D (**tiempo de ciclo**). Obsérvese igualmente que el tiempo de ciclo es la inversa del número de veces que se hacen pedidos al año N=1/T=D/Q. Nótese también que a lo largo del año se tendrá como inventario medio la cantidad Q/2.

Para deducir el primer resultado importante correspondiente a esta situación (la cual en la literatura inglesa se denomina EOQ, *Economic Order Quantity*), vamos a determinar cuál debería ser el tamaño Q que hace que el total de costes involucrados (en este caso exclusivamente el de posesión y emisión, al suponer que no hay descuentos ni roturas) sean lo menores posible. El coste total (al año) será la suma de los costes anuales de posesión, es decir $c_h \cdot (Q/2)$, más los anuales de emisión, es decir, $c_L \cdot (D/Q)$. Por tan-

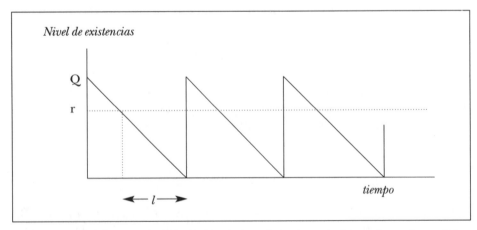

Figura 5. Representación de la evolución de las existencias cuando se supone determinismo y tasa de consumo constante

to, la función a minimizar será la $c_{TA}(Q) = c_h \cdot (Q/2) + c_L \cdot (D/Q)$, cuyo mínimo, tras

$$Q^* = \sqrt{\frac{2c_L D}{c_h}}$$

hallar la primera derivada e igualarla a cero, se observa que se alcanza en el valor.

Esta fórmula, denominada **fórmula de Wilson**, es la fórmula básica de la gestión de inventarios, y permite determinar el tamaño óptimo de los lotes cuando se está en un entorno determinístico y sin estacionalidades.

Para determinar el segundo parámetro del sistema punto de pedido-lote óptimo, el valor r, basta observar en la *figura 5* que el momento en que hay que emitir el pedido es justamente cuando queden existencias para l días (de ese modo el pedido llegará justamente en el momento en que se vayan a agotar). Por tanto, si l está expresado en días y D/365 es el consumo diario, será r=D·l/365.

Veamos un ejemplo. Si para un artículo concreto tenemos un coste unitario anual de posesión $c_h = i_A \cdot p = 0{,}25 \cdot 10 = 2{,}5$ euros, un coste de emisión $c_L = 20$ euros, una demanda anual D=72.000, y un tiempo de suministro l=4 días, tendremos que r=4·(72.000/365)=789,

$$Q^* = \sqrt{\frac{2 \cdot 20 \cdot 72.000}{2,5}} = 1.073$$

El coste total en este caso será

$$c_{TA}(3.395) = 2,5 \cdot \frac{1.073}{2} + 20 \cdot \frac{72.000}{1.073} = 2.683$$

el número de pedidos anuales será N=72.000/1.73=67 y el tiempo de ciclo T=1/N=0,015 años (es decir, cada 5,4 días).

Una de las ventajas de la fórmula de Wilson es la de su robustez. Se puede ver que errores en la evaluación de los costes o demandas dan lugar a soluciones que no se alejan en demasía de los costes obtenidos usando los tamaños óptimos. Esto permite su uso, como antes se dijo, incluso en situaciones en las cuales no sean válidas todas las hipótesis supuestas para deducirla.

Una primera variación del modelo EOQ es suponer que según la cantidad ordenada varía el precio p del producto, es decir, suponer que, por ejemplo, si se pide más de una cantidad M de artículos, el precio unitario pasa de ser p a un p'<p. En este caso se tendrá una curva $c_{TA}(Q)$ correspondiente al precio p, y otra $c'_{TA}(Q)$ correspondiente al precio p', siendo la primera la válida hasta el tamaño Q=M, y la segunda la válida a partir de ese tamaño de lote *(figura 6)*.

Cada una de esas dos curvas tendrá un lote óptimo, Q˙ y Q˙' respectivamente, calculado según la fórmula de Wilson. Bajo estas circunstancias, el tamaño óptimo a pedir dependerá de la relación que exista entre los costes $c_{TA}(Q˙)$, $c_{TA}(M)$ y $c'_{TA}(Q˙')$. Estos tres lotes son los únicos posibles candidatos a ser el óptimo, ya que ningún otro lote puede dar lugar a un coste menor. En el caso de que M<Q˙', como $c_{TA}'(Q)$ va siempre por debajo de $c_{TA}(Q)$, Q˙' será el lote con menor coste (y para él regirá el precio p'), y por tanto será el lote óptimo. En el caso de que M>Q˙', para el lote Q˙' no rige el precio p', y por tanto los únicos posibles candidatos serán Q˙ o M. Aquel

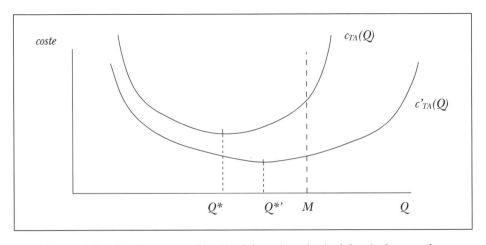

Figura 6. Función de coste en función del precio unitario del artículo, cuando hay descuentos según el tamaño del pedido

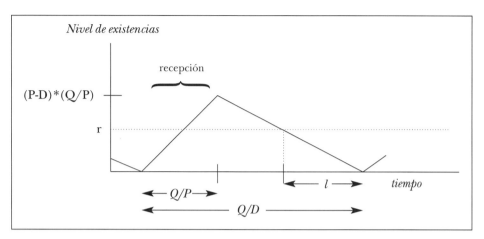

Figura 7. Evolución del inventario en el modelo EPQ

que de los dos costes $c_{TA}(Q)$ y $c'_{TA}(M)$ sea el menor, será el óptimo por tanto. Variantes de este caso (más de un punto de variación del precio p según cantidad pedida, por ejemplo) se plantearían y resolverían de modo similar.

Otro modelo muy conocido, variante del EOQ, es el denominado en inglés EPQ, *Economic Production Quantity*, ya que es propio de entornos en los cuales es preciso determinar el tamaño del lote de producción. En este caso se supone que las unidades llegan de modo continuo simultáneamente al consumo. Por tanto, ahora, la llegada del pedido no supone un incremento vertical en la evolución del stock, sino que durante un período Q/P (siendo P el ritmo al cual llegan las existencias), se producirá el incremento, siendo a partir de entonces sólo el consumo lo que hará evolucionar el nivel de stock (ver *figura 7*).

Mediante un razonamiento similar al seguido en el caso EOQ, se llega a la conclusión de que en este caso el lote óptimo viene dado por

$$Q^* = \sqrt{\frac{2c_L D}{c_h (1 - \dfrac{D}{P})}}$$

Como se ha comentado, estos modelos son robustos en el sentido de que pequeñas variaciones en los datos no provocan grandes cambios en la solución que ofrecen. Un estudio debido a Peterson y Silver analiza hasta qué punto en situaciones de demanda con estacionalidades pueden ser utilizados estos modelos. Según sus resultados, cuando las variaciones en las demandas por período no son grandes (en concreto, ellos concluyeron que cuando el coeficiente de variabilidad, es decir, el cociente entre la varianza y el cuadrado de la demanda media, sea menor a 0,2), los modelos de tasa constante son aceptablemente válidos.

Por ejemplo, si se tiene una demanda por trimestre para un producto, dado por la siguiente tabla:

I	1	2	3	4
d_i	80	100	130	90

como $\bar{d}^2 = (80+100+130+90)/4)^2 = 10.000$ y su varianza es $s^2 = [(80^2+100^2+130^2+90^2)/4]-10.000 = 350$, es $CV = 350/10.000 = 0,035 < 0,2$, y por tanto podríamos usar el modelo EOQ para gestionar los inventarios de este producto.

3.3.2. Gestión determinística con estacionalidad en la demanda

Cuando el producto tiene una gran estacionalidad, es claro que no podrá ser utilizada no sólo la fórmula de Wilson, sino ninguna otra fórmula para determinar el tamaño óptimo. Esto es así porque no existe un lote óptimo, ya que si el producto se consume en mayor cantidad en invierno que en verano, sin duda será diferente lo que convendría pedir en una estación y en otra.

En estos casos, se ha demostrado que lo mejor que se puede hacer es, cuando se haga un pedido, pedir para un número completo de períodos en el futuro (es decir, no convendría nunca pedir para cubrir las demandas de período y medio, por ejemplo). Por tanto, el procedimiento a seguir será: en el primer período, calcular para cuántos períodos cubriremos la demanda; volver a pedir en el primer período no cubierto para otro determinado número de períodos (que tendremos que volver a calcular), y así sucesivamente.

Se han definido varios procedimientos de tipo heurístico (es decir, que no garantizan que la solución obtenida sea la óptima, aunque por contra ofrecen una gran sencillez de cálculo) para ver para cuántos períodos hemos de realizar nuestro pedido. Supongamos que la demanda por período es d_i, que el coste de mantener una unidad en inventario durante un período (no anualmente como anteriormente) es c_h, y que el coste de hacer un pedido es c_L. Vamos a ver tres procedimientos sencillos y bien populares usados para determinar el número de pedidos a cubrir en cada ocasión.

El primero de ellos, el *Period Order Quantity*, POQ, es el más sencillo de todos y consiste en determinar mediante un simple razonamiento para cuántos períodos pediremos cuando tengamos que emitir una orden. De este modo, siempre se pedirá posteriormente para ese número de períodos. El razonamiento es el siguiente: si supusiéramos determinismo y calculásemos el lote óptimo (siendo d la demanda media por período) se tendría que $Q \cdot = (2c_L d/c_h)^{1/2}$; por tanto, si siempre pidiéramos esta cantidad, pediríamos cada vez para $Q \cdot /d$ períodos. Este método propone pedir siempre para esa cantidad teórica de períodos $Q \cdot /d = [2c_L/(dc_h)]^{1/2}$.

El segundo procedimiento, denominado *Part-Period Algorithm*, PPA, consiste en calcular en primer lugar el número de veces que es más caro emitir un pedido que mantener una unidad en stock (partes-período económicas): $PPE = c_L/c_h$; a continuación se van calculando las partes-período (es decir, el nº de unidades-período en inventario) que se tendrían si se pide para un solo período, para dos, etc., hasta que esas partes-período superen a las partes-período económicas, siendo el período para el que eso ocurra el primero para el que no se pedirá en este momento (es decir se pedirá justo hasta cubrir el anterior período).

Veamos un ejemplo de aplicación de los anteriores procedimientos. Supóngase que las demandas para los siguientes 12 meses son las siguientes:

i	1	2	3	4	5	6	7	8	9	10	11	12
d_i	10	12	8	25	7	—	10	22	7	—	16	12

que el coste de posesión es $c_h = 1{,}1$ euro por mes y que el de emisión es $c_L = 15$ euros. La demanda media por mes es d=10,75. Por tanto, el número de períodos para los que se pedirá en cada ocasión será $2 \cdot 15/(10{,}75 \cdot 1{,}1)^{1/2}$

=1,62. Por tanto se pedirá en el mes 1 la cantidad d_1+d_2=22; en el 3 la cantidad d_3+d_4=23; etc.

En relación al algoritmo APP, será PPE=15/1,1=13,6. Calculando las partes-período para uno, dos, tres, etc. períodos, tenemos:

- para un período, P-P(1)=0 (si se pide sólo para el período 1, no se tiene nada en inventario al final del período);

- P-P(2)=d_2=12 (es decir, si se pide en el mes 1 para el 1 y el 2, todas las unidades del período 2 habrán estado durante un período entero en stock);

- P-P(3)=d_2+(2·d_3)=12+16=28 (es decir, si pedimos para tres meses, las 12 unidades a consumir en el segundo período permanecerán durante el primer período completo en stock, y las 8 a consumir en el tercer período permanecerán durante el primer y segundo períodos en stock);

Como 28>13,6, según este algoritmo en el primer mes se pedirá sólo para los dos primeros períodos, es decir, 10+12=22 unidades. A continuación habría que volver a repetir este procedimiento suponiendo que el primer período es el tercer mes (el primero para el que aún no se pidió). En este caso, será P-P(1)=0; P-P(2)=25>13,6, luego en el período 3 se pedirá sólo para él; etc.

Veamos ahora un tercer procedimiento para resolver el problema del tamaño de lote cuando la demanda es estacional. Es el llamado algoritmo *Least Period Cost* (o bien Silver-Meal). El funcionamiento es similar al PPA en el sentido de que se evaluarán los costes cuando se pide para uno, dos, tres, etcétera períodos, y para aquel número de períodos para el cual el coste sea menor, será el elegido. El coste por período cuando se pide para n períodos se calcula como c(n) = {(n-1) [c(n1)+(c_h·d_n)]}/n, siendo c(1)=c_L. En el momento en que c(n+1) sea mayor que c(n) se parará la búsqueda, pues c(n) será el coste menor.

En el ejemplo anterior será c(1)=c_L=15; c(2)={1·[15+(1,1·12)]}/2=14,1; c(3)={2·[14,1+(1,1·8)]}/3= 15,27; como c(3)>c(2), se para la búsqueda y el número de períodos cubiertos con el primer pedido será de 2.

En realidad, existe un algoritmo que resuelve de modo óptimo este problema. Es el denominado algoritmo de Wagner-Whitin, publicado en el año 1958, basado en el método de programación dinámica. Durante años fue considerado como demasiado complicado y lento en su cálculo (era una época en la que los ordenadores aún no se habían popularizado), razón por la cual se prodigaron procedimientos heurísticos como los antes expuestos, más fáciles de entender y calcular. Hoy en día muchos programas de ordenador permiten aplicar el algoritmo de Wagner-Whitin.

3.3.3. Gestión de inventarios en entornos no determinísticos

Cuando no es aceptable suponer que la demanda es conocida, sino que ésta se comporta según una determinada distribución estadística, la única manera de evitar que se produzca rotura de stock es mantener un colchón extra que permita absorber fluctuaciones imprevistas en la demanda *(figura 8)*. Este colchón, el llamado **stock de seguridad**, SS, es el precio que la empresa debe pagar a cambio de una cierta seguridad de que no se producirá una rotura de inventario. Obsérvese que se ha dicho «una cierta seguridad» y no «la seguridad», ya que cuando hablamos de demanda aleatoria, siempre habrá una probabilidad (aunque sea muy pequeña) de que la demanda sobrepase cualquier expectativa o inventario de seguridad previsto. Por tanto, en este caso, un primer problema a definir es qué stock de seguridad conviene mantener.

Supongamos de momento que el tiempo de suministro *l* es fijo. Como en el sistema de punto de pedido-lote óptimo en el momento en que las

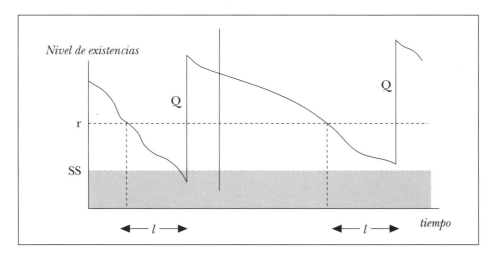

Figura 8. Evolución de los inventarios en entornos no determinísticos.
El stock de seguridad permite absorber las posibles fluctuaciones en la demanda.

existencias llegan al nivel r es cuando se hace el pedido y después no es posible hacer nada más que esperar a recibirlo, el único período de tiempo en el que se podría producir la rotura de stock es justo en ese período de tiempo entre la emisión y la recepción. Por tanto, para estudiar este problema, habrá que conocer cuál es la distribución de la demanda durante ese período de tiempo *l*. Generalmente, se suele considerar que la demanda durante ese período de *l* días sigue una distribución normal con media d_l y desviación típica[1] s_l, $\xi \sim N(d_l, s_l)$.

Si eso es así, dado un punto de pedido r cualquiera, es posible calcular la probabilidad de que en esos *l* días la demanda sea superior a r (es decir, la probabilidad de que se produzca rotura de stock). Será $P[\xi > r]$ la probabilidad de rotura. Como ξ es una distribución normal, será $P[\xi > r] = P[\phi > z_r]$ siendo $\phi \sim N(0,1)$, y $z_r = (r - d_l) / s_l$.

Por tanto, para cualquier punto de pedido r podemos evaluar por una parte las expectativas de rotura que se tienen, y por otra el coste de mantener esas expectativas (que será igual a $c_h \cdot SS$, al ser $SS = r - d_l = r - (z_r \cdot s_l)$) el stock extra que como media se mantiene durante todo el año). Por el contrario, si lo que se desea es que la probabilidad de que no haya rotura sea α y se quiere ver cuál debe ser entonces el punto de pedido que hay que aplicar, basta con despejar r en la anterior fórmula: $r = d_l + SS = d_l + z_\alpha \cdot s_l$, siendo α el valor que en la $N(0,1)$ deja a su izquierda una probabilidad α.

Veamos un ejemplo. Si es $\xi \sim N(1.800, 400)$ y se quiere saber qué punto de pedido tendremos que aplicar para tener una probabilidad del 25% de que haya rotura, consultando la tabla de la $N(0,1)$ se ve que $z_{0,75} = 0,67$, por lo que $r = d_l + z_{0,75} \cdot s_l = 1.800 + 0,67 \cdot 400 = 2.068$. Recíprocamente, si se usa un r=2.100, es $z_{2.100} = (2.100 - 1.800) / 400 = 0,75$, y por tanto la probabilidad de rotura será, consultando la tabla de $N(0,1)$, $P[\phi > 0,75] = 0,23$.

Es a esa probabilidad de que no haya rotura en cada ciclo de stock a la que se denomina **nivel de servicio**. Un nivel de servicio del 99% viene a indicar que de cada 100 veces que hagamos un pedido, sólo en una ocasión es de esperar que se produzca rotura antes de recibirlo. Por tanto, ya sabemos que para obtener un nivel de servicio, el stock de seguridad que ten-

---

1. Un comentario respecto al cálculo del valor s_l: Cuando la desviación típica de la demanda que se conoce es la s_t correspondiente a un período de tiempo t, entonces es $s_l = (l/t)^{1/2} \cdot s_t$. Por ejemplo, si la desviación típica anual (52 semanas) es $s_{52} = 80$ y es *l*=1 semana, será $s_l = (1/52)^{1/2} \cdot 80 = 11,09$.

dremos que mantener será $SS=z\cdot s_p$, y que el coste anual de mantener ese servicio es de $c_h\cdot SS$. Podríamos así evaluar, en función de la importancia del producto, hasta qué punto estamos dispuestos a garantizar un determinado nivel de servicio a la vista del coste de hacerlo.

Cuando es posible evaluar el coste de no servir una unidad de producto debido a una rotura de stocks, es posible calcular cuál es el nivel de servicio más apropiado. Veámoslo a través de un ejemplo. Supóngase que la demanda diaria de un artículo es d=10 unidades (360 días al año), y que el tiempo de suministro es l=5 días. En base a la experiencia previa se vio que las demandas durante el tiempo de suministro siguen la siguiente distribución discreta:

Demanda en l días	30	40	50	60	70
Probabilidad	0,2	0,2	0,3	0,2	0,1

Sea c_h=5 euros, el coste unitario de rotura c_{DU}=40 euros, y supóngase que el lote óptimo se calculó igual a Q·=600 unidades. Como d=10 y l=5, será d_l=50. Como no se consideran stocks de seguridad negativos, sólo serán posibles 3 diferentes stocks de seguridad: 0 (si la demanda es de 50), 10 (si es de 60) o 20 (si la demanda es de 70). Si elegimos un SS=0, habrá rotura si la demanda es mayor a 50, lo cual ocurre con probabilidad 0,2+0,1=0,3; si es SS=10, habrá rotura cuando la demanda sea mayor a 60, lo cual ocurre con probabilidad 0,1, y finalmente si SS=20 no habría nunca rotura. Por tanto, el coste de rotura por ciclo podríamos calcularlo como:

SS	$r^*=d_l+SS$	dem. real	Prob.	Rotura?	Rotura/ciclo	Coste/ciclo
0	50	50	0,3	NO		
0	50	60	0,2	10 unid.	0,2·10+0,1·20=4	160
0	50	70	0,1	20 unid.		
10	60	50	0,3	NO		
10	60	60	0,2	NO	0,1·10=1	40
10	60	70	0,1	10 unid.		
20	70	50	0,3	NO		
20	70	60	0,2	NO	0	0
20	70	70	0,1	NO		

Finalmente, para ver cuál es el stock de seguridad que da lugar al mínimo coste anual, como el número de ciclos al año es N=360d/Q=6, será

SS	c_hSS	Coste rotura/ciclo	Coste rotura/año	Coste total/año
0	0	160	960	960
10	50	40	240	290
20	100	0	0	**100**

y por tanto convendría mantener un stock de seguridad de 20 unidades, que es el que tiene el menor coste total (de mantenimiento más rotura).

Finalmente, observemos que otra fuente de aleatoriedad es el tiempo de suministro. Si suponemos que éste no es una constante *l* sino que sigue una distribución aleatoria N(E[*l*],σ[*l*]), el razonamiento es exactamente igual al anteriormente expuesto, salvo el modo en que se calculan los valores d_l y s_l; si la demanda sigue una distribución ξ~N(d,s), todo en unidades homogéneas, es

$$d_1 = E\big[l\big]d \qquad s_l = \sqrt{E\big[l\big]s^2 + d^2\sigma^2\big[l\big]}$$

Por ejemplo, si la demanda media es de 120 unidades/día, la desviación típica de 10, y el tiempo de suministro tiene una media E[*l*]=15 días y una desviación típica σ[*l*]=2 días, es d_l=120·15=1.800, s_l=(15·10²+120²·2²)^{1/2} =243,1.

4. Sistemas de planificación y programación de la producción

Para que los productos salgan de la empresa, además de disponer de las materias primas y del resto de recursos necesarios para el funcionamiento del proceso productivo, es necesario organizar todo el sistema, es decir, alguien debe encargarse de hacer que cada operario sepa qué artículo o componente en concreto debe producir en cada instante y en qué cantidades, y todo ello coordinado de modo que se incurra en el mínimo coste y que exista capacidad suficiente en el taller para llevar a cabo todas esas directrices. Ésos son los objetivos de la planificación de la producción, es decir, la distribución (mediante la especificación para un determinado horizonte temporal de qué, cuánto y dónde se producirá) de los recursos de que disponga la empresa, de modo que se cumplan las necesidades impuestas por el mercado (demanda).

Parece obvio que hacer una coordinación como la especificada y de un modo eficiente no resulta tarea sencilla, sobre todo cuando los recursos empiezan a ser escasos. Asignar recursos a un pedido retrasa otros, con las consiguientes quejas de unos u otros clientes, y con el posible comportamiento errático del taller cuando empiezan a saltarse los planes previamente elaborados. Si a todo esto añadimos el gran número de variables que en la elaboración del plan de producción tendríamos que considerar (decenas de componentes y máquinas) y la situación altamente variable que se produce en los talleres reales (materias primas que se retrasan o llegan defectuosas, absentismo laboral que altera la supuesta capacidad productiva, etc.), podemos concluir que elaborar un plan de producción con los objetivos anteriormente expuestos es una labor altamente difícil. Pero, sin embargo, toda empresa tiene que elaborar, de un modo más o menos formalizado, su plan de producción, para que el taller no sea un lugar absolutamente anárquico.

Cuando nos enfrentamos a un problema que engloba la toma de decisiones en situaciones muy complejas, una de las posibles alternativas es tratar de dividir ese gran problema en problemas más sencillos, de menor tamaño (y por tanto previsiblemente más sencillos de resolver), de modo que una vez resueltos todos ellos quede resuelto el global. Ésta es la idea básica de los **sistemas jerárquicos de planificación y control de la producción**, establecer una jerarquía de problemas de decisión, de modo que al ir resolviendo los problemas según el orden establecido por esa jerarquía (ya que así el output obtenido en cada uno de esos niveles servirá de restricción adicional a ser considerada en el siguiente nivel) se llegue finalmente a todo el detalle requerido por la planificación de la producción (es decir, a determinar en cada instante qué debe hacer cada recurso del taller de modo que se satisfagan las necesidades del mercado).

La idea que subyace detrás de todos los sistemas jerárquicos que se han propuesto es siempre la misma: en los niveles superiores se toman decisiones relacionadas con aspectos estratégicos (más largo plazo, con datos mucho más agregados, con menor nivel de detalle), mientras en los niveles inferiores las decisiones son de tipo operativo (muy corto plazo, máximo nivel de detalle). Es decir, en los niveles superiores se manejan datos mucho más agregados (no componentes, por ejemplo, de un producto final, que será lo que haya que manejar en los niveles inferiores, sino decisiones relativas a niveles de producción de familias de productos –en una empresa del sector del automóvil, qué modelos de coches y en qué cantidad se fabricarán en el próximo ejercicio– o incluso líneas de productos –en esa empresa fabricante de vehículos, cuántos automóviles y cuántos camiones se producirán en el futuro–). De ese modo se establece, asimismo, una relación entre el sistema jerárquico de planificación y el organigrama de la empresa (los niveles superiores del organigrama son quienes resuelven los problemas de decisión que aparecen en los niveles superiores del sistema jerárquico establecido).

Un sistema jerárquico clásico (Larrañeta et al., 1988) formado por 3 niveles es el representado en la *figura 9*. En él se observa que de cada nivel se obtiene un output (las decisiones relativas a los problemas cubiertos para cada nivel) que sirve a su vez de input del siguiente nivel. Se ve que el nivel 1 (el correspondiente a la Planificación Agregada de la producción) viene condicionado por las decisiones de tipo estratégico que afectan a las reglas de juego en el funcionamiento de taller (por ejemplo, cuál es la política de contrataciones de personal, si se permitirá la subcontratación de trabajos a empresas ajenas, cuáles son los objetivos globales de producción para el próximo trienio, etc).

A su vez, el output del nivel 1 es el denominado **Plan maestro de producción** (*Master Production Schedule*, MPS en inglés). Éste es un documento en el cual se indicará al nivel de artículo final (es decir, de los productos que nuestros clientes realmente compran) cuál es el programa de necesidades que tenemos que cubrir. Para llegar a esa información, se deben contemplar cuáles son las demandas en firme y previstas, cuáles las existencias, y cuál el stock de seguridad que queremos mantener de esos productos. Como se ha comentado, puede ser demasiado difícil resolver este problema directamente, por lo que primero se puede resolver para un conjunto agregado de productos (líneas de productos) obteniendo el **Plan agregado de producción**, y luego desagregando ese plan al nivel de detalle de artículos finales, obteniendo el MPS (*Meredith, Shafer*, 1999).

El Plan Maestro de producción es el corazón de todo el sistema. Todos los pasos que siguen tienen como objetivo permitir el cumplimiento de este documento. El primero de ellos es el que denominamos programación de la producción (nivel 2). El objetivo de este nivel es generar el **Programa de producción**, un documento de estructura similar al MPS, pero en el que se programan las necesidades de componentes necesarios para elaborar los artículos finales, en lugar de programar las de los propios artículos finales. Es decir, es desglosar lo que es preciso hacer para que en efecto podamos elaborar los artículos finales que nos indica el MPS. Por ejemplo, si el artículo final que en el Plan Maestro de producción se estipula que hay que fabricar en una cantidad de 1.200 unidades es la mesa modelo M-25 en color caoba, en este paso se desglosarán todos los componentes que son precisos para poder fabricar ese artículo final (cajones, patas, etc.), y se establecerá cuándo habrá que programar la fabricación de cada uno de ellos para satisfacer el requisito que establece el MPS.

Una vez que tenemos el desglose (según se ve, cada vez estamos alcanzando un nivel de detalle mayor), es necesario distinguir entre lo que tenemos que fabricar nosotros (órdenes de fabricación) y lo que debemos comprar (órdenes de suministro). Sólo las primeras requieren de sucesiva planificación, al mayor nivel de detalle posible, indicando primero qué máquina en concreto hará cada orden (carga de máquinas) y secuenciando, finalmente, en cada máquina, su producción.

Se observa que detrás de cada proceso de planificación se prevé un conjunto de procesos (*Resource Requirement Planning, RRP, Rough-Cut Capacity Planning, RCCP, Capacity Requirement Planning, CRP,* y Análisis input-output), los cuáles no son más que una verificación de que el plan elaborado en cada caso no vulnera las disponibilidades de recursos (ver Vollmann et al., 1991). Es preciso hacer ese chequeo en cada nivel, pues, aunque en un determinado momento pueda ser factible el plan agregado que se acaba de obtener, al desagregar podrían generarse planes que ya no son factibles. Cuando se ha generado un plan para el cual no hay recursos suficientes, es preciso retroceder para retocarlo hasta que en el chequeo correspondiente se obtenga uno que no presente problemas importantes (pequeñas infracciones de capacidad siempre podrán ser absorbidas mediante horas extras o cualquier otro procedimiento en manos del planificador).

Todos estos métodos de control de capacidad (salvo el análisis input/output, que lo que realmente estudia es la evolución de las colas ante las máquinas), con un nivel de detalle mayor o menor, lo que hacen, a la vista del plan propuesto y considerando las rutas que seguirá ese producto final (o línea de productos) y los tiempos en cada centro de trabajo por el que

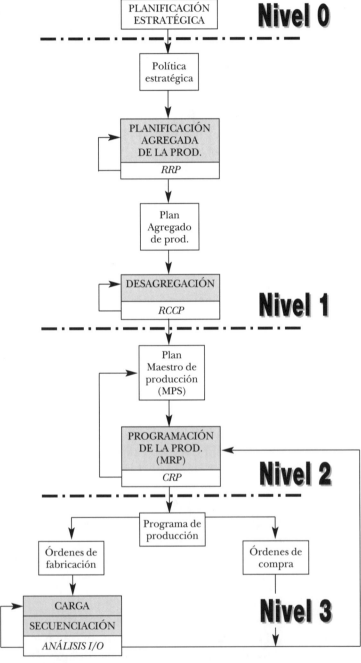

Figura 9. Sistema jerárquico de planificación y control de la producción

pase (tiempo de preparación de máquinas, unitario de producción, de espera y de transporte), es calcular los minutos de proceso que serán necesarios para fabricar todas esas unidades en el tiempo considerado. Cuando los minutos necesarios sean mayores a los disponibles, eso indicará que el plan puede tener problemas para poder llevarse a cabo. Lo que realmente resulta difícil es retocar ese plan y volver a generar uno que ya no presente esos inconvenientes, lo cual en la mayoría de las ocasiones se debe realizar manualmente, basándose en la experiencia que pueda tener el planificador.

Una vez realizado este breve repaso de los diferentes pasos que componen un sistema jerárquico de planificación de la producción, vamos ahora a ver en un poco más de detalle el proceso de cálculo de cada uno de ellos.

4.1. Planificación Agregada de la producción

Como se ha comentado, este nivel 1 de nuestro sistema jerárquico establece en primer lugar un plan agregado para líneas de productos, que posteriormente se desagrega para obtener el plan para artículos finales (Plan Maestro de producción).

En la literatura se han propuesto infinidad de modelos basados en técnicas como la programación lineal con el fin de obtener el Plan Agregado de producción. Sin embargo, la gran complejidad de los modelos resultantes y la dificultad para resolverlos, ha hecho que en gran medida esos modelos no hayan tenido implantación industrial.

Un método muy sencillo e intuitivo para generar este plan lo constituyen los **métodos tabulares**. Éste es un procedimiento de prueba y error en el cual se prueba a generar muy diversos planes, resultado del establecimiento de diversas hipótesis permitidas por la política estratégica de la empresa; de todos los generados, aquel que incurra en el mínimo coste será el elegido. El nombre de «tabulares» le viene de que para la generación de planes se suelen utilizar unas tablas sobre las que se van realizando los cálculos.

Por ejemplo, si se tienen dos líneas de productos, A y B, para el primero de los cuales es posible subcontratar unidades si no hay suficientes recursos, y para el segundo se permite fabricar para stock cuando hay exceso de capacidad, se podría tratar de generar un plan de producción para ambas líneas considerando ambas hipótesis, a través de una tabla como la siguiente:

[1] MES	[2] CAPA- CIDAD DISPO- NIBLE	[3] NECES. LÍNEA A	[4] NECES. LÍNEA B	[5] CAPAC. NECES. FABR. A+B	[6] ¿[5]>[2]? UNID. SUBC.	[7] ¿[5]<[2]? UNID. STOCK EXTRA	[8] COSTE SUBC.	[9] COSTE STOCK EXTRA	[10] COSTE TOTAL [8]+[9]
E									
F									
M									
...									
...									
								TOTAL	

Probando con otras posibles alternativas obtendríamos diferentes planes agregados. Aquél de menor coste sería pues el elegido (ver Díaz 1993, para un mayor detalle).

Una vez que se ha determinado cuánto y dónde se va a producir en el futuro de cada línea, habría que desagregar esos datos para pasarlos al nivel de detalle de artículos finales y así obtener el Plan Maestro de producción. También se han definido complejos modelos para realizar este proceso, de modo que se consideren los costes de preparación de las máquinas (que de momento no se habían tenido en cuenta). El procedimiento más simple para realizar este paso es sin duda el de desagregar siguiendo los pasos contrarios a la agregación. Es decir, si para formar una familia de artículo se consideraron 3 artículos finales, cada uno representando un 30, un 30 y un 40% respectivamente, y para el próximo trimestre a partir del Plan Agregado se establece que de esa familia se producirán 10.000 unidades, lo más simple es considerar que en ese período de tiempo se producirán 3.000 del primer artículo final, 3.000 del segundo y 4.000 del tercero.

4.2. Programación de la producción

Para desglosar los requisitos de materiales necesarios para ejecutar el Plan Maestro de producción, la herramienta más utilizada sin duda es el denominado sistema MRP *(Material Requirements Planning)*. Aunque esta metodología sólo es apropiada en determinados sistemas productivos (producción discreta y ensamblaje, conocimiento preciso de las necesidades de

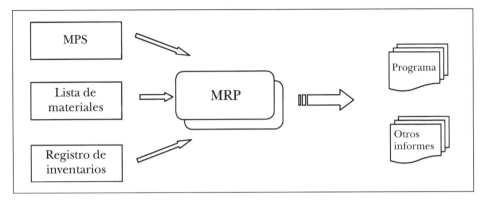

Figura 10. Esquema de inputs y outputs en un sistema MRP

artículos finales, artículos de un determinado coste mínimo), el amplio número de industrias que responden a estas características y sobre todo el empeño que la asociación americana APICS desarrolló para su difusión en todo el mundo, hacen que éste sea un sistema usado universalmente por miles de compañías.

El MRP es básicamente un sistema informático. Su objetivo es establecer cuándo hay que emitir los pedidos de componentes (bien sea a un proveedor externo o al propio taller) para poder cumplir lo establecido en el MPS. Para ello son 3 por tanto los inputs que el MRP necesita *(figura 10)*.

El Plan Maestro de producción debe ser obviamente introducido en el sistema, pues es el objetivo a cumplir. El segundo elemento, la **Lista de materiales** (*Bill of Materials*, BOM, en inglés), es donde se especifica el despiece del artículo final, de modo que así quedan determinados todos los componentes y subcomponentes necesarios, para los cuales habrá que hacer el programa. Este despiece suele representarse en forma de árbol en cuya raíz aparece el artículo final, y cuyos hijos son los subcomponentes necesarios para fabricar una unidad de ese producto. Junto con el nombre de cada componente es preciso indicar la multiplicidad (es decir, cuántas unidades de ese componente son necesarias para fabricar una unidad de su padre). Al estar estructurados en forma de árbol, cada componente pertenecerá a un nivel (el artículo final al nivel 0, las materias primas en el último nivel). En el proceso de cálculo, se recorrerá el árbol según ese orden de niveles, de modo que el programa para un componente en el nivel i será calculado siempre antes que el de cualquier componente en el i+1. De ese modo, los requisitos de material, que el componente en el nivel i establezca para sus hijos, estarán ya establecidos cuando se vaya a calcular el programa para esos componentes hijo.

Finalmente, el resto de datos necesarios para el cálculo se indica en el llamado **registro de inventarios**. Ahí se incluye información tal como el stock de seguridad, que se considerará para cada artículo, el tiempo de suministro (desde que se emite el pedido hasta que se recibe), las existencias en ese momento en el almacén o los pedidos ya emitidos pero pendientes de recibirse.

Obsérvese que el MRP tiene básicamente la estructura de un sistema de gestión de inventarios (aunque con información adicional). Se trata de ver cuándo hay que emitir un pedido para cada componente, de modo que se respeten las «demandas» que de él se han generado (en este caso demandas dependientes del padre de ese componente, y no independientes como en los casos anteriormente estudiados en los cuales sólo el mercado condicionaba la demanda), de modo que se incurra en el mínimo coste (de emisión y posesión).

El procedimiento de cálculo es bien sencillo. Se puede realizar sobre una tabla como la indicada a continuación en la que:

- Las necesidades brutas (NB) vienen dadas por el MPS (cuando se trata de un artículo final) o por la explosión de necesidades generada por las emisiones de pedidos calculadas para sus padres (cuando es un componente).

- Los pedidos pendientes (PP) son los ya emitidos pero que, debido al tiempo de suministro, aún no han sido recibidos, y están planificados para el futuro.

- Las necesidades netas (NN) para un período i se calculan a partir de las brutas, del stock de seguridad que se desee, de las existencias al final del anterior período y de los pedidos pendientes de ser recibidos, como $NN_i = NB_i + SS - PP_i - EX_{i-1}$.

- La recepción de pedidos (RP) indicará, a la vista de las necesidades netas, qué pedidos son necesarios recibir en el período i.

- Las existencias (EX) indicarán qué nivel de inventario habrá al final de cada período, calculado como $EX_i = EX_{i-1} + PP_i + RP_i - NB_i$.

- La fila de lanzamiento de pedidos (LP) es el output del cálculo, e indica (simplemente desplazando la fila RP tantos períodos como indique el tiempo de suministro) en qué momento y por qué cantidad hay que emitir un pedido.

Período:	Pasado	1	2	3	4	5	6	7	8
NB		1.200	—	6.000	12.000	18.000	24.000	—	18.000
PP				6.000					
NN					11.200	17.200	23.200		17.200
RP					12.000	18.000	24.000		18.000
EX	4.000	2.800	2.800	2.800	2.800	2.800	2.800	2.800	2.800
LP		12.000	18.000	24.000		18.000			

En el ejemplo anterior se supone que SS=2.000, que el tiempo de suministro es de 3 semanas, que los pedidos han de hacerse en múltiplos de mil unidades, y que en el período 3 está pendiente de recibirse un pedido por 6.000 unidades. Nótese que necesidades netas negativas se consideran como nulas, y que la fila LP es igual a la RP adelantada tres semanas. Si para fabricar este componente hacen falta 2 unidades de otro componente, al realizar la explosión de necesidades para este último, sus necesidades brutas serán de 24.000 unidades en la semana 1, 36.000 en la 2, 48.000 en la 3 y 36.000 en la 5 (es decir, el resultado de multiplicar por 2 la fila LP de su padre).

Tal y como se ha definido, el tipo de lote que se consideró es el denominado **lote a lote** (es decir, se pide justo para la semana en la que se necesita). Si se tienen en cuenta los costes de emisión de pedido (que en este caso sean quizás los de preparación de las máquinas) y los de posesión de inventario, pudiera ser que fuera más económico agrupar pedidos lanzando menos órdenes a costa de mantener un mayor nivel de inventario. Esto nos recuerda lo comentado al hablar de gestión determinística de stocks a tasa variable, siendo en este caso la fila NN la que representa las demandas. Si se le aplica cualquiera de los algoritmos vistos en su momento (Silver-Meal,

POQ, PPA, etc), se agruparían determinadas necesidades netas en un único pedido, ahorrando emisiones (aunque por el contrario manteniendo un mayor inventario). Todos los sistemas MRP permiten elegir qué tipo de lote es el que se quiere aplicar a cada componente.

La salida por tanto de este módulo serán las filas LP de cada componente, es decir, tal y como se había establecido, una indicación de cuándo hay que hacer un pedido para cada uno de ellos y en qué cantidades.

Un último comentario en relación con la evolución de los sistemas MRP. Casi desde sus primeros tiempos (aunque en relación a la nomenclatura no haya uniformidad entre todos los autores) se comenzó a hablar de sistemas **MRP de bucle cerrado**, reconociendo la importancia de integrar esta fase con las anteriores (desde la desagregación) y las posteriores (hasta la secuenciación). Posteriormente se introdujo el concepto de sistemas **MRP-II** *(Manufacturing Resource Planning)*, integrando además un completo sistema de bases de datos dentro de la planificación de la producción que abarcara desde las finanzas hasta el marketing. Hoy en día se comienza a hablar de un entorno incluso más general al que se le denomina **ERP**, *Enterprise Resource Planning*, en el cual la tecnología de la información y los aspectos financieros cobran aún más importancia.

4.3. Secuenciación y control

Dentro de esta fase, la de mayor nivel de detalle, se trata de organizar (para los componentes que no sean de suministro externo) las operaciones físicas concretas que habrá que realizar en el taller. Podemos considerar que son dos los tipos de operaciones principales: la carga de las máquinas (determinar qué máquina concreta –si hay varias alternativas posibles– hará cada orden) y la secuenciación de la producción (decir en qué orden se ejecutarán en cada máquina cada orden).

Respecto al tema de la carga de las máquinas, quizás uno de los procedimientos heurísticos más simples sea el denominado **método de los índices**. Consiste en aceptar que mientras no se vulneren los límites de capacidad, lo que más interesará será aquella asignación que dé lugar al mínimo coste total de fabricación. Por tanto, lo que se hará es cargar las órdenes en aquellas máquinas en las que resulte más barato ejecutarlas. Tras verificar si se vulnera o no la capacidad disponible, si se vulnerase, se reasignarían teniendo en cuenta para cada orden y cada máquina la relación que hay (índice) entre el coste de hacer esa orden en esa máquina y el de hacer esa orden en la máquina en la que resulte más barato. Aquella orden que esté hecha en una máquina con capacidad vulnerada y que tenga el menor índice de todas, será reasignada desde la máquina con problemas a la máquina en la que tiene ese mínimo.

Veamos un ejemplo. Supóngase que hay cinco órdenes y tres posibles máquinas (con capacidad de 40, 40 y 15 horas respectivamente). Para cada una se indica el tiempo necesario para su ejecución, así como el coste en cada máquina. En la tabla se indica igualmente cada uno de los índices (orden-máquina), marcando en negrita la asignación inicial (la que da lugar al menor coste).

Orden	Máq. 1			Máq. 2			Máq. 3		
	horas	coste	índice	horas	coste	índice	horas	coste	índice
O_1	24	231	1,65	**18**	140	1,0	25	301	2,15
O_2	10	120	1,2	20	180	1,8	**10**	100	1,0
O_3	**30**	140	1,0	35	154	1,1	—	—	—
O_4	10	310	1,24	12	350	1,4	**8**	250	1,0
Total	30			18			18		

Se observa que en la máquina 3 se harán las órdenes O_2 y O_4 con un tiempo total de 18 horas que excede las 15 disponibles. Miramos los índices de estas dos órdenes en el resto de las máquinas, y de todos ellos (1,2, 1,8, 1,24 y 1,4) el menor es el correspondiente a O_2 en la máquina 1 (índice 1,2). Por tanto pasamos esa orden a esa máquina obteniendo que en la máquina 1 se harán la O_2 y O_3 (con un total de horas de 40); en la máquina 2 se hará la O_1 (con un total horario de 18) y en la máquina 3 la O_4 (con un total horario de 8), todas las cuales son factibles.

Por lo que se refiere a la secuenciación, se han dado un montón de algoritmos aproximados para resolver este problema, para el cual, salvo en casos muy sencillos, no existen algoritmos exactos de solución.

El objetivo, por lo general, al secuenciar es ver en qué orden debemos procesar una serie de órdenes de modo que el taller acabe de hacerlas todas lo antes posible (quedando por tanto disponible para hacer otros trabajos). Es lo que se denomina en inglés **problema del** *makespan*. Nótese que un orden inadecuado en el procesamiento de varias órdenes que tienen que pasar por varias máquinas puede dar lugar a tiempos de espera frente a una máquina que aún no haya acabado el anterior trabajo, mientras que quizás otro orden podría evitar ese inconveniente.

Una primera posibilidad para secuenciar es usar las que se denominan **reglas de** *dispatching*, consistentes en asignar a cada orden una prioridad en función de algún criterio predefinido. Ejemplo de una de estas reglas, cuando se está fabricando por lotes, es el llamado método del **ratio crítico**, el cual calcula, en el momento en el que haya que tomar una decisión relativa, cuál es el siguiente lote a procesar, aquél para el cual es menor el cociente entre el tiempo que falta para que se agoten los productos del lote y el tiempo necesario para fabricar ese lote. Es decir, se prima aquel producto para el cual es mayor el riesgo de rotura de stock. Por ejemplo, si se tienen dos lotes, L_1 y L_2, el primero de los cuales se consume a un ritmo de 8 unidades semanales y el segundo de 10 unidades, unos stocks, respectivamente de 40 y 30 unidades y unos tiempos de fabricación de 2 y una semanas, respectivamente, serán 40/8=5 las semanas que faltan para que se agote el primero y 30/10=3 para el segundo, y, por lo tanto, RC_1=5/2=2,5, RC_2=3/1=3, por lo cual se procesará en primer lugar el lote primero.

Existen otras muchas reglas similares para secuenciar, con especiales ventajas, en algunos entornos productivos, y no tan interesantes en otros. Entre ellas cabe citar la SPT *(shortest processing time)* mediante la cual se escoge como primer trabajo aquel que tenga un menor tiempo total de procesamiento a lo largo de toda su ruta; la EDD *(earliest due date)*, regla según la cual el primer trabajo a procesar será el que tenga una fecha comprometida de entrega más cercana; la SIO *(shortest imminent operation)*, que elige aquella operación para la cual la siguiente que le corresponda realizar sea la más breve de todas; etc.

Una división clásica de los posibles problemas de secuenciación (*scheduling* en la literatura inglesa) es, según el tipo taller: taller tipo *flow-shop* (es decir, cuando todas las órdenes recorren el taller siguiendo exactamente la misma ruta de máquinas) y taller tipo *job-shop* (es decir, cuando no todas las órdenes tienen la misma ruta).

Para los talleres *flow-shop* existe un algoritmo que permite conocer la solución óptima (si el objetivo es conseguir que todas las órdenes finalicen cuanto antes), el cual es válido exclusivamente cuando sólo hay dos máquinas. Es la llamada **regla de Johnson**. Este algoritmo consiste en que de todos los tiempos de proceso de las órdenes, en cualesquiera de las dos máquinas, se ve cuál es el menor; si éste es para la orden O_i y ocurre en la máquina 1, esta orden será la primera en procesarse, mientras que será la última en procesarse si ocurre en la segunda máquina. Una vez decidido cuándo procesar esta orden, se elimina y se repite el proceso con las restantes.

Veamos un ejemplo. Si los tiempos de proceso para 5 órdenes que han de pasar primero por la máquina M_1 y luego por la M_2 son los siguientes:

Orden	O_1	O_2	O_3	O_4	O_5
M_1	5	6	2	4	2
M_2	8	4	1	3	7

El menor tiempo de proceso ocurre para la O_3 en M_2 (tiempo 1). Por lo tanto ésta será la última orden a procesar: $<?,?,?,?,O_3>$. De las restantes, la de menor tiempo de proceso es la O_5 en la M_1 (tiempo 2), por lo que O_5 será la primera: $<O_5,?,?,?,O_3>$. De las restantes el menor es el tiempo de procesamiento de O_4 en M_2, y por tanto será $<O_5,?,?,O_4,O_3>$, y siguiendo con este proceso obtendríamos finalmente como solución el orden $<O_5,O_1,O_2,O_4,O_3>$. Una representación de esta solución mediante un diagrama Gantt sería la siguiente, en la cual se ve que el tiempo total de procesamiento de todos los trabajos es de 25. Puede comprobarse que para otros órdenes de procesamiento el tiempo necesario es mayor.

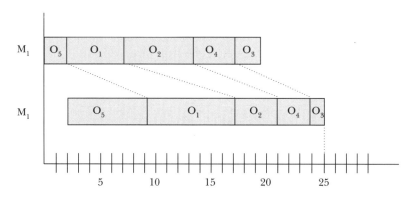

Cuando se realiza la secuenciación de tareas, de nuevo, un tema importante es el de verificar la capacidad del taller para ejecutar la secuencia propuesta. En este sentido se suelen distinguir entre dos tipos de sistemas de secuenciación: los de **carga finita** (los cuales, en el momento en que se llega a la máxima capacidad disponible, no se siguen asignando a ese período de tiempo más operaciones, retrasando el resto) y los de secuenciación de **carga infinita** (en la cual no se tienen en cuenta las limitaciones de capacidad). El uso de la primera da lugar a planes que retrasan operaciones y no dejan traslucir directamente todos los problemas estructurales que pueda tener el taller; por el contrario, el segundo puede dar lugar a planes que son reiterativamente infactibles.

4.4. Planificación de la producción por proyecto

Un tipo de sistema productivo, con especiales características en cuanto al modo en que se le pueden planificar las operaciones, es aquél en el cual el producto fabricado es una sola unidad. Es lo que se conoce como proyecto. En este caso, al no haber operaciones repetitivas que den lugar a la fabricación de sucesivas unidades, el problema principal radica en establecer una programación de cuándo se ejecutará cada una de las operaciones que hay que realizar para que el proyecto esté finalizado.

Para la programación de las actividades de un proyecto (es decir, especificar en qué fecha comenzará cada una de ellas de modo que el proyecto finalice cuanto antes), en el año 1957, la armada americana definió una metodología que ha sido posteriormente de uso generalizado en todo el mundo. Se trata del PERT *(Program Evaluation and Review Technique)*. Vamos a ver a continuación cuál es su lógica, a través de un ejemplo.

Supongamos que se tienen las tareas siguientes, con las respectivas relaciones potenciales (es decir, indicando qué tarea debe ser predecesora de cada una) y duración.

	A	B	C	D	E	F	G	H
Predecesoras	—	A,C	A	B,C	C	D,E	E	F,G
Duración, d_i	3	4	2	1	3	1	4	1

Lo primero es representar las relaciones potenciales existentes mediante un gráfico. En él, cada actividad vendrá representada por un nodo, y, cuando una actividad i sea predecesora de otra, se añadirá un arco (de longitud d_i) desde el nodo i al j. Añadiremos un nodo final al cual llegarán flechas desde todos los nodos que no tienen ningún sucesor. Este último nodo representará el final del proyecto[2]. En nuestro caso será:

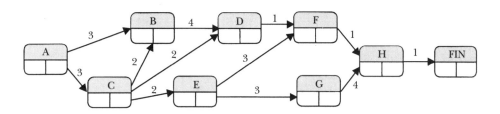

Una vez establecida la representación de las relaciones, lo siguiente es calcular para cada tarea cuál es el momento más temprano en el que puede comenzar, E_i. Este valor lo pondremos en la cajita izquierda de cada nodo. Para ello, basta con observar que el momento más temprano de comienzo de aquellos nodos a los que no llegue ninguna flecha es 0 (podrían comenzar en el instante inicial), y aquellos a los que llegue alguna flecha podrán comenzar cuando hayan acabado todas las tareas que les preceden. Es decir, será el máximo de la suma de los E_i de su predecesora más su duración, o sea, $E_i = \max\{E_j + d_j\}$ para toda tarea j predecesora de la i. Una vez calculados estos valores en orden (empezando por los que no tienen predecesores), llegaremos a calcular E_{FIN}, siendo el valor así calculado el momento más temprano en que podrán acabar todas las tareas (es decir, en que puede acabar el proyecto).

A continuación se calcularán los momentos más tardíos L_i en que podrá finalizar cada tarea, de modo que el proyecto en su globalidad no tarde más de E_{FIN} en completarse. Para ello se comenzará asignando $L_{FIN} = E_{FIN}$, y a continuación, mediante un razonamiento similar al anterior, se hará $L_i = \min\{L_j - d_j\}$ para toda tarea j sucesora de la i (una tarea no podrá comenzar más tarde del instante en que no retrase el comienzo más tardío de to-

---

2. Aunque en la definición del PERT original la representación era la de «actividades basadas en arcos», todos los programas de software actuales que implementan este método usan la de «actividades basadas en nodos», la cual es más sencilla de definir al no requerir del uso de tareas ficticias. Por ello en esta descripción usaremos esta última, menos usada en libros de texto pero más práctica.

das sus sucesoras). Hecho esto, tendremos para cada tarea cuál es el rango de fechas disponible para su comienzo.

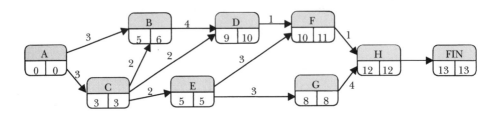

Una vez realizadas todas estas operaciones, podemos sacar una serie de conclusiones respecto a la programación de este proyecto:

- Sabemos cuál será la duración mínima para ejecutarlo (el tiempo E_{FIN}).

- Podemos identificar cuáles son las **tareas críticas**, es decir, aquellas para las cuales cualquier retraso significaría un retraso en la finalización de todo el proyecto. Serán aquellas tareas para las cuales $E_i = L_i$, es decir, las que tienen una holgura de 0. En nuestro ejemplo son la A, C, E, G y H. Nótese que estas tareas están representadas por los nodos que atraviesa el camino de mayor longitud que va desde el nodo inicial al final (longitud que coincide con E_{FIN}), razón por la cual se habla en ocasiones de «camino crítico». Éstas serán pues las tareas que una mayor atención requerirán por parte del director del proyecto, tratando de evitar cualquier retraso que afecte al proyecto en su conjunto.

- Las tareas que no son críticas observamos que pueden sufrir ligeros retrasos sin que eso afecte a la duración total del proyecto. Por ejemplo, si la tarea D en lugar de comenzar en el instante 9 comienza en el 10 debido a un retraso, no impedirá que el proyecto acabe en el instante 13 como estaba previsto.

Una aportación adicional que ha realizado el PERT es en relación al modo en que se calculan los tiempos de las tareas. Hasta ahora hemos supuesto que éstos eran fijos (**PERT en certeza**), pero la realidad es que las tareas pueden sufrir retrasos o adelantos de un modo impredecible, debido a multitud de eventos que afectan su ejecución. Por ello, el PERT requiere que para cada tarea se le defina cuál es el tiempo *a* de duración desde un punto de vista optimista (es decir, el menor tiempo que cabría esperar para realizar esa tarea), cuál el tiempo *b* desde un punto de vista pesimista (es decir, cuánto duraría si las cosas fueran razonablemente mal) y cuál es el tiempo *M* más probable de duración (es decir, la moda). Dados esos datos para cada tarea, el PERT supone que las duraciones de éstas siguen una distribución beta con unas ciertas características, lo cual da lugar a que la duración media de la tarea viene dada por $t_m=(a+4M+b)/6$, y la desviación típica de su duración por $\sigma=(b-a)/6$.

En el caso, por tanto, de **PERT en incertidumbre** lo que habrá que hacer es lo siguiente:

1. Determinar, en primer lugar, para cada tarea, cuál es su duración media y su desviación típica, en función de los 3 parámetros antes descritos.

2. Una vez hecho eso, se resolvería un PERT en certeza en el que supondríamos que cada tarea durará exactamente lo que indica su valor t_m. De este modo determinaríamos cuáles son las tareas críticas bajo esas condiciones.

3. En base a una serie de hipótesis, PERT supone que la duración total del proyecto T sigue una distribución normal cuya media es la suma de las duraciones medias t_m de las tareas críticas (es decir, la duración del PERT en certeza antes calculado), y cuya desviación típica es la raíz cuadrada de las sumas de las varianzas de las tareas críticas:

$$T \sim N\left(\sum_{críticas} t_m, \sqrt{\sum_{críticas} \sigma^2} \right)$$

En nuestro ejemplo, suponiendo que los parámetros *a*, *b* y M fuesen los siguientes:

Tarea	A	B	C	D	E	F	G	H
a	2	2,5	1	0,5	2	0,8	2,5	1
M	3	4	1,5	1	3	1	4	1
b	4	5,5	5	1,5	4	1,2	5,5	1

al aplicar la anterior fórmula de cálculo de t_m se obtienen exactamente los valores antes dichos para cada tarea, en el ejemplo visto de PERT en certeza, con lo cual el PERT en certeza asociado es el antes resuelto. Es decir, las tareas críticas son la A, C, E, G y H. Calculando la desviación típica para cada una de ellas obtenemos $\sigma_A=2/6$, $\sigma_C=4/6$, $\sigma_E=2/6$, $\sigma_G=3/6$ y $\sigma_H=0$, cuya suma de cuadrados es $33/36$. Por tanto, se tiene que la duración total del proyecto sigue una distribución normal $T\sim N(13, 33^{1/2}/6)$. Por tanto, si se quisiera conocer la probabilidad de que el proyecto finalice por ejemplo en menos de 14 períodos, bastaría con calcular el área que en esa distribución normal hay a la izquierda de 14, es decir, pasando a la normal $N(0,1)$, el área que en ésta hay a la izquierda de $z=6\cdot(14\text{-}13)/\sqrt{33}=1{,}044$. Mirando en las correspondientes tablas de la normal tipificada vemos que esa área es del 85,08%, y por tanto ésa es la probabilidad de que ese proyecto finalice en menos de 14 períodos de tiempo.

4.5. La Teoría de las Limitaciones

Al finalizar los años 70, la industria japonesa estaba asombrando al mundo, que no contaba con la fuerza industrial de un país que tan sólo unos pocos años antes había sido arrasado por una guerra. Parte del éxito nipón era debido a unas ideas relativas a planificación y gestión de inventarios que eran innovadoras respecto a las prácticas seguidas en Occidente.

En esos años, un físico israelí, Eliyahu Goldratt, propuso (y comercializó) un nuevo sistema de secuenciación de carga finita al cual puso por nombre *Optimized Production Technology*, OPT. Las ideas básicas, como veremos, consistían en tratar de equilibrar la producción centrándose en los cuellos de botella. La realidad es que en base a unas buenas campañas de marketing y a la desesperación de las empresas por encontrar fórmulas mágicas que resolvieran sus problemas, a lo largo de los años 80, grandes e importantes compañías adoptaron el OPT para la programación de sus talleres, con aparente éxito, lo cual le hizo más y más popular. Desarrollos posteriores dieron lugar a un cuerpo teórico, válido en manufactura y servicios, que Goldratt denominó *Theory of Constraints*, TOC, ya que se centra en hallar las restricciones del sistema y gestionar en base a ellas.

Es preciso decir que, como se ha comentado, OPT es un producto comercial, y como tal está explotado por una compañía privada que imparte cursos, conferencias, mantiene sus patentes y vende sus productos *software*.

Sin embargo, parte de las ideas que han dado lugar a este producto han sido hechas públicas a través de libros[3] y conferencias, siendo interesante conocer cuáles son esas ideas, pues pueden ser útiles incluso aunque no se compre dicho sistema.

Goldratt considera que, en muchas ocasiones, por tratar de obtener buenos resultados en un departamento, sin mirar los intereses comunes de toda la empresa, falla la sincronización de todos los elementos del engranaje y los resultados globales son más pobres. ¿Cuál es la meta de una compañía?, se pregunta. Responde que el objetivo es simplemente ganar dinero (con lo cual se podrán llevar a cabo el resto de los objetivos secundarios que se tenga, como pueden ser generar empleo o aumentar las ventas). La capacidad de generar dinero se puede medir de dos modos: mediante medidas financieras (beneficio, *cash flow*, ROI) o mediante medidas operativas (volumen de ventas –*throughput* en su nomenclatura–, inventario o coste de transformación de productos).

En cualquier caso, el objetivo será conseguir que todas esas medidas sean buenas simultáneamente (no es difícil conseguir que una de ellas sea buena a base de sacrificar las demás, lo cual al final no será positivo para el futuro de la empresa). En concreto, desde el punto de vista operativo, habrá que conseguir que el *throughput* aumente, mientras bajan las otras dos medidas.

Goldratt razonó que quien está impidiendo que el *throughput* aumente según nuestros deseos son los llamados **cuellos de botella** (cualquier restricción –sea máquina, trabajador o mercado– que limita la capacidad productiva de la empresa). En toda empresa hay algún cuello de botella, en muchos casos identificable, pues es el punto en donde se suele amontonar el material en curso, que ahí encuentra una resistencia a su paso por el taller. Pues bien, si queremos aumentar al máximo nuestra capacidad productiva, lo que habrá que hacer es centrarse en esa restricción y tratar de que por ella pase la mayor cantidad de producto posible. Para conseguirlo, Goldratt propuso una serie de reglas de programación que, como hemos dicho anteriormente, pueden aportar ideas valiosas a quien se enfrente en general a tareas de planificación:

---

3. Es muy recomendable la lectura del primero de estos libros, *La meta* (Goldratt, Cox, 1986), una novela que va desvelando los principios filosóficos del sistema, en base a la vida personal de su protagonista.

1. *Hay que equilibrar el flujo, no la capacidad.* Como en los talleres reales hay una gran incertidumbre respecto a lo que puede ocurrir en cada instante, no es bueno tratar de equilibrar la capacidad (como tradicionalmente se viene haciendo), sino que hay que equilibrar el flujo de materiales que atraviesa el taller. Goldratt explica esto con un ejemplo muy gráfico *(figura 11)*: si se tiene una excursión de *boy-scouts* y uno de ellos, el que va por el medio, es más lento que el resto, hará que la fila se vaya alargando más y más. Un modo de hacer, para que todo vaya más sincronizado, podría pasar por reordenar la fila y hacer que el paso de todo el mundo lo marque el más lento. De este modo, la fila marchará a la mayor velocidad que pueden hacerlo, pero todo el mundo más agrupado (con menos inventario en curso).

Para la sincronización, Goldratt propone lo que denomina *DBR*, «*Drum-Buffer-Rope*» («tambor-colchón-cuerda»): el tambor marca el ritmo al que va toda la expedición, el cual es fijado por el cuello de botella; el colchón de tiempo (comenzar un lote un poco antes de lo programado) se determina de modo empírico, y permite mantener siempre algo de inventario que impida al cuello de botella permane-

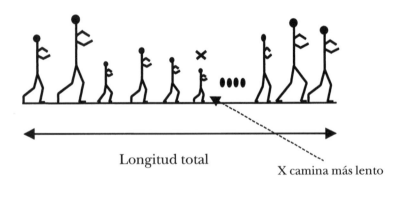

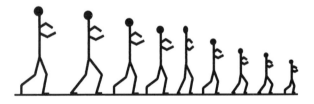

Figura 11. Al variar el orden de la marcha, el recurso más lento va marcando el paso a todos los demás *(Drum-Buffer-Rope)*

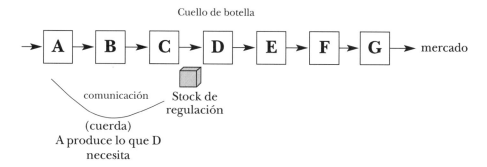

Figura 12. Representación del sistema DBR

cer ocioso ante cualquier evento imprevisto; finalmente, la cuerda (por lo general una programación controlada por ordenador) hace que todo el sistema permanezca al ritmo del cuello de botella.

2. *El nivel de utilización de un recurso no-cuello de botella no queda determinado por su potencial, sino por alguna otra restricción del sistema.* Tradicionalmente se piensa que el que un recurso esté ocioso es un derroche. Sin embargo, recuérdese que la eficiencia no se mide por el tiempo de funcionamiento, sino por el *throughput*.

3. *Utilización y activación, de un recurso, no son sinónimos.* ¿Para qué activar (poner en funcionamiento) un recurso si su output no es necesario, pues no aumenta el *throughput* del sistema?

4. *Una hora perdida en un cuello de botella es una hora perdida en todo el sistema.* Hay que evitar a toda costa una parada del cuello de botella. Buenas prácticas en esta línea de actuación son el uso de grandes lotes que eviten frecuentes preparaciones de máquinas, cuidar la calidad de las materias que llegan al cuello de botella, tratar de evitar averías o evitar absentismo en ese punto.

5. *Una hora ahorrada en un no-cuello de botella es un espejismo.* No representa ninguna ventaja hacerlo, por lo cual, ¿para qué usar grandes lotes en esos recursos o invertir para aumentarle la capacidad?

6. *Los cuellos de botella determinan el* throughput *y los inventarios.* Por tanto, estos últimos deben calcularse en función de los cuellos de botella.

7. *Los lotes de transferencia y de proceso no tienen por qué ser iguales.* Si no se espera a procesar todo un lote de proceso para pasar esos componentes a la siguiente operación, sino que se envían en lotes más pequeños conforme son producidos, es posible que de ese modo se ahorre tiempo ocioso en la siguiente estación.

8. *Los lotes de proceso no deben de ser fijos.* En cada momento deben valorarse los tamaños más adecuados.

9. *Todas las restricciones deben ser consideradas simultáneamente: los tiempo de suministro no pueden ser predeterminados. La suma de óptimos locales no coincide con el óptimo global.*

Un esquema de los pasos que componen el sistema informático OPT se presenta en la *figura 13*. Con el módulo BUILDNET se describen los productos y los recursos; el módulo SERVE usa un sistema de secuenciación con carga infinita, cuyo output es analizado por el módulo SPLIT, que clasifica las operaciones en críticas y no críticas; las primeras son secuenciadas por el módulo OPT de carga finita, que trata de satisfacer el MPS, mientras

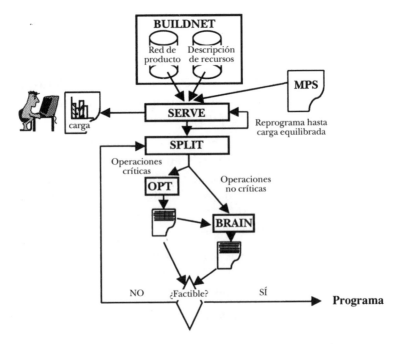

Figura 13. Esquema del sistema informático OPT

el módulo BRAIN secuencia las no críticas con un sistema de carga infinita, tratando de satisfacer las necesidades de los cuellos de botella.

5. Bibliografía

Chase, R. B. y Aquilano, N. J. (1984). *Dirección y administración de la producción y las operaciones,* Addison Wesley Iber., Buenos Aires.

Díaz, A. (1993). *Producción: gestión y control,* Editorial Ariel, Barcelona.

Domínguez Machuca, J. A.; García González, S.; Domínguez Machuca, M. A.; Ruiz Jiménez, A. y Álvarez Gil, M. J. (1995). *Dirección de operaciones, aspectos tácticos y operativos en la producción y los servicios,* McGraw Hill, Madrid.

Goldratt, E. M. y Cox, J. (1986). *La meta,* Editorial Taular, Madrid.

Hill, T. (1997). *La esencia de la administración de operaciones,* Prentice Hall Hispanoamericana, México.

Larrañeta, J.; Onieva, L. y Lozano, S. (1988). *Métodos modernos de gestión de la producción,* Alianza Editorial, Madrid.

Meredeith, J. R. y Shafer, S. M. (1999). *Operations Management for MBAs,* John Wiley & Sons, New York.

Vollman, T. E.; Berry, W. L. y Whybark, D. C. (1991). *Sistemas de planificación y control de la fabricación,* Tecnologías de Gerencia y Producción, Madrid.

10.

Los fundamentos del marketing y su integración en la estrategia corporativa de la empresa

Enrique Ortega Martínez

*Profesor titular del Área de Comercialización
e Investigación de Mercados de la Universidad
Complutense de Madrid.*

1. El marketing en la actividad económica y en la empresa

El marketing puede ser contemplado desde una amplia perspectiva dentro de la actividad económica mundial y desde una perspectiva más limitada, que se corresponde con las actividades que las diferentes organizaciones realizan con sus mercados respectivos.

Bajo la óptica del primer enfoque, nos encontramos ante lo que podríamos denominar el macromarketing, que engloba todos los flujos de bienes y servicios que tienen lugar en el mundo, a través de los cuales se producen los intercambios de productos y servicios con valor entre los productores y compradores, con el fin de satisfacer las necesidades de los consumidores. En este sentido, el macromarketing representa un proceso social universal encaminado a facilitar los intercambios de productos y servicios entre los distintos países, organizaciones, grupos y personas, para que todos ellos puedan conseguir lo que desean. Para servir a su misión, el macromarketing tiene que realizar una serie de funciones universales como son las compras, las ventas, el transporte, el almacenamiento, la información de los mercados, etc. Al mismo tiempo, el macromarketing integra un gran número de decisiones sobre qué productos y servicios hay que crear, en qué cantidad, con qué características, en qué condiciones deben venderse, cómo deben darse a conocer, etc. Todas estas funciones y decisiones son realizadas por el conjunto de instituciones y organizaciones existentes, aunque la forma, el alcance de las funciones y quienes las realizan específicamente, pueden variar según los países y las circunstancias del momento.

El entorno del macromarketing ha experimentado grandes cambios en los últimos años, haciendo variar considerablemente las relaciones entre los países, las organizaciones, grupos y personas que los integran. Los tratados de liberalización del comercio entre Estados Unidos con Canadá y posteriormente con México, el Mercado Único Europeo y los diferentes acuerdos que se están gestando en otras grandes zonas del mundo, están cambiando profundamente el mapa económico mundial, produciéndose cada vez más una globalización de la economía. Las influencias tecnológicas, político-jurídicas, culturales, demográficas, económicas y medioambientales, tienden a hacerse más universales, dando lugar a una elevada interdependencia entre los mercados. De esta forma, el macromarketing tiende a encontrarse cada vez más vinculado al micromarketing o simplemente al marketing de las diferentes organizaciones existentes, principalmente, de las organizaciones empresariales.

En el marco de las organizaciones, el marketing puede entenderse en un doble sentido: como una filosofía o forma de pensamiento y como una función. Ambos sentidos están estrechamente unidos y sujetos a cambios a lo largo del tiempo. Como filosofía de las organizaciones, el marketing representa una forma de pensar tanto hacia el exterior como hacia el interior de la organización. En este sentido, se podría definir el marketing como «un proceso de creación e intercambio de bienes, servicios e ideas con valor entre las organizaciones y el público así como entre ellas mismas, orientado a la satisfacción de las necesidades y deseos de las partes y al mantenimiento de la relaciones que se establecen con los intercambios».

En la definición anterior se destacan cuatro aspectos principales: el intercambio, la satisfacción de los clientes, el objetivo y las relaciones entre las partes que realizan los intercambios.

1. EL INTERCAMBIO

Este aspecto está representado por un proceso a través del cual dos partes acuerdan voluntariamente la entrega mutua de algo con valor de lo que disponen, consiguiendo con ello un nivel de satisfacción superior al existente antes de iniciar el proceso. La mayor parte de los intercambios consisten en transacciones o compras de productos o servicios, que tienen su contraprestación en el pago de una determinada cantidad de dinero. Otras transacciones descansan en el cambio de productos o servicios por otros productos o servicios. Finalmente, existen también intercambios de productos, servicios o ideas, en los que la contraprestación que recibe la otra parte puede ser el reconocimiento de esa entrega o simplemente la satisfacción personal que ese acto pueda reportar a aquella parte que realiza la cesión. Es éste el caso de las colaboraciones voluntarias de algunas personas en las organizaciones no lucrativas y el de la cesión de donativos para estas instituciones, así como un buen número de servicios de las instituciones públicas.

El campo de actuación del marketing, teniendo en cuenta la naturaleza de las partes que realizan los intercambios, cubre las cuatro parcelas siguientes:

1. El marketing entre las empresas y los individuos, que abarca los intercambios y relaciones de bienes y servicios con los consumidores finales.

2. El marketing de las organizaciones o *«business to business»*, que corresponde a los intercambios y relaciones entre las empresas y entre éstas y otras entidades.

3. El marketing público, que comprende los intercambios y relaciones entre las diferentes entidades públicas existentes y los ciudadanos.

4. El marketing social, que corresponde a los intercambios y relaciones entre las entidades privadas sin fines lucrativos y los diferentes públicos con los que se relacionan.

2. EL LOGRO DE LOS OBJETIVOS

Los intercambios voluntarios en los que descansa la filosofía del marketing deben situar a cada una de las partes que los realizan en una situación mejor que la que cada una de ellas tenía antes de iniciarlos. Los deseos de la organización que realiza los intercambios con el público o con otras organizaciones es la consecución de los objetivos que cada organización se marca de acuerdo con la naturaleza de las mismas. El objetivo más frecuente en la mayoría de las organizaciones es la obtención de un beneficio económico o rentabilidad, aunque en otros casos el objetivo puede ser de naturaleza no económica. En estos casos, el objetivo del intercambio está condicionado básicamente por las propias metas para las que las organizaciones fueron creadas. De esta forma, por ejemplo, las metas de las organizaciones públicas gubernamentales, están encaminadas en general a servir a la política económica y social de la comunidad en la que tienen lugar sus competencias, de forma que los objetivos específicos de estas organizaciones tienen que contribuir al logro de los fines o metas generales. De forma similar, en las organizaciones no lucrativas y no gubernamentales, como pueden ser la Cruz Roja y Unicef, los objetivos específicos de sus intercambios están vinculados a los fines sociales que estas organizaciones tienen.

3. La satisfacción de las necesidades y deseos

Al mismo tiempo que los intercambios deben facilitar el logro de los objetivos de la organización, los intercambios tienen que estar orientados a conseguir también la satisfacción de las necesidades y deseos de la otra parte que los realiza.

Las necesidades representan todo aquello de valor de lo que no se puede prescindir, ya sea por ser fundamental para la propia existencia o como consecuencia de los hábitos y costumbres sociales que requieren la utilización o disfrute de un buen número de bienes y servicios. Por otro lado, hay que considerar que todo el mundo tiene carencias de bienes y servicios en mayor y menor grado, por lo que cuando a esta carencia se une el deseo de eliminarla, a través de la posesión o disfrute de aquello de lo que no se tiene o que se considera que no se tiene en cantidad suficiente, es cuando se configura la existencia de una necesidad, la cual tiende a satisfacerse con el acto de compra.

El papel del marketing es el de tratar de satisfacer las necesidades y deseos de los diferentes públicos con los que cada organización se relaciona, de forma que a través de la coordinación de todas las actividades de la organización se consiga alcanzar la satisfacción que se busca. Para ello hay que tener en cuenta los deseos del propio público con el que se relaciona la organización y la actuación de las organizaciones competidoras utilizando las investigaciones, capacidades y habilidades necesarias para crear aquellos productos o servicios que dentro de este marco de actuación, proporcionen a la otra parte la mayor satisfacción posible en relación con la contra-prestación que el intercambio conlleva.

4. LAS RELACIONES ENTRE LAS PARTES

Los intercambios entre las partes que participan en los mismos suelen repetirse a lo largo del tiempo, por lo que ambas partes pueden llegar a co-nocerse, entenderse y comprenderse mejor, sobre todo cuando la satisfac-ción recibida por los productos o servicios es elevada y cuando la otra parte tiene la habilidad y el saber hacer de considerar a la otra como alguien a quien permanentemente hay que satisfacer para conseguir su colaboración y confianza. De esta forma, las diferentes formas de transacciones tienden a convertirse en relaciones estables y duraderas, que se manifiestan a través de una repetición o fidelidad de compra o mediante acuerdos de colabora-ción y cooperación de diferente naturaleza. Este aspecto constituye el de-nominado marketing de relaciones.

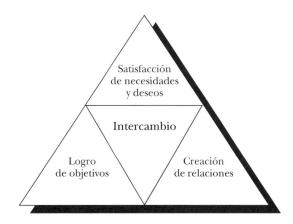

Figura 1. Fundamentos del marketing como filosofía

La adopción e implantación de la filosofía de marketing en mayor o me-nor grado, se realiza a través de diferentes actividades convenientemente coordinadas en una función de la organización que requiere una gestión o dirección. En este sentido, la Asociación Americana de Marketing (Ben-nett, 1995) define la gestión o dirección de marketing señalando que «es el proceso de planificar y ejecutar la concepción, el precio, la promoción de

ideas, bienes y servicios, para crear intercambios que satisfagan objetivos individuales y de las organizaciones».

El marketing como función comprende una serie de diferentes actividades que persiguen unos objetivos propios, pero que al mismo tiempo están
estrechamente interrelacionados entre sí para servir a los fines que tiene
encomendados la propia función de marketing. Estos fines y los de las otras
funciones de la organización, la función financiera, la función productiva,
la función de I+D y la función de recursos humanos, tienen que ser coherentes entre sí para contribuir con su logro a alcanzar eficazmente los fines
generales de la propia organización. Las actividades principales que se integran en la función de marketing son las siguientes: creación y gestión de
productos, fijación y gestión de precios, organización de la venta, distribución comercial, comunicación, investigación comercial y planificación comercial. En la *figura 2* se recogen las principales tareas de cada una de las
actividades que integran la función de marketing.

1.1. Satisfacción, calidad y creación de valor

La satisfacción representa en general la consecución de los deseos del
cliente, que se manifiesta a través de una reacción emocional del mismo en
respuesta a la experiencia derivada de la adquisición y utilización de un
producto o servicio. En esa reacción emocional, el consumidor establece
una comparación mental entre las expectativas de beneficios que esperaba
recibir antes de realizar la compra, con el beneficio o el valor realmente
percibido después de la compra. Los resultados de esta comparación dan
lugar a tres situaciones diferentes:

- *Cliente más que satisfecho,* cuando las expectativas son ampliamente su-
  peradas por el beneficio o valor percibido.

- *Cliente simplemente satisfecho,* cuando las expectativas son iguales al beneficio o el valor percibido.

- *Cliente insatisfecho,* cuando las expectativas son superiores al beneficio
  o el valor percibido.

La simple satisfacción de los clientes resulta insuficiente para las empresas, ya que la posibilidad de que una buena parte de estos clientes sean captados por la competencia es muy elevada. Para evitar este evidente riesgo,

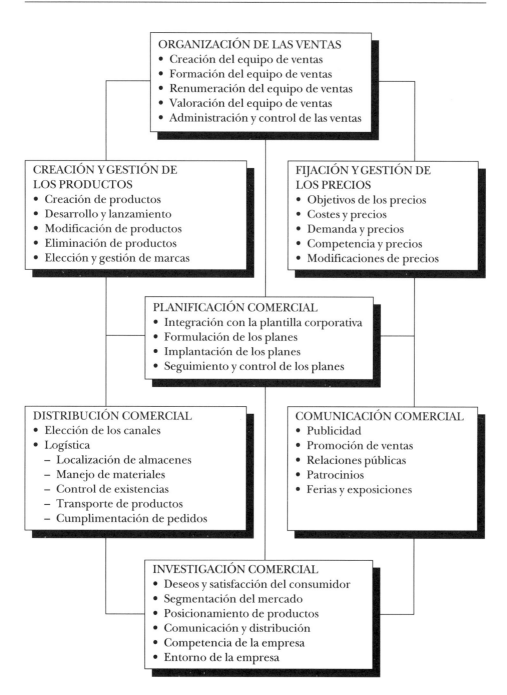

ORGANIZACIÓN DE LAS VENTAS
- Creación del equipo de ventas
- Formación del equipo de ventas
- Renumeración del equipo de ventas
- Valoración del equipo de ventas
- Administración y control de las ventas

CREACIÓN Y GESTIÓN DE LOS PRODUCTOS
- Creación de productos
- Desarrollo y lanzamiento
- Modificación de productos
- Eliminación de productos
- Elección y gestión de marcas

FIJACIÓN Y GESTIÓN DE LOS PRECIOS
- Objetivos de los precios
- Costes y precios
- Demanda y precios
- Competencia y precios
- Modificaciones de precios

PLANIFICACIÓN COMERCIAL
- Integración con la plantilla corporativa
- Formulación de los planes
- Implantación de los planes
- Seguimiento y control de los planes

DISTRIBUCIÓN COMERCIAL
- Elección de los canales
- Logística
  - Localización de almacenes
  - Manejo de materiales
  - Control de existencias
  - Transporte de productos
  - Cumplimentación de pedidos

COMUNICACIÓN COMERCIAL
- Publicidad
- Promoción de ventas
- Relaciones públicas
- Patrocinios
- Ferias y exposiciones

INVESTIGACIÓN COMERCIAL
- Deseos y satisfacción del consumidor
- Segmentación del mercado
- Posicionamiento de productos
- Comunicación y distribución
- Competencia de la empresa
- Entorno de la empresa

Figura 2. Principales actividades y tareas de la función de marketing

las empresas deben perseguir la satisfacción plena de los clientes, de la cual debe derivarse la fidelidad o lealtad de los clientes hacia los productos o servicios de la empresa.

Bajo la denominación de fidelidad o lealtad de clientes se engloba el favorable comportamiento repetitivo de compra que pueden tener las personas u organizaciones hacia los productos o servicios de una empresa. La fidelidad o lealtad de clientes tiende a identificarse con bastante frecuencia con la denominación de «retención de clientes», ya que ambas denominaciones se refieren al comportamiento repetitivo de compra, produciendo los mismos resultados a corto plazo. Sin embargo, hay que destacar que estas denominaciones descansan en principios distintos, ya que la fidelidad o lealtad de clientes entraña la existencia de una actitud positiva hacia el producto o servicio de la empresa, seguida de un comportamiento favorable de compra hacia la empresa. Por el contrario, la retención de clientes descansa en impedir que los clientes de la empresa dejen de comprar a la misma mediante la realización de determinadas actuaciones que permitan su retención, sin que en ellos exista una actitud favorable hacia la empresa.

La retención de clientes tiene mucho más que ver con situaciones de dominio del mercado que con la existencia de una predisposición favorable de los clientes hacia la empresa, por el atractivo de las características que presentan sus productos o servicios y por la simpatía e imagen que la propia empresa despierta entre los clientes. La posición de dominio en el mercado de esas empresas suele estar basada en el poder monopolístico, ya sea éste de derecho o de hecho, en ciertas zonas geográficas o en determinados segmentos del mercado (Ortega y Recio, 1997).

La verdadera fidelización de clientes, sobre todo entre las empresas y los consumidores finales, debe descansar en la creación y desarrollo de relaciones estables de cooperación y beneficios a largo plazo, en un plano individual en el que el consumidor se sienta identificado y apreciado por la empresa. En este marco, la satisfacción del consumidor representa un papel relevante en la actuación de la empresa.

La satisfacción de los clientes tiene también una estrecha vinculación con la calidad de los productos o servicios. El concepto tradicional de calidad ha descansado en la fabricación de productos sin defectos. Sin embargo, esta idea de la calidad ha experimentado una transformación importante en los últimos años, que se pone de manifiesto a través de la definición de calidad que hace la asociación americana para el control de la calidad adoptada a nivel mundial (Miller, 1993), que dice: «*La calidad es la totalidad de aspectos y características de un producto o servicio que tienen relación con su capacidad para satisfacer necesidades definidas o latentes*».

Esta concepción de la calidad descansa en la satisfacción del cliente, de forma que podemos decir que un producto o servicio tendrá calidad cuando la percepción de la misma por el cliente supere las expectativas de beneficios o de valor que éste tiene del mismo. En realidad, en la calidad percibida por el cliente se integran diversos aspectos como la experiencia, la imagen y las expectativas de las diferentes dimensiones de la calidad. La calidad total resulta fundamental para la satisfacción del cliente. Para conseguir la calidad total, todo el personal de la empresa tiene el deber y la responsabilidad de contribuir a la calidad que percibe el cliente.

El término valor se utiliza frecuentemente como término alternativo al de calidad, en la medida que el valor representa la calidad relativa de un producto o servicio en la que se contempla también el precio del mismo. De una forma general podemos señalar que los compradores tienden a adquirir aquellos productos y servicios que les proporcionan mayor valor. El valor que reciben los clientes viene determinado por todos aquellos aspectos positivos que perciben los clientes del producto o servicio, en relación con todos aquellos aspectos negativos que pueden existir al adquirir el producto o servicio. Entre los aspectos positivos se encuentran los atributos o características específicas que tiene el producto, la facilidad para adquirirlo, los servicios asociados al propio producto, la imagen del producto y las propias relaciones personales entre los clientes y la empresa. Por el contrario, entre los aspectos negativos se encuentran fundamentalmente el precio, la dificultad para localizar el producto, las dudas sobre la idoneidad del producto, así como todos aquellos aspectos específicos del producto que tienden a frenar la compra del mismo.

$$\text{Ratio de valor recibido} = \frac{\text{Aspectos positivos del producto}}{\text{Precio} + \text{otros aspectos negativos}}$$

Para incrementar el valor del cliente, la empresa tiene que identificar los procesos básicos de la misma en los que puede incorporar mejoras que permitan elevar el ratio de valor a recibir por el cliente. De esta forma, podrá conseguir una ventaja competitiva sobre las otras empresas.

1.2. Las orientaciones de las empresas en el mercado

El pensamiento y comportamiento empresarial en el mercado, en el que tienen lugar los procesos de intercambio que permiten a las empresas el logro de sus fines, satisfaciendo las necesidades de los clientes y el mantenimiento de las relaciones que se originan con los intercambios, no es igual en todas las empresas, así como tampoco lo ha sido a lo largo del tiempo. Ello es consecuencia de una distinta interpretación que se ha hecho en las empresas de lo que debe ser la satisfacción del consumidor, de cómo lograr los propios objetivos y del interés que pueden tener las relaciones con los clientes. Las diferentes manifestaciones u orientaciones que habitualmente suelen identificarse son conocidas bajo las denominaciones de: orientación a la producción, orientación al producto, orientación a la venta y orientación al consumidor.

1.2.1. La orientación a la producción

Esta orientación representa la materialización de la Ley de Say, según la cual toda oferta crea su propia demanda, por lo que la empresa debe fundamentalmente centrar su atención en la organización eficiente de la producción ya que el mercado absorberá los productos o servicios de la misma. Esta orientación es típica de aquellas situaciones en las que la demanda supera ampliamente a la oferta, de manera que la concentración de la actuación de la empresa en la producción permitirá satisfacer la demanda existente, y posiblemente permitirá también reducir el precio de los productos, lo que repercutirá nuevamente en un incremento de la propia demanda. Otro aspecto que puede influir en las empresas para adoptar esta orientación, es el convencimiento de que para poder expansionarse necesitan reducir sus costes y precios. Esta actuación de las empresas tuvo su popularidad en los años setenta, a través del modelo de participación en el crecimiento diseñado por el Boston Consulting Group. Tanto en esta última situación como en la anterior, el interés de las empresas por las preferencias de los consumidores es muy limitado, centrándose la producción en gamas reducidas de productos que puedan ser fabricadas a bajo coste.

1.2.2. La orientación al producto

Esta orientación descansa en el argumento de que los consumidores desean productos de calidad, cuyo logro puede verse considerablemente favorecido por la innovación tecnológica. De esta forma, los productos son impulsados hacia el mercado de la mano de la tecnología, atribuyendo a la calidad un valor en sí misma que presuponen será bien recibida por los consumidores. El riesgo de esta orientación es el de poner el énfasis de la empresa exclusivamente en el producto a través de la capacidad tecnológica de la empresa dejando al margen las propias necesidades o deseos de los consumidores.

1.2.3. La orientación a la venta

Esta orientación está encaminada a realizar un gran esfuerzo para conseguir que los compradores adquieran los productos que la empresa desea vender. El objetivo prioritario, en esta orientación, es de conseguir una gran eficacia vendedora, a través de la venta a presión, de la publicidad persuasiva, de las promociones de venta y de cualquier actuación que permita dar salida a la capacidad productiva o de prestación de servicios de las empresas correspondientes.

El riesgo de esta orientación es que tiende a crear compradores insatisfechos, como consecuencia de que los productos vendidos no suelen corresponderse con los productos deseados. En general, esta posición constituye una mala estrategia, ya que si bien puede permitir a la empresa conseguir metas elevadas en un corto plazo en cuanto a ventas se refiere, resulta inadecuada como estrategia a largo plazo, ya que las empresas así orientadas pueden llegar a perder el mercado como consecuencia de haber desatendido la satisfacción de los compradores.

1.2.4. La orientación al consumidor

Esta orientación, denominada también orientación al marketing, representa un cambio importante en relación con las orientaciones anteriores, al contemplar al consumidor como centro del pensamiento y de la actuación de la empresa. Los principios de esta orientación descansan en el denominado «concepto de marketing», que constituye el precepto fundamental del marketing como disciplina. Este concepto sostiene que la empresa tiene que fabricar los productos que satisfagan los deseos de los consumidores, por lo que ésta tiene que averiguar permanentemente cuáles son esos deseos.

J. R. Graves (1996) señala que la orientación de marketing ha descansado tradicionalmente en tres elementos: el consumidor, un marketing integrado y rentabilidad. En relación con el primer elemento, el consumidor constituye la base de la filosofía del intercambio para comprender y satisfacer sus necesidades y deseos mejor que otros competidores. Ello entraña la existencia de un sistema eficaz de investigación que permita detectar las necesidades y deseos de los consumidores, al mismo tiempo que la empresa se adapta de forma continua a sus mercados.

El segundo elemento de la orientación de marketing está representado por la existencia de un marketing integrado, en el que la coordinación de las actuaciones de la empresa está orientada hacia el consumidor, teniendo lugar la integración en dos niveles. Por un lado, está el nivel de las diferentes actividades que corresponden a la función de marketing, como la publicidad, la investigación de mercados, las actuaciones de la fuerza de ventas, etc., actividades todas ellas que tienen que ser dirigidas y coordinadas desde la perspectiva del consumidor. Por otro lado, el marketing tiene que integrarse y coordinarse con los otros departamentos y funciones de la empresa, implicando a sus miembros en el compromiso de actuar y servir convenientemente a la satisfacción del consumidor.

El tercer elemento de la orientación de marketing está constituido por el beneficio que la organización debe obtener. En el caso de las empresas, el beneficio económico es el objetivo básico de las mismas, cuyo logro debe pasar por la satisfacción de los consumidores.

En un sentido parecido se expresa también Philip Kotler (1997), cuando indica que la orientación de marketing representa la clave para conseguir las metas de la organización, siendo más efectiva que la competencia al integrar las actividades de marketing hacia la determinación y satisfacción de las necesidades y deseos de los consumidores en los mercados elegidos.

El concepto de marketing tuvo un buen número de críticas hacia finales de los años setenta y en la década de los ochenta, críticas que han estado dirigidas principalmente hacia los aspectos siguientes: escasa importancia atribuida a los competidores, escasa consideración de las capacidades tecnológicas de la empresa y el fracaso para implantar una actitud de marketing en toda la organización.

Desde la primera perspectiva, se pretende poner de manifiesto que sin un adecuado análisis de la competencia, difícilmente podrán las empresas desarrollar ventajas competitivas que les permitan situarse a un nivel de beneficios superior al promedio de otras empresas del sector. Al mismo tiempo, la creación de productos adecuados a las necesidades y deseos de los consumidores tiene que pasar también por una apreciación de estos productos por los consumidores como superiores a los ofrecidos por las empresas competidoras. La combinación de ambas perspectivas, consumidor-competencia, es imprescindible para poder conseguir proporcionar el valor adecuado a los clientes.

Desde la segunda perspectiva, se critica el excesivo énfasis puesto en la creación de nuevos productos exclusivamente a partir de las necesidades de los consumidores, en detrimento de los productos derivados de las aplicaciones tecnológicas. De esta forma, los productos altamente innovadores difícilmente podrían haber nacido como consecuencia de que los consumidores nunca hubieran imaginado la existencia de sofisticados productos de naturaleza tecnológica, como por ejemplo, los diferentes equipos electrónicos actualmente existentes. Si bien esta forma de proceder en la creación de nuevos productos, impulsados por la investigación en el laboratorio y la posterior aplicación tecnológica, es más arriesgada a corto plazo, representa no obstante una ventaja competitiva difícil de igualar por las empresas competidoras que no sigan una línea similar.

Desde la tercera crítica, se alude a las dificultades que en general ha tenido la filosofía del marketing para que sus valores y creencias, como guía de actuación, sean aceptados por todos los miembros de la organización. De tal forma que los diferentes departamentos y grupos han tendido a actuar en su propio interés y con objetivos contradictorios, en ocasiones, en lugar de situar al cliente como centro de la actuación de todos los miembros de la organización.

Hay que señalar también que la búsqueda de la satisfacción del consumidor postulada en el concepto de marketing puede no ser suficiente en ocasiones, ya que todo aquello deseado por los consumidores puede no ser bueno para ellos, sobre todo a medio y largo plazo. Surge así la necesidad de que las empresas tiendan a buscar la satisfacción del consumidor más allá de lo inmediato, fabricando aquellos productos que permitan la satisfacción del consumidor a plazos largos, evitando así los eventuales efectos perjudiciales que algunos productos pueden producir a los consumidores y los efectos negativos que de este consumo se derivan para la sociedad en general. Al mismo tiempo, los consumidores y el consumo que éstos hacen, se integran dentro de una percepción de la sociedad en la que se empieza a tomar conciencia de la limitación de los recursos existentes y de la necesidad de armonizar los intereses individuales con los intereses colectivos de la propia sociedad. De esta forma, el entorno medioambiental en el que tienen lugar las actividades de marketing de las empresas empieza a representar un papel importante para la sociedad, lo que requiere una colaboración entre las propias empresas, las agencias gubernamentales y los grupos medioambientales. Estas consideraciones sobre las eventuales carencias de la orientación de marketing de las empresas, hacen que algunos autores (Kotler, 1997; Etzel, Walter y Stanton, 1997) propongan la conveniencia de reconducir la actuación de las empresas hacia una «orientación a la responsabilidad social del marketing» (marketing social). A través de esta orientación, el concepto de marketing se adapta a la satisfacción de las necesidades y deseos de los consumidores a medio y largo plazo, considerando además el interés de la colectividad y del entorno en el que tienen lugar las actividades de las empresas, permitiendo así hacer compatibles los intereses presentes de los compradores con el bienestar de la sociedad a largo plazo. En este sentido, algunos autores (Menon y Menon, 1997; Epstein y Roy, 1998) apuntan la aparición medioambiental como estrategia de mercado, a través de la cual los productos de la empresa pueden ser percibidos como productos de mayor calidad, con lo que la estrategia medioambiental queda estrechamente vinculada a la calidad y al éxito empresarial.

1.3. La orientación al mercado

Esta denominación se empezó a utilizar de alguna forma en los años sesenta, aunque fue a finales de la pasada década y a lo largo de la presente cuando se ha elaborado una teoría sobre los aspectos que condicionan la orientación al mercado y sus efectos en los resultados de las empresas. Esta orientación no tiene un significado único, aunque en general se puede decir que es aquella posición que pueden adoptar las empresas para proporcionar mayor satisfacción a los clientes y conseguir así sus objetivos de una forma más eficiente (Greenley, 1995). En otros términos, la orientación al mercado permite crear un valor superior hacia los clientes y conseguir una ventaja competitiva para la empresa.

La orientación al mercado constituye la integración plena de la filosofía del marketing en el conjunto de la organización, junto con otras teorías como la cultura y el clima empresariales, los recursos y las capacidades de la empresa, las relaciones dentro y fuera de la misma y el aprendizaje de ésta para conseguir crear un mayor valor para los clientes.

Para algunos autores, el próximo siglo será la era de la estrategia hacia el mercado, en la que pueden distinguirse cinco dimensiones o característi-cas estrechamente vinculadas entre ellas a través de las cuales las empresas tienen la oportunidad de diferenciarse de su competencia, así como crear y mantener una ventaja competitiva que les permita una posición de lideraz-go en el mercado (Cravens y otros, 1998). Estas cinco dimensiones o com-ponentes estratégicas son las siguientes:

1. LA ORIENTACIÓN AL MERCADO

Representada por la integración de los clientes y de la competencia en la formulación de la estrategia empresarial. Para conseguir una orientación al mercado real se hace necesario crear una cultura empresarial y desarrollar los procesos de aprendizaje necesarios para asimilar los cambios que afec-tan al entorno de la empresa con mayor eficacia que los competidores. Ello entraña, al mismo tiempo, compartir en el seno de toda la organización una visión del mercado y de su evolución, a través de la obtención de informa-ción, su interpretación y su difusión de la misma en la organización.

2. LA CREACIÓN DE UNA PROPUESTA SUPERIOR DE VALOR

El valor superior para el cliente tiene lugar cuando los beneficios que éste obtiene, en comparación con los gastos que le representan, supera al ofrecido por los otros competidores de la empresa. La consecución de este valor superior descansa en alguna ventaja competitiva de la empresa, ofre-ciendo productos similares a los de los competidores a un precio inferior, como consecuencia de tener una ventaja en los costes, o diferenciando los productos de aquellos otros que ofrecen los competidores, de manera que sean percibidos como portadores de un mayor valor en comparación con el precio que los compradores pagan. Ello entraña una vigilancia y conoci-miento permanente de las preferencias de los compradores y de la percep-ción de valor de los productos propios y de los competidores, introducien-do las innovaciones y cambios necesarios.

3. El establecimiento de un posicionamiento adecuado a las competencias

El posicionamiento más adecuado para la empresa es aquel que permite proporcionar el valor que desean los compradores y mejor que la competencia. Para ello es necesario combinar todas las habilidades, capacidades y activos de la empresa, localizando aquel segmento del mercado en el que se puede ofrecer un mayor valor para el cliente.

4. El cambio en la organización

Este cambio es una parte integrante de la orientación al mercado, que tiene que traducirse en la sustitución progresiva de las estructuras verticales, alrededor de las funciones, por estructuras laterales, basadas en procesos, y la adquisición de productos y servicios en el exterior de la empresa para aquellas actividades no críticas que puedan realizarse con mayor eficacia fuera de la misma. En algunos casos, el cambio puede ser tan importante que dé lugar a nuevas formas de organización, como son las estructuras en redes, entre las que se encuentran las redes internas de mercado, las redes verticales de mercado, las redes concéntricas y las redes de oportunidad, que se han desarrollado principalmente en los países asiáticos (Achrol, 1997).

5. La creación y mantenimiento de relaciones

Aunque la creación de relaciones entre diferentes organizaciones y dentro de las diferentes funciones de la empresa no es un enfoque reciente, sin embargo, esta estrategia de actuación está cobrando un importante interés para desarrollar ventajas competitivas y crear un valor superior. Entre las diferentes clases de relaciones que pueden existir, se pueden destacar las diez relaciones que Hunt y Morgan (1994) agrupan alrededor de la organización principal en los cuatro tipos de cooperación siguientes:

- *Cooperación con los proveedores*

Esta cooperación se corresponde con las relaciones con los proveedores de materiales, principalmente en aspectos relacionados con los suministros *just-in-time* y con la calidad total, así como con los suministradores de servicios, como es el caso de las agencias de publicidad y las empresas de investigación de mercados.

• *Cooperación con los clientes*

Esta cooperación corresponde a las principales relaciones de intercambio que se establecen con los clientes finales y a las existentes en los canales de distribución.

• *Cooperación con el personal interno de la organización*

Dentro de esta cooperación están las relaciones de la corporación con sus empleados (marketing interno), las relaciones entre las áreas funcionales de la empresa y las relaciones entre las unidades estratégicas de negocio (UEN).

• *Cooperación con las organizaciones laterales*

En esta cooperación se encuentran las relaciones de intercambio que corresponden a las alianzas estratégicas entre empresas competidoras, principalmente en el ámbito de la tecnología, del marketing y de las alianzas globales; a las alianzas con organizaciones no lucrativas para proyectos de interés social y a las alianzas con la administración pública, ya sea nacional, regional o local.

Fuente: Hunt, S. D. y Morgan, R. M. (1994, p. 22)

Figura 3. Los intercambios en el marketing de relaciones según Hunt y Morgan

2. El marketing estratégico y el marketing operativo

En la gestión o dirección de marketing dentro de una empresa pueden distinguirse dos componentes: la estratégica y la operativa. La primera está vinculada al análisis y conocimiento de las necesidades de los compradores para crear productos o servicios rentables que les diferencien de aquellos que tienen los competidores, al mismo tiempo que esto les permite una ventaja competitiva a lo largo del tiempo. La componente operativa está más asociada a la comunicación de los productos y servicios a los compradores, así como a la organización de la distribución y venta de los mismos.

Durante mucho tiempo la componente estratégica del marketing ha estado ausente en la mayoría de las empresas, mientras que la componente operativa o táctica era la única existente. Es a partir de los años ochenta, cuando se empieza a introducir la perspectiva estratégica del marketing, empezándose a hablar de marketing estratégico por oposición al marketing operativo o táctico, lo que entraña establecer una línea divisoria entre ambos que permita asignar a cada uno de ellos un contenido específico, lo que no resulta nada fácil, como consecuencia de que ambos planteamientos están estrechamente unidos.

El marketing estratégico se enmarca dentro de los principios de la dirección estratégica, estando vinculado a todas aquellas actividades encaminadas al conocimiento y análisis continuo de las necesidades y deseos de los clientes para la orientación de la empresa hacia la satisfacción de las mismas, así como sobre las oportunidades y riesgos del mercado en función de la situación y evolución previsible de la competencia y de las capacidades de la empresa, que le permiten conseguir una ventaja competitiva sostenible a largo plazo.

El marketing operativo está vinculado con todas aquellas actividades y acciones necesarias para llevar a cabo las diferentes estrategias, utilizando los instrumentos al alcance de la empresa, como la política de producto, de distribución, de ventas, de precios y de servicio de atención al cliente, a través de la preparación de diferentes planes a corto plazo, de su implantación y control.

En la práctica, la separación entre el marketing estratégico y el marketing operativo no puede hacerse a través de una línea que deje a uno y otro lado de la misma ambas facetas del marketing. La integración de una determinada actividad o decisión en el marketing estratégico o en el marketing operativo depende en buena parte del tipo y características de la empresa, de su organización y de su cultura. Es más, existen actividades de la empresa que pueden servir simultáneamente a los fines generales del marketing estratégico y del marketing operativo, como es el caso de la investigación comercial. A través de la investigación comercial puede adoptarse decisiones claramente operativas, como es la elección de un tipo de envase para un producto determinado entre tres alternativas consideradas, o bien la decisión estratégica de entrar o no en un nuevo mercado para la empresa. En los *cuadros 1* y *2* se recogen las delimitaciones entre el marketing estratégico y el marketing operativo, realizadas por varios autores.

Desde la perspectiva del proceso de entrega de valor de la empresa a los clientes, algunos autores como Lanning y Michels (1988) y Kotler (1997) establecen una separación entre el marketing estratégico y el marketing operativo a partir de las tres etapas de este proceso: elección del valor, creación del valor y comunicación del valor. De esta forma, el marketing estratégico se corresponde con la elección del valor que la empresa quiere dar al producto o servicio, lo que entraña segmentar el mercado, elegir el seg-

Marketing estratégico	Marketing operativo
Análisis de las necesidades: definición del mercado de referencia Segmentación del mercado: macro y micro-segmentación Análisis del atractivo: mercado potencial-ciclo de vida Análisis de competitividad: ventaja competitiva defendible Elección de una estrategia de desarrollo	Elección del segmento objetivo Plan de marketing (objetivos, posicionamiento, táctica) Previsión marketing integrado (4P) (producto, punto de venta, precio, promoción) Presupuesto de marketing Puesta en marcha de un plan y control

Fuente: Lambin, J. J. (1995, p. 6)

Cuadro 1. Marketing estratégico y marketing operativo, según Lambin

Marketing estratégico	• Estudios de mercado • Elección de los mercados y clientelas • Concepción del producto o servicio • Fijación de precios • Elección de los canales de distribución • Elaboración de las estrategias de comunicación y promoción
Marketing operativo	• Realización de las campañas de publicidad y promoción • Acciones de la fuerza de ventas y de marketing directo • Distribución física y merchandising • Servicios postventa

Fuente: Lendrevie, J. y Lindon, D. (1990, p. 7)

Cuadro 2. Marketing estratégico y marketing operativo, según Lendrevie y Lindon

mento objetivo y posicionar el producto o servicio. Las dos etapas siguientes, la creación del valor y la comunicación del valor, se identifican con el marketing operativo. La creación del valor comprende las actividades de desarrollo del producto, el servicio a ofrecer, el precio de venta, la fabricación del producto y la distribución del producto. La comunicación del valor comprende las tareas que realizan la fuerza de ventas, la publicidad, la promoción de ventas y las restantes actividades de comunicación que pueda utilizar la empresa.

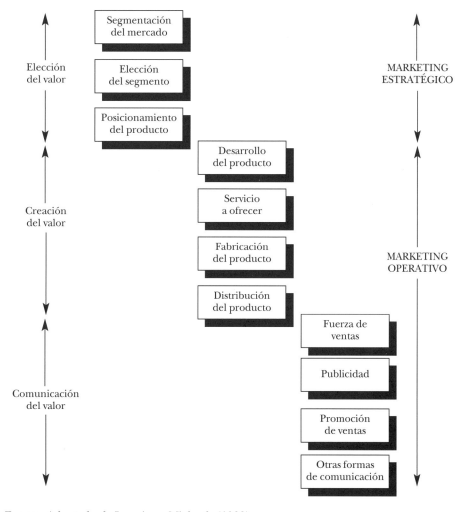

Fuente: Adaptado de Lanning y Michaels (1988)

Figura 4. Delimitación del marketing estratégico y del marketing operativo
a partir del proceso de creación del valor

Finalmente, la separación entre el marketing estratégico y el marketing operativo puede también contemplarse como hacen Guiltinan, Paul y Maden (1997) desde el nivel en el que se adoptan las decisiones. De esta forma, las decisiones en el nivel superior que se llevan a cabo por los altos ejecutivos, están referidas al marketing estratégico, mientras que las decisiones en el nivel intermedio, que son adoptadas por los ejecutivos medios, corresponden al marketing operativo. Esta separación del marketing operativo y del marketing estratégico, a través de los responsables de las diferentes decisiones en el seno de la empresa, resulta en la práctica bastante cuestionable, ya que a veces nos encontramos con decisiones que por la separación de los cometidos debieran corresponder a los ejecutivos de nivel intermedio y que, sin embargo, esas decisiones son adoptadas en muchas empresas por los altos ejecutivos. Es éste el caso, por ejemplo, de la decisión sobre las campañas publicitarias, que debiera corresponder a los directores de publicidad y marketing y que, sin embargo, en un buen número de casos la decisión final sobre la campaña publicitaria a realizar termina decidiéndose por la dirección superior de la empresa.

Nivel	Personal	Tipo de decisiones
Alta dirección	Director ejecutivo Controler Vicepresidente de marketing Otros vicepresidentes	Elección de mercados Productos a ofrecer Objetivos sobre productos Asignación de recursos
Dirección media	Directores de marketing Directores de producto Directores de ventas Directores de publicidad Directores de promoción Directores de atención al cliente	Diseño de productos Fijación de precios Venta y distribución Campañas de publicidad Campañas de promoción Servicio al cliente

Fuente: Guiltinan, J. P., Paul, G. W. y Madden, T. J. (1997, p. 15)

Cuadro 3. Los dos niveles de la dirección del marketing

3. El marketing en la dirección estratégica corporativa y en las unidades de negocio

El concepto de estrategia empieza a incorporarse en la cultura directiva empresarial por la mitad de los años sesenta. Hasta entonces, las grandes empresas tuvieron una etapa de planificación empresarial en un entorno estable donde las previsiones sobre el futuro eran una fiel proyección del pasado, centrándose las preocupaciones de los directivos en el diseño de las estructuras organizativas y en la formulación de la toma de decisiones, así como en buscar soluciones a los conflictos entre departamentos y dentro de cada uno de ellos. Entre 1965 y hasta finales de los años setenta estuvo en boga la planificación estratégica, con la que se pretendía hacer frente a los cambios que se empezaban a manifestar en el entorno, los cuales no tenían una respuesta adecuada en la planificación tradicional. En esta etapa de planificación estratégica, una de las características clave de la misma era la determinación de las misiones, objetivos y metas a largo plazo, con la asignación de los recursos correspondientes y el establecimiento de los sistemas de control necesarios. Fue una época en la que diferentes entidades de consultoría propusieron fórmulas de planificación que se hicieron muy populares, como las «matrices de cartera o portafolio», la curva de la experiencia, el ciclo de vida del producto, el concepto de creación de valor, etc.

Hacia finales de los años setenta la planificación estratégica recibió un gran número de ataques, como consecuencia de que los planes que a partir de ella se elaboraban, tenían una elevada componente teórica que hacía difícil su implantación. Eran planes, en general, muy bonitos, pero que en muchos casos quedaban perdidos en los cajones de algún despacho. En este sentido, uno de los directivos de General Electric señaló: *«El concepto de que una estrategia eficaz puede ser elaborada por alguien encerrado en una torre de marfil ha fracasado por completo»* (*Business Week*, 1984).

El declive de la hasta entonces denominada planificación estratégica dio paso, en los años ochenta, a la popularización del pensamiento estratégico o de la dirección estratégica, siendo Michael Porter (1985) uno de los autores que más han impulsado el pensamiento estratégico. Éste se fundamenta en el concepto de ventaja competitiva y en las ventajas competitivas que desarrolla y transmite en todo el personal de la organización.

La dirección estratégica puede entenderse como un proceso en el que se relacionan las competencias y recursos de la organización con las circunstancias y oportunidades que se presentan en el entorno de la misma, definiendo unos objetivos coherentes con estos elementos para que puedan ser alcanzados a través de la estrategia más adecuada. La dirección estratégica está unida a la dirección corporativa o empresarial, pudiéndose distinguir tres fases en el proceso de dirección estratégica:

1. Formulación de la estrategia.

2. Implantación de la estrategia.

3. Seguimiento y control.

En las grandes empresas, la formulación de la estrategia tiene lugar en los diferentes niveles existentes en ellas, generalmente tres: el nivel corporativo, el nivel de división o unidad estratégica de negocio y el nivel funcional. Al primer nivel le corresponde la planificación estratégica corporativa o planificación estratégica global, la cual contempla toda la organización en su conjunto, determinando la misión de la organización, identificando y seleccionando los negocios y mercados a los que la organización debe dedicarse, así como estableciendo la estructura más adecuada y asignando los recursos entre las diferentes unidades estratégicas de negocio (UEN). En el segundo nivel tiene lugar la planificación de las unidades estratégicas de negocio (UEN) en las que está organizada la empresa, integrando aquellas decisiones relacionadas con la fijación de objetivos para cada actividad o producto, que garanticen el logro de los objetivos corporativos, junto a aquellas otras decisiones relacionadas con la asignación de los recursos disponibles entre las diferentes actividades y productos. Finalmente, en el tercer nivel tiene lugar la planificación estratégica de las diferentes áreas funcionales de la empresa, como son la producción, las finanzas, los recursos humanos, el marketing, etc., en cuya planificación se integran todas aquellas decisiones que permitan utilizar los recursos disponibles con la máxima eficacia en cada una de las áreas funcionales existentes.

3.1. Formulación de la estrategia corporativa

La formulación de la estrategia en una empresa descansa en el hecho de llevar a cabo la planificación estratégica mediante un proceso para adaptar a largo plazo los recursos y los objetivos de la empresa a las oportunidades que el mercado presenta. Este proceso entraña la realización, al menos, de las actividades siguientes:

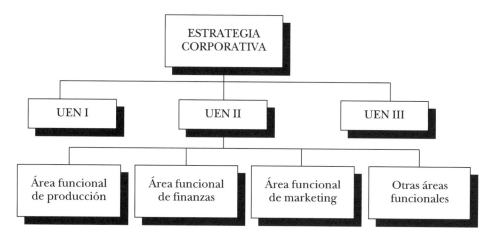

Fuente: Adaptado de Menguzzato y Renau (1991, p. 88)

Figura 5. Niveles de la estrategia empresarial

1. Definición de la misión y objetivos de la empresa.

2. Análisis del entorno exterior e interior de la empresa.

3. Identificación de las actividades o unidades de negocio.

4. Análisis de la cartera de actividades o productos.

5. Determinación de las estrategias corporativas.

3.1.1. Definición de la misión y objetivos de la empresa

Esta misión debe descansar en una amplia descripción de la razón de ser de la empresa y de sus propósitos. La existencia y razón de ser de la empresa fue señalada en su día muy clara y brevemente por Peter Drucker (1973): *«La satisfacción del consumidor es la misión y el propósito de cada empresa»*. La satisfacción del consumidor se alcanza cuando la empresa proporciona un valor superior a los compradores. La misión de cada empresa está influenciada por diversos aspectos, entre los que se encuentran, principalmente, los antecedentes de la empresa, las preferencias de los propietarios y ejecutivos, el entorno del mercado, los recursos de la organización y las competencias de la misma.

En la definición de la misión de la empresa hay que recoger aquellos valores que sean compartidos por la dirección de la empresa, los empleados, los accionistas y también, en un buen número de casos, por los clientes, así como normas de comportamiento relacionadas con el desarrollo de la organización. Los manifiestos que realice la empresa deben reunir tres características principales:

1. Deben centrarse en un número limitado de objetivos.

2. Deben destacar las políticas básicas y los valores que la empresa desea practicar.

3. Deben recoger los campos principales de actuación de la empresa, tales como:

   • Actividades en las que la empresa desea operar.

   • Productos que suministrará.

   • Características de sus competencias.

   • Segmentos del mercado a los que se dirigirá.

   • Territorios en los que estará presente.

   • Nivel de la distribución en el que trabajará.

Aunque la definición de la misión de la empresa condiciona en parte su futuro, esta misión tiene que ser en ocasiones redefinida, como consecuencia de las influencias del entorno exterior en el que se mueve, principalmente en aquellos casos en los que, a través de la creación de actividades organizativas, se pueda obtener una mayor contribución de la empresa al valor recibido por el cliente (Hammer, 1996).

Los objetivos corporativos deben reflejar las expectativas de la dirección sobre los logros de la organización. Aun cuando la organización puede tener más de un objetivo al mismo tiempo, es conveniente que ésta defina claramente el objetivo básico al que su estrategia debe estar dirigida. Entre los objetivos corporativos más habituales están los de beneficio y rentabilidad, los de posición en el mercado, los de estabilidad, los de imagen, los de innovación, etc.

3.1.2. Análisis de los entornos exterior e interior de la empresa

Las estrategias de la empresa están fuertemente condicionadas por la misión y objetivos de la corporación que acabamos de considerar en el punto anterior, así como por otros dos elementos: las amenazas y oportunidades del entorno exterior y las fortalezas y debilidades de la empresa.

1. LAS AMENAZAS Y OPORTUNIDADES DEL ENTORNO EXTERIOR

Cada empresa se mueve dentro de un entorno cambiante que puede crear diferentes riesgos o amenazas para la empresa, así como nuevas oportunidades para la misma. Por estos motivos, la empresa tiene que evaluar el posible impacto que quizás ocasionen en sus mercados los diferentes cambios que pueden producirse, principalmente por las fuerzas ambientales siguientes:

- La demografía.

- Los valores sociales y culturales.

- La economía.

- La tecnología.

- Las disposiciones legales.

- La competencia.

2. LAS FORTALEZAS Y DEBILIDADES DE LA EMPRESA

Las posibilidades de adaptación al cambiante entorno, resultante de las acciones de las fuerzas señaladas en el punto anterior, dependen de las fortalezas y debilidades que la empresa tenga, aspectos ambos que también condicionan la elección de su propia estrategia en un entorno determinado. Las fortalezas y debilidades de la empresa pueden analizarse mediante la identificación de los recursos y competencias de la misma, que en general están relacionados con los aspectos siguientes:

- Capacidad financiera.

- Capacidad productiva y eficacia de la misma.

- Investigación y desarrollo.

- Recursos humanos y habilidades de los mismos.

- Control de las fuentes de aprovisionamiento.

- Imagen de los productos de la empresa.

- Eficacia de los canales de distribución.

- Eficacia de la fuerza de ventas.

Fuente: Adaptación de Guiltinan, Paul y Madden (1997, p. 25)

Figura 6. Factores que afectan a la estrategia corporativa

3.1.3. Identificación de las unidades estratégicas de negocio (UEN)

La identificación de las unidades estratégicas de negocio (UEN) dentro de la empresa, tiene por objeto el poder desarrollar una estrategia adecuada para cada una de las unidades existentes en la misma, en función del mercado y del entorno competitivo en el que se encuentran. Al mismo tiempo, su identificación permite asignar a cada UEN los recursos necesarios a la importancia de la misma. Las distintas UEN tienen pues una estrategia y unos recursos distintos, acordes con sus características, si bien todas ellas se encuentran dentro del ámbito global de la estrategia corporativa. En opinión del profesor Abell (1980) deben ser definidas a partir de la intersección de las tres variables siguientes:

1. Los grupos de clientes a los que se dirige la unidad.

2. Las necesidades que se pretende satisfacer.

3. La tecnología a utilizar para satisfacer las necesidades.

3.1.4. Análisis de la cartera de actividades o negocios

La empresa tiene que seleccionar aquellas actividades y productos que mejor se adapten a su misión y objetivos generales. Para poder determinar cuáles son las actividades y productos más convenientes se han ideado diferentes instrumentos, conocidos genéricamente como «matrices de portafolio», entre los que se encuentran el modelo del Boston Consulting Group (BCG), el modelo de General Electric (GE), el modelo de Hussey y el modelo Bussiness Screen, de los cuales vamos a describir brevemente el primero de ellos.

El modelo del BCG trata de evaluar el interés de las actividades que puede acometer una empresa en base a dos criterios: la tasa de crecimiento del mercado y la participación relativa de la empresa en el mismo. La tasa de crecimiento del mercado en el pasado se obtiene mediante las informaciones estadísticas disponibles, mientras que el crecimiento futuro debe ser estimado a través de diferentes métodos de previsión.

La participación relativa de la empresa en el mercado se determina por la relación existente entre su propia participación y la que tiene su competencia. Es decir que si la empresa tiene una posición de líder en su mercado con el 40 por ciento de participación y su competidor más inmediato tiene el 20 por ciento, la parte relativa del mercado de la empresa será de 2 (40/20).

La matriz de actividades de la empresa está definida por las variables anteriores, situándose la tasa de crecimiento del mercado en el eje vertical y la participación relativa de la empresa en el mercado en el eje horizontal. Cada eje está dividido en dos partes, que corresponden a una tasa de crecimiento baja y alta del mercado (eje vertical), que debe ser establecido a partir del Producto Nacional Bruto y que, en líneas generales, puede situarse alrededor del 10 por ciento. La división del eje horizontal corresponde a una participación grande o pequeña, cuya división suele realizarse para un valor de participación relativa de 1, que corresponde a una situación de participación igualitaria entre dos empresas.

Las cuatro partes de la matriz representan situaciones de diferente interés para la empresa, en función de dónde se puedan encontrar sus actividades, las cuales pueden ser representadas mediante un círculo de área proporcional a las ventas de cada actividad, emplazado dentro de la matriz, tal y como puede verse en la *figura* 7. A las actividades existentes en cada uno de los cuadrantes de la matriz se les asigna una denominación diferente, relacionada con las características que concurren en cada uno de esos cuadrantes y que son las siguientes:

1. ACTIVIDADES O PRODUCTOS «ESTRELLA»

Corresponden a aquellas actividades o productos de la empresa que están situadas en un mercado con elevado crecimiento y que al mismo tiempo tienen una elevada participación relativa. Estas actividades son muy interesantes para la empresa como consecuencia de la rentabilidad y participación que proporcionan a la misma, si bien exigen en ocasiones inversiones importantes como consecuencia del ritmo de crecimiento del mercado. Cuando ese ritmo se reduce, estas actividades pasan al cuadrante inferior, convirtiéndose en actividades de «vacas lecheras».

2. ACTIVIDADES O PRODUCTOS «VACAS LECHERAS»

Son aquellas que se caracterizan por estar en un mercado de reducido crecimiento, teniendo la empresa una elevada participación relativa. Estas actividades son muy rentables a corto plazo para la empresa, ya que confieren a la misma una ventaja competitiva que le proporciona buenos ingresos sin necesitar grandes inversiones para mantener esa situación. Estas actividades permiten a la empresa financiar sus eventuales inversiones de investigación o diversificación.

3. ACTIVIDADES O PRODUCTOS «DILEMAS»

Corresponde a aquellas actividades situadas en mercados de fuerte crecimiento, en los que la empresa tiene poca participación relativa, con lo que su competitividad resulta reducida. Estas actividades pueden exigir fuertes inversiones para conseguir una mayor participación, por lo que en el caso de no poder llevarlas a cabo será necesario eliminarlas.

4. ACTIVIDADES O PRODUCTOS «PESOS MUERTOS»

Son aquellas que se caracterizan por estar en mercados de débil crecimiento, contando al mismo tiempo con una reducida participación relativa, lo que hace de ellas unas actividades poco deseables que hay que abandonar.

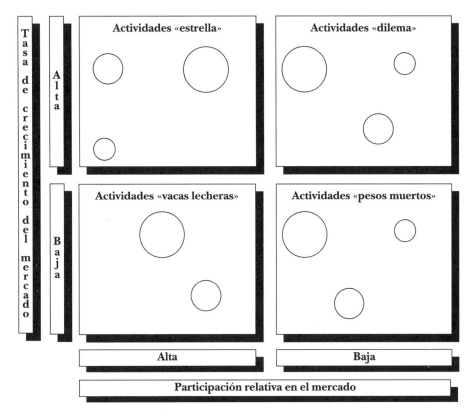

Figura 7. Matriz del modelo BGC

El modelo BGC tuvo una gran popularidad por su sencillez y proximidad a la realidad, facilitando a las empresas el análisis estratégico. Sin embargo, diversos autores han señalado que el modelo tiene sus puntos débiles, ya que no se aplica más que a las actividades actuales de una empresa y no a sus actividades potenciales; por otro lado, una de las hipótesis fundamentales del modelo descansa en que la competitividad de la empresa en el mercado, y en consecuencia su rentabilidad, depende exclusivamente de la participación relativa en el mismo, lo que no siempre resulta cierto. Tanto en éste como en otros modelos, la posición de las actividades de la empresa en los mismos depende de cálculos que pueden alterarse con facilidad, por lo que la situación de las actividades en los modelos puede también variarse con facilidad, y, en consecuencia, debe hacerse un uso prudente de las «matrices» de portafolio (Kotler, 1997).

3.1.5. Determinación de las estrategias corporativas

Las estrategias corporativas que con carácter general pueden seguir las empresas pueden agruparse en las tres categorías siguientes:

1. Estrategias de desarrollo.

2. Estrategias de crecimiento.

3. Estrategias competitivas.

a) Estrategias de desarrollo

Estas estrategias descansan en la existencia de una ventaja competitiva de la empresa que, según el planteamiento de Michael Porter (1980), es consecuencia de una ventaja en los costes o de la diferenciación de los productos de la empresa. Las estrategias posibles son las tres siguientes:

1. Estrategia de liderazgo en costes

Esta estrategia se basa en la ventaja de la empresa sobre su competencia en los costes de sus productos, lo que le permite practicar unos precios más reducidos. Esta estrategia requiere una vigilancia estrecha de todos aquellos aspectos que pueden incidir en la eventual elevación de los costes, así como de aquellos otros que pueden contribuir a su reducción. La posición de liderazgo en costes representa una forma de protección de la empresa frente a las cinco fuerzas competidoras señaladas por Michael Porter.

- La aparición de nuevos competidores en el mercado.

- La intensidad de la rivalidad entre las empresas competidoras.

- La presión de los productos sustitutivos.

- El poder negociador de los compradores.

- El poder negociador de los proveedores.

2. Estrategia de diferenciación

Esta otra estrategia descansa en saber dotar a los productos de la empresa de determinadas características diferenciadoras de aquellas que tienen los productos de las empresas competidoras, de forma que los hagan ser más apreciados por los compradores. La diferenciación del producto puede descansar en aspectos constatables, como la calidad de los productos, los servicios ofrecidos, etc., así como en aspectos de naturaleza psicológica, como es el caso de la imagen de una marca. Normalmente, este tipo de estrategia requiere, en los mercados de consumo, importantes inversiones en publicidad para comunicar la diferenciación existente.

3. ESTRATEGIA DE CONCENTRACIÓN O ESPECIALIZACIÓN

La última estrategia descansa en la concentración de la empresa en un solo segmento del mercado, con el propósito de satisfacer las necesidades de los compradores existentes en ese segmento mejor que las empresas competidoras. En la elección de esta estrategia pueden coexistir las ventajas de costes de la empresa y la diferenciación de productos o simplemente una de ellas.

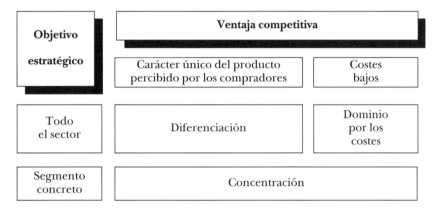

Fuente: Adaptado de Porter, M. (1990, p. 60)

Figura 8. Estrategias de desarrollo

b) Estrategias de crecimiento

Las estrategias de crecimiento persiguen, en general, el crecimiento de las ventas o de la participación en el mercado como medio para conseguir la estabilidad o reforzar el beneficio de la empresa. El crecimiento de ésta puede realizarse en los mercados en los que está trabajando, así como en otros nuevos, lo que da lugar a cuatro tipos de estrategias que fueron propuestas en su día por Ansoff: penetración en el mercado, desarrollo del producto, desarrollo del mercado y diversificación. A estas estrategias pueden añadirse otras dos: la estrategia de integración vertical-horizontal y la estrategia de consolidación.

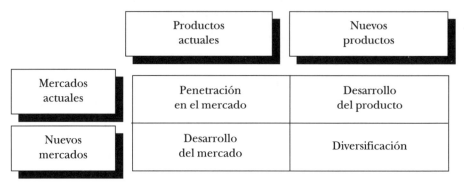

Fuente: Ansoff (1988, p. 83)

Figura 9. Estrategias de crecimiento

1. ESTRATEGIA DE PENETRACIÓN EN EL MERCADO

Esta estrategia consiste en incrementar las ventas de los productos existentes en los mercados en los que trabaja la empresa, a través de intensificar y/o mejorar las acciones de marketing de la misma, consiguiendo específicamente los resultados siguientes:

- Incrementar las compras de los compradores actuales.

- Conseguir nuevos compradores.

- Encontrar nuevos usos al producto para así poder conseguir mayores compras.

2. ESTRATEGIA DE DESARROLLO DEL PRODUCTO

Ésta pone la base en modificar algunas características del producto que lo hagan más atractivo o, incluso, crear nuevos productos con destino a los mercados en los que trabaja la empresa. Este tipo de estrategia suele ser consecuencia de los cambios en las necesidades de los compradores y de la aparición de nuevas tecnologías y materiales, que permiten incorporar nuevos elementos en los productos o, incluso, en los servicios inherentes a los mismos.

3. ESTRATEGIA DE DESARROLLO DEL MERCADO

Esta otra descansa en la venta de los productos actuales de la empresa en nuevos mercados, identificados éstos a través de:

• Nuevos segmentos de compradores en el mismo ámbito geográfico.

• Nuevos canales de distribución en el mismo ámbito geográfico.

• Nuevos mercados mediante expansión geográfica.

4. ESTRATEGIA DE DIVERSIFICACIÓN

Esta estrategia consiste en la creación de nuevos productos destinados a nuevos mercados. Tiene su justificación en diversas causas, como pueden ser la existencia de pocas oportunidades para la empresa con los productos y mercados actuales; la inestabilidad de los resultados de la empresa por los frecuentes cambios en el entorno en el que se mueve; el carácter de temporalidad de sus mercados, y, finalmente, el deseo de conseguir mayores rentabilidades.

5. ESTRATEGIA DE INTEGRACIÓN VERTICAL Y HORIZONTAL

Ésta se basa en el deseo de la empresa de mejorar sus objetivos asegurándose el control de determinadas tareas por arriba, por debajo de ella o en el mismo nivel de la empresa. En el primer caso, trata de garantizarse las fuentes de aprovisionamiento o la utilización de una determinada tecnología, mediante la adquisición de las empresas correspondientes o creando las mismas. En el segundo caso, pretende, generalmente, asegurarse la salida de sus productos, controlando la distribución de los mismos a través de los canales convencionales o propios. En el tercer caso, la integración horizontal entraña el control de las actividades de alguna de las empresas competidoras.

6. ESTRATEGIA DE CONSOLIDACIÓN

Este tipo de estrategia se ha empezado a utilizar en los últimos años por parte de algunas empresas al comprobar, éstas, que el crecimiento incontrolado puede crear problemas importantes. Con la estrategia de consolidación se pretende mantener los objetivos de la empresa y reforzar los beneficios.

c) *Estrategias competitivas*

Este tipo de estrategias contemplan como paso previo al establecimiento de las mismas, la posición y el comportamiento de las empresas competidoras más significativas con las que tiene que enfrentarse la empresa. De acuerdo con Kotler (1997) pueden distinguirse cuatro estrategias principales, que corresponden a: la estrategia de la empresa líder, la estrategia de la empresa retadora, la estrategia de la empresa seguidora y la estrategia de la empresa especializada.

1. Estrategias de la empresa líder

Estas estrategias corresponden a aquellas empresas que son líderes en el mercado con algún producto, siendo consideradas como tales por sus competidores, y a las que tratan de atacar, evitar o imitar. El deseo de seguir manteniendo la posición de dominio obliga a la empresa a adoptar alguna de las estrategias siguientes:

- Desarrollar la demanda global del mercado, creando nuevos usos para el producto, buscando nuevos compradores e intensificando el consumo del mismo.

- Expansionar la participación de la empresa en el mercado, a través de acciones más eficaces del marketing-mix.

- Defender la posición de la empresa, principalmente contra aquellas que pudieran ser peligrosas, a través de la innovación y la extensión de la gama de productos.

- Mantener la estabilidad de la empresa, a través de la fidelización y retención de los clientes.

2. Estrategias de las empresas retadoras

Estas empresas, que ocupan una posición intermedia en el mercado, pueden adoptar, en relación con las que tienen una mayor participación, dos posiciones distintas: atacar a las otras empresas o evitar cualquier acción que entrañe una reacción no deseada de ellas. En el caso de que la empresa asuma la posición de atacar, existen varias estrategias de actuación, entre las que principalmente se encuentran las siguientes:

- Atacar el mercado de la empresa líder, lo que representa un elevado riesgo para la empresa atacante, salvo que existan segmentos del mercado insatisfechos que se puedan relativamente conquistar sin grandes esfuerzos.

- Atacar a las empresas que ocupan una posición similar a la suya, lo que constituye una buena estrategia cuando estas empresas tienen precios elevados o problemas de satisfacción con los compradores.

- Atacar a empresas regionales y locales que están actuando poco eficientemente en sus mercados.

3. ESTRATEGIAS DE LAS EMPRESAS SEGUIDORAS

Las empresas que tienen una cuota reducida en el mercado y que no se distinguen por su capacidad innovadora, sino que trataran de seguir o imitar a las empresas líderes, son empresas que pueden denominarse imitadoras o seguidoras. La estrategia de estas empresas, que tratan generalmente de adaptarse al reparto del mercado dentro de una coexistencia pacífica, tiene que ir encaminada a no suscitar represalias por parte de la empresa líder, dirigiéndose a aquellos segmentos del mercado no atendidos por la empresa líder.

4. ESTRATEGIAS DE LAS EMPRESAS DE ESPECIALIZACIÓN

Estas estrategias corresponden a aquellas empresas que concentran sus esfuerzos en un número reducido de segmentos del mercado, tratando de conseguir una parte importante de los mismos a través de la especialización de la empresa.

3.2. Implantación, seguimiento y control de la estrategia corporativa

La formulación de la estrategia corporativa puede ser un proceso complejo y difícil, aunque puede resultar más difícil todavía la implantación de la propia estrategia. Para facilitar la implantación de ésta es conveniente que se contemplen los propios procesos de implantación en la formulación de la estrategia, lo que exige tener en cuenta diversos aspectos como la estructura organizativa, los recursos disponibles, las capacidades y habilidades, el clima de trabajo, etc.

Una de las principales causas de críticas de los planteamientos estratégicos, especialmente cuando éstos han sido establecidos por empresas de consultoría, es que en un buen número de casos los planteamientos estratégicos se han formulado sin tener en cuenta la realidad de la empresa y sus posibilidades de cambio. En realidad, la estrategia en sí misma debe conducir a la empresa a una situación distinta a la que se encontraba antes de la implantación de la misma, por lo que en su formulación no solamente hay que contemplar la realidad presente de la empresa, sino también a dónde puede llegar, por lo que la formulación de la estrategia se convierte en un proceso iterativo a través del cual la propia formulación debe ir contemplando sucesivamente la implantación de la estrategia.

El seguimiento y control de la estrategia corporativa garantiza que todas las personas hacen lo que se supone de ellas, comparando los resultados que se van consiguiendo con la implantación de la estrategia en relación con las metas fijadas, estableciendo, en su caso, las medidas y acciones correctoras necesarias.

Para poder llevar a cabo un seguimiento y control efectivo es necesario, por un lado, que exista una formulación clara y cuantitativa de los objetivos y, por otro lado, disponer de un sistema de información sobre los resultados y aquellos otros aspectos a controlar. La formulación de los objetivos está estrechamente vinculada a la confección de presupuestos, de forma que, en la medida que esos presupuestos sean más detallados, se consigue que todos los niveles de la empresa tengan una meta clara dentro de los objetivos globales de la misma. Adicionalmente al control de las metas establecidas en términos económicos, habrá que efectuar también un seguimiento y control de todos aquellos objetivos cuantitativos establecidos en magnitudes distintas de las puramente monetarias, como por ejemplo aquellos objetivos vinculados a la calidad, al nivel de servicio, a los tiempos, a los recursos humanos, etc.

El sistema de información de la empresa resulta fundamental para conocer lo que está sucediendo, de forma que los directivos dispongan a tiempo de la información necesaria para adoptar las decisiones que puedan corregir la marcha de la empresa y la encaucen a la dirección estratégica adecuada.

3.3. La planificación estratégica en las unidades de negocio

Una vez que se ha establecido la estrategia corporativa, cuyas características fundamentales han sido expuestas en los puntos anteriores, la organización tiene que llevar a cabo la planificación estratégica en las unidades de negocio. Este proceso tiene lugar, de acuerdo con Kotler (1997), a través de las ocho etapas siguientes:

1. DEFINICIÓN DE LA MISIÓN DE LA UNIDAD ESTRATÉGICA DE NEGOCIO

La definición de esta misión tiene que hacerse de acuerdo con la definición de carácter más amplio realizada a nivel corporativo.

2. ANÁLISIS DEL ENTORNO EXTERIOR

Dentro del marco de la misión asignada a la unidad estratégica de negocio, hay que efectuar un análisis de las diferentes fuerzas que configuran el macroentorno: demográficas, económicas, tecnológicas, legales-políticas y socioculturales. También hay que analizar las fuerzas inherentes al microentorno, que corresponden a los diferentes agentes que operan en el mercado: clientes, competidores, canales de distribución y suministradores. El análisis de este entorno deberá permitir conocer las oportunidades y amenazas existentes para la unidad estratégica de negocio.

3. ANÁLISIS DEL ENTORNO INTERIOR

Dentro también de la misión asignada a la unidad estratégica de negocio, hay que efectuar un análisis de todos los factores existentes en la unidad estratégica de negocio, para poder llegar a conocer y evaluar sus fortalezas y debilidades, que permitan aprovechar las oportunidades que se presenten y evitar al mismo tiempo los riesgos.

4. FORMULACIÓN DE OBJETIVOS

Una vez que se ha realizado un análisis de las fortalezas y debilidades de la unidad estratégica de negocio, así como de las oportunidades y amenazas existentes para ella (análisis SWOT), se está en condiciones de formular los objetivos a alcanzar, que deben estar jerarquizados, cuantificados, ser realistas, coherentes y relacionados con los períodos de tiempo en los que deben ser alcanzados.

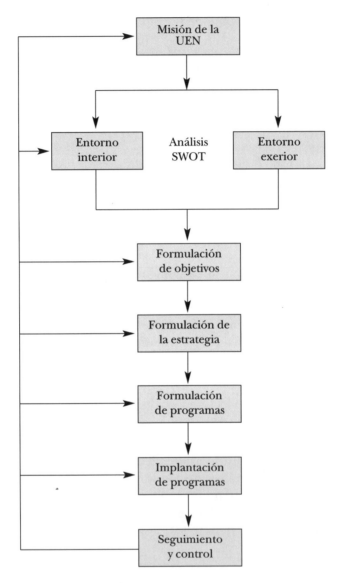

Fuente: Adaptado de Kotler, P. (1997, p. 80)

Figura 10. El proceso de planificación estratégica en las unidades de negocio

5. FORMULACIÓN DE LA ESTRATEGIA

Para alcanzar los objetivos establecidos en la etapa anterior es necesario establecer una o varias estrategias, combinando principalmente las estrategias de desarrollo expuestas por Porter, las de crecimiento de Ansoff y las estrategias competitivas recogidas por Kotler. En ocasiones, fundamentalmente en el caso de grandes compañías, las estrategias pueden descansar en el establecimiento de alianzas estratégicas entre dos o más de ellas, que en muchos casos corresponden a alianzas en el ámbito del marketing, principalmente en los cuatro aspectos siguientes:

- Alianzas para la comercialización de productos o servicios.
- Alianzas para la realización de promociones.
- Alianzas para tareas de carácter logístico.
- Alianzas de precios para comercializar servicios conjuntos.

6. FORMULACIÓN DE PROGRAMAS

Una vez que se han establecido las estrategias para la unidad estratégica de negocio, hay que establecer los programas adecuados que permitan aplicar esas estrategias para conseguir los objetivos establecidos. La formulación de programas requiere estudiar diversas combinaciones de actividades y el coste de las mismas, para que puedan elegirse aquellos que resulten ser más eficaces con el presupuesto disponible.

7. IMPLANTACIÓN DE LOS PROGRAMAS Y ESTRATEGIAS

Los programas y estrategias diseñados tienen que ser implantados para su ejecución dentro de la estructura de la unidad de negocio. Por muy buenos que sean los programas y las estrategias, éstos pueden terminar resultando poco eficaces si no se implantan cuidadosamente. Esta implantación resulta más fácil cuando el personal vinculado a la unidad de negocio reúne una serie de condiciones como cualificación, competencia, motivación y comportamiento.

8. SEGUIMIENTO Y CONTROL

Esta última fase del proceso de planificación tiene por objeto realizar un seguimiento de la implantación de los programas y estrategias, así como de aquellos otros aspectos que pueden alterar a los mismos, como es el caso de las fuerzas externas. A través de este seguimiento se pueden establecer con rapidez las medidas correctoras necesarias, ya sea en los programas, en las estrategias o en los propios objetivos, evitando, así, que se produzcan desviaciones importantes sobre los objetivos establecidos.

3.4. La planificación de marketing y los planes de marketing

Una vez que se ha formulado la estrategia corporativa y la de las unidades estratégicas de negocio (UEN) en las que la esencia del marketing ha estado presente, se puede abordar la planificación de las diferentes áreas funcionales, entre las que se encuentra el marketing.

La planificación de marketing puede ser de carácter estratégico y de carácter operativo o táctico. En el primer caso, la planificación estratégica de marketing está relacionada con la estrategia general de marketing de las UEN o de la empresa, guiando todos los procesos de planificación y actividades en el nivel funcional a través de toda la organización. En el segundo caso, la planificación operativa de marketing está relacionada con la estrategia de marketing-mix a utilizar. La planificación estratégica de marketing se prepara normalmente en las UEN o a nivel global de toda la empresa, mientras que la planificación operativa de marketing tiende a realizarse solamente a nivel de líneas de producto, de productos individuales o de marcas.

El proceso de planificación de marketing descansa en el análisis de las oportunidades del mercado para establecer las estrategias y programas de marketing más adecuados que permitan alcanzar los objetivos fijados dentro de las metas y valores generales de la empresa. El propio proceso de planificación y su contenido difiere considerablemente en la práctica según las empresas. No obstante, podemos distinguir en general las etapas siguientes:

1. OBJETIVOS GENERALES Y VALORES DE LA EMPRESA

Estos objetivos constituyen el eje básico del proceso de planificación de marketing, al recoger la orientación de la empresa, y sus prioridades, que principalmente se traducen en los objetivos siguientes:

- Objetivos relativos a los valores que la empresa como organización desea imponerse, explicitando los segmentos a los que desea dirigirse y las necesidades que deben satisfacer sus productos o servicios.

- Objetivos cuantitativos, relacionados con la participación en el mercado, las ventas y el beneficio.

- Objetivos cualitativos, vinculados al nivel de servicio que la empresa desea, a la innovación que quiere implantar, a la eficacia de su personal, a su responsabilidad social como empresa, etc.

2. ANÁLISIS DE LA SITUACIÓN

Esta etapa tiene por objeto conocer dónde se encuentra la empresa, realizando un análisis de todos aquellos factores externos o internos que puedan afectar a las actividades de marketing de la misma. Lo más habitual es que se proceda a efectuar un análisis SWOT, *«strengths, weaknesses, opportunities, threats»,* para conocer las fortalezas y debilidades de la empresa y sus oportunidades y amenazas en el mercado.

3. DEFINIR LOS OBJETIVOS DE MARKETING

A partir del conocimiento de la situación de la empresa y de sus posibilidades, dentro de los objetivos generales de la misma hay que definir los objetivos de marketing que se desea alcanzar. Éstos deben ser compatibles entre sí y con los generales de la empresa, así como ser alcanzables con los recursos disponibles y susceptibles de comprobación y medición.

4. ESTABLECER LAS ESTRATEGIAS DE MARKETING

Las estrategias de marketing necesarias para conseguir los objetivos establecidos tienen que estar en consonancia con las estrategias de desarrollo, de crecimiento y competitivas existentes a nivel corporativo. En el ámbito funcional del marketing existen tres opciones fundamentales: la elección de la población-objetivo a la que la empresa debe dirigirse, lo que entraña la realización de una segmentación; la elección de un posicionamiento para el producto, y la elección de los productos a desarrollar. Estas tres opciones están estrechamente unidas y deben ser siempre consideradas conjuntamente.

5. ESTABLECER LOS PROGRAMAS DE MARKETING

Las estrategias de marketing definidas en la etapa anterior pasan a integrarse en programas de marketing, en los que se definen las acciones concretas de marketing-mix que deben llevar a cabo, para conseguir los objetivos establecidos, los responsables de cada una de esas acciones y el calendario de realización de las mismas.

6. ASIGNAR EL PRESUPUESTO PARA LOS PROGRAMAS DE MARKETING

Para poder desarrollar los programas de marketing establecidos es necesario disponer de los presupuestos necesarios para ello, así como distribuir los mismos entre las diferentes acciones a realizar. Esto requiere un gran detalle en la definición de las acciones y montantes que les correspondan para poder controlar posteriormente su correcta utilización.

7. CONTROL Y EVALUACIÓN

El control de los planes resulta fundamental para asegurarse de que éstos han sido convenientemente implantados y que van produciendo los resultados esperados. La evaluación de los resultados de los planes tiene que llevarse a cabo periódicamente, sin esperar a la conclusión de los mismos, lo que exige una planificación temporal de los objetivos establecidos, que permita ir controlando y evaluando todas las actividades y objetivos de los planes, de manera que se puedan introducir a tiempo medidas correctoras si ello fuera necesario.

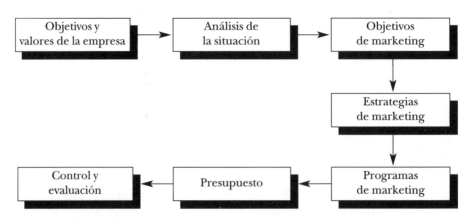

Figura 11. El proceso de planificación de marketing

3.4.1. Los planes de marketing

Los planes de marketing constituyen el resultado del proceso de planificación. Desde un punto de vista material, el plan de marketing es un documento escrito que debe ser explicado y entregado a todas las personas relacionadas directa o indirectamente con su ejecución y control, por modesta que pueda ser su participación en el mismo. Su redacción debe ser clara y precisa, debiendo estar estructurado en los aspectos siguientes:

I Parte. Resumen ejecutivo del plan

Este resumen está destinado a la dirección, debiendo incluir los aspectos fundamentales del plan en un reducido número de páginas.

II Parte. Situación y posibilidades de la empresa

En esta parte del documento se recogerán los aspectos más relevantes del pasado y presente de la empresa, exponiendo los datos internos y de mercado que mejor puedan reflejar la situación real de la empresa y sus posibilidades en relación con la competencia y los objetivos a alcanzar.

III Parte. Objetivos del plan

Esta parte del documento está destinada a describir y cuantificar los objetivos que se pretende alcanzar, en función de la naturaleza del plan de que se trate.

IV Parte. Estrategia y acciones de marketing

Este apartado del documento debe estar dedicado a describir y justificar la actuación estratégica que se pretende seguir para alcanzar los objetivos del plan, así como a exponer y detallar los programas de marketing-mix y las acciones concretas a llevar a cabo, identificando a las diferentes personas que deberán ocuparse de su ejecución.

V Parte. Calendario y responsables de la ejecución del plan

Esta parte del documento está destinada a establecer el período de realización de cada programa y tareas definidas anteriormente, identificando nuevamente a las personas que tienen que participar en las mismas.

VI Parte. Presupuesto del plan

En esta parte del documento tiene que recogerse la distribución de los recursos financieros asignados a cada programa y actuación contemplada en el plan, así como los ingresos que puedan derivarse de la ejecución del mismo cuando el plan entrañe este aspecto.

VII Parte. Control del plan

Esta última parte del documento está destinada a recoger los instrumentos y métodos de control que se utilizarán para evaluar el grado de cumplimentación de los objetivos asignados, así como para controlar la realización de las diferentes tareas según el calendario establecido y los recursos asignados a cada una de ellas.

Dado que la planificación se realiza desde diferentes perspectivas, ello da lugar a la existencia de diferentes tipos de planes que pueden estar referidos al nivel de realización, al tipo de estructura organizativa, a su temporalidad y a su regularidad. En la práctica, los planes de marketing varían considerablemente de una empresa a otra, si bien vamos a describir brevemente los principales tipos de planes en base a los criterios anteriormente indicados.

1. A NIVEL DE REALIZACIÓN

Los planes pueden ser realizados por los altos ejecutivos y por los ejecutivos de nivel intermedio. En el primer caso, los planes tienen un carácter más general y a más largo plazo, recibiendo habitualmente la denominación de planes estratégicos de marketing. En el segundo caso, los planes tienen un carácter más específico, contemplando un horizonte temporal de corto plazo, recibiendo el nombre de planes operativos de marketing.

2. SEGÚN LA ESTRUCTURA ORGANIZATIVA

Teniendo en cuenta la estructura organizativa dentro de la cual se realizan los planes, éstos pueden estar referidos al conjunto de la organización, contando con un marcado carácter general y un horizonte a largo plazo, recibiendo la denominación de planes corporativos de marketing. Los planes pueden estar referidos exclusivamente a cada unidad estratégica de negocio (UEN) teniendo también un carácter general y de largo plazo, denominándose normalmente planes estratégicos de marketing de la UEN. Dentro del nivel funcional, los planes son más detallados que los anteriores y su temporalidad tiende a reducirse al medio y corto plazo, recibiendo normalmente la denominación de plan general de marketing.

Planes más detallados que los anteriores, y referidos al corto plazo, son aquellos que están relacionados con los productos, recibiendo la denominación de planes de marketing por productos. Finalmente, se encuentran también los planes relacionados con las diferentes actividades comerciales referidas a un período normalmente anual y que dan lugar a los planes de publicidad, de promoción de ventas, de fuerza de ventas, de investigación comercial, etc.

Es habitual que exista, en el ámbito corporativo y para cada UEN, un plan de marketing de carácter anual, en el que se integran los planes anuales realizados para cada producto y para cada una de las actividades comerciales. En realidad, el número de planes anuales que pueden existir y el alcance de los mismos depende de la diversidad de los productos y mercados en los que esté implicada la organización, así como de la propia estructura de la misma.

3. SEGÚN LA TEMPORALIDAD

La temporalidad da lugar normalmente a tres tipos de planes: a corto plazo, a medio plazo y a largo plazo. En el primer caso, el período del plan está normalmente referido a un año, e incluso, para algunas empresas, puede estar limitado a un período más corto o de temporada, teniendo el plan un carácter primordialmente operativo. En el segundo caso, los planes están referidos a períodos de entre uno y tres años, incluyendo normalmente aspectos operativos y estratégicos. Finalmente, los planes a largo plazo van más allá de los tres años, pudiendo llegar a los 15 años, por lo que tienen un marcado carácter estratégico, realizándose normalmente al más alto nivel.

4. SEGÚN SU REGULARIDAD

Los planes suelen realizarse con regularidad, bien anualmente, los de a medio plazo y a largo plazo, pero también pueden ser realizados con carácter esporádico, para atender a unos objetivos concretos que es necesario establecer fuera de la planificación habitual. En esta segunda situación están

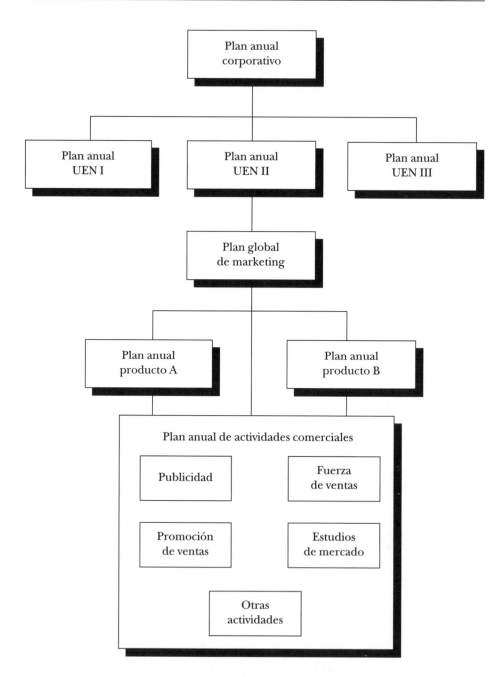

Figura 12. Relación de los planes anuales de marketing en diferentes
ámbitos de la organización

los planes de campaña, los planes de proyecto y los planes de reacción. Los primeros corresponden normalmente a la realización de una campaña de comunicación o de promoción de ventas que, por la razón que sea, no pudo ser integrada en el plan de marketing. En el segundo caso, la razón de ser de este plan es parecida, correspondiendo normalmente a un proyecto de lanzamiento de un nuevo envase, a un cambio en la distribución, etc. Finalmente, en el tercer caso, el plan obedece a la aparición de un acontecimiento no deseado, principalmente determinadas actuaciones de la competencia, para el cual la empresa ha establecido ese plan de reacción que debe poner en marcha al aparecer ese suceso.

4. Organización de las actividades de marketing

El objeto básico de la estructura que adopta cualquier organización es el de facilitar la implantación de las estrategias corporativas. De esta forma, un tipo de estructura puede ser más eficaz que otra de acuerdo con la situación estratégica en la que se encuentre la organización. Como consecuencia de los cambios producidos en el entorno de las organizaciones durante la última y la presente décadas, derivados principalmente de la globalización de los mercados, la liberalización de ciertas actividades, la revolución existente en el ámbito de las telecomunicaciones y de los ordenadores, las nuevas relaciones de colaboración entre las empresas en busca de una mayor eficacia de las actividades de la organización, han obligado a las compañías a reducir sus niveles estructurales para acercarse más al cliente como guía básica de su actuación.

La tendencia existente en las compañías hacia la reducción de los niveles jerárquicos y la eliminación de la burocracia, que representan un obstáculo para la eficacia de las mismas, está dando paso al trabajo en equipos multidisciplinarios encargados de procesos concretos a través de organizaciones en red u horizontales. Al mismo tiempo, como señala Kotler (1997), las compañías están rompiendo las barreras que las separaban de sus proveedores y distribuidores considerándolos como socios en la realización de sus actividades, haciéndoles partícipes de la información disponible en ellas.

Las nuevas estructuras organizativas, a través de las diferentes formas específicas que adopten, están caracterizadas por su flexibilidad, especialización y las relaciones con el mercado, más que en las tradicionales transacciones. Sin embargo, sería erróneo pensar, como se recoge en un excelente artículo aparecido en la revista *Business Week* y reproducido en *Actualidad Económica* (anónimo, 1994), «que ha llegado la hora final de los especialistas en las diferentes funciones como finanzas, marketing o fabricación. Éstos seguirán siendo necesarios en los equipos. Además, pocas compañías podrán convertirse en empresas totalmente horizontales. De momento, la empresa horizontal será una tendencia y las empresas que la sigan serán híbridos» (p. 48).

Las actitudes de los ejecutivos hacia la descentralización, delegación de decisiones y la asunción del concepto de marketing ejercen una influencia importante en la estructura organizativa en su conjunto y en la estructura en la que se integran las actividades de marketing. Sin embargo, coincidimos plenamente con la posición que adoptan algunos autores, de hacer una clara distinción entre la organización del departamento de marketing y la orientación al marketing como filosofía de la organización. En este sentido, puede existir una gran organización con un departamento de marketing que no adopte realmente la orientación de marketing, mientras que, por el contrario, puede darse el caso de una pequeña empresa que, sin llegar a tener formalmente un departamento de marketing, practique una orientación de marketing efectiva a través de su proximidad a los clientes y de sus relaciones con ellos para satisfacer sus necesidades.

4.1. Formas organizativas

La estructura organizativa del marketing permite localizar las diferentes actividades e identificar a las personas que tienen que realizar cada una de ellas, estableciendo al mismo tiempo las líneas de dependencia y autoridad para integrar y coordinar todas las actividades. La organización del departamento de marketing en las empresas suele adoptar diversas formas, principalmente las siguientes:

1. Por funciones.

2. Por productos.

3. Por zonas geográficas.

4. Por mercados.

5. Mixta o matricial.

4.1.1. Organización por funciones

Este tipo de organización del departamento de marketing es posiblemente el más popular. Consiste en dividir el departamento en una serie de secciones o subdepartamentos para que cada uno realice una actividad concreta en la que está especializado. A través de esta especialización por funciones, el trabajo de cada sección puede realizarse con mayor eficacia. El peligro que tiene este tipo de organización es que las personas solamente responden del resultado de su actividad y no de resultados completos, por lo que se hace necesaria la existencia de una gran coordinación y control del conjunto de las actividades, labor que tiene que ser realizada por la dirección de marketing.

4.1.2. Organización por productos

Este tipo de organización consiste en crear unos departamentos específicos para un producto o conjunto de productos que tienen una serie de características afines, al frente de los cuales existe un *product manager* o jefe de producto. Cada una de estas personas es responsable de la preparación, nacimiento y desarrollo de sus productos o marcas, dependiendo jerárquicamente de un director de grupo de productos o, si éste no existe, del director de marketing. El principal inconveniente de este tipo de organización es la falta de autoridad que tienen los jefes de producto para poder llevar a cabo eficazmente su trabajo, teniendo que recurrir a la persuasión para conseguir la cooperación de otras actividades comerciales, como la investigación, las ventas, la publicidad, así como la de los departamentos de producción y finanzas. Esta forma de organización se inició en Estados Unidos hacia los años treinta por la compañía Procter & Gamble, habiéndose extendido en la actualidad a un gran número de grandes empresas de todo el mundo.

Como consecuencia de la segmentación de los mercados, la mayor facilidad para el acceso a la información a través del desarrollo tecnológico y la influencia de los distribuidores para conseguir una mayor cooperación con los fabricantes, la organización inicial por productos tiende a modificarse hacia una organización por «categorías de productos», en la que los directores de cada categoría son responsables del posicionamiento de cada producto, del desarrollo de otros nuevos dentro de su categoría, de la distribución del presupuesto entre sus productos y marcas, así como de la organización de estas categorías entre los grandes distribuidores.

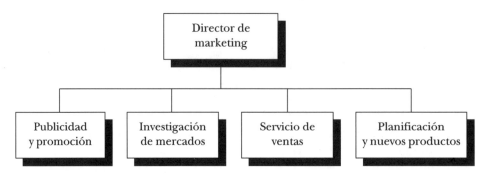

Figura 13. Organización por funciones del departamento de marketing

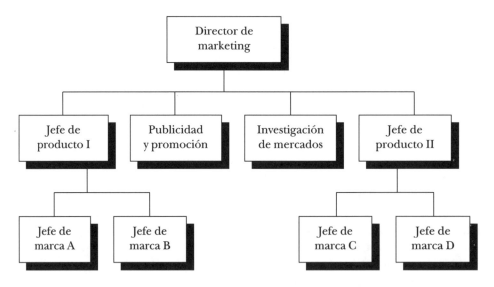

Figura 14. Organización por productos del departamento de marketing

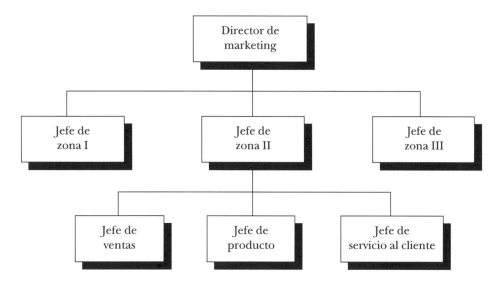

Figura 15. Organización por zonas geográficas del departamento de marketing

4.1.3. Organización por zonas geográficas

Este tipo de organización consiste en dividir el mercado en el que trabaja la empresa en diferentes zonas geográficas o territorios, con independencia de los productos a vender y de las características de los compradores. Este criterio de organización puede ser útil cuando las características y condiciones locales que existen en los diferentes territorios son muy diferentes entre sí, lo que para ciertas actividades comerciales como la organización de las ventas y la distribución física puede resultar muy conveniente.

La organización por zonas geográficas está muy extendida entre las compañías multinacionales, que suelen establecer regionalizaciones de dimensiones mayores a las de cada país en las que están presentes.

4.1.4. Organización por mercados

Este tipo de organización consiste en dividir el mercado de la empresa en diferentes mercados correspondientes a determinados tipos de clientes. Al frente de cada mercado existe un jefe de mercado, similar al jefe de producto, que es responsable de la estrategia a seguir, de la planificación y del control de sus actividades. Esta forma de organización resulta muy conve-

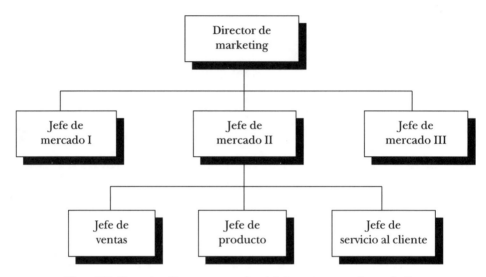

Figura 16. Organización por mercados del departamento de marketing

niente cuando los productos o servicios de la empresa son poco numerosos o poco diferentes, mientras que por el contrario no resulta adecuada cuando los clientes son muy heterogéneos.

4.1.5. Organización mixta o matricial

Este tipo de organización se corresponde con la integración de dos de las anteriores formas organizativas, si bien la más habitual es la organización por productos-mercados. Esta organización resulta muy conveniente en aquellas empresas que tienen productos muy diferentes y mercados también muy distintos, por lo que las ventajas se refuerzan mutuamente. Al frente de cada producto y de cada mercado existen un jefe de producto y un jefe de mercado, los cuales deben trabajar conjuntamente para la realización de sus respectivas misiones.

Este tipo de organización es bastante costoso y tiende a crear conflictos de competencia en los responsables de los productos y mercados, principalmente a la hora de establecer los precios de venta y la organización de las actividades de venta. Esta forma organizativa fue introducida por Du Pont, aunque tiende a ser sustituida por equipos de trabajo multidisciplinares vinculados a las actividades de producción, marketing y ventas dentro del espíritu de las organizaciones horizontales.

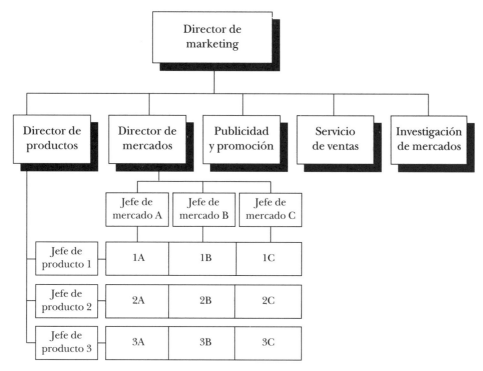

Figura 17. Organización por productos-mercados del departamento de marketing (mixta o matricial)

5. Bibliografía

Abell, D.F. y Hammond, J.S. (1979). *Strategic Market Planning*, Prentice-Hall, Englewood Cliffs, N. Jersey.

Achrol, R.S. (1997). «Changes in the Theory of Interorganizational Relations in Marketing: Toward a Network Paradigm», *Journal of Academy of Marketing Science*, vol. 25, nº 1, págs. 56-71.

Anónimo (1994). «Hacia la Empresa Horizontal», *Actualidad Económica*, 17 enero.

Ansoff, H.I. (1988). *The New Corporate Strategy*, John Wiley & Sons, Nueva York, pág. 83.

Bennett, P.D. (1995). *Dictionary of Marketing Terms*, (2º ed.), American Marketing Association, Chicago.

Cravens, D.W. ; Greenley, G.; Piercy, N.F. y Slater, S.F. (1998). «Mapping the Path to Market Leadership», *Marketing Management*, fall, págs. 29-39.

Drucker, P. (1973). *Management*, Harper & Row, Nueva York.

Epstein, M.J. y Roy, M.J. (1998a). «Managing Corporate Environmental Performance: A Multinational Perspective», *European Management Journal*, vol. 16, n° 3, junio, págs. 284-296.

Etzel, M.J.; Walker, B.J. y Stanton, W.J. (1997). *Marketing*, (11ª ed.), McGraw-Hill, Estados Unidos.

Graves, J.R. (1996). «Marketing Concept: Marketing Orientation, and Market Orientation: What do They all Mean?» en la obra de Blair, A. y Kamvra, W.A. editores, *1996 Winter Educators' Conference. Marketing Theory and Applications*, vol. 7, AMA, Chicago, págs. 297-303.

Greenley, G.E. (1995). «Forms of Market Orientation in UK Companies», *Journal of Marketing Studies*, 32 (1), págs. 47-66.

Guiltinan, J.P.; Paul, G.W. y Madden, T.J. (1997). *Marketing Management. Strategies and Programs*, (6ª ed.), McGraw-Hill, Estados Unidos.

Hammer, M. (1996). *Beyond Reengineering*, Harper Business, Nueva York.

Kotler, P. (1997). *Marketing Management. Analysis, Planning, Implementation and Control*, (9º ed.), Prentice-Hall Inc., N. Jersey.

Lambin, J.J. (1995). *Marketing estratégico*, (3ª ed.), McGraw-Hill/Interamericana de España, Madrid.

Lanning, M.J. y Michaels, E.G. (1988). «A Business is a Value Delivery System», *Mckinsey Staff Paper*, nº 41, junio 1988.

Lendrevie, J. y Lindon, D.(1990). *Mercator*, Dalloz, París.

Menon, A. y Menon, A. (1997). «Enviropreneurial Marketing Strategy: The Emergence of Corporate Environmentalism as Market Strategy», *Journal of Marketing*, vol. 61, enero, págs. 51-67.

Miller, C. (1993). «U.S. Firms Lag in Meeting Global Quality Standards», *Marketing News*, 15 febrero.

Porter, M.E. (1980). *Competitive Strategy*, The Free Press, Nueva York. Existe una traducción española con el título *Estrategia competitiva* (13ª ed.), Cecsa, México, 1990.

Ortega, E. y Recio, M. (1997). «Fidelización de clientes y marketing de relaciones», *Investigación y Marketing*, nº 57, diciembre, págs. 33-48.

Porter, M.E. (1985). *Competitive Advantage: Creating and Sustaining Superior Performance*, The Free Press, Nueva York. Existe una traducción española con el título *Ventaja competitiva* (4ª ed.), Cecsa, México, 1989.

11.

Relaciones públicas empresariales e institucionales. Realidad de alta dirección y factor clave del éxito

José Daniel Barquero

ESERP, Escuela Superior Universitaria

1. Las relaciones públicas empresariales e institucionales

Las relaciones públicas empresariales e institucionales son una actividad propia de la alta dirección orientada a conseguir la credibilidad y confianza del público mediante gestiones personales, utilizando diversas técnicas de difusión y propagación e informando a tiempo y en el momento oportuno sobre las personas u organizaciones para modificar o potenciar sus actitudes y acciones. No en vano los expertos en relaciones públicas son conocidos como los especialistas en la ciencia de la opinión pública.

Esta profesión, llamada «la industria de la persuasión de la opinión pública», constituye un arte aplicado a una ciencia social cuyo objetivo es procurar la satisfacción de dos intereses, el público de la sociedad y el privado empresarial, de un modo que redunde en el común beneficio de todos.

El departamento de relaciones públicas empresariales tiene un papel importante en la dirección de la empresa. Su función es mantener las adecuadas relaciones de la organización con sus distintos públicos, para la viabilidad y consecución de unos objetivos previamente fijados. Para ello es indispensable la utilización de técnicas publicitarias propagandísticas, así como de marketing y empresa, sabiamente combinadas con las relaciones públicas. La práctica de las relaciones públicas empresariales tiene por objeto analizar tendencias, predecir sus consecuencias y asesorar a la dirección de la organización, así como establecer programas de acción que sirvan tanto al interés de la empresa o institución como al de sus públicos, accionistas, entidades bancarias, personal, clientes, proveedores u organismos oficiales, entre otros.

Las relaciones públicas nacen en Estados Unidos como resultado de una demanda empresarial, financiera y política a principios de 1900. Todas las organizaciones necesitan que la opinión pública, en un entorno altamente competitivo, conozca lo mucho que estas instituciones u organismos hacen o pueden llegar a hacer por la sociedad. El profesor Dr. Edward L. Bernays fue el pionero de las relaciones públicas a nivel mundial. Asesor de varios presidentes de Estados Unidos obtuvo la primera cátedra de relaciones públicas en la Universidad de Nueva York y escribió en 1923 el primer libro en materia de relaciones públicas, titulado *Cristallizing Public Opinion*, al que seguirían otros veinte en la misma disciplina.

El creciente número de empresas que se encuentran inscritas en las bolsas de valores, el gran número de sociedades que han pasado recientemente por absorciones o fusiones y, finalmente, el deseo de cualquier organización de singularizar sus propios valores de los del resto del sector, o de la propia competencia, ha dado como resultado que surja en la empresa la necesidad de una especialización en relaciones públicas empresariales, financieras e institucionales. Así, relevantes organizaciones han tenido que solicitar los servicios de estos profesionales, entre otros motivos, al darse cuenta de que sus inversores no estaban suficientemente atendidos o carecían de una adecuada información, con el consiguiente detrimento de su identificación con la empresa.

En reciente entrevista, el «protector del inversor», figura creada en España en 1991, al ser interrogado sobre cuáles eran las principales quejas del inversor, contestó que las reclamaciones se centraban, básicamente, en cuatro puntos:

1. Cumplimiento de la voluntad del inversor en la compra o venta de los valores.

2. El precio.

3. La comunicación al particular.

4. Liquidación final de la operación.

Es en el tercero de los puntos citados, la comunicación al potencial inversor o particular, donde el especialista en relaciones públicas empresariales pone en juego un elemento primordial para la atracción efectiva del inversor: la información empresarial de calidad adecuada y suministrada en el momento oportuno.

Las relaciones públicas empresariales están basadas no sólo en crear, afianzar o mantener una imagen mejor o peor de la sociedad que cotiza en bolsa, sino en la propia realidad empresarial, ya que siempre debe ir en consonancia la calidad y contenido de una organización con su imagen. Recordemos que una buena imagen es muy difícil de conseguir, pero muy fácil de perder si no se cuida constantemente. Antes de cualquier actuación deberán evaluarse, en primer lugar, todos los puntos de acercamiento y divergencia existentes entre la empresa y el público a través de una investigación científica de este último y utilizando las ciencias sociológicas y la investigación de los mercados. Tal tarea tiene como fin asesorar posteriormente al cliente sobre las actitudes y líneas más apropiadas, creando una sólida base de comprensión, credibilidad y confianza y utilizando para ello los métodos de persuasión más apropiados para obtener el apoyo del público.

Al disponer oportunamente de conocimientos, obtenidos de forma totalmente legítima, del ámbito económico, político o financiero, el relaciones públicas puede juzgar y anticiparse, basándose en la totalidad de los antecedentes de que disponga, a posibles cambios económicos y a sus consiguientes repercusiones en beneficio de las distintas entidades para las que colabore. Todo ello manteniendo el más absoluto secreto de la información, de acuerdo con un estricto código ético y legal. Asimismo, estará igualmente en disposición de provocar la creación de noticias, aunque sin utilizar para ello, en lo más mínimo, información privilegiada alguna, ya que su actividad está rigurosamente controlada.

Por su experiencia en ciencias de la empresa y en técnicas de comunicación, publicidad, investigación de mercados, propaganda, promoción de ventas, imagen corporativa y *sponsoring*, y junto al equipo de ejecutivos y analistas financieros de la empresa, después de estudiar profundamente su realidad a través de las memorias, balances y cuentas de explotación, y agrupando, además, aquellas circunstancias relacionadas con la imagen de la entidad, participará en una amplia auditoría de relaciones públicas a nivel interno y externo. Esta auditoría estará basada en la aplicación de ciencias sociales a una problemática específica que se determinará haciendo uso para ello de la psicología y la sociología empresarial, de la opinión pública financiera, de los estudios de marketing empresarial y del análisis de los factores socioeconómicos, conjunto de elementos que permitirán establecer la resultante final.

Aplicada a las relaciones públicas, esta auditoría permitirá a la organización prever futuros eventos, si se controlan y planifican estratégicamente y de forma correcta los siguientes extremos:

a) Información genérica o específica facilitada a los distintos públicos y relativa a la empresa.

b) Persuasión directa del público, para modificar actitudes y acciones concernientes a la empresa.

c) Esfuerzos para integrar actitudes y acciones de la empresa con sus públicos y de éstos con la empresa, consiguiendo una adecuada interrelación.

A la hora de determinar y discutir el futuro comunicacional de la compañía, el especialista en relaciones públicas tendrá que basarse no sólo en la imagen externa de la empresa sino, además, en los resultados económicos anuales o en los de un futuro inmediato, si aquéllos no fueran suficientes. En su investigación, además de las técnicas de auditoría en relaciones públicas, empleará los estudios de *marketing research*, consistentes en una investigación de mercado e imagen mediante encuestas.

Cuando una empresa diseña sus programas, los especialistas en relaciones públicas empresariales disponen de pocas opciones, pues tienen que adaptarse, por un lado, a muy precisas y a la vez cambiantes normativas jurídicas y, por otra parte, a la realidad de distintos públicos altamente especializados, tales como brokers, analistas, entidades financieras o inversores en general.

Una técnica muy utilizada es la del método indirecto, es decir, no sólo comunicar y difundir que la empresa o sociedad funciona bien, sino procurar que terceros lo digan por nosotros: medios de comunicación, analistas inversores, entre otros. A causa del importante papel que desempeñan los medios de comunicación entre los inversores, los relaciones públicas tienen que esforzarse por atraer su interés mediante la creación de noticias *publicity*. Una encuesta realizada entre los miembros de la Asociación de Relaciones Públicas de América (PRSA), una de las más acreditadas del mundo con sus más de 20.000 miembros, concluyó que el objetivo de la mayoría de los especialistas en relaciones públicas empresariales encuestados era convencer y persuadir a los brokers y asesores financieros externos de la compañía, para que éstos transmitiesen a los accionistas potenciales mensajes de solvencia, de viabilidad y de futuro. Otra encuesta realizada por la citada entidad dio como resultado que un 51% de empresarios e inversores reconocían estar influenciados moderadamente por los medios de comunicación, mientras que un 39% se encontraban muy influenciados por dichos medios, en particular en los últimos cinco años. El 10% restante determinó otras influencias.

Por otra parte, si analizamos las fuentes de información que utilizan muchos medios de comunicación financieros, comprobaremos que su principal base de noticias son los propios ejecutivos y analistas financieros.

También los rumores son muy importantes y, en ocasiones, resultan muy difíciles de controlar. De ahí que para construir una buena imagen empresarial necesitemos de una conjunción de opiniones de distintos sectores, partiendo de una cooperación financiera en la que se deberá tratar a los accionistas, colectivos financieros y medios de comunicación, con información de seriedad y de solvencia. Es necesaria, pues, una colaboración continuada, basada en un goteo de información que proporcione siempre mensajes consecuentes con la línea y política de la empresa. Estos mensajes deben proceder del nivel directivo de la compañía y dar acceso a su estrategia a los especialistas en relaciones públicas empresariales, quienes representan la pieza clave para transmitirlos al público inversor. Véase en el *gráfico 1* los diferentes trabajos realizados por las relaciones públicas empresariales.

2. Cómo obtener el éxito para triunfar en las relaciones públicas

Cuando los especialistas de relaciones públicas empresariales trabajan en la planificación estratégica y operacional de la empresa reciben información por parte de los directivos y analistas de la propia empresa y de su accionariado. Desde otra perspectiva, la recibirán también del cliente o usuario. Tras analizarla, su objetivo será hacer coincidir el interés público de sus accionistas con el privado de su empresa u organización, procurando que ambos se beneficien de ello. Véase *gráfico 2*.

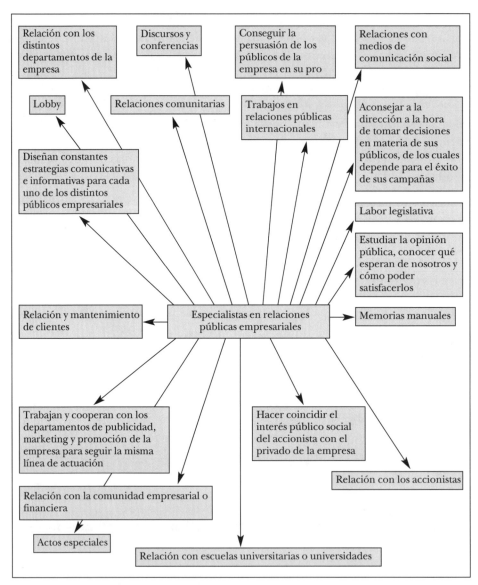

Gráfico 1. Trabajos de las relaciones públicas empresariales

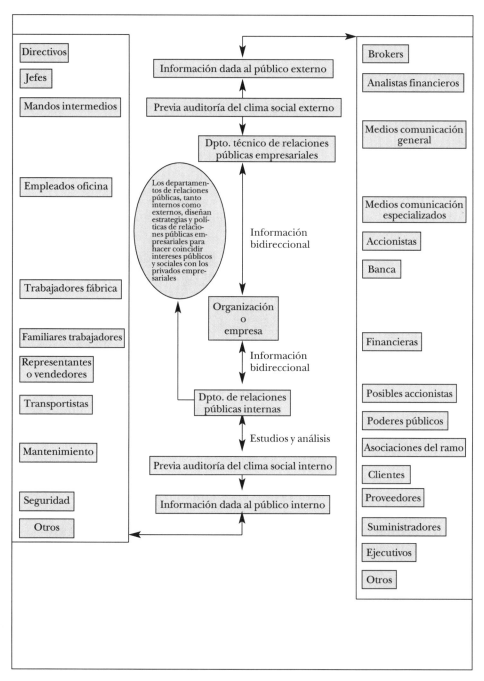

Gráfico 2. Los públicos de las estrategias de relaciones públicas

Tomemos como punto de partida un supuesto real. El objetivo empresarial de una compañía de aguas que cotiza en bolsa, aunque servicio público, es, lógicamente, provocar el aumento del consumo de su producto en todas las viviendas, empresas y locales para aumentar sus ingresos y subir el precio de sus acciones al obtener más beneficios. La dificultad radica en que al tratarse de un bien escaso, el agua, su política de comunicación empresarial deberá fomentar el ahorro de agua, ya que, en otro caso, si se potenciara de forma evidente su consumo, esta política sería objeto de reproche por la sociedad, asociaciones de consumidores, organizaciones ecologistas y por el propio gobierno.

Si el procedimiento para obtener éxito seguro en una campaña de relaciones públicas empresariales radica en hacer coincidir el interés público social con el privado empresarial, ¿cómo lo haremos?

1.º Nos preguntaremos: ¿cuál es el interés privado de la compañía de aguas? Lógicamente, hacer consumir más agua, ya que así aumentarán la facturación y los beneficios.

2.º Ahora viene la difícil estrategia: ¿cómo conseguir que este interés privado beneficie socialmente al público?

Veamos cómo se hizo. Los especialistas en relaciones públicas nos basamos en las declaraciones, dándolas a conocer y difundiéndolas ampliamente, como realizó el Dr. Hiroshi Nakajima, director general de la Organización Mundial de la Salud, quien argumentó que en los últimos años se había observado que no pocas de las enfermedades infecciosas extendidas, tanto en los países en vías de desarrollo como en los desarrollados, tenían su origen en factores creados por el propio ser humano y sujetos a su control. De ahí que la Organización Mundial de la Salud quisiera lanzar una campaña –a la que nosotros nos unimos con el resto de las compañías de aguas públicas y privadas– para inculcar en la sociedad comportamientos saludables e higiénicos para sus individuos, desde el mismo momento de su nacimiento, con el fin de evitar posibles contagios de gérmenes: lavarse las manos cuando se saluda a distintas personas, antes de comer y antes y después de utilizar el servicio, higiene dental, ducharse diariamente, prolongar la duración de lavados y hervir a temperaturas elevadas para eliminar virus; en los hoteles limpiar sábanas y cortinas con mayor periodicidad, entre otros. Este argumento se reforzó con numerosos datos verídicos, como, por ejemplo, que el consumo medio por español de pasta dentífrica y cepillos de dientes es muy inferior al europeo, con las consiguientes repercusiones en materia de infecciones y enfermedades dentales.

El resultado de la campaña fue satisfactorio, pues se consiguió que:

1.º Las compañías generaran más consumo de agua al advertir a la sociedad del serio peligro sanitario.

2.º Las compañías se ganaran el reconocimiento de la opinión pública por sus consejos para con la salud y ésta se beneficiara a su vez al obtener estos conocimientos y evitar posibles contagios.

3.º Coincidiera el interés público con el privado, beneficiándose el público, las compañías de aguas y la propia Organización Mundial de la Salud (OMS).

3. Las relaciones públicas internas de la empresa

Uno de los públicos más importantes que debe considerar el especialista en relaciones públicas empresariales es el interno. Cada persona empleada en la empresa es un vehículo de dentro hacia fuera de la propia empresa, es decir, transmite una imagen empresarial. De ahí la necesidad de que nuestros empleados, como pieza importante y clave de nuestra organización, sean formados en cierto tipo de conductas, como evidencia de la importancia que su trabajo tiene para la buena marcha de la empresa.

Cualquier empresa que consiga que su público interno se identifique con ella tiene mucho ganado. Algunas técnicas, como las reflejadas en el *gráfico 3*, son la clave para el éxito de las relaciones públicas internas, aunque a veces todos los esfuerzos no son suficientes por cuanto los empleados quieren sacar sus propias conclusiones y son los mandos superiores los que tendrán que dar siempre ejemplo con su buen hacer.

Los empleados deberán verificar que lo que se diga en el *«house organ»*, o revista interna de la organización, será siempre totalmente cierto, ya que si no se generarían rumores y descredibilidad. Asimismo, deberá guardarse una relación entre la calidad exigida a su trabajo y el hecho de que se incentiven y gratifiquen sus logros. Para ello, el especialista en relaciones públicas empresariales trabajará estrechamente con los distintos públicos internos, con el objeto de conocerlos más profundamente y verificar que cada uno de los empleados transmite al exterior la filosofía positiva de la empresa. De no ser así, tratará de persuadirles para que se adapten, tratando de que comprendan lo importante que ello resulta para la empresa, sin

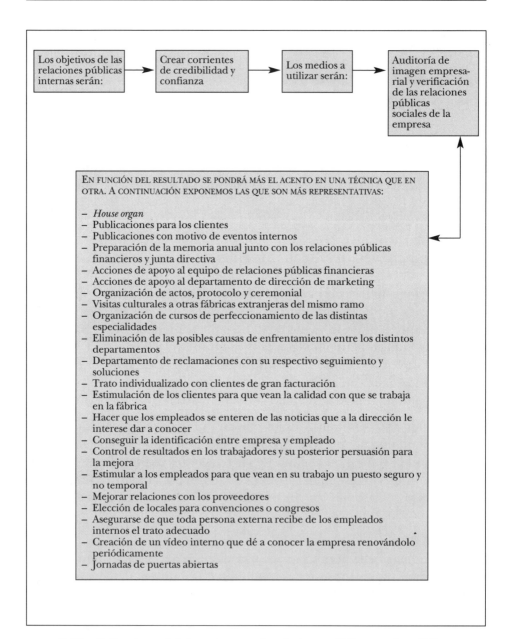

Gráfico 3. Funciones del departamento de relaciones públicas con los públicos internos de la empresa

herir susceptibilidades, a cuyo fin estas recomendaciones deben ser transmitidas con tacto y gran delicadeza. Para ello es recomendable realizar alguna acción para que el propio empleado se dé cuenta y cambie sin necesidad de decírselo. Así, resulta útil organizar reuniones periódicas con los ejecutivos, para que mantengan informados a los trabajadores de las decisiones de la empresa.

Uno de los medios más importantes para conseguir estos objetivos son los de comunicación, por lo que deberemos contrastar, si nos interesa, nuestra información con éstos. El objetivo será crear corrientes de opinión favorables y generar simpatía basada en la confianza. Es aconsejable, siempre que sea posible, hacer extensivo a los empleados el dossier de prensa que se da a los periodistas; así, aparte de autogenerar publicidad interna, se sentirán más identificados con su empresa.

En cualquier caso, antes de iniciar cualquier acción es conveniente realizar un estudio de relaciones públicas sociales, destinado a investigar la situación social interna y a conocer si las políticas seguidas hasta la fecha se tienen que reforzar o mantener, para descartar primeras interpretaciones que pueden ser fruto de la subjetividad. En concreto, el estudio tendrá por objeto:

1.º Conocer el grado de integración y satisfacción con la empresa de todo el personal interno.

2.º Detectar conflictos, si los hubiese, con el consecuente aporte de soluciones urgentes en caso necesario.

3.º Analizar discretamente las relaciones entre la dirección general, los sindicatos o los empleados. ¿Qué opinión merece a los empleados la dirección y gestión en general que depende de ésta?

4.º Estudiar el tipo de método que se usa, tanto para las revisiones salariales como para las situaciones de promoción de los empleados de la empresa.

5.º Investigar sobre el conocimiento que los empleados tienen de la empresa, qué ventajas o dudas ven y si están informados adecuadamente y a tiempo.

6.º Analizar si desarrollan sus actividades en sitios adecuados, que permitan trabajar a plena satisfacción y rendimiento.

7.º Estudiar las situaciones o turnos en los que hay más problemas de personal y por qué.

8.º Averiguar si los empleados creen verdaderamente en la eficacia de la empresa.

4. Utilización de las relaciones públicas en el mundo empresarial

En la realidad económica y social de hoy día las relaciones públicas se han convertido en imprescindibles para cualquier organización que persiga una buena relación con sus públicos, de los que en definitiva depende su éxito, ya que ellos amplían el conocimiento de la empresa, permitiendo que su imagen sea creída, apreciada y distinguida entre las demás.

Hay, no obstante, empresas que en la actualidad no disponen de este departamento y que pese a ello gozan de la buena consideración del público. Ello se explica porque a través de los años sus directivos, aprovechando el buen clima social de la empresa, se han atribuido entre ellos mismos esta función, que han ido aprendiendo y mejorando con la experiencia. Sin embargo, con el incremento de la competitividad, los ejecutivos han debido prestar más atención y cuidados a todos esos públicos cada vez más complejos y han necesitado recurrir al especialista que los asesore sobre cómo transmitir y retener los mensajes que la empresa desea introducir en la opinión pública, ya sea en momentos de expansión o de crisis.

En sectores como la minería española o la automoción, la historia ha demostrado claramente los negativos efectos políticos y económicos debidos a la falta de un departamento de relaciones públicas empresariales en el gobierno, que tratase y diese información al público interno y a los medios de comunicación, siguiendo una planificación organizada y adecuada, trabajo que ahora desempeña el portavoz del gobierno.

Para algunos autores, las relaciones públicas son características de las economías de libre competencia de naturaleza capitalista, puesto que en los países comunistas, de economía centralizada, sólo existen monopolios o empresas estatales, por lo que está asegurada la colocación del producto, con independencia de la imagen, ante la escasez de la oferta. Debemos resaltar, no obstante, que hoy en día el fenómeno de las relaciones públicas se extiende a todos los países del mundo, incluso en China, país en el que se imparten programas de esta asignatura desde hace veinte años y en más de ciento diez universidades. Esto parece indicar que hasta en los países «estatalizados» interesa divulgar lo que el Estado hace por los ciudadanos, así como a las empresas les interesa ganarse la credibilidad de sus distintos públicos. En sociedades de consumo, como Estados Unidos, Alemania, Japón, Canadá y más recientemente España, las relaciones públicas han alcanzado un gran desarrollo, estando sujetas, en la mayor parte de los casos, a estrictas normas legales y éticas.

4.1. Relaciones públicas y ciencias de la información

Las ciencias de la información constituyen una herramienta fundamental en la profesión de relaciones públicas empresariales, ya que sin la transmisión de unos determinados mensajes se rompe la cadena en su eslabón más importante: la conexión con la opinión pública. Por lo general, estas corrientes informativas suelen alterar nuestra actitud o conducta, sobre todo en el mundo empresarial. La comunicación es, pues, la transmisión de mensajes en los que el especialista o asesor en relaciones públicas empresariales desempeña un importante rol persuasivo.

El éxito consiste en que los mensajes que transmitimos sean captados y retenidos por el público para su posterior repetición, de manera que siempre que la empresa actúe, resulte que lo hace en nombre del interés público y social, debiendo aparecer de continuo mensajes de credibilidad, ya que la suma de todas las acciones pretende desembocar en la deseada sensación de confianza.

Para el asesor en relaciones públicas que trabaja en la empresa, los medios de comunicación y sus periodistas, sobre todo los especializados en negocios, son un público objetivo, al que se tiene que ponderar adecuadamente. Esto significa mantener debidamente informados, de forma igual y puntual, a los distintos medios de comunicación de todas las noticias que acontezcan en la empresa y en el sector.

Algunos prestigiosos relaciones públicas, como Edward L. Bernays y Sam Black, afirman que es realmente importante ganarse las simpatías y la confianza de los periodistas, facilitando datos fidedignos de situaciones económicas de un sector determinado, aunque en ocasiones no se encuentre directamente implicada nuestra compañía. Esto es una forma de evidenciar que, por una parte, estamos bien informados y que, por otra, tratamos de colaborar desinteresadamente con los medios de comunicación, ganándonos con esta filantropía su amistad y confianza.

William A. Nielander, decano en relaciones públicas de la Universidad de Wichita en Estados Unidos, en su libro *Public Relations* nos da una serie de recomendaciones para establecer unas buenas y eficaces relaciones con la prensa:

1.º Los comunicados de prensa tienen que ajustarse a normas, ser precisos y estar bien escritos.

2.º Preferentemente, éstos o cualquier otro tipo de información, por ejemplo artículos, se entregarán con tiempo suficiente, para facilitar el trabajo del periodista y darle oportunidad de analizar, investigar y comprobar.

3.º La noticia se expondrá objetivamente y sin ningún tipo de exageración. Se emitirán opiniones sólo cuando formen parte inseparable del artículo.

4.º A pesar de las negativas de muchos directivos a realizar declaraciones, los periodistas son libres, y es difícil proteger a los directivos de la prensa.

5.º El departamento de relaciones públicas empresariales e institucionales se ha de encontrar disponible en todo momento.

6.º No recriminar al periodista cuando un artículo o información no se publica.

7.º El material enviado a la redacción deberá dirigirse a la persona adecuada.

Si se trata, por ejemplo, de informar a los medios de comunicación social sobre algún hecho relevante, bien se trate de una ampliación de capital o del lanzamiento de una emisión especial, correspondiente a una empresa que cotiza en bolsa, hay que comenzar por preparar la exposición pública informativa correspondiente, con la pertinente documentación, ante el accionariado interesado. Debe participar el máximo responsable de la empresa, con algunos consejeros y altos ejecutivos, que responderá a todas las preguntas que le planteen los asistentes. Previamente, el equipo directivo y los asesores en relaciones públicas se reunirán para realizar una sesión de *brainstorming.* En el *gráfico 4* se reproducen los objetivos de las relaciones públicas empresariales que cotizan en bolsa.

Se prepararán además ruedas de prensa, con carácter de noticia (véase en los *gráficos 5* y *6* la importancia y el significado de la noticia para la empresa), para informar no sólo a la prensa especializada, sino a la prensa en general, facilitándoles los oportunos dossiers, cuyo contenido básico y conclusiones habrán sido preparados con la total colaboración de la propia empresa y el equipo de asesores en relaciones públicas.

En este tipo de intervenciones, al exponer las expectativas de futuro y en particular la evolución de los resultados o las próximas cotizaciones bursátiles, jamás podrán asumirse compromisos cuantificados que condicionen una estrategia, como, por ejemplo, las plusvalías que podrá generar un valor, ya que nadie puede responder de una eventual bajada de las bolsas internacionales o de otra circunstancia ajena a nuestra voluntad, como sería una caída coyuntural del mercado, y resultaría muy negativo haber asegurado unos resultados imposibles de cumplir, tanto en vistas a un inminente

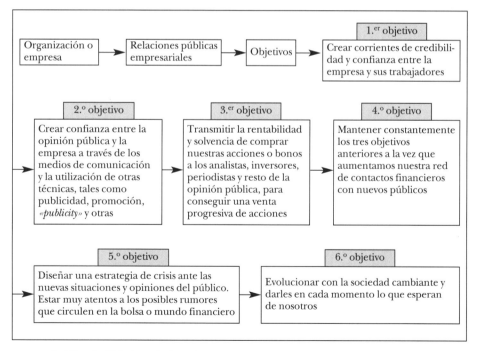

Gráfico 4. Objetivos de las relaciones públicas empresariales de las empresas que cotizan en bolsa

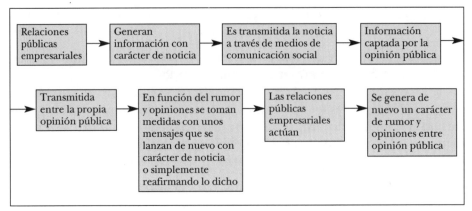

Gráfico 5. Importancia de la creación de una noticia

Gráfico 6. Significado de la noticia para la empresa

lanzamiento de bonos o ampliación de capital, como para afrontar las próximas juntas generales de accionistas.

4.2. Relaciones públicas y mercados de valores

Por la masiva competencia existente en los mercados de valores las empresas compiten con grandes impactos para que sus públicos se interesen por sus productos financieros. El profesor Philip Lesly, en su libro *Handbook of Public Relations,* define a qué grupos relevantes debe dirigirse el departamento de relaciones públicas a fin de captar su atención:

1. Miembros de sociedades o agencias de valores, directores, analistas, apoderados y delegados de éstas.

2. Miembros de las sociedades independientes de análisis de valores.

3. Intermediarios financieros.

4. Bancos de inversión.

5. Bancos comerciales: departamentos de depósitos de títulos.

6. Servicios registrados de asesoría de inversiones.

7. Compañías de seguros y fondos de pensiones que adquieran valores cotizables.

8. Mutualidades y fondos de inversión.

9. Consejeros delegados.

10. Sociedades fiduciarias y de gestión de patrimonio.

11. Organizaciones estadísticas financieras.

12. Revistas de inversión y publicaciones financieras.

El asesoramiento en relaciones públicas, a las empresas que cotizan o quieren cotizar en bolsa, puede definirse como la administración de los impactos y ventajas de tipo empresarial, centrados en los valores o títulos que se desea adquirir, o bien poner en circulación en el mercado, en fechas próximas.

La continua necesidad de conseguir financiación por parte de las empresas mediante ampliaciones de capital o lanzamiento de empréstitos, convierten al accionista en un público al que se debe atender bajo los aspectos siguientes:

1. Con precisa y apropiada información, tanto de la compañía matriz como de su grupo de empresas filiales.

2. Con una adecuada rentabilidad, bien por dividendos, por plusvalías en la cotización de la acción o por ambos efectos combinados.

3. El accionista deberá conocer las expectativas de futuro de la empresa para saber si le conviene o no mantener el valor.

En Estados Unidos, el 60% de las sociedades mercantiles económicamente fuertes y con éxito dispone de exhaustivos programas de relaciones públicas con accionistas, agentes de valores y analistas. No debemos olvidar que ya no es posible tratar con los públicos a base de intuiciones y presentimientos sino que es necesario tratar con ellos desde una plataforma muy tecnificada, evaluando sus esperanzas, aspiraciones, conocimientos y prejuicios.

Un programa de relaciones públicas bien diseñado, no sólo generará un aumento progresivo de accionistas, sino que creará lo que podría denominarse fidelidad de «marca», al identificarse el inversor con su empresa. Si deseamos una integración perfecta de la empresa con la sociedad, tendremos que estudiar el tipo de segmento al que queremos impactar. Por lo general, el segmento clave que está integrado por los líderes de grupo, como moldeadores de la opinión pública, ya que si podemos influirlos y persuadirlos estarán, indirectamente, realizando el trabajo por nosotros.

Cuando una empresa prepare una emisión bursátil se tendrán en cuenta, por parte del departamento de relaciones públicas empresariales o financieras, cuatro etapas de gestión (véase *gráfico 7*).

PRIMERA FASE

Se trata de un período de aparente incomunicación, que se irá despejando paulatinamente al darse a conocer la intención de efectuar una operación bursátil. Como es lógico, las empresas que van apareciendo en bolsa proceden ya de ampliaciones de capital o emisiones de bonos anteriores, y que consiguientemente, por requisitos legales, han venido publicando con suficiente antelación sus resultados económicos, bien en las propias memorias de la sociedad o en los folletos de emisión de bonos o de acciones a que están obligados por permanecer en bolsa.

Mejor que recomendar la aparición de noticias a través de publicidad, donde queda de manifiesto la naturaleza propagandística del mensaje, será preferible recurrir a la *publicity*, es decir, a la información aparecida en forma de noticia, sin previo pago de tarifa, con el consiguiente ahorro de los costes de publicidad para la empresa (ver *gráficos 8, 9* y *10*). Para ello, previamente se habrá tenido que realizar un programa de relaciones públicas empresariales que recoja la siguiente información:

– Investigación de la opinión pública relacionada con la empresa o sector económico.

– Impactos dirigidos a incrementar el índice de popularidad y actualización de la empresa o empresario ante la opinión pública, potenciando los ya existentes.

– Creación de imagen empresarial estable, resaltando la viabilidad de futuro.

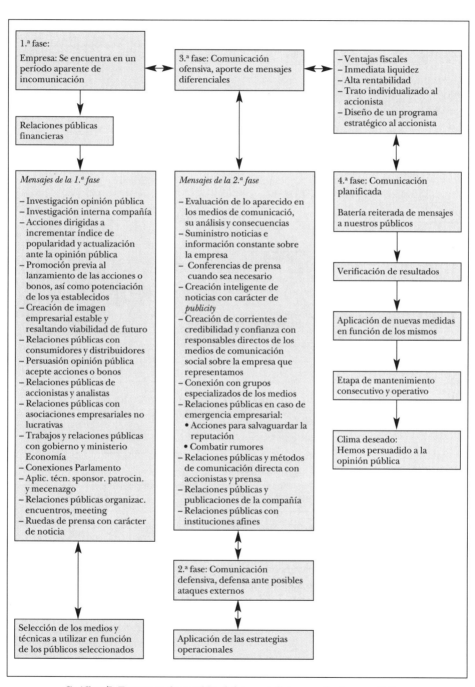

Gráfico 7. Etapas en la gestión del especialista en relaciones públicas

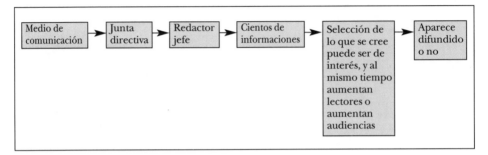

Gráfico 8. Significado de la noticia para los periodistas o medios de comunicación

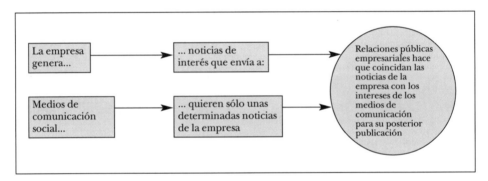

Gráfico 9. Significado de la noticia para los especialistas en
relaciones públicas empresariales

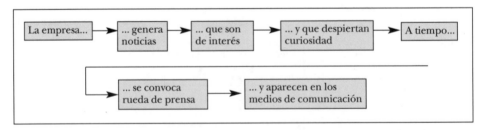

Gráfico 10. Éxito de la transmisión de noticias para que aparezcan en los medios
de comunicación en forma de *publicity*

- Relaciones con los consumidores de la empresa.

- Relaciones con los distribuidores de la empresa.

- Relaciones públicas en apoyo de marketing, dentro de la organización empresarial.

- Aplicación de técnicas persuasivas de la opinión pública, para ganar el apoyo del público para una idea o causa concerniente a la organización o empresa.

- Relaciones con accionistas, agentes de valores y analistas financieros.

- Relaciones con organizaciones no lucrativas, asociaciones económicas o empresariales, círculos financieros o de economistas.

- Coordinación con los trabajos de la administración centrados en el departamento de economía.

- Organización de encuentros y convenciones.

- Aplicaciones de técnicas de esponsorización, patrocinio y mecenazgo con los públicos de la empresa, así como creación de premios.

Con ello se logrará crear una imagen y opinión de la empresa por vía indirecta. En paralelo se mantendrá informado al consejo de dirección sobre el grado de aceptación de la imagen de la empresa.

SEGUNDA FASE

La fase de comunicación defensiva se caracteriza porque es preciso salir al paso de posibles ataques ajenos, dando respuesta a cuestiones y problemas planteados por grupos externos sobre posibles dudas que pudiera haber respecto de la empresa, ya sean de solvencia, transparencia, viabilidad o futuro. Para ello, y dentro de la estrategia defensiva planificada, deberemos tener en cuenta, en relación a los medios de comunicación social, el siguiente programa:

- Evaluación de las noticias negativas aparecidas en los medios de comunicación, análisis y consecuencias.

- Suministro de noticias e información constante sobre la empresa.

- Conferencias de prensa, cuando sea necesario.

- Creación de noticias defensivas, con carácter de *publicity* sobre la empresa.

- Creación de corrientes de credibilidad y confianza entre responsables directos de los medios de comunicación social, como reacción a opiniones negativas.

- Conexión con grupos especializados de los medios.

- Relaciones públicas para los casos de emergencia empresarial:

  1. Acciones para salvaguardar la reputación.

  2. Combatir rumores.

  3. Comunicación directa con accionistas y prensa.

  4. Relaciones públicas con instituciones afines a la compañía.

  5. Clientes, banca y proveedores.

TERCERA FASE

La comunicación de confrontación se traduce en una voluntad y una definición premeditada sobre lo que la organización quiere comunicar, en comparación o confrontación con otro título o valor. Se trata de mostrar las ventajas y aportar mensajes claramente diferenciales respecto de otros valores o títulos de la competencia. Se ha de incidir, por ejemplo, en los siguientes aspectos:

- Ventajas fiscales de nuestros títulos.

- Inmediata liquidez a través de pactos de recompra.

- Alta rentabilidad.

- Expectativas de plusvalías.

Otro de los puntos más solicitados por los accionistas de la empresa, y ésta debe ser sensible a la petición, es el de un trato individualizado. Hemos de conseguir que el inversor se sienta parte de la empresa. En este sentido no debemos olvidar el papel del material impreso, es decir, las circulares, revistas, resúmenes y memorias anuales de la compañía. Asimismo, no debe faltar la invitación a la junta de accionistas de la compañía, general o extraordinaria, con reparto de material para todos los asistentes, o su envío a los que no hayan podido acudir. También deberá facilitarse material a los periodistas, a través de noticias, en función de la imagen que se desee transmitir. Otra forma de actuar eficazmente, y a la vez muy personal de cara al accionista, consiste en el diseño de un programa estratégico. Para un período largo, incluiremos en él:

A. Servicio de envío directo y urgente de las noticias primicia de la compañía, sin necesidad de que tengan que esperar a leerlas en prensa o boletines de la propia empresa.

B. Publicaciones especializadas para los analistas financieros y demás entidades colaboradoras para facilitar su labor de análisis. Con ello se demostrará, de paso, nuestra transparencia informativa.

C. Seminarios y encuentros para analistas, destinados a que puedan examinar los planes de la compañía, preparando para la ocasión los correspondientes dossiers con toda la información pertinente.

D. Viajes y encuentros organizados, financiados o promovidos por la empresa, para exponer ideas sobre nuestra compañía y otras del sector en distintas ciudades.

E. Visitas concertadas para los analistas, con objeto de facilitarles la información que se encuentre disponible y sea adecuada para el momento.

F. Teléfono de contacto, para cualquier tipo de información sobre la compañía.

Todo ello deberá realizarse con la colaboración de los ejecutivos de la compañía, manteniendo informados a los accionistas, periodistas y posibles inversores, así como a los agentes de valores y analistas.

CUARTA FASE

En esta fase se trata de una comunicación planificada y de mantenimiento mediante los recursos publicitarios y la *publicity*. Dentro de esta cuarta fase de comunicación planificada, deberán seguir emitiéndose –incluso después de haber efectuado la emisión– mensajes destinados a inculcar una creciente credibilidad y confianza en la empresa.

También resulta interesante realizar una auditoría de relaciones públicas. Ésta consiste en un estudio que analiza e informa detalladamente los diversos flujos de comunicación, internos y externos, que se producen en una organización durante un período de tiempo. Sería como realizar una radiografía de la empresa a nivel de comunicación integral. Con este diagnóstico global y actualizado de la situación real de imagen, realizaremos un plan u otro según el resultado obtenido. Así, por ejemplo, a la vista de ello y del público objetivo que interese, se orientará la colocación de los nuevos títulos, bien en paquetes medios, en poder de unos grupos de accionistas, o bien, por contra, en paquetes muy atomizados o dispersos, entre otras medidas.

Lo primordial, para mantener la imagen y asegurar el éxito de siguientes emisiones, es tratar de aproximarnos al máximo a las previsiones financieras que hemos ido facilitando a los analistas, desde el período en que apareció la emisión hasta el momento de explicitación del desarrollo de la compañía. Para ello, y considerando que los accionistas tienen derecho a estar informados lo más ampliamente posible, resultará lógico y de carácter casi obligado que el departamento interno de relaciones públicas colabore en la edición de un boletín o circular de aparición periódica, que refleje cualquier circunstancia noticiable de índole positiva: hechos más relevantes, inversiones realizadas, servicios prestados, actualidad y tendencia del mercado, operaciones financieras y estados de cuentas, detallados o resumidos, así como las perspectivas próximas. También es preceptivo cursar trimestralmente estos boletines al servicio de estudios de la bolsa de donde dependa el valor, bien sea Madrid, Barcelona, Bilbao o Valencia, de acuerdo con los cuestionarios establecidos al efecto y demás normas de la Comisión Nacional de Valores.

Hemos de tener en cuenta que si conseguimos, entre el período de salida de la primera emisión hasta la segunda, una buena y sólida imagen de empresa, ello influirá de forma determinante para que el accionista mantenga su cartera y continúe suscribiendo sucesivas emisiones. Eugene Miller, especialista en relaciones públicas financieras, señala que el objetivo ha de ser el de «informar de cualquier noticia que pueda tener efecto material y, por tanto, pueda hacer subir el valor de la compañía. Incluyendo el resultado de las negociaciones, adquisiciones e inversiones».

4.3. Relaciones públicas en tiempos de crisis

En 1974, una importante organización «lobística» denominada Conference Board, sin fines de lucro y dedicada a la investigación financiera, condujo y elaboró un estudio de los programas de inversión en imagen de las ciento diecinueve compañías más grandes de Estados Unidos. Entre las distintas preguntas resaltaba la de enumerar sus objetivos, en relación con la importancia de la información financiera como modelo de trabajo, área en la que son expertos los relaciones públicas.

Las respuestas fueron las siguientes:

– Nuestro objetivo es dar información adecuada a su debido tiempo.

– Nuestro objetivo es facilitar información de forma pertinente y constante.

– Nuestro objetivo es proporcionar información verosímil y de utilidad práctica.

Por su experiencia de años, dichas organizaciones conocen el rechazo de las sorpresas por parte de los analistas financieros, sobre todo porque estos analistas trabajan para conseguir un claro canal de comunicación, en el que los relaciones públicas financieros desempeñan un importante papel a la hora de un mejor entendimiento e información entre todos los públicos.

Dentro de este mismo informe, una de las empresas contestó que su objetivo era dar a los inversores profesionales la oportunidad de discutir en público la información con los directivos y responder a su necesidad analítica. En situaciones de crisis conviene argumentar algunos aspectos y conceptos, para tomar en consideración todas las circunstancias que influirán al matizar o perfeccionar los mensajes informativos y financieros y sus expectativas. Sólo así podremos neutralizarlos mejor.

5. Modelo simétrico de doble dirección y su aplicación en la profesión de relaciones públicas

Cuando hablamos del modelo simétrico de doble dirección aludimos a un modelo de comunicación interpersonal que comprenderá a los públicos más vinculados y a nuestro público objetivo, con ánimo a una persuasión de la opinión pública.

1.º Personas vinculadas

Por una parte, se tendrá en consideración a los ejecutivos de la compañía, junto con los analistas propios y los relaciones públicas empresariales,

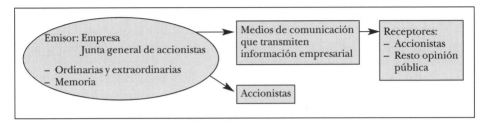

Gráfico11. Modelo de información convencional

y, por otra, a los accionistas de la compañía, miembros de las sociedades y agencias de valores, analistas financieros externos y periodistas especializados para que se conozcan e intercambien opiniones, con el objetivo de servirse mutuamente de los propios y recíprocos análisis y puntos de vista.

2.° Público objetivo

Antes de proceder a estas reuniones, se estudiará a nuestro público objetivo, es decir, accionistas de la compañía, miembros de las sociedades y agencias de valores, analistas financieros externos y periodistas especializados, introduciendo técnicas de *marketing research,* expresión que ha sido objeto de numerosas traducciones, tales como investigación comercial, análisis de mercados o investigación de los mercados.

El *marketing research* constituye un conjunto de técnicas para el estudio de opiniones, cuya función es minimizar el riesgo en la toma de decisiones empresariales y financieras. Deberá abarcar el análisis de los aspectos cuantitativos y cualitativos de las opiniones sobre el comportamiento de análisis financieros y accionistas y, de otra parte, el estudio a través de la publicidad, imagen y comunicación de nuestra empresa con respecto a las restantes, desde el punto de vista de su capacidad de atracción de los inversores.

El *marketing research* constituye, pues, una herramienta aplicable a las relaciones públicas, y su uso es totalmente necesario, ya que de lo contrario nos exponemos a una incorrecta toma de decisiones por basarnos en informaciones deficientemente contrastadas. Ello nos permitirá determinar las exigencias de los accionistas, agencias de valores analistas financieros, así como las de la prensa especializada, para poder servir mucho mejor a sus necesidades de información económico-financiera.

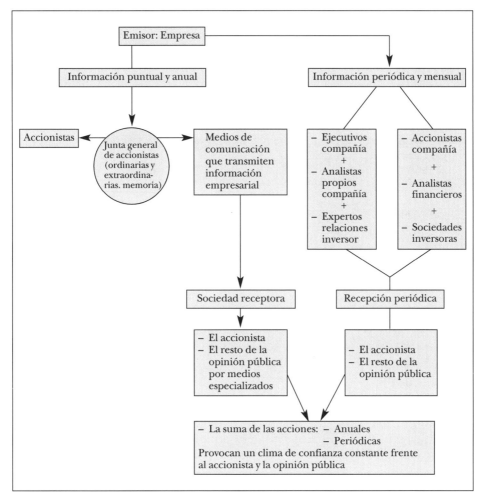

Gráfico 12. Modelo de información simétrico bidireccional

Si queremos ampliar este aspecto, podemos consultar la biografía estadounidense referente a relaciones públicas empresariales, ya que es muy completa, y la europea resulta prácticamente inexistente, salvo pequeñas menciones en manuales o libros técnicos.

6. Bibliografía

Barquero, Daniel. *Relaciones públicas financieras,* Gestión 2000, Barcelona, 1994.

Bernays, Edward L. *Cristalizando la opinión pública,* Gestión 2000, Barcelona, 1999.

Leslie, Philip. *Handbook of Public Relations and Communication,* McGraw-Hill Pub. 1991.

12.

El proceso de gestión de los recursos humanos

Luis R. Gómez-Mejía

Arizona State University

Martín Larraza Kintana

Universidad Carlos III de Madrid

No podemos perder la colaboración, ni el conocimiento, ni el saber hacer de todos y cada uno de nuestros empleados. (Sabino Arrieta, presidente de SIDENOR)

1. Introducción

El creciente grado de complejidad e incertidumbre de los entornos en los que se mueven las empresas ha llevado a éstas a volver progresivamente su mirada hacia sus recursos humanos (RH) como base para la obtención de ventajas competitivas sostenibles (Gómez-Mejía, Balkin y Cardy, 1998; Barney y Wright, 1998). Empujados por esta necesidad, los departamentos de recursos humanos, a lo largo de los últimos 20 años, han dejado de ser unidades técnicas, encargadas fundamentalmente de evitar los problemas relacionados con la gente (huelgas, rotación de personal, etc.), para participar activamente en el proceso de formulación e implementación de las estrategias empresariales (Fulmer, 1989). Aunque aún pueden encontrarse empresas cuyo departamento de RH se encuentra en ese estado inicial, o en otros intermedios, la tendencia actual es hacia una plena integración del mismo en el proceso estratégico de la empresa. Esta integración exige que dicho departamento sea capaz de desarrollar programas y estrategias de RH ajustadas a la estrategia empresarial, al entorno, así como a las capacidades y características peculiares de la empresa. Del mismo modo se requiere que tales estrategias de RH sean coherentes entre sí, de manera que se refuercen las unas a las otras.

El objetivo del presente capítulo, dedicado al PROCESO DE GESTIÓN DE LOS RECURSOS HUMANOS, es precisamente el de analizar cómo el departamento de RH, mediante la *gestión estratégica* del capital humano de la empresa, puede colaborar en la creación y mantenimiento de la ventaja competitiva de la misma. En primer lugar ofreceremos una visión global de cómo y bajo qué condiciones la planificación estratégica, que guía todo este proceso de gestión, puede favorecer el éxito empresarial (ventaja competitiva). Posteriormente nos detendremos a exponer con algo más de detalle algunas de las principales opciones estratégicas de RH, analizando las ventajas e inconvenientes más importantes de las mismas. A su vez, incluimos un breve comentario acerca de la relevancia de la planificación de las necesidades de personal.

Con todo ello se pretende que el lector comprenda la relevancia que puede tener para la empresa el llevar a cabo una correcta gestión estratégica de su capital humano, así como proporcionar algunas guías para realizarla. La *figura 1* recoge los elementos englobados dentro de la gestión de los recursos humanos, los cuales desarrollaremos a lo largo del presente capítulo.

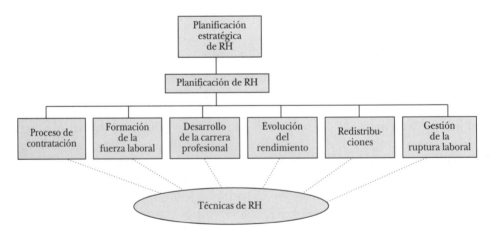

Fuente: Elaboración propia

Figura 1. El proceso de gestión de los recursos humanos

2. Planificación estratégica de recursos humanos

El elemento que guía todo el proceso de gestión de RH es la **planificación estratégica de RH (PERH)**. La PERH hace referencia al proceso de formulación de estrategias de RH[1], y al establecimiento de programas o tácticas para su aplicación. Con ello se pretende desarrollar una visión de *dónde* desea situarse la compañía y *cómo* puede usar los recursos humanos para alcanzar ese punto. Mediante la estimulación del pensamiento creativo de los directivos, la planificación estratégica de RH ayuda a identificar la diferencia entre el «dónde estamos ahora» y el «dónde queremos estar». Una vez identificado ese desajuste, la empresa puede diseñar estrategias de recursos humanos que le permitan alcanzar la meta deseada.

2.1. Ventajas de la PERH

El objetivo último de la empresa, y de la PERH, es la obtención de una ventaja competitiva sostenida. La ventaja competitiva de la empresa será sostenible en la medida en que ésta no pueda ser imitada o reproducida por otras empresas. Numerosos académicos en el campo de la estrategia (por ejemplo, Barney y Wright, 1998) sugieren que ventajas competitivas construidas sobre activos intangibles o, mejor aún, sobre la combinación «única» de distintos activos, son más difíciles de identificar y, por lo tanto, de imitar o reproducir. Muchos de esos activos intangibles, tales como el conocimiento o la creatividad, están íntimamente ligados a las personas que trabajan en la empresa. De la misma manera, la capacidad de coordinar y de combinar depende en gran medida del componente humano. No es de extrañar pues, tal y como mencionábamos anteriormente, que numerosas empresas hayan vuelto su atención a los recursos humanos que poseen para, en torno a ellos, intentar construir la mencionada ventaja competitiva sostenida. Realizar una correcta planificación estratégica de RH puede ser muy útil para tal fin, debido a que, entre otras cosas:

Estimula la conducta proactiva en perjuicio de la reactiva. Ser *proactivo* significa mirar hacia adelante, desarrollar la proyección del lugar en el que

---

1. *Estrategia de RH:* Es el uso deliberado que una empresa hace de sus recursos humanos para obtener o mantener una ventaja en el mercado con respecto a sus competidores. Plan maestro o enfoque global que adopta una empresa para garantizar la utilización eficaz del personal con el fin de cumplir sus objetivos (Gómez-Mejía et al., 1998: 5).

la empresa quiere estar y determinar cómo utilizar los recursos humanos para llegar hasta ese punto. Por el contrario, ser *reactivo* es responder a los problemas a medida que se van presentando, con lo que se corre el riesgo de perder de vista el rumbo de sus intereses a largo plazo. El análisis y la previsión que van asociados a la conducta proactiva permiten la identificación de los elementos que pueden servir de base a la empresa para construir su ventaja competitiva. Así, por ejemplo, la PERH podría identificar a los individuos clave de la organización, aquellos que determinen el éxito de la empresa, y diseñar políticas (tácticas) de RH que favorezcan su retención.

Estimula el pensamiento crítico y permite examinar regularmente los supuestos. La ventaja competitiva de la empresa no sólo puede desvanecerse porque sea imitada o reproducida por los competidores, sino que también depende de cómo evolucione el entorno que rodea a la empresa. Por ejemplo, IBM pensó que la gente estaría dispuesta a pagar un precio extra por sus ordenadores personales si junto al producto físico se ofrecía un buen servicio al cliente. La aparición en el mercado de ordenadores clónicos fiables contribuyó a que los consumidores no estuvieran dispuestos a pagar el sobreprecio, por lo que la cuota de mercado de IBM descendió. Para incrementar las ventas, IBM cambió el diseño de la retribución de sus agentes de ventas, pasando de una totalmente fija (acorde con una estrategia empresarial que enfatizaba el servicio al cliente) a una en la que las comisiones por ventas tenían un papel predominante.

Por este motivo, la visión crítica y el desarrollo de nuevas iniciativas favorece que la empresa mantenga su posición de ventaja en el mercado. El proceso de PERH resulta muy útil en este sentido, ya que contribuye a que una empresa reexamine sus supuestos desde un punto de vista crítico, y determine si los programas que se derivan de ellos deben modificarse o eliminarse.

Identifica las lagunas existentes entre la situación actual y la proyectada. Obligando a que los directivos piensen «hacia adelante», la PERH puede servir de catalizador del cambio (¿dónde estamos? ¿dónde queremos estar?) y movilizar los recursos de la empresa con el objetivo de alcanzar o reforzar la posición competitiva de la misma.

Desarrolla objetivos adecuados para la empresa. Para que las acciones tomadas por una empresa sean exitosas deben diseñarse no sólo en base a las exigencias y posibilidades del entorno, sino también en función de las características distintivas de la propia empresa. El proceso de PERH permite el desarrollo de una serie de objetivos estratégicos dirigidos a sacar partido de las habilidades especiales y del saber hacer de la empresa.

Identifica las limitaciones y oportunidades de los RH. Tal y como mencionamos, el éxito o fracaso de un determinado plan empresarial depende en buena medida de si se realiza, o no, una adecuada gestión de los recursos humanos. Cuando la estrategia empresarial se diseña en combinación con la PERH, las empresas pueden identificar los problemas y oportunidades potenciales relativos a las personas que se supone aplicarán la estrategia de la empresa.

2.2. Exigencias de una efectiva PERH

A la hora de desarrollar estrategias de RH, que permitan a la empresa utilizar todo el potencial de su capital humano y maximizar sus posibilidades de conseguir una posición de ventaja sostenida en el mercado, ha de tomarse en consideración que éstas deben adecuarse a otros aspectos importantes de la empresa. La idea de *adecuación* sugiere que una determinada estrategia de RH no es buena o mala, sino que su contribución al éxito final de la empresa depende de si es congruente, o no, con otra serie de factores como *el conjunto total de estrategias organizativas, el entorno en el que se desenvuelve la empresa, las características organizativas, las capacidades organizativas, o el grado de coherencia entre las estrategias de RH.* La *figura 2* resume esta idea.

Adecuación a las estrategias organizativas. Las estrategias organizativas pueden analizarse a dos niveles: **corporativo** y **empresarial**. La **estrategia corporativa** hace referencia a la combinación de empresas (negocios) que una corporación decide mantener, así como al flujo de recursos entre dichas empresas (negocios). Las decisiones estratégicas a nivel corporativo hacen referencia a la adquisición, la diversificación y la manera de crecer. Diferentes estrategias corporativas requieren diferentes estrategias de RH que las soporten. Por ejemplo, para las empresas orientadas hacia el crecimiento la gestión del cambio es crucial. En este sentido, estrategias de RH que fomenten la flexibilidad, la rapidez de reacción, el reparto del riesgo y la descentralización serían más adecuadas. En cambio, las empresas más reacias a crecer encontrarán más adecuadas las estrategias que potencien el desarrollo interno de los productos, la centralización y la coordinación entre las unidades.

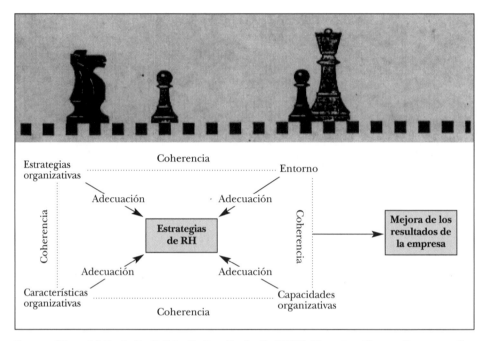

Fuente: Gómez-Mejía, L. R.; Balkin, D. B. y Cardy, R. (1998) Managing Human Resources. Englewood Cliffs, N.J.: Prentice-Hall

Figura 2

La **estrategia empresarial** hace referencia a la formulación y aplicación de la estrategia que define la actuación de la empresa en uno de los negocios que posea. Al igual que ocurría con la estrategia corporativa, las empresas necesitan adecuar sus estrategias de RH a la estrategia empresarial para evitar conflictos y no provocar comportamientos que pudieran entorpecer la consecución de los objetivos marcados. Por ejemplo, si una empresa decide seguir una estrategia de diferenciación debería implantar una estrategia de RH que potenciase la innovación, la renovación de la fuerza laboral, la flexibilidad, la atracción de nuevos talentos, etc. En este sentido podría ser conveniente, por ejemplo, utilizar la evaluación del rendimiento como una herramienta de desarrollo y no de control.

Adecuación al entorno. Además de reforzar el conjunto total de estrategias de la empresa, las estrategias de RH deben ayudar a explotar las oportunidades del entorno y a responder mejor a las exigencias planteadas por éste. Los entornos varían en función de su *grado de incertidumbre* (conocimiento acerca de la evolución del entorno), *estabilidad* (frecuencia con que cambia el entorno), *magnitud de sus cambios* y *complejidad* (cuántos elementos distintos afectan a la empresa). Es bastante obvio que las estrategias de RH que son apropiadas en entornos de, por ejemplo, gran incertidumbre e inestabilidad, pueden fracasar rotundamente cuando las condiciones del entorno apenas varían.

La **legislación laboral** es una de las características del entorno que más directamente afectan a la PERH. La legislación laboral determina el marco jurídico legal en el cual se van a desarrollar las relaciones entre la empresa y sus empleados. Las leyes acerca de aspectos como el período vacacional, el salario mínimo o los despidos condicionan las posibles estrategias que el departamento de RH puede usar. Por ello, una de las tareas fundamentales de este departamento es la de conocer en profundidad dicha legislación laboral, adaptándose a los cambios, para maximizar las oportunidades que ésta puede generar, a la vez que se minimizan las dificultades.

Otro elemento importante del entorno son los **sindicatos**. Los sindicatos en España gozan de una enorme tradición, y aglutinan a la gran mayoría de la fuerza laboral. Como representantes de los trabajadores juegan un papel fundamental en la definición y evolución del marco legal anteriormente mencionado. Como sugeríamos en la introducción, el departamento de RH no debe limitar su actuación a evitar problemas con los sindicatos, sino que se debe adoptar una visión más proactiva que estimule la colaboración y la consecución de objetivos mutuamente beneficiosos (planes de formación, desarrollo de carreras, políticas retributivas, etc.). Por ejemplo, la negociación de convenios colectivos que hacen especial hincapié en incrementar la flexibilidad de las jornadas laborales para adaptar en lo posible la producción a la demanda, mediante la aplicación de novedosas estrategias de RH (bolsas de horas, jornadas semanales que se compensan en forma de tiempo libre, etc.), se cita como uno de los factores fundamentales para explicar el incremento de la producción y la productividad de las plantas de fabricación de automóviles en España en un momento en que la producción mundial se ha reducido (*El País*, 1998).

Adecuación a las características organizativas. Toda empresa tiene características que la diferencian del resto. Para que sean eficaces, las estrategias de RH deben tomar en consideración esos rasgos diferenciales, para que la proyección de la empresa en el futuro no provoque un choque destructivo con la empresa del presente. Podemos dividir estas características en cinco grupos principales.

1. *El proceso de producción.* Empresas con procesos de producción relativamente rutinarios requieren el uso de estrategias de RH que no tienen por qué ser igualmente útiles a empresas cuyo proceso de producción es más complejo. Por ejemplo, la cadena de montaje que representa el proceso de producción en una fábrica de automóviles se deriva de la necesidad de cubrir dos aspectos importantes a la hora de competir en dicha industria: la producción de un gran número de unidades y el control de los costes. Para poder hacer frente a esta necesidad, las grandes empresas de automóviles tratan de aprovechar las ventajas de la especialización delimitando las tareas de los operarios. En ese caso, el uso de estrategias de RH que favoreciesen el control y la formación específica para el puesto serían apropiadas. Sin embargo, para una empresa de publicidad, un proceso de producción más abierto en el que los empleados aporten su creatividad es más apropiado. Utilizar, por ejemplo, una política de formación muy enfocada hacia la realización de determinadas tareas, o un rígido control, puede propiciar unos comportamientos que vayan en contra de las necesidades del proceso de producción.

2. *La postura de la empresa ante el mercado.* Con esto hacemos referencia a si la empresa presenta una actitud de crecimiento e innovación o, por el contrario, opta por un crecimiento e innovación limitados. Ya mencionamos anteriormente, al hablar de las estrategias organizativas, como las estrategias de RH que pudieran ser útiles cuando la empresa desea crecer o innovar no tienen por qué serlo cuando la empresa elige una estrategia menos activa.

3. *La filosofía empresarial.* Las empresas cuya alta dirección es contraria al riesgo, que operan con un estilo de liderazgo autocrático, que establecen una fuerte jerarquía interna y que se centran más en sí mismas que en el exterior, podrían encontrar que ciertas prácticas de RH (por ejemplo, retribuir a los empleados en función de la antigüedad, crear canales de comunicación que van desde los niveles más altos hacia los más bajos en la pirámide organizativa) se ajustarían mejor a este panorama general que estrategias que favorecen la flexibilidad y la toma de riesgos.

4. *La estructura organizativa de la empresa.* Las empresas presentan diferencias significativas en su estructura organizativa. Desde las más formalizadas, en donde la estructura jerárquica es muy clara, hasta las

empresas totalmente descentralizadas en las cuales es muy difícil discernir los niveles jerárquicos. Considerando los comentarios anteriores, es bastante obvio que las estrategias de RH que maximizan el potencial competitivo del capital humano en un caso no tienen por qué ser igualmente útiles en el otro.

5. *La cultura de la empresa.* Cuando se formulan y se aplican estrategias de RH hay que tener en cuenta dos dimensiones importantes de la cultura de la empresa: un *clima que apoye la innovación* y el *compromiso moral* (o vínculo emocional a largo plazo entre los empleados y la organización). Ya hemos comentado como estrategias de RH que fomenten el control y la planificación detallada difícilmente podrían crear o apoyar un clima donde se favorezca la iniciativa. Igualmente, el grado de compromiso moral impone fuertes restricciones al tipo de estrategia de RH a utilizar. Las empresas con bajo compromiso moral suelen basar las relaciones entre empresa y empleados en la autoridad. Las estrategias coherentes con esta orientación hacen hincapié en la disciplina y el castigo para reducir los errores de los empleados, en el empleo arbitrario y en normas éticas no formalizadas.

Adecuación a las capacidades organizativas. En algunas ocasiones las estrategias de RH plantean la consecución de objetivos espectaculares mediante el uso de no menos espectaculares e innovadores planes de formación, remuneración o evaluación, sin tener en cuenta las características de los individuos a los que se dirige, o los propios recursos materiales de la empresa. Es decir, en ocasiones las estrategias de RH pueden ignorar las capacidades organizativas. Dichas capacidades incluyen aspectos tales como las capacidades técnicas, los sistemas de gestión y la reputación. Siguiendo la lógica anterior, las estrategias de RH serán más eficaces, y por tanto favorecerán en mayor medida la creación y sostenimiento de la ventaja competitiva, en la medida en que apoyen y potencien el uso y combinación de sus cualidades específicas, evitando sus puntos débiles. Cualquier estrategia de RH que ignore las capacidades (técnicas, humanas, gerenciales...) de la empresa está abocada al fracaso. Por ejemplo, supongamos que una empresa de laminación desea obtener mejoras en su proceso productivo. Para ello decide implantar entre los trabajadores un plan de reparto de beneficios con el fin de promover la creatividad, motivación y toma de riesgos entre sus empleados. Dicha estrategia no producirá los efectos deseados si, por ejemplo, los trabajadores de la empresa no poseen la cualificación técnica necesaria para proponer tales mejoras.

Coherencia entre las estrategias de RH. Vistos los diferentes efectos que distintas estrategias de RH pueden tener, es evidente que su eficacia será mayor si dichas estrategias se diseñan teniendo en cuenta cómo interactúan con otras, y no únicamente su efecto individual. Así, por ejemplo, si la empresa decide hacer uso del trabajo en equipos, dejando que éstos se autogestionen con la idea de incrementar la participación de los trabajadores en la empresa, aumentar su motivación y, en definitiva, obtener mejores resultados, podría resultar contraproducente utilizar un sistema de evaluación del rendimiento en el que cada empleado sea evaluado individualmente.

Debido a que no siempre es posible conocer de antemano si un programa de RH alcanzará sus objetivos, es necesario hacer una evaluación periódica del mismo. Por último, y claramente relacionado con la discusión precedente, es preciso recordar que los planes estratégicos de RH deben ser lo suficientemente flexibles como para acomodarse a los cambios que afecten al negocio.

2.3. Planificación de recursos humanos

La planificación de recursos humanos (PRH) es el proceso que sigue una empresa para asegurarse de que tiene el número apropiado y el tipo adecuado de personas para obtener un nivel determinado de bienes o de servicios en el futuro. La *figura 3* resume la PRH. El primer paso de esta planificación implica la previsión de la *demanda de mano de obra*, es decir, cuántos trabajadores necesitará la empresa en el futuro. Es muy probable que la demanda de mano de obra aumente a medida que crezca la demanda de bienes y servicios de la empresa y disminuya a medida que aumente la productividad de los empleados (dado que se necesitarían menos empleados para producir el mismo nivel de producto). Sin embargo, es bastante probable que la demanda no aumente o disminuya en la misma proporción para los distintos tipos de trabajadores, por lo que esta previsión debe realizarse para varios grupos de empleados.

La segunda parte del proceso de PRH conlleva la previsión de la *oferta de mano de obra*, esto es, la disponibilidad de trabajadores con las capacidades requeridas para satisfacer la demanda de mano de obra de la empresa. La oferta de mano de obra puede provenir de los empleados existentes (mercado laboral interno) o de fuera de la empresa (mercado laboral externo). Numerosas empresas mantienen un control de la oferta interna mediante la generación de un inventario de recursos humanos, también denominado

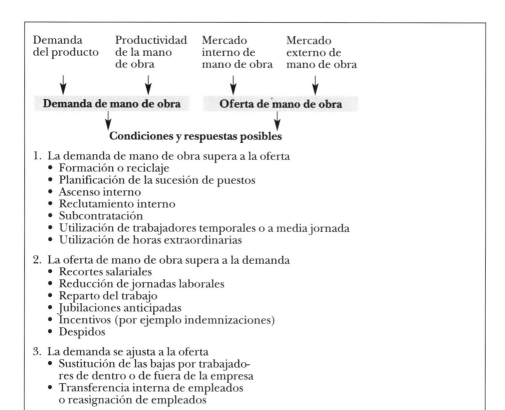

Fuente: Gómez-Mejía, L. R.; Balkin, D. B. y Cardy, R. (1998) Managing Human Resources. Englewood Cliffs, N.J.: Prentice-Hall.

Figura 3

inventario de habilidades[2]. La empresa puede utilizar esta información para identificar a aquellas personas que pudieran ser elegibles para promoción interna. Este proceso tendría un doble objetivo: reducir los costes de reclutamiento e incrementar el compromiso del trabajador con la empresa.

Como puede observarse en la *figura 3*, el resultado del proceso de PRH puede derivar en respuestas muy diferentes por parte de la organización.

2. Los inventarios de habilidades son archivos que mantienen las empresas sobre las capacidades, habilidades, técnicas, conocimientos y formación de los empleados (Gómez-Mejía et al., 1998: 298).

Por ejemplo, si la demanda de trabajo excede la oferta, la empresa puede invertir en formación, recurrir a ascensos internos o al reclutamiento interno para satisfacer las necesidades previstas. Por otro lado, si existe un exceso de oferta de mano de obra, la empresa puede decidir reducir la fuerza de trabajo mediante la reducción de la jornada laboral, jubilaciones anticipadas, despidos, etc.

3. Opciones estratégicas de recursos humanos

Acabamos de ver de una forma genérica cómo la coherencia interna de las estrategias de RH, así como su adecuación a las características y capacidades de la organización, a su entorno y al conjunto de estrategias de la organización, es necesaria para que el proceso de planificación estratégica de RH ayude a la empresa a generar y sostener ventajas competitivas a partir de su capital humano. En el presente apartado presentamos de manera más detallada algunas de las principales opciones disponibles para la empresa a la hora de diseñar su sistema de RH[3]. Estas opciones se denominan **opciones estratégicas de RH**, y pueden observarse en la *figura 1*. Estas opciones estratégicas, a su vez, se traducirán en programas y planes de actuación más concretos, denominados **tácticas de RH.**

3.1. Proceso de contratación

La planificación de recursos humanos proporciona la información necesaria para guiar el proceso de contratación, cuya finalidad es dotar a la empresa de la fuerza laboral necesaria. Es decir, la contratación engloba todas aquellas actividades de RH diseñadas para asegurar que el empleado idóneo esté en el lugar adecuado y en el momento oportuno. Tres son las fases de este proceso: reclutamiento, selección y socialización.

3.1.1. Reclutamiento

El **reclutamiento** es el proceso de creación de una reserva de candidatos para un determinado puesto de trabajo. Para alcanzar los objetivos del pro-

---

3. Dada la enorme amplitud de este tema, nos limitaremos a exponer las ideas principales de cada una de estas opciones estratégicas. Un análisis más detallado queda fuera de los objetivos de este capítulo.

ceso de reclutamiento se requiere la identificación de las cualidades necesarias para desempeñar eficazmente un puesto de trabajo (también denominada **especificación del puesto de trabajo**), de manera que la empresa pueda determinar cuál es el candidato más idóneo para dicho puesto. Para tal fin, la mayoría de las empresas llevan a cabo el denominado **análisis del puesto de trabajo**, que consiste en obtener y organizar sistemáticamente la información relativa a las tareas, cometidos y responsabilidades de varios puestos de trabajo. La mayoría de las técnicas desarrolladas para el análisis del puesto de trabajo conducen a una **descripción del puesto de trabajo** y a una **especificación del puesto de trabajo**[4]. Entre las ventajas que un correcto análisis del puesto de trabajo puede proporcionar, está por ejemplo la de facilitar la autoselección de los candidatos a un determinado puesto. La información relativa a las tareas, cometidos y responsabilidades que este análisis proporciona permite a los futuros candidatos realizar una autoevaluación más precisa de sí mismos. De esta forma los candidatos se autoexcluyen de aquellos posibles trabajos para los que consideran que su perfil personal no es el adecuado. Esta primera autoselección conlleva el que la empresa sólo tenga que considerar a los candidatos más adecuados, incrementando considerablemente la eficiencia y la eficacia del proceso de contratación (y más concretamente de la fase de selección).

Una vez que el análisis anterior ha determinado los requisitos para el desempeño efectivo del puesto de trabajo, la empresa necesita identificar las fuentes que con mayor probabilidad van a proporcionarle los mejores candidatos. La mayoría de las empresas recurren en primer lugar a sus empleados actuales, para lo que las grandes empresas suelen hacer uso de sus inventarios de habilidades. La segunda fuente de información principal para el reclutamiento son las «recomendaciones» concernientes a los empleados que ya trabajan en la empresa. La principal ventaja de estas dos fuentes es que la empresa posee, así, más información acerca de los candidatos, que si éstos viniesen de fuera de la misma. Un posible inconveniente es que de esta forma, la empresa puede estar restringiendo en exceso el abanico de potenciales candidatos.

El desarrollo de las redes informáticas de comunicación ha propiciado en los últimos años la aparición de una nueva fuente de reclutamiento: las

---

4. *Descripción del puesto de trabajo:* Documento que identifica, define y describe un puesto de trabajo en términos de sus cometidos, responsabilidades, condiciones de trabajo y especificaciones. *Especificación del puesto de trabajo:* Cualidades necesarias en el trabajador para el desempeño adecuado de un puesto de trabajo (Gómez-Mejía et al., 1998: 145).

entrevistas asistidas por ordenador (Thornburg, 1998). En estas entrevistas los posibles candidatos responden a una serie de preguntas referentes a sus habilidades, educación, etc. conectándose a la página web de la empresa elegida a través de Internet. Esta información se utiliza no sólo para identificar a un primer grupo de candidatos, sino que también sirve para guiar las futuras etapas del proceso de reclutamiento y selección. En éstas, se debe tratar de completar y verificar aspectos que pudieran no haber quedado claros tras el análisis de las respuestas recibidas a través de Internet. Los expertos señalan que si bien las entrevistas asistidas por ordenador aumentan la eficacia del proceso de reclutamiento, éstas deben servir únicamente para realizar una primera toma de contacto con los futuros candidatos, y nunca para tomar decisiones finales de contratación. Otras fuentes de reclutamiento incluyen: antiguos empleados, publicación de anuncios, agencias de empleo, reclutamiento en las universidades, y clientes (Rynes, 1991).

3.1.2. Selección

Un esfuerzo de reclutamiento efectivo debe proporcionar un grupo de candidatos cualificados entre los que la empresa pueda elegir a los mejores. Como su propio nombre indica, **selección** hace referencia al proceso de análisis utilizado para decidir *a quién* se contrata. El objetivo final de la misma es el de contratar a los individuos que desempeñen bien su trabajo, de acuerdo a los criterios previamente establecidos por la empresa para evaluar la calidad de dicho desempeño. Dado que ningún proceso de selección es infalible, es posible que se contraten empleados que después no satisfagan las expectativas creadas, mientras que puedan rechazarse individuos que podrían haber sido buenos empleados. Es de esperar que los resultados medios de las empresas que cometen constantemente cualquiera de los dos errores expuestos anteriormente sean menores que los de las empresas que los cometen con menor frecuencia. De hecho, tal y como señalan Gómez-Mejía et al. (1998: 149), «el valor económico de utilizar unos buenos procedimientos de selección es más alto de lo que la mayoría de la gente supone». Para determinar hasta qué punto una determinada herramienta de selección puede reducir la proporción de decisiones erróneas de contratación, es preciso tener en mente dos conceptos básicos: validez y fiabilidad.

La **validez** representa el grado en que la técnica utilizada para valorar a los candidatos a un determinado puesto de trabajo se relaciona con el rendimiento real en dicho puesto. Una técnica que carezca de validez es inútil, e incluso puede crear problemas legales si produce discriminación. Por ejemplo, en Estados Unidos, la validez de una técnica de selección es esencial para la posible defensa de un procedimiento de selección, cuando se acusa a la empresa de prácticas de contratación discriminatorias.

La validez del proceso de selección puede demostrarse de dos formas: *validez de contenido,* indica el grado en el que el método de selección, por ejemplo una entrevista, es representativo del contenido del puesto de trabajo. Muchas empresas hacen uso de tests que requieren que los candidatos realicen tareas similares a aquellas que realizarían en el puesto de trabajo en el caso de ser contratados. Por ejemplo, un simulador de vuelo puede usarse para seleccionar a los mejores pilotos aun cuando un requisito mínimo para el puesto de trabajo sea que el candidato posea una licencia de piloto válida. *Validez empírica,* que implica la existencia de evidencia estadística que demuestre que el método de selección distingue entre los empleados de mayor y menor rendimiento. La falta de validez empírica significa que el método de selección no puede predecir quién va a desempeñar de forma adecuada su trabajo y quién no.

La **fiabilidad** mide si el método de selección produce resultados consistentes. Por ejemplo, si realizar múltiples entrevistas tiene como resultado obtener conclusiones totalmente distintas acerca de cada uno de los candidatos entrevistados, el método no es fiable. De igual manera, si los resultados de los tests para un mismo candidato varían drásticamente de un día para otro, el test no es fiable. En otras palabras, la fiabilidad trata de medir el error de los instrumentos de medida. Falta de fiabilidad sería equivalente a conducir un coche cuando el indicador de velocidad puede marcar cualquier velocidad mientras se circula entre 10 y 50 kilómetros por hora. Dado que la lectura no es fiable, la posición de la aguja del velocímetro no ayuda a valorar lo rápido que estamos viajando.

3.1.2.1. LAS HERRAMIENTAS DE SELECCIÓN COMO PREDICTORES DEL RENDIMIENTO LABORAL

La empresa puede utilizar, de forma individual o combinada, una variedad de herramientas de selección para examinar a los candidatos. De este modo se incrementa la proporción de contratados que desempeñan bien su trabajo y se reduce la de aquellos que la empresa podría lamentar más tarde haber contratado. Cada uno de los siguientes métodos tiene sus ventajas y sus limitaciones.

Impresos de solicitud. Usados prácticamente de forma universal, proporcionan información que permite a la oficina de RH determinar si el candidato cumple con los requisitos mínimos previamente identificados en el análisis del puesto de trabajo. Un gran número de empresas guarda este impreso o introduce la información que proporciona en su sistema informático para futuras vacantes a las que el candidato pueda optar. Por ejemplo, aun cuando el solicitante pueda no ser el candidato ideal para un puesto en la administración, debido a su falta de conocimientos sobre programas de procesamiento de texto, su impreso de solicitud puede revelar que dicha persona era un agente de ventas en un trabajo anterior y quizás pueda ser contratado si surgen vacantes en puestos similares. Una variación reciente del tradicional impreso de solicitud es el **impreso de información biográfica**, que permite a la empresa establecer cómo una serie de aspectos relativos a la formación, experiencia y preferencias de los candidatos predicen el rendimiento futuro. Se ha comprobado que los datos biográficos son de moderada validez a la hora de predecir el rendimiento en el puesto de trabajo (Russell, Mattson, Devlin y Atwater, 1990). Una limitación de esta herramienta es que cada una de las cuestiones incluidas en este impreso de información biográfica debe ser validada para cada puesto de trabajo específico, lo que lo hace menos útil para puestos ocupados por unos pocos empleados. A su vez, es necesario reexaminarlos periódicamente para adecuarlos a la evolución de los puestos de trabajo en el tiempo.

Cartas de recomendación. En general, las cartas de recomendación suelen ser muy optimistas. Esto se debe en parte a que la mayoría de la gente es reacia a proporcionar información negativa cuando escribe (Muchinsky, 1979). Por ello, su valor como predictor del rendimiento futuro es limitado. Sin embargo, la información que proporcionan también puede ser útil a la hora de encontrar un trabajo que se adecue al empleado. Por ejemplo, si tres cartas indican que la persona es muy extrovertida y un excelente comunicador, esto puede sugerir que ese individuo es un buen candidato para un puesto de trabajo como vendedor. Una alternativa para tener respuestas más «cándidas», es la de obtener referencias por teléfono. En este caso es muy importante formular el mismo grupo de preguntas para cada candidato, como forma de asegurar la fiabilidad de la valoración.

Pruebas de capacidad. Existe una amplia variedad de pruebas que miden un amplio número de capacidades, desde las verbales y cualitativas hasta la velocidad perceptiva. Las **pruebas de capacidad intelectual** miden el potencial de un candidato en un área concreta, por ejemplo, las matemáticas, y son predictores válidos del rendimiento laboral cuando las capacidades medidas se basan en el análisis del puesto de trabajo. Las **pruebas de inteligencia general (g)** tratan de medir la inteligencia o habilidad general de una persona para aprender. Un mayor valor de g indica que una persona aprende antes y puede adaptarse más rápidamente a situaciones cambiantes. Se ha observado que estas pruebas presentan validez empírica para predecir el rendimiento en una variedad de puestos de trabajo (Hunter, 1986). Por lo tanto, presentan la ventaja de ser una herramienta de selección útil cuando los trabajos varían con frecuencia y los empleados son contratados en base a su versatilidad más que por su capacidad para desempeñar un determinado puesto de trabajo. Además, su administración y valoración no es costosa. Una de las desventajas de este tipo de pruebas es que no están conectadas con las tareas requeridas en un puesto de trabajo específico (por ejemplo, una prueba de inteligencia general puede predecir el rendimiento de un programador de ordenador incluso si ninguna de las preguntas del test hace referencia a la programación de ordenadores). Esto reduce su aceptación entre los candidatos, pudiendo derivar en problemas legales si los candidatos no aprecian una clara conexión entre el test y el trabajo.

Programas de evaluación. El programa de evaluación está formado por un conjunto de tareas simuladas o de ejercicios que los candidatos deben realizar (normalmente para cubrir puestos de gestión), y que incluye por ejemplo tratar con clientes que presentan quejas, establecer un orden de prioridades en un corto espacio de tiempo o tomar decisiones empresariales con poca información (McEvoy y Beatty, 1989). Observadores entrenados evalúan el comportamiento de cada candidato en la simulación. Aunque resulta caro, se estima que más de 2.000 empresas, incluidas AT&T, Pepsico, IBM, Rubbermaid y el FBI, utilizan programas de evaluación para seleccionar y ascender a los directivos. Estos programas normalmente se llevan a cabo fuera de la ubicación de la empresa y pueden incluir hasta seis candidatos. Debido a que son predictores válidos del rendimiento del directivo y a que contratar un mal directivo (especialmente a niveles altos) puede ser muy costoso, los programas de evaluación son rentables.

El **ejercicio de la bandeja** se asocia comúnmente con los programas de evaluación. Este ejercicio incluye una serie de problemas, mensajes, informes, datos, etc. que pueden encontrarse en la bandeja de un ejecutivo. Se pide a los candidatos que resuelvan estas cuestiones como crean conveniente, y se les califica en función de la prioridad que den a los diferentes asuntos, la creatividad y el interés que demuestren al resolver cada una de las cuestiones, la calidad de sus decisiones y otros factores. Estos ejercicios han mostrado una gran validez predictiva para puestos de gestión y pueden revelar puntos fuertes y débiles del candidato que quedarían ocultos con otros métodos.

Tests de características personales. Otra de las herramientas que las empresas pueden usar para intentar determinar si el candidato tendrá éxito o no en el puesto de trabajo, son los tests para medir las características personales de los individuos. Éstos pueden ser de dos tipos. La primera categoría la componen una serie de **tests de personalidad**, que tratan de medir los rasgos permanentes de la personalidad y que reflejan cómo una persona se relaciona con las demás. Cada puesto de trabajo requiere unos rasgos de personalidad que no tienen por qué coincidir con los que son deseables para otro puesto de trabajo distinto. Por ejemplo, ser extrovertido puede ser extremadamente útil para un trabajo de vendedor, mientras que ser introvertido puede ser más beneficioso para el investigador que necesita trabajar en soledad frente al ordenador. Importantes compañías a nivel mundial como Apple, AT&T, Exxon, GE, Honeywell y 3M han usado indicadores de personalidad tanto para seleccionar como en programas de desarrollo de dirección. Sin embargo, su uso para fines de selección sigue siendo limitado debido a que la medición de los rasgos es subjetiva y a menudo poco fiable; es sencillo falsificar los tests, y su legalidad puede ser cuestionable.

El segundo grupo lo forman los **tests psicológicos**. Éstos tratan de calibrar los valores individuales, la motivación y actitud del individuo, etc. Por ejemplo, el test puede preguntar: «¿Está usted de acuerdo en que la suerte juega un papel importante en el éxito?». Empresas como Wet Seal Inc., Burger King, JP Food Services, y otras, han utilizado este tipo de tests para seleccionar, supuestamente, a empleados más motivados, que están más abiertos a nuevas experiencias y que son capaces de trabajar de forma independiente sin que exista una estricta supervisión. Un tipo concreto, el **test de honestidad**, es ampliamente usado por cadenas de tiendas, bancos y otro tipo de compañías de servicios, para eliminar candidatos que pudieran robar en el trabajo (Murphy, 1993). Los tests psicológicos deben utilizarse con cuidado pues su validez y fiabilidad puede no estar establecida, y existe el riesgo de que la empresa se inmiscuya en la vida privada de la persona de una manera que no guarda relación con el puesto de trabajo.

Entrevistas. Ésta es sin lugar a dudas la herramienta de selección más utilizada. Irónicamente, la entrevista es a menudo poco fiable y un pobre predictor del rendimiento futuro en el trabajo. Varios estudios han identificado los numerosos problemas que sufren las entrevistas, los cuales están normalmente relacionados con los entrevistadores, y las limitaciones y sesgos inherentes a la capacidad humana de juzgar.

1. Los entrevistadores pueden no coincidir en la valoración de un candidato.

2. Los entrevistadores tienden a formarse una impresión general del candidato en los primeros dos o tres minutos de la entrevista. Esto reduce la validez de la entrevista ya que los juicios están basados en información limitada.

3. Los entrevistadores tienen su propio estereotipo acerca del candidato ideal, por lo que los individuos que no encajan en dicho estereotipo reciben una valoración inferior.

4. La entrevista puede tomar cualquier rumbo en función de cómo el candidato responda a cuestiones tales como: «¿Cómo se ve usted dentro de 10 años?» o «Hábleme de usted». En cierta forma, cada entrevistado puede enfrentarse a un proceso de selección distinto.

5. El entrevistador puede formarse una mejor impresión de aquellos candidatos más parecidos a él en cuanto a conocimientos, actitudes, sexo, etnia, etc.

6. El orden en el que se entrevista a las personas puede afectar a la evaluación.

7. Lo que el entrevistador puede percibir como información negativa (por ejemplo, una mujer que revela que próximamente va a contraer matrimonio con un hombre que trabaja en una ciudad distinta) puede eliminar toda la información positiva proporcionada durante la entrevista.

8. El estilo del entrevistador puede afectar a las respuestas del entrevistado. Por ejemplo, un entrevistador agresivo puede intimidar a un individuo tímido, aun cuando dicho rasgo no esté relacionado con el puesto de trabajo.

9. El entrevistador puede no tomar nota de la información proporcionada por el entrevistado, lo que puede provocar que, al poco tiempo de finalizada la entrevista, sólo guarde una imagen global de la persona.

A pesar de estos problemas, las entrevistas pueden proporcionar información útil para seleccionar a los mejores candidatos. Si el puesto de trabajo en cuestión requiere poseer aptitudes para la comunicación verbal, habilidad para pensar con rapidez y una personalidad extrovertida, la entrevista puede servir para replicar o simular el comportamiento requerido en el puesto de trabajo. En cierto sentido, la entrevista puede ser un programa de evaluación. Para trabajos en los que este tipo de requerimientos sean menos importantes (por ejemplo, un ingeniero o un programador) es menos probable que la entrevista sea un predictor válido del comportamiento futuro. La investigación también ha mostrado que las **entrevistas estructuradas**, las cuales están basadas en un minucioso análisis del puesto de trabajo, son predictores válidos del desempeño futuro (Wright, Licthenfels y Pursell, 1989). Las entrevistas estructuradas preguntan la misma cuestión a todos los candidatos que optan a un determinado puesto de trabajo. Son varias las razones que explican la alta validez de este tipo de entrevistas. En primer lugar, el contenido de la entrevista está intencionadamente ligado a factores relacionados con el puesto de trabajo. Segundo, las preguntas que se realizan son consistentes a lo largo de todas las entrevistas. Tercero, todas las respuestas son evaluadas de la misma manera. Por último, las entrevistas estructuradas están normalmente realizadas por un grupo de entrevistadores, lo que limita la influencia individual y los sesgos de los entrevistadores individuales.

Las **entrevistas asistidas por ordenador** a las que anteriormente hemos hecho alusión también se están mostrando como buenas predictoras del rendimiento futuro, ayudando a incrementar la eficiencia del proceso de contratación (Thornburg, 1998).

Reconocimientos médicos. Los reconocimientos médicos han sido muy utilizados, pero su uso ha declinado. Quizás este declive se deba a que realizar un concienzudo examen médico a todos los futuros empleados de la empresa, que realmente ayude a determinar y a anticipar potenciales problemas, resulta muy caro, por lo que su coste es muchas veces difícil de justificar. De todas maneras, el examen médico sigue siendo una buena idea para trabajos que requieren actividad física (por ejemplo, manipular objetos pesados), pues está claramente relacionado con el puesto de trabajo. La empresa debe cuidar que el examen físico no discrimine a gente discapacitada, cuando el desempeño del puesto de trabajo no requiera determinadas condiciones físicas.

Un tipo especial de reconocimiento médico son las **pruebas toxicológicas**, las cuales requieren que el candidato se someta a análisis de orina para detectar la presencia de determinadas drogas. Aquellos que den positivo en las pruebas serán eliminados del proceso de selección. Las pruebas toxicológicas pueden ser predictoras del desempeño futuro. Por ejemplo, un estudio del Departamento de Trabajo de Estados Unidos señala que el 65% de los accidentes laborales están relacionados con el uso de drogas o alcohol, así como que las personas que consumen este tipo de sustancias tienen un nivel de absentismo laboral tres veces mayor que quienes no lo hacen, y utilizan 16 veces más los servicios médicos. Este mismo estudio estima que las ausencias, accidentes, seguros médicos e indemnizaciones que se derivan de los hechos anteriores están costando a las empresas americanas entre 75 y 100 millones de dólares al año (Bahls, 1998).

3.1.3. Socialización

El proceso de contratación no finaliza cuando los candidatos han sido contratados o ascendidos. Para retener y maximizar los recursos humanos que con tanto cuidado se han seleccionado, las empresas deben prestar especial atención a su socialización. Mediante la socialización los nuevos empleados son integrados en la empresa, en su unidad y en su puesto de trabajo. De esta forma, los nuevos empleados pasan a ser rápidamente funcionales en el nuevo puesto de trabajo, reduciéndose a su vez la posibilidad de una ruptura laboral.

Si queremos que la socialización sea eficiente y consiga la plena integración del empleado, debe realizarse de forma sistemática y planificada. Sin un programa de socialización, los nuevos empleados pueden malinterpretar los objetivos de la empresa y su estructura jerárquica, llegando a formarse imágenes equivocadas de cómo y por qué funcionan las cosas. Una **imagen previa realista del puesto de trabajo (IPRPT)** permite al empleado crearse expectativas realistas acerca del mismo. Si estas expectativas acerca de la empresa son poco realistas, no se cumplirán, creando insatisfacción en el empleado, lo cual puede traducirse finalmente en un bajo rendimiento y una alta rotación de personal. También es necesario proporcionar a los nuevos trabajadores información acerca de la política y procedimientos de la empresa, sus relaciones jerárquicas, sus reglas, etc. Esto no sólo permite a los trabajadores conocer cómo funciona la empresa, sino que también refuerza su autoestima, al darles a entender que son miembros valorados de la organización. La participación de los empleados más veteranos, asesorando y guiando a los nuevos trabajadores, puede ser también de gran utilidad a la hora de facilitar el proceso de socialización.

'3.2. Formación de la fuerza laboral

La **formación** es el proceso que se centra en proporcionar habilidades concretas a los empleados, o en ayudarles a corregir deficiencias en su rendimiento. Una formación efectiva puede aumentar el desempeño, mejorar la moral, e incrementar el potencial de una organización. Una formación deficiente, inapropiada o inadecuada puede ser una fuente de frustración para todos los implicados en la misma. Un reciente estudio, publicado en Estados Unidos (Bassi y Van Buren, 1998), muestra una relación positiva entre la existencia de programas de formación en las empresas y el rendimiento de las mismas. Para que los programas de formación sean efectivos es importante que los directivos entiendan todo el proceso de formación. Dicho proceso de formación está compuesto de tres fases que se relacionan entre sí (Goldstein, 1986).

Fase 1: Determinación de las necesidades de formación

El objetivo general de la valoración es decidir si se necesita formación y, en caso de que así sea, disponer de la información necesaria para diseñar el programa. Esto requiere realizar un análisis de las futuras actividades de la organización (por ejemplo, planes de expansión, diversificación hacia nuevos productos, establecimiento de una *joint venture* en el extranjero), por si requieren que la fuerza de trabajo posea conocimientos y habilidades adicionales. A su vez requiere un **análisis de tareas** (o el examen de los cometidos y tareas de los puestos de trabajo de la empresa, con el fin de precisar cuáles son los que necesitan formación) y un **análisis de personas** (para, mediante la medición de la discrepancia entre el rendimiento del empleado y las expectativas o estándares de la empresa, identificar qué empleados requieren formación). Cuando la determinación de las necesidades de formación se realiza adecuadamente, se evita que la empresa implemente programas de formación por el simple hecho de que éstos sean populares, y no porque realmente los necesite.

Fase 2: Desarrollo y aplicación del programa de formación

Esta fase debe proporcionar una respuesta directa a una necesidad o a un problema de la empresa. Garantizar que la formación satisfaga las necesidades del puesto de trabajo es fundamental para asegurarse de que, efectivamente, ésta va a traducirse en una mejora real en la empresa. La formación puede ser técnica (diseñada para mejorar aptitudes básicas, tales como escribir y enviar memorándums, o competencias específicas del puesto de trabajo, como manejar un nuevo sistema de ordenador), interpersonal (diseñada para ayudar a que empleados y supervisores interactúen mutuamente de manera más efectiva) o para resolver problemas (su finalidad es la de mejorar la habilidad de una persona para identificar problemas y sus causas, desarrollar soluciones alternativas creativas, analizarlas y seleccionar la mejor opción). Con independencia de cuál de estos tipos de formación se use, la empresa debe decidir cómo se va a proporcionar dicha formación. Este último punto se discute a continuación.

La primera decisión importante que debe de tomarse es *dónde* se va a proporcionar la formación. La **formación en el puesto de trabajo** se facilita en el mismo puesto de trabajo, bajo la tutela de un trabajador experimentado, de un supervisor, o de un instructor. La *rotación de puestos de trabajo*, el *aprendizaje* y los *contratos en prácticas* son algunos ejemplos de este tipo de formación. La *figura 4* muestra una lista indicando cuándo se debe optar por la formación en el puesto de trabajo y con qué elementos se debe contar. La ventaja de este tipo de formación es que las habilidades y conocimientos adquiridos pueden transferirse directamente al puesto de trabajo, y la empresa puede utilizar recursos ya existentes para proporcionar la formación (maquinaria, supervisores, apoyo administrativo, sala de conferencias, etc.). Sin embargo, la formación en el puesto de trabajo puede ser bastante costosa si los aprendices provocan desequilibrios en el servicio a los clientes, si el equipamiento resulta dañado o si los supervisores no tienen el tiempo o la habilidad para proporcionar la formación adecuada. La formación en el puesto de trabajo tampoco es la mejor opción para formar a los empleados acerca de tareas complejas que requieren la asimilación de aspectos conceptuales (como por ejemplo formar a directivos acerca de cómo convertirse en mejores supervisores).

La **formación fuera del puesto de trabajo**, como su propia denominación indica, se facilita fuera del centro de trabajo. Ejemplos comunes de formación fuera del puesto de trabajo son *cursos formales, simulaciones* y *ejercicios de representación de papeles*. Una de las principales ventajas de este tipo

La siguiente lista puede ser útil para determinar cuándo es adecuada la formación en el puesto de trabajo y los elementos con los que ésta debe contar.

Los directores deben optar por la formación en el puesto de trabajo cuando:

- En el aprendizaje sea esencial la participación.
- Sea precisa la formación individualizando.
- Requieran formación un máximo de cinco empleados.
- No sea rentable sacar a los empleados de su ambiente laboral para que reciban formación.
- La instrucción en aulas no sea adecuada.
- El equipo y las medidas de seguridad hagan que otros métodos de formación resulten ineficaces.
- Los cambios frecuentes en los procedimientos operativos estándar no permitan que haya mucho tiempo para los cursos de reciclaje.
- No se pueda interrumpir el trabajo en curso.
- La tarea para la cual se ha creado el programa de formación se realice con poca frecuencia.
- Se precisen cambios inmediatos para responder a los requisitos de seguridad.
- Se requiera un nivel determinado de competencia o una prueba individual de rendimiento para obtener un certificado o un «título».

Elementos con los que debe contar la formación en el puesto de trabajo:

- Gran cantidad de equipo o equipos asegurados.
- Instrumentos de precisión o calibrados.
- Herramientas y componentes de equipo de un sistema complejo.
- Procedimientos de precisión o peligrosos.
- Información clasificada en un área de seguridad.

Fuente: Mullaney, C. A. y Trask, L. D. (octubre de 1992).
Show them the ropes. Technical & Skills Training, 8-11. © 1992 de la American Society for Training and Development, 1640 King St., Box 1443, Alexandria. VA 22313.

Fuente: Gómez-Mejía, L. R.; Balkin, D. B. y Cardy, R. (1998)

Figura 4

de formación es que proporciona a los trabajadores largos períodos de estudio sin interrupción. También permite a la empresa hacer uso de educadores profesionales que posean una amplia experiencia en la enseñanza de las habilidades y conocimientos requeridos, lo cual puede ahorrar tiempo y dinero. Su mayor inconveniente es que lo aprendido fuera del puesto de trabajo puede no ser transferible a éste, si las situaciones simuladas durante la formación no coinciden con las que aparecen al desempeñar la tarea en el centro de trabajo.

Son varias las técnicas de enseñanza que pueden utilizarse a la hora de formar a los trabajadores. Muchas de estas opciones se utilizan tanto en la formación fuera del puesto de trabajo como en sesiones de formación dentro de la empresa, aunque no en el propio puesto de trabajo. Ninguna de estas técnicas es necesariamente mejor que las otras, sino que depende de los objetivos de la formación y de si los beneficios de una determinada técnica justifican su coste. Las **diapositivas** y **cintas de vídeo** son la técnica de enseñanza más habitual (Bassi y Van Buren, 1998). Su popularidad puede deberse a que generalmente son baratas y a que pueden ser un excelente medio para estimular la discusión y la formulación de preguntas, cuando existe un instructor (por ejemplo, un representante del departamento de RH) que pueda ofrecer explicaciones más detalladas si es necesario. La **Instrucción asistida por ordenador (IAO)** posee la ventaja de que los empleados en formación pueden aprender a su propio ritmo, ya que el ordenador nunca se cansa, se aburre o se irrita. La desventaja es que la flexibilidad de los programas empleados es limitada (por ejemplo, un ordenador no puede responder a preguntas que no han sido programadas) y que muchos empleados no están versados en el uso eficaz de ordenadores. La **enseñanza en el aula** es apropiada para proporcionar información específica y puede estimular a que se planteen cuestiones que puedan discutirse en grupo, facilitando la solución de los problemas. La desventaja es que a menudo la gente olvida lo que oye, a no ser que lo practiquen.

Las **simulaciones** son mecanismos que tratan de replicar tareas o actividades que surgen normalmente en el puesto de trabajo. Las empresas usan simulaciones cuando la información que se desea proporcionar es compleja, el equipo que se utiliza en el trabajo es caro y el coste de tomar la decisión equivocada es alto. Por ejemplo, Firearms Training System (FATS) usa un microcomputador y una pantalla de tres metros para someter a los policías en formación a una serie de situaciones peligrosas que puedan requerir el uso de un arma de fuego (Gómez-Mejía et al., 1998). La **realidad virtual (RV)** utiliza una tecnología que permite replicar el entorno real del trabajo en vez de reproducir sólo aspectos de éste como en el caso de las simulaciones. En este tipo de entornos tridimensionales, el usuario puede interactuar con objetos y manipularlos en tiempo real. La realidad virtual ha sido utilizada eficazmente, por ejemplo, para enseñar a los pilotos a volar o para formar a los cirujanos (Filipzak, 1993). La **formación con equipamien-**

to real permite a los empleados practicar con un equipo igual al que utilizarán en el puesto de trabajo. Su ventaja estriba en que los empleados aprenden a usar y reparar el equipo sin interrumpir las operaciones habituales de la empresa. A menudo, las compañías aéreas hacen uso de este método para enseñar al personal de mantenimiento de motores a diagnosticar y solucionar cualquier problema concebible.

La **formación interpersonal** está ganando en popularidad. En lugar de proporcionar una serie de conocimientos y habilidades a todos los empleados, este tipo de programas tratan de fomentar la cooperación entre la fuerza de trabajo y la solución de problemas. La **formación interdisciplinaria** está diseñada para que los empleados formados puedan trabajar eficazmente con otros trabajadores de otras áreas. La **formación en trabajo de equipo** está diseñada para formar a los empleados sobre cómo trabajar en equipo de la mejor manera. La **tormenta de ideas** *(brainstorming)* es una técnica de formación en creatividad en la que los participantes reciben la oportunidad de generar ideas de una forma abierta, sin miedo a ser juzgados.

Fase 3: Evaluación

Cada cierto tiempo las organizaciones deben reexaminar hasta qué punto la formación que se está proporcionando produce los beneficios esperados y cubre las necesidades identificadas en la Fase 1. La eficacia puede medirse en términos monetarios (por ejemplo, pesetas ahorradas mediante la reducción del número de defectos) o no monetarios (por ejemplo, menor número de quejas de empleados). Lo principal es que el criterio de evaluación refleje las necesidades que la formación debía haber satisfecho, y que fueron identificadas en la Fase 1.

3.3. Desarrollo de la carrera profesional

El desarrollo de la carrera profesional es un esfuerzo a largo plazo por parte de la empresa, diseñado para ayudar a los empleados a utilizar todo su potencial (Fitzgerald, 1992). No es un único programa de formación o una serie de conferencias, sino que se trata de una actividad organizada, estructurada y en continuo proceso que reconoce a las personas como un recurso vital para la empresa (Leibobitz, 1987). El desarrollo efectivo de la carrera profesional incluye tres fases principales que, a pesar de que aquí se presentan de forma separada, a menudo se solapan entre sí.

Fase 1: Evaluación

La **fase de evaluación** trata de ayudar a los empleados a elegir una carrera profesional adecuada y realista, y a determinar los puntos débiles que tienen que superar para alcanzar sus objetivos profesionales. Para lograrlo se llevan a cabo una serie de actividades que engloban la autoevaluación y la evaluación por parte de la empresa. En el caso de la autoevaluación del empleado las herramientas más comúnmente utilizadas comprenden los *cuadernos de trabajo* (incluyen la política de la empresa en cuanto a desarrollo de carreras profesionales, así como las posibilidades existentes) y los *talleres de trabajo* (son una oportunidad para los empleados de obtener información acerca de las posibilidades de desarrollo de una carrera profesional dentro de la empresa, así como para poder evaluar sus propias aspiraciones y estrategias respecto a su carrera profesional). La evaluación por parte de la empresa habitualmente se basa en la información obtenida a través de los programas de evaluación, los tests psicológicos, la evaluación del rendimiento, la previsión de ascensos y la planificación de la sucesión.

Fase 2: Dirección

Esta fase consiste en determinar los pasos que deben seguir los empleados para realizar sus objetivos profesionales. Una adecuada orientación exige la comprensión exacta de la secuencia de trabajos que el empleado debe cubrir a lo largo del tiempo. Esto requiere la identificación de trabajos que estén conectados entre sí y que ofrezcan una responsabilidad creciente. El análisis del puesto de trabajo puede proporcionar una buena base para identificar una sucesión lógica de trabajos, de manera que los conocimientos y habilidades adquiridos en el puesto anterior preparen al empleado para el siguiente nivel de responsabilidad. Un **programa de trayectoria profesional** recoge los pasos necesarios en una determinada carrera profesional así como el calendario de cumplimiento plausible. Para ayudar a los empleados en esta fase, las empresas pueden usar varios métodos. Algunos de los más comunes incluyen:

1. *Estimaciones del potencial para ser promocionado,* es decir, los juicios emitidos por los directivos relativos al potencial para avanzar de sus subordinados.

2. *Planes de sucesión,* o la identificación y desarrollo de sustitutos para puestos de trabajo que se espera queden vacantes.

3. *Asesoramiento individual de la carrera profesional,* o sesiones individuales cuyo objetivo es el de examinar en qué estado se encuentra actualmente la carrera del empleado y hacia dónde puede dirigirse.

4. *Anuncios de trabajos,* es decir, anuncios realizados por la empresa en relación a todas las vacantes disponibles en ese momento, y que pueden aparecer en el tablón de anuncios, en un comunicado de la empresa o a través de mensajes de ordenador.

5. *Centro de recursos para el desarrollo de la carrera profesional.* Es normalmente una colección de materiales para el desarrollo de la carrera, que incluyen libros, cintas de vídeo, etc. y que se encuentran en un lugar accesible, como por ejemplo el departamento de RH.

Fase 3: Perfeccionamiento

Comprende las acciones encaminadas a ayudar al empleado a aprender y potenciar los conocimientos y habilidades necesarias para desarrollar la carrera profesional deseada. Algunos de los programas habituales para conseguirlo serían:

1. *Tutorías.* Están ideadas para establecer relaciones entre empleados de rango superior e inferior o entre iguales. Éstas implican el asesoramiento, el modelado del comportamiento, la facilitación de contactos y el apoyo general, y pueden ser tanto formales como informales. La mayoría de las empresas esperan que los empleados más antiguos (particularmente aquellos en puestos directivos) realicen esta función.

2. *Preparación individual.* Consiste en una serie de reuniones constantes, a veces espontáneas, entre los directores y sus empleados con el fin de estudiar los objetivos y el desarrollo de la carrera profesional de éstos.

3. *Rotación de puestos de trabajo.* Es un programa formal que consiste en asignar a los empleados diversos puestos de trabajo con el fin de que adquieran una mayor base de habilidades, a la vez que aprenden más acerca de otras partes de la empresa.

4. *Programas de ayuda a la instrucción.* Las empresas ofrecen los programas de ayuda a la instrucción con el fin de apoyar la formación y el perfeccionamiento de sus empleados. Los costes de la matrícula, al

igual que otros costes (desde seminarios, talleres de trabajo y programas de formación continua hasta cursos de enseñanza superior) pueden estar financiados total o parcialmente por el plan de ayuda.

3.4. Evaluación del rendimiento

La evaluación del rendimiento tiene tres objetivos fundamentales (Murphy, 1993). Primero, crear dos canales de comunicación de manera que el supervisor pueda decir a los empleados qué se espera de ellos y que los empleados puedan comunicar al supervisor sus opiniones. En segundo lugar, proporcionar una retroalimentación al empleado de forma que puedan tomarse medidas encaminadas a potenciar los puntos fuertes de la persona, mientras se reducen los débiles. Por esta razón, tal y como mencionamos anteriormente, la evaluación del rendimiento forma parte del proceso de desarrollo de la carrera profesional. Por último, como se discutirá en breve, la evaluación del rendimiento proporciona importante información *(input)* para decidir, en base al rendimiento individual, quién debe recibir una mayor retribución.

Son numerosas las técnicas que se han desarrollado para medir el rendimiento. Éstas pueden clasificarse de dos formas: (1) en base al tipo de juicio que se requiera (relativo o absoluto) y (2) según el objeto de la medición (rasgo, conducta o resultado) (Gómez-Mejía et al., 1998).

Juicios relativos y absolutos

Las **evaluaciones relativas**, como su propio nombre indica, requieren que se compare el rendimiento de un empleado con el de otro que realice el mismo trabajo. Por ejemplo, se puede pedir a los supervisores que clasifiquen a sus subordinados de mejor a peor. También puede solicitarse la clasificación de los empleados en ciertos grupos predeterminados, como por ejemplo, «excepcional», «estándar», «puede mejorar» y «no adecuado». Estos sistemas relativos tienen la ventaja de que obligan al supervisor a distinguir entre los empleados. Sin embargo, la mayoría de los especialistas de RH creen que las desventajas son mayores que las ventajas. Una desventaja es que las distribuciones de rendimiento varían de una unidad a otra, de manera que un empleado catalogado en el grupo de alto rendimiento en una unidad, puede ser catalogado como de bajo en otra. En segundo lugar, estos sistemas pueden obligar a los supervisores a realizar distinciones en el rendimiento que no se corresponden con la realidad, pudiendo con ello provocar insatisfacción entre los empleados. En tercer lugar, mediante la creación de un «juego de suma cero», los juicios de rendimiento relativos reducen la cooperación entre los trabajadores, lo cual puede tener un impacto negativo en el rendimiento de toda la unidad.

Los métodos de evaluación del rendimiento que usan **juicios absolutos** evalúan el rendimiento del empleado basándose únicamente en normas de rendimiento y no comparando a los trabajadores entre sí. Una clara ventaja de estos métodos en relación con los anteriores es que las evaluaciones son comparables entre unidades. También pueden incentivar la cooperación entre trabajadores ya que es posible que todos los empleados de una unidad tengan buenas evaluaciones. Desde una perspectiva de desarrollo, el supervisor puede proporcionar una retroalimentación más constructiva, ya que la evaluación está centrada en los requerimientos del puesto de trabajo. Por último, son más fáciles de defender que los relativos desde un punto de vista legal debido a que es menos problemático demostrar que cada empleado es evaluado en función de su rendimiento en el puesto de trabajo, y no en función de con quién trabaja.

Información sobre rasgos, conductas y resultados

Esta clasificación está basada en el tipo de información relativa al rendimiento en el que se centra la evaluación. Los **instrumentos de información a través de rasgos** evalúan a los empleados basándose en las características del trabajador que tienden a ser consistentes y permanentes (decisión, fiabilidad, energía, lealtad, etc.). Una ventaja de este tipo de información es que las personas realizan juicios acerca de los rasgos de los empleados de forma rutinaria, por lo que son una poderosa forma de describir a las personas. Sin embargo, poseen numerosas desventajas que incluyen ambigüedad (¿qué se necesita para ser leal?), propensión para realizar sesgos consciente e inconscientemente (por ejemplo, «las mujeres son más emocionales que los hombres») y un elevado riesgo legal debido a que la valoración de los rasgos se centra en la persona y no en su rendimiento laboral.

Los **instrumentos de evaluación a través de conductas** valoran si el empleado exhibe determinadas conductas (por ejemplo, llegar a tiempo al trabajo, realizar las tareas dentro de los límites estipulados, llevarse bien con sus compañeros). Así, con las *escalas de comportamientos observados* los supervisores observan con qué frecuencia se dan una serie de conductas que están recogidas en el documento de registro. Un instrumento similar es *la escala de valoración de comportamientos prefijados* (*Behavioral Anchored Rating Scale*, BARS). Este instrumento valora la eficacia del rendimiento de un empleado utilizando ejemplos específicos (a menudo denominados *incidentes críticos*) de buenos y malos comportamientos en el puesto de trabajo. La mayor ventaja de la aproximación basada en las conductas es que se centra en aspectos concretos del puesto de trabajo. Los empleados entienden mejor por qué reciben una determinada calificación y qué es lo que deben hacer (y/o evitar) para mejorar su rendimiento. Por ello son fáciles de defender desde un punto de vista legal. Sin embargo, también presentan problemas. Son caros de desarrollar y su especificidad puede entorpecer la evaluación si la empresa tiene muchos trabajos, y éstos no son fácilmente definibles.

Los **instrumentos de evaluación a través de resultados** valoran el rendimiento de los trabajadores utilizando indicadores tales como volumen de ventas, número de unidades producidas o cumplimiento de plazos. Debido a que es muy difícil encontrar medidas cuantitativas de rendimiento válidas para la mayoría de los trabajos, los instrumentos principales de evaluación a través de resultados se centran en la consecución de objetivos consensuados. La *gestión por objetivos* (GPO) es ampliamente usada para este fin. En la GPO los empleados y los supervisores alcanzan un acuerdo en cuanto a los objetivos que deben lograrse, para valorar *a posteriori* su logro comparando los resultados obtenidos con las expectativas iniciales. Los instrumentos basados en resultados proporcionan direcciones claras a los empleados, reducen la subjetividad y pueden personalizarse, pues las expectativas pueden establecerse a nivel individual (por ejemplo, pueden establecerse objetivos más sencillos para los nuevos trabajadores mientras que se fijan otros más complicados para los más antiguos). Sin embargo, no están libres de problemas ya que pueden estar sujetos a manipulación (por ejemplo, empleados y directivos pueden acordar objetivos más conservadores para reducir el riesgo de no cumplirlos) o los empleados pueden ignorar otros aspectos importantes del trabajo y que son más difíciles de medir (por ejemplo, cooperar con otras unidades o departamentos).

3.5. Retribuciones

Los empleados son retribuidos de acuerdo a su contribución a la empresa. Los tres objetivos fundamentales del sistema de retribución son **atraer** trabajadores de calidad del mercado laboral, **retener** a los empleados buenos que ya posee y **motivar** a estos empleados a trabajar de forma que ayuden a la empresa a alcanzar sus objetivos estratégicos (Henderson, 1997).

La retribución total de un empleado tiene tres componentes. El primero es el **salario base**, o la cantidad fija de dinero que el empleado recibe regularmente, ya sea en forma de salario mensual (por ejemplo, mediante pagos semanales o mensuales) o en forma de retribución por horas. El segundo componente son los **incentivos salariales**[5]. Éstos comprenden los programas destinados a recompensar a aquellos empleados con altos niveles de rendimiento. Estos incentivos pueden proporcionar una recompensa al empleado en base a su contribución individual o en base al rendimiento del grupo, la división o toda la compañía. Son denominados a menudo *pagos variables* debido a que la cantidad recibida, en relación al salario base, varía en función de los cambios en el rendimiento. Los incentivos pueden presentarse en formas diversas como *primas* y *planes de reparto de beneficios*. El último componente de la retribución total son las **retribuciones o prestaciones indirectas**. Este tipo de retribución supone aproximadamente el 40% del paquete retributivo, e incluye elementos como el seguro médico, planes de pensiones, seguro de desempleo, vacaciones, etc.

Diseño del sistema de retribuciones

La retribución es sin duda uno de los costes más elevados para la empresa. Por ejemplo, en 1996 los gastos de personal suponían el 52% de los gastos totales de Telefónica[6], o el 34% de los de Fomento de Construcciones y Contratas (FCC). Por otro lado, la retribución también determina el poder adquisitivo del empleado, sirve como indicador de poder y prestigio, y se relaciona con los sentimientos de valía personal. Es decir, el rendimiento final de la empresa se ve afectado directa (vía costes) e indirectamente (a través de la conducta del empleado) por el sistema de retribución. Esto hace que su diseño se convierta en una cuestión especialmente relevante.

Para diseñar un sistema de retribución que sea eficaz es necesario tomar en consideración cinco puntos importantes: (1) su congruencia con los ob-

---

5. Un reciente informe publicado en España constata un importante incremento en el uso de los incentivos salariales por parte de las empresas, no sólo a nivel de puestos directivos y de gerencia, sino incluso a nivel de toda la plantilla.
6. En 1992 los gastos de personal eran el 82% de los costes totales de Telefónica.

jetivos estratégicos de la empresa, (2) su congruencia con las características únicas de la empresa y su entorno, (3) equidad interna, (4) equidad externa, (5) las contribuciones de los empleados (Gómez-Mejía y Balkin, 1992).

Congruencia con los objetivos estratégicos de la empresa. Anteriormente comentamos que las estrategias de RH deben soportar la estrategia de la empresa. El sistema de retribución, como parte del sistema de RH, también debe ser consistente con los objetivos marcados por dicha estrategia. Por ejemplo, una empresa que trata de expandir su cuota de mercado puede encontrar conveniente retribuir a su fuerza de ventas mediante comisiones (para generar más ventas) mientras que una empresa que trata de asegurarse la lealtad de sus clientes en un segmento estrecho del mercado puede preferir retribuir a su fuerza de ventas con un salario fijo (para mejorar el servicio al cliente). Este proceso requiere una fuerte colaboración entre los altos ejecutivos (que son los responsables de la formulación de la estrategia) y el departamento de RH (responsables del diseño del sistema de retribución). Cuando la remuneración se usa de este modo se denomina **retribución estratégica**, y en ella la empresa adopta aquellas prácticas de retribución que mejor soportan su estrategia de negocio.

Congruencia con las características únicas de la empresa y su entorno. La empresa debe tener en cuenta sus propias necesidades y el entorno al que se enfrenta cuando diseña el sistema de retribución. Por ejemplo, una empresa intensiva en mano de obra, que se enfrenta a una demanda de bienes y servicios altamente inestable, puede hallar conveniente enfatizar el uso de incentivos en la retribución a sus empleados para reducir su riesgo financiero (debido a que el salario base requiere que la empresa realice un compromiso financiero fijo). De la misma manera, lo que es importante para una empresa puede ser irrelevante para otra. Por ejemplo, una empresa de alta tecnología, que remunere generosamente a sus altos directivos y a su personal de marketing, pero no tiene la misma consideración con sus empleados de investigación y desarrollo, podría perder su habilidad para innovar porque sus competidores se han apropiado de sus mejores talentos. Por otro lado, una empresa manufacturera que produce un bien estándar que ha variado poco a lo largo de los años (por ejemplo las perchas para colgar ropa), no necesita pagar un premio a su personal de innovación, mientras que puede encontrar muy conveniente hacerlo con su personal de marketing.

Equidad interna. Hace referencia a lo justa que la estructura de retribución es percibida dentro de la empresa. *Evaluación del puesto de trabajo* es el nombre que recibe uno de los procedimientos habitualmente utilizados para este fin. Éste pretende proporcionar un juicio racional, ordenado y sistemático de lo importante que es cada puesto de trabajo (**no** un empleado individual) para la empresa. La información básica para esta evaluación es el *análisis del puesto de trabajo*, discutido con anterioridad en el contexto de la contratación de empleados. La mayoría de las empresas utilizan comités (que pueden incluir directivos, empleados, consultores representantes sindicales) para examinar los resultados de dicho análisis e identificar un conjunto de criterios de evaluación (también conocidos como *factores retribuibles*) tales como responsabilidad, conocimientos, capacidad de resolución de problemas, etc. Utilizando esta información el comité determina la contribución relativa de cada puesto de trabajo a la empresa, en base a lo cual establece una jerarquía de trabajos. Las retribuciones se asignan en función de esa jerarquía, de manera que los niveles más altos (los que más contribuyen al rendimiento de la empresa) reciben una mayor retribución. Para simplificar problemas, a la hora de construir la jerarquía, algunas empresas agrupan los trabajos en niveles, siendo los más importantes aquellos que se clasifican en niveles superiores.

Equidad externa. Hace referencia a lo justa que los empleados de la empresa perciben su retribución en relación a la percibida por los trabajadores de otras empresas en trabajos similares. Para conseguir equidad externa las empresas a menudo llevan a cabo estudios de mercado. El objetivo de estos estudios, en la mayoría de los sistemas de retribución basados en el puesto de trabajo, es determinar los intervalos de remuneración para cada uno de los distintos niveles de puestos de trabajo identificados en la empresa. Una empresa puede realizar por sí misma estos estudios de mercado, pero la mayoría de ellas los compran (Gómez-Mejía y Balkin, 1992). En estos estudios se puede observar cómo la retribución aumenta a medida que la empresa compite por trabajadores que son escasos en el mercado.

Contribuciones de los empleados. Un elemento importante a la hora de determinar el nivel de retribución de un empleado es el puesto de trabajo que posee. Al hablar de la equidad interna vimos como las empresas catalogaban los puestos de trabajo en función de su aportación a la empresa, asignando salarios mayores a aquellos puestos que más contribuían al buen rendimiento de la misma.

Otro aspecto importante que las empresas toman en consideración a la hora de determinar la remuneración del empleado, es la eficacia con la que éste realiza sus tareas. Para atraer, retener y motivar empleados con un alto rendimiento y ser justo con todos los trabajadores, una empresa necesita retribuir a los empleados en base a su rendimiento individual relativo. Estas recompensas individuales pueden venir en forma de una cantidad fija por unidad producida (por ejemplo, trabajadores a destajo), premios especiales, bonos, y retribución por mérito. La **retribución por mérito** es sin duda la forma más popular (su uso es casi universal), y consiste en un incremento en el salario base que normalmente se concede una vez al año. Las valoraciones de los supervisores acerca del rendimiento de los empleados son el *input* usado habitualmente para determinar la cantidad de retribución por mérito otorgada.

Una alternativa a la remuneración basada en el puesto de trabajo, cada vez más valorada por las empresas, es la denominada **retribución basada en conocimientos** o **retribución basada en habilidades**. Ésta consiste en retribuir a los empleados no en función del puesto de trabajo que ocupan, sino en función de los distintos trabajos que puedan realizar o de los conocimientos que posean y que puedan aplicarse con éxito a una serie de situaciones o tareas. Es decir, se retribuye el potencial del trabajador y no tanto el puesto de trabajo actual que ocupa. Es difícil determinar si este tipo de retribución es preferible a la retribución basada en el puesto de trabajo, y normalmente se suele aconsejar el supeditar la elección a las condiciones imperantes en la empresa. Sin embargo, la evidencia empírica más reciente sugiere que este tipo de retribución produce incrementos de productividad, una reducción del coste laboral y una mejora en la calidad de los productos (Murray y Gerhart, 1998).

3.6. Gestión de la ruptura laboral

La **ruptura laboral** se produce cuando un empleado deja de ser miembro de una empresa. El índice que refleja el ritmo al cual los empleados abandonan la empresa recibe el nombre de **índice de rotación de personal**. Como vamos a analizar seguidamente, existen varios tipos de ruptura laboral. Todos ellos llevan asociados una serie de costes y beneficios que deben ser analizados cuidadosamente y de forma individual para determinar su resultado neto. Entre los costes podríamos enunciar las indemnizaciones por despido o por baja anticipada, las prestaciones, los costes de ayuda a la recolocación y los costes de reclutamiento, selección y formación de nuevos empleados cuando el trabajador es sustituido por otro. La reducción de los costes laborales, la sustitución de trabajadores mediocres por otros más cualificados, la potenciación de la innovación y la diversidad o el abandono (en el caso del trabajador) de una situación laboral desagradable pueden citarse entre los beneficios potenciales.

La ruptura laboral puede clasificarse en **ruptura laboral voluntaria**, cuando es el empleado el que, bien por motivos laborales o personales, decide romper su relación con la empresa, y **ruptura laboral involuntaria**, cuando es la gerencia la que, por razones económicas o la mala adecuación entre el trabajador y la empresa, decide terminar la relación laboral.

Ruptura laboral voluntaria

En la mayoría de los casos, la decisión del trabajador de irse es una mezcla de insatisfacción con determinados aspectos del empleo que posee y la posibilidad de encontrar una alternativa más atractiva. Existen dos tipos de salidas voluntarias: **abandono** y **jubilación**. Ambas se diferencian en varios aspectos. En primer lugar, las jubilaciones suelen producirse al final de la carrera profesional de un empleado, mientras que un abandono puede producirse en cualquier momento. En segundo lugar, las jubilaciones suelen tener como resultado que los empleados reciban de la empresa premios por jubilación, tales como pensiones de jubilación o ahorros personales, aparte de las prestaciones de la seguridad social. Aunque en los últimos tiempos algunas empresas están utilizando *planes de indemnización por salida voluntaria* o *planes de oferta de acciones* para hacer más atractivos los abandonos. Por último, los planes de jubilación suelen ser planificados por la empresa de antemano, mientras que los abandonos son mucho más difíciles de planificar debido, fundamentalmente, a que éstos dependen en gran medida de las oportunidades que ofrezca el mercado laboral.

La **jubilación anticipada** es posiblemente una de las alternativas más populares a la hora de reducir el tamaño de la fuerza laboral de una empresa. Esta política presenta dos características: (1) anima a los empleados de mayor edad a jubilarse antes de tiempo, ofreciéndoles un paquete de incentivos económicos que les resulte atractivo y (2) sólo están disponibles por un corto período de tiempo después del cual no existe la posibilidad de acogerse a dicho plan. Por ejemplo, Telefónica ofrecía una indemnización media de 38 millones de pesetas a cada uno de sus trabajadores mayores de 53 años que decidieran acogerse al plan de jubilación anticipada durante 1998.

La popularidad de los planes de jubilación anticipada se basa en que permiten reducir el tamaño de la fuerza laboral de una empresa de una forma menos drástica que los despidos, evitando de esta forma muchos de los costes asociados a éstos. A su vez permiten un rejuvenecimiento de la plantilla al promocionar la salida de los empleados de mayor edad, los cuales en muchos casos pueden presentar una cierta desmotivación en el desempeño de su tarea como consecuencia de la rutina. Sin embargo, esta política puede originar muchos problemas cuando no es gestionada adecuadamente. Por ejemplo, puede ocurrir que se acojan a la jubilación anticipada demasiados empleados, que se vayan algunos empleados que no queremos (los empleados más cualificados, que son los que pueden encontrar un trabajo más fácilmente) y que otros piensen que se les está obligando a irse, lo que desembocaría en demandas por discriminación de edad. Para evitar o prever algunos de estos problemas pueden, quizás, utilizarse encuestas que permitan determinar cuántos empleados estarían dispuestos a acogerse a un plan de jubilación anticipada, arbitrar sistemas para la recontratación de empleados jubilados con habilidades clave o crear sistemas de información que garanticen que todo el mundo perciba el espíritu y la letra de la política de jubilación anticipada de forma adecuada.

Ruptura laboral involuntaria

Las rupturas involuntarias son mucho más traumáticas que las voluntarias, pudiendo tener un enorme efecto en el conjunto de la empresa, y en particular en el empleado que pierde su trabajo. Por esta razón su gestión es especialmente relevante. Existen dos tipos: el **cese** y el **despido**. El primero de ellos se produce cuando la gerencia decide que el rendimiento del empleado es insuficiente o éste es incapaz de corregir un comportamiento inaceptable para la empresa y que se ha tratado de corregir repetidas veces. En el despido, sin embargo, la conducta o rendimiento del empleado no es la causa fundamental de la ruptura, sino que ésta se produce como consecuencia de ciertos cambios producidos en el entorno (por ejemplo, competencia global, disminución de la demanda de producto, cambios tecnológicos) o en la estrategia de la empresa (por ejemplo, fusiones y adquisiciones), que obligan a ésta a reducir las dimensiones de su fuerza de trabajo. Los beneficios potenciales, anteriormente mencionados para las rupturas laborales en general, también son aplicables al caso particular de los despidos. Sin embargo, los costes asociados a estos últimos son superiores a los de otros tipos de ruptura. Junto a los costes de indemnización, las ayudas a la recolocación o los costes de reclutamiento, selección y formación que se derivarían del despido y la posible necesidad posterior de contratar a nuevos (o recontratar a los antiguos) trabajadores, y que anteriormente nombramos, existen otros, no tan directos, pero que tienen un enorme impacto. Entre éstos destacaríamos la posibilidad de pérdida de empleados clave, la desconfianza creada en el entorno social que rodea a la empresa, con la consiguiente pérdida de imagen, y la posible desmotivación de los empleados «supervivientes» al proceso (Gómez-Mejía et al., 1998).

Lo normal es que, en gran parte debido a los enormes costes que acabamos de mencionar, la empresa recurra a los despidos cuando no pueda reducir plantilla por ningún otro medio. En la *figura 5*, que muestra un modelo sobre el despido y sus alternativas, se indica cómo los directores, antes de efectuar un despido, deben intentar disminuir su fuerza laboral por otros medios. Por ejemplo, Gómez-Mejía et al. (1998) identifican varias alternativas que deben considerarse antes de tomar la decisión del despido. Medidas como la congelación de la contratación, la reducción de las horas

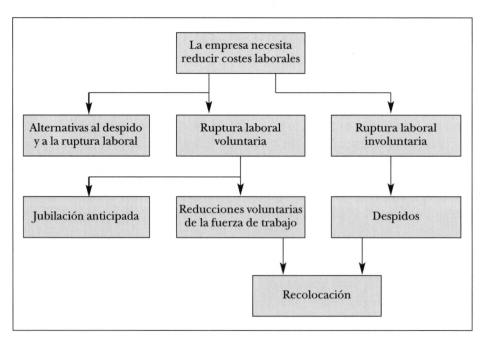

Fuente: Gómez-Mejía, L. R., Balkin, D.B. y Cardy, R. (1998)

Figura 5

de trabajo, las recolocaciones, las transferencias entre unidades, la congelación salarial o el reciclaje son algunas de las mencionadas (para una lista más completa ver *figura 6*).

Una vez que se ha tomado la decisión de realizar despidos, deben considerarse una serie de pautas de actuación para minimizar los potenciales costes de semejante medida. Una medida muy importante en este caso es la ayuda a la **recolocación** o búsqueda de nuevo empleo. Esta recolocación suele realizarse por una consultora externa contratada por la empresa. Los objetivos fundamentales de un programa de recolocación son: (1) reducir los problemas psicológicos de los empleados despedidos de forma que sigan siendo productivos hasta que abandonen la empresa, (2) minimizar tanto la cantidad de acciones legales que puedan emprender contra la em-

Políticas de empleo	Cambios en el diseño del puesto de trabajo	Políticas retributivas y de retribuciones	Formación
• Reducción mediante la disminución natural de la plantilla	• Tranferancias	• Congelación salarial	• Reciclaje
• Congelación de la contratación	• Recolocaciones	• Recortes de las retribuciones por horas extraordinarias	
• Reducción del personal a tiempo parcial	• Reparto del puesto de trabajo	• Recortes salariales	
• Reducción de los estudiantes en prácticas y de los cooperantes	• Reducción de las horas trabajadas	• Utilización de los días de permiso y de vacaciones	
• Tiempo libre voluntario no remunerado	• Descensos de categoría	• Reparto de beneficios o retribución variable	
• Licencias sin sueldo			
• Reducción de las horas de trabajo			

Fuente: Gómez-Mejía, L. R.; Balkin, D.B. y Cardy, R. (1998) Managing Human Resources. Englewood Cliffs, N.J.: Prentice-Hall.

Figura 6

presa, como el impacto negativo que el proceso de despido puede tener en la imagen de aquélla, y (3) ayudar a los empleados a encontrar un nuevo puesto de trabajo similar al anterior. La *figura 7* resume algunas directrices para realizar una gestión eficaz del proceso de despido.

Lo que hay que hacer y lo que no hay que hacer cuando se concluye la relación laboral con los trabajadores o se efectúan despidos

Las empresas consultoras aconsejan lo siguiente a la hora de informar a los empleados de que su relación laboral con la empresa va a concluir o que van a ser despedidos:

LO QUE HAY QUE HACER

- Notificar con la máxima antelación posible los despidos masivos.
- El supervisor debe hablar en privado, y en su despacho, con cada uno de los empleados afectados.
- Terminar la entrevista de despido en 15 minutos.
- Proporcionar explicaciones por escrito de las prestaciones e indemnizaciones por despido.
- Proporcionar servicios de recolocación fuera de la sede de la empresa.
- Asegurarse de que es uno de los jefes, y no un compañero, quien informa al empleado del despido.
- Expresar aprecio por el trabajo que el empleado ha desempeñado si se considera adecuado.

LO QUE NO HAY QUE HACER

- Al entrevistarse con el empleado, decirle en la primera frase que va a ser despedido.
- Dar lugar a que se produzca una discusión al respecto.
- Hacer ningún comentario personal y sí dar en todo momento un tono profesional a la conversación.
- Expulsar al empleado del edificio a no ser que haya algún problema de seguridad.
- Despedir a ningún empleado en fechas señaladas como el 25º aniversario de su contratación, o el día de la muerte de su madre.
- Despedir a ningún empleado ni cuando está de vacaciones ni cuando acaba de volver de ellas.

Fuente: Adaptado con autorización de Alexander, S. (4 de octubre de 1991). *The Wall Street Journal*, p. B1. © 1991 Dow Jones & Company, Inc. Todos los derechos reservados en todo el mundo.

Fuente: Gómez-Mejía, L. R.; Balkin, D.B. y Cardy, R. (1998)

Figura 7

4. Resumen

A lo largo del presente capítulo hemos analizado de forma genérica cómo la gestión estratégica de los RH puede permitir a la empresa obtener, y mantener, una posición de ventaja en el mercado. Para que la planificación estratégica de RH cumpla con este cometido es necesario que sea coherente con la estrategia empresarial, el entorno, las capacidades de la empresa, y sus características distintivas. Asimismo, es necesario que las distintas estrategias de RH en las que se materialice la planificación estratégica mantengan una coherencia entre sí, de forma que los efectos producidos sobre el personal de la empresa de unas, no anulen los de otras. Finalmente, las estrategias en su conjunto deben estar encaminadas a desarrollar todo el potencial que acumula la fuerza laboral existente en la empresa, con el objetivo de alcanzar las metas planteadas en el plan estratégico global de la misma.

Basándose en los objetivos estratégicos futuros de la empresa, es necesario realizar una previsión de los RH que van a ser necesarios. Para cubrir estas necesidades, la empresa quizás deba recolocar a sus trabajadores, contratar unos nuevos o reducir su fuerza laboral. Una de las principales decisiones a las que debe hacer frente el departamento de RH en cualquier empresa es *a quién* contratar. Las empresas pueden incrementar la calidad de su fuerza laboral mediante la generación de un buen grupo de candidatos, así como mediante el desarrollo de programas de selección relacionados con el puesto de trabajo que permitan predecir quién es más apropiado para realizar la tarea, entre los candidatos que compitan por un determinado puesto. El programa de socialización puede facilitar el proceso de adaptación de los empleados a la empresa, de manera que sean plenamente operativos en el menor tiempo posible. La formación proporciona a los empleados las habilidades necesarias para que el trabajador incremente su rendimiento. Los planes de desarrollo de carreras ofrecen al trabajador la posibilidad de utilizar todo su potencial a lo largo de su estancia en la empresa. El sistema de evaluación del rendimiento ayuda a identificar aquellos puntos débiles del trabajador que deben ser mejorados mediante el uso de la formación y los planes de desarrollo de la carrera, así como sus puntos más fuertes. Este sistema de evaluación, a su vez, proporciona una información muy valiosa a la hora de recompensar las aportaciones relativas de los empleados. El sistema de retribución asigna los pagos en función tanto de la importancia del trabajo desarrollado por el empleado, como de lo bien que éste realice la labor encomendada. Alternativamente, la empresa puede considerar oportuno distribuir una parte de la retribución en función del potencial del empleado. Un sistema de retribución bien diseñado debe también recompensar a los empleados por apoyar los objetivos estratégicos de la empresa, y debe esforzarse por mantener la paridad con el mercado laboral para prevenir la marcha de sus mejores empleados a empresas de la competencia. Por último, los costes y beneficios que se derivan de los distintos tipos de ruptura laboral aconsejan realizar una adecuada gestión de la misma, anticipando en lo posible los resultados potenciales de cada situación eligiendo la fórmula que ofrezca un mejor resultado neto.

5. Bibliografía

Bahls, J.E. (1998, feb.). «Drugs in the Workplace». *HR Magazine,* 81-87.

Barney, J.B. y Wright, P.M. (1998). «On Becoming a Strategy Partner: The Role of Human Resources in Gaining Competitive Advantage». *Human Resource Management,* 37 (1), 31-46.

Bassi, L.J. y Van Buren, M.E. (1998, ene.). «The 1998 ASTD State of the Industry Report». *Training and Development,* 21-43.

El País (1998, 28 oct.). «Los fabricantes de coches españoles tratan de elevar al máximo la flexibilidad laboral».

Filipzak, B. (1993, oct.). «Training Budgets Boom». *Training,* 37-44.

Fulmer, W.E. (1989). «Human Resource Management: The Right Hand of Strategy Implementation». *Human Resource Planning,* 12, 1-11.

Gerhart, B. y Milkovich, G.T. (1993). «Employee Compensation: Research and Practice». cap. 9 (pp. 481-569) en M.D. Dunnette y L.M. Hough (eds.), *Handbook of Industrial and Organizational Psychology* (2ª ed.), Consulting Psychologists Press, Inc.

Goldstein, I.C. (1986). *Training in Organizations: Needs Assessment, Development, and Evaluation* (2ª ed.). Monterey, CA: Brooks/Cole.

Gómez-Mejía, L.R.; Balkin, D.B. y Cardy, R. (1998). *Managing Human Resources,* Englewood Cliffs, N.J.: Prentice-Hall.

Gómez-Mejía, L.R. y Balkin, D.B. (1992). *Compensation, Organizational Strategy, and Firm Performance.* Cincinnati, OH: Southwestern Press.

Henderson, R.I. (1997). *Compensation Management* (7ª ed.). Upper Saddle River, N.J.: Prentice-Hall.

Hunter, J.E. (1986). «Cognitive Ability, Cognitive Aptitudes, Job Knowledge, and Job Performance». *Journal of Vocational Behavior,* 29, 340-362.

Leibowitz, Z.B. (1987). «Designing Carrer Development Systems: Principles and Practices». *Human Resource Planning,* 10, 195-207.

McEvoy, G.M. y Beatty, R.W. (1989). «Assessment Centers and Subordinate Appraisal of Managers». *Personnel Psychology,* 42, 37-52.

Muchinsky, P.M. (1979). «The Use of Reference Reports in Personnel Selection». *Journal of Occupational Psychology,* 52, 287-297.

Murphy, K.R. (1993). *Honestity in the Workplace.* Belmont, CA: Brooks/Cole.

Murphy, N.J. (1993). «Performance Measurement and Appraisal». *Employment Relations Today,* 47-62.

Murray, B. y Gerhart, B. (1998). «An Empirical Analysis of a Skill-Based Pay Program and Plant Performance Outcomes». *Academy of Management Executive,* 41 (1), 68-78.

Russell, C.J.; Mattson, J.; Devlin, S.E. y Atwater, D. (1990). «Predictive Validity of Biodata Items Generated form Retrospective Life Experience Essays». *Journal of Applied Psychology,* 75, 569-580.

Rynes, S.L. (1991). «Recruitment, Job Choice, and Post Hire Consequences». *Handbook of Industrial and Organizational Psychology,* (2ª ed.), vol 2, 399-344.

Thornburg, L. (1998, feb.). «Computer-Assisted Interviewing Shortens Hiring Cycle». *HR Magazine,* 73-80.

Wright, P.; Licthenfels, P. y Pursell, E.D. (1989). «The Structure Interview: Additional Studies and a Metanalysis». *Journal of Occupational Psychology,* 6, 191-199.

13.

El trabajo directivo y sus competencias

José Luis Álvarez

IESE, Universidad de Navarra

Introducción

Muchas de las empresas de Europa, Japón y Estados Unidos se encuentran en medio de un enorme proceso de transformación, que está impactando la naturaleza del trabajo directivo y las competencias necesarias para ejercitarlo. Estas transformaciones responden a cambios en el entorno empresarial, como consecuencia, básicamente, de nuevas tecnologías de información, de producción y de la globalización de los mercados, tanto financieros como de productos y servicios. Cambios que se traducen en una competitividad creciente.

No es que las empresas no hayan pasado antes por períodos de turbulencia. Este siglo ha conocido, por ejemplo, dos grandes guerras y crisis energéticas muy severas, pero, ciertamente, el «cambio organizativo» nunca había sido tan rápido y radical. Las consecuencias, en diversos grados, son múltiples. Una de las más notables es que la clásica división organizativa jerárquica caracterizada por su orden vertical, está pasando a ser sustituida por una estructura donde la pirámide organizativa se está aplanando, y las demarcaciones internas y externas haciéndose porosas y borrosas.

Una de las consecuencias más importantes de estas transformaciones es que las empresas no sólo están descubriendo que, con frecuencia, las competencias de sus directivos no se ajustan a las necesidades que el «cambio» impone, sino que, en muchos casos, estos mismos directivos constituyen un obstáculo para ese cambio. *El proceso de transformación, en el cual las empresas se ven inmersas actualmente, está cuestionando fundamentalmente las funciones y contenidos de la tarea directiva*. Los dirigentes de buena parte de nuestras mayores corporaciones han descubierto –o lo están haciendo– que no pueden desarrollar estrategias empresariales para el siglo XXI con organizaciones del siglo XX y con directivos del siglo XIX (Kotter, 1988; Bartlett, 1995).

Por ello, en los últimos años, lo que significa ser un buen directivo ha cambiado o está cambiando rápidamente. Tenemos nuevas ideas sobre los contenidos de su trabajo y, por consiguiente, sobre sus capacidades y competencias.

En este capítulo vamos a reflejar los principales estudios sobre el trabajo directivo y las competencias precisas para ejercitarlo. En primer lugar vamos a exponer los trabajos clásicos de Mintzberg y Kotter, que tenían como referencia las grandes empresas de los años sesenta y setenta, en su mayoría empresas organizadas según estructuras divisionales y, todavía, estables, jerarquizadas y en las que se desarrollaban carreras directivas verticales. Seguidamente haremos énfasis en los últimos trabajos de C. Bartlett y S. Ghoshal, cuya referencia para el estudio del trabajo directivo y sus competencias ya son las grandes empresas organizadas para el cambio permanente.

1. Los roles directivos básicos

Henry Mintzberg, a diferencia de la mayoría de autores clásicos de la dirección de empresas, como Taylor, Fayol y otros, centra su estudio en lo que hacen *realmente* los directivos, basándose en investigaciones empíricas sobre su comportamiento. Mintzberg define al directivo como aquella persona responsable formalmente de una organización, entendiendo por organización tanto un departamento como una división, o una empresa, en el caso de que el directivo sea un director general. Las conclusiones publicadas en su libro *The Nature of Managerial Work* (1973) proceden en su mayoría de la observación directa del trabajo diario de varios altos directivos realizada durante cinco semanas en los años 1967 y 1968.

De su investigación se desprenden las siguientes características básicas del comportamiento directivo:

1. La cantidad de trabajo que acomete el directivo es sustancial y su ritmo implacable, sin descanso. Se explica que sea así porque su trabajo nunca acaba: es el responsable de una organización en la que siempre hay algo más que hacer, y porque el éxito nunca está asegurado.

2. Las actividades directivas se caracterizan por ser breves, variadas y fragmentarias. Conscientes de su responsabilidad, los directivos se sobrecargan de trabajo, actúan con rapidez, evitan perder el tiempo, participan en las reuniones sólo cuando pueden aportar valor, admiten interrupciones y evitan involucrarse demasiado en cualquier tema.

3. El directivo se inclina por la acción más que por la reflexión. Al directivo le interesan más las informaciones de última hora, que recibe frecuentemente y de manera informal, que los informes rutinarios que su organización le facilita. Necesita tener información con rapidez, lo que le lleva a aceptar mucha incertidumbre, por cuanto esa información se basa en gran medida en rumores, especulaciones y cotilleos. Por otra parte el directivo se atiene a realizar aquello que tiene un plazo definido y concreto en su agenda (con día y hora), no así los temas que pueda haber acordado de forma vaga o inconcreta. Por último, las actividades directivas atienden a temas específicos más que a generales. Difícilmente un directivo se dedicará a discutir temas abstractos o a planificar. Es decir, la planificación se entiende que está profundamente entrelazada con la acción, no se puede separar de ésta.

4. De entre los medios de relación que utiliza (correo, teléfono, reuniones imprevistas, reuniones preestablecidas e inspecciones visuales), los preferidos son los verbales. El director no utiliza el teléfono o asiste a una reunión para después volver a su trabajo sino que estos contactos *son* su trabajo. La comunicación es su principal *output*.

5. Se relaciona con una amplia red de personas. Los grandes grupos de relación del directivo son tres: superiores, subordinados y externos. Esta última categoría incluye a todos los que no pertenecen a su organización (clientes, competidores, proveedores, expertos, políticos, colegas, «laterales» –subordinados o jefes de sus colegas–, etc.).

El *gráfico 1* muestra el porcentaje de tiempo que, según Mintzberg, el directivo, en este caso un director general, dedica a cada grupo principal de los que entra en relación. La mayor parte lo dedica a sus subordinados, mientras que el contacto con sus superiores es sorprendentemente escaso. Por otra parte, consigue información y recibe peticiones de una amplia variedad de contactos externos, y reconduce lo que le interesa al interior de su organización.

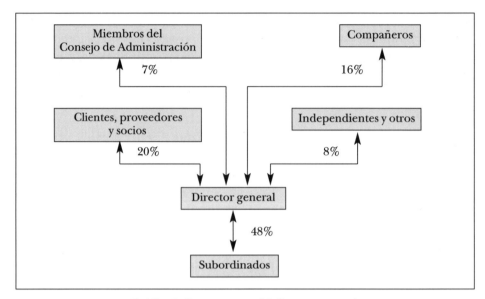

Gráfico 1. Los contactos del director general

6. Interrelación de derechos y obligaciones. Ante la pregunta de si el directivo realmente decide sus actividades o controla su propio trabajo, dado que el teléfono, las reuniones preestablecidas, los subordinados que en cualquier momento le asedian, los problemas inesperados que surgen en cualquier momento, etc., consumen la mayor parte de su tiempo, Mintzberg responde que el control lo ejerce a través de dos importantes medios: primero, el directivo es responsable de muchos compromisos iniciales que ponen en marcha actividades en las que después se verá involucrado (proyectos, diseño de canales de información, comités, etc.); segundo, saca partido de sus obligaciones obteniendo, en el cumplimiento de las mismas, información, ejerciendo su liderazgo, etc.

La esencia del estudio de Mintzberg sobre qué hacen realmente los directivos la encontramos en su teoría sobre los diez roles básicos que desempeñan, entendiendo por rol el conjunto organizado de comportamientos que corresponden a un oficio o puesto determinado. Los roles del directivo se perfilan como comunes a todos los directivos y se centran en lo que hacen, independientemente de cómo lo hacen, lo que dependería en buena medida de su propia personalidad.

Mintzberg agrupa los diez roles directivos en tres grandes grupos de actividades:

- Primero, las que tratan las **relaciones interpersonales**, que emanan de la propia autoridad y *status* especial de directivo dentro de su organización. Los roles aquí englobados son los siguientes: rol de cabeza visible, rol de enlace y rol de líder.

- Segundo, las actividades de **transmisión de la información**, que derivan de las anteriores: rol de monitor, rol de difusor y rol de portavoz.

- Tercero, las actividades que tienen que ver con la **toma de decisiones**, para las cuales el directivo está capacitado gracias al desempeño de las anteriores: rol de emprendedor, rol de gestor de anomalías, rol de asignador de recursos y rol de negociador.

Antes de entrar en la descripción de cada uno de estos roles conviene destacar, primero, que todos ellos son observables, por cuanto se manifiestan en actividades o comportamientos que el directivo realiza (algunos de los cuales responden a más de un rol); en segundo lugar, que todas las actividades del directivo están englobadas en alguno de estos roles y, en tercer lugar, que estos roles constituyen un todo integrado (es decir, aunque se describan por separado no se puede aislar ni suprimir uno de ellos sin que se resientan los demás).

1.1. Los roles interpersonales

1.1.1. El directivo como cabeza visible

Se trata del rol más sencillo, según el cual el directivo es el símbolo que representa a la organización que dirige y se ve obligado a cumplir con una serie de deberes sociales (como presidir determinados acontecimientos), de protocolo, legales (por ejemplo, la firma de determinados documentos) y, en general, sostener todas aquellas relaciones directas necesarias en virtud de su *status* o autoridad.

1.1.2. El directivo como líder

Este rol es uno de los principales, y se refiere a la relación del directivo con sus empleados, y por tanto a la creación del clima que imperará en la organización. Si bien el liderazgo impregna todas las actividades del directivo, las actividades más específicamente propias de este rol son las que tienen que ver con la contratación, formación, evaluación, remuneración, promoción y despido de sus subordinados, así como las de estímulo de sus empleados y atención a sus actividades, con el fin de detectar problemas que requieran su atención. Como líder, el directivo persigue integrar los objetivos de la organización y las necesidades individuales de los que la componen para conseguir un funcionamiento eficiente. Es en este papel en el que se manifiesta en mayor medida el poder del directivo.

1.1.3. El directivo como enlace

Este rol se refiere al establecimiento de relaciones del directivo con personas o grupos ajenos a la organización que dirige, con el fin de obtener colaboración o información. Son relaciones de enlace de la organización con su entorno. En virtud de este rol el directivo va creando una red de relaciones externas, que utilizará para intercambiar favores e información en beneficio de ambas partes. Dichas relaciones, si bien propias de los directivos de todos los niveles, son fundamentales para el nivel de dirección general.

1.2. Los roles informativos

Se derivan del hecho que el directivo tiene un acceso excepcional a la información externa, a la vez que constituye el centro neurálgico del flujo de información interna de su organización.

1.2.1. El directivo monitor

El rol de monitor hace referencia a actividades continuas de búsqueda y recepción de información. Mintzberg clasifica la información que los directivos reciben en cinco tipos:

- Primero, operaciones internas, recogidas en los informes regulares de operaciones, o provenientes de sus subordinados o de su observación directa.

- Segundo, acontecimientos externos (sobre clientes, contactos personales, competidores, cambios en el mercado, nuevas tecnologías, etc.), que obtiene tanto a través de contactos personales externos, como de subordinados, o de organismos sectoriales, de la lectura de publicaciones, etc.

– Tercero, análisis, solicitados o no, provenientes de subordinados, organismos sectoriales o consultores.

– Cuarto, nuevas ideas y tendencias. Para recibirlas asiste a conferencias, presta atención a comentarios de sus clientes, contactos, subordinados, informes de organismos sectoriales, etc.

– Quinto, presiones, tanto de subordinados como de clientes o del público en general.

La conclusión es que la información preferida por los directivos no es la documentada e histórica, sino la corriente, que suele transmitirse verbalmente. Esta información no se la puede facilitar el sistema formal de información, por lo que el directivo se ve obligado a crear su propio sistema informativo, desarrollando sus contactos y estableciendo redes especiales de comunicación dentro de su organización, que no coinciden con las líneas formales de autoridad.

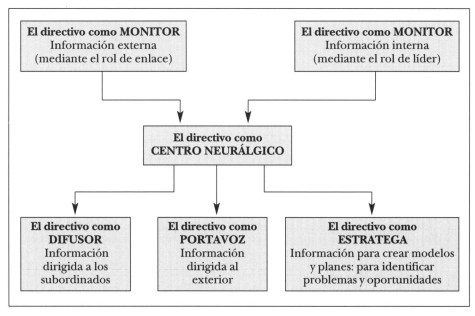

Gráfico 2. El directivo como sistema de tratamiento de la información

1.2.2. El directivo como difusor

El directivo en virtud de su rol de difusor transmite la información externa al interior de la empresa, y la información interna entre sus subordinados. La información puede ser objetiva o bien de valores o criterios. La información valorativa es transmitida por el directivo a sus subordinados a fin de orientar sus decisiones como respuesta a temas concretos que van surgiendo.

El «dilema de la delegación» cobra especial relieve en este rol. Este dilema consiste en que el directivo es la persona más indicada para llevar a cabo tareas que no corresponden a una sola especialidad o que requieren de información especial de la que sólo él dispone. Pero, como «no puede con todo», se ve obligado a optar entre sobrecargarse de trabajo, realizando demasiadas tareas personalmente, o delegar. En esta segunda opción el problema es que la información pertinente, al no estar documentada sino almacenada en su memoria, sólo puede transmitirla verbalmente, lo que supone también la dedicación de mucho tiempo. Si, por otra parte, el directivo no transmite esta información, las tareas delegadas serán realizadas insatisfactoriamente.

1.2.3. El directivo como portavoz

En su rol de portavoz el directivo transmite información desde la organización hacia su entorno exterior. Mantiene informados principalmente a dos grupos: por un lado, al Consejo de Administración (si se trata de un director general) o su superior directo (si es un directivo medio) y, por otro lado, al público general de la organización (en el caso de un director general serán los proveedores, clientes, organismos oficiales, prensa, organismos sectoriales, colegas, etc.), facilitándoles la información más actual sobre la misma. Es en su rol de portavoz por el que comparte información con su red de enlaces y actúa como experto que aconseja sobre problemas relacionados con su organización o el sector al que ésta pertenece.

1.3. Los roles de decisión

El directivo es el responsable último del proceso de definición de las estrategias de su organización, entendiendo por estrategia todas aquellas decisiones significativas que se efectúan en la misma.

1.3.1. El directivo como emprendedor

El directivo emprendedor no es sólo el que inicia una nueva organización, sino el que inicia y diseña cambios en la organización ya existente, también llamado *intra-preneur*. El proceso emprendedor se inicia con la búsqueda sistemática de oportunidades y problemas, como parte del rol de monitor del directivo. Pero el proceso de toma de decisiones propiamente comienza cuando el directivo decide que es necesario emprender alguna acción para solventar ese problema o para aprovechar una oportunidad descubierta. Mintzberg denomina «proyecto de mejora» a toda la secuencia de actividades diseñadas a tal efecto. El directivo puede participar en un proyecto de mejora de tres maneras diferentes: delegando íntegramente la responsabilidad del proyecto en otra persona, aunque reservándose el derecho a reemplazarla (delegación); delegando la concepción del proyecto de mejora, conservando el derecho a autorizar el mismo (autorización), o bien supervisando personalmente su concepción e implementación (supervisión). Los directivos suelen supervisar una larga lista de proyectos de mejora en distintas fases de desarrollo: inicio, finalización, etc.

1.3.2. El directivo como gestor de anomalías

El rol de gestor de anomalías es el que asume el directivo para hacer frente a acontecimientos imprevistos que provocan un problema en la organización. Las anomalías surgidas se han de corregir para evitar que suman a la organización en una crisis. Estas anomalías pueden ser muy diversas, pudiéndose clasificar en tres grupos: conflictos entre subordinados, dificultades entre dos organizaciones y amenaza o pérdida de recursos. Se caracterizan por lo siguiente: primero, surgen repentinamente; segundo, normalmente llegan al conocimiento del directivo a través de la persona que las detecta, y, tercero, el directivo les asigna una gran prioridad, ya que modifica sus planes con el fin de buscar soluciones a corto plazo que le permitan ganar tiempo para, en caso necesario, iniciar un proyecto de mejora.

1.3.3. El directivo como asignador de recursos

La asignación de recursos (entendiendo recurso en su más amplio sentido, lo que incluye el dinero, el personal, los equipos y medios materiales, y la imagen de la organización) está íntimamente ligada al proceso de determinación de estrategias. Tiene lugar a través de tres tipos de decisiones.

Primero, la programación del tiempo del directivo, en la que el directivo asigna prioridades y determina los intereses de su organización. Segundo, la programación del trabajo de su organización, en la que decide qué debe hacerse, quién hará cada trabajo y con qué estructura. Tercero, la autorización de determinadas acciones, para asegurarse que se persiguen las estrategias escogidas. Las autorizaciones pueden ser de tipo presupuestario, que tienen lugar en un momento determinado del ejercicio y en virtud de las cuales se distribuyen unos fondos determinados entre unos proyectos que resultan escogidos, o bien *ad hoc,* en las que puede jugar un papel muy importante el factor tiempo (ni precipitarse en aprobarlas ni dejar escapar una oportunidad por demorar en exceso su autorización). El directivo siempre debe asegurarse de que las decisiones se ajusten a los criterios imperantes en la organización. Para valorar las propuestas atenderá a modelos y planes que obran en su mente; por modelos se entiende su visión mental de los diversos sistemas que interactúan en su organización, y por planes sus ideas sobre posibles proyectos de mejora a implantar en su organización. Los planes suelen ser flexibles y no explícitos.

1.3.4. El directivo como negociador

Se trata del rol que asume el directivo cuando tiene que negociar aspectos importantes con individuos u organizaciones externas. El directivo participa en estas negociaciones a la vez como cabeza visible, dando credibilidad con su presencia a la actividad negociadora, como portavoz, transmitiendo información en representación de su organización, y como asignador de recursos, disponiendo de la autoridad suficiente para comprometer los recursos que están en juego en la negociación.

1.4. Razones que justifican la existencia del directivo

Tras definir los diez roles básicos, Mintzberg concluye con una serie de reflexiones sobre por qué las organizaciones necesitan directivos. Encuentra seis razones fundamentales:

1. La misión principal del directivo es asegurar que la organización cumpla su función básica: la producción eficiente de determinados productos o servicios.

2. El directivo es responsable de que la organización funcione como una unidad integrada, manteniendo la estabilidad de sus operaciones.

3. El directivo es el responsable de determinar las estrategias de su organización, manteniendo el equilibrio entre estabilidad y cambio.

4. El directivo debe asegurar que la organización satisfaga los fines de las personas que la controlan y para ello debe orientar continuamente su organización a tal fin.

5. El directivo debe ser el principal nexo de unión entre la organización y su entorno.

6. Finalmente, el directivo debe cumplir con toda la serie de obligaciones correspondientes a su *status*.

2. El trabajo de los directores generales exitosos

Entre 1976 y 1981 John P. Kotter, catedrático de Comportamiento Organizativo de la Harvard Business School, realizó un estudio centrado en un grupo de quince directores generales, de éxito reconocido, pertenecientes a distintas empresas radicadas en Estados Unidos. Su objetivo era investigar cuáles eran sus funciones, quiénes eran, de dónde procedían, cómo se comportaban y qué diferencias existían entre ellas. Como en el caso de Mintzberg, Kotter estaba interesado no en perfiles de trabajo directivo ideales o teóricos, sino en su comportamiento real eficaz.

A continuación presentamos un resumen de las principales conclusiones de este estudio. El comportamiento diario de los directivos estudiados responde a los siguientes patrones observables:

a) Pasan la mayor parte de su tiempo de trabajo acompañados, de media un 75% de su tiempo hablando con o escuchando a otras personas.

b) Las personas a las que dedican su tiempo no son solamente sus jefes y sus subordinados directos, sino muchas otras. Frecuentemente, se saltan la cadena formal de mando y también interaccionan con personas sin relación aparente con la empresa.

c) Los temas de conversación con estas personas son muy variados, no siendo exclusivamente de alta dirección, sino cualquier otro que pueda afectar remotamente a sus negocios y compañías.

d) En el transcurso de sus conversaciones el director general siempre hace muchas preguntas.

e) En sus conversaciones rara vez parecen tomar grandes decisiones.

f) En sus conversaciones son frecuentes las bromas y chistes relaciona-dos con personas de la empresa o del sector, así como los comenta-rios sobre temas ajenos al trabajo y relacionados con las respectivas familias o aficiones.

g) Frecuentemente se involucran en actividades que poco tienen que ver con el negocio o la empresa y que incluso ellos consideran una pérdida de tiempo.

h) Difícilmente dan órdenes en el sentido tradicional del término, es decir, no acostumbran a decir directamente a los demás lo que de-ben hacer.

i) No obstante lo anterior, sí que continuamente tratan de influir sobre la gente a través del ruego, la lisonja, la persuasión o la intimidación, es decir, usando un amplio rango de medios de influencia.

j) Gran parte de su jornada no responde a ninguna planificación, soste-niendo conversaciones y tratando con gente fuera del orden del día preestablecido.

k) Sus conversaciones acostumbran a ser muy breves e inconexas.

l) Trabajan muchas horas, en promedio algo menos de sesenta a la se-mana, en su mayor parte en el lugar de trabajo (en promedio están de viaje cuatro días y medio al mes).

Estos comportamientos no encajan demasiado con las funciones de or-ganización, planificación, control, integración, dotación del personal, etc. tradicionalmente atribuidas a los altos directivos por autores clásicos como Taylor, Fayol y otros. Por el contrario, muchos de estos comportamientos observados no encajan dentro de ninguna de las funciones citadas. Pero si bien se trata de comportamientos a primera vista poco eficientes, poco pro-pios de directivos, o simplemente inexplicables, lo cierto es que los directo-res generales observados se comportan de esta manera y obtienen buenos resultados actuando así.

Kotter atribuye la razón de estos comportamientos a la manera en que los directores generales abordan su trabajo. Considera que todos los direc-tores generales estudiados enfocan su trabajo de forma muy similar y que ello es a su vez consecuencia lógica de los retos a los que se enfrentan en su quehacer diario. Estos retos pueden resumirse en dos fundamentales:

– Decidir qué hacer en un entorno de incertidumbre, de gran diversi-dad y de gran cantidad de información relevante.

– Conseguir que se hagan las cosas, cuando éstas dependen de un amplio conjunto de personas sobre la mayoría de las cuales no tienen un poder formal.

En cuanto al enfoque, en un principio, los directores generales intentan simultáneamente, primero, **desarrollar las agendas de sus negocios** y, segundo, **establecer las redes de contactos personales necesarios** para poder cumplir con tales agendas. Una vez establecidas las agendas y las redes, dedicarán sus esfuerzos a asegurarse de que las redes efectivamente sirvan para alcanzar los objetivos plasmados en su agenda.

2.1. El establecimiento de la agenda

Las agendas se componen de toda una serie de objetivos y planes, a corto, medio y largo plazo, sobre una amplia variedad de temas entre los que destacan los financieros, comerciales y de organización. Combinan asuntos muy específicos junto a otros muy poco precisos. El *cuadro 1* refleja el contenido de una agenda típica.

Las agendas de los directores generales, si bien acostumbran a ser congruentes con los planes formales que se elaboran en la empresa, se diferencian de ellos al menos en tres aspectos:

– Primero, los planes formales acostumbran a escribirse en forma de cifras financieras detalladas, mientras que las agendas directivas acostumbran a detallar menos los temas financieros y más las estrategias y planes.

– Segundo, los planes formales suelen centrarse en el plazo corto o medio (entre tres meses y cinco años) mientras que las agendas consideran un plazo más amplio que abarca desde el futuro inmediato (de 1 a 30 días) hasta el largo plazo (de 5 a 20 años).

– Tercero, los planes formales suelen ser más explícitos, lógicos y congruentes especialmente en hacer cuadrar sus cifras financieras, mientras que las agendas a menudo incluyen objetivos y planes no explícitamente conectados entre sí.

El director general inicia la confección de su agenda al incorporarse a su nuevo trabajo y la irá desarrollando a medida que aumentan sus conocimientos sobre la organización y el negocio, actualizándola día a día en base

PLAZO	TEMAS PRINCIPALES		
	Financieros	Negocio	Organización
Largo (5-20 años)	Normalmente contiene una vaga noción de los ingresos o beneficios esperados en 10 o 20 años.	Acostumbra a incluir sólo una vaga noción del tipo de negocio (productos y mercados) que quiere desarrollar.	Acostumbra a incluir ideas generales sobre el estilo que desea para su compañía y el calibre del equipo directivo que precisará.
Medio (1-5 años)	Suele incluir una serie bastante concreta de objetivos de ventas, ingresos y beneficios para los próximos 5 años.	Suele incluir algunos objetivos y planes de crecimiento como pueden ser el lanzamiento de productos nuevos, explorar las posibilidades de adquisición en el área...	Suele incluir una breve lista de asuntos como pueden ser la necesidad de una reorganización importante para dentro de 3 años, encontrar un sustituto para tal directivo antes de 2 años, etc.
Corto (<12 meses)	Generalmente incluye una lista muy detallada de objetivos financieros trimestrales y anuales en todas las áreas financieras: ventas, ingresos, gastos, beneficios, etc.	Generalmente incluye un conjunto de objetivos y planes generales relativos a cuotas de mercado de varios productos y niveles de existencias de varias líneas.	Generalmente incluye una lista de asuntos como éstos: reemplazar cuanto antes a tal directivo, conseguir que tal otro se proponga objetivos más ambiciosos para los próximos 5 años, etc.

Cuadro 1. Contenido de una típica agenda de director general

a nueva información recibida. Con ello, su agenda irá siendo más completa y ganará congruencia.

La información que el director utiliza para la confección de su agenda procede más de conversaciones que mantiene con una gran variedad de personas (no necesariamente con quienes se ocupan concretamente de temas de planificación) que de información escrita. En el ejercicio de su trabajo no cesa de plantear preguntas críticas para obtener información útil para su agenda.

A la hora de determinar qué proyectos o actividades incluir en sus agendas, los directores generales se inclinan por aquellos que pueden contribuir a lograr más de un objetivo a la vez, que son consistentes con los demás objetivos y planes, y que los directivos tienen el poder suficiente para realizar.

De entre los directores estudiados, los mejores incluían en sus agendas estrategias de negocio más explícitas y a más largo plazo, así como una mayor variedad de temas. La información la conseguían siendo más enérgicos y habilidosos al formular sus preguntas y consiguiendo más proyectos o programas que pudieran servir para lograr más de un objetivo a la vez.

2.2. El establecimiento de una red

La otra actividad principal del director general, en los primeros meses de su nuevo trabajo, es la de desarrollar un conjunto de relaciones de cooperación con las personas que necesita para cumplir con sus agendas. El establecimiento de esta red consumirá gran parte de su tiempo aun después de los seis primeros meses, si bien el esfuerzo principal lo realiza al principio.

Esta red de relaciones se compone no sólo de sus subordinados directos. A menudo incluye cientos o miles de personas, entre ellas: directivos de igual rango de su misma organización o externos, sus jefes, los jefes de sus jefes, los subordinados de sus subordinados, otras personas externas, etc. Al igual que crea una agenda consistente con los planes de la empresa pero diferente de éstos, crea una red diferente, pero normalmente consistente con la estructura organizativa formal de la empresa. El *gráfico 3* resume una red típica de director general.

Las relaciones que el director general tiene con los diversos componentes de la red son muy diversas en naturaleza e intensidad. Para formar parte de la red, el director general escogerá en primer lugar a aquellas personas que más le pueden ayudar a desarrollar su agenda. Los métodos que utiliza para ir estableciendo su red son variados: hacer favores a las personas escogidas, estrechar sus relaciones formales, animarles a identificarse con ellos, hacer valer su reputación profesional o su poder para conseguir recursos, ascensos u otros beneficios, etc.

Por lo que se refiere a las relaciones con sus subordinados los directores generales suelen diseñar su red trasladando, contratando y despidiendo a las personas en su intento de «conseguir que se hagan las cosas». Del mis-

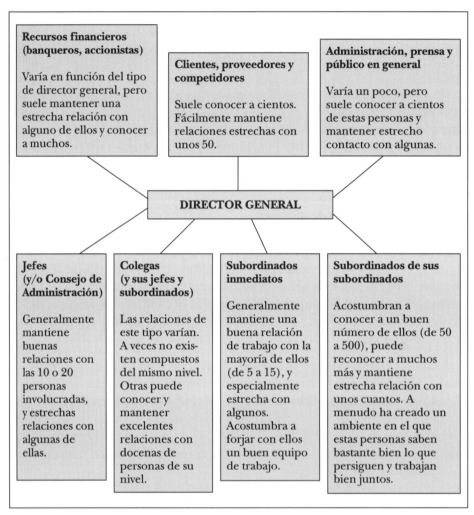

Gráfico 3. Una típica red de director general

mo modo, también cambian de proveedores, de bancos; influyen para que determinadas personas ocupen puestos de similar responsabilidad al suyo, y pueden incluso tratar de reestructurar sus consejos para mejorar las relaciones con sus miembros.

Muchas veces, también tratan de influir en las normas y valores de la empresa para conseguir un entorno más apto para el cumplimiento de los objetivos de su agenda. Con sus subordinados utilizan instrumentos formales, como los cambios en la estructura organizativa o en los sistemas de control, y también instrumentos informales, como por ejemplo erigirse en símbolo de lo que quiere que sus subordinados hagan.

Los mejores directores generales utilizan una variedad de métodos más amplia que los demás para crear y mantener su red, lo hacen también más enérgicamente y con más habilidad. Consiguen integrar en su red a muchas personas de talento y crear lazos muy fuertes con y entre sus subordinados.

2.3. La utilización de la red para poner en práctica la agenda

Una vez establecidas su agenda y su red, los directores generales exitosos estudiados por Kotter acostumbran a centrarse en utilizar su red y el resto de sus recursos (presupuestarios, habilidades personales, información) para cumplir con su agenda, influyendo para ello directa o indirectamente de muchas maneras diferentes sobre las personas y las cosas. De ser necesario, el director general recurre a todos sus contactos, no únicamente a sus jefes directos y sus subordinados.

El director general sólo se involucra en la ejecución de algún punto de su agenda cuando cree que sólo él puede ocuparse de conseguirlo (en caso contrario delega). Los que consiguen mejores resultados tratan siempre de conseguir más de un objetivo de su agenda con el mínimo coste posible para su red.

Cuando acuden a las personas de su red influyen sobre ellas de diversas maneras: normalmente les piden o sugieren que hagan algo sabiendo que lo harán en virtud de la relación que les une, otras veces recurren a sus conocimientos y a su información para persuadirles que lo hagan, en otras circunstancias negocian un trato, y de vez en cuando recurren a la intimidación y a la coacción.

También es frecuente que ejerzan influencias indirectas, como por ejemplo: convencer a una persona de su red para que ésta convenza a su vez de hacer algo a otra que no es de su red, o tratar de que varias personas de su red hagan algo que inducirá a otras personas a adoptar a su vez determinado comportamiento. Acostumbran a utilizar métodos simbólicos: las reuniones, la arquitectura, el lenguaje, el tiempo y el espacio para comunicar mensajes indirectamente.

Todos los directores generales del estudio se comportan de esta manera, pero los mejores consiguen movilizar a más personas para conseguir más cosas y utilizan tácticas más variadas, manejando muy sutilmente las influencias indirectas.

La mayor parte de los comportamientos diarios de los directivos son consecuencia directa de la manera en que abordan su trabajo (derivada de la naturaleza del trabajo y de sus características personales), es decir, unos tienen que ver con los procesos de elaboración de la agenda, otros con la creación de la red, otros con la ejecución de la agenda a través de la red, y otros más son consecuencia de todo ello en general. La mayor parte de los patrones de comportamiento observados, enumerados de la *a*) a la *l*) al principio de este apartado dedicado a Kotter, se explican fácilmente a la luz de estos procesos del trabajo directivo, tal como queda plasmado en el *cuadro 2*.

De los patrones visibles del comportamiento diario los que más cuesta entender, según la concepción tradicional del trabajo directivo, quizás sean los *j*) y *k*), relativos a la improvisación de gran parte de su tiempo y a la brevedad e inconexión de sus conversaciones. Pero, sin embargo, son posiblemente los más importantes y eficientes de todos. Los directores generales comentaban que podrían estar trabajando 100 horas a la semana si no encontraran la manera de controlar su tiempo, pero que consiguen limitarse a algo menos de un promedio de 60 horas (patrón de comportamiento *l*) gracias a la forma en que utilizan sus agendas y redes. Efectivamente, el director general aprovecha encuentros fortuitos con personas para recabar colaboración, sostiene múltiples conversaciones inconexas, aparentemente caóticas, pero muy útiles para él, y es capaz de despachar muy brevemente muchos temas porque se guía por la agenda que lleva en su mente y por las buenas relaciones que le unen con la gente de su red. Consigue de esta manera, rápidamente, lo que le costaría mucho más tiempo conseguir a través de cauces formales (como las reuniones planificadas a tal efecto) que, además, a buen seguro no serían tan efectivos de no mantener relaciones excelentes con las personas involucradas en la actividad concreta.

2.4. Consecuencias

Examinemos algunas de las principales consecuencias que, para una mejor actuación del director general, Kotter extrae de su investigación.

El enfoque de su trabajo	El comportamiento diario
Sobre todo se centra en desarrollar una red de relaciones con todos aquellos de cuyo trabajo depende, y en utilizar la red para crear, poner en práctica y actualizar una agenda.	a) Pasa la mayor parte de su tiempo acompañado.
La red tiende a incluir a la mayoría o a todos aquellos de quien depende, incluyendo jefes, subordinados, colegas y contactos externos.	b) Las personas a las que dedica su tiempo son muchas, no sólo su jefe y sus subordinados directos.
La agenda tiende a incluir asuntos de todas las áreas sobre las que es responsable.	c) Los temas de conversación con estas personas son muy variados.
La creación de la agenda implica la recogida continua de información, normalmente haciendo preguntas a miembros de la red sobre un amplio abanico de asuntos relevantes.	d) En el transcurso de sus conversaciones hace muchas preguntas.
Crea entonces una agenda que no está escrita siguiendo un proceso mental invisible (la toma de decisiones es mental).	e) En sus conversaciones rara vez parece adoptar grandes decisiones.
Para construir la red es necesario utilizar tácticas variadas, entre las más utilizadas está el humor, así como dedicar tiempo a asuntos que no son importantes para el negocio pero sí para los individuos.	f) Sus conversaciones suelen incluir bromas, así como comentarios sobre temas ajenos al trabajo. g) Frecuentemente, se envuelven en actividades sin relación con el negocio o empresa.
Al utilizar la red para poner en práctica la agenda, utiliza una amplia variedad de métodos de influencia directos e indirectos; el dar órdenes es sólo uno de ellos.	h) Sí tratan de influir sobre los demás. i) Difícilmente dan órdenes.

Cuadro 2. La relación entre algunos patrones de comportamiento del director general y el enfoque de su trabajo

La preferencia por el director general interno

Acudir a la selección externa de un director general puede ser arriesgado. Una persona externa difícilmente conoce con detalle el negocio y la empresa que ha de dirigir, ni ha forjado sólidas relaciones con la gran cantidad de personas de las que dependerá en su trabajo. De hecho, ninguno de los quince directores generales exitosos estudiados por Kotter fueron seleccionados del exterior.

La selección externa debería restringirse a casos en que los conocimientos y principales relaciones puedan adquirirse rápidamente (por ejemplo si se trata de una pequeña división perteneciente a un sector relativamente maduro) o sean transferibles entre compañías (caso de compañías pertenecientes a un sector maduro con negocios muy parecidos y cuyas principales relaciones son externas con clientes o proveedores semejantes), o cuando no hubiera más remedio que adoptar ese riesgo.

En consecuencia, las empresas deberían «cultivar» sus propios directivos, lo que requiere una política de contratación de jóvenes directivos con potencial para asumir puestos ejecutivos en el futuro y diseñar sus carreras de manera que puedan ir desarrollando sus habilidades, sus relaciones personales y progresen en el conocimiento del negocio y de la empresa. Esto a su vez implica una buena planificación de negocios, para saber qué ejecutivos se necesitarán en el futuro, en coordinación con la planificación de recursos humanos.

Los programas de formación de directivos

Algunos programas de alta dirección están lejos de enseñar lo que realmente conviene a un futuro directivo, ya que se centran en enseñarles herramientas de tipo formal, en la resolución de problemas que carecen de ambigüedad y porque enfocan las relaciones humanas de forma demasiado simplista. Kotter considera que los más efectivos son programas exigentes de larga duración, que agrupan a individuos procedentes de diferentes negocios y empresas y los enfrentan a una gran variedad de situaciones, posibilidades e ideas, al tiempo que los retan a que expongan sus ideas, opiniones y conclusiones.

El nuevo director general

Teniendo en cuenta que un director general recién incorporado a su nuevo cargo necesita dedicar mucho tiempo a la creación de su agenda y de su red de relaciones, es muy conveniente que sus superiores le permitan ocuparse principalmente de ello. Por tanto, puede ser contraproducente que en los tres o seis primeros meses se le exija que realice tareas específicas o que trabaje en proyectos determinados. Por ejemplo, si el nuevo director procede de una función y le asignan la dirección de una división, probablemente tendrá problemas para diseñar su agenda por desconocer el detalle de las otras funciones de la división. En cambio, si asciende desde puestos de *staff* o adjunto hasta la dirección general de una empresa profesional con responsabilidad sobre cientos de personas, puede tener dificultades para establecer su red. Lo preferible es que sus jefes le ayuden a fortalecer sus puntos más débiles fomentando actividades que le sirvan a tal fin.

Los sistemas formales de planificación y evaluación

Un buen sistema de planificación y de evaluación debería ser una herramienta flexible en manos del director general que le ayudara a crear una buena agenda de trabajo y una red para ponerla en práctica. Por desgracia, muchos de los sistemas de planificación no son así, sino que imponen con rigidez el cumplimiento de determinadas cifras. Estos sistemas impiden que el director general pueda pensar estratégicamente al elaborar su agenda y, a la vez, le dificultan la creación y mantenimiento de su red, debido a las tensiones y presiones innecesarias que generan entre las personas.

3. Las nuevas competencias directivas y su aprendizaje y desarrollo

Mientras que buena parte de las conclusiones de Mintzberg y Kotter, aunque estudiadas en empresas tradicionales, son seguramente todavía básicamente válidas para los directivos de empresas de hoy, enfrentadas al reto de cambios permanentes y alta competitividad, el estudio de Bartlett y Ghoshal (1995) es la mejor fuente para considerar las tareas y competencias propias del trabajo directivo en empresas avanzadas.

Para entender las tareas y las competencias que necesitarán los directivos de empresas avanzadas y complejas es conveniente preguntarse, primero, cuáles son los rasgos definitorios de estas empresas. La respuesta, al menos en lo que se refiere a grandes organizaciones, la empiezan a ofrecer una serie de conglomerados empresariales, tales como AT&T, ABB, Komatsu, Corning Glass, 3M, Royal Dutch Shell, ISS, KAO, General Electric, etc.

La «nueva» realidad organizativa se caracteriza, entre otras, por las siguientes características:

1) Las empresas están organizadas prescindiendo de la división tradicional en sectores, grupos y divisiones, para organizarse en pequeñas unidades de negocio. Por ejemplo, ABB, multinacional europea que factura alrededor de 30.000 millones de dólares estadounidenses, está compuesta por más de 1.300 unidades de negocio, cada una con una identidad legal propia y contabilidad aparte. 3M, la empresa americana que tiene en cartera más de 60.000 productos, con ventas de 15.000 millones de dólares, está dividida en 3.900 unidades de negocio.

2) Las unidades de negocio se comunican entre sí a través de redes entretejidas con los nuevos sistemas de información y por medio de una multitud de equipos de trabajo multidisciplinarios, foros de discusión, «ferias» internas de tecnología, órganos de consulta, etc. Con ello se obtienen las ventajas proporcionadas por el carácter emprendedor de las unidades de negocio (flexibilidad, creatividad, agilidad, cohesión...) sin perder las ventajas que otorga el tamaño (poder de negociación, recursos financieros, etc.).

3) La mentalidad de trabajo dominante es la de fomentar la iniciativa individual. Se busca continuamente que los empleados se sientan altamente comprometidos, de modo que dediquen su esfuerzo, talento y energía en colaborar activamente con el esfuerzo común. La participación «comprometida» por parte de los trabajadores estará asegurada –en principio–, en la medida en que éstos tengan acceso al «poder corporativo», posean información válida sobre el desarrollo de las actividades de la empresa, y estén recompensados directamente por las actividades que realizan.

A lo largo de estos años de cambio, empresas tan diversas como AT&T, British Airways, British Petroleum, Siemens o el World Bank, han gastado tiempo y enormes sumas de dinero en proyectos que tratan de entender e identificar las nuevas competencias que necesitan los directivos en el desempeño de sus nuevos cometidos.

Este interés por parte de las empresas es comprensible, dados los enormes problemas de adaptación que están teniendo los directivos para ejercitar sus nuevas funciones. El índice de rotación, entre los directivos que quieren adaptarse a las nuevas demandas que impone la transformación que se está dando en las empresas, es muy elevado. En ABB, por ejemplo, después de la gran reestructuración que tuvo lugar en 1988, y a pesar de los métodos de selección de directivos, un 40% de los 300 puestos más altos de la jerarquía corporativa dejaron la empresa.

Parte del problema puede deberse a que, en términos generales, hasta ahora el perfil del directivo ideal se confeccionaba a modo de un inventario en el que se agrupaban con criterios poco claros una serie de rasgos de personalidad, convicciones, habilidades, atributos personales y tipos de comportamiento. En muchas ocasiones, estos perfiles se elaboraban sin tener en cuenta los contextos en que los directivos se desenvuelven. Sin embargo, estos contextos son los que deben servir como criterio a la hora de identificar, seleccionar y desarrollar directivos.

Los peligros saltan a la vista. Por un lado, las características que tradicionalmente identificaban a los buenos directivos ya no son necesariamente referenciales para distinguir a los directivos en las nuevas organizaciones. Por otro lado, al constituirse ese perfil ideal como una compleja conjunción de habilidades, resulta utópico pensar que tal conjunción pueda desarrollarse o concretarse en un candidato, y para un contexto determinado (Álvarez, 1996).

La pregunta, por tanto, sigue en pie: ¿cómo deben ser los individuos que ocupen los cargos directivos en las empresas complejas de hoy?

3.1. Nuevas funciones directivas

En las nuevas empresas, fuertemente descentralizadas, pero densamente intercomunicadas, Bartlett y Ghoshal (1995) observaron que los directivos ejercen su trabajo de acuerdo con sus habilidades e intereses en tres niveles claramente diferenciados:

1. *Directivos empresarios que trabajan a nivel de operación, en el «frente de batalla».* Estos directivos están al frente de las unidades aportando todo

tipo de iniciativas para crear y desarrollar nuevas oportunidades de negocio. Al mismo tiempo, aseguran que sus unidades de negocio mejoren continuamente su productividad y rindan beneficios crecientes. Para ello cuentan con un grado muy elevado de libertad en la toma de decisiones.

2. *Directivos de desarrollo, soporte y enlace, que desempeñan una función intermedia entre los directivos empresarios y los altos directivos corporativos.* Encargados de la coordinación entre las diferentes unidades de negocio, son responsables de las redes de comunicación dentro de las corporaciones. Aseguran, por ejemplo, que todos los conocimientos corporativos sean del dominio de los miembros de las distintas unidades de negocio. Adicionalmente, distribuyen los recursos corporativos necesarios y desarrollan una importante función mediadora en conflictos producidos por la descentralización.

3. *Altos directivos* que, en empresas avanzadas y complejas, han pasado básicamente de formular la estrategia, construir la estructura y los sistemas de control, a limitarse a crear una visión de lo que la corporación debe aspirar a ser en el futuro, y con la que los empleados puedan identificarse y sentirse comprometidos. Los altos directivos de estas empresas han concebido organizaciones más eficientes gracias a «liberar» el espíritu emprendedor que había en ellas, dedicando las energías corporativas a la creatividad. Estos altos cargos coinciden en verse a sí mismos como arquitectos de instituciones sociales; instituciones que deben ser capaces de capturar la energía, el compromiso y la creatividad de sus colaboradores, a quienes consideran parte integrante y no simples contratados.

En resumen, en las nuevas organizaciones se observa una transformación profunda. A nivel operativo, los directivos están dejando de seguir las directrices marcadas y pasan a ser emprendedores de ideas de negocio (el término en inglés que describe con exactitud el concepto es el de *intrapreneurship*). Asimismo, los directivos de nivel intermedio están pasando de ejercer labores de control a apoyar de modo continuo las distintas iniciativas empresariales. Por último, los directivos de alto nivel, en vez de diseñar estrategias, empiezan a dotar a la organización de una sensación de propósito, proponen nuevas direcciones y crean ambientes donde se busque el desafío constantemente.

3.2. Las nuevas competencias directivas

Las nuevas tareas directivas requieren nuevas competencias. El término «competencia» se ha generalizado recientemente para referir la aptitud o idoneidad de un directivo para ejercer sus tareas, y se describen a través de un conjunto constituido por tres partes básicas: características innatas, conocimientos y habilidades. Las *características innatas* reflejan aptitudes, rasgos y mentalidad que, en su conjunto, revelan el carácter y la personalidad del directivo, y por tanto son las menos maleables. Los *conocimientos* son saberes generados a partir de la experiencia profesional. Están relacionados con la cantidad y calidad de la información obtenida a lo largo de una trayectoria de trabajo. Las *habilidades* específicas para el desempeño de una labor directiva se desarrollan como producto de la interacción entre las características innatas y la experiencia profesional acumulada, como por ejemplo, la capacidad de negociación, o de trabajo en equipo.

A continuación, planteamos las nuevas funciones directivas. Se especifican por niveles, en primer lugar, las tareas directivas correspondientes y, en segundo lugar, las competencias requeridas, desglosando las características innatas, el tipo de experiencia profesional que se requiere y, finalmente, las habilidades específicas que es necesario desarrollar.

Directivo empresario

a) Tareas directivas: 1) crear y perseguir todo tipo de nuevas oportunidades empresariales; 2) conseguir recursos de todo tipo (financieros, técnicos, humanos...) para las nuevas aventuras empresariales, y 3) asegurarse que la unidad de negocio esté en una trayectoria de mejora continua.

b) Competencias:

– Características innatas: 1) creativo, intuitivo, persuasivo, y 2) competitivo y orientado a la obtención de resultados.

– Experiencia: 1) conocimiento detallado de las características técnicas de las operaciones y de los procesos de su unidad de negocio; 2) conocimiento del entorno competitivo y del tipo de consumidores, y 3) conocimiento de los recursos internos y externos con los que cuenta la unidad de negocio.

– Habilidades específicas: 1) reconocer la viabilidad de una idea y crear equipos comprometidos para ponerla en marcha; 2) motivar y conseguir la afinidad de los involucrados en la consecución de metas, y 3) encauzar y sostener el esfuerzo necesario.

Directivos de desarrollo, soporte y enlace

a) Tareas directivas: 1) soporte de las iniciativas que se generan en las unidades de negocio; 2) asesoramiento y canalización de recursos disponibles e idóneos en virtud de las iniciativas, y 3) establecimiento de un orden de prioridades a corto, medio y largo plazo.

b) Competencias:

– Características innatas: 1) afán de ayudar; 2) paciencia y capacidad de maniobra; 3) integrador y perceptivo, y 4) tolerante, pero al mismo tiempo, exigente.

– Experiencia: 1) conocimiento de las personas y, por tanto, conocimiento de los procesos de motivación individuales; 2) conocimiento de la dinámica interpersonal y las relaciones intergrupales, y 3) conocimiento de las prioridades de la organización.

– Habilidades específicas: 1) delegar, desarrollar y potenciar; 2) desarrollar relaciones interpersonales y construir equipos de trabajo, y 3) reconciliar diferencias manteniendo al mismo tiempo la tensión creativa.

Altos directivos

a) Tareas directivas: 1) replantear constantemente los supuestos de la organización empresarial y preguntarse en todo momento por lo adecuado de lo realizado, y de lo que se podría hacer, sin dejar por ello de verificar el funcionamiento puntual; 2) construcción de un contexto de cooperación en el que se fomente credibilidad y confianza, y 3) establecer el ideal al que debe aspirar toda la organización.

b) Competencias:

– Características innatas: 1) visionario, desafiante; 2) inconformista, exigente, y 3) de mentalidad abierta.

– Experiencia: 1) visión global de la corporación, del sector competitivo y de las fuentes de ventajas estratégicas; 2) comprensión de los procesos y cultura de la organización, y 3) comprensión del marco institucional.

– Habilidades específicas: 1) crear un ambiente de trabajo que exija lo mejor de cada uno y, a la vez, lleno de alicientes; 2) transmitir ilusión, y 3) inspirar confianza y credibilidad en la institución y en sus cuadros directivos.

3.3. Selección y desarrollo de directivos

Disponer de buenos directivos es fundamental para las empresas. La mayor parte afrontan este reto «criando» sus propios directivos. Lo hacen a partir de la selección y desarrollo de los ejecutivos que parecen poseer las aptitudes requeridas. Tales aptitudes (a las que se les suele llamar «potencial»), convenientemente desarrolladas, posibilitarán la ascensión dentro de la jerarquía organizativa.

Ciertamente, las empresas también tienen en su mano la opción de «comprar» estos directivos fuera de su propia organización. Esta segunda opción, sin embargo, adoptada de manera intensa, comporta el peligro de debilitar la propia «cultura» de la organización. Sin embargo, si lo que se desea es cambiar estilos, capacidades y, en última instancia, la cultura misma, «comprar» altos directivos puede ser la alternativa deseable.

Derr y Briscoe (1995) estudiaron las prácticas más usuales de selección y desarrollo de directivos en grandes corporaciones europeas y norteamericanas. Observaron que, en general, se considera que un directivo con potencial se caracteriza por:

1) Acceder a puestos en la jerarquía corporativa con mayor rapidez que sus colegas.

2) Estar supervisado y dirigido por directivos que actúan como mentores, especialmente durante las primeras etapas de su carrera profesional.

Observaron también que los procesos de selección y desarrollo suelen dividirse en tres etapas. En una primera etapa, un grupo de jóvenes directivos es escogido entre sus colegas, ya que se les supone potencial. Este grupo puede incluir candidatos graduados de instituciones educativas de elite y/o candidatos que han desempeñado con éxito sus primeras experiencias profesionales. En una segunda etapa, a lo largo de un período de desarrollo que puede durar de 10 a 15 años, estos candidatos son formados por la empresa. Por último, en la tercera etapa, unos pocos son seleccionados para los puestos más elevados de la jerarquía.

Los métodos más usuales empleados para identificar y seleccionar directivos con potencial por parte de las grandes empresas son, por orden de mayor a menor importancia, los siguientes (notas sobre 7):

Recomendaciones de los jefes	(5,5)
Informes de desempeño	(5,1)
Perfil de competencias	(3,8)
Tipo de formación académica	(3,1)
Centros de evaluación	(3,1)
Exámenes psicológicos	(2,4)
Institución académica de origen	(1,1)

Los métodos más empleados en la segunda etapa, la de desarrollo, por orden de importancia, son (notas sobre 7):

Tareas multifuncionales	(4,1)
Proyectos	(3,4)
Cursos «*in-company*»	(3,2)
Experiencia en el extranjero	(2,8)
Rotación a través de distintos puestos	(2,8)
Rotación de *staff* a puestos operativos	(2,6)
Rotación de puestos operativos a *staff*	(2,3)
Posibilidad de trabajar con un tutor	(1,9)
Cursos externos	(1,4)

Sólo los candidatos que muestran competencia y fidelidad a la empresa tienen posibilidades de completar esta segunda etapa. De esta manera se convierten en «recursos de la corporación». Algunos candidatos abandonan esta segunda etapa de formación, ya sea por no estar interesados en pagar el «precio» (generalmente problemas familiares) que conlleva el mantenerse en la lista, o bien por no mostrar las características que se esperan de ellos. Asimismo, en esta segunda etapa, las cualidades que resultaron más valoradas en los directivos –al margen del éxito continuado en las tareas asignadas– fueron, por orden de importancia:

Buenas habilidades interpersonales   (49%)

Habilidades sobresalientes de comunicación   (49%)

Cualidades de liderazgo   (46%)

Inteligencia   (43%)

Conocimiento de los productos y mercados   (39%)

Habilidad para organizar, planear y establecer prioridades (30%)

Habilidad estratégica   (30%)

Competencia técnica   (26%)

Capacidad para la organización de equipos de trabajo   (22%)

Habilidad para enfrentarse al estrés y a la ambigüedad   (22%)

Tesón y perseverancia   (22%)

Habilidad para seleccionar y desarrollar equipos   (22%)

Conocimientos generales de administración   (19%)

El citado estudio de Derr y Briscoe reveló, además, una serie de problemas en relación al desarrollo efectivo de los directivos. Los principales fueron los siguientes:

1) Exceso de «politiqueo» y falta de coordinación, lo que unido a un crecimiento más lento por parte de las empresas, obliga a que todo el mecanismo de sucesión se «ralentice». Muchos candidatos a ocupar algún puesto directivo se quedan en el camino cuando la espera se eterniza (28% de las empresas).

2) Dado que la recomendación de los jefes es la vía que permite a muchos jóvenes directivos acceder a programas de desarrollo (5,5 sobre 7), resulta especialmente grave el hecho de que muchos jefes (directivos veteranos) «ocultan» –no recomendándolos– a sus mejores directivos jóvenes para no perderlos (también, 28% de las empresas).

3) La alta dificultad, subjetividad y controversia que rodea todo el proceso de selección y desarrollo (un 16% de las empresas denunció este problema).

La metodología de selección y desarrollo de directivos se enfrenta a retos fundamentales en el futuro, condicionada por las nuevas circunstancias empresariales. Muchas empresas están descubriendo no sólo que las competencias de sus directivos no se ajustan a los nuevos contextos organizativos, sino que algunos de ellos ya son, o pueden convertirse, en un obstáculo que les impida llevar a cabo los procesos de transformación necesarios a fin de enfrentarse en mejores condiciones a los cambios que se están operando en el entorno.

La lógica que anima todo el proceso de selección y desarrollo de directivos debe cambiar. Dos son las razones fundamentales. Primero, la idea misma por la que un directivo que lo ha «hecho bien» asciende en la escala jerárquica, empieza a carecer de sentido, puesto que, para empezar, el concepto mismo de «escalera» jerárquica comienza a minimizarse. Y segundo, el desarrollo de directivos dentro de una organización está dejando de ser un proceso para encontrar a los «sucesores» de los dirigentes de la empresa, para pasar a ser una «fuente» de ventajas estratégicas sostenibles.

La selección y desarrollo de directivos debe empezar a fundamentarse sobre los siguientes criterios:

1) La selección debe hacerse también basándose en los rasgos y características inherentes a la personalidad. En menor medida, se tendrán en cuenta los conocimientos acumulados y la experiencia profesional. El desempeño de un directivo en el pasado no garantiza necesariamente su desempeño en el futuro. Esto es especialmente cierto cuando la empresa en el futuro puede parecerse muy poco a la del pasado.

2) Las nuevas tareas directivas son distintas, y así también lo deben ser las competencias que deben mostrar los candidatos a ocupar estos puestos. Es más probable que un directivo con las características adecuadas desarrolle las competencias específicas necesarias para una tarea que, por el contrario, un directivo modifique características y rasgos estables que conforman su personalidad.

3) Las actividades de formación y entrenamiento suelen tener muy poco éxito a la hora de cambiar características individuales inheren-

tes en el individuo (rasgos, actitudes y valores propios de la personalidad). Sin embargo, estas mismas actividades pueden ser muy útiles
para proporcionar al directivo la información necesaria que le ayude
a desarrollar competencias.

4) El conjunto de competencias específicas esenciales para el desempeño de las nuevas tareas directivas no se enseña ni se aprende, se desarrolla. Las competencias específicas se desarrollan en la medida en
que los individuos se enfrentan a distintos retos a lo largo de su vida
profesional. En este sentido, lo que verdaderamente desarrolla a un
directivo es el «día a día» en la empresa.

El desarrollo de competencias específicas es, muy probablemente, el
mejor indicador de la posibilidad de éxito de un directivo en sus nuevas tareas. McCall, Mahoney y Spreitzer (1995) realizaron un estudio que incluía
una encuesta a más de 800 directivos de tres continentes. En este estudio
buscaron una serie de indicadores que sugiriesen capacidad para desarrollar competencias específicas, y que revelen el potencial de acometer con
éxito los nuevos roles directivos. A partir de los resultados se establecieron
once características referenciales para identificar individuos con aptitudes
para el aprendizaje y, por tanto, capaces de desarrollar el conjunto de competencias que los nuevos roles directivos demandan. Estas características son:

1) Disposición para aprender. El individuo presenta un historial que revela voluntad continua de aprendizaje. Busca experiencias que puedan cambiar sus perspectivas y que le otorguen oportunidades de
aprendizaje. Aprovecha cualquier ocasión para adquirir nuevos conocimientos.

2) Actúa con integridad. Dice la verdad y se le considera honesto. No
se autopromociona y asume la responsabilidad de sus actos.

3) Adaptabilidad cultural. Encaja bien la posibilidad de trabajar en
contextos culturales ajenos al propio. Es tolerante.

4) Se compromete. Está dispuesto a hacer sacrificios de índole personal que contribuyan al éxito de su empresa. Muestra pasión y compromiso.

5) Pendiente de su formación permanente. Demuestra conocimientos
sobre el funcionamiento de la empresa que van más allá de los que

necesita tener en el área concreta en la que se encuentra. Conoce a fondo los productos, los servicios y los aspectos financieros de la empresa. Entiende la dinámica interna de su empresa.

6) Consigue lo mejor de cada colaborador. Posee don de gentes y una gran capacidad de relación. Es capaz de trabajar con toda clase de personas y logra la máxima colaboración y consenso a pesar de las discrepancias.

7) Añade nuevos puntos de vista. Sus compañeros admiran su inteligencia, particularmente su habilidad para hacer preguntas incisivas e identificar los aspectos básicos del problema.

8) Capacidad de riesgo. Tiene el coraje de disentir, aun cuando el resto esté de acuerdo, si no cree en ello. Replantea con argumentos lo establecido *(status quo)*. Tiene el coraje de actuar cuando otros dudan, y asume riesgos en lo personal y en lo empresarial.

9) Busca y usa la retroalimentación. Es activo en la búsqueda de información en referencia a sus acciones, y tiene en cuenta los datos que recibe.

10) Aprende de los errores. Cambia sus opiniones cuando los resultados no son los esperados. Responde a estos hechos sin mostrarse defensivo, y es capaz de superar sus propias derrotas.

11) Abierto a la crítica. Concibe siempre la crítica en forma positiva. No pierde el tiempo con excusas o evasiones.

Para McCall, Mahoney y Spreitzer, una persona con estas características tiene serias posibilidades de desarrollar las competencias específicas necesarias para poder asumir el compromiso que los nuevos puestos directivos exigen.

No todas las personas pueden desarrollar este conjunto de competencias. Por ello, las empresas, en la búsqueda de talento directivo, deben proporcionar los medios, el «caldo de cultivo» que permita a los directivos «hacerse» dentro de la empresa. Ahora bien, la pregunta pertinente es: ¿cuáles son las experiencias que enseñan a «ser directivo»? McCall, Mahoney y Spreitzer (1995) encontraron 16 tipos diferentes de experiencias desarrolladoras divididas en cuatro categorías distintas, las cuales se describen a continuación. Estos 16 tipos se obtuvieron a partir del análisis de 616 descripciones de experiencias que fueron altamente significativas en el desarrollo de 191 altos directivos de seis grandes empresas.

Tareas

1) Empezar desde cero. Experiencias relacionadas con proyectos que demandan comenzar de la nada una actividad empresarial.

2) Cambiar/reflotar. Experiencias relacionadas con «cambiar» empresas que se encuentran en dificultades (financieras, laborales u otras).

3) Proyectos. Formar parte de equipos de trabajo que tienen encomendada una labor concreta dentro de la empresa.

4) Incremento del ámbito de acción. Cambios que demandan una mayor responsabilidad. Por ejemplo, un mayor número de personas a quienes supervisar, un presupuesto más elevado o un número mayor de tareas a realizar.

5) Cambios desde puestos operativos a *staff*. Experiencias que provienen al pasar de línea a formar parte del *staff*.

Momentos difíciles

6) Fracasos financieros y errores empresariales en general. Enseñanzas que nacen de ideas empresariales que han fallado, acuerdos que no se han alcanzado, etc.

7) Ascensos no conseguidos/despidos/trabajos no gratos. Enseñanzas que provienen de este tipo de experiencias: sentirse aislado, ser despedido, etc.

8) Problemas con subordinados. Enseñanzas que se obtienen a partir del trato con subordinados con los que se tienen problemas, generalmente debido al desempeño insatisfactorio por parte de los segundos.

9) Cambios de carrera. Enseñanzas que provienen de un cambio radical efectuado en algún momento a lo largo de la carrera profesional de un directivo.

10) Problemas personales. Lo que un directivo aprende cuando supera problemas personales tales como divorcios, enfermedades y muertes de personas cercanas.

Trato con la gente

11) Modelos a imitar. Lo que los directivos aprenden del trato con los superiores. Tanto en el caso de que éstos tengan valores a imitar como, en el caso contrario, ejemplos que no deben imitarse.

12) Valores. Enseñanzas que se obtienen a partir de ejemplos excepcionales de comportamiento que dejan una huella imborrable en la vida de un directivo. Éstos se convierten en modelos referenciales de comportamiento.

Otras experiencias

13) Cursos «formales» de desarrollo directivo. Lo que se aprende de cursos impartidos en centros especializados.

14) Primeras experiencias dentro de las empresas. Enseñanzas que provienen de aquellos trabajos de juventud, normalmente en actividades que no tienen nada que ver con labores de dirección.

15) Primeros trabajos de supervisión. Experiencias que dejaron una huella en la vida de los directivos y que tuvieron que ver con sus primeras labores de dirección.

16) Experiencias personales ajenas al trabajo. Algunos directivos mencionaron otras experiencias, en principio ajenas al ambiente profesional, como muy importantes por las enseñanzas que les proporcionaron.

¿Qué tienen en común todas estas experiencias? McCall, a partir del análisis del contenido de las respuestas de los altos directivos encuestados, encontró como factor subyacente la sensación de reto, de desafío. Para los directivos que McCall entrevistó, las experiencias que fueron fundamentales son aquellas que permitían pocas opciones: triunfo o fracaso. Y el triunfo estuvo siempre asociado a la necesidad de desarrollar nuevas habilidades.

4. Conclusiones

Al hablar de nuevas organizaciones subyace una idea de fondo. Éstas requieren una nueva concepción del trabajo directivo y de las competencias necesarias para ejercitarlo.

Hasta ahora, el capital era el recurso más apreciado, por ser el más escaso. Por esta razón, una de las funciones principales de los directivos era fijar la asignación de recursos en función de una estrategia. Para ello, generaban estructuras con diferentes niveles jerárquicos y establecían tareas para llevar a cabo esta estrategia. Adicionalmente, diseñaban mecanismos de control para que los objetivos se cumpliesen. En caso de que tales objetivos no se cumpliesen, se tomaban las medidas correctoras que se considerasen más adecuadas.

Hoy en día el recurso más escaso, y por ello el más importante, son las competencias. Por tanto, las personas –las depositarias de esas competencias–, y muy particularmente los directivos, son el recurso fundamental. Que las competencias se generen fundamentalmente en los niveles operativos es la razón por la que las estructuras piramidales de las empresas se están aplanando y, en algunos casos, invirtiendo.

Por todo lo anteriormente expuesto, el nuevo paradigma se refleja en los siguientes puntos:

1) Las empresas empiezan a tener un concepto completamente distinto de la organización. Como hemos dicho, de organizarse en base a estructuras piramidales con multitud de tareas en cada uno de los niveles, se pasa a organizarse en base a funciones y procesos.

2) Se presenta un cambio de filosofía, en el que se reconoce que hay una necesidad permanente de cambiar. Las empresas se deberán replantear constantemente la fuente de sus ventajas estratégicas, para continuar siendo competitivas. Es por esto que, lejos de pretender moldear a los individuos, las empresas intentarán «capturar», a partir de la diversidad, todo el talento que la gente pueda aportar. La filosofía del nuevo paradigma empresarial sustituye las estrategias, estructuras y sistemas por procesos, competencias, intenciones e ideales.

3) Como también se ha comentado, se están generalizando nuevas tareas directivas que demandarán nuevos profesionales con características y competencias determinadas.

A finales de los ochenta John P. Kotter (1988, 1990) llegó a la conclusión que: sólo los directivos que muestren cualidades de liderazgo, es decir orientación permanente al cambio, serán capaces de ocupar los puestos directivos de las empresas del mañana.

Para explicar esta atención renovada sobre el fenómeno del liderazgo basta pensar en lo que significaba ser un directivo hasta hace relativamente poco. Ser un directivo implicaba, básicamente: 1) elaborar planes y presupuestos; 2) crear estructuras organizativas y colocar a la mejor gente para cada puesto, y 3) controlar operaciones y resolver problemas.

Ahora, la idea de lo que significa ser un directivo empieza a ser muy distinta y su trabajo debe caracterizarse por: 1) vislumbrar el futuro; 2) comunicar esta visión al resto de la empresa, y 3) encauzar, motivar y conducir. Y la palabra que normalmente define lo que en las empresas del futuro será ser un buen directivo, es liderazgo.

La descripción que hace Kotter sobre el liderazgo en los distintos niveles de la empresa es análoga a las nuevas tareas y competencias directivas que Bartlett y Ghoshal observaron.

El primer nivel, que Kotter llama *líderes corporativos,* debe ser capaz de crear una cultura organizativa en la cual se perciba un propósito y, a la vez, se generen compromisos. El aspecto crítico que caracterizará su labor consistirá en guardar un estado de equilibrio entre las exigencias previstas de futuro y la realidad actual. Los líderes corporativos serán responsables fundamentalmente de construir organizaciones «inteligentes», esto es, dotadas de la capacidad de aprender y cambiar. Los *líderes transformacionales,* que corresponden a lo que Bartlett y Ghoshal llamaban directivos de soporte, serán tutores en la organización. Apoyarán aquellas iniciativas que permitan el progreso personal de los empleados y directivos y, de esta manera, el progreso de la organización en su totalidad. La función principal será la de fomentar amplitud de miras, metas altas y elevar los cometidos dotándolos de una cierta trascendencia. Los *líderes emprendedores* de Kotter, o directivos empresarios según la terminología de Bartlett y Ghoshal, buscarán constantemente nuevas oportunidades y nuevas áreas de negocio. Estos líderes se caracterizarán por su energía y dinamismo, por su capacidad de automotivarse y por su tenacidad.

En esencia, las mejores empresas serán aquellas que dispongan de los mejores directivos o líderes, de aquellos que sean capaces de implementar los trabajos descritos a lo largo de este capítulo, basados en las competencias aquí detalladas.

5. Bibliografía

Álvarez, J.L. (1996). «Are we asking too much from managers?», *Financial Times,* edición para el Reino Unido, 12 de julio.

Álvarez, J.L. y Ferreira, M.A. (1995). «Network organizations: the structural arrangement behind new organizational forms», *South African Business Management,* vol. 26, nº 3.

Bartlett, C.A. (1995). «The New Global Challenge: Implementing Third-Generation Strategy Through Second-Generation Organizations with First-Generation Management», en Ready, D.A. (ed.), *In Charge of Change,* International Consortium for Executive Development Research, Lexington, Mass.

Bartlett, C.A. y Ghoshal, S. (1995). «The Myth of the Generic Manager: New Personal Competencies for New Management Roles», documento de trabajo.

Derr, C.B. y Briscoe, J.P. (1995). «Managing High Potentials: Practices in the United States», en Bournois, F. y Rousillon, S. (eds.). *Managing High Potentials: Theoretical and International Pespectives.*

Kotter, J. (1982). *The General Managers,* The Free Press, Nueva York.

Kotter, J. (1988). *The Leadership Factor,* The Free Press, Nueva York.

Kotter, J. (1990), *A Force for Change,* The Free Press, Nueva York.

Lindsey, E.H.; Homes, V. y McCall, M.W. (1987). *Key Events in Executives Lives,* Center for Creative Leadership, Greensboro, N.C.

McCall, M.W. (1988). «Developing Executives Through Work Experiences», *Human Resource Planning,* vol. 11, nº 1.

McCall, M.W.; Lombardo M.M. y Morrison, A.M. (1988). *The Lessons from Experience: How Successful Executives Develop on the Job,* The Free Press, Nueva York.

McCall, M.W.; Mahoney, J. y Spreitzer, G. (1995). «Identifying Leadership Potential in Future International Executives», en Ready, D. A. (ed.), *In Charge of Change,* International Consortium for Executive Development Research, Lexington, Mass.

McCall, M.W. y Lombardo, M.M. (1983). *Off the Track: Why and How Success-*

ful Executives Get Derailed, Technical Report n⁰ 21, Center for Creative Leadership, Greensboro, N.C.

Mintzberg, H. (1973). *The Nature of Managerial Work,* Harper Collins, Nueva York.

Ready, D.A. (1995). «The Power Behind the Throne: The Emerging Importance of the Knowledge Resource», en Ready, D.A. (ed.), *In Charge of Change,* International Consortium for Executive Development Research, Lexington, Mass.

CUARTA PARTE

Calidad, sistemas de información y comercio internacional

14.

Gestión de la calidad en la empresa

María Jesús Martínez Argüelles

Profesora de la Universidad Pompeu Fabra

1. Conceptos básicos sobre la calidad

1.1. La calidad a lo largo de la historia

El diccionario de la lengua española define el vocablo *calidad* en los siguientes términos: «propiedad o conjunto de propiedades inherentes a una cosa, que permiten apreciarla como igual, mejor o peor que las restantes de su especie». En el sentido que aquí nos ocupa, por calidad entendemos la totalidad de funciones y características de un producto que determinan su capacidad para satisfacer las necesidades de sus usuarios.

El concepto de calidad como orientación hacia el cliente se ha asentado hoy con firmeza en la cultura empresarial de las mejores organizaciones. Su origen es, no obstante, bastante reciente. A lo largo de la historia el ser humano ha intentado producir bienes aptos para su uso, con las mejores prestaciones y la mayor fiabilidad. Sin embargo, ese afán de perfección se ha traducido en modos de producción diferentes. El artesano medieval, por ejemplo, tiene un contacto directo con el usuario final del producto que elabora y conoce sus exigencias, con lo cual la orientación al cliente le viene dada y puede permitirse producir casi a medida. Con la llegada de la revolución industrial el taylorismo impone la división del trabajo entre planificadores y ejecutores y ese contacto directo desaparece.

Hasta la mitad del siglo XX la calidad era vista como un problema que se solucionaba mediante herramientas de inspección. Al final del proceso los productos o piezas sin defectos se comercializaban y los que después de las operaciones de inspección, conteo y medición no superaban los estándares eran rechazados. En una segunda etapa, la calidad se traducirá en la aplicación de herramientas y técnicas estadísticas que faciliten la detección de productos defectuosos. Es el llamado control estadístico de la calidad, practicado sobre muestras representativas de los lotes de producción y no sobre todos los productos. Progresivamente, se desarrollan métodos estadísticos para medir y mejorar la estabilidad de la producción en las factorías, reduciendo el porcentaje de defectos y cumpliendo las especificaciones de los diseños. No obstante, el aseguramiento de la calidad sigue considerándose una cuestión que vincula, en esencia, al departamento de producción.

Esta visión cambia al considerarse la calidad como un factor estratégico. Ya no se trata de una actividad inspectora sino preventiva: planificar, diseñar, fijar objetivos, educar e implementar un proceso de mejora continua. La gestión estratégica de la calidad hace de ésta una fuente de ventajas competitivas que requiere del esfuerzo colectivo de todas las áreas y miembros de la organización.

1.2. La calidad como orientación al cliente

Para las compañías, la orientación al cliente constituye una fuente de ventajas competitivas y, por ello, debe ser la base de toda estrategia de negocios que se fundamente en un enfoque de diferenciación. Una compañía orientada hacia sus clientes ofrece productos o servicios adaptados a las necesidades del segmento de mercado en el que trabaja, y con ello puede obtener un mayor margen de beneficio a largo plazo y mejorar su cuota de mercado.

Sin embargo, como acabamos de ver, la calidad y la orientación al cliente no siempre han ido de la mano. El concepto de calidad significa, en su origen, «calidad de producto»: hay que rechazar los productos defectuosos. Ello exigía un mayor control e inspección y por eso la calidad se traducía en un aumento del precio. En una segunda etapa, calidad equivale a «calidad del proceso». En esta etapa la base del sistema de calidad es su control mediante herramientas estadísticas. La superación de esta concepción se produce con la extensión del «aseguramiento de la calidad», que convierte a la calidad en responsabilidad de toda la organización. Por último, en nuestros días, el TQM, o Gestión de la Calidad Total, pone la orientación al cliente en el centro de la estrategia organizativa.

En la *figura 1* podemos observar las diferentes etapas en la evolución del concepto de calidad.

Por gestión de calidad de la empresa se entiende, siguiendo la definición del manual de calidad de Arthur Andersen, el proceso consistente en identificar, interiorizar, satisfacer y superar de forma continua las expectativas de todos los agentes relacionados con la empresa –clientes, proveedores, empleados, directivos, propietarios y la propia sociedad– en relación con los productos y servicios que aquélla proporciona. En concreto, se trata de:

– **Identificar.** La empresa ha de averiguar cuáles son las necesidades de sus clientes, pues de otra forma será difícil que pueda satisfacerlas de forma continuada.

	CALIDAD DEL PRODUCTO INSPECCIÓN	CONTROL ESTADÍSTICO DE LA CALIDAD DE LOS PROCESOS	ASEGURA-MIENTO DE LA CALIDAD	TOTAL QUALITY MANAGEMENT (TQM)
FINALIDAD PRINCIPAL	Control de productos defectuosos	Control de los procesos	Coordinación y prevención	La calidad como herramienta estratégica
VISIÓN DE LA CALIDAD	Problema a resolver	Problema a resolver	Problema a resolver con mentalidad proactiva	La calidad como fuente de ventajas competitivas
ÉNFASIS	En el producto y la producción	En la homogeneidad de los procesos	Toda la gama de servicios	En el mercado y en los consumidores
MÉTODOS	Estándares, medición, conteo e inspección	Control estadístico	Planes y sistemas de calidad	Plan estratégico de calidad
RESPONSA-BLES DE LA CALIDAD	El departamento de control de calidad	Los departamentos de ingeniería y producción	La totalidad de departamentos	Todos los componentes de la organización
LEMA	La calidad ha de ser inspeccionada	La calidad ha de ser controlada	La calidad ha de conseguirse	La calidad ha de gestionarse

Figura 1. Evolución histórica del concepto de calidad

- **Interiorizar.** No basta con entender lo que los clientes desean. La empresa debe aceptar esos deseos y necesidades y hacerlos suyos, ya que de otra forma no será capaz de competir satisfactoriamente.

- **Satisfacer.** Una vez que la empresa ha aceptado las necesidades de sus clientes debe realizar las mejoras necesarias en sus procesos para satisfacerlas.

- **Superar de forma continua.** El objetivo de la empresa no es otro que cumplir con las expectativas de sus clientes. Pero el proceso para conseguirlo es dinámico y requiere la adaptación continua a los cambios en las necesidades y percepciones de los clientes y a la presión de la competencia y sus nuevos productos y servicios.

La calidad significa implantar una nueva filosofía cuyo objetivo es dar al cliente lo que desea. La implantación de un sistema de calidad mejorará la imagen corporativa, ayudará a la función de marketing e incrementará el espíritu de equipo. Sin embargo, la calidad, como herramienta de crecimiento sostenido, sólo es posible a través de un proceso de mejora continua. Y para que esa mejora sea viable, es preciso entender el término calidad en todas sus dimensiones, tal y como aparecen reflejadas en la *figura 2*.

La calidad realizada es aquella que la empresa ofrece en realidad a los consumidores a través de sus procesos productivos. La calidad programada es la que la organización, o sus directivos, se han propuesto obtener. La calidad necesaria es aquella que el cliente exige o le gustaría recibir. El objetivo de la gestión de calidad es que estos tres círculos se superpongan. Con ello se

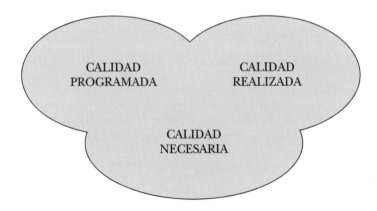

Figura 2. Las dimensiones de la calidad

evita la aparición de fenómenos de derroche, en el caso de que la empresa provea un estándar de calidad que supere al exigido por los clientes, o de insatisfacción, en el caso contrario. En otras palabras, el objetivo es que la calidad de diseño, la calidad de fabricación y la deseada por el cliente coincidan.

La satisfacción del cliente se puede definir como la diferencia entre las expectativas y la percepción de éste respecto al producto o servicio ofrecido. Son los clientes, con sus percepciones, los que determinan si un producto o servicio es aceptable y satisface sus exigencias. Por eso el diseño de un producto debe partir de un profundo conocimiento de las necesidades, preferencias, valores y criterios de compra de los clientes. La experiencia indica que las intuiciones de los directivos o propietarios sobre cuáles son los atributos de sus productos y servicios más valorados por los clientes no tienen por qué coincidir, y de hecho no suelen hacerlo, con las preferencias efectivas de éstos. De ahí la necesidad de recurrir a las técnicas de investigación y segmentación de los mercados. Éstas permiten a empresas identificar a sus clientes, conocer sus expectativas respecto a los productos o servicios ofrecidos, averiguar si tienen necesidades no satisfechas y medir su nivel de satisfacción. Sólo entonces, sobre la base de los datos obtenidos, es posible segmentar el mercado y determinar el posicionamiento de la empresa en los segmentos más atractivos mediante estrategias comerciales diferenciadas.

En la práctica la orientación al cliente se traduce en una suma de tres factores: la calidad de servicio, la calidad de producto y la calidad del trato hacia aquél. El consumidor debe percibir que los productos y servicios están definidos en atención a sus necesidades, que su opinión es percibida como valiosa y que, en caso de surgir problemas, la empresa ofrece soluciones rápidas y efectivas. Se trata, en suma, de involucrar a los clientes en el proceso de mejora continua de productos y servicios, con lo que será posible reducir al mínimo el grado de insatisfacción y, en consecuencia, afrontar de manera exitosa el reto diario de la productividad y competitividad.

1.3. Terminología de la calidad

La gestión de calidad, como cualquier disciplina, tiene su propia terminología. El propósito de este apartado es presentar al lector de forma sintética los conceptos más relevantes:

- **Calidad:**

  Es el conjunto de características de un producto o servicio que le confieren aptitud para satisfacer las necesidades explícitas e implícitas del consumidor. El concepto de calidad es multidimensional, en el sentido de que las necesidades de los consumidores son múltiples y diversas, pues incluyen aspectos como la aptitud para el uso, el diseño, la seguridad, la fiabilidad o el respeto al medio ambiente.

- **Control de la calidad:**

  Técnicas y actividades de carácter operativo utilizadas para cumplir las exigencias de calidad. Se trata de acciones que, como las de inspección, van encaminadas a eliminar las no conformidades que puedan aparecer a lo largo del proceso.

- **Aseguramiento de la calidad:**

  Conjunto de acciones, planificadas y sistemáticas, implantadas dentro del sistema de calidad y demostrables, si es necesario, para proporcionar la confianza adecuada de que una organización cumplirá los requisitos para la calidad. Se trata de que una organización prevea de forma documentada y sistemática las operaciones de control esenciales a fin de lograr la calidad deseada. La diferencia entre el control y el aseguramiento de la calidad estriba en que el control se refiere a la satisfacción de los requisitos relativos a la calidad y el aseguramiento tiene como finalidad otorgar confianza interna y externa en esa satisfacción.

- **Sistema de la calidad:**

  Está formado por la estructura organizativa, los procedimientos, los procesos y los recursos necesarios para llevar a cabo la gestión de la calidad.

- **Gestión de la calidad:**

  Es el conjunto de actividades de la función general de la dirección que determina la política de la calidad, los objetivos y las responsabilidades. Se implanta por medios tales como la planificación de la calidad, el control de la calidad, el aseguramiento de la calidad y la mejora de la calidad dentro del marco del sistema de la calidad.

- **Gestión de la Calidad Total (GCT) o Total Quality Management (TQM):**

  Modelo de gestión que, basado en un sistema empresarial orientado hacia la calidad, persigue la satisfacción de todos los agentes –individuos, organizaciones y sociedad– relacionados con la organización. Se caracteriza por la búsqueda de la excelencia mediante la mejora continua de todas las actividades organizativas.

Los conceptos básicos de un sistema de gestión de la calidad y sus interrelaciones se representan gráficamente en la *figura 3*:

SISTEMA DE LA CALIDAD	
REQUISITOS DEL CLIENTE PARA UN DETERMINADO PRODUCTO O SERVICIO	
CONTROL DE LA CALIDAD (consecución)	**ASEGURAMIENTO DE LA CALIDAD** (seguridad en la consecución)
1. Prever aquello que se va a realizar.	4. Demostrar el cumplimiento de los puntos 1, 2 y 3.
2. Documentar por escrito lo previsto.	5. Auditar el sistema de calidad.
3. Efectuar lo que está escrito.	6. Realizar las correcciones pertinentes.
Conformidad del producto o servicio	Seguridad en la conformidad
SATISFACCIÓN DEL CLIENTE	

Figura 3. El sistema de la calidad

1.4. Costes de calidad y de no calidad

El propósito de cualquier empresa es alcanzar un nivel de eficiencia económica que le permita su subsistencia y ese propósito pasa hoy por ofrecer productos acordes con las expectativas de los clientes. La evidencia indica que es mejor evitar la no calidad con un enfoque preventivo que tratar de controlarla. Sin embargo, la calidad también tiene costes. En este apartado se exponen los diferentes tipos de costes asociados a la calidad, así como aquellos que aparecen cuando las empresas no utilizan las herramientas de gestión de la calidad.

1.4.1. La relación entre calidad y costes

La calidad era, en la mentalidad tradicional, una actividad sin valor añadido que aumentaba los costes de producción sin incrementar la productividad. La gestión integrada de la calidad se basa, por el contrario, en la idea de que calidad, reducción de costes y productividad son conceptos vinculados entre sí. La relación entre estas tres variables fue formalizada por Edward Deming en su conocida reacción en cadena que puede contemplarse en la *figura 4.*

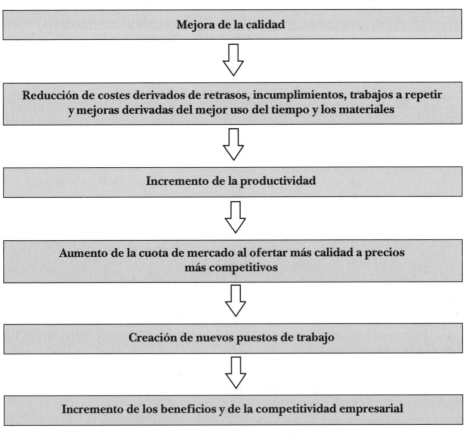

Figura 4. Reacción en cadena de Deming

La calidad tiene una doble repercusión sobre la competitividad empresarial. A nivel interno, cuando la calidad progresa lo hace también la productividad, con la consiguiente reducción de costes y precios. Y ello se traduce en una mayor cuota de mercado y en un incremento de los beneficios. A nivel externo, obtener mayor calidad equivale a aumentar la satisfacción del cliente y su fidelidad. Ello supondrá un aumento de la cuota de mercado y, por tanto, de los beneficios. Desde el punto de vista externo, la falta de calidad tiene graves consecuencias si tenemos en cuenta que:

– Obtener un nuevo cliente es más costoso que retener a uno fijo.

– De cada diez clientes defraudados sólo uno repite la experiencia.

– De cada cien clientes insatisfechos sólo cuatro lo indican al proveedor.

– Cada cliente comunica su descontento como mínimo a otros diez.

1.4.2. Tipos de costes de calidad

El problema reside en que los sistemas contables no habían sido diseñados para reflejar la amplia gama de costes ligados a la calidad. Se entiende por costes de calidad los relacionados con el desarrollo del sistema de calidad, la inspección de los productos y los costes incurridos cuando el producto no cumple con la especificaciones establecidas. Como acabamos de ver una característica especial de los costes de calidad es que pueden disminuir a medida que la calidad aumenta. Sin embargo, si la dirección sólo realiza un cómputo general de ingresos y gastos esa mejora puede pasar desapercibida. De ahí la necesidad de delimitar e individualizar los costes asociados a la calidad para controlarlos, imputarlos adecuadamente y analizar su evolución en el tiempo.

La clasificación de los costes de calidad más utilizada es la propuesta por Juran y Feigenbaum. Estos autores dividen los costes en dos grandes grupos: costes de calidad y costes de no calidad (también conocidos como costes de conformidad y no conformidad, respectivamente). A su vez estos costes se subdividen en costes de prevención y costes de evaluación. A continuación examinaremos cada una de estas categorías.

a) Costes de calidad o conformidad

Son aquellos que derivan de la necesidad de satisfacer todas las necesidades expresadas e implícitas de los clientes en ausencia de fallo del proceso existente. Se incurre en ellos en el intento de eliminar los defectos de la producción. Pueden ser:

– Costes de prevención

Son ocasionados por las actividades efectuadas para prevenir la aparición de fallos. Son tales, por ejemplo, los costes derivados de la implantación del sistema de calidad y los originados por la necesidad de dar formación al personal en materia de calidad.

– Costes de evaluación

También conocidos como costes de detección e inspección. Aparecen como consecuencia de la realización de actividades encaminadas a verificar los niveles de calidad alcanzados en comparación con los fijados como objetivo. Son, en realidad, gastos destinados a financiar la investigación de la no-calidad *ex post*, pero antes de que los productos lleguen al cliente.

b) Costes de no calidad o de no conformidad

Son aquellos ocasionados por un fallo del proceso existente. Se trata de fallos en la producción que, en atención al momento en que son detectados, pueden clasificarse en dos grandes grupos:

– Costes de fallos internos

Son los que aparecen con ocasión de defectos detectados cuando el producto aún está en manos del productor. Se trata de no conformidades detectadas dentro de la empresa antes de la expedición del producto al cliente: desperdicios, reelaboración del producto o interrupción de máquinas, entre otros.

– Costes de fallos externos

Surgen como consecuencia de defectos detectados cuando el producto está en manos del cliente, por no satisfacer sus necesidades. Son tales, por ejemplo, los costes derivados de garantías o artículos devueltos.

Los costes que integran cada una de estas categorías pueden contemplarse en la *figura 5*.

COSTES DE CONFORMIDAD O DE CALIDAD		COSTES DE NO CONFORMIDAD O DE NO CALIDAD	
COSTES DE PREVENCIÓN	COSTES DE EVALUACIÓN	COSTES DE NO CALIDAD INTERNOS	COSTES DE NO CALIDAD EXTERNOS
Planificación de la calidad. Seminarios y formación. Salarios y cargas relacionadas con el sistema de calidad. Revisiones del diseño. Evaluación de proveedores. Revisión de especificaciones. Mantenimiento preventivo. Proyectos de mejora. Programas «cero defectos».	Todo tipo de inspecciones y ensayos, en cualquier fase del proceso: – sobre productos comprados o subcontratados; – en el diseño, en los procesos, al final de los mismos o en el envasado. Equipos de inspección y ensayo. Salarios y cargas derivadas de las operaciones de inspección y verificación.	Desechos. Trabajos de reelaboración. Tiempo de paro. Cargas financieras por inmovilizaciones de productos terminados no conformes o por penalizaciones por demoras. Pérdidas de rendimiento. Gastos de disposición. Fallos debidos a la facturación, imprecisiones en los contratos o en las especificaciones. Acciones correctivas.	Atención de las reclamaciones. Material devuelto. Gastos de garantía. Concesiones. Pérdida de confianza de los clientes. Cargas derivadas de los seguros de responsabilidad.

Figura 5. Componentes del coste de la calidad (Juran et al., 1983)

1.5. Calidad total

La gestión de calidad total constituye una estrategia de negocio y una técnica de dirección basada en la orientación al cliente, la toma de decisiones basadas en hechos, el compromiso de la dirección, la motivación del personal y la mejora continua de procesos. Los objetivos de la calidad total se resumen en la *figura 6*.

ECONÓMICOS	COMERCIALES	HUMANOS	TÉCNICOS
Disminuir los costes	Satisfacer las expectativas de los clientes	Cambiar la cultura organizativa	Controlar y mejorar los procesos
Incrementar los beneficios	Mantener a los clientes actuales y atraer otros nuevos	Potenciar la iniciativa y la responsabilidad de los empleados	Optar por la prevención y la mejora continua
Aumentar la competitividad	Mejorar la imagen de la empresa	Aumentar la formación del capital humano	Optimización de procesos
Eficiencia	Aumentar la cuota de mercado	Lograr la implicación de todos los empleados y departamentos	Investigación e incorporación de nuevas tecnologías

Figura 6. Objetivos de la calidad total

La implantación de la calidad total implica un cambio cultural de enorme importancia y ha de ser entendida como un proceso sin fin, basado en una secuencia de actividades que garantizan la mejora continua. Las fases que integran el programa de implantación de la calidad total son las expuestas en la *figura 7.*

La calidad total se apoya sobre la base de dos soportes fundamentales. El primero de ellos es el sistema de calidad. En la segunda parte de este trabajo se examinan de cerca los diferentes sistemas –UNE-EN-ISO serie 9000, premio europeo EFQM– que sirven de base a la filosofía de calidad total. El segundo soporte está constituido por las técnicas de mejora continua y las llamadas herramientas de calidad. A ellas se dedica el tercer y último apartado.

2. Los sistemas de gestión de la calidad

La calidad total puede definirse como un modelo de gestión que, basado en un sistema empresarial orientado hacia la calidad, persigue la excelencia mediante la mejora continua en todas las actividades de las organiza-

FASES EN LA IMPLANTACIÓN DE UN SISTEMA DE CALIDAD TOTAL	
1. Diagnóstico de la situación actual.	Revisión del sistema de calidad vigente (en su caso). Identificación de puntos débiles y propuesta de mejora.
2. Compromiso de la Dirección.	Al más alto nivel de la organización. La dirección determina las políticas y objetivos de la calidad. Las políticas de calidad son las directrices generales de la organización. Los objetivos de calidad derivan de las políticas y concretan sus compromisos. La dirección impulsa, lidera y efectúa el seguimiento del programa.
3. Organización del proyecto.	Creación del comité de calidad. Designación del coordinador general. Establecimiento de grupos de proyecto y equipos de trabajo.
4. Campaña de divulgación.	Que comience por el equipo directivo. Continúe por los niveles intermedios. Abarque a todo el personal. Incluya a los agentes sociales.
5. Plan de formación y entrenamiento.	Plan de formación. Cursos para directivos, mandos intermedios y operarios.
6. Análisis del estado de la calidad.	Averiguar los niveles de la competencia. Analizar los costes internos de calidad. Establecer indicadores de calidad: costes de calidad, unidades de medida y sistemas de medición.
7. Elaboración del manual de calidad.	Propuesta y aprobación de procedimientos. Difusión, entrenamiento y aplicación. Recopilación de documentación.
8. Auditorías internas.	Designación de auditores. Diseño del sistema de auditoría. Difusión de resultados.
9. Evaluación de resultados y mejora continua.	Medir la calidad obtenida. Elaboración y divulgación de informes de calidad. Diseñar e implantar planes de mejora. Evaluar los resultados obtenidos y divulgarlos. Elaborar proyectos de mejora. Reconocimientos, estímulos y distinciones. Establecer grupos de progreso y círculos de calidad.

Figura 7. Programa de implementación de la calidad total

ciones. Existen diversos modelos que ayudan a las empresas a conseguir sus objetivos de calidad. Cada uno de ellos pone su acento en aspectos diferentes, pero todos comparten un enfoque y una idea. El enfoque es preventivo: se trata de evitar la aparición de defectos y no de corregirlos *ex post*. Y la idea central es que la gestión de la calidad tiene por objeto ofrecer productos y servicios que satisfagan las exigencias del consumidor, que se sitúa así en el punto de mira de la estrategia organizativa.

A continuación se exponen las principales características de dos de estos sistemas: el integrado por las normas de la serie UNE-EN-ISO 9000 y el Modelo Europeo de Gestión de la Calidad Total EFQM (European Foundation for Quality Management). Su importancia radica en que, aunque no constituyen por sí mismos un modelo de calidad total, contienen los requisitos mínimos necesarios para el establecimiento de un sistema de aseguramiento de la calidad, por lo que pueden considerarse el primer paso hacia la implantación de la calidad total.

2.1. Las normas UNE-EN-ISO 9000 y la calidad total

Las normas de la serie 9000, aprobadas por la Organización Internacional de Normalización (ISO) en 1987, definen los elementos integrantes de un sistema básico de aseguramiento de la calidad para cualquier tipo de empresa en cualquier sector de actividad.

2.1.1. Las normas ISO 9000

La conciencia global de la necesidad de mejorar la calidad llevó a la International Organization for Standardization a desarrollar un sistema de aseguramiento de la calidad, el contenido de la serie de normas ISO 9000. El objetivo era fomentar una cultura común de la calidad a nivel mundial que permitiese a organizaciones de distintos países establecer relaciones comerciales sobre una base que garantizase su satisfacción mutua. En nuestros días, la enorme difusión de las normas ISO 9000 las ha convertido, de hecho, en una exigencia para establecer relaciones contractuales entre empresas. La razón de ese éxito hay que buscarla en su propia naturaleza. En efecto, se trata de normas:

- Flexibles, válidas para casi cualquier organización con independencia de su tamaño y estructura y de la actividad económica desarrollada.

– Compatibles y sostenibles, de forma que no es precisa una revisión constante de sus criterios, lo que permite la consolidación de los sistemas de gestión propuestos.

– Concisas, pues recogen las prácticas y procedimientos necesarios para la implantación de un sistema de aseguramiento de la calidad de forma resumida y con una óptica aplicada.

– Universales, pues no contenían ninguna restricción para su extensión a nivel mundial para todo tipo de organizaciones.

– Sujetas a un proceso de mejora continua, ya que los comités de ISO trabajan constantemente en su mejora, elaborando normas accesorias y aclaratorias.

El modelo de gestión de la calidad contenido en las normas ISO 9000 se resume en la definición y aceptación de una serie de políticas y objetivos de gestión orientados hacia la calidad de servicio y su incorporación como uno más de los procedimientos y valores de la empresa. Además, se traduce en un enfoque por procesos, cuyo objetivo es mejorar la eficiencia del negocio mediante sistemas de control de las actividades que permitan conocer el resultado de cada proceso. En concreto, el sistema de aseguramiento de la calidad ISO 9000 sólo es posible si:

– La dirección se compromete a procurar su éxito, definiendo las políticas y objetivos, revisando de forma periódica el sistema para analizar su evolución e implementando las medias correctivas necesarias.

– El personal participa en el compromiso empresarial de búsqueda de la calidad y para ello han de implementarse las políticas de comunicación, motivación y adiestramiento pertinentes.

– El cliente es el que define los requisitos de los productos y servicios, en la idea de que son sus necesidades y expectativas las que deben orientar a la empresa.

Los requisitos básicos del sistema ISO 9000 se contienen en la norma ISO 9001: «Sistemas de calidad. Modelo para el aseguramiento de la calidad en el diseño/desarrollo, producción, instalación y servicio posventa». Su principal objetivo es la aparición de no conformidades en los productos y servicios, y, para conseguir este objetivo, la norma promueve la utilización de procedimientos que aseguren que el diseño cumple con las necesidades y exigencias del cliente desde el primer momento.

2.1.2. Los documentos del sistema

La documentación es uno de los soportes fundamentales del sistema de aseguramiento de la calidad. En efecto, las normas ISO 9000 imponen a la empresa la obligación de reflejar en el soporte documental adecuado las políticas, estrategias, procedimientos e instrucciones que integran su política de calidad. Se trata de que exista en todo momento constancia escrita de las tareas a realizar y de quién, cómo, dónde y cuándo deben ser ejecutadas. Este soporte documental del sistema tiene la composición que aparece en la *figura 8.*

ESTRUCTURA DOCUMENTAL DEL SISTEMA DE CALIDAD			
MANUAL DE CALIDAD	**MANUAL DE PROCEDIMIENTOS**	**INSTRUCCIONES DE TRABAJO**	**DOCUMENTACIÓN TÉCNICA**
Expone la política, la organización y los procedimientos para la aplicación del sistema de calidad.	Expone clara y detalladamente el desarrollo de las actividades relativas al sistema de calidad.	Describe en detalle las actividades que por su especificidad requieren una unificación de los modos operativos.	Definir aspectos técnicos de productos, procesos, verificación y ensayos para realizar el producto.
Está integrado por capítulos de acuerdo con la norma y los requerimientos de la empresa y sus clientes.	Está integrado por procedimientos según las directrices del manual de calidad y los requerimientos de los clientes.	Formado por normas de actividades específicas para la aplicación de los procedimientos.	Contiene normas relativas a actividades específicas de aplicación de los procedimientos: métodos, planos, fichas y pautas de control.

Figura 8. Estructura documental del sistema de calidad

El documento básico del sistema es el **Manual de calidad**. En él se define la política de calidad de la organización, su estructura organizativa, el sistema de responsabilidades en materia de calidad, los procedimientos por los que se rige la organización, su estructura documental y las disposiciones que se consideren necesarias para asegurar los servicios o productos fabricados. Es el mapa del sistema de calidad y, como tal, debe ser un fiel reflejo del mismo.

Una vez definidos en el manual los objetivos a alcanzar, hay que especificar quién hace qué, cuándo, cómo, dónde y con qué. De ello se encargan los **manuales de procedimientos**, que recogen la información y las instrucciones necesarias para la ejecución de cada actividad. En concreto, se utilizan para:

- Sistematizar las tareas, asegurando la consecución de resultados homogéneos.

- Asegurar la repetibilidad de las tareas realizadas en diferentes períodos o por distintas personas.

- Preservar información específica sobre los procesos internos de la empresa.

El siguiente nivel está compuesto por documentos que sirven de desarrollo o complemento de los anteriores. Son los que se exponen a continuación:

- **Instrucciones de trabajo.** Recogen la forma en que han de ser realizadas las diversas actuaciones que integran cada proceso. Se trata de un conjunto de documentos que describen cada una de las tareas necesarias para elaborar o colocar un producto a fin de que cumpla las especificaciones establecidas.

- **Especificaciones.** Documentos que recogen todos los requisitos que han de satisfacer los productos y/o servicios.

- **Planes de la calidad.** Son documentos elaborados en relación con actuaciones no repetitivas, de corta duración, fabricación de nuevos productos o establecimientos de nuevos servicios. Deben estar coordinados con los demás documentos de calidad y, en el caso de que se estabilice la actividad que ha dado lugar a su redacción, sus contenidos deben incorporarse al manual de calidad de la organización.

Por último hay que hacer referencia a los **registros de la calidad**. El sistema de calidad debe obligar a conservar los registros relativos a la calidad con suficiente antigüedad como para comprobar su eficacia. En este apartado deben ser incluidos documentos tales como los informes de inspección, los resultados de ensayos, los informes de auditorías, los resultados de calibración, los informes sobre aceptación de materiales y los informes sobre costes de la calidad. Estos documentos aportarán información sobre:

– El grado de consecución de los objetivos de calidad.

– El índice de satisfacción de los clientes –en función de sus quejas y reclamaciones.

– Los resultados del sistema de calidad y las tendencias.

– Las acciones correctoras y preventivas implantadas y su eficacia.

2.1.3. *Gestión de procesos y calidad total*

Obtener productos sin defectos sólo es posible si se presta atención, además de al diseño de los productos, a la configuración de los procesos. El objetivo de la gestión de procesos es diseñar procesos en los que resulte virtualmente imposible la aparición de errores. Por proceso se entiende toda secuencia de etapas que añaden valor a una o varias entradas para producir una salida deseada. Cualquier proceso –planificación estratégica, fabricación, gestión de recursos humanos, desarrollo de productos o aseguramiento de la calidad– está integrado por una sucesión sistemática de actividades. La Calidad Total exige que los productos o servicios sean concebidos a través de una red de procesos correctamente gestionados, evaluados y sometidos a un proceso de mejora continua. La gestión de procesos permite:

– Acortar los tiempos totales de maduración de los productos con menores costes.

– Desarrollar una nueva cultura de trabajo en equipo y una visión global de los procesos de la empresa que fomente la interacción entre departamentos.

– Mantener los procesos bajo control, mejorarlos para aumentar su competitividad y adaptarlos de forma automática a las demandas del mercado.

La gestión de procesos comprende una amplia variedad de medidas y técnicas, entre las que destacan las que aparecen en la *figura 9.*

Las normas UNE-EN-ISO 9001 y 9002 señalan la necesidad de que las empresas identifiquen y planifiquen sus procesos debiendo asegurar que se llevan a cabo en condiciones controladas. En concreto, la norma UNE-EN-

GESTIÓN DE PROCESOS Y CALIDAD
Aplicación de metodologías preventivas que evitan la aparición de fallos.
Formación y adiestramiento del personal que interviene en el proceso.
Autocontrol: elaboración y exposición en los lugares pertinentes de las pautas de trabajo, de control y las acciones a desarrollar en el supuesto de aparición de fallos o problemas.
Técnicas de mejora continua.
Técnicas avanzadas de mantenimiento.
Establecimiento de auditorías de proceso y de producto.

Figura 9. Componentes de la gestión de procesos

ISO 9004-1 especifica, en relación con la operativa de los procesos, que es preciso:

- Reflejar esos procesos en instrucciones de trabajo escritas. Como ya vimos, éstas forman parte del sistema de documentación de la calidad.

- Realizar estudios de capacidad del proceso, para determinar si los procesos son capaces o no, antes de comenzar la fabricación, utilizando las herramientas estadísticas apropiadas.

- Verificar en los puntos importantes de la secuencia de operaciones la situación de la calidad del producto.

- Inspeccionar las variables del propio proceso y, cuando ello no sea posible por motivos físicos o económicos, verificar las características del producto acabado.

La gestión de procesos exige que los departamentos empresariales dominen las técnicas de mejora continua y las herramientas estadísticas que tendremos ocasión de presentar en la tercera parte de este trabajo. Además, para asegurar una calidad óptima, es preciso establecer el tipo y el nivel de inspección adecuados. Las normas UNE-EN-ISO 9001 y 9002 describen en su apartado 4.10 la normativa referida a la inspección y los ensayos, recomendando la realización y subsiguiente registro de las siguientes operaciones:

- Inspecciones y ensayos de recepción, que aseguren la calidad de las materias primas, piezas o elementos provenientes del exterior. Se utilizan para ello inspecciones o ensayos al 100% o por muestreo.

- Inspecciones y ensayos en el proceso. Se trata de inspeccionar la calidad en cada tarea del proceso con retroinformación y acción inmediata para corregir los defectos, utilizando herramientas como los gráficos de control, que permiten la detección de situaciones anómalas.

- Inspecciones o ensayos finales, una vez fabricado el producto, a fin de que no lleguen productos defectuosos al cliente.

De todos los tipos de inspección la calidad total da prioridad a los que se realizan en origen o en la fuente, ya que permiten detectar las causas de los errores allí donde se producen, evitando la aparición de defectos. El proceso adecuado para conseguir el objetivo de «cero defectos» consiste en inspecciones en la fuente que permitan detectar los errores automáticamente y permitan una acción inmediata: la operación se para en cuanto se comete o detecta un error y no se reanuda hasta que se ha corregido.

2.1.4. Auditorías y calidad total

La auditoría de la calidad es un «examen metódico e independiente que se realiza para determinar si las actividades y los resultados relativos a la calidad cumplen las disposiciones previamente establecidas, y si estas disposiciones están implantadas de forma efectiva y son adecuadas para alcanzar los objetivos previstos» (UNE-EN-ISO 8402, apartado 4.9).

Hay que distinguir dos tipos de auditorías: internas y externas. Las internas las realiza la propia organización, mediante personal de la propia empresa ajeno a las actividades auditadas o mediante personal especializado contratado que actúa con los procedimientos y la metodología propios de la organización. Su finalidad es verificar, mediante el examen y evaluación de evidencias objetivas, que el sistema de calidad permite alcanzar los objetivos propuestos, y ha sido definido, documentado e implantado de forma adecuada de acuerdo con los requisitos especificados. En concreto, la auditoría interna permite:

- Promover y fomentar una nueva filosofía de mejora continua al servicio del sistema de calidad.

- Comparar los logros del sistema de calidad con lo establecido en el manual de calidad, procedimientos, planes, normas (ISO 9000 u otras) y reglamentos.

– Detectar no-conformidades, establecer planes de mejora y realizar planes de seguimiento de la eficacia de las mejoras y/o correcciones introducidas.

– Transmitir información a la dirección de la organización sobre el estado del sistema de calidad.

– Preparar a la organización para la realización de auditorías externas.

En relación con las auditorías internas la norma UNE-EN-ISO 9001 indica que el suministrador debe establecer y mantener al día procedimientos documentados para planificar y llevar a cabo auditorías internas de la calidad, para verificar si las actividades relativas a la calidad y los resultados correspondientes cumplen las definiciones y para determinar la eficacia del sistema de calidad. Los resultados de las auditorías deben registrarse y transmitirse al personal que tenga responsabilidad en el área auditada.

Las auditorías externas son aquellas realizadas por una organización ajena a la auditada. Existen varias modalidades:

a) Auditoría efectuada por un cliente a cualquiera de sus proveedores.

b) Auditoría efectuada por una organización independiente contratada por la organización auditada. Su objetivo es facilitar a la dirección un conocimiento exhaustivo del estado de la organización auditada en relación con la calidad, introducir correcciones y efectuar el seguimiento de los planes de mejora.

c) Auditoría efectuada por un organismo autorizado para obtener algún tipo de certificación. Su objetivo es, mediante la obtención de la correspondiente certificación, aumentar la confianza de los clientes.

Hay que destacar que las normas UNE-EN-ISO 9001 y 9002 no contienen disposiciones específicas en materia de auditorías externas.

Los dos tipos de auditorías que acabamos de ver, internas y externas, son auditorías del sistema de calidad, en tanto que su objeto es evaluar la adecuada planificación y aplicación real de cada uno de los elementos que integran el sistema de calidad de acuerdo con el modelo de referencia. Pero hay otro tipo de auditorías que es preciso conocer:

a) **Auditoría del proceso.** Su objetivo es evaluar el grado de definición y aplicación de las condiciones operativas del proceso y los controles destinados a asegurar la calidad de los productos obtenidos. Sus objetivos pueden ser:

– Comprobar que el proceso se desarrolla conforme a sus especificaciones, que se ejecutan las inspecciones y ensayos establecidos y que es apto para obtener el producto con las características deseadas.

– Identificar indefiniciones o deficiencias en los documentos del proceso o desviaciones respecto a las condiciones operativas definidas.

– Comprobar que el proceso está completamente diseñado y definido mediante especificaciones escritas.

– Definir las acciones correctoras oportunas, efectuar su seguimiento y comprobar su eficacia.

En muchas ocasiones no será posible auditar todos los procesos de forma simultánea por lo que es conveniente dar prioridad a aquellos cuyos productos o servicios puedan originar reclamaciones por parte de los clientes, a aquellos que no sean susceptibles de inspección final –por ejemplo, si el producto tiene un alto coste de inspección– y aquellos que supongan un elevado índice de reprocesos, desperdicios o chatarras.

b) **Auditoría de producto o servicio.** Se trata de una actividad documentada e independiente, realizada con el objetivo de evaluar el grado de conformidad del producto o del servicio con las especificaciones establecidas para su uso o prestación. Las auditorías de producto o servicio permiten calibrar la eficacia de los procedimientos y procesos operativos implantados, así como comprobar el grado de adecuación de los controles establecidos para asegurar la calidad del producto o servicio.

Un buen programa de auditorías permite producir productos y servicios de más calidad y fiabilidad, obtener mayores beneficios, al reducirse los costes de no calidad, y mejorar la imagen corporativa, al garantizarse la satisfacción del usuario.

2.1.5. *Certificación*

Por certificación se entiende el procedimiento mediante el cual un determinado organismo autorizado acredita, mediante un documento escrito, que un servicio, producto o proceso se atiene a los requisitos o exigencias de una norma o especificación técnica, o, en su caso, que una empresa tiene implantado un sistema de aseguramiento de la calidad conforme a las normas UNE-EN-ISO 9000. La certificación alienta a los fabricantes para que incrementen la calidad de sus productos y mejoren sus sistemas de calidad. Además, aumenta la protección de los usuarios, al proporcionarles garantías respecto a la idoneidad de los productos y servicios certificados.

La certificación implica que el producto o servicio objeto de la misma ha superado una serie de requisitos y procesos establecidos por un organismo independiente. Además, también puede aplicarse a las empresas y organizaciones, en cuyo caso se denomina Registro de Empresa. En España, la Asociación Española de Normalización y Certificación (AENOR) es el principal organismo responsable de las actividades de certificación de productos y de registro de empresas. Se trata de una asociación de carácter privado, creada en España en el año 1985, que ha desarrollado diversos sistemas de certificación –Marca de «Producto Certificado», Marca «Gestión Ambiental», Certificado de «Registro de Empresa», entre otros.

En concreto, el llamado Registro de Empresa certifica la conformidad del sistema de aseguramiento de la calidad de una empresa respecto a los requisitos contenidos en las normas UNE-EN-ISO 9000, sin que suponga una certificación de sus productos o servicios. La certificación de empresa es hoy un importante elemento diferenciador frente a la competencia, que facilita el acceso a mercados exigentes de exportación y a contratos con grandes empresas y con la administración.

2.1.6. *La implantación del sistema de aseguramiento de la calidad ISO 9000*

Las normas ISO 9000 constituyen una fuente de oportunidades estratégicas para cada empresa. Que esas oportunidades sean aprovechadas o no dependerá en buena medida de la actitud de la dirección. Así, puede implantarse un sistema de gestión de la calidad basado en un cumplimiento formal de los requisitos de la norma, pero sin traducción real en la operativa y, por tanto, sin efecto sobre la productividad de la empresa. También es

posible, por el contrario, aprovechar la implantación del sistema de aseguramiento de la calidad para analizar de forma completa y estructurada todos los procesos organizativos, potenciando todas las sinergias inter e intra-
organizativas y adecuar los modelos de gestión a las exigencias de la
calidad. Las ventajas que esta segunda opción provee son numerosas:

- Mejora de la calidad de los productos y servicios ofrecidos por las empresas.

- Incremento de la productividad derivada de la mejora de los procesos.

- Reducción de costes de no calidad.

- Mejora de la competitividad.

- Optimización de la estructura organizativa.

- Potenciación de la imagen de la empresa.

La implantación del sistema de aseguramiento de la calidad debe hacerse evitando en lo posible la aparición de interferencias en las actividades
diarias de la empresa. Para conseguirlo, un plan completo de implantación
del sistema debe realizarse siguiendo el proceso que aparece en la *figura 10.*

Figura 10. Fases en la implantación de un sistema de calidad

• ANÁLISIS DE LA SITUACIÓN ACTUAL

El objetivo de la planificación es evaluar la situación actual de la empresa, definir los elementos y criterios de gestión que van a presidir el proceso
de mejora continua y averiguar con qué recursos cuenta para conseguir sus
objetivos de calidad.

Para conocer en profundidad cuál es la situación de partida es preciso
realizar un doble análisis. Desde el punto de vista externo –sociedad, pro-

veedores, clientes– lo fundamental es conocer lo que piensan los afectados. Mediante técnicas diversas –entrevistas, *focus groups*, encuestas telefónicas o personales– hay que averiguar cómo es percibida la organización en el entorno empresarial y, en especial, entre sus clientes y proveedores. En el plano interno es preciso identificar los factores determinantes de la no calidad. El análisis de los objetivos, procesos, procedimientos, estrategias, estructura organizativa, así como el estudio de los sistemas de información y gestión de los recursos revelará aspectos susceptibles de mejora. La metodología a utilizar consiste en la realización de reuniones de grupo, entrevistas personales y auditorías de procesos. Hay que resaltar que un diagnóstico completo, que dé cuenta de los puntos fuertes pero también de las debilidades organizativas, sólo es factible con la colaboración de todos los implicados. Si no es así, pueden aparecer reticencias que dificulten la efectiva implantación del sistema de aseguramiento de la calidad.

• PLAN DE CALIDAD

El plan de calidad definirá las políticas, objetivos y estrategias de calidad que habrán sido consensuadas por la dirección de la organización. Asimismo, contendrá un plan de formación y las pautas a seguir en todo lo relacionado con la documentación del sistema. Pero la principal virtualidad del plan de calidad es definir, sobre la base del análisis inicial, las líneas de acción y establecer un plan concreto de actuación que individualice las acciones a desarrollar y establezca un calendario para su implantación.

En efecto, el análisis de la situación inicial habrá permitido determinar las causas de no calidad. Ahora es el momento de definir las medidas a adoptar para eliminar dichas causas y mejorar la situación actual. Esas medidas pueden tener un carácter:

- **Estratégico**: Se trata de acciones que, por su importancia vital y su alcance global, sirven de soporte al resto de medidas, debiendo abordarse de forma inmediata tan pronto como comience la fase de implantación. Son medidas de este tipo, por ejemplo, las que asignan responsabilidades a nivel organizativo sobre el proceso de implantación del sistema de aseguramiento de la calidad.

- **De áreas de desarrollo**: En este caso las medidas están relacionadas directamente con las causas primarias de no calidad. Inciden sobre aspectos de gestión en los que se han detectado deficiencias que constituyen fuentes de no calidad. Por lo común será necesario establecer un orden de prioridad que maximice la utilidad de los recursos destinados al sistema de calidad, de acuerdo con la naturaleza de las intervenciones. En concreto, habrá que evaluar su grado de influencia sobre la administración del negocio y la mejora de la calidad, su viabilidad y facilidad de implantación y sus posibles repercusiones sobre los clientes internos y externos. El objetivo es dar prioridad a aquellas mejoras que tengan mayor repercusión organizativa desde el punto de vista de la calidad y aquellas que tengan mayor influencia sobre los clientes.

– **De mejora de procesos**: El análisis de los procesos organizativos habrá revelado deficiencias que requieren acciones concretas, a menudo de naturaleza técnica.

• IMPLANTACIÓN DEL SISTEMA

La implantación del sistema de aseguramiento de la calidad seguirá los criterios establecidos en el plan de acción. En función del tamaño de la organización es posible que esa implantación se realice de forma parcial, para identificar posibles defectos negativos o indeseados e introducir las medidas correctivas pertinentes. Luego, de forma progresiva, la implantación puede extenderse a otras áreas o procesos.

• EVALUACIÓN DEL SISTEMA

La implantación ha de ir seguida de una evaluación completa del sistema. Su objetivo es comparar las realizaciones con los objetivos propuestos, adoptando las medidas que se juzguen oportunas si se detectan desviaciones significativas. Se trata de un control que no debe ser visto como una medida de vigilancia e inspección, sino como una herramienta básica en el engranaje dinámico de mejora del proceso. El objetivo es que las medidas no sean un mero maquillaje y para ello es preciso eliminar las causas y no sólo los síntomas de los problemas de calidad y prevenir su aparición.

• MEJORA CONTINUA

El proceso de mejora que se pone en marcha con el sistema de aseguramiento de la calidad no termina nunca. Cada medida adoptada va seguida de la correspondiente evaluación de los resultados obtenidos y de éstos se extraen nuevas metas y objetivos, corrigiendo errores y adquiriendo la experiencia necesaria para afrontar nuevos retos.

2.2. El modelo EFQM

La European Foundation for Quality Management (EFQM) nace en 1988 con el objetivo de fomentar entre las empresas europeas la conciencia de que la calidad es un factor decisivo en la pugna por conseguir una ventaja competitiva sostenida en los mercados internacionales. Entre las actividades de la EFQM destaca la concesión del premio a la calidad total, que, junto al Deming de Japón y al Malcolm Baldridge Award de Estados Unidos, constituye uno de los galardones más importantes a nivel mundial.

Este premio se inscribe en el marco del modelo de calidad de la EFQM, basado en los procesos. La idea básica es que los procesos son la vía de las compañías para encauzar y liberar las aptitudes de su personal para conseguir un resultado determinado. La premisa del modelo es: «La satisfacción del cliente, la satisfacción de los empleados y el impacto en la sociedad se consiguen mediante el liderazgo en política y estrategia, gestión de personal, recursos y procesos, que llevan finalmente a la excelencia en los resultados empresariales».

El esquema del modelo de calidad de la EFQM puede observarse en la *figura 11.*

El Modelo EFQM consta de dos elementos principales:

– Los **agentes**. Los procesos y el personal son los llamados agentes, que determinan la forma en la cual se consiguen los resultados.

– Los **resultados**. Son la consecuencia de la actividad de los agentes.

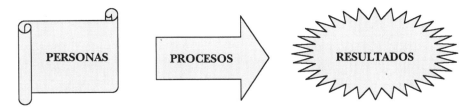

Figura 11. Esquema del modelo de EFQM de calidad

El modelo EFQM, que compone el marco para el premio europeo a la calidad, se articula mediante nueve categorías de criterios, que pueden ser utilizados por una organización para autoevaluar su progreso hacia la excelencia empresarial. El peso específico de cada uno de ellos en el modelo puede observarse en la *figura 12.*

El premio EFQM a la calidad se concede anualmente y por sectores a empresas que han demostrado durante los últimos años que su enfoque de la calidad total ha contribuido sustancialmente a satisfacer las expectativas de sus clientes, de sus empleados y de la sociedad. Para poder participar las compañías tienen que realizar un proceso de autoevaluación, basado en el procedimiento de calificación que acabamos de exponer, y presentarlo a la fundación. La autoevaluación, en tanto que revisión regular de todas las actividades y resultados, conlleva, por sí misma, importantes beneficios:

- Facilita el establecimiento de un sistema de calidad total pues sus principios aparecen recogidos en el modelo de la EFQM.

- Es compatible con las normas UNE-EN-ISO.

- Permite conocer el nivel de la empresa en relación con sus competidores.

- Permite utilizar el modelo como base para la planificación estratégica.

CATEGORÍAS	PUNTUACIÓN
LIDERAZGO DIRECTIVO	100
GESTIÓN DEL PERSONAL	90
POLÍTICA Y ESTRATEGIAS	80
GESTIÓN DE LOS RECURSOS	90
GESTIÓN DE LOS PROCESOS	140
SATISFACCIÓN DEL PERSONAL	90
SATISFACCIÓN DE LOS CLIENTES	200
IMPACTO EN LA SOCIEDAD	60
RESULTADOS	150
TOTAL	**1.000 PUNTOS**

Figura 12. Criterios del modelo EFQM de calidad

En última instancia, la importancia del modelo EFQM radica en que engloba todos los factores determinantes de la calidad total, siendo, además, aplicable a empresas de cualquier dimensión, nacionalidad y sector. Es por eso que, incluso si una organización no desea participar en el concurso de la fundación, el modelo constituye una herramienta valiosa para implantar un sistema de gestión orientado hacia el cliente y hacia la mejora continua de la calidad de productos y servicios.

3. Programas y herramientas de mejora de la calidad

El dominio de cualquier disciplina requiere el manejo de un determinado equipaje conceptual y la aplicación de la metodología adecuada. Este apartado describe los programas y herramientas que facilitan a las organizaciones la consecución de sus objetivos de mejora continua. Aunque en los manuales de calidad se enumera hasta casi un centenar[1], el propósito de síntesis que anima este trabajo hace que se presenten aquí únicamente las herramientas más básicas, clasificadas en tres grupos:

1. Los programas de mejora continua de la calidad.

3. Las siete herramientas básicas o estadísticas.

4. Las siete herramientas avanzadas o de gestión.

3.1. Los programas de mejora continua de la calidad

Los programas empresariales de mejora de la calidad son instrumentos que ayudan a las organizaciones a acometer de modo organizado y sistemático sus objetivos de mejora continua.

3.1.1. Rueda de Deming o ciclo PDCA

La mejora continua es uno de los principios básicos de la calidad total. La rueda de Deming, concebida originalmente por Walter A. Shewart, padre del control estadístico de calidad, constituye un proceso metodológico

---

1. Para una exposición completa de las mismas *vid.* Juran, Joseph M. y Gryna, Frank, *Juran's Quality Control Handbook*, McGraw-Hill, Nueva York, 1988.

elemental, aplicable en cualquier campo de actividad, con el fin de asegurar esa mejora continua. Consta de cuatro fases:

1. **PLAN.** Es preciso planificar a conciencia todo aquello que se desea mejorar, respondiendo a las preguntas qué, por qué y cómo.

2. **DO.** Se debe ejecutar lo planificado.

3. **CHECK.** Es necesario comprobar y analizar los resultados obtenidos en la fase 2, comparándolos con lo planificado en la fase 1.

4. **ACT.** La verificación permite extraer las conclusiones oportunas y hacer nuevas propuestas y predicciones, hasta que las mejoras se hayan implantado, el resultado probado y la mejora de procesos se haya consolidado.

Con posterioridad, Kaoru Ishikawa, pionero en el control de la calidad en Japón, presentó una propuesta mejorada que divide el ciclo de Deming en otras subfases. Puede representarse tal y como aparece en la *figura 13*.

3.1.2. Kaizen y mejora continua

El término japonés *kaizen*[2] puede traducirse como «mejora continua» haciendo «pequeñas cosas mejor» con ilimitadas posibilidades de mejora. Se trata de ir siempre adelante, buscando constantemente los problemas para enfrentarse a ellos, solucionándolos, sin permitir que vuelvan a aparecer. La filosofía *kaizen* puede resumirse en las siguientes ideas:

- Se trata de una estrategia a largo plazo de la que no deben esperarse resultados inmediatos, que involucra a todos los empleados y áreas organizativas.

- El empleado se coloca en la cumbre de la pirámide organizativa, invirtiendo la relación jerárquica tradicional. Y ello porque son los operarios, con su conocimiento de tareas y procesos, los más capacitados para introducir mejoras y solventar los problemas.

- Para que la mejora continua *kaizen* sea viable es precisa una nueva cultura organizativa basada en la participación, la información, la formación y el reconocimiento. Las personas deben sentirse libres para reconocer los problemas y aceptar errores. Sin problemas no existen mejoras.

---

2. El término se dio a conocer en el libro de Masaaki Imai *The Key to Japan's Competitive Success.*

CICLO PDCA MEJORADO	
FASES	**SUBFASES**
PLANIFICAR	• Definir el objetivo, fase o proceso a mejorar. • Analizar el problema, obteniendo la máxima información sobre el mismo, expresada mediante datos numéricos. • Identificar el problema, delimitando sus causas efectivas. • Elaborar un plan con las propuestas de mejora pertinentes.
HACER	• Organizar en detalle lo planificado. • Implantar el proyecto.
COMPROBAR	• Comprobar los resultados. • Compararlos con los objetivos previstos.
ACTUAR	• Consolidar las mejoras. • Informar al personal de los resultados. • Proponer nuevas mejoras.

Figura 13. Ciclo PDCA mejorado

• Todos los empleados pueden hacer propuestas, a condición de que éstas sean sencillas, rápidas de establecer, no demasiado caras y estén orientadas hacia los clientes y la calidad. Hay que comenzar con los problemas propios.

• Los datos son básicos para solucionar los problemas: aquello que no se mide es difícil de mejorar y lo que no se mejora al final empeora. De ahí que no deba haber una reunión sin datos, ni datos sin análisis, ni análisis sin propuesta, ni propuesta sin plan, ni plan sin seguimiento. No obstante, cuando se utilizan datos es conveniente dudar de ellos.

3.2. Herramientas de la calidad

Las herramientas de la calidad son instrumentos utilizados en los procesos de mejora continua para facilitar la resolución de problemas. Su aplicación no precisa, por lo común, complejos conocimientos teóricos ya que la metodología a ellas asociada es bastante simple. Sus características básicas son las siguientes:

- Se adaptan a situaciones, funciones, aspectos de gestión, tipos de actividad y organizaciones muy diversas.

- Son compatibles entre sí, lo que multiplica su potencial.

- Se basan en hechos y no en opiniones.

- Están orientadas hacia la aplicación de los mínimos recursos necesarios para obtener resultados válidos.

- Se pueden aplicar, bajo leves modificaciones en su metodología, a cualquier situación que lleve asociada la toma de decisiones.

En cualquier caso es importante recordar que su papel es auxiliar: no resuelven por sí mismas los problemas, sino que ayudan a solventarlos.

3.2.1. Herramientas básicas

Según Kaoru Ishikawa, existen siete instrumentos de control de calidad que pueden detectar las causas y solucionar el 95% de los problemas empresariales. Inicialmente aplicadas a nivel industrial, en la actualidad se utilizan para cualquier actividad que requiera la recogida de datos, el análisis de causas y el seguimiento de resultados. Son las siguientes:

- Hoja de verificación.

- Histograma.

- Gráfico de Pareto.

- Diagrama de dispersión.

- Gráfico de control.

- Diagrama de causa-efecto.

- Flujogramas.

Todas estas herramientas, salvo el diagrama de causa-efecto, trabajan sobre la base de hechos mensurables con valores numéricos y se utilizan en los niveles intermedios de las organizaciones como soporte de la gestión ejecutiva. A continuación se describe de forma sumaria cada una de ellas.

Hoja de verificación

Se trata de una herramienta que se utiliza para almacenar información de forma estructurada y consistente. La importancia de las hojas de verificación está vinculada al método científico: desde Galileo sabemos que sin datos no hay ciencia, sólo aproximación y empirismo.

En la práctica las hojas de verificación se articulan en forma de impresos, con diversos formatos (diagrama o tabla), que permiten recoger, clasificar y archivar de forma ordenada, sencilla y fiable, toda la información generada por las actividades empresariales. Esa información servirá de base para su análisis posterior con otras técnicas de mejora continua.

Por lo común se trata de una tabla articulada de acuerdo con el proceso a verificar, análoga a la que se expone en la *figura 14*.

Para elaborar cada hoja es vital definir con toda claridad qué aspectos se pretende recoger, qué datos son necesarios para ello y cuál es la mejor manera de almacenarlos para su ulterior análisis.

Histograma

Una vez recogidos los datos es preciso darles un significado estadístico y para ello puede utilizarse el histograma, el cual permite entender la estructura estadística de los datos e interpretar su significado. El histograma o diagrama de distribución de frecuencias es una representación gráfica por

DEFECTOS				Semana:		
Muestra: 100 tomas por sección.						
SECCIÓN	L	M	X	J	V	**TOTAL**
Norte	1	2	2	3	4	12
Sur	0	1	1	1	4	7
Este	1	0	2	3	3	9
Oeste	1	1	2	3	4	11
Centro	1	3	2	2	3	11
TOTAL	4	7	9	12	18	50

Figura 14. Hoja de verificación

medio de barras verticales. En el eje vertical, y mediante columnas, se representa la frecuencia, esto es, el número de veces que aparece cada uno de los valores de una variable (por ejemplo, el número de reclamaciones). En el eje horizontal aparece el rango de valores de la variable considerada (por ejemplo, intervalos horarios para saber cuándo se producen las reclamaciones de los clientes) o diferentes atributos de la variable (tipo de reclamación). Una forma característica del histograma es la representada en la *figura 15*.

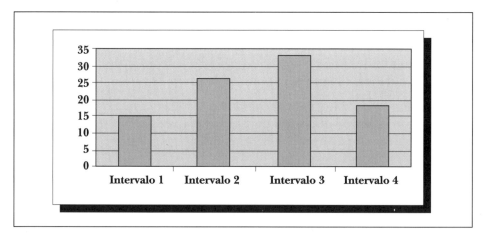

Figura 15. Histograma

Para elaborar un histograma es necesario agrupar los datos recogidos en las hojas de verificación, determinar las segmentaciones a realizar y los intervalos de referencia, realizar las sumas parciales y representarlas gráficamente.

Gráfico de Pareto

El gráfico de Pareto es un histograma en el que los intervalos o valores de la variable, representados en el eje horizontal, se muestran en orden de frecuencias descendente. Para ello se seleccionan en la zona izquierda del gráfico aquellos valores de la variable o atributos cuya frecuencia en las muestras seleccionadas es mayor. Asimismo, se suele representar sobre el propio gráfico, mediante diagrama de líneas, las frecuencias acumuladas en porcentaje sobre ellas. La *figura 16* muestra un diagrama de este tipo.

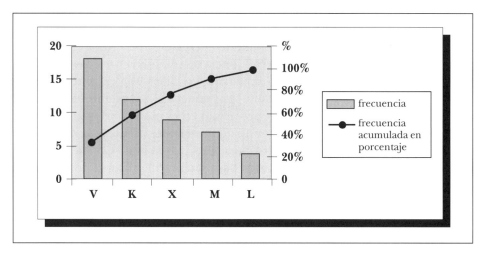

Figura 16. Gráfico de Pareto

Está basado en el principio enunciado por Vilfredo Pareto[3] según el cual el 80% de los problemas se pueden solucionar si se eliminan el 20% de las causas que los originan. El diagrama de Pareto es la herramienta que permite identificar el 20% de errores vitales que causan la mayor parte de los problemas, dejando de lado sus causas más triviales. Puede utilizarse para:

– Identificar y analizar las causas de un problema y las claves de una situación, comprobando su importancia relativa.

– Establecer un orden de prioridades en los procesos de toma de decisiones.

– Medir y cuantificar el impacto de las acciones de mejora implementadas comparando los resultados con gráficos anteriores.

– Pronosticar la eficacia de las acciones de mejora.

Para elaborar un gráfico de Pareto es preciso determinar las variables que se van a estudiar, obtener los datos relativos a las mismas y representarlos gráficamente según frecuencias relativas de orden descendente.

3. Economista y sociólogo italiano, Vilfredo Pareto (1848-1923) demostró, con sus estudios sobre la distribución de la riqueza, que una pequeña parte de la población de un país posee la mayor parte de su riqueza.

Diagrama de dispersión

También conocido como diagrama de correlación, es una herramienta gráfica que permite comprobar la existencia de relación entre dos variables y la intensidad de la misma. Para construir un diagrama de este tipo hay que recoger los datos de los dos factores y construir un conjunto de pares de datos. Estos pares de datos se representan en el plano cartesiano, lo que permitirá obtener una nube de puntos que permite analizar la tendencia de los valores y determinar la existencia de correlación. Conviene trazar una línea imaginaria entre los puntos para facilitar la observación, teniendo en cuenta que cuanto más se parezca la representación a una línea recta mayor será el grado de correlación.

Tomemos como ejemplo el diagrama de dispersión que estudia el grado de correlación entre las variables altura y peso, representado en la *figura 17*.

Gráfico de control

Se utiliza para analizar, gestionar y evaluar la estabilidad de un proceso a lo largo del tiempo, en función de la evolución del valor de una o varias de las variables clave que lo rigen. Se pueden analizar tanto las desviaciones respecto a los valores de referencia medios, como el grado de capacidad del proceso para mantenerse entre los valores extremos. Ello permite distinguir entre causas puntuales y causas continuas de variación y determinar su grado de influencia sobre los procesos.

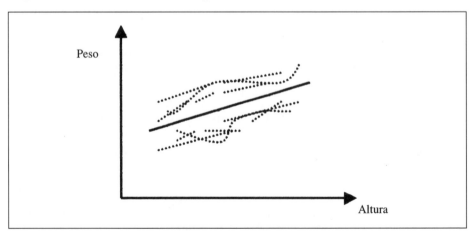

Figura 17. Diagrama de dispersión

Un ejemplo de gráfico de control puede contemplarse en la *figura 18*.

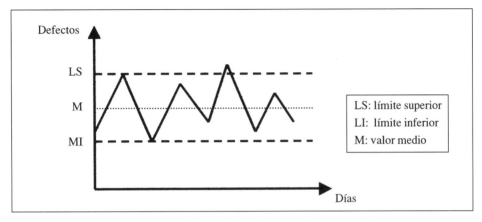

Fig. 18. Gráfico de control

Para utilizar el gráfico de control es preciso, en primer lugar, identificar las variables clave del proceso. También es preciso determinar su valor requerido –valor medio– y las tolerancias –límites considerados como valores extremos aceptables–. Por último, se toman datos acerca de la evolución de las variables y se proyectan sobre el gráfico, analizando la tendencia, el grado de aproximación al valor medio y la estabilidad de los valores alcanzados. Si el proceso muestra de forma continua valores fuera del intervalo definido por los límites deben tomarse medidas correctoras. Por contra, un proceso será estable cuando no haya puntos fuera de los límites de control ni anomalía alguna en su distribución.

Diagrama de causa-efecto

El diagrama causa-efecto, también conocido como diagrama de «espina de pescado» o diagrama de Ishikawa, permite identificar las posibles causas asociadas a un problema estructuradas según una serie de factores genéricos.

En la mayoría de las situaciones, cuando se detecta un problema, se identifican sus causas inmediatas pero se pierden de vista otras menos obvias pero igualmente importantes. Este error, que conduce a soluciones aparentes que no impiden la reaparición del problema, puede evitarse utilizando

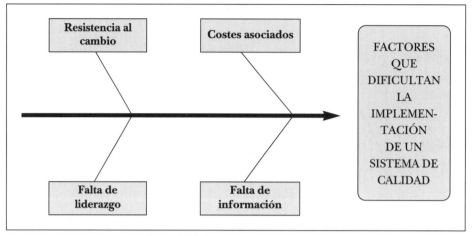

Figura 19. Diagrama de causa-efecto

el diagrama causa-efecto. Como ejemplo tomaremos la *figura 19*, que presenta las razones que pueden impedir el éxito de un sistema de calidad.

A su vez, en cada «espina» pueden introducirse las subcausas que se estimen pertinentes y así sucesivamente.

El diagrama causa-efecto se utiliza para:

– Identificar todas y cada una de las causas de un problema agrupándolas por categorías que faciliten su análisis.

– Fomentar el pensamiento creativo o divergente, acumulando ideas que den una visión global del origen de una situación. De ahí la importancia de que el diagrama se desarrolle en el seno de un grupo multidisciplinar y como herramienta de *brainstorming*.

– Ayuda a afrontar el problema desde una perspectiva científica, pues permite observar los factores determinantes de un fenómeno, remontándose en la cadena causal hasta la causa raíz.

Flujogramas o diagramas de flujo

Las actividades productivas se articulan mediante procesos. Los diagramas de flujo constituyen una representación gráfica del funcionamiento y estructura de los procesos y/o sistemas, mostrando todas las fases de que constan. Se utilizan para:

- Identificar las diferentes actividades, recursos y personas que forman parte de un proceso.

- Informar a los intervinientes sobre los pasos de que consta un procedimiento.

- Realizar análisis para optimizar y racionalizar los procesos. Son especialmente útiles para detectar problemas (falta de alguna fase, repeticiones, indefiniciones, entre otros).

- Como herramienta de *benchmarking*, comparándolos con aquellos que representan las mejores prácticas en la materia.

En la *figura 20* se representan en un flujograma las tareas a realizar en una oficina de correos antes del reparto de correspondencia.

Para elaborar un diagrama de flujo hay que definir claramente el proceso a describir y el tipo de descripción, que puede ser general o en detalle. Además, es preciso establecer los puntos límite, esto es, aquellos en los cuales el proceso comienza y acaba, relacionando, por último, las actividades concretas que lo integran, de modo que cada fase tenga una salida.

3.2.2. Herramientas avanzadas o de gestión

Se trata de un conjunto de herramientas orientadas hacia la planificación y toma de decisiones que suelen ser utilizadas por los niveles medio-altos de las organizaciones. Son las siguientes:

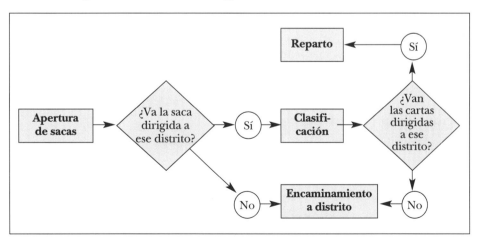

Fig. 20. Flujograma

- Diagrama de afinidades.

- Diagrama de interrelaciones.

- Diagrama de árbol.

- Diagrama matricial.

- Gráfico programa del proceso de decisión.

- Diagrama de flechas.

- Análisis factorial de datos.

A continuación se muestra una breve descripción de cada una de ellas.

Diagrama de afinidades

Se trata de una herramienta de trabajo en grupo cuyo objetivo es obtener gran cantidad de datos en forma de ideas, opiniones y temas, organizándolos en grupos según criterios afines y definiendo el aspecto genérico de gestión que identifica a cada grupo.

Se trata de una herramienta asociada a las técnicas de gestión nominal de grupos, basadas en la participación activa de todos los miembros y en la aplicación de sistemas que fomenten la creatividad en la generación de ideas. Estas técnicas son de gran utilidad en situaciones muy complejas, que requieren nuevos enfoques o que afectan a varias áreas de las organizaciones.

El proceso comienza por la definición escueta del motivo y los objetivos de la reunión, de forma que se eviten desviaciones del tema principal. A continuación se generan y recopilan las ideas de todos los asistentes, poniéndolas en común y clasificándolas por grupos homogéneos bajo un epígrafe común.

Diagrama de interrelaciones

Esta herramienta se utiliza para determinar gráficamente las relaciones que existen entre diversos aspectos asociados a un problema concreto. Son similares a los diagramas de causa-efecto, con la diferencia que las relaciones entre factores no han de seguir un formato particular, pudiendo representarse de modo más libre. De ahí que se utilicen en situaciones complejas, en las que las relaciones de causalidad no están claras, hay múltiples factores causales o numerosas interrelaciones.

El diagrama de interrelaciones se construye definiendo el tema a tratar, identificando los factores que influyen en un fenómeno desde todos los puntos de vista posibles, estableciendo relaciones causa efecto y, por último, identificando las causas principales.

Diagrama de árbol

Herramienta que recoge, en orden decreciente de detalle, todos los caminos y actividades necesarios para alcanzar una meta y sus submetas. Cuando se trata de desarrollar una tarea de forma sistemática el diagrama de árbol permite clarificar el objetivo de cada uno de los que intervienen y definir todos los aspectos a considerar, evitando que alguna tarea no sea tenida en cuenta.

Para construir un diagrama de árbol hay que comenzar por definir el objetivo final, describiendo todos aquellos aspectos que inciden en su consecución. A continuación se determinan los principales aspectos y fases a cubrir para alcanzar el objetivo final y se identifican y jerarquizan las actividades concretas de cada fase.

Diagrama matricial

El diagrama matricial permite representar de forma gráfica las relaciones existentes entre varios factores, determinando la intensidad y la dirección de la influencia entre los distintos aspectos. Por ejemplo, cuando se consideran causas y efectos se ordenan en una matriz por filas y columnas respectivamente, identificando en la intersección las relaciones existentes. Existen diversos tipos de diagramas matriciales en función del número de factores a estudiar de forma simultánea.

Su elaboración comienza con la identificación de los factores clave que se van a poner en relación y sus aspectos asociados. El formato de la matriz viene determinado por el número de factores, debiendo definirse, además, los símbolos que se van a emplear para determinar las relaciones y su grado de intensidad.

Gráfico programa del proceso de decisión

Se trata de un gráfico que representa todo evento o contingencia posible que puede ocurrir durante un determinado proceso. Permite anticipar posibles desviaciones o dificultades, desarrollando los controles adecuados.

Se utiliza en planes de implantación con cierto grado de complejidad o en situaciones con elevada posibilidad de incidencias. Para su elaboración hay que determinar cuál es el flujo de trabajo que se va a utilizar, identificar las posibles incidencias en cada fase, actividad y tarea y, por último, establecer indicadores para su detección y respuestas para cada circunstancia.

Diagrama de flechas

Herramienta que se utiliza para representar de forma estructurada las diferentes actividades que forman parte de un proyecto o programa de actuación. El objetivo es conseguir un diagrama que represente de manera visual todas las actividades a realizar y su nivel de prioridad.

Se recomienda su utilización en los casos en que convenga clarificar las prioridades de actuación entre diferentes actividades de un proyecto o programa complejo, en aquellas situaciones en las que el factor tiempo sea crítico o cuando existan actividades paralelas que deban ser coordinadas.

Su elaboración comienza con la relación de las operaciones necesarias para completar el proyecto. Se establece una secuencia de las mismas y se determina el tiempo requerido para completar cada operación. A la vista de lo anterior se determina el flujo de trabajo posible en función de la secuencia y los tiempos disponibles.

Análisis factorial

Permite, a partir de los datos obtenidos previamente, identificar la existencia de relaciones entre un conjunto de variables que inciden en una actividad. En este sentido es similar al diagrama de dispersión, pero la diferencia radica en que se sirve de técnicas estadísticas que dan mayor potencia al análisis.

Para realizar el análisis factorial hay que determinar qué variables inciden en una situación y definir un sistema de captación de datos. Los datos obtenidos se tabulan en tablas específicas que facilitan las tareas posteriores. A continuación se aplica la metodología del análisis multivariante, que permitirá verificar, en su caso, la existencia de relación entre las diferentes variables consideradas y el grado de intensidad de la correlación.

4. Conclusiones

Gestionar la calidad significa implantar una nueva filosofía cuyo objetivo es dar al cliente lo que desea. El consumidor debe percibir que los productos y servicios han sido diseñados en atención a sus necesidades, que su opinión es tenida en cuenta y que en caso de surgir problemas, la empresa ofrece soluciones rápidas y efectivas.

Este nuevo paradigma de gestión empresarial, asentado ya con firmeza en la cultura empresarial de las mejores organizaciones, exige que cada organización sea capaz de identificar, interiorizar y satisfacer de forma continua las expectativas de sus clientes. En este sentido, la calidad es un factor estratégico global y de naturaleza dinámica. Global, en tanto que se proyecta sobre todas las actividades, áreas y funciones de la empresa. Y de naturaleza dinámica, en la medida en que exige una constante adaptación a los cambios en las necesidades y percepciones de los clientes y a la presión de la competencia y sus nuevos productos y servicios.

El objetivo final no es otro que buscar la excelencia mediante la mejora continua de todas las actividades organizativas, utilizando los sistemas de calidad (UNE-EN-ISO 9000, EFQM) y aplicando las técnicas de mejora continua y las herramientas de calidad. En última instancia es preciso entender que ninguna organización puede sustraerse en nuestros días a la necesidad de cumplir con las expectativas de sus clientes. Ello significa que la gestión total de la calidad, como fuente de oportunidad, se ha convertido en una exigencia ineludible para cualquier empresa que desee alcanzar el nivel de eficiencia imprescindible para asegurar su subsistencia en un entorno competitivo.

5. Bibliografía

Arthur Andersen et. al. *La calidad en España,* edición especial *Cinco Días,* 1995.

De Domingo, José y Arranz, Alberto. *Calidad y mejora continua,* Editorial Donostiarra, 1997.

Feigenbaum, Armand V. *Total Quality Control,* McGraw-Hill Books, Nueva York, 1983.

Galgano, Alberto. *Calidad total,* Ediciones Díaz de Santos, Madrid, 1993.

George, Stephen y Weimerskirch, Arnold. *Total Quality Management,* John Wiley & Sons, Inc., New York, 1994.

Juran, Joseph M. y Gryna, Frank. *Juran's Quality Control Handbook,* McGraw-Hill, Nueva York, 1988.

Juran, Joseph M., *Managerial Breakthrough,* McGraw-Hill, Nueva York, 1964.

Ishikawa, Kaoru. *What is Total Quality Control?,* Prentice-Hall Inc., Englewood Cliffs, N.J., 1985.

15.

Los sistemas y las tecnologías de la información: un enfoque estratégico

Isidro de Pablo López

Catedrático de Economía de la Empresa.
Director del Instituto Universitario de
Administración de Empresas (IADE).
Universidad Autónoma de Madrid.

1. Introducción

En la antesala del siglo XXI, y desde hace ya varios lustros, nos vemos inmersos en una intensa ola de cambio que afecta a múltiples facetas de nuestra vida, desde los valores y actitudes en el terreno social, hasta las importantes transformaciones que están teniendo lugar en el escenario político o en el mundo empresarial. La liberalización del comercio internacional, los procesos de integración en curso en distintas partes del mundo, los medios de transporte y comunicación cada vez más eficientes, las transformaciones en los mercados financieros, etc., abren nuevos horizontes a la actividad empresarial, planteando simultáneamente nuevos retos y amenazas a los que las empresas han de reaccionar con rapidez y flexibilidad.

En el núcleo de esta vorágine de cambio encontramos un agente con frecuencia silencioso, un elemento que es a la vez catalizador y reactivo del proceso, al que se viene llamando tecnologías de la información (**TI** en lo sucesivo), que está omnipresente en múltiples dimensiones de la realidad social, política y económica. Estas tecnologías han impulsado procesos de cambio, pero también han aportado valiosas respuestas a las demandas de la sociedad y de las empresas, convirtiendo la información en un recurso vital para la competitividad empresarial.

¿Qué entendemos por sistema de información? ¿Qué relación existe entre los sistemas de información y las TI? ¿Cómo aprovechar el potencial estratégico de estas herramientas? ¿Qué debe hacer una organización para desarrollar una actitud estratégica hacia ellas? Estas cuestiones van mucho más allá del enfoque tradicional del proceso de datos, y constituyen el foco de interés de las páginas que siguen.

2. La información: un recurso estratégico

Desde el punto de vista económico, es probable que, entre otros rasgos característicos, el siglo XX pase a la Historia como el de la consolidación del modelo de empresa y el del despertar de la Era de la Información, que está abriendo las puertas del siglo XXI. En apenas cincuenta años la información procesada por los ordenadores ha pasado de ser un medio de control para convertirse en un recurso estratégico de primer orden con el que mejorar la capacidad competitiva de las empresas.

Pues, para competir con éxito en un medio tan agresivo y cambiante como el que nos está tocando vivir, las empresas precisan de información cada vez más sofisticada, plural y fácilmente accesible, para cuya explotación han de utilizar unos métodos de análisis cada vez mas sofisticados, los cuales, a su vez, son desarrollados por los profesionales de la estadística, la econometría y la investigación operativa. Ciencias éstas en continua evolución.

Sin embargo, para una correcta aplicación de tales herramientas, y acceder con rapidez a las fuentes de información, tanto estos técnicos como los propios directivos reclaman el conocimiento de las tecnologías de tratamiento y acceso a la información.

En respuesta a estas presiones, y siendo también motores de cambio ellas mismas, las industrias informática y de las comunicaciones están viviendo también una vorágine de innovación que no hace sino acelerar aún más la dinámica de competencia que viven muchos mercados.

Pues son estas tecnologías las que, por un lado, han favorecido la vorágine de cambio sociopolítico y económico que estamos viviendo, y, por otro, las que también ofrecen soluciones con que afrontarla. Desde su aparición hace cinco décadas, la informática ha pasado de ser un instrumento exclusivo de las grandes empresas e instituciones públicas a ofrecernos el «banco en

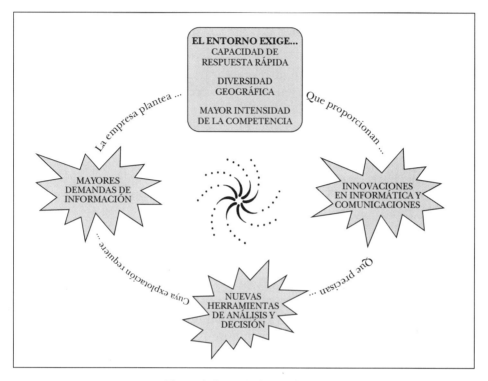

Figura 1. La espiral tecnológica

casa», el mercado continuo, los catálogos electrónicos, las bases de datos públicas, Internet, el dinero «de plástico», los sistemas expertos de amplia aplicación en las áreas financiera, comercial y de producción, y un sinnúmero de soluciones para el ocio y el trabajo que están cambiando nuestras vidas.

Por tanto, hemos pasado de una época en que las TI ofrecían productividad y economías de escala, a otra en la que pueden contribuir significativamente a la competitividad de la empresa. Con ellas se pueden desarrollar nuevos productos y servicios, facilitar el acceso a nuevos mercados y la comunicación con clientes y proveedores, integrando actividades y procesos, o haciendo posible el manejo de grandes volúmenes de información para seguir de cerca la evolución del negocio. Una breve reflexión nos permitirá identificar fácilmente varios sectores cuyo funcionamiento sería impensable sin la ayuda de estas herramientas. En suma, hoy día la importancia de las TI es tal que ya forman parte de la estrategia corporativa de cualquier empresa de éxito.

3. Los sistemas de información en la empresa: los fundamentos

Sin embargo, en el núcleo de esta espiral de competitividad empresarial y de cambio tecnológico nos encontramos con que las TI sólo están desempeñando con gran eficiencia una función básica en todo tipo de organización: la gestión de la información. Y ésta se viene desempeñando en aquéllas desde siempre, aunque utilizando los apoyos tecnológicos propios de cada época. Por ello es fundamental abordar el concepto de sistema de información, para luego profundizar, por un lado, en la tecnología que los sustenta y, a continuación, en sus implicaciones para la gestión empresarial.

3.1. El concepto de sistema de información

Por sistema de información (**SI** en lo sucesivo) entendemos un conjunto de elementos organizados para ofrecer información oportuna en cuanto a contenido, formato, tiempo y lugar a un usuario determinado. Es decir, se trata de una configuración de medios, que identificaremos más adelante, diseñados para proporcionar información a un receptor, o usuario, cumpliendo unos requisitos de calidad predeterminados. Así, un sistema de contabilidad consta de una serie de instrumentos (archivos de información, soportes documentales, libros de cuentas, modelos de informes, personal administrativo, políticas y procedimientos administrativos, etc.), cuya finalidad es facilitar información económico-financiera a los propios empleados del área financiera, a los directivos de diferentes niveles de la empresa, y a una serie de entidades de diversa naturaleza ajenas a la propia empresa (bancos, accionistas, Agencia Tributaria...). Como reflexión en torno a este ejemplo, ha de resaltarse el hecho de que no hemos mencionado ninguna tecnología específica aplicada a la construcción y operación del sistema.

3.2. Las funciones de los sistemas de información

Por tanto, los SI constituyen plataformas de apoyo para el desarrollo de las actividades propias del sistema físico que es cualquier organización. Y este apoyo lo ejercen mediante el desempeño de una serie de funciones que pueden resumirse en:

- **Recogida de datos**, o captura de la información que han de procesar, almacenar y distribuir, para lo cual han de conectar con la fuente de suministro de forma estable y fiable.

- **Evaluación de la calidad y relevancia de los datos**, es decir, filtran la información recogida evitando los errores, las redundancias, las pérdidas, y contrastando la validez de la fuente utilizada.

- **Manipulación o proceso de los datos**, para transformarlos en información útil para los usuarios aplicando los procedimientos más apropiados diseñados por los constructores del SI.

- **Almacenamiento**, asegurando la seguridad, la disponibilidad y la calidad de la información hasta el momento en que es requerida por el usuario.

- **Distribución**, o transporte de la información que precisa el usuario cumpliendo los requisitos de lugar y tiempo que aquél requiera.

- **Presentación** de la información al usuario en el formato más apropiado para su utilización.

3.3. Los elementos de un sistema de información

Para el desempeño de estas funciones, y contribuir al funcionamiento de la organización a la que sirven, los SI precisan una serie de elementos. Varios de ellos son indispensables en la medida que justifican la existencia del propio SI (caso de los dos primeros que se relacionan más adelante), mientras que el resto son instrumentales, ya que sirven de apoyo a éstos. Los elementos son los siguientes:

- **Información**, en el sentido más amplio del término, es decir, datos, imágenes y sonido, de forma aislada o en combinación. Sin este elemento el sistema de información no tiene razón de ser.

- **Usuario/s**, que tanto pueden ser de la propia organización como ajenos a ella. Además, no hemos de obviar la realidad cada vez más frecuente de que estos usuarios sean, a su vez, elementos de otros sistemas de información (por ejemplo: el empleado del departamento de ventas de un proveedor). Finalmente, y al hilo de los actuales avances tecnológicos, cada vez es más común que el usuario de la información sea un sistema automatizado, sin la presencia de un ser humano.

- **Soportes**, o conjunto de instrumentos en que se materializa el SI, y que facilitan el desempeño de las funciones mencionadas anteriormente. Éstos son:

  - *Sensores,* que capturan la información lo más cerca del origen, llegando a evaluar su calidad y grado de relevancia para el sistema.

  - *Portadores,* que son quienes muestran la información al usuario (el papel de un informe, la pantalla en la que se consulta determinada información, etc.).

  - *Procesadores,* que son los dedicados a aplicar las reglas lógicas y de tratamiento que permiten la transformación de datos en información útil.

  - *Almacenes,* donde se mantiene la información, ya procesada o en forma bruta, hasta que es requerida por el usuario.

  - *Difusores,* que son los elementos dedicados al transporte de la información desde los almacenes al lugar en que la precisa el usuario.

En la medida en que estos instrumentos han de estar altamente especializados para proporcionar el nivel de calidad de servicio que requiere la organización en que opera el SI y pueden adoptar múltiples configuraciones físicas. Esto dependerá de las prestaciones que haya de ofrecer el sistema, de las prioridades de la propia organización o empresa, así como de la oferta tecnológica disponible en un momento dado. Por tanto, es en el terreno de los soportes donde se aprecia el mayor impacto de las tecnologías en el ámbito de los SI.

Por ejemplo, en el caso del sistema de contabilidad a que nos referíamos más arriba, el proceso de la información podría realizarse bien por un equipo de administrativos y contables, o bien con la ayuda de un paquete informatizado de contabilidad instalado en un determinado modelo de ordenador. La función es la misma, pero cambia la configuración, las prestaciones, y el coste, del soporte que la desempeña.

De ello podemos deducir que podemos encontrarnos con SI de bajo o de alto contenido tecnológico. Un caso del primer tipo sería el utilizado por dos personas que mantienen una conversación cara a cara, en el que no hay tecnología presente y en el que los propios usuarios desempeñan todas las funciones. En el otro extremo tendríamos el sistema de información utilizado por el piloto automático de un avión en vuelo, que cuenta con diversos instrumentos y sistemas de navegación autónomos que no requieren la intervención continua de los pilotos.

4. Los sistemas de información y las tecnologías de la información, o la función y la herramienta

De lo tratado hasta ahora se deduce que las TI constituyen un conjunto de instrumentos que hacen posible la construcción de SI más sofisticados, o con diseños alternativos, para desempeñar la misma función: facilitar la comunicación intra y extracorporativa para contribuir al desempeño de las funciones directivas y a la actividad de las organizaciones. Esto significa, en primer lugar, que los SI siempre se han servido de los avances tecnológicos que se han ido produciendo a lo largo de la Historia. Además, estas innovaciones tecnológicas han contribuido a la mejora continua de las prestaciones de los sistemas, contribuyendo, por tanto, al éxito de las empresas y organizaciones que las incorporan a su actividad. De ello se deduce un tercer mensaje, y es que las organizaciones han de ser lo suficientemente flexibles como para adaptar su actividad y sus fines a las oportunidades que les ofrecen los avances tecnológicos en general, y las TI en particular.

Lo anterior se pone de manifiesto en los avances producidos en el terreno, traigamos de nuevo un ejemplo anterior, de la comunicación entre dos personas. Mencionábamos antes la conversación directa, cara a cara, cuya «tecnología de base» se remonta a los orígenes de la Humanidad. Los avances tecnológicos han traído la comunicación a distancia utilizando la escritura (con o sin escribano), la cual ha adoptado diferentes soportes (tablillas de diversos materiales, pergamino, papel...), medios de difusión (en mano, paloma mensajera, telefax, correo electrónico...), hasta volver a la comunicación directa original, paliando, o eliminando, la barrera de la distancia mediante nuevas tecnologías (teléfono, videoconferencia...). Si observamos a nuestro alrededor seguro que encontramos muchos ejemplos similares.

4.1. El concepto de tecnologías de la información

Por tecnologías de la información se viene entendiendo aquellas soluciones avanzadas aportadas por las industrias informática y de las comunicaciones, que, de forma integral o independiente, afectan al diseño y a las prestaciones de los sistemas de información, incrementando su valor añadido.

Esto significa que el «dominio tecnológico» que siempre ha sustentado a los SI se ha visto espectacularmente transformado en tiempos recientes por las innovaciones producidas en los ámbitos científicos y tecnológicos antes mencionados, los cuales confluyen en el mismo terreno al utilizar la misma base tecnológica, la electrónica, que permite que ordenadores y teléfonos hablen «el mismo idioma».

Ambos campos científicos, la informática y las telecomunicaciones, se han desarrollado al hilo de los avances tecnológicos iniciados con la Revolución Industrial, pero se han mantenido relativamente independientes hasta que, hace apenas dos décadas, el segundo ha adoptado la señal digital como código de lenguaje, y a la electrónica como soporte para sus propias plataformas tecnológicas. Dicha convergencia provoca una intensa sinergia de cambios tecnológicos, que no ha hecho sino comenzar a manifestarse, pero cuyos efectos en el ámbito empresarial, económico, cultural y social están configurando un nuevo modelo económico y sociopolítico, que no pueden ser ignorados por los diversos agentes de la sociedad[1].

Además, este torbellino tecnológico está absorbiendo también a otras tecnologías del ámbito empresarial, a las que podríamos calificar de «tradicionales», y que abarcan desde el clásico teléfono y sus derivados, el télex y el fax, hasta la calculadora, la máquina de escribir, los sistemas de archivo, los de reproducción, y un largo etcétera, que se han visto progresivamente asimiladas por el remolino de las nuevas tecnologías.

Por tanto, hemos pasado de una época en que las TI ofrecían productividad y economías de escala, a otra en la que pueden contribuir significativamente a la competitividad de la empresa. Con ellas se pueden desarrollar nuevos productos y servicios, facilitar el acceso a nuevos mercados y la comunicación con clientes y proveedores, integrando actividades y procesos,

---

1. En este sentido es relevante mencionar el informe que al respecto ha elaborado la OCDE (Committee for Information, Computers and Communications Policy (1997): *Global Information Infrastructure and Global Information Society: policy requirements*), en el que se plantean las oportunidades de las tecnologías de información «globales» para una Sociedad de la Información que también es «global», definiendo las pautas a seguir para facilitar su desarrollo, y el papel que pueden jugar los diversos agentes participantes en el proceso.

Figura 2. El dominio tecnológico de los sistemas de información

o haciendo posible el manejo de grandes volúmenes de información para seguir de cerca la evolución del negocio. También pueden permitir la redefinición de la estrategia de negocio, o abrir la puerta hacia alianzas y colaboraciones de todo tipo con otras empresas. En suma, hoy día la importancia de las TI es tal que no pueden dejarse de lado por parte de la estrategia corporativa de cualquier empresa que quiera alcanzar el éxito.

Así, el funcionamiento actual de sectores como el transporte, la banca, los mercados de valores, la distribución, el turístico... no sería posible sin la contribución de las TI. En este sentido, las propias agencias de viajes, los operadores turísticos y muchos hoteles, compañías de transporte aéreo, o de alquiler de vehículos, cuentan con páginas informativas en Internet desde las que ofrecen información, servicios de reservas, ofertas especiales, e incluso el acceso a otros servicios complementarios al suyo, utilizando sofisticados sistemas de facturación y cobro. Esta dinámica también puede apreciarse en los sectores tradicionales, como el automóvil y los electrodomésticos, con la aplicación de la robótica, las tecnologías CAD/CAM, y otros métodos de organización y programación de la producción que han incrementado espectacularmente su productividad y su adaptación a un mercado cada vez más competitivo y segmentado.

4.2. *Los impulsores del cambio*

Buscando una explicación a este fenómeno, podemos identificar dos categorías de fuerzas como principales detonantes de esta evolución. Unas son de índole tecnológica, y otras de carácter socioeconómico y empresarial, que se interrelacionan y reclaman una respuesta continuada por parte de las empresas. Los factores más destacables del lado de las TI serían: 1) la aparición y difusión de los PC junto con su reciente utilización como estaciones de trabajo que, además, pueden ser móviles; 2) la espectacular evolución precio-prestaciones del *hardware*; 3) la continua mejora en la oferta de productos de *software*, tanto el orientado al usuario, como el de desarrollo de aplicaciones; 4) la descentralización de los servicios informáticos, acompañada de una mayor conectividad entre máquinas a pesar de la distancia; 5) el desarrollo y expansión de Internet como medio de comunicación sencillo y accesible en cualquier lugar donde exista conexión a una red telefónica. Fenómenos éstos que han provocado que las empresas hayan aumentado en más de un 50% sus gastos de informatización con relación a la cifra de ventas, al tiempo que se ha comenzado a prestar más atención a los aspectos intangibles que a las meras consideraciones coste-beneficio de las TI.

Por su parte, las fuerzas de tipo socioeconómico y empresarial se han beneficiado de los avances tecnológicos, al tiempo que plantean nuevos retos a los que las TI han de encontrar respuesta. En nuestra opinión, las fuerzas de cambio dominantes han sido: 1) la creciente globalización de los mercados, sobre todo en los sectores intensivos en alta tecnología; 2) los cambios en los valores sociales y en los hábitos de consumo; 3) la creciente volatilidad y diversidad del entorno; 4) la concentración de poder de mercado en manos de unos pocos grupos económicos que, además, son cada vez más interdependientes; 5) la redefinición del concepto de empresa y de los principios subyacentes al mismo que han estado en vigor desde los años treinta.

Tales cambios requieren una respuesta muy rápida por parte de las empresas, que se ven obligadas a adoptar cambios estructurales en los modos de dirigir, de organizarse, y de abordar el mercado. Y, en este contexto, la paulatina profesionalización de los cuadros directivos, una mayor atención a la motivación y a las necesidades de realización personal de los empleados, la racionalización de los procesos de dirección adoptando el enfoque de la dirección estratégica y aplicando una actitud más abierta hacia el cambio y la innovación, están impulsando la utilización de soluciones de TI en la formulación de estrategias corporativas, y en los planes de reorganización de un número creciente de empresas.

4.3. Proceso de datos vs. tecnologías de la información

Los cambios que se han producido en el «dominio tecnológico» de los SI requieren un replanteamiento de su gestión por parte de las empresas, que han de asumir tanto sus potencialidades como sus riesgos, evolucionando desde el planteamiento clásico, o de proceso de datos, a otro más actual, sensible al potencial estratégico de las TI. La transición de un extremo a otro de este dominio tecnológico sugiere la consideración de los siguientes aspectos:

- *Una instalación de PD afecta a una sola empresa, pero una solución de TI atraviesa la frontera de muchas organizaciones* (proveedores, entidades financieras, clientes, empresas asociadas, etc.), que deben coordinarse para ofrecer un diseño ágil y competitivo.

- *En una instalación de PD los intermediarios de servicios* (operadores de comunicaciones, centros de proceso, etc.) *no tienen el protagonismo de una instalación de TI*. Así, mientras que en una operación de extracción de fondos en un cajero automático mediante una tarjeta de crédito es posible identificar *a priori* a todas las partes implicadas y definir el papel que han de jugar, en una transacción de comercio electrónico en Internet resulta más difícil ya que los servidores de comunicaciones que intervienen pueden cambiar de un caso a otro, lo que puede incidir en la calidad del servicio, y en la fiabilidad y confidencialidad con que se maneja la información intercambiada.

- *El PD conlleva un enfoque más estructurado e impersonal a causa de su orientación al «dato», mientras que la TI incorpora una mayor carga «humanista»* al manejar datos, texto, sonido, imagen, o cualquier combinación de ellas, y perseguir una respuesta a las necesidades de un usuario que, cada vez con mayor frecuencia, es ajeno a la propia organización.

- *Los efectos de la TI son más intangibles*, precisamente por el efecto «transfrontera» y su papel en la comunicación informal a que antes aludíamos, por lo que su impacto es más difícil de medir en términos económicos, si es que merece la pena realizarlo.

- *Las TI pueden constituirse en uno de los pilares de la estrategia corporativa* por su orientación a la generación de valor añadido, mientras que los sistemas de PD tienen un ámbito más restringido e interno, por orientarse fundamentalmente al proceso de transacciones, y a mejorar la operativa interna de la empresa.

- *La utilización de soluciones de TI plantea interrogantes y riesgos en el terreno legal.* Ello es debido a varios factores, entre los que destacan los vacíos existentes en la legislación de muchos países, magnificados por el problema de la creciente «transnacionalidad» de las operaciones y porque la velocidad de la innovación tecnológica siempre será superior a la capacidad de respuesta de la legislación y la jurisprudencia. Además, hay que añadir la presencia de muchos actores en continuo cambio, y la dificultad para documentar el papel que cada parte juega en cada operación. Ante esta situación muchas empresas renuncian a entrar en esta nueva dimensión de la actividad económica, o lo hacen con cautela, mientras que otras, motivadas por su potencial, asumen los riesgos de lo desconocido.

- *El desarrollo, mantenimiento y auditoría de las aplicaciones de TI requiere unos conocimientos mas avanzados y una gran visión estratégica del negocio* para avanzar en la dirección correcta. Esto implica un mayor compromiso de recursos y de conocimiento, así como una gran implicación por parte de la alta dirección, que no siempre es fácil de encontrar.

En definitiva, para aprovechar el potencial de los SI/TI tanto las empresas como los individuos deben realizar un importante esfuerzo de adaptación, asumiendo los correspondientes costes y los riesgos derivados de todo proceso de cambio.

5. Las implicaciones de los SI/TI

El resultado de esta dinámica de cambio es una verdadera revolución en los procesos de dirección de las empresas y en la forma de pensar de los ejecutivos, en un esfuerzo por adaptarse, reaccionar, o, mejor aún, anticipar la evolución del entorno. Pero este fenómeno no sólo afecta a las empresas y organizaciones de todo tipo, también tiene importantes implicaciones para el individuo en particular, y para la sociedad en general, los cuales, en el peor de los casos, serán sujetos pasivos en un proceso imparable y de alcance global. Esto significa que las actitudes y el comportamiento que una persona, o una empresa, adopten hacia el uso de los SI/TI van a determinar su competitividad y su atractivo (y, por tanto, su éxito y su supervivencia) en unos mercados de trabajo, o de bienes y servicios, que cada vez son más globales y dinámicos. Porque los SI/TI permiten que una pyme parezca grande y opere en el ámbito internacional, o que una persona pueda trabajar desde cualquier lugar del mundo en que tenga acceso a un ordenador y comunicación telefónica. De igual manera, las regiones con infraestructuras adecuadas serán más competitivas a nivel global y atraerán a más empresas e individuos que precisen de éstas. Por tanto, el conocimiento y la habilidad en el uso de los SI/TI son hoy en día un factor que contribuye a la configuración del nuevo modelo económico global y a la aparición de una nueva clase en la división internacional del trabajo: la de los «info-analfabetos».

Por tanto, los SI/TI afectan de forma inevitable a personas y organizaciones de todo tipo, si bien su impacto será aún más evidente e incuestionable en unos pocos años.

5.1. Desde el CPD a la aldea global: el entorno de Internet

La primera incursión de las empresas en el tratamiento automatizado de la información da lugar, hace ya cerca de cinco décadas, a los centros de Proceso de Datos, auténticas fábricas que procesaban las transacciones propias de la actividad cotidiana de la empresa, para luego generar información orientada al seguimiento del negocio, ignorando sus intercambios de información con el entorno, salvo en lo estrictamente relacionado con las obligaciones informativas.

Esta situación ha evolucionado con los avances tecnológicos antes reseñados hasta llegar a la actualidad, en que las empresas tienen la oportunidad de abordar un enfoque radicalmente diferente, basado en la gestión de la información, y llevar a cabo sus actividades comerciales, sus operaciones, y sus procesos internos con la ayuda de los SI/TI.

Así, en apenas dos lustros, se ha pasado del concepto de Centro de Proceso de Datos al de Centro de Información, entendido como punto de encuentro y depósito de información accesible a todos los usuarios y departamentos de una organización, los cuales disponen de su propia infraestructura informática autónoma, también conocida como «arquitectura distribuida», para sus necesidades de proceso y almacenamiento de información. Y el paso más reciente, de la mano de la llamada Sociedad de la Información, es el concepto de «aldea global», que hace referencia a la desaparición de las barreras de la distancia geográfica, de los idiomas, de los valores, y, en cierta medida, del tiempo, como consecuencia del avance del TI.

Y es que el gran protagonista de este proceso son los SI/TI, y su poderoso retoño: Internet. Si bien no es nuestro propósito detenernos en este fenómeno tecnológico que marca el final del milenio, todos somos conscientes de su crecimiento y su presencia en todos los ámbitos de lo cotidiano, y, de modo especial, en la actividad empresarial. Y todo apunta a que lo que estamos viendo apenas es un preámbulo del apasionante futuro que nos espera. Mediante la red una pyme puede parecer una gran empresa, y tener acceso a otros proveedores distintos de los locales, contratando donde le resulta más ventajoso. O un directivo en viaje de negocios puede asistir a un curso a distancia. También puede contratarse los servicios de un profesional que no resida en nuestra localidad. Y esto afecta de forma incuestionable a la dinámica de los negocios y, de una forma más sutil, al propio mercado de trabajo.

5.2. Internet, Intranet y Extranet

En esencia, **Internet** es una red global de ordenadores de todos los tamaños y formas de propiedad, interconectados mediante un amplio abanico de tecnologías de comunicación públicas y privadas, a la que se conectan usuarios individuales y corporativos de cualquier lugar del mundo. Su finalidad es, por un lado, facilitar el acceso de estos usuarios a los volúmenes ingentes de información y conocimiento disponibles en ella; en segundo lugar, permite la comunicación y el intercambio de información entre estos usuarios en diversos formatos (texto, imagen, sonido y vídeo), y, finalmente, hace posible la realización de transacciones comerciales con una fiabilidad creciente.

Para su funcionamiento se utilizan unos protocolos estándar de manipulación y presentación de la información que permiten un acceso sencillo y económico respecto a otras tecnologías alternativas. En su configuración más sencilla, un usuario puede conectarse a la red si dispone de un PC debidamente configurado, un módem, una línea telefónica, un programa de navegación, y una cuenta de usuario con un proveedor (o servidor) de servicio de acceso a un nodo (o punto de conexión). Obviamente, en los entornos corporativos este acceso se puede efectuar a través de una red de comunicación interna, que puede contar con su propio servidor que la enlaza con otros servidores de ámbito corporativo o externos.

Este último caso describe un esquema propio de una **intranet**, que, básicamente, consiste en la utilización de los mismos medios utilizados en Internet para definir un ámbito de comunicación reservado para un determinado colectivo de usuarios, que bien pueden ser, por ejemplo, los empleados de una empresa, o los socios de una asociación deportiva, o los alumnos de una universidad. Las intranets suelen compartir la infraestructura de comunicaciones de Internet con otros usuarios, con la particularidad de que utilizan unos procedimientos especiales de seguridad, llamados *firewalls* (barreras de fuego) para evitar la intrusión de extraños. En este sentido, uno de los procedimientos más comunes, y eficaces, es el uso de palabras clave personales y secretas, que permiten identificar a cada usuario en particular y aplicarle un esquema de seguridad personalizado.

Los elementos habituales de una intranet suelen ser:

- Una *red corporativa*, que preste servicio a las diferentes unidades organizativas de la empresa, cualquiera que sea su distribución geográfica.

- Un *servidor de correo electrónico*, para facilitar el intercambio de mensajes entre los miembros de la organización, y, si se estima oportuno, entre éstos y el conjunto de Internet, pero aplicando las barreras de seguridad diseñadas para esa organización.

- Una *página web interna*, dedicada a la propia organización, que proporcione el acceso a las áreas de trabajo, a los procesos administrativos, a las bases de datos corporativas, y a aquellos contenidos que se consideren apropiados para residir en este «espacio» de los SI de la empresa. Desde la intranet también se suele ofrecer acceso a la página web pública.

- *Grupos de noticias*, o espacios reservados para el intercambio de mensajes para el análisis de determinados temas de interés general, o los específicos de un proyecto u operación comercial, a los que tienen acceso todos los miembros de la empresa, o aquellos que tienen autorización.

- *FTP* (file transfer protocol), que permite la transferencia de ficheros de programa o de datos desde el ordenador en que estén guardados al de cualquier empleado autorizado para su utilización posterior.

- *Telnet*, o emulación de terminal de un ordenador remoto, que hace posible la conexión a distancia a otro ordenador en el que el usuario tiene privilegios de acceso, pudiendo utilizarlo como si estuviese trabajando directamente con él. Esta función es muy útil para empleados desplazados a otros destinos, o que trabajan fuera de su oficina.

Las posibilidades de las intranets son fabulosas para las empresas y los trabajadores, pues permiten compartir información, comunicarse con rapidez, acceso remoto al propio puesto de trabajo, trabajar en grupo a pesar de la distancia..., y todo ello con las mismas infraestructuras de *hardware* y *software* necesarias para operar en Internet. Las economías de coste, la flexibilidad y el potencial competitivo de esta solución tecnológica no puede dejarse de lado.

Finalmente, las **extranets** constituyen un paso más en la aplicación de las posibilidades de Internet a la actividad empresarial, y surgen a raíz de la creciente implantación de la red en todos los ámbitos del tejido industrial, comercial y social. Su base tecnológica sigue siendo la misma de una intranet, pero su alcance es mucho más ambicioso, pues persiguen la creación de un espacio de comunicación entre la empresa y sus proveedores, por un lado, y con sus clientes, por otro, de forma que se llegue a conseguir la integración de todos los procesos del negocio en la red. Con ello se puede conseguir la automatización de muchos procesos, al tiempo que se puede extender la actividad de la empresa más allá de las referencias geográficas habituales, abriendo, por tanto, nuevas oportunidades de negocio.

5.3. Los efectos sobre la empresa

Este abanico de posibilidades en continua expansión ofrece un sinfín de oportunidades a las empresas y organizaciones de todo tipo, y, como apuntábamos al principio, su impacto se está haciendo sentir en la competencia vertiginosa que encontramos en todos los mercados, acuciada por los procesos de desregulación de algunas industrias, y por la globalización de la economía. Por tanto, son muchas las empresas de todos los rincones del mundo que se plantean muy seriamente preguntas como: ¿qué podemos hacer para conseguir nuevos clientes y fidelizar a los actuales generándoles valor?, ¿cómo reducir nuestros costes operativos?, ¿cómo encontrar otros proveedores?, ¿cómo ampliar la gama de productos?, ¿podríamos darle una nueva orientación a nuestro negocio? Con frecuencia, los SI/TI ofrecen una respuesta afirmativa, aunque las empresas no siempre son conscientes de ello, o no están dispuestas a emprender los cambios necesarios.

El impacto de los SI/TI sobre las empresas se puede analizar desde distintos puntos de vista, y nosotros nos centraremos en los más significativos: el tecnológico, el organizativo, el comercial y el estratégico, que pasamos a abordar a continuación.

5.3.1. Los efectos sobre las plataformas tecnológicas

En la medida que los procesos cotidianos de una empresa estén basados en el tratamiento de información se producirá una creciente incidencia de las TI, dando lugar a una simbiosis tecnológica similar a la que se ha producido con los SI/TI. Este fenómeno resulta evidente en las áreas de administración y finanzas, pero también se está extendiendo a las de producción, comercial, recursos humanos, etc. Así, el impacto sobre las plataformas tecnológicas puede resumirse en los siguientes aspectos:

- *Favorable evolución de la relación precio-prestaciones*, y todo apunta a que continuará haciéndolo así durante mucho tiempo. Esto significa que cualquier extrapolación basada en el pasado será errónea debido a las posibilidades que las TI ofrecerán para abordar las oportunidades actuales de los negocios, así como otras nuevas que apenas podemos vislumbrar.

- *Alta fiabilidad y disponibilidad de los equipos y del* **software**, que sufren menos averías y son más sencillos de actualizar o sustituir, al tiempo que disminuye su tamaño y se integran con otros dispositivos de comunicación.

- *Multiplicidad de formatos de entrada/salida*, utilizando tecnologías especializadas (reconocimiento y síntesis de la voz, caracteres ópticos, tratamiento de imagen, etc.) que se aplican a dispositivos de captura y distribución de información de las más variadas configuraciones y aplicaciones.

- *Los sistemas de comunicación de alta velocidad son operativos en, prácticamente, cualquier lugar del globo*. Esto significa la posibilidad de mantener una comunicación rápida, fiable, económica y capaz de manejar un gran volumen de información, tanto desde ordenadores fijos (vía fibra óptica) como desde dispositivos móviles (vía telecomunicaciones).

- *Se habrán alcanzado, prácticamente, unos estándares de interconexión e interoperabilidad de* **hardware** *y de* **software**, aunque éstos son aspectos en los que aún subsistirán diferencias entre los fabricantes.

- *El modelo «cliente-servidor», o «estación de trabajo», se está convirtiendo en la plataforma estándar de* **hardware**. Esto significa que los usuarios de SI/TI dispondrán de una configuración de *hardware* y de *software* que les proporcionará una gran autonomía de trabajo, y que les permitirá acceder a un buen número de «servidores», o proveedores de información o de potencia de cálculo a los que acudirán para intercambiar información, comunicar y recibir decisiones y mensajes vía correo electrónico, y un sinnúmero de posibilidades de trabajo. Esta plataforma tecnológica permite ubicar el puesto de trabajo allí donde sea necesario, al tiempo que hace posible que una aplicación informática opere indistintamente en una o varias plataformas de *hardware*. Y esta separación entre el *hardware* y el *software* va a incidir indudablemente en las decisiones de compra de tecnología.

- *Evolución desde el modelo centralizado, o CPD, hacia el modelo de «Centro de Información»*, como consecuencia de la descentralización en el tratamiento de la información, y los avances tecnológicos referidos anteriormente más arriba. Estos centros funcionarán como verdaderos almacenes de información *(data warehouse)* corporativos, que también proporcionarán enlaces a otras fuentes de información externas, a los que accederán los usuarios de la red de comunicación corporativa, es decir, la Intranet y la Extranet.

- Debido a la favorable evolución de la relación precio-prestaciones mencionada anteriormente, *los beneficios de las TI irán principalmente a aquellos que sepan utilizarlas bien, y a aquellos que desarrollen aplicaciones orientadas a explotar el conocimiento de sus empleados generando valor añadido.*

- *El diseño de aplicaciones informáticas se hará teniendo en cuenta las necesidades integrales de los negocios, y en torno a modelos de bases de datos corporativas*, de forma que puedan responder a las nuevas demandas de información a corto y medio plazo, al tiempo que se adapten a la evolución de las tecnologías y métodos de trabajo.

- *Los elevados costes de desarrollo de las nuevas aplicaciones, junto con la necesidad de diseñar complejos sistemas que puedan ser utilizados por varias empresas simultáneamente*[2], *obligarán a crear equipos de trabajo conjuntos,*

---

2. Aquí hacemos alusión al concepto de EDI (del inglés *electronic data interchange*) utilizado para aquellas aplicaciones informáticas en que la información fluye entre las empresas según sus necesidades operativas. Esto significa que las empresas diseñan sistemas compatibles, capaces de interactuar entre sí, sin que sea necesaria la intervención de un empleado. Por ejemplo, sería el

y a compartir información. Esto conllevará, obviamente, problemas legales y riesgos para la seguridad de las instalaciones informáticas de las partes implicadas.

- *Aumentará la importancia que hoy en día se presta a los aspectos de seguridad, integridad y conectividad de los servicios de información.* Ello es consecuencia de la creciente interdependencia de las empresas y organizaciones de todo tipo a través de sus sistemas de información compartidos, así como de los grandes volúmenes de información que, cada vez más, se almacena y explota con los ordenadores.

5.3.2. El impacto sobre el diseño organizativo y operativo

Y, aplicando estas innovaciones tecnológicas al funcionamiento de las empresas y de las organizaciones en general, podemos identificar una serie de implicaciones de carácter organizativo, que resumimos a continuación:

- *Más personas que trabajarán solas, o en grupos autónomos,* pudiendo comunicarse entre sí mediante las TI, sin afectar con ello la coordinación necesaria en toda actividad profesional. Ésta es la puerta hacia el teletrabajo, la «oficina móvil», las redes de empresas, o la empresa virtual, al hacerse innecesaria la presencia física del trabajador, o el profesional independiente, para el desempeño de una determinada tarea.

- *Los individuos podrán ejecutar más funciones complejas sin ayuda de personal especializado,* pues una gran parte del conocimiento, o de la tecnología básica necesaria para desempeñar una determinada labor, vendrá ya incorporada a la plataforma de SI/TI asociada a un puesto de trabajo. Pensemos, por ejemplo, en el trabajo «administrativo» que desarrollan muchos directivos que redactan sus propios informes y presentaciones profesionales utilizando los productos estándar de ofimática disponibles hoy día en el mercado. Esto conlleva la redefinición de muchos puestos de trabajo (administrativos, secretarios, comerciales, delineantes, e, incluso, un buen número de niveles intermedios en los organigramas).

- *Relaciones interpersonales e interorganizativas a través de las máquinas,* como consecuencia del protagonismo que están adquiriendo las TI al

---

caso de una empresa cuyo sistema de pedidos admite órdenes emitidas de forma automática por el ordenador de un cliente cuando el inventario de un determinado artículo rebasa el nivel del stock de seguridad.

adaptarse a las pautas de comportamiento de las personas, ofreciendo una comunicación rápida, fácil, ágil y económica.

- *Reducción del tamaño medio de la unidad organizativa*, a causa de los fenómenos anteriores, y que se manifiesta en una menor necesidad de personal de apoyo y de supervisores, estando todo ello complementado por métodos de gestión orientados a los objetivos y a los resultados, antes que al proceso o al flujo de trabajo.

- *Las estructuras tenderán a ser más horizontales*, al aligerarse las estructuras organizativas de aquellos puestos orientados al ejercicio del control. Los nuevos SI/TI hacen más sencilla la implantación de procedimientos de control interno (aplicados en tiempo real, y no *a posteriori*), o de control por excepción, al tiempo que facilitan el ejercicio del control a distancia. De esta forma se consigue ampliar el ámbito de control de los directivos, que pueden atender a más personas con un esfuerzo menor.

- *Diseño organizativo descentralizado*, basado en la definición de unidades basadas en el concepto de «centro de responsabilidad»[3], lo que permite la aplicación de la dirección por objetivos, dada su orientación al logro de resultados.

- *Profusión de entornos de trabajo imprevisibles y muy cambiantes*, a causa de la necesidad que tienen las organizaciones de asumir las condiciones de trabajo más apropiadas para responder a cada oportunidad de negocio. Esto conlleva la utilización de puestos de trabajo móviles, desplazar equipos a lugares de trabajo alejados de la sede habitual, la necesidad de que se configuren grupos de trabajo constituidos por personas de diferentes puntos geográficos pero que, sin embargo, deben coordinarse para alcanzar objetivos comunes, etc. A todo ello responden los SI/TI con plataformas de trabajo altamente eficaces y flexibles.

---

3. Un centro de responsabilidad es una unidad de gestión que forma parte de una estructura organizativa que se caracteriza por los siguientes rasgos: 1) cuenta con un directivo responsable de su funcionamiento; 2) asume un conjunto de objetivos de cualquier naturaleza que el directivo ha negociado con sus superiores, y que ha de alcanzar al cabo de un período de tiempo; 3) dispone de una serie de recursos de todo tipo que son administrados por el directivo para alcanzar sus objetivos, asumiendo los costes derivados de su consumo, y 4) utiliza un sistema de información que informa puntualmente del consumo de los recursos asignados al centro, así como del grado de avance en el logro de los objetivos.

- *Mayor facilidad para acceder a recursos y servicios profesionales, salvando el efecto de la distancia y reduciendo los costes operativos*, mediante la subcontratación de los procesos no rentables (haciéndolo, incluso, en otras localidades o países), compartiendo recursos con otras compañías para explotar la misma base de clientes. En definitiva, la utilización de plataformas mercantiles basadas en los SI/TI permite una reestructuración de los costes y el acercamiento de recursos que, de otra forma, serían inalcanzables para la empresa.

- *Trabajos más intensivos en información y en conocimiento*, a causa de la mayor profesionalización de los puestos de trabajo y de la capacidad de los SI/TI para proporcionar la versatilidad necesaria para adaptarse a responsabilidades, a entornos de trabajo y a tecnologías en constante evolución.

5.3.3. El impacto sobre el área comercial

Ésta es una de las áreas de la gestión donde se suscitan las mayores expectativas sobre el impacto de los SI/TI, sobre todo de la mano del comercio electrónico. Sin embargo, éste no es el único efecto, ni el más importante, en esta área, en la que cabe destacar los siguientes impactos de los SI/TI:

- *Desarrollo de nuevos productos y servicios*, que amplíen el catálogo ofrecido por la empresa y que le permitan diversificar sus riesgos comerciales. Obviamente, esta innovación de productos no tiene por qué ser radical, pues puede abarcar desde la adaptación de un producto clásico a los soportes de las TI (como es el caso de la venta de *software* por transmisión electrónica en lugar de utilizar disquetes o CD-rom empaquetados y puestos en una tienda, o el caso de los servicios del «banco en casa»), a la definición de un producto absolutamente novedoso como es la «tarjeta monedero» que están introduciendo las entidades financieras, o las intervenciones quirúrgicas a distancia que ofrecen algunos centros hospitalarios.

- *Acceso a nuevos mercados*, que eran previamente inabordables por los medios convencionales por motivos de coste, masa crítica del mercado, tiempos de respuesta, etc. En muchos casos la aplicación de los SI/TI permite superar alguna de estas barreras, abriendo así nuevas oportunidades de mercado, o haciendo posible la creación de empresas especializadas. Esto está ocurriendo con las actividades de formación, que pueden llegar a cualquier rincón del mundo con más rapidez y unos costes menores que las alternativas convencionales. O en el caso de los servicios de traducción de documentos, pues mediante las TI se puede contratar directamente personal nativo bilingüe, pero que resida en el país en que se habla la lengua a la que interese hacer la traducción, donde será más abundante y barata que en el país de destino.

- *Alteración de la estructura de los canales de distribución, llegando a la venta directa*, pues los SI/TI permiten eliminar intermediarios tanto en las actividades de aprovisionamiento como en las de distribución hasta el usuario final, lo cual permite abaratar costes, romper la dependencia respecto a determinados proveedores y distribuidores, acortar los tiempos de suministro, y, muy probablemente, ofrecer a los clientes unos precios más competitivos. Un ejemplo muy conocido es el de Amazon Books en la venta de libros y publicaciones. Esta empresa opera en Internet ofreciendo un catálogo electrónico muy completo en el que cualquier cliente puede seleccionar la obra que desea adquirir, hacer el pedido y efectuar el pago con su tarjeta de crédito o un medio de pago electrónico. Una vez formalizado el pedido, la compañía lo transmite a sus proveedores habituales, que no son otros que las propias editoriales y servicios de publicaciones, que se encargan de enviar directamente el pedido al cliente, en nombre de Amazon, la cual no ha tocado el libro. Otro ejemplo es el Open Bank, que sustituye las infraestructuras habituales por un servicio telefónico e informático complementado, como en el caso de Amazon, por un servicio de mensajería urgente.

- *Posibilidad de establecer alianzas con otras empresas, realizando operaciones cruzadas o conjuntas que benefician a ambas partes*, en las que el nexo sea la información que puedan compartir sobre clientes o segmentos de mercado en los que tengan intereses comunes, o complementarios. Un ejemplo de actividades susceptibles de este tipo de alianzas sería el transporte aéreo con el ferrocarril, las cadenas hoteleras, el alquiler de vehículos, el uso de tarjetas de crédito, y los servicios de telecomunicaciones, todas ellas muy utilizadas por viajeros en general, y los ejecutivos en particular. La colaboración entre varias compañías de estos sectores puede dar lugar al diseño de paquetes de servicios «a la carta» accesibles a través de una plataforma de SI/TI. Otro terreno muy activo es el financiero, en el que bancos, compañías de seguros y de teleservicios diseñan productos combinados orientados a segmentos de sus respectivas clientelas.

- ***Oportunidad de abrir una nueva vía a la comunicación corporativa mediante una página web***, lo cual significa estar presente en una dimensión de la relación con el mercado muy innovadora y de gran alcance, que, además, es muy económica en comparación con otros medios tradicionales. Las páginas web pueden accederse desde cualquier lugar del mundo a través de Internet y constituyen un escaparate para la imagen corporativa, y una puerta abierta a la publicidad de los productos y servicios de la empresa, para la comunicación directa de y con los clientes, para ofrecer un servicio posventa, para que clientes y proveedores accedan a la **extranet** de la empresa y efectúen sus operaciones en modo interactivo, para que los empleados entren en la **Intranet**, y un sinnúmero de posibilidades que se van descubriendo con el paso del tiempo y la propia experiencia. Estas ventajas se ven incrementadas por la facilidad con que se puede actualizar la información de la página, y el hecho de que el coste de acceder a ella lo paga el usuario, es decir, la persona o institución que se conecta a ella desde su ordenador.

- ***Mejora en la administración de la red de ventas y de la logística comercial***, permitiendo la introducción de soluciones orientadas a reducir los tiempos de pedido y los plazos de entrega, a personalizar las ofertas a clientes, al control de vendedores y de flotas de transporte, al seguimiento de pedidos, a la gestión de inventarios, etc. En definitiva, contribuyendo con ello a la competitividad de la empresa. Como ejemplo podemos citar el de una cooperativa de productos hortofrutícolas de Levante que ha instalado teléfonos móviles y ordenadores portátiles en su flota de camiones de gran tonelaje, los cuales salen hacia el norte de Europa sin tener un destino concreto y siguiendo rutas diferentes para cubrir el máximo territorio. La cooperativa recibe información en tiempo real desde las principales lonjas europeas y de sus agentes comerciales con la que decide el destino final más rentable para sus productos, cosa que comunica a los conductores, que desvían la ruta de sus vehículos. Este sistema también permite que los conductores puedan acceder a las bases de datos sobre fletes de uso ya común en Europa, e identificar y evaluar los posibles cargamentos a transportar en su viaje de vuelta en función de la distancia, la mercancía y el recorrido a cubrir, reduciendo el riesgo de volver en vacío. La posibilidad de emitir facturas *in situ* en cualquier moneda, y de llevar al día la contabilidad de cada vehículo son unos importantes beneficios adicionales.

Como es obvio, estos efectos no se manifiestan de la misma forma en cualquier sector, pues puede haber factores críticos para el éxito que sean incompatibles con el soporte tecnológico. No obstante, el potencial de oportunidades es tal, que siempre es recomendable la búsqueda de ejemplos aplicables a nuestro caso, bien en el propio sector, bien en otros afines.

5.3.4. El impacto sobre la estrategia corporativa

Una reflexión sobre el impacto que los SI/TI pueden tener sobre las diferentes áreas de la empresa nos lleva a la conclusión de que no pueden ser ignoradas por la alta dirección. De una manera u otra, y con distinta intensidad, acaban afectando a la capacidad competitiva de una empresa, tanto si las incorpora a su funcionamiento, como si se deja adelantar por sus competidores, o las ignora por completo. Por tanto, en un intento de sintetizar las implicaciones que los SI/TI tienen para la dirección estratégica de una empresa, podemos identificar las siguientes:

1. *Los SI/TI permiten cambiar la estrategia competitiva básica de una empresa, así como el acceso a nuevos mercados,* enfrentándola a nuevas actividades diferentes de las tradicionales, ante las que deberá adoptar el oportuno posicionamiento.

2. *La incorporación de SI/TI permite la introducción de nuevos productos y servicios* que complementen o sustituyan a los clásicos de la empresa, ofreciendo, por tanto, nuevas oportunidades de negocio, tal y como se ha comprobado anteriormente.

3. *La implantación de soluciones de SI/TI conlleva cambios en la estructura organizativa y en los costes operativos,* lo que puede ser fuente de economías de diversa índole que tanto pueden ser beneficiosas para la propia empresa, como ofrecer a ésta la posibilidad de compartirlas con sus clientes, con el lógico efecto sobre sus ventas. Esto implica que los SI/TI tienen un impacto sobre los procesos y sobre los costes de transacción que no pueden pasarse por alto.

4. *Alterando la estructura de la cadena del valor del sector,* al romper las interdependencias tradicionales entre sus eslabones como consecuencia de la pérdida de las ventajas competitivas de algunos agentes. Esto

da lugar a la aparición de nuevas fórmulas de contratación, a la externalización de actividades y al establecimiento de nuevas relaciones comerciales, incluso con competidores habituales.

Como consecuencia de lo anterior, cabe esperar que los directivos adoptarán una actitud diferente respecto a los SI/TI. Intentarán comprenderlos e integrarlos en sus enfoques de negocio y en sus estrategias corporativas, impulsando el cambio organizativo para capitalizar su potencial y diseñar estructuras más ágiles y descentralizadas. Por tanto los SI/TI harán necesario el cambio organizativo, y lo facilitarán, pero, al mismo tiempo, también inducirán una mayor complejidad en el propio proceso de cambio. Y éste es uno de los grandes retos para los directivos en estos tiempos.

6. La gestión estratégica de los SI/TI

No obstante, hay muchas maneras de llegar a esta conclusión, si es que se vislumbra, por lo que cabe plantearse varias cuestiones previas antes de abordar la gestión estratégica de los SI/TI. La primera es qué debe hacer una empresa para llegar a esta situación. La segunda se refiere a cómo están las empresas abordando esta cuestión, es decir, cuáles son las estrategias genéricas a seguir. Finalmente, conviene disponer de unas reglas para priorizar las áreas de negocio, así como las aplicaciones de SI/TI desde el punto de vista de su impacto estratégico.

6.1. Cómo conseguir que los SI/TI sean un recurso estratégico

Para emprender el proceso de planificación estratégica de los SI/TI deben darse unas condiciones previas, que, si no están presentes, harán necesario un esfuerzo adicional que retrasará, o comprometerá, el éxito del mismo. Estas características suelen encontrarse en empresas u organizaciones competitivas, predispuestas al aprendizaje, al cambio, y con una cultura basada en la innovación y en la orientación al mercado. Desde la perspectiva de los SI/TI, los rasgos de las empresas preparadas para la planificación estratégica de los SI/TI son:

- *El equipo directivo tiene conciencia de que la información es esencial para el éxito de la empresa*, pues afecta a todos los segmentos de la cadena del valor, y es esencial para la vigilancia competitiva, el análisis del mercado, la búsqueda de nuevas oportunidades, y la mejora de la operativa interna.

- *La empresa está abierta a las innovaciones tecnológicas*, a fin de beneficiarse de sus efectos y tomar ventaja sobre sus competidores. Dichas innovaciones deben entenderse no solamente en el terreno de las TI, sino también en los procesos y actividades susceptibles de incorporarlas.

- *La importancia de la formación continuada*, como medio para mantener la receptividad de las personas hacia el cambio, al tiempo que se mejoran sus capacidades, consideradas como una ventaja competitiva de primer orden.

- *Los empleados no son reacios al manejo de información*, lo cual es una expresión de su motivación y su preparación para manejar situaciones complejas.

- *Se mecanizan el mayor número de tareas repetitivas posible*, a fin de liberar la creatividad de las personas, de forma que puedan encontrar nuevas orientaciones para desempeñar sus responsabilidades, asuman nuevas funciones, y participen más del diseño de su propio puesto de trabajo.

- *Se presenta la información de manera rápida y eficaz para la toma de decisiones*, mediante el uso de soluciones avanzadas de SI/TI, llegando, incluso, los propios usuarios a disponer de herramientas para efectuar sus propios diseños.

- *Se integra el mayor número de sistemas posible*, mediante la metodología *work-flow* y bases de datos corporativas, simplificando la burocracia y reduciendo las redundancias de información y los tiempos de trabajo.

En definitiva, la experiencia en el uso de los SI/TI proporciona un punto de partida ventajoso para emprender su proceso de planificación, hasta el punto de que algunas empresas pueden estar, *de facto*, avanzando en la dirección correcta.

6.2. Las estrategias genéricas para la implantación de los SI/TI

Sin embargo, es razonable esperar que cada empresa u organización adopte un enfoque específico a la hora de abordar esta problemática. Habrá algunas muy emprendedoras, mientras que otras serán más conservadoras, incluso las hay que ignoran la situación a que se enfrentan (como el tópico del avestruz ante el peligro). Por tanto, parece razonable conocer los caminos más frecuentes para entrar y moverse por el proceloso mundo de los SI/TI. Para este fin es muy útil el estudio clásico que Parsons[4] realizó sobre una muestra de empresas norteamericanas, y en el que describe las seis estrategias genéricas que pueden seguir las organizaciones a la hora de informatizar sus procesos, y, eventualmente, relacionar los SI/TI con la estrategia del negocio. La aplicación de estas estrategias genéricas de implantación de los SI/TI tanto se puede encontrar a nivel global de empresa, como a nivel de unidad de negocio, cartera de productos, o una unidad organizativa cualquiera que tenga una cierta libertad a la hora de decidir sobre estos aspectos. Estas estrategias son:

- Mal necesario

- Recurso escaso

- Monopolio

- Mercado libre

- Planificación centralizada

- Hilo conductor

En la figura siguiente se presentan estas estrategias en relación con el proceso de aprendizaje organizativo en el terreno de los SI/TI. Así, las empresas sin experiencia previa, y con una cierta antigüedad que las hace ser más conservadoras, suelen empezar por las primeras estrategias al hilo de la implantación del proceso de datos, para acabar aplicando las estrategias más avanzadas, y propias de la gestión estratégica de los SI/TI.

6.2.1. El mal necesario

El planteamiento de esta aproximación al terreno de los SI/TI apenas es susceptible de denominarlo «estrategia», pues realmente no responde a una percepción de la información como un recurso valioso para la organización. Se considera que tanto la información como los recursos necesarios

---

4. Parsons, G.L., *Fitting information systems technology to the corporate needs: the linking strategy*, teaching note (9-183-176), Harvard Business School, junio 1983.

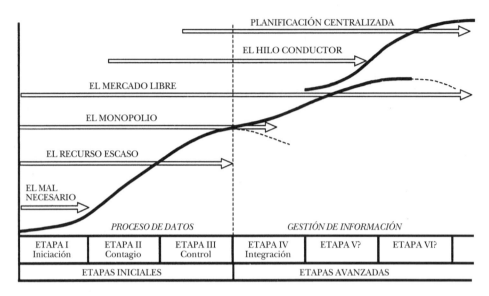

Figura 3. Estrategias genéricas para la implantación de los SI/TI

para gestionarla constituyen unos gastos que únicamente son justificables por imperativo legal, o porque no hay otra alternativa posible.

En definitiva, se puede dar en situaciones de ignorancia y primera toma de contacto con las TI, en casos de incompetencia y negligencia por parte de la alta dirección y los directivos de SI/TI, y cuando hay una extrema escasez de recursos. En todos estos casos se hace necesario un replanteamiento, en primer lugar, de la estrategia corporativa, y, a continuación, del papel de los SI/TI, pues de continuar por el mismo camino es muy probable que la empresa pierda su atractivo cara al mercado y desaparezca.

6.2.2. El recurso escaso

En esta estrategia ya se percibe una sensibilidad de la dirección hacia el valor de la información, pero los presupuestos dotados para obtenerla únicamente se justifican en términos de su necesidad absoluta para determinadas áreas de la gestión, y esto se valora en función de su rentabilidad, por lo que se puede llegar a ejercer un riguroso control presupuestario que, por supuesto, ignora aspectos tan intangibles como la mejora en la calidad del servicio a los clientes, la diferenciación respecto a otros competidores, la calidad del ambiente de trabajo, etc. Por ello, esta estrategia es eficiente para cubrir la fase del proceso de datos, pero no llega a la de la gestión de la información.

Por tanto, las dotaciones presupuestarias para los SI/TI se consideran un gasto antes que una inversión, por lo que se termina ignorando su potencial estratégico, por no tener sensibilidad hacia sus posibles efectos sobre el negocio. En el mejor de los casos, la empresa se puede convertir en un imitador de otro competidor más emprendedor, si es que es capaz de seguir su estela.

6.2.3. El monopolio

Esta situación es característica de las empresas o entornos organizativos en que hay un área (con frecuencia es el Departamento de Administración, Finanzas, o Producción) que se constituye en el pionero y principal consumidor de soluciones de SI/TI, lo que inmediatamente le convierte en proveedor del resto de las áreas. Esto significa que éstas pueden verse perjudicadas en la atención de sus necesidades frente a aquella que monopoliza el recurso, lo que puede perjudicar al conjunto de la organización. En definitiva, la gestión de los SI/TI no será proactiva, ni tendrá una perspectiva estratégica.

Como consecuencia de ello, en el mejor de los casos la infraestructura de SI/TI será eficiente en términos de coste, y también lo será en términos de servicio si el departamento monopolista está próximo al negocio de la empresa, por lo que puede servir para hacer una aproximación a la planificación de los SI/TI. Sin embargo, sus reacciones serán lentas, por lo que difícilmente se podrá tomar una gran delantera sobre los competidores, si es que alguna vez se llega a tener.

6.2.4. El mercado libre

Esta estrategia sería la propia de una organización con una cultura fuerte, orientada al mercado y coherente con los objetivos de la empresa, con unos recursos humanos en permanente reciclaje y un estilo de dirección innovador, orientado a los resultados y que gestiona el capital intelectual de la organización, además de hacerlo con sus activos tangibles. En estas circunstancias en que la dirección está descentralizada, los directivos de unidades comerciales o UNEs tomarán las decisiones de SI/TI más apropiadas para alcanzar sus objetivos, ya que la integración a nivel macro-organizativo pasa a un segundo plano. El resultado final es una amalgama de soluciones de SI/TI adaptadas a las circunstancias de cada uno de los mercados en que opera la empresa, en los que puede llegar a tener una posición de liderazgo de la mano de las TI. Incluso pueden darse situaciones en que se disponga simultáneamente de servicios internos y externos de SI/TI. Y ello es debido a que el poder en la gestión de los SI/TI está en manos del usuario, y éste dispone de los medios, el conocimiento y la motivación necesarios para explotar su potencial al máximo. Por tanto es una estrategia tremendamente adaptativa y exitosa, siempre que se esté dispuesto a asumir sus limitaciones.

Porque, en su contra, esta estrategia tiene la crítica del derroche de recursos, la duplicidad de infraestructuras, la falta de integración de sistemas y bases de datos, la incompatibilidad de plataformas de *hardware*, la existencia de diversos ritmos de desarrollo de los SI/TI en la empresa, etc. Pero todo ello puede merecer la pena si se obtienen los mejores resultados en el mercado.

6.2.5. El hilo conductor

A diferencia de la situación anterior, esta estrategia conlleva un planteamiento más estructural que cultural de la planificación estratégica de los SI/TI, pues, partiendo de la premisa de que la alta dirección es consciente del potencial competitivo de las nuevas tecnologías, está dispuesta a hacer lo necesario para aprovecharlo. Para ello comprometerá los recursos económicos y organizativos necesarios, hasta el punto de asumir un posible fracaso.

La aplicación de este enfoque requiere que la empresa tenga una experiencia previa en SI/TI, aunque no necesariamente en el terreno de la estrategia empresarial. Así, se puede llegar a ella desde una situación de «monopolio» que permite detectar las ventajas y oportunidades de los SI/TI por parte de un área de la empresa, hasta que la alta dirección percibe el impacto de éstos y decide desarrollar su estrategia corporativa en torno a las oportunidades que ofrecen los avances tecnológicos. Por ello, para su éxito es necesario contar, por un lado, con una alta dirección motivada, y, por otro, con una dirección de SI/TI capaz de responder a la actitud innovadora y visionaria de aquélla, al tiempo que mantiene el rumbo de desarrollo y de servicio de las áreas de la empresa en que no haga falta el «estado del arte» tecnológico.

6.2.6. La planificación centralizada

Puede surgir como evolución de la estrategia del «recurso escaso», y como consecuencia de la toma de conciencia del potencial estratégico de los SI/TI por parte de la alta dirección. Por tanto, su finalidad es desarrollar una estrategia de SI/TI totalmente integrada con la corporativa. Sin embargo, la experiencia previa de planificación y control del gasto tecnológico da lugar a que el desarrollo de la estrategia lo lleve a cabo un *staff* central, dependiente de la alta dirección, pero con una escasa participación de los niveles inferiores o de las áreas descentralizadas, que pueden ver mermadas sus posibilidades de encontrar solución a sus problemas y oportunidades competitivas.

En general, esta estrategia proporciona soluciones integrales que responden a las oportunidades y a las necesidades de la estrategia empresarial, que conllevan grandes inversiones, y que afectan a varias áreas del negocio. En tales casos, se puede llegar a realizar una asignación óptima de los recursos. Por el contrario, con frecuencia se pierde el enfoque innovador que se consigue cuando la planificación se hace por alguien próximo al mercado.

6.2.7. El mix de las estrategias de SI/TI

No es frecuente que estas estrategias genéricas, que acabamos de describir de forma sucinta, se den de forma pura en el mundo de las organizaciones. En él es más frecuente que se den situaciones híbridas, como consecuencia de la dinámica competitiva de los sectores y de la trayectoria de cada empresa en el terreno de los SI/TI. Por tanto, en el caso de que se pueda identificar una determinada pauta en la forma en que una empresa aborde esta problemática, puede haber competidores que sigan un enfoque divergente, sin que ello signifique que unos u otros se estén equivocando.

El problema surge cuando es necesario cambiar de un enfoque a otro como consecuencia de las presiones del mercado, o por imperativos de la dirección. En estos casos hay que vencer inercias históricas y romper derechos adquiridos, por lo que el éxito estará condicionado a la presencia o no de los ingredientes necesarios para el éxito mencionados anteriormente.

Además, parece lógico que el enfoque genérico no se aplique por igual en las diferentes áreas de la empresa, y que en ellas se apliquen otras estrategias específicas de sus necesidades y funciones, su cultura organizativa y su estilo de dirección, sobre todo si la empresa está muy descentralizada.

6.3. La cartera de aplicaciones de SI/TI

Esto último nos lleva a considerar el hecho de que las aplicaciones de los SI/TI son muy diversas a lo largo del espectro organizativo, constituyendo una cartera más o menos compleja de soluciones que ha de administrarse con criterios coherentes con la dirección de la empresa. Cosa lógica si se considera que cada área o proceso tiene unas necesidades específicas de información y que la plataforma tecnológica para atenderlas puede también precisar de un nivel de actualización diferente. Del mismo modo, y adoptando una perspectiva meramente estratégica, no todas las aplicaciones de SI/TI han de tener el mismo impacto sobre la capacidad competitiva de la empresa.

Por tanto, como se abordará más adelante, uno de los cometidos de la planificación estratégica de los SI/TI es identificar las prioridades para la implantación de nuevos sistemas y la incorporación de las innovaciones tecnológicas. Desde el punto de vista del usuario final, y desde el de los directivos responsables de cada área, es muy probable que consideren que sus necesidades de SI/TI sean superiores a las de otras áreas, lo cual da lugar a múltiples conflictos de intereses que no siempre son fáciles de dirimir. Por ello es conveniente disponer de un criterio para clasificar los SI y configurar la cartera de aplicaciones de la empresa. Y parece lógico seguir el de la contribución al éxito de la empresa, que es un criterio ya clásico propuesto por McFarlan[5], que responde plenamente al punto de vista del presente trabajo. Así, desde este punto de vista, se pueden identificar las siguientes categorías de aplicaciones de SI/TI en la cartera de una empresa:

- Estratégicas

- De alto potencial

- Claves para las operaciones

- De apoyo

que describiremos a continuación.

---

5. McFarlan, F.W. (1984): «Information technology changes the way you compete», *Harvard Business Review,* mayo-junio.

6.3.1. Las aplicaciones estratégicas

Son aquellas soluciones de SI/TI que se constituyen en esenciales para el desarrollo de la estrategia corporativa en la medida en que proporcionan ventajas competitivas que le permiten diferenciarse de sus competidores, mejorar su poder negociador con sus proveedores, abrir nuevas oportunidades de mercado, etc. Por tanto, se trata de aplicaciones orientadas al negocio, que inciden sobre los factores críticos para el éxito en la actividad de la empresa.

Esto implica una clara visión del negocio por parte de la alta dirección, así como una capacidad de respuesta rápida en términos de toma de decisiones, disponibilidad de equipos de desarrollo bien entrenados, así como un fuerte compromiso de recursos y de inversión, que pueden quedar invalidados por un competidor más visionario, o con más reflejos.

Estableciendo un paralelismo entre su tipología de aplicaciones de SI/TI y la matriz de portafolio del Boston Consulting Group, McFarlan hace corresponder a las aplicaciones estratégicas con las «estrellas nacientes», en la medida en que albergan un gran potencial, que puede proporcionar grandes éxitos, o convertirse en una frustración.

6.3.2. Las aplicaciones de alto potencial

Este grupo de aplicaciones se corresponde con lo que cabría denominar la **función de I+D** en el área de SI/TI. Esto significa experimentar con posibles soluciones a problemas operativos, o de gestión, para, una vez identificadas las ventajas potenciales de un nuevo desarrollo, poner manos a la obra y desarrollar un prototipo de SI para experimentar con él y mejorarlo hasta disponer de una nueva herramienta para cualquiera de las otras tres categorías de aplicaciones. Esto significa que esta clase de aplicaciones podría compararse a la de los «dilemas» o «niños difíciles» de la matriz del Boston Consulting Group, pues no se sabe *a priori* si una aplicación de alto potencial va a resultar exitosa o no.

Para el desarrollo de este tipo de aplicaciones hace falta una dirección de SI/TI dispuesta a experimentar con nuevas soluciones, asignando recursos sin esperar un retorno inmediato, pero con una gran capacidad de respuesta para desarrollar una aplicación operativa a partir de las especificaciones definidas por el equipo de promotores del sistema.

Ejemplos de esta categoría sería el desarrollo de sistemas expertos para la evaluación de riesgos de insolvencia y de quiebra en operaciones crediticias, soluciones CAD/CAM para el desarrollo de nuevos productos, etc.

6.3.3. Las aplicaciones clave para las operaciones

Son aquellas sobre las que se desarrolla la actividad básica de un sector, y que, por tanto, con las obvias diferencias de diseño y prestaciones, desempeñan las mismas funciones en la mayor parte de las empresas del mismo. Esta circunstancia las hace susceptibles de poderse adquirir en el mercado como productos «llave en mano» que hay que adaptar a las características de cada empresa, a veces con un gran esfuerzo. Las empresas con una estructura o un enfoque de negocio peculiares suelen optar por efectuar desarrollos «a medida», bien con medios propios, bien con la ayuda de expertos externos.

Esta categoría de aplicaciones constituye el dominio tecnológico de los SI tradicionales, orientados al proceso de las transacciones propias de una actividad empresarial, de ahí que se puedan asimilar a las «vacas lecheras» del modelo del Boston Consulting Group.

Como ejemplos se podría citar a los sistemas de tramitación y seguimiento de pedidos, los de gestión de la tesorería, la gestión de inventarios, etcétera.

6.3.4. Las aplicaciones de apoyo

Como se deduce de su nombre, se trata de soluciones de SI/TI específicas de un departamento, o, por el contrario, son de uso generalizado en la empresa y fuera de ella. Ejemplos del primer caso serían los sistemas de contabilidad y de nómina, mientras que del segundo serían las hojas de cálculo, el proceso de textos y el correo electrónico. Su valor estratégico es mínimo, pero son necesarias para el adecuado funcionamiento de determinadas áreas o funciones, por lo que se pueden asimilar a los «pesos muertos» o los «perros» del Boston Consulting Group.

Normalmente se adquieren bajo la fórmula de «llave en mano», salvo en casos muy excepcionales, pues se trata de productos que satisfacen necesidades universales de tratamiento de información que pueden encontrarse en el mercado a precios muy asequibles. Esto permite liberar recursos para

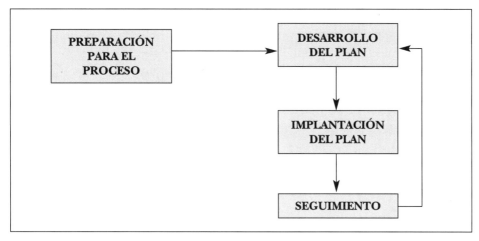

Figura 4. La elaboración del plan estratégico de tecnologías de la información

financiar el desarrollo a la medida de otras aplicaciones del resto de las categorías.

6.4. La planificación estratégica de los SI/TI

Una vez reconocido el importante papel que pueden desempeñar las TI, la alta dirección debe tomar las medidas oportunas para aprovechar su potencial al máximo. Sin embargo, a pesar de la complejidad de los conceptos y de las tecnologías implicadas, muchas compañías abordan este proceso de forma improvisada, cediendo la iniciativa a su propio personal informático, o siguiendo las directrices de sus proveedores de equipos y *software*. Otras optan por encomendárselo a un consultor informático. Con frecuencia, estos planteamientos[6] suelen llevar a unas soluciones informáticas aisladas –que afectan a un área de la empresa o a un proceso– y que mejoran su funcionamiento a corto plazo, pero que, con el tiempo, dan lugar a conflictos de poder por la gestión de datos y recursos, dificultades para la integración de las aplicaciones, a problemas de compatibilidad y dimensio-

---

6. Hay dos trabajos clásicos sobre la implantación de soluciones informáticas en la empresa, y cómo evoluciona la actitud de la empresa hacia ellas a medida que va ganando experiencia. El primero es el de Nolan, R.L.: «Managing the crisis in data processing», *Harvard Business Review,* marzo-abril 1979, pp. 115-126. El segundo fue escrito por Ward, J.M.: «Integrating Information Systems into Business Strategies», *Long Range Planning,* vol. 20, nº 3, 1987, pp. 19-29.

namiento en los equipos instalados, etc. con la consiguiente pérdida de tiempo, dinero, y el desgaste de las personas. Todo ello sin dejar de lado la pérdida de oportunidades de mercado, que, en la mayor parte de los casos, pasan desapercibidas hasta que es demasiado tarde.

Por tanto, para obtener el máximo aprovechamiento de las TI es necesario contar con la participación de la alta dirección y aplicar una metodología coherente con la que desarrollar un Plan Estratégico de Tecnologías de la Información que relacione la estrategia corporativa con el potencial de los SI/TI.

El proceso genérico a seguir se describe en la *figura 4,* en la que puede apreciarse la existencia de una primera fase que abre el proceso específico de planificación, y que, como tal, tiene un carácter recurrente para adaptarse continuamente a las necesidades de la empresa, según se describe más adelante.

6.4.1. La dirección de los SI/TI en la empresa

La experiencia demuestra que las compañías que han tenido éxito en este propósito son aquellas que han creado un puesto especializado al máximo nivel del organigrama: un director o vicepresidente de SI/TI, según las circunstancias de la empresa (en la literatura especializada y en los medios profesionales anglosajones se le denomina también **CIO**, derivado de *chief information officer*). Se trata de un puesto del rango de un director de área funcional, o de *controller,* en definitiva, una persona cuya responsabilidad va mucho más allá de lo meramente relacionado con las «operaciones» de los SI/TI (función que corresponde a los técnicos en informática) y que debe velar, en primer lugar, por asegurar que la empresa dispone de las soluciones de SI/TI más apropiadas para desarrollar su estrategia corporativa, y, en segundo lugar, por identificar y explotar las oportunidades de negocio derivadas de las innovaciones producidas en el terreno de los SI/TI y conseguir que la empresa las incorpore a sus procesos de dirección estratégica para explotarlas. En definitiva, este directivo es un agente de cambio de primer orden, por lo que se explica la ubicación de su puesto en el ámbito de alta dirección.

Por razones obvias, este profesional debe ser una persona con experiencia en el sector, así como en el funcionamiento de la empresa y de su actividad comercial en particular, antes que alguien procedente del medio informático. Pero, a la vez, esta persona ha de ser un buen conocedor de las TI, sobre todo en lo relativo a sus aplicaciones a las operaciones y a los procesos comerciales y de marketing de la empresa. Finalmente, debe tener una trayectoria profesional caracterizada por la puesta en marcha de proyectos, y la rotación por diferentes puestos y áreas de la empresa, sobre todo en lo relacionado con las actividades críticas del negocio. Aunque lo ideal es cubrir estos puestos por promoción interna, la realidad sugiere que suele ser difícil encontrar personas con estas condiciones dentro de las empresas, por lo que suele recurrirse al mercado de trabajo externo, sobre todo entre las empresas de consultoría.

Una vez que se cuente con el director de SI/TI, debe dotársele de una infraestructura que le permita desarrollar sus funciones. Además de su equipo de colaboradores directos, esta persona debe contar con el apoyo del **Comité de Estrategia Informática** (CEI), que es el vehículo de comunicación esencial entre él y la propia organización. El CEI debe estar compuesto por directivos de cada una de las áreas funcionales, o de negocio de la empresa, así como por representantes de departamentos de apoyo esenciales para el funcionamiento de la empresa y el desempeño de las funciones del propio comité, como son las de Planificación y Control, de Informática, y de Auditoría Interna.

Eventualmente, el comité puede contar con el asesoramiento de algún consultor y la presencia de algún experto en TI, organización y estrategia empresarial. Asimismo, las actividades del comité pueden ser apoyadas por varios equipos de trabajo integrados por usuarios e informáticos que previamente hayan sido entrenados en la metodología de trabajo a seguir. Esta última tarea debe dirigirla el director de SI/TI, aunque es frecuente contar con un consultor especializado, el cual también orienta y supervisa todo el proceso, siendo importante que actúe como «experto en el método de planificación», antes que como «experto en soluciones». Los equipos de trabajo desempeñan su labor siguiendo la metodología elegida y pasan sus propuestas al comité, que las analiza y decide, salvo la aprobación del Plan Estratégico de SI/TI, que corresponde a la alta dirección.

Por tanto, el cometido del director de SI/TI es conseguir el «encaje estratégico» entre la estrategia corporativa y los SI/TI. El desempeño de este cometido se concreta en una serie de responsabilidades, que debe llevar a cabo con la ayuda del Comité de Estrategia Informática. Estas responsabilidades son las siguientes:

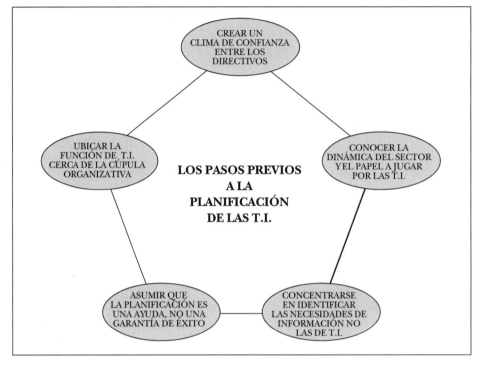

Figura 5. Los pasos previos a la planificación de las tecnologías de la información

1. Obtener el apoyo y la participación de la alta dirección en el nuevo enfoque estratégico del negocio, basado, no hay que olvidarlo, en la relación entre la estrategia corporativa y la estrategia de SI/TI.

2. Identificar las soluciones de SI/TI que mejor puedan contribuir al desarrollo de la estrategia empresarial.

3. Identificar las innovaciones en SI/TI que tengan una importancia estratégica para el negocio.

4. Elaboración y actualización del Plan Estratégico de Tecnologías de la Información (**PETI**).

5. Asignación de personal directivo para el Área de Informática, o del Centro de Información.

6. Anticipar las necesidades de recursos y definir la forma en que van a estar disponibles.

7. Diseñar políticas que mejoren la comunicación entre usuarios y técnicos, a fin de anticipar y facilitar los cambios culturales y organizativos necesarios para contribuir al éxito de la estrategia de SI/TI.

6.4.2. Los pasos previos a la planificación de los SI/TI

Tales responsabilidades no pueden desempeñarse de forma inmediata y simultánea, sino que requieren una preparación, un proceso de cambio organizativo, que afecta a todos los niveles de la empresa, pero, sobre todo, a la alta dirección, si es que se quiere tener éxito. De ahí la conveniencia de dedicar atención a una serie de cuestiones que, con frecuencia, no reciben la atención que merecen a la hora de abordar estos procesos, y que pueden comprometer su futuro. Estos requisitos cara al proceso de planificación de los SI/TI son:

1. *Ubicar la función de gestión de los SI/TI muy próxima a la cúpula organizativa*. Esto significa abandonar los viejos moldes de que el Centro de Información o CPD dependía del área que primero se informatiza, o de la que es el usuario más intensivo, para pasar a depender, deseablemente, del propio director de SI/TI. Pues, si los SI/TI van a ser una fuente de ventajas competitivas, ¿por qué limitar su comunicación y su perspectiva a un área funcional o a ser un mero proveedor de servicios?

2. *Crear un clima de confianza entre los directivos,* pues no sólo se trata de obtener su aprobación y apoyo, sino de contar con ellos para que piensen en la empresa en términos de futuro (cuál es su negocio, qué objetivos se pretende alcanzar, áreas en que puede fraccionarse, etc.), y el papel que puede jugar la información en la configuración de ese futuro. Para ello conviene desarrollar una serie de mesas redondas y sesiones de trabajo, moderadas por expertos en dirección estratégica y organización de empresas, en las que participen directivos del máximo nivel, y en las que se busca la creación de un consenso y de una base de conocimiento con las que abordar el proceso. Este trabajo se verá muy facilitado si los participantes ya tienen formación y experiencia en los métodos de la dirección estratégica.

3. *Conocer las fuerzas competitivas, analizar la cadena del valor del sector y conocer el papel que la información puede desempeñar en su configuración.* Los conceptos de «fuerzas competitivas» y de «cadena del valor», in-

troducidos por M. Porter[7], son ya de uso habitual entre los profesionales y expertos en dirección de empresas, y constituyen la base con la que establecer la relación entre la estrategia corporativa y los SI/TI. De su análisis pueden deducirse los factores críticos para el éxito de la empresa, así como el papel que pueden jugar los SI/TI para desarrollar y sostener ventajas competitivas. Este proceso también puede llevarse a cabo en el contexto de las reuniones y mesas redondas a que antes aludíamos, y es de gran utilidad como ejercicio de formación y de reflexión cara a la formulación de estrategias[8].

4. *Abordar primero la problemática de la información, las soluciones de SI/TI vendrán después*. Esto es importante desde el punto de vista estratégico. Los directivos no son expertos en SI/TI, y un enfoque técnico puede inducirles desconfianza primero, y rechazo después. Por tanto, las reuniones anteriores deben identificar qué información es necesaria para llevar a cabo la estrategia corporativa. El técnico vendrá después para diseñar la configuración de sistemas más adecuada.

5. *Tener una conciencia clara de que la planificación ayuda a mejorar, pero que no es una garantía de éxito*. En definitiva, el proceso de planificación de los SI/TI es un medio para *anticipar el futuro* y encontrar la solución de *hardware* y *software* que, desde la perspectiva actual, resuelve mejor el equilibrio entre objetivos, capacidades y recursos disponibles. Esta reflexión sobre el futuro, con las oportunas actualizaciones, conducirá por un camino con menos sobresaltos que si se careciese de ella.

Estos consejos se pueden convertir en reglas de oro en aquellas circunstancias en que la empresa no tenga experiencia previa en SI/TI. Su principal mensaje consiste en anticipar y preparar el futuro antes que obrar con

---

7. Las «fuerzas competitivas» son aquellos agentes que determinan la intensidad y las características de la competencia en un sector determinado, a saber: los competidores actuales, los competidores potenciales, los proveedores, los clientes, y la amenaza de nuevos productos sustitutivos. Por su parte, la «cadena del valor» se refiere al conjunto de actividades y recursos, tanto básicos como de apoyo, que necesita una empresa para desempeñar su función dentro de un sector y generar un excedente. Como extensión de lo anterior, en todo sector puede también apreciarse una cadena de valor, más o menos compleja, integrada por los distintos agentes que suministran y obtienen productos y servicios de una empresa determinada. A este respecto véase Porter, M.: *Estrategia Competitiva*, CECSA, México, 1982, y Porter, M.: *Ventaja competitiva*, CECSA, México, 1987.

8. Una obra que desarrolla de forma sistemática la relación entre estrategia corporativa y estrategia de TI es la de Andreu, R., Ricart, J. y Valor, J.: *Estrategia y Sistemas de Información*, McGraw-Hill, Madrid, 1991.

precipitación e incurrir en errores muy costosos en términos de dinero, tiempo, competitividad, y... desgaste organizativo, que conlleva una mayor resistencia a futuros cambios.

Por ello, parece necesario insistir en la necesidad de abordar el proceso con el apoyo de un experto, interno o externo, que guíe en los primeros pasos. Situación ésta que es más frecuente, y grave, en el caso de las pymes, cuya experiencia en la incorporación de SI/TI a sus procesos viene determinada con frecuencia por la influencia de proveedores de *hardware* y de *software* que, careciendo de la visión del negocio de sus clientes, anteponen sus intereses comerciales a los de aquéllos. En estos casos son los propios directivos o empresarios quienes han de iniciar el proceso de cambio realizando previamente algún programa de formación especializada para ayudarles a dar los primeros pasos.

6.4.3. El contenido del Plan Estratégico de TI

Con estas cuestiones en mente pasamos ahora a identificar los principales aspectos a definir en el Plan Estratégico de TI, tal y como se recogen en la *figura 6*. Dichos contenidos se abordan, con unas diferencias de enfoque

Figura 6. La planificación estratégica de las tecnologías de la información

más o menos acusadas, en las metodologías más conocidas, y suelen comenzar abordando las necesidades de información que plantea la estrategia corporativa de la empresa, para luego definir las bases para el funcionamiento del SI —es decir, su estrategia organizativa— pasando, finalmente, a configurar las estrategias de implantación de sistemas y de la plataforma tecnológica en que funcionarían. Obviamente, para obtener el máximo rendimiento de las TI es indispensable que las estrategias organizativas, de sistemas, y tecnológica se deriven de la estrategia de información, y que ésta sea coherente con los objetivos, estrategias y políticas de la empresa.

6.4.3.1. La estrategia de información

Ya hemos señalado la importancia de la participación de la alta dirección en la formulación de la estrategia de TI. Dicha participación resulta indispensable en esta fase si se desea que, desde el principio, las TI sean correa de transmisión de los objetivos y de la estrategia corporativa a largo plazo. Por tanto, la estrategia de información debe ser definida por la alta dirección en el marco del Comité de Estrategia Informática. En las reuniones y entrevistas deben clarificarse los objetivos y estrategias de la empresa, la misión a desempeñar por las TI, cuáles son las áreas críticas del negocio y qué información necesitan para sus procesos de planificación, decisión y control. Para ello se pueden utilizar técnicas de entrevistas, análisis DAFO, identificación de «factores críticos para el éxito»[9], y otros instrumentos que permitan evaluar las oportunidades que ofrece la tecnología y el entorno de la organización.

Esta perspectiva de análisis deja de lado los aspectos puramente tecnológicos –*hardware*, manipulación de datos, comunicaciones, etc.– para centrarse exclusivamente en la información que necesita la empresa, que es un terreno en el que los ejecutivos suelen sentirse más seguros. El resultado de este trabajo sería una arquitectura de información que servirá de base para definir, por un lado, una serie de «conjuntos de datos» susceptibles de utilizarse en determinadas áreas de la organización o en procesos decisorios concretos; y, por otro, los criterios con los que abordar la formulación de la estrategia organizativa de las TI.

---

9. Rockart, J.F.: «Chief executives define their own data needs», *Harvard Business Review,* marzo-abril 1979, pp. 81-93.

6.4.3.2. LA ESTRATEGIA ORGANIZATIVA

En este punto del proceso se determinan los principios y políticas que ha de cumplir, tanto el Servicio de Información de la empresa, como las personas que lo harán realidad, ya que ambos van a constituir la plataforma sobre la que se construirá la infraestructura de sistemas. En primer lugar, se debe definir la ubicación del Servicio de Información en la estructura organizativa, siendo más adecuado posicionarlo como un *staff* dependiente de la alta dirección. A continuación se resolverá el grado de descentralización en el desarrollo de aplicaciones informáticas, identificando los criterios por los que la construcción de un sistema la hará el Servicio de Información, el propio departamento usuario, o un consultor externo. En tercer lugar, se abordarán los criterios generales –normas, políticas y procedimientos– que regirán el funcionamiento del servicio considerado como un centro de responsabilidad. Especial interés merecen los aspectos de la gestión de recursos humanos y la seguridad, pues por ser la información un recurso estratégico, la empresa ha de tomar las medidas más oportunas para proporcionar una formación continuada a sus empleados como factor de competitividad y de motivación. Asimismo, se ha de asegurar la debida salvaguarda de las instalaciones y del *software* para proporcionar un buen nivel de servicio y prevenir el fraude o el robo de información. Finalmente, el establecimiento de unos procedimientos de auditoría informática permite evaluar el correcto funcionamiento del Servicio de Información y el cumplimiento de los objetivos del Plan Estratégico de Tecnologías de la Información.

6.4.3.3. LA ESTRATEGIA DE SISTEMAS

Éste es el punto del que arrancarían las metodologías de planificación informática de años atrás, cuya finalidad era la programación temporal de las aplicaciones de SI/TI, tomadas por separado, y la elaboración de un presupuesto global con el que asegurar el funcionamiento de los sistemas ya instalados. Por tanto, ignoraban el potencial estratégico de los SI/TI, ya que las consideraban como una mera herramienta para el proceso de transacciones administrativas.

Desde la perspectiva actual se parte de la arquitectura de datos definida durante la formulación de la estrategia de información descrita anteriormente y se definiría, en primer lugar, la arquitectura de bases de datos más idónea para el funcionamiento de la organización. Así se podría diseñar la estructura de las bases de datos corporativas, de las unidades de negocio, de áreas funcionales, etc. según el nivel de descentralización deseado. A continuación es cuando procede determinar la arquitectura de sistemas más adecuada para los planes de negocio de las distintas unidades organizativas. Dicha arquitectura quedará así adaptada a la arquitectura de las bases de datos y a la estructura organizativa, aplicando los criterios de descentralización definidos por las políticas corporativas. El paso siguiente sería la definición de prioridades para el desarrollo de sistemas según las directrices de la estrategia corporativa, y la consiguiente asignación de recursos. Finalmente, se abordaría la problemática de la implantación de las aplicaciones en curso —sobre todo las que se integran con otras ya instaladas— y la «migración», o traslado, de aplicaciones antiguas a los nuevos ordenadores en los casos en que la empresa esté cambiando su infraestructura de *hardware.*

De lo anterior se deduce que la estrategia de sistemas debe estar íntimamente ligada a la estrategia tecnológica –cuyo contenido veremos a continuación–, pues el desarrollo de cualquiera de ellas condicionará al de la otra.

6.4.3.4. LA ESTRATEGIA TECNOLÓGICA

De poco sirve un plan de sistemas si no cuenta con la base tecnológica que lo haga realidad cara al usuario. Además, dada la velocidad con que evolucionan las herramientas de *hardware* y de *software*, nos encontramos con que el potencial estratégico de las TI en buena medida depende de la capacidad de la empresa para anticipar el avance de dichas herramientas, y de definir unas políticas acertadas, con las que afrontar el reto tecnológico. Ejemplos de la problemática a que nos referimos serían la elección del constructor de los equipos básicos a instalar, o las prestaciones que exigiremos a un gestor de base de datos dentro de tres o cuatro años.

Aun cuando es prácticamente imposible acertar en todos los aspectos de la tecnología, sí conviene adoptar una posición proactiva, con una omnipresente predisposición a asumir errores y realizar los cambios oportunos.

Dicho esto podemos identificar los principales ejes de la estrategia tecnológica. En primer lugar destaca la estrategia de distribución, pues hoy en día no cabe pensar en sistemas centralizados por los problemas operativos y económicos que conllevan. Esto significa definir una arquitectura tecnológica coherente con la arquitectura de información ya formulada y que, como recordamos, seguía fundamentalmente las líneas de negocio, y la organización geográfica y funcional de la empresa.

A continuación se definirá la política de proveedores, tanto de equipos centrales como periféricos, paquetes de *software*, fungibles, etc. Esto permite obtener importantes beneficios derivados de la estandarización y compatibilidad de las soluciones adoptadas, además de proporcionar importantes economías de escala derivadas del mayor poder de negociación de unos servicios centrales frente al de una serie de departamentos aislados. En este contexto ha de prestarse singular atención al sistema de gestión de bases de datos elegido, pues éste es la columna vertebral de los sistemas de información modernos. Dicho sistema ha de ser fácilmente accesible por las distintas aplicaciones informáticas de la compañía y las de las organizaciones con las que ésta intercambie información; además, ha de permitir la migración a otros sistemas informáticos, por si la empresa tiene que hacer cambios en el futuro.

Mención especial merece la estrategia de comunicación, a causa de la falta de un estándar en la industria y el papel que los intermediarios –fundamentalmente los proveedores y las compañías de comunicaciones– pueden jugar, además de las decisiones que nuestros usuarios, clientes y proveedores puedan tomar al respecto.

Finalmente, se definirá la estrategia de herramientas de desarrollo por su incidencia en los ciclos de implantación de nuevos sistemas, en la formación del personal, presupuestos, etc. Esto es muy importante ya que, por ejemplo, las herramientas CASE permiten aumentos de productividad de más del 70% sobre los métodos tradicionales.

6.4.4. Las claves para la gestión de los SI/TI

La integración de la estrategia corporativa con la de SI/TI conlleva un gran compromiso de recursos, pero también lleva asociado un proceso de cambio organizativo que, necesariamente, no se puede realizar con rapidez. Por ello no es de extrañar que el horizonte de la planificación de SI/TI sea bastante dilatado, tanto por la propia complejidad técnica y organizativa de la tarea a acometer (ya que las TI y las organizaciones evolucionan con el tiempo) como por el hecho de que ha de llevarse a cabo sin interferir en la operativa habitual de la empresa, consiguiendo que los procesos y métodos de trabajo evolucionen a un ritmo asumible por los agentes externos de la empresa, fundamentalmente los clientes y proveedores. Así, la experiencia demuestra que los plazos necesarios para cubrir los objetivos iniciales de la planificación de SI/TI suelen crecer con el tamaño y el grado de centralización de la empresa. Esto significa que, mientras que en una pyme la implantación puede durar uno o dos años, en una gran empresa el plazo puede llegar de los cinco a los ocho años.

Por ello es fundamental abordar el proceso con el máximo interés y teniendo muy presentes una serie de claves:

- *El compromiso de la alta dirección*, cuestión que ya se ha tratado repetidas veces, pero que es de vital importancia para el éxito de todo el proceso. Los directivos deben ser verdaderos agentes de cambio, participando en el proceso de planificación y contribuyendo a su ejecución consiguiendo el apoyo de sus subordinados. Y, para ello, la alta dirección debe estar dispuesta a tomar las decisiones necesarias para conseguir un clima positivo, induciendo rotaciones de puestos, efectuando relevos, programando formación, etc.

- *Contar con una estrategia de SI/TI clara y consistente*, que responda a las necesidades de la empresa y a las oportunidades del mercado. De ahí la justificación de que el proceso de planificación sea participativo y cíclico, pues de otra manera puede estarse avanzando en una dirección errónea.

- *Orientación al usuario*, es decir, que los desarrollos de SI/TI deben adaptarse a la forma de trabajar de sus usuarios, tanto internos como externos, personas o máquinas, de forma que éstos perciban los beneficios de los SI, tanto en los resultados de su trabajo como en su ambiente laboral.

- *Buenas relaciones con el Comité de Empresa*, es decir, contar con el factor humano como un elemento clave para el éxito del proceso. La implantación de soluciones de SI/TI supone, *siempre*, cambios en los procesos de trabajo, en la estructura organizativa, y, con frecuencia, en las compensaciones que perciben los empleados. Todo ello sugiere la necesidad de mantener informados a los empleados utilizando los canales formales e informales disponibles, a fin de que sepan qué se espera de ellos y se sientan, en lo posible, parte del proceso.

- *Desarrollar un programa de formación permanente, y a todos los niveles organizativos,* de forma que desempeñe dos cometidos: el primero es preparar a los usuarios para que respondan a las demandas de las nuevas soluciones de SI/TI; el segundo es ofrecer a los empleados la posibilidad de mejorar sus capacidades de forma permanente para predisponerlos a los cambios futuros que pudiera realizar la empresa. En este terreno no hay que olvidar al propio personal del área de informática.

* *Profesionalización del proceso*, evitando improvisaciones, contando con personal cualificado, y definiendo unos procedimientos y políticas de funcionamiento y desarrollo de soluciones de SI/TI que respondan a las demandas del PETI y a los principios de auditoría y control interno.

En definitiva, la mera conciencia, la sensibilidad, y la asignación de unos medios técnicos para conseguir la integración entre la estrategia corporativa y la de SI/TI no son suficientes para culminar el proceso. Es necesario el compromiso continuo del conjunto de la organización, empezando por su cúpula, que ha de estar, además, dispuesta a aprender del propio proceso.

7. Bibliografía

Andreu, R.; Ricart, J.E. y Valor, J. (1997). *La organización en la Era de la Información: aprendizaje, innovación y cambio*, McGraw-Hill, Madrid.

Edwards, C. Ward, J. y Bytheway, A. (1997). *Fundamentos de sistemas de información*, Prentice Hall, Madrid.

Ortega, J.A. (1997). *Sistemas de información y ventaja competitiva*, Desclée, Bilbao.

Rodríguez Cuadrado, A. y Márquez Serrano, A.(1993). *Técnicas de organización y análisis de sistemas*, McGraw-Hill, Madrid.

Whitten, J.L.; Bentley, L.D. y Barlow, V.M. (1996). *Análisis y diseño de sistemas de información*, 3ª ed., Irwin, Madrid.

16.

Comercio internacional

Juan Tugores Ques

Catedrático de la Universitat de Barcelona

1. Introducción: papel y dimensiones del comercio internacional

Comencemos por un sencillo experimento doméstico. Piense el lector en su domicilio, en su casa, y trate de evaluar aproximadamente el porcentaje del valor de los artículos que han llegado a su hogar por la vía del comercio internacional, es decir, que han sido importados: el televisor, la nevera, el vídeo, el equipo de música, los discos y CD, ¿son de fabricación nacional o importados? ¿La madera de los muebles, la ropa, ¿qué dice en las etiquetas de las camisas o trajes y vestidos: *made in Spain* o *made in Italy* o *made in Taiwan*? ¿Qué cifra obtiene al calcular esta especie de indicador de «apertura al comercio internacional» familiar? Seguramente bastante elevada. En cualquier caso más alta que si el experimento lo hubiésemos hecho hace una o dos generaciones. Éste es un primer indicador del peso que las transacciones internacionales han adquirido en la vida cotidiana. (Naturalmente hay una pequeña trampa: si incorporásemos el valor de la propia vivienda y el de muchos servicios con un fuerte componente doméstico –peluquería, ocio, enseñanza– el «indicador de apertura» se vería reducido, pero seguiría siendo muy apreciable.)

A nivel de los países, este creciente peso del comercio internacional se suele medir mediante los indicadores del grado de apertura. Uno de los más usuales es el ratio entre la suma de exportaciones + importaciones respecto al PIB. Este ratio estaba en España en torno al 30% hacia 1980 y se ha situado prácticamente en el doble veinte años después. (Exagerando sólo un poco podríamos decir que en los últimos 20 años la economía española ha recorrido un camino en su apertura comercial internacional tan importante como en toda su historia anterior acumulada.) Por supuesto, la incorporación de España a la Unión Europea ha tenido un papel destacado a este respecto (el comercio de España con nuestros socios en la UE representa aproximadamente el 70% de nuestros intercambios con el resto del mundo), pero la liberalización del comercio internacional en general también ha sido perceptible.

Una experiencia similar la han seguido en las últimas décadas muchos países. Incluso Estados Unidos, para el que el comercio internacional representó una fracción muy pequeña durante muchas décadas, presenta hoy en día cifras significativas, y no sólo eso, sino que en los propios Estados Unidos y en la Unión Europea en su conjunto llegan a surgir voces que pretenden responsabilizar a esos incrementos en el comercio internacional de algunos problemas internos, especialmente en el ámbito de los mercados de trabajo (desempleo alto y persistente, desigualdades crecientes entre los ingresos de trabajadores cualificados y no-cualificados), como veremos más adelante.

Además, muchos países en desarrollo, que durante décadas habían seguido estrategias que pretendían minimizar el comercio exterior (las denominadas estrategias *inward,* de las que la sustitución de importaciones fue la más conocida), han adoptado de un tiempo a esta parte estrategias *outward* que incorporaban una mayor apertura (comercial, financiera, tecnológica, etc.) a la economía internacional. Los casos de Latinoamérica son muy notables. Pero incluso este cambio de orientación económica está sujeto a controversias: las experiencias de países como México, que tras haber sido uno de los países menos abiertos pasa desde mediados de los ochenta a empezar a abrirse notablemente, hasta llegar a firmar el Tratado de Libre Comercio (TLC o NAFTA) con Estados Unidos y Canadá, ha sido muy discutido, especialmente a raíz de la crisis de 1994-95. Las dificultades recientes de Brasil y sus relaciones con Argentina son también objeto de polémica. Por no mencionar cómo los países que durante años se pusieron como modelo de orientación *outward* –los del Sudeste Asiático– han visto relativizado su carácter «ejemplar» en buena medida como consecuencia de la crisis de 1997-98.

Estos debates no son nuevos en la historia de la economía. En el fondo, ya en 1776, Adam Smith escribía *La riqueza de las naciones* –una de las obras que se considera que activan el *status* de disciplina científica de la economía– como un alegato a favor de la libertad comercial en el interior de los países, pero también en sus relaciones exteriores, como la vía más próspera hacia «la riqueza de las naciones» –lo que hoy denominaríamos crecimiento o desarrollo económico–. En una línea de pensamiento similar, Alfred Marshall escribiría un siglo después que «las causas del progreso de las naciones pertenecen al ámbito del comercio internacional». En un frente opuesto se encuentran quienes han percibido la economía internacional como un mecanismo de explotación o dominio de unos países sobre otros, desde las teorías del imperialismo a los enfoques centro-periferia. Para el caso de España existe una amplia polémica entre los historiadores acerca del perjuicio que el proteccionismo originó al proceso de desarrollo económico del país, y en términos más recientes se analizan las evidencias acerca del impacto de la incorporación de España a la Unión Europea. En todo caso las relaciones entre comercio internacional y progreso económico son uno de los ámbitos de más debate. Sachs y Warner (1995) han presentado recientemente una amplia evidencia a favor de la apertura y reforma comerciales.

En todo caso hay que reconocer que el análisis del comercio internacional tiene que tratar con algunas cuestiones política y socialmente sensibles. Una conocida formulación de las interacciones entre nacionalismos, intereses sectoriales y comercio es la denominada «parábola de Ingram» (presentada por este autor en su texto de economía internacional): supongamos que en un país, inicialmente cerrado al comercio internacional, se producen trigo y petróleo, y que de repente un empresario comunica que ha descubierto una técnica –que mantiene celosamente en secreto– para convertir el trigo en petróleo con una gran eficiencia, que le permite vender el petróleo mucho más barato de lo que podían hacerlo hasta entonces las empresas nacionales dedicadas a producirlo. Seguramente ello se considerará una buena noticia –y el empresario será objeto de honores como benefactor de la patria– aunque, claro, puede llevar a la ruina a los fabricantes tradicionales de petróleo, pero ello se acepta como «el precio inexorable del progreso». ¿Qué pasaría sin embargo si al cabo de un tiempo se descubriera que la «técnica secreta» para producir petróleo barato no es más que vender trigo a un país extranjero –productor más eficiente de petróleo– a cambio de petróleo barato? Curiosamente, en términos económicos esta revelación no supondría novedad alguna, pero seguramente en términos políticos y sociales las cosas se prestarían a interpretaciones muy diferentes. Se empezaría a hablar del «interés nacional», de «los nuestros» y «los otros», y los elementos de conflicto se harían presentes.

En la sección 2 repasaremos los fundamentos de las teorías clásicas del comercio internacional. En la sección 3 introduciremos los argumentos de la denominada «nueva teoría del comercio internacional», para revisar en la sección 4 los principales argumentos actuales en el tradicional debate entre defensores del libre comercio y del proteccionismo. La sección 5 plantea algunas cuestiones de reciente controversia. La sección 6 analiza las tensiones entre regionalización del comercio y los enfoques multilaterales, es decir, entre la proliferación de bloques regionales, que tienden a liberalizar el comercio entre los países integrantes, pero no frente a los demás, *versus* el sistema liberal comercial multilateral basado en el principio de no-discriminación que tratan de promover, desde 1947, el GATT (Acuerdo General de Aranceles y Comercio) y, desde 1995, la OMC/WTO (Organización Mundial de Comercio). Por último, la sección 7 presenta algunas conclusiones acerca de la evaluación y perspectivas de los procesos de liberalización comercial.

2. Teorías clásicas del comercio internacional

2.1. Introducción

En los últimos tiempos se ha convertido en tema común distinguir entre los enfoques clásicos del comercio internacional y la denominada «nueva teoría del comercio internacional». Como veremos dentro de poco, se trata más de explicaciones complementarias que antagónicas para los flujos comerciales internacionales. Podemos decir que las teorías clásicas han resaltado el comercio internacional basado en las diferencias entre países, mientras que las teorías modernas se centraban en el papel de las similitudes entre países como potenciales (y algo más sofisticadas) explicaciones de potenciales intercambios (el denominado comercio «intra-industrial»).

Como queda dicho, las explicaciones tradicionales del comercio internacional tienen en común un aspecto: justificaban las razones –y las potenciales ganancias– del comercio en las diferencias entre países (de forma análoga a como las diferencias en las capacidades y habilidades de las personas explicarían parte de las especializaciones de cada profesional). Las distintas formulaciones de los enfoques clásicos radicarían en cuáles fueran las fuentes de las diferencias. Por el contrario, la *«new trade theory»* podría explicar los intercambios de mercancías pertenecientes a la misma industria entre países relativamente similares. Aunque a efectos pedagógicos puede tratar de resaltarse el contraste entre ambas familias de enfoques, como veremos son más bien análisis complementarios que contradictorios.

De hecho, puede ser más interesante exponer sucintamente algunas de las explicaciones del comercio internacional, destacando más bien cuáles son las cuestiones que cada uno de estos enfoques ayuda a entender de la compleja realidad de los intercambios internacionales. Así veremos cómo el muy tradicional principio de la especialización según las ventajas comparativas ayuda a entender la posibilidad de que todos los participantes en el comercio internacional salgan ganando, frente a las interpretaciones del comercio que sólo conciben ganancias para un país en términos de perjuicios para otro. Dicho de otro modo, frente a esa versión que presentaría el comercio internacional como un «juego de suma cero» en el que las ganancias de un participante necesariamente son a expensas de pérdidas para otro, el enfoque de las ventajas comparativas tiene la fundamental aportación de mostrar cómo razonablemente el comercio internacional es un «juego de suma positiva», en el que es posible que todos salgan ganando si participan.

La retórica asociada a interpretar el comercio internacional meramente como un «juego de suma cero» –con lo que sólo deja margen a ganadores *versus* perdedores– ha estado en la base de influyentes posiciones, desde el mercantilismo de los siglos XVII y XVIII hasta las teorías de la «explotación» de unos países por otros, y, más recientemente, de alguna retórica de la «competitividad», erróneamente interpretada como algo que sólo se podía ganar a expensas de otros. Frente a estos enfoques, el primer logro intelectual y político, de la teoría del comercio y, en especial, desde principios del siglo XIX, de la teoría de la ventaja comparativa de David Ricardo, es resaltar el carácter del comercio como «juego de suma positiva».

Adicionalmente, la teoría de las ventajas comparativas ayuda a entender unos primeros elementos de potencial conflicto derivados del comercio internacional: uno externo –la contraposición de intereses entre los países participantes a la hora de determinarse a qué precios se efectúan esos intercambios– y otro interno –el reajuste en la utilización de los recursos derivado de pasar de una situación de autarquía a una de comercio internacional–, como se examina en la sección 2.2.

Por su parte, las teorías clásicas, que se basan en diferencias en las dotaciones de recursos de los países, o de diferencias en las combinaciones de factores necesarias para producir cada mercancía, permiten, como se presenta en la sección 2.3, resaltar el impacto sobre la distribución interna de la renta asociada al comercio internacional, impacto que está en la base de algunos conflictos y resistencias a la liberalización comercial. También ayudan a visualizar cómo los intercambios de mercancías entre países, en el fondo, pueden interpretarse como una forma indirecta de intercambiar factores de producción.

2.2. *La ventaja comparativa*

Sin duda, la versión más conocida, y que puede ilustrar el tono de las teorías tradicionales, es la basada en las ventajas comparativas; fue elaborada por el economista británico David Ricardo a principios del siglo XIX.

Presentaremos sus puntos esenciales con un ejemplo. Supongamos que existen en la economía internacional dos países, A y B, que disponen de una serie de recursos que les permiten producir dos bienes, alimentos (A) y manufacturas (M), pero con diferentes productividades en cada país. Para ser concretos, el país A dispone de 100 unidades de recursos, y las tecnologías de que dispone le requieren utilizar una unidad de recursos para obtener una unidad de comida (C) y 2 unidades de recursos para obtener una unidad de manufacturas (M). Con esta información podemos construir, como se hace en la *figura 1A,* la denominada Frontera de Posibilidades de Producción (FPP) del país A, que nos da todas las combinaciones de bienes, C y M, que puede obtener el país utilizando todos sus recursos con la tecnología disponible.

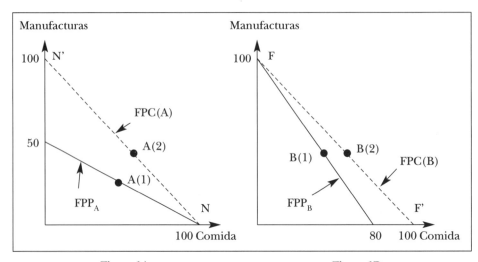

Figura 1A   Figura 1B

Naturalmente, en ausencia de comercio internacional, lo que pueden consumir los habitantes del país A –lo que se denomina su Frontera de Posibilidades de Consumo, FPC– coincide con la FPP: la producción nacional limita las posibilidades de consumo nacionales. Si los habitantes del país A valoran de forma razonablemente similar ambos bienes, tenderán a consumir en torno a la combinación de bienes dada por A(1).

Análogamente, en la *figura 1B* se representa la frontera de posibilidades de producción del país B, suponiendo que dispone de 400 unidades de recursos, y que para obtener una unidad de C son precisas 5 unidades de recursos mientras que para producir una unidad de M se requieren 4 unidades de recursos. Obviamente, de nuevo, en ausencia de comercio internacional las posibilidades de consumo coinciden con las de producción, y podemos suponer que los deseos de consumo de los habitantes de B conducen a una combinación de bienes análoga a B(1).

¿Cómo puede el comercio internacional mejorar simultáneamente la situación de los consumidores de ambos países? Veamos un caso en que ello es posible y luego analicemos por qué.

Supongamos que aparece la posibilidad de comercio internacional, intercambiándose comida por manufacturas en la proporción 1 a 1 (es decir, una unidad de comida equivale en el comercio mundial a una unidad de manufacturas, y viceversa). Ahora, el país A tiene abierta la siguiente opción (adicional a la de no participar en el comercio internacional): especializarse completamente en la producción de comida –es decir, dedicar el 100% de sus recursos a producir comida– y luego intercambiar parte de la comida por alimentos vía comercio internacional. En ese caso su producción alcanzaría 100 unidades de comida, punto N de la *figura 1A* , pero sus posibilidades de consumo vendrían dadas por la línea NN', resultado de ir intercambiando sucesivas unidades de comida por manufacturas al precio mundial de 1C = 1M. Obsérvese que ahora la línea NN' es la frontera de posibilidades de consumo cuando el país A se abre al comercio internacional, y que está sistemáticamente por encima de la FPP, que era igual a la FPC en autarquía. Los habitantes del país A pueden acceder ahora a cotas de consumo que eran inalcanzables en autarquía, por ejemplo la representada por el punto A(2). Esta ampliación de las posibilidades de consumo del país A es una de las formas de representar y medir las ganancias obtenidas por el país A gracias al comercio internacional.

Podría pensarse que estas ganancias del país A son posibles «a expensas» del país B, o explotando y empobreciendo al país B. Pero no es así. Dada la relación de precios 1C = 1M puede comprobarse que el país B tiene abierta la opción de especializarse en la producción de manufacturas –lo que le situaría en el punto F– para luego intercambiar por la vía del comercio internacional parte de las manufacturas a cambio de comida. Con ello accedería a las posibilidades de consumo dadas por la línea FF', situada por encima de la FPP del país B, y por tanto situada por encima de las posibilidades de consumo del país B en autarquía.

El punto esencial radica en que, dadas las pautas de especialización apuntadas, y la relación de precios internacionales, ambos países salen ganando: hay por tanto posibilidades de comercio internacional mutuamente ventajosas para todos los países participantes.

¿Cómo hemos conseguido este resultado? Mediante dos aspectos:

1. Postulando que cada país se especialice en aquella producción en la que tiene ventaja comparativa, definida como la condición de ser el productor mundial relativamente más eficiente. En este caso, repasando las productividades de cada país en cada industria vemos que el país A puede producir cada uno de los bienes C y M con menos recursos que el país B (y por eso se diría que el país A tiene ventaja absoluta en la producción de ambos bienes). Pero su margen de ventaja es más amplio en la producción de comida (proporción 5 a 1) que en la producción de manufacturas (proporción «sólo» de 2 a 1). En ese caso se dice que el país A tiene ventaja comparativa en la producción de C (además de ventaja absoluta), mientras que el país B tiene ventaja comparativa en la producción de M (pese a no tener ventaja absoluta).

La teoría de las ventajas comparativas invita a cada país a especializarse en aquel bien en que tiene precisamente ventaja comparativa. La utilidad de esta definición no radica en que sea más o menos obvia o intuitiva (de hecho se dice que Samuelson, al ser preguntado por alguna afirmación del análisis económico que fuese cierta sin ser obvia, acabó refiriéndose al principio de especialización según la ventaja comparativa, y no la absoluta) sino en que, como se ha mostrado en el ejemplo anterior, proporciona una base de especialización que permite beneficiarse simultáneamente a ambos países.

2. La relación de precios elegida en el ejemplo anterior, 1C = 1M, conseguía generar un comercio mutuamente beneficioso porque generaba una relación de precios que era intermedia a las pendientes de

las FPP de los países A y B. Puede comprobarse que con cualquier relación de precios internacionales, comprendida entre 1C = 0,5M y 1C = 1,25M, se obtendría esa ganancia mutua de ambos países. Pero naturalmente, al país A le interesa la relación de precios que valore más alto el producto en que tiene ventaja comparativa (por tanto le interesaría acercarse a 1C = 1,25M) mientras que al país B le interesaría la relación de precios que valorase al máximo su producto de exportación, M, es decir, el producto en que tiene ventaja comparativa.

Ello indica que no todo es convergencia de intereses en el comercio internacional. Si bien ambos países tienen un interés mutuo en participar del comercio, aparece un conflicto a la hora de determinar la relación de precios en el comercio internacional. Cada país tiene un incentivo al obtener la relación real de intercambio (precio de sus exportaciones / precio de sus importaciones) más favorable. Ésta es una situación típica en la vida económica (y no-económica): existe un incentivo inicial para cooperar –en este caso comerciar– pero rápidamente aparece un elemento de conflicto –aquí la determinación de los precios relativos en el comercio mundial.

Otro aspecto conflictivo –éste interno a cada país– radica en los costes de ajuste y transición a las pautas de especialización derivadas de la división internacional del trabajo según las pautas de la ventaja comparativa. En comparación con la situación previa al comercio internacional, al abrirse a él, en cada país cambiaría la asignación de recursos a las distintas industrias. (En un caso extremo, en el país A se pasaría del punto A1 al punto N, mientras que en el país B se pasaría del punto B1 al F.) A medio y largo plazo ello podría hacerse. Pero a corto plazo la transición –el ajuste– puede ser conflictivo si la distribución territorial de la actividad se ve afectada, o los recursos que deben «reciclarse» de uso no pueden hacerlo de forma automática –por ejemplo, por la necesidad de asumir nuevas cualificaciones la mano de obra.

Una observación adicional importante: las ganancias del comercio se han obtenido en este caso al suponer implícitamente que los recursos no podían desplazarse de un país a otro –por ejemplo, para sacar partido de las mejores productividades–. En el proceso de ajuste, en cambio, sí hemos supuesto movilidad intersectorial (recursos que pasan de una industria a otra) y eventualmente movilidad interregional (entre distintos territorios del mismo país). Este supuesto de «inmovilidad internacional de los recursos», contrapuesta a la hipótesis de que los recursos sí pueden desplazarse en el interior de los países, se sugiere que puede estar debilitándose en un mundo cada vez más globalizado y con mayores facilidades de transporte y comunicación. Incluso en el caso de los capitales se apela a una enorme movilidad internacional, pero de momento la movilidad de otros factores como el trabajo no es ni de lejos tan elevada. (En caso de movilidad de factores pasaríamos a comercio interregional y sería relevante la ventaja absoluta, con lo que no estaría garantizado que «todos tienen ventaja comparativa en algo» y por tanto un lugar en la división internacional del trabajo).

2.3. Las diferencias en las dotaciones de recursos

La teoría de la ventaja comparativa ofrece la explicación más básica de las diferencias entre países: la que radica en diferencias de productividad. Versiones más sofisticadas de los enfoques clásicos han buscado explicaciones en las diferencias en las dotaciones de recursos (enfoque Heckscher-Ohlin) o en la presencia de factores específicos a la producción de determinados bienes (por ejemplo la tierra es necesaria para la agricultura, pero no para la informática). Las diferencias en las dotaciones de recursos son importantes si para producir cada uno de los bienes hace falta combinar los factores productivos en distintas proporciones. Por ejemplo, para la producción de textiles tradicionalmente el factor trabajo era más importante que en la producción de manufacturas más sofisticadas, en las que el factor capital podía ser más relevante. Ello determinaría que en aquellos países en que el factor trabajo fuese comparativamente muy abundante (respecto al factor capital), y por ello comparativamente más barato, la producción de textiles tendría una ventaja de costes –y análogamente para las manufacturas más sofisticadas en un país en que el capital fuese comparativamente más abundante–. Ello haría que en el comercio internacional el país abundante en trabajo tuviese ventaja en textiles y el país abundante en capital tuviese ventaja en manufacturas más sofisticadas tecnológicamente.

En este contexto, como consecuencia de que un país se abriese al comercio, tenderían a verse beneficiados los propietarios del factor abundante, ya que al ser exportado el producto que principalmente lo contiene podría adquirir ese producto un precio mundial más favorable que el doméstico (éste es el incentivo básico para exportar) con lo que se beneficiaría indirectamente el factor principalmente utilizado. Naturalmente, la contrapartida sería que los propietarios del factor escaso verían como el comercio internacional abarata el precio del producto que principalmente contribuyen a producir (ya que la escasez relativa de ese factor encarecía el producto doméstico antes de existir comercio: pero tras la apertura al comercio la abundancia de ese factor a nivel «mundial» –contando la dotación más abundante del «otro país»– tiende a abaratar ese producto), lo que deterioraría sus rentas. Con ello, pasan a primer plano los efectos del comercio internacional sobre la distribución interna de la renta.

Asimismo, se deduce de este enfoque que el comercio internacional puede interpretarse como una forma indirecta de intercambiar factores productivos. Si el país A exporta bienes intensivos en capital y el país B exporta bienes intensivos en mano de obra, en la práctica es «como si» A exportara a B (los servicios del) factor capital a cambio de recibir (los servicios del) factor trabajo. Por tanto, desde este punto de vista, los intercambios de mercancías son una forma indirecta de proceder a intercambios en factores de producción, exportando cada país los de su factor (relativamente) abundante, e importando el factor (relativamente) escaso. Ello tiende a «hacer más iguales» los consumos implícitos o indirectos de factores productivos entre países de lo que son las dotaciones de tales factores. Una consecuencia de esta formulación es que la inmovilidad de factores entre países puede ser «sustituida» por la movilidad de los productos que los factores contribuyen a producir. (La cuestión que se plantearía en una economía, que como consecuencia de una creciente «globalización» o por aceptarse mecanismos de integración, que incluyan movilidad de los factores, como en la Unión Europea, sería hasta qué punto la movilidad de factores volverá a «sustituir» a la movilidad de bienes vía comercio.) Por ello, una tendencia asociada en la teoría clásica del comercio internacional es la que existe en la «igualación de los precios de los factores» entre distintos países, como consecuencia indirecta de la igualación de los precios de las mercancías que impone el comercio. Esta «lógica igualadora» es precisamente uno de los resultados más notables (y «políticamente tranquilizadores») de la teoría del comercio internacional.

Esta interpretación está en la base de una sugerente analogía debida en principio a Paul Samuelson, y que en mi interpretación muy libre sería la siguiente: Fase 1. Supongamos que inicialmente el mundo careciese de «naciones» para ser una economía «integrada» en la que la asignación de recursos se hiciera con criterios de eficiencia. (La igualación de precios de los factores estaría garantizada por la movilidad de factores en esa economía integrada.) Fase 2. Aparece ahora un «diablo» que crea las fronteras nacionales y condena a la economía mundial a sólo poder combinar los factores productivos que pertenezcan a una misma nación (es decir, introduce la inmovilidad internacional de los factores de producción), así como prohíbe el comercio internacional, dando lugar a la fragmentación de la economía mundial en un conjunto de economías cerradas o «autárquicas». ¿Cuál es el perjuicio originado por ello a la economía mundial? El análisis de esas distorsiones e ineficiencias es la base de las críticas a los argumentos proteccionistas. Fase 3. Si apareciese ahora un «ángel» que permite el comercio internacional de mercancías y, a través de él, el comercio «indirecto» de factores de producción, ¿podría minimizarse el alcance de la «artificial» creación de fronteras nacionales y, eventualmente, reproducirse la eficiente asignación de recursos de la «economía integrada»? Siempre que las desigualdades en las dotaciones de recursos no fueran excesivamente grandes, pueden encontrarse situaciones razonables en que se tienda a reproducir la economía integrada, con su igualación de precios de bienes y factores. Un paso más, como se señalará en la sección 5.2, incluiría una Fase 4 que incluyese (atribuida para unos a un ángel, para otros a un diablo) la posibilidad de movilidad de alguno de los factores de producción (típicamente capital, a través por ejemplo de empresas multinacionales) y asimismo la posibilidad de «segmentar» partes del proceso de producción para localizarlos en países diferentes. Para que esta «parábola» proporcione una formulación ponderada de las diversas configuraciones posibles de los flujos internacionales, es preciso añadir la dimensión «política» a los países o estados: es cierto que las fronteras introducen distorsiones, ya que limitan en alguna medida la posibilidad de reproducir una asignación mundial eficiente de recursos, pero «a cambio» los estados han alcanzado, especialmente en el último medio siglo, una especie de «contrato o pacto social» con sus ciudadanos para la provisión de redes de protección social (ante situaciones de desempleo, enfermedad, jubilación: «Estado del Bienestar» sería el nombre típico en Europa) y de compromisos de ciertas políticas de estabilización. Cuando se trata de evaluar configuraciones alternativas de la economía mundial hay que poner siempre en un lado de la balanza las potenciales ganancias/pérdidas de eficiencia asociadas a cada situación, y en el otro el «pacto social» para compensar los efectos de estas posibles distorsiones. Como veremos, uno de los temores que suscita la globalización hace referencia precisamente a la eventual merma de esa capacidad de «compensación» por parte de los estados en un escenario en que puede verse en entredicho la «lógica de la igualación» y ser por tanto más precisas que nunca esas compensaciones.

3. La «nueva teoría» del comercio internacional

Hacia la década de los años 1960 se empiezan a constatar con fuerza en las realidades del comercio internacional –en las estadísticas de flujos comerciales– datos que no encajaban bien con las explicaciones tradicionales del comercio basado en diferencias.

Aparecían con un peso creciente intercambios entre países de estructura económica relativamente similar, que intercambiaban productos pertenecientes a las mismas tipologías. Por ejemplo, intercambios entre los países europeos socios de la nueva Comunidad Económica Europea, que implicaban distintas marcas y modelos de automóviles, de mobiliario de oficina, de productos químicos, etc. Además, entre Estados Unidos y Canadá la puesta en marcha del Acuerdo de Libre Comercio del sector automovilístico, de 1964, aceleró los intercambios de automóviles y sus componentes. A este tipo de intercambios, de productos que pertenecían a la misma industria, entre países relativamente similares, pronto se le denominó «comercio intraindustrial», acuñándose el término «comercio interindustrial» para seguir refiriéndose a los intercambios entre países diferentes que intercambiaban productos de industrias muy heterogéneas. Es importante insistir en este punto, ya que a veces, a efectos expositivos, podría darse la impresión de que la «nueva teoría del comercio internacional» pretende presentarse como una «enmienda a la totalidad» de las teorías clásicas, cuando más bien se trata de dar una respuesta y una explicación a un nuevo tipo de flujos comerciales que adquirieron peso a partir de los años sesenta y setenta, pero que conviven en las estadísticas comerciales internacionales con los intercambios basados en las diferencias, de modo que la «nueva teoría» es más bien una formulación complementaria que alternativa a los enfoques clásicos.

Un aspecto adicional de las realidades comerciales que encajaba mal en los esquemas clásicos era el denominado «comercio bidireccional», es decir, el hecho de que, en determinada industria, un país fuese al mismo tiempo exportador e importador, como por ejemplo lo es España de automóviles, o los países de la UE de mobiliario de oficina o productos químicos. Naturalmente, si la única explicación del comercio internacional radicase en algo parecido a las ventajas comparativas, el hecho de ser un país a la vez exportador e importador plantearía problemas lógicos (ya que podría requerir que un país al mismo tiempo tuviese –para ser exportador– y no tuviese –para ser importador– ventaja comparativa en esa industria).

Otro rasgo de naturaleza diferente, que obligó a repensar las explicaciones del comercio internacional, fue constatar el carácter endógeno de las ventajas comparativas. Las descripciones típicas de los enfoques, basados en Ricardo o Heckscher-Ohlin, tienden a dar una cierta idea de perennidad o al menos de gran estabilidad en el tiempo de las ventajas de un país en una industria. El caso de Japón en los años cincuenta y sesenta y, subsiguientemente, los demás países asiáticos de «nueva industrialización» (los denominados NICs) pusieron de relieve cómo en relativamente poco tiempo era factible alterar las pautas de especialización, en buena medida como resultado de políticas públicas deliberadas, lo que resaltó el potencial carácter «endógeno» de las ventajas comparativas y competitivas.

Para ilustrar las potenciales ganancias del comercio internacional que pueden estar en la base del comercio intraindustrial, planteemos inicialmente un escenario como el de la *figura 2A* en que existen tres países, que denominaremos Alemania, Francia e Italia, en cada uno de los cuales existe una importante empresa automovilística, Volkswagen, Renault y Fiat, respectivamente. Supongamos que inicialmente no hay posibilidad de comerciar entre esos países, de modo que existen tres monopolios, uno en cada país. Suponemos ahora que esos tres países liberalizan por completo el comercio entre ellos. ¿Qué sucederá? Un temor vigente en los años cincuenta y principios de los sesenta era que el comercio internacional evidenciará cuál de los países tenía ventaja comparativa en la producción de automóviles, y cuáles no, temiéndose los problemas sociales y políticos en

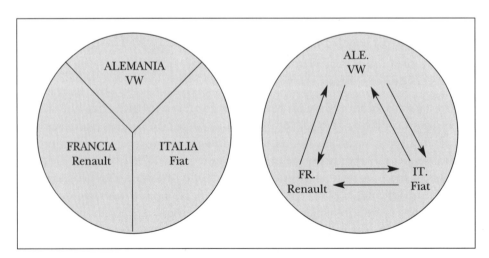

Figura 2A   Figura 2B

estos últimos, dado el carácter emblemático de esas empresas. Pero la realidad mostró algo parecido a la *figura 2B*: cada fabricante empezó a exportar a los demás países, apareciendo un comercio intraindustrial (comercio de mercancías similares entre países similares) y al mismo tiempo reflejándose un comercio bidireccional en cada país (importador y exportador de automóviles simultáneamente). ¿Por qué sucedía esto? Básicamente por la combinación de tres fuentes de «ganancias del comercio intraindustrial»:

a) Para cada empresa, un potencial mejor aprovechamiento de las economías de escala, al pasar a ser el mercado relevante el de la Comunidad Europea en su conjunto, en sectores con una tecnología con notables economías de escala.

b) Para los consumidores, el acceso a una variedad más amplia de modelos y marcas de automóviles, lo que permitía obtener un automóvil más cercano a la «especificación ideal» de cada consumidor.

c) Para la economía en su conjunto, una mayor dosis de competencia, al pasarse de tres monopolios nacionales a un mercado más amplio en el que compiten con fuerza tres empresas importantes. Éste es el denominado «efecto pro-competitivo» de la liberalización comercial.

La combinación de estos tres ingredientes es la base analítica de la «nueva teoría» del comercio internacional, siendo que estas fuentes de ganancias complementarias al aprovechamiento de las diferencias en la productividad o dotaciones de factores subyacen a las teorías clásicas del comercio.

En sus inicios, el comercio intraindustrial parecía un fenómeno específico de los países industrializados, ya que en las industrias tecnológicamente más sofisticadas es más probable que las economías de escala sean significativas, al tiempo que a mayores niveles de renta se les asocia una importancia de la diferenciación/variedad de productos. Pero en la actualidad se ha generalizado el fenómeno, alcanzando cifras notables asimismo para países menos desarrollados: las estadísticas de comercio internacional así tienden a mostrarlo. Una parte de la explicación podría radicar en que los procesos de integración regional están afectando asimismo a países en desarrollo (ésta es una de las características del denominado «nuevo regionalismo»). Además, es creciente la importancia del comercio «intrafirma», como consecuencia de las transacciones que corporaciones multinacionales realizan entre integrantes o filiales sitas en distintos países, con frecuencia algunos de ellos de menos desarrollo: como se precisa más adelante, esta «partición de la cadena de valor añadido» en la producción es uno de los rasgos más notables de la actual fase de globalización, y genera un incremento de transacciones internacionales de *inputs* intermedios. Asimismo, la importancia del acceso de países en desarrollo a *inputs* intremedios especializados (maquinaria, robots, máquina-herramientas, etc.) se ha desarrollado con tanta o más rapidez que la presencia de estos países en el acceso a bienes de consumo diferenciados.

Una forma de expresar las ganancias del comercio, asociadas a la nueva teoría del comercio internacional, es la mostrada en la *figura 3*. En ella se muestra cómo un mercado de tamaño dado establece un «*trade-off*» entre aprovechamiento de economías de escala (que requiere unas pocas empresas cada una produciendo una gran cantidad de un mismo bien) y el acceso de los consumidores a una variedad importante de productos diferenciados. En esa figura, el tamaño de mercado obliga a elegir una combinación sobre la curva 1-1 (por ejemplo A1). Que ese país acceda al comercio con otros países similares permite que la «restricción» del tamaño de mercado pase a ser la curva 2-2, siendo posible ahora acceder simultáneamente, en A2 por ejemplo, a un mejor aprovechamiento de economías de escala y una mayor variedad para los consumidores que el anterior punto A1. (Esta «relajación» de la restricción de tamaño del mercado desempeña, en el caso de comercio intraindustrial, un papel similar al que en el caso del co-

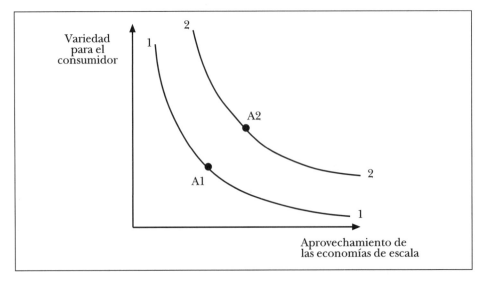

Figura 3

mercio interindustrial representaba la posibilidad de poder acceder a una FPC superior a la FPP del país, como se mostraba en la *figura 1*.)

Técnicamente, sería posible incluso encontrar una explicación para el intercambio de productos «idénticos» entre el país A y el B, incluso en ausencia de economías de escala. Es el argumento del «dumping recíproco» que se basa en que, si inicialmente en cada uno de los países existe por ejemplo un monopolio, una vez abierta la posibilidad de comercio, la empresa de cada país tendrá un incentivo para «penetrar» el mercado del otro siempre que el margen de beneficio sea superior al coste de transporte. El resultado del comercio en productos idénticos –en las antípodas del caso del comercio basado en ventajas comparativas– se debería, en este caso, meramente a la existencia de competencia imperfecta, de modo que el denominado efecto procompetitivo sería suficiente para generar comercio internacional. Incidentalmente, el hecho de que este comercio pudiese verse «bloqueado» en caso de acuerdos de colusión entre las empresas de A y B, muestra la importancia de una política de competencia como complemento de las liberalizaciones comerciales.

En el mundo real, cuando se analiza el comercio entre dos países suele detectarse un componente de comercio intraindustrial y otro de comercio interindustrial. La *figura 4* muestra cómo los intercambios entre M y N pueden desglosarse en un comercio intraindustrial de productos diferenciados en cuantía AB (dirección M a N) y B'C (dirección N a M), mientras que el país N exporta hacia M un producto no-diferenciado, según las pautas de la

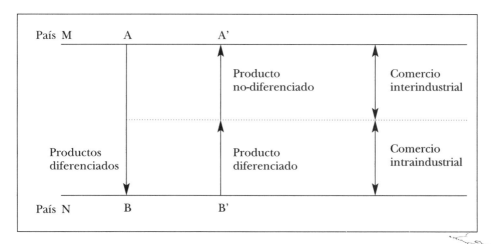

Figura 4

teoría clásica en la cuantía CA'. Los índices de comercio intraindustrial se calculan para efectuar este desglose. (En España aumentaron de forma notable tras la incorporación a la UE.)

4. El debate librecomercio-proteccionismo: aspectos clásicos y modernos

Uno de los debates más tradicionales en economía, con amplias implicaciones sociales y políticas, por sus efectos sobre el poder económico y la distribución de la renta, ha sido el que históricamente ha enfrentado a los defensores del libre comercio frente a los que vienen propugnando diversas modalidades de proteccionismo a favor de los productores nacionales, a base de imponer algún trato discriminatorio a los productos de fabricación extranjera: desde la mera prohibición, a la fijación de límites cuantitativos (cuotas o contingentes), impuestos sobre los productos importados –denominados aranceles– o barreras en base a normativas de calidad, seguridad, etc., que han configurado un abigarrado conjunto de «barreras no-arancelarias».

La base de la argumentación a favor del libre comercio es la obtención de las «ganancias del comercio internacional» explicadas en las secciones 2 y 3: mejor aprovechamiento de las ventajas comparativas basadas en diferencias de productividad o dotaciones de recursos de los países, mejor aprovechamiento de las economías de escala y acceso de los consumidores a una variedad más amplia de productos, efectos derivados de una mayor competencia (lo que tiene un efecto de «revulsivo», de estímulo, de iniciativas frente al presunto efecto «adormecedor» de la protección). Genéricamente, el argumento es por tanto una mejora en la asignación eficiente de recursos, asociada a la defensa del mercado en general, acompañada de la demostración de que las medidas proteccionistas tienen unos efectos netos negativos, en términos de distorsiones a la eficiencia, tanto en el consumo como en la producción. Desde el punto de vista del consumo, se argumenta que la protección típicamente encarece o dificulta el acceso por parte de los consumidores nacionales a unos bienes importados, ya que algunos de esos consumidores sí estarían dispuestos a pagar el «precio internacional» (por ejemplo, 1.000 dólares) de un artículo importado, pero tal vez no quieren o no pueden pagar el «precio artificial» encarecido por un arancel (por ejemplo, ese mismo artículo con un arancel del 20% tendría un precio interno de 1.200 dólares) o por una cuota u otra barrera que tenga el mismo efecto. Desde el punto de vista de la producción, se apela a que «gracias» a la protección subsisten unos productores que no son eficientes según los estándares internacionales, y que sería mejor para el país reasignar los recursos empleados en esa producción a usos o actividades más competitivas.

Uno de los principales problemas que han encontrado los argumentos librecambistas han sido los resultados empíricamente modestos del impacto de estas «distorsiones» o ineficiencias asociadas a la protección. Típicamente, los estudios clásicos al respecto mostraban costes de la protección en torno al 1 o 2% del PIB, como máximo, por lo que era fácil que los argumentos estrictamente económicos quedaran en segundo plano respecto a los argumentos más «políticos», basados en la fuerza de los grupos de presión de las industrias que buscaban protección (fácilmente organizables en *lobbies,* por contraposición a la dispersión de los presuntos efectos beneficiosos de la liberalización, muy repartidos entre los consumidores). Por ello, durante bastante tiempo podía «explicarse» la dualidad de que los economistas tenían razón en señalar las ineficiencias del proteccionismo, pero políticamente éste subsistía.

Para explicar los avances en las últimas décadas hacia la liberalización se conjugan varios factores. Por un lado, la estrategia de negociación mediante amplias «rondas» multilaterales, que afectaban a un gran abanico de productos, ha permitido utilizar los intereses de los exportadores de cada país para contraponerlos a los de las industrias nacionales que se verían perjudicadas por la liberalización de importaciones. Además, recientemente han aparecido análisis que tienden a mostrar cómo al tener cada vez más peso en el comercio internacional los productos de tecnología avanzada, tanto productos finales como *inputs* intermedios, fabricados con economías de escala, y que constituyen a veces ingredientes esenciales para la modernización del aparato productivo de los países, el coste de políticas proteccionistas puede haberse incrementado sensiblemente, ya que si como consecuencia de ellas un país deja de ser considerado un mercado relevante para alguno de estos productos o tecnologías estratégicos, el perjuicio será mayor que los tradicionales efectos del proteccionismo limitados a algún encarecimiento de las importaciones y alguna reducción en el volumen de importaciones. Paul Romer (1994) hizo una presentación notable del argumento de que la actual realidad del comercio internacional (con ingredientes de la nueva teoría del comercio internacional) hace más gravoso que en las pasadas décadas seguir caminos proteccionistas.

Esta argumentación va en la línea contraria a una línea argumental surgida a principios de los ochenta, cuando comienzan a tener eco los enfoques de la nueva teoría del comercio internacional. En esos momentos la industria de Estados Unidos tenía serios problemas de competitividad, asociados entre otras causas a la sobrevaloración del dólar. La información de que académicos relevantes habían desarrollado una «nueva teoría» del comercio internacional sobre supuestos diferentes de los tradicionales (competencia imperfecta *versus* la «tradicional» competencia perfecta, economías de escala *versus* rendimientos constantes o crecientes; productos diferenciados *versus* productos homogéneos) fue absorbida (incluso «capturada») por los grupos de presión que defendían los intereses de esas industrias para tratar de argumentar que de la misma forma que la teoría convencional del comercio solía argumentar a favor del libre comercio, la «nueva teoría», con supuestos diferentes (y aparentemente más realistas), podía llevar a implicaciones contrarias: a dar nuevos argumentos para intervenciones públicas (neo)proteccionistas. Los enfoques de «política comercial estratégica» son el resultado más conocido, y llegaron a tener cierto impacto hasta en los primeros tiempos de la administración Clinton. Algunos de los economistas fundadores de la *«new trade theory»*, como James Brander, parecen aceptar gustosos esas argumentaciones. Otros, como Paul Krugman, las rechazan.

Con todo, se han planteado periódicamente argumentos a favor del proteccionismo con cierto mayor rigor que las tradicionales coartadas a favor de las industrias nacionales (como eran argumentos no-económicos –apelando a la defensa nacional o a provisión de productos esenciales o estratégicos–, acusaciones de «competencia desleal», «explotación», etc.). Cabe señalar entre ellos:

a) Argumento de la «relación real de intercambio» (terms of trade) *o de «poder de mercado»*

Este argumento es inicialmente aplicable a un país grande, es decir, con el poder de mercado suficiente para que sus decisiones de comprar más o menos de un producto afecten al precio mundial de éste. Por ejemplo, supongamos que Estados Unidos impone un arancel a las importaciones de azúcar (un producto que Estados Unidos también produce, aunque es un importador neto). Si el encarecimiento que ello supone en el precio del azúcar para los consumidores norteamericanos les lleva a reducir su consumo de azúcar, ello tendrá un efecto depresivo sobre el precio mundial del azúcar (por ser Estados Unidos un comprador con mucho peso en el mercado mundial del azúcar): de este modo Estados Unidos podría ver cómo se reducía el precio de un artículo que importa, es decir, podría haber alterado a su favor la relación real de intercambio (que ya sabemos que es la ratio entre precio de las exportaciones y precio de las importaciones), con el subsiguiente efecto beneficioso. Es evidente que si el arancel lo impusiera Andorra en vez de Estados Unidos el impacto sobre el precio mundial sería absolutamente imperceptible. En el marco de la nueva teoría del comercio internacional se ha intentado esgrimir que el «poder de mercado» puede obtenerse no sólo por vías distintas a la mera cuota en el consumo (o la producción) mundial, sino también por la diferenciación de productos. Pero es una vía de ampliación de este argumento más teórica que relevante empíricamente.

b) Argumento de las economías de escala

Es un argumento que trata de racionalizar las ventajas obtenidas por Japón de su tradicional política de dificultar (jurídicamente o *de facto*) el acceso de productos importados a su mercado interno. La idea sería establecer una asimetría entre el mayor potencial aprovechamiento de las economías de escala de las empresas japonesas (que dispondrían para aprovecharlas de las ventas en exclusiva en el mercado nipón, más la cuota que consiguieran en los mercados más abiertos de Estados Unidos o del resto del mundo) y el menor aprovechamiento para los competidores de las empresas japonesas, que no podrían contar con ventas en Japón. Si con ello las empresas japonesas lograran acceder a costes unitarios más bajos dispondrían de una plataforma que aumentaría su competitividad frente a sus rivales en los mercados mundiales. Como rezaba el título del artículo en que se presentó este argumento, de este modo la «protección frente a las importaciones» se habría convertido en una «promoción de exportaciones».

c) Argumento de la «industria naciente» o de las economías de escala dinámicas

Hace más de un siglo, cuando países como Estados Unidos, Canadá o Alemania iniciaron su industrialización, se encontraron con la presencia de una industria británica que tenía un «rodaje» de varias décadas. Ilustres políticos y economistas de esos países (desde Hamilton hasta List) consideraron suicida obligar a competir desde un principio a sus «industrias nacientes» con la más experimentada industria inglesa, acuñando así el argumento de la protección a la industria naciente *(infant industry)* como una legitimación de protección transitoria mientras la industria local «crece» lo suficiente para poder competir en pie de cierta igualdad.

La versión moderna de este argumento son las llamadas economías de escala dinámicas, o el argumento de la curva de aprendizaje *(learning curve)*. Se basa en la idea de que el país 2 puede llegar a ser un productor mundial más eficiente que el país 1, pero que éste hoy por hoy es más competitivo internacionalmente por haber acumulado una mayor experiencia, es decir, por haber podido reducir sus costes unitarios gracias al aprendizaje y a la práctica, derivados meramente de haber iniciado antes la producción. Esta situación podría servir de base para reivindicar una protección transitoria a la industria del país 2, la suficiente para acumular la experiencia necesaria para sacar partido de su potencial mayor competitividad.

El argumento parece persuasivo, y hasta cierto punto lo es. Su principal flanco débil radica en el fundamento de la «promesa» de mayor competitividad en el futuro, que necesariamente implica una predicción a bastantes años (o décadas) vista. ¿Qué sucede si esa predicción resulta fallida y con el paso del tiempo se evidencia que la industria transitoriamente protegida no acaba de alcanzar un nivel razonable de competitividad? (En la jerga inglesa, ¿qué pasa si el *infant* no llega nunca a adulto?) Una opción es abandonar la protección, con lo que la industria puede verse «barrida» por sus competidores, con los efectos políticos y sociales asociados al entramado de intereses que en los años de protección la industria haya acumulado (puestos de trabajo, vinculaciones políticas, inserción en la vida de una región, etc.). La otra alternativa es perpetuar una protección, a expensas de los consumidores y/o contribuyentes, sin perspectivas de mejora. Una elección nada halagüeña.

d) *La política comercial estratégica*

El debate sobre *Strategic Trade Policy* es uno de los resultados más relevantes en la práctica de la aparición de la «nueva teoría» del comercio internacional. Ya comentamos cómo se trató de instrumentalizar esa nueva teoría para tratar de legitimar de forma académicamente solvente la protección requerida por diversos sectores estadounidenses desde los años ochenta.

Lo que unifica el debate sobre políticas comerciales estratégicas es la búsqueda de formas de intervenir, los poderes públicos, que conduzcan al resultado tradicional de favorecer a la industria nacional frente a la extranjera, pero por medios más sutiles, más indirectos, que los mecanismos «tradicionales» de aranceles, subsidios a la producción, contingentes, etc. (que además habían sido progresivamente limitados por las negociaciones comerciales internacionales).

Un ejemplo clásico es el debate entre las formas de apoyar a los fabricantes de aviones de largo alcance, Boeing y Airbus, por parte de sus respectivos gobiernos, el de Estados Unidos y el de Europa. En un marco en que se pensaba (como sugerían los datos de mediados de los ochenta) que los costes fijos (asociados a I+D) eran tan elevados en este sector que sólo si un fabricante conseguía el monopolio del mercado podría recuperar la inversión inicial (mientras que si ambos fabricantes se repartían el mercado, los dos perderían dinero), fue posible diseñar «experimentos» para demostrar que había políticas públicas que mejoraban los resultados del *laissez-faire*. Además, las «rentas» asociadas a la eventual posición de monopolista mundial se convirtieron en un «incentivo» para diseñar políticas encaminadas a que un país se las «apropiara» (por eso a veces se habla de políticas de «desplazamientos de rentas» –*rent shifting*– para referirse a alguna de esas políticas).

En este marco, un ejemplo de política comercial estratégica (que se alega sería la seguida por Estados Unidos) sería la política de contratos a largo plazo del gobierno federal con el «grupo» Boeing (compras de aviones militares comprometidas durante varias décadas, por ejemplo), que hicieran creíble el compromiso de Boeing de producir en cualquier caso, y por tanto tratara de entorpecer la salida (la «no-entrada») de Airbus en el mercado. Otro ejemplo (supuestamente la modalidad europea) serían los subsidios a la investigación científica y técnica (nunca a la producción) que acabasen favoreciendo a Airbus, asimismo, para convertir la decisión de entrar en el mercado en una «estrategia dominante».

Cuando se formulan estas u otras políticas comerciales estratégicas, parecen inteligentes. Su principal flanco débil radica en sus elevados requisitos de información. Es decir, para ser efectivas requieren una estimación anticipada y precisa de la evolución de la demanda y de los costes (no sólo los de la empresa propia, sino también de los de la rival), que en el mundo real difícilmente puede parecer plausible. Una ampliación de la demanda de aviones como la que se ha producido en las últimas décadas, como consecuencia de la liberalización mundial del transporte aéreo y de los avances tecnológicos que posibilitan la convivencia rentable de ambas empresas en el mercado –es decir, hace viable un duopolio–, puede hacer ridículas políticas que, bajo los supuestos iniciales –al conseguir desplazar al país en cuestión las rentas derivadas de la posición de monopolista–, parecían incluso brillantes. Por eso es preciso ser extremadamente cauteloso con la evaluación de estas políticas como argumentos sensatos para legitimar intervenciones públicas con efectos proteccionistas.

5. Algunos debates recientes

Como aplicaciones y ampliaciones de algunas de las ideas desarrolladas hasta ahora, comentaremos en esta sección algunos temas controvertidos recientes. La sección 5.1 presenta un caso especial de diferencias en dotaciones de factores entre dos países, concretamente entre trabajo cualificado y trabajo no-cualificado entre Norte y Sur, con el debate acerca de su impacto en los mercados de trabajo, especialmente del Norte; la sección 5.2 integra lo anterior en un enfoque más amplio de la omnipresente «globalización»; la sección 5.3 revisa el denominado «modelo» del Sudeste Asiático, mientras que la sección 5.4 ofrece un esbozo de algún problema medioambiental vinculado al comercio internacional.

5.1. *Problemas de los mercados de trabajo y «dumping social»*

La aparición en el comercio internacional, como agentes activos de muchos países en desarrollo, de mano de obra muy abundante y muy barata ha planteado diversos problemas. Por una parte, el análisis de su impacto sobre los mercados de trabajo de los países industrializados, y, por otra, el debate sobre el llamado «dumping social», es decir, el presunto uso «desleal» de condiciones de trabajo socialmente inaceptables como base de las posiciones de ventaja de costes de algunos países.

El análisis de estos problemas puede llevarse a cabo suponiendo que tenemos dos países, Norte y Sur, que se diferencian en la composición de su dotación de recursos: en el Norte abunda el trabajo cualificado, mientras que en el Sur el factor abundante es el trabajo no-cualificado (omitimos cualquier otro factor de producción distinto de ambos tipos de trabajo). Podemos, además, postular que en ese mundo se producen dos bienes,

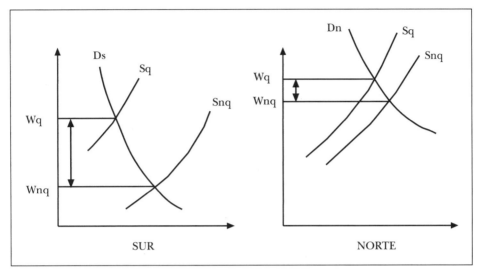

Figura 5. Antes del comercio

uno con tecnología intensiva en trabajo cualificado (en el que se especializa el Norte) y otro intensivo en trabajo no-cualificado, en que se especializa el Sur).

La *figura 5* muestra una muy simplificada versión del argumento: en los cuadros de arriba se presentan las ofertas de trabajo cualificado, Sq, y no-cualificado, Snq, tanto en el Norte como en el Sur, antes de abrirse el comercio entre ambos países. Se observa que el diferencial entre los salarios de ambos tipos de trabajo es mayor en el Sur que el Norte, e introducimos el supuesto (realista) de que la mayor productividad en general del trabajo en el Norte hace que los salarios de ambos tipos de trabajo sean mayores en el Norte que en el Sur. (La mayor productividad se muestra por una demanda de trabajo más a la derecha: utilizamos la simplificación de que las demandas de ambos tipos de trabajo son inicialmente iguales.)

Ahora se permite el libre comercio entre ambos países. Como muestra la *figura 6*, la especialización en el bien intensivo en trabajo cualificado eleva la demanda de este tipo de trabajo en el Norte, al tiempo que la demanda de trabajo no-cualificado disminuye también, porque ahora los productos cuya producción lo requiere intensivamente se importan del Sur, en vez de producirse en el Norte. (En el Sur sucede lo contrario, ya que las pautas de especialización son las opuestas.) En el mercado de trabajo del Norte pueden suceder dos cosas: si el mercado de trabajo es «flexible» (como suele postularse que es el de Estados Unidos), los salarios se ajustan para igualar la oferta con la demanda, provocando un aumento del diferencial o brecha salarial entre trabajo cualificado y no-cualificado (pasa de ser la distancia vertical entre Wq y Wnq en la parte derecha de la *figura 5* a la distancia vertical entre W'q y W'nq en la parte derecha de la *figura 6*) con el subsiguiente impacto en la desigualdad en la distribución de la renta. Por el contrario, si el mercado de trabajo presenta «rigideces» (como suele caracterizarse el europeo, por ejemplo, inflexibilidad a la baja del salario del trabajo no-cualificado), el resultado será la aparición de desempleo de trabajo no-cualificado en la cuantía FG. (En el salario Wnq anterior a la apertura del comercio, aparece ahora un «exceso de oferta» de trabajo no-cualificado dado por la distancia horizontal FG.)

Este tipo de implicaciones parecen corresponderse con los hechos: desempleo en Europa y desigualdad creciente en Estados Unidos. Ya se ha debatido la responsabilidad de la presencia en el comercio internacional de países con mano de obra abundante y barata en esos «problemas» de los mercados de trabajo del Norte. La evidencia empírica tiende a sugerir que, sin negar presiones en esa dirección, cabe atribuir tales problemas tanto o más a problemas de ralentización de la productividad y especialmente a un progreso técnico sesgado contra el uso de mano de obra no-

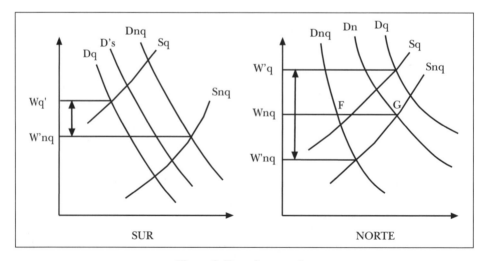

Figura 6. Tras el comercio

cualificada, más que al impacto del comercio. (Suele citarse para infravalorar el mecanismo de la *figura 4* la inexistencia en el mundo real de la «convergencia» en las retribuciones de ambos tipos de trabajos en el Sur que predeciría el modelo, como muestra la parte izquierda de la figura.) Recientemente, Feenstra ha señalado que el progreso tecnológico y el comercio internacional pueden ser dos caras de la misma moneda, caso de producirse, como parece, un desplazamiento («deslocalización») de la parte más intensiva en mano de obra (no-cualificada) de los procesos productivos hacia países del Sur.

¿Se desprendería del razonamiento anterior algún tipo de validez del argumento del «dumping social», según el cual estaría legitimado bloquear el acceso al libre comercio mundial de aquellos países que obtuviesen la ventaja de mano de obra (no-cualificada) barata en base a privación de los derechos sociales, humanos y sindicales básicos? Es difícil deslindar una noble preocupación humanitaria de una utilización demagógica, oportunista y proteccionista de esos mismos temas. Las diferencias de costes y salarios siempre han existido (y algunos países como España las han utilizado). Cabría negociar unas normas mínimas de dignidad del trabajo, pero la solución para los países del Norte preocupados por esta dinámica parece radicar más en mejorar las cualificaciones, el capital humano, y la tecnología asociada, antes que en bloquear el comercio.

5.2. Una nota sobre la globalización

La «mundialización» (versión más correcta del anglicismo «globalización») de la economía es una realidad evidente. A los datos de apertura comercial citados al principio, cabe añadir las espectaculares cifras de globalización financiera (cada día se mueve en los mercados financieros internacionales un volumen de recursos equivalente a más del doble del PIB anual español), la impresionante globalización tecnológica (transporte, comunicaciones y telecomunicaciones) y la dimensión «cultural» (entre muchas comillas) asociada a la homogeneización de marcas de ropa, refrescos, series de TV, etc., en todo el globo.

La globalización está alterando las reglas del juego en muchos aspectos: los márgenes de maniobra de los gobiernos nacionales se reducen, las empresas han de considerar nuevas estrategias, las empresas multinacionales «hilvanan» una economía mundial en que la división internacional del trabajo se reajusta con rapidez. Un aspecto esencial de estos cambios es lo que Feenstra ha denominado «integración del comercio con desintegración de la producción»: el hecho de que la posibilidad de comerciar más rápidamente que nunca incite a las empresas a «segmentar» su cadena de producción entre diversos países, buscando la localización más adecuada a cada fase, el atractivo de los países en desarrollo con bajos salarios para las etapas intensivas en mano de obra es inmediato. La actividad se «multinacionaliza» más que nunca en la historia.

¿Qué impacto tiene esto? Querría en este punto destacar dos elementos:

1. Por un lado, siguiendo la parábola de Samuelson, podríamos introducir una nueva etapa («Fase 4» en la terminología de la sección 2.3) en la que un «ser» (ángel para unos, demonio para otros) introduce, además de la posibilidad del comercio internacional, otras dos opciones: a) movilidad del factor capital (pero no del trabajo) y b) posibilidad de «partición o segmentación de la cadena de valor». Con ello, por un lado parece que se tiende a la «economía integrada» pero por otro parece que el precio que hay que pagar por todo es una incertidumbre y, eventualmente, una desigualdad (como veíamos en el punto 5.1) al menos en el interior de algunos países. Y ello puede percibirse como una amenaza al «pacto social» del estado del bienestar, según el cual los gobiernos asumen la provisión de una red de protección social, así como de políticas de estabilización económica. Y como ha señalado Dani Rodrik, estas tensiones generadas por la globalización generan demandas de intervenciones públicas precisamente cuando los recursos y el margen de maniobra de los estados parecen reducirse con la propia globalización.

2. Por otra parte, los intentos de modelizar la globalización, en la línea de Venables-Krugman, han detectado claramente la tensión entre unas fuerzas centrípetas (economías de aglomeración) que tenderían a generar más desigualdad en la economía internacional, y otras fuerzas centrífugas (básicamente diferencias salariales) que actuarían para distribuir la actividad económica entre Norte y Sur. Es una dinámica compleja, que apenas comienza a estudiarse, en la que se imbrican aspectos de comercio interindustrial (como el basado precisamente en diferencias de costes salariales) y otros de comercio intraindustrial (importancia de economías de escala, de acceso a variedad de *inputs* y de productos y de interdependencias productivas).

5.3. La crisis del modelo del Sudeste Asiático

Durante varias décadas se presentaron las espectaculares tasas de crecimiento de los países del Sudeste Asiático (primero Japón; luego los «tigres», como Corea del Sur, Taiwan, Singapur y Malasia, y posteriormente los «dragones», como Tailandia, Indonesia, Filipinas, incluso Vietnam) como la constatación del éxito de un modelo basado en una orientación hacia el comercio internacional, y contrapuesto a las estrategias *inward,* de sustitución de importaciones o análogos, que seguían otros países latinoamericanos y otros en desarrollo. Se insistía en esta contraposición de *performance* para instar a cambios en la estrategia económica de muchos países en desarrollo, y de hecho no puede negarse que una parte importante de la presión de algunos organismos internacionales a favor de tales cambios apelaba a ese carácter «ejemplar» del modelo del Sudeste Asiático. El artículo de Anne Krueger (1997), colaboradora habitual del Banco Mundial, es un adecuado ejemplo.

Naturalmente, la crisis que desde 1997 afecta a esos países ha afectado a ese presunto carácter ejemplar. Si bien el origen inmediato de la crisis es financiero, lo que se debate es el «modelo» en su conjunto. Y por ello, realmente conviene examinar lo que efectivamente ha sido el «modelo» del Sudeste Asiático. Al respecto, una interpretación simplista –pero dominante– alegaría que tal modelo se basaba en una inserción más plena en las reglas del juego de la economía internacional, y, en particular, en una orientación volcada hacia las exportaciones como factor dinámico, que se traducía en posiciones competitivas importantes en el comercio internacional.

Una cierta revisión de la evidencia del Sudeste Asiático tiende a presentar una reinterpretación menos simplista de dichas economías. Ya antes de la crisis de 1997, economistas como Dani Rodrik y Alwyn Young habían llamado la atención sobre dos aspectos que en su momento parecían «heterodoxos» en el análisis del «modelo» del Sudeste Asiático:

1. Cuando se descomponían las tasas de crecimiento de las rentas per cápita de esos países, en términos de la contribución de los diversos factores productivos y del progreso tecnológico, la parte sustancial de las innegablemente importantes tasas de crecimiento podía «explicarse» meramente en base a la movilización de recursos: por un lado, traslado de mano de obra agrícola con empleos de productividad mínima a ocupaciones industriales y de servicios con productividad

«normal», y, por otro, unas tasas de ahorro muy notables. Según estos datos el «milagro» asiático no sería más que la tradicional receta: ahorrar y movilizar adecuadamente los recursos disponibles.

2. Se señaló que la apertura comercial, más que constituir la base del modelo, sería una de sus consecuencias, siendo lo fundamental una inteligente y activa política industrial, que combinó el elevado capital humano con el capital físico obtenido mediante importaciones, para cuya financiación era preciso exportar. Rodrik destacaba, como rasgos diferenciales de Taiwan y Corea del Sur frente a, por ejemplo, México y Brasil, la mayor cualificación del capital humano y la distribución de la renta menos asimétrica, que facilitaba social y políticamente la implementación de las políticas adecuadas.

Vale la pena señalar, al menos, dos puntos: a) que, puestos a recomendar la «imitación» del modelo asiático para otros países en desarrollo, no se debería limitar la «imitación» a una estrategia de apertura, sino a los aspectos de políticas industriales, de capital humano, de redistribución, etc. (en la sección 7 volveremos sobre el tema), y b) la misma combinación de intereses industriales-financieros-políticos, que pudo ser útil durante algún tiempo, cuando llega a superar determinadas dosis de ineficiencia y/o corrupción, puede convertirse en una rémora: éste parece haber sido uno de los ingredientes de la crisis desatada en 1997.

Una última moraleja sería la recomendación de seguir atentamente la experiencia de China, que desde hace unas décadas está siguiendo con prudencia un camino similar, movilizando recursos desde la agricultura a sectores más «modernos», y cuyo peso económico puede ser determinante en la geoestrategia del siglo XXI, especialmente si va aprendiendo de los errores de los países de su entorno.

5.4. Una nota sobre comercio internacional y medio ambiente

Las interrelaciones entre temas de comercio internacional y medioambientales son variadas. Se habla, por ejemplo, de que el comercio internacional puede ser la vía de «expolio» de recursos naturales y medioambientales de los países en desarrollo. Los efectos devastadores sobre la Amazonia son un caso muy candente. Pero otra cuestión controvertida es la posible utilización de criterios ecologistas con fines proteccionistas por parte de los países industrializados. Así adquirió cierta notoriedad la pretensión de Estados Unidos de impedir la entrada en su territorio de atunes pescados por la flota mexicana, alegando que las técnicas de pesca empleadas no respetaban a especies protegidas (delfines) que solían ir entre los bancos de atunes. Como en el caso del «dumping social» de la sección 5.1, se habla ahora de «dumping ecológico», para tratar de proteger a las industrias de países más desarrollados tratando de «imponer» a países en desarrollo los más exigentes criterios medioambientalistas de los países avanzados. ¿Se trata de una sincera convicción de preocupación por el medio ambiente, o es una demagógica utilización proteccionista de criterios socialmente bien vistos? No es fácil deslindar los casos, habiéndose creado al respecto uno de los comités de la OMC con más perspectivas de trabajo.

6. Regionalismo *versus* multilateralismo

En el «orden económico» diseñado en 1944 en Bretton Woods, se contaba con una tríada de instituciones: el Fondo Monetario Internacional, el Banco Internacional de Reconstrucción y Desarrollo («Banco Mundial») y la Organización Internacional de Comercio. A diferencia de las dos primeras, esta última –sintomáticamente– nunca llegó a verse ratificada. Para cubrir su ausencia se puso en marcha en 1947 un «Acuerdo General sobre Aranceles y Comercio» (GATT), que puso en marcha una serie de «rondas negociadoras» que a partir de los años sesenta adquieren más alcance (tanto por el número de países participantes como por el de temas afectados), siendo la más ambiciosa hasta ahora la Ronda Uruguay (1986-1993), uno de cuyos principales resultados fue la puesta en marcha, en 1995, de la Organización Mundial de Comercio (OMC; WTO en siglas inglesas), con lo que se conseguía, con cincuenta años de retraso, una auténtica institución internacional como foro para las negociaciones y la resolución de disputas comerciales.

El principio básico del sistema GATT/OMC es el recogido en el artículo 1.º del Acuerdo Fundacional de 1947: el principio de no-discriminación en las concesiones comerciales que se efectúan entre sí los países participantes en las negociaciones (y que técnicamente se articula a través de la concesión recíproca del trato de «nación más favorecida» a todos los demás signatarios del acuerdo, lo que obliga a extender, a todos, los avances en la liberalización comercial que se vayan negociando.

La OMC ha estado trabajando no sólo para consolidar los avances en materia de liberalización en el comercio de bienes (incluyendo algunos tradicionalmente exentos de la normativa general, como los productos agrícolas y los textiles), sino también en el ámbito de servicios (desde los financieros y seguros hasta las telecomunicaciones), los problemas comerciales relacionados con las inversiones extranjeras y con la propiedad intelectual, y otras delicadas áreas, así como la puesta en marcha de un mecanismo eficaz y aceptado de resolución de disputas comerciales.

Pero el sistema GATT/OMC ha tenido que convivir, desde hace décadas, con una notable excepción al principio de no-discriminación: la configuración de «bloques regionales», la aparición del «regionalismo» en la economía internacional. Estos bloques regionales se basan en la eliminación de trabas al comercio entre los países que integran el bloque, pero no frente a los demás, de forma que por esencia contradicen el principio de no-discriminación. (Técnicamente, si los países del bloque regional se limitan a liberalizar el comercio entre ellos se habla de un área de libre comercio, *free trade area*, mientras que si además adoptan un arancel exterior común frente al resto del mundo se habla de unión aduanera, *customs union*; el Tratado de Libre Comercio de América del Norte, NAFTA, es un ejemplo de la primera modalidad, mientras que, en su origen, tanto la Comunidad Económica Europea como Mercosur son uniones aduaneras.) Es cierto que el propio tratado del GATT, en su artículo XXIV, «legalizaba» estas excepciones al principio de no-discriminación (dándose determinados requisitos), pero siempre ha existido la polémica acerca de la coherencia, de la convivencia en un sistema comercial que aspira a tener carácter multilateral, junto a unos acuerdos que configuran bloques regionales. Ello parece especialmente importante en los últimos tiempos, ya que ha aparecido una segunda oleada de acuerdos regionales en los años noventa (a veces denominado el «nuevo regionalismo», tras una primera oleada en los años sesenta de la que en la práctica sólo sobrevivió la Unión Europea).

Una aportación pionera al debate acerca del impacto de la creación de bloques regionales fue la distinción de Jacob Viner entre «creación de comercio» y «desviación de comercio». Por un lado, la eliminación de trabas al comercio hace aparecer intercambios comerciales donde inicialmente el proteccionismo lo impedía: desde el punto de vista de la asignación eficiente de recursos a nivel internacional, la creación de comercio es positiva porque implica adquirir los productos a un productor más eficiente. Pero una liberalización discriminatoria puede hacer que un país A deje de com-

prarle productos a un productor mundial eficiente, C, para pasar a adqui-
rirlos a otro productor B más ineficiente que C, pero que goza de la ventaja
de ser miembros (A y B) del bloque regional, mientras C queda fuera y su
comercio se ve sujeto a restricciones. En este caso la creación del bloque regional habría sustituido un comercio desde C hasta A por otro desde B hasta A, es decir, habría «desviado» comercio desde un productor eficiente a
otro menos eficiente como consecuencia de la asimetría o discriminación
que engendra la esencia del bloque regional. Viner sugiere que, si la creación del bloque regional genera más desviación que creación de comercio,
su impacto podría ser negativo sobre la economía mundial.

Los estudios empíricos realizados al efecto (básicamente para el caso de
la Comunidad Europea) sugieren que el predominio de la creación sobre
la desviación de comercio o viceversa se asocia estrechamente a la política comercial exterior del bloque regional, tendiendo a predominar la
creación cuando la política comercial del bloque es «abierta» y en cambio
apareciendo importante desviación de comercio cuando el bloque se comporta de forma agresivamente proteccionista frente al resto del mundo
(configurando el denominado «regionalismo cerrado o estratégico»).

Un estudio teórico presentado en 1991 por Paul Krugman suscitó una
cierta polémica. Se mostraba que si la tendencia de la economía mundial
era a formar bloques regionales, y cada bloque trataba de sacar el mayor
partido de su «poder de mercado», el número óptimo de bloques para la
economía mundial sería obviamente uno (economía mundial integrada,
todos en el mismo bloque), pero, más llamativamente, el número «pési-
mo» (minimizador del bienestar mundial) sería 3. En una economía que
parece a veces configurarse en torno a un polo europeo, otro americano
(con la iniciativa de la administración Clinton de propiciar un Acuerdo de
Libre Comercio de las Américas para el 2005) y otro en la cuenca del Pací-
fico, este escenario tripolar no parecía sólo una entelequia.

En la actualidad, las opiniones contrapuestas acerca del papel de los bloques regionales pueden representarse por el enfoque de Jagdish Bhagwati,
que habla de los *stumbling blocks* (bloques que obstaculizan el camino hacia
un sistema liberal comercial mundial) frente a la influyente opinión de
Larry Summers, académico de prestigio designado para un muy alto cargo
de la administración Clinton en 1996, que habla de *stepping blocks* (bloques
como «escalones» hacia un sistema comercial mundial abierto). Del análisis presentado puede desprenderse que se tenderá hacia una configura-

ción u otra en función de la actitud y de los comportamientos de unos bloques frente a otros. Si se sigue la vía del regionalismo agresivo o estratégico, un escenario de conflictos comerciales podría deteriorar los avances hacia la liberalización comercial mundial, con costes notables sobre la economía mundial. Si por el contrario se impone el regionalismo abierto, las perspectivas parecen más nítidas. La OMC tiene un comité funcionando precisamente para evaluar el funcionamiento de los bloques regionales, y además cabe considerar que la Unión Europea, que, además de ser el bloque comercial más importante, tiene la red de acuerdos comerciales más amplia, tiene una especial responsabilidad en liderar este regionalismo abierto.

7. Consideraciones finales: balance de los procesos de liberalización comercial

En las páginas anteriores hemos visto cuáles son los argumentos a favor del libre comercio: tratar de garantizar el aprovechamiento de las fuentes de ganancias que sustentan las teorías (clásicas y modernas) del comercio internacional. Asimismo, vimos que el comercio internacional tenía efectos sobre la distribución de la renta, internos a los países implicados y entre los mismos países, y costes asociados al reajuste de las pautas de producción y especialización, que podían movilizar resistencias a la liberalización comercial. En los últimos tiempos, los avances en la línea del libre comercio han sido notables, pero a veces han requerido arduas negociaciones para resultados aparentemente modestos, y en otros casos se han suscitado dudas sobre los efectos de la liberalización, tanto para los países desarrollados (problemas en los mercados de trabajo, deslocalización de industrias, etc.) como para los en vías de desarrollo (reconversiones importantes, trastornos asociados a crisis más generales a menudo con una fuerte vertiente financiera).

Una evaluación pragmática de estos procesos debería recoger básicamente la idea de que la liberalización comercial internacional tiene efectos netos potencialmente positivos. Lo cual es una expresión matizada que afirma que los posibles efectos positivos están ahí (son esencialmente las «fuentes de ganancias del comercio internacional» analizadas en las secciones 2 y 3). Pero su consecución no está garantizada, ya que para que esos efectos «potencialmente» positivos lleguen a ser «efectivamente» positivos, son precisas una amplia gama de políticas de acompañamiento. Éstas incluyen: a) aspectos macroeconómicos, que van desde una razonable estabilidad hasta tipos de cambio y tipos de interés razonables, que no hagan que la liberalización comercial, que por definición requiere un esfuerzo de competitividad a las empresas nacionales, se afronte con un tipo de cambio sobrevalorado y/o con unos tipos de interés que dificulten la financiación de la modernización del aparato productivo del país. Parece bastante claro que en ambas materias (tipos de interés y de cambio) las experiencias de la incorporación de España a la UE y de México al nuevo marco de apertura que culminó en NAFTA, no fueron las más adecuadas, lo que contribuyó a «disipar» parte de los «potenciales» efectos positivos; b) políticas microeconómicas y estructurales, que provean el capital público y los servicios a empresas complementarias para afrontar los nuevos retos, y c) políticas de capital humano y I+D, que proporcionen los medios humanos y materiales para insertarse en unos marcos más «exigentes» en términos de calidad, tecnología, etc.

Pero, además, lo que hemos afirmado se refiere a efectos «netos» (potencialmente) positivos. Ello significa reconocer que, como ya anticipó David Ricardo, un cambio tan importante en las «reglas del juego» supone ganadores y perdedores (sería ingenuo suponer que es factible que todos los sectores, industrias o personas salgan ganando), aunque el «saldo neto» (que no deja de implicar comparaciones interpersonales no siempre legítimas) es positivo. Para que las consecuencias de la liberalización sean socialmente asumibles puede ser precisa una dosis de políticas distributivas, más o menos importantes según las preferencias sociales democráticamente expresadas.

Por tanto, la liberalización comercial no parece ser la fuente de todos los males, como preconizan algunos (que sugerirían un proteccionismo o «desconexión» del sistema comercial internacional), ni la panacea universal. Parece una apuesta razonable, pero una vez se asume, la labor que les queda por hacer a las sociedades implicadas y a sus gobiernos es notable.

8. Bibliografía

Los problemas del comercio internacional y las políticas comerciales están tratados de forma sistemática, completa y clara en textos como los de Paul Krugman y Maurice Obstfeld, *Economía internacional*, 4.ª edición, Mc-Graw-Hill, 1999. Una versión más compacta es Juan Tugores, *Economía internacional: globalización e integración regional*. 4.ª edición, McGraw-Hill, 1994. Contribuciones relevantes aludidas en el texto son: para los costes del proteccionismo. Paul Romer (1994). «New Goods, Old Theory, and the Welfare Cost of Trade Restrictions», *Journal of Development Economics,* febrero 1994; sobre los efectos de la globalización, los artículos de Simposium sobre Globalización del *Journal of Economic Perspectives,* otoño de 1998, especialmente el de Robert Feenstra. Las *figuras 5* y *6* se basan en el capítulo 21 del texto de Lipsey-Chrystall, *Economía positiva,* 8.ª edición, Vicens Vives, 1999. Sobre la comparación entre los efectos de estrategias de apertura frente a opciones *inward,* Sachs y Warner (1995), «Economic Reform and the Process of Global Integration», *Brooking Papers on Economic Activity,* 1995:1. Sobre el «nuevo regionalismo», el simposium de *Economic Journal,* julio 1998, sobre regionalismo y multilateralismo, especialmente las contribuciones de Jagdish Bhagwati et al. y de Wilfred Ethier. Sobre la configuración en bloques el artículo citado es de Paul Krugman (1991), «The move toward Free Trade Areas», *Economic Review,* Federal Reserve Bank of Kansas City, diciembre 1991. Sobre el Sudeste Asiático antes de la crisis, Anne Krueger (1997), «Trade Policy and Economic Development-How we learn», *American Economic Review,* marzo 1997, ofrece la versión ortodoxa, y Dani Rodrik (1995), «Growth Policy - Getting Interventions roght: how South Korea and Taiwan grew rich», *Economic Policy,* abril 1995, la heterodoxa.

Índice analítico

Acción 535
Actividades de financiación 112
Actividades de inversión 112
Actividades extraordinarias 112
Actividades ordinarias 111
Activo 117
Activo circulante 119
Activo fijo 119
Amortizaciones 126
Análisis del puesto de trabajo 501
Análisis económico 144
Análisis estratégico 39
Análisis patrimonial y financiero 132
Apalancamiento 149
Apalancamiento financiero 152
Aprovisionamiento 346
Aseguramiento de la calidad 578
Auditoría de la calidad 592
Autofinanciación 153

Balance de previsión 161, 165-168, 175
Balance de situación 116
Balance previsional 175
Beneficio 122
Beneficio antes de impuestos 145
Beneficio antes de intereses e impuestos 145
BOM 385
Business angels 59
Business plan 55

Cadena de valor 308
Calidad 578
Calidad y creación de valor 408
Capacity Requirement Planning, CRP 381
Capital 118
Capitales permanentes 120
Carrera profesional 514
Cartas de recomendación 504
Centro de Información 629
Certificación 595
Cese 525
Chief information officer 652
Clasificación ABC 362

Comercio intraindustrial 677
Comité de Estrategia Informática 653
Competitividad 310
Confianza 55
Confidencialidad 60
Conflicto 61
Contabilidad externa 110
Contabilidad financiera 110
Contabilidad interna 110
Control de la calidad 578
Coste de emisión 365
Coste de posesión 364
Coste de ventas 126
Costes de calidad 579
Creatividad 54
Cuadro de movimientos previstos de circulante 161
Cuadro de movimientos previstos de circulante 170
Cuadro movimientos previstos de circulante 172
Cuenta de pérdidas y ganancias 126
Cuenta de resultados 122
Cuenta prevista de resultados 174
Cultura emprendedora 66

DBR, «Drum-Buffer-Rope» 398
Debe 122
Demanda de mano de obra 498
Desfase financiero 176-177
Desfase financiero 177
Desfase financiero extraordinario 177
Desfase financiero ordinario 177
Despido 525
Despilfarro 336
Deudas a corto plazo 120
Deudas a largo plazo 119
Devengo 129
Diagramas de procesos 321
Dirección estratégica 18
Diseño 54
Disponible 119
Distribución 346
Dominio tecnológico 624, 627

El Balance de previsión 174
El Estado previsto de resultados 168
El intercambio 404
El Presupuesto de tesorería 170
Entrevistas 506
EOQ, Economic Order Quantity 368
EPQ, Economic Production Quantity 371
Equipos 61
Escuelas descriptivas 34
Escuelas prescriptivas 34
Estado de flujos de tesorería 113
Estado de origen y aplicación de fondos 134
Estado de previsión de resultados 170
Estado prev. de resultados 165
Estado previsional de resultados 161
Estado previsto de resultados 161, 165, 169, 174
Estrategia 17
Estrategia corporativa 426
Estrategia financiera 157
Estrategias competitivas 311
Estrategias competitivas 438
Estrategias de crecimiento 435
Estrategias de desarrollo 434
Estudio de métodos 328
Estudio del trabajo 327
Evaluación del rendimiento 517
Exigibilidad 120
Existencias 119
Extranets 632

Fabrica 308
Fidelidad o lealtad de clientes 410
Flow-shop 390
Flujo de caja 115
Flujo de caja económico 128
Flujo de caja financiero 115
Flujo de fondos 58
Formación 510
Formación de la fuerza laboral 510
Formulación de la estrategia 39
Función de marketing 408

Gasto 125
Gastos de estructura 127
Gastos variables o proporcionales de fabricación 126
GATT (Acuerdo General de Aranceles y Comercio) 668
Gestión de la calidad 578
Gestión de la Calidad Total 579
Gestión de procesos 590

Haber 122
Herramientas de la calidad 603

Impresos de solicitud 504

Impulsores del cambio 625
Incrementalismo lógico 34
Internet 53, 630
Intranet 631
Inventario de habilidades 499
Inventarios 359
Inversión 125
Job-shop 390
Just in Time (JIT) 342

Kaizen 602

Lean production o producción ajustada 334
Líder 537
Limitaciones o cuellos de botella 342
Liquidez 120
Lista de materiales 385
Logística 345

Margen 149
Marketing de relaciones 420
Marketing estratégico 420
Marketing operativo 420
Masas patrimoniales 119
Matriz producto-proceso 329
Medición del trabajo 328
Medio técnico 160
Medios 160
Medios necesarios 160
Medios políticos 160
Medios técnicos 160
Modelo «cliente-servidor» 634
Modelo EFQM 599
Movimientos planificados de circulante 170
Movimientos previstos de circulante 174
MPS 380
MRP-II 388

Necesidad financiera 169
Necesidad financiera 175-177
Nivel de servicio 376
Nueva teoría del comercio internacional 677

Objetivos 159-160
Objetivos concretos 159
Oferta de mano de obra 498
Oficina móvil 635
OMC/WTO (Organización Mundial de Comercio) 668
Optimized Production Technology 396
Organización científica 358
Orientación a la producción 412
Orientación a la venta 413
Orientación al consumidor 413
Orientación al mercado 416
Orientación al proceso 323

Orientación al producto 323, 413
Otros ingresos y gastos 127
Outsourcing 53

Pago 125
Pasivo 117
Patrimonio neto 117
Patrimonio neto 119
Patrón de comportamiento 24
Pensamiento estratégico 18
Pérdida 122
PERT 392
Plan de compras 167
Plan de compras de materia prima 167
Plan de fabricación 165-168
Plan de inversiones 168
Plan de producción 166
Plan de ventas 161, 164
Plan Estratégico de TI 657
Plan maestro de producción 380
Planificación económico-financiera 157-159
Planificación estratégica de recursos humanos 491
Planificación y estrategia financiera 158
Política comercial estratégica 686
Presupuesto de tesorería 165, 167, 169, 172, 173, 175, 176
Presupuesto de tesorería extraordinario 174
Presupuesto extraordinario (de capital o de fijo) 171
Presupuesto extraordinario 171-172, 176
Presupuesto extraordinario 173
Presupuesto financiero 170-171, 174-175, 177
Presupuesto financiero extraordinario 174
Presupuesto ordinario (corriente o de circulante) 171
Presupuesto ordinario 171, 176
Presupuesto ordinario 173
Presupuestos de tesorería 161
Problema del makespan 390
Proceso de contratación 500
Proceso estratégico 28
Procesos 318
Producción 307
Producción en masa 340
Productividad 310
Programas de evaluación 505
Provisiones 126
Prueba del ácido, o acid test 139
Pruebas de capacidad 504
Punto de penetración de pedido 351

Realizable 119
Reclutamiento 500

Reconocimientos médicos 508
Recursos 54
Recursos y Capacidades 23
Regla de Johnson 391
Reglas de dispatching 390
Relaciones entre las partes 407
Rendimiento 149
Rentabilidad económica 149
Rentabilidad financiera 151, 159
Reservas 119
Retención de clientes 410
Reto estratégico 20
Retribuciones 519
Rivalidad competitiva 27
ROA 149, 165
ROE 151
ROI 149
Roles 534
Rotación 149
Rough-Cut Capacity Planning, RCCP 381
Rueda de Deming 601
Ruptura laboral voluntaria 524

Satisfacción de las necesidades y deseos 406
Selección 502
Sinergia 31
Sistema de información 620
Sistema de la calidad 578
Sistemas jerárquicos de planificación y control de 379
Socialización 509
Stock de seguridad 375
Subvenciones 60
Suspensión de pagos técnica o teórica 133

Tecnologías de la información 623
Teletrabajo 635
Tesorería 58, 111
Tests de características personales 506
Theory of Constraints 396
Total Quality Management 579
Trade-off 311

UNE-EN-ISO 9000 586
Unidades estratégicas de negocio 430

Valor 62
Valor añadido 307
Valor contable de una empresa 117
Valor neto contable 63
Ventaja comparativa 670
Ventas netas 126
Venture capital 59